Ballagi Mór

Ausführliche theoretischpraktische Grammatik der ungarischen Sprache für Deutsche

Ballagi Mór

Ausführliche theoretischpraktische Grammatik der ungarischen Sprache für Deutsche

ISBN/EAN: 9783337525941

Hergestellt in Europa, USA, Kanada, Australien, Japan

Cover: Foto ©Paul-Georg Meister /pixelio.de

Weitere Bücher finden Sie auf **www.hansebooks.com**

Ausführliche
theoretisch-praktische
Grammatik
der
ungarischen Sprache für Deutsche,
nebst einer
Auswahl von Beispielen
nach der Interlinear-Methode und
Uebungs-Aufgaben zum Uebersetzen
aus dem Deutschen in's Ungarische.

Von
Prof. Dr. Moritz Ballagi,
ord. Mitglied der ungarischen Gelehrten-Gesellschaft.

Siebente Auflage.

Pest, 1870.
Verlag von Gustav Heckenast.

Vorwort.

Je wichtigere Fortschritte die Sprachwissenschaft neuerer Zeit im Allgemeinen gemacht hat, und je unwissenschaftlicher, unvollständiger sich andererseits die deutschen Bearbeitungen unserer Landessprache bis auf wenige Ausnahmen bisher herausgestellt haben, um so weniger bedarf es wohl einer Rechtfertigung, wenn ich den Versuch mache, die Regeln unserer Sprache den jetzigen Anforderungen der Sprachwissenschaft entsprechend zu entwickeln und in ein System zusammenzustellen. Doch dürften einige Worte nicht unangemessen sein, um den Gesichtspunkt anzudeuten, von welchem ich bei der Bearbeitung dieser Grammatik ausgegangen bin, und von welchem ich wünschte, daß dieselbe betrachtet werde.

Ich fasse meine diesfälligen Andeutungen in folgende Punkte kurz zusammen:

1) Die Aufgabe der rein praktischen Darstellung einer Sprache ist, die Resultate sprachwissenschaftlicher Forschungen zum Gebrauche für's Leben als erwiesene und unbestrittene Grundsätze einfach und deutlich mit den gewähltesten Beispielen belegt, zu verarbeiten, ohne sich bei controversen Materien untersuchend aufzuhalten. Da indessen in dieser Grammatik auch neue sprachwissenschaftliche Ansichten eröffnet werden, so schien es mir unabweisliche Pflicht, meine Gründe zu entwickeln; andererseits aber legten mir alle Umstände die Verpflichtung der Beschränkung auf, und ich durfte das Ziel nicht verfolgen, dem überaus reichen Stoffe die genügend wissenschaftliche Auseinandersetzung zu geben, ohne dem Hauptzwecke der allgemeinen Nutzanwendbarkeit Abbruch zu thun. Um die Sprachlehre praktischer zu machen, und dem Lernenden die Aneignung

derselben nicht durch zu viel Theorie zu erschweren, — worauf hauptsächlich gesehen wird — andererseits aber auch den Forderungen der Wissenschaft so weit als möglich Nichts zu vergeben, ist Alles, was rein zur wissenschaftlichen Begründung gehört, in größtmöglicher Kürze blos für Sprachkenner angedeutet worden.

2) Die kurze Abhandlung der Lautlehre vor der Formenlehre ist bestimmt, diese wesentlich zu erläutern und zu fördern. Der wissenschaftlichen Sachordnung wäre es vielleicht angemessener gewesen, auf die Lautlehre unmittelbar die Wortbildung folgen zu lassen; allein methodische Rücksichten waren zu sehr dagegen. Da gleichwohl der Reichthum der ungarischen Sprache größtentheils auf ihrer regelmäßigen Bildsamkeit beruht, so ist auf die Wortbildung am Schlusse der Formenlehre besondere Sorgfalt verwendet worden. Hat der Lernende einmal die Formenlehre und die Wortbildung richtig erfaßt, so wird es ihm ein Leichtes sein, nach Erlernung der einigen Hundert Wurzelwörter, mit deren Verzeichniß ich zu dem Behufe die Lehre der Wortbildung schließe, sich des größeren Theiles des ungarischen Wortvorrathes zu bemächtigen. Ich sage blos des größeren Theiles, weil in das angehängte Verzeichniß nur lebendige einsilbige Wurzeln aufgenommen werden durften. Daß Wurzeln wie kal, besz, welche blos in den Stämmen (kalmár, kaland, beszéd, beszél) noch fortleben, aus dem Verzeichniß wegbleiben mußten, wird jedem Sachkenner einleuchtend sein, sobald er die Bestimmung dieser Grammatik, wenn auch nur dem Titel nach, erkannt hat.

3) Auf jede Regel sogleich die Uebersetzungsübungen zu geben hielt ich darum nicht für rathsam, weil dadurch der Zusammenhang, zu sehr zerrissen würde. Es folgen daher diese Uebungen nach Paragraphen=Ordnung im zweiten, praktischen Theile, wo auch alle die Regeln, oder vielmehr vereinzelte Spracheigenthümlichkeiten, welche im theoretischen Theile vermißt werden, als nachträgliche Bemerkungen zu finden sind.

4) Im praktischen Theile war mein Streben hauptsächlich dahin gerichtet: a) durch ungarische Beispiele die Formen und Regeln der Grammatik dem Lernenden zum klaren Bewußtsein zu bringen; b) durch Uebersetzungsübungen aus dem Deutschen in's

Ungarische ihm Sicherheit und Fertigkeit in der Anwendung zu verschaffen. — Die ungarischen Beispiele sind theils leichte Gespräche, theils kurze Sätze, entnommen den besten ungarischen Schriftstellern. Bei der Wahl dieser Sätze mußte ich zunächst auf den grammatischen Zweck sehen; zugleich aber war ich darauf bedacht, hauptsächlich solche zu wählen, die für sich einen vollständigen Sinn darbieten, und die dem Lernenden durch ihren Inhalt Gelegenheit zum Nachdenken geben. Die Vortheile der Interlinear-Methode werden beim Gebrauche sich selbst herausstellen.

Die Uebersetzungsübungen aus dem Deutschen in's Ungarische bestehen größtentheils aus leicht variirten Sätzen der vorangehenden ungarischen Beispiele, so daß wenn diese nur einmal gut erlernt und die Regel klar aufgefaßt ist, die Uebersetzung durchaus keine Schwierigkeiten mehr bieten kann. — Härten des deutschen Ausdruckes möge man mir in diesen Uebersetzungen um so eher nachsehen, da ich oft zur Erleichterung der Uebertragung den Sätzen mit Fleiß eine mehr ungarische als deutsche Wortstellung gegeben habe.

Was den Kreis der Leser anbetrifft, welchem das Buch gewidmet sein möchte, so ist vorzüglich auf den gebildeteren Theil, der bisher eines umfassenden wissenschaftlich und doch praktisch gearbeiteten Lehrbuches entbehrte, Rücksicht genommen worden; es wird darum auch die Kenntniß der Sprachlehre im Allgemeinen vorausgesetzt; daher die Hinweglassung aller Definitionen der als bekannt vorausgesetzten grammatikalischen Ausdrücke, überall, wo der Faden der Wissenschaft es nicht besonders nöthig machte.

Ob ich durch dieses Buch zur Förderung unserer schönen Landessprache, deren Kenntniß jedem Landeskinde heilige Pflicht sein muß, etwas beitragen werde, ob mir die Darstellung ihres Geistes gelungen ist, mögen unparteiische Kenner beurtheilen; zugleich aber bedenken, daß, wo neue Wege betreten werden, auch Mängel nicht überall zu vermeiden sind. Derjenige, welcher dies zu würdigen weiß, wird gewiß mit Nachsicht urtheilen.

Pest, im August 1842.

Der Verfasser.

Vorwort zur zweiten Auflage.

Die geneigte Aufnahme meiner ausführlichen Grammatik der ungarischen Sprache für Deutsche, welche diese neue Ausgabe derselben veranlaßt, macht es mir zur angenehmen Pflicht, den Anforderungen des Publikums durch sorgfältige Verbesserungen und Erweiterungen meiner Arbeit entgegen zu kommen. In der That sind in dieser zweiten Ausgabe so viele und wesentliche Verbesserungen fast in jedem Paragraphe vorgenommen worden, sind sowohl im theoretischen als praktischen Theil so viele Zusätze hinzugekommen (ganz neu: Bildungsgeschichte der ungarischen Sprache, Uebersicht der verschiedenen Dialekte, Lehre von der Neologie, von den Homonymen ꝛc. ꝛc.), daß man dieselbe in mehr als einem Betrachte als ein neues Werk ansehen könnte. Ueberall ging das Bestreben des Verfassers dahin, den seit dem ersten Erscheinen dieses Buches durch Arbeiten, wie die Syntax der Akademie, die große Grammatik von Fogarassi ꝛc. ungleich höher gestellten Anforderungen ein Genüge zu leisten.

Was die Anordnung des Stoffes betrifft, ist nichts geändert worden, blos die Vertheilung desselben in kleinere Abschnitte und kurze Paragraphen schien mir nothwendig, um das Nachschlagen zu erleichtern. Damit jedoch dem Buche beim Gebrauche meines Lesebuches, welches noch auf die erste Ausgabe hinweist, seine Anwendbarkeit nicht benommen werde, sind in Klammern auch die alten Abtheilungen beibehalten worden.

Große Sorgfalt ist in dieser zweiten Auflage auf die zur Bestätigung, Veranschaulichung und praktische Einprägung der Regeln beigegebenen Uebungen verwendet worden, indem der Verfasser dieselben, noch mehr als in der ersten Auflage, genau nach dem Bedürfniß bemessen hat, das Eigenthümliche der ungarischen Sprache unter mannigfachen Redegefügen zur Anschauung zu bringen, während die leichteren und dem Gebrauche des Deutschen analogen Regeln unberücksichtigt bleiben konnten.

Ich darf wohl hoffen, daß das Werk in seiner gegenwärtigen Gestalt einen höheren Grad der Brauchbarkeit, sowohl für die Lehrer, die sich dessen beim Unterricht bedienen, als für Diejenigen, die sich selbst unterrichten wollen, erlangt hat, und glaube damit der Wissenschaft nicht minder als dem Publikum gedient, besonders aber — was mir am meisten am Herzen liegt — zur Verbreitung unserer Landessprache mein Scherflein redlich beigetragen zu haben.

Szarvas, am 12. Juni 1845.

Der Verfasser.

Vorwort zur dritten Auflage.

Der Umstand, daß von vorliegendem Sprachwerk bei andern zahlreichen Erscheinungen auf diesem Gebiete in verhältnißmäßig kurzer Zeit zwei ziemlich starke Auflagen vergriffen wurden, berechtigt mich zu der Annahme, daß die Ansichten und Grundsätze, die mich bei Bearbeitung dieser Grammatik geleitet haben, gebilligt worden sind. Wenn ich daher auch keine Art Abänderung des Planes vornehmen zu dürfen glaubte, so ist doch in der Ausarbeitung des Einzelnen neuerdings vieles geschehen, was die Brauchbarkeit des Buches, wie ich hoffe, um ein Bedeutendes erhöhen wird.

Jeder Fortschritt in Erkenntniß und der wissenschaftlichen Darstellung unserer Sprache ist berücksichtigt und benutzt worden, so weit es bei dem Zwecke und dem bestimmten Rahmen des Buches rathsam und thunlich war. — Das von der gelehrten Gesellschaft herausgegebene „System der ungarischen Sprache" ist durchgängig benützt worden. Wenn sich dennoch Manches findet, das von den Grundsätzen der gelehrten Gesellschaft abweicht, so möge man das nicht der Unkunde, sondern theils anderer Ueberzeugung, theils dem Umstande zuschreiben, daß das Buch der gelehrten Gesellschaft für Ungarn geschrieben wurde, die ihre Muttersprache gründlich kennen lernen wollen, mein Werk aber für Deutsche gearbeitet wurde, die in je kürzerer Zeit sich das Verständniß der ihnen fremden ungarischen Sprache verschaffen wollen.

Die Veränderungen, wodurch diese Auflage sich von den früheren unterscheidet, bestehen nicht so sehr in Zusätzen, als vielmehr in der Art, wie das schon früher Gegebene neu verarbeitet wurde. Besonders bestrebte ich mich noch mehr als in den früheren Auflagen, die Sprachformen durchgehends tabellarisch zu veranschaulichen.

Ganz besondere Sorgfalt wurde dem praktischen Theile zugewendet, wo die Uebungsstücke dem reichen Schatz der ungarischen Sprichwörter entnommen größtentheils neu umgearbeitet, und so eingerichtet wurden, daß ein und derselbe Ausdruck durch mehrere Aufgaben hindurch in den verschiedensten Satzfügungen zu stehen kommt, so daß immer das Neue an etwas bereits Bekanntes gelehnt und dadurch die Einprägung desselben sehr erleichtert wird.

Szarvas, am 29. Mai 1848.

Der Verfasser.

Vorwort zur vierten Auflage.

Schneller als ich vermuthet hätte, trat die Nothwendigkeit ein, diese vierte Auflage vorzubereiten. Zu gleicher Zeit wurde mir von der Verlagshandlung gemeldet, daß auch die zweite Auflage meines Wörterbuches vergriffen und die Bearbeitung eines neuen, den Ansprüchen der Gegenwart entsprechenden großen Wörterbuches nothwendig geworden. So mußte ich bei meinen sonstigen Amtsgeschäften zwei literarische Arbeiten auf einmal vornehmen. Gleichwohl habe ich der Aufgabe nach Kräften zu genügen gesucht, habe Alles berücksichtigt und verglichen, was auf dem Gebiete in neuester Zeit geleistet wurde. Leider war die Ausbeute von dieser Seite sehr gering, denn die letzte Zeit hat mehr für Bereicherung der Sprache durch Wort und Schrift, als für die Erforschung derselben gethan, und wir stehen in letzterer Hinsicht, die wichtigen sprachvergleichenden Arbeiten Hunfalvi's abgerechnet, heute fast ganz noch dort, wo wir vor zehn Jahren gestanden, als die erste Ausgabe dieses Lehrbuches mit manchen neuen Ansichten vor's Publikum trat, und so mußte ich mich auf meine eigene Erfahrungen beschränken; dennoch ist manches Neue hinzugekommen, besonders aber wurde auch in dieser neuen Auflage ganz besondere Aufmerksamkeit dem praktischen Theile zugewendet.

Der Lernende soll nämlich durch das Lehrbuch nicht blos in den Besitz der Formen der Sprache gelangen, sondern er soll auch das Material derselben gewinnen. Zu dem Behufe wird zuerst der Stoff dem Lernenden nach seinen Verwandtschaftsverhältnissen vorgeführt, wobei das Wort unter die Herrschaft bestimmter Gesetze gestellt, nicht mehr blos Sache des Gedächtnisses ist, sondern auch

Gegenstand des Denkens wird. — Die Interlinear-Methode soll ferner dieselben Wörter nicht abgerissen und einzeln, sondern im Zusammenhange und im Satze kennen lernen lassen. — Die Uebersetzungsübungen aus dem Deutschen in's Ungarische sollen endlich das Unbekannte an das Bekannte anschließend, die Selbstthätigkeit des Lernenden in Anspruch nehmen und das Gelernte selbstthätig verarbeiten lassen. Endlich ist zur Uebung für weiter Vorgeschrittene ein Konversationsstück Kotzebue's zum Uebersetzen aus dem Deutschen in's Ungarische mit den nöthigen sprachlichen Noten versehen hinzugefügt worden, was die praktische Brauchbarkeit des Buches gewiß heben wird.

Nicht unerwähnt kann ich hier lassen, daß in neuerer Zeit die Anwendung der Ollendorf'schen Methode auf unsere Sprache in Anregung gebracht und vom k. k. Hauptmann und Platzkommandanten Herrn Johann Nep. von Szöllösy auch versucht wurde (in der „Sprachlehre, um nach Ollendorfs Methode mittelst Selbstunterricht in der kürzest möglichen Zeit [soll wohl heißen: in möglichst kurzer Zeit] französisch, deutsch, englisch, italienisch, russisch, spanisch, ungarisch, wallachisch und türkisch geläufig sprechen und verstehen zu lernen"). Wie erstaunt war ich jedoch, in dieser sogenannten ungarischen Sprachlehre nach Ollendorf'scher Methode nichts als eine bis auf die Druckfehler worttreue, nur abgekürzte Abschrift meiner Grammatik zu finden. — Meine Schuld ist es wahrhaftig nicht, wenn aus meiner Grammatik ein Fabrikat nach Ollendorf'scher Methode zugerichtet wurde, da nach meiner Ueberzeugung selbst ein geschickt gearbeitetes Lehrbuch nach Ollendorf'scher Art in eben dem Maße unbrauchbar, als die Methode an und für sich als Lehrart zweckmäßig ist; denn zu was soll wohl dieses Zersplittern des grammatischen Stoffes, dieses bunte Durcheinander der Sprachregeln im Lehrbuche führen? Wird etwa dadurch das Auffassen oder das Behalten der Regel erleichtert? Wahrlich nicht. Wer die Funktionen der Seele aus didaktischem Gesichtspunkte beobachtet hat, dem kann es unmöglich entgangen sein, daß im Reiche des Gedankens das Gesetz der Symmetrie eben so sehr Platz greift, als im Bereiche der Kunst; daß jede Wissenschaft durch die symmetrische Zusammenstellung ihres Inhaltes nicht nur dem Verstande zugänglicher und faßlicher, sondern auch dem Gedächtnisse behaltbarer gemacht wird. Damit soll jedoch nicht gesagt sein, daß der Unterricht sich an das Regelsystem zu binden hat, und daß das praktische Verfahren beim Sprachunterricht, wie es auch Ollendorf verlangt, nicht zu billigen wäre; vielmehr will auch ich den Sprach=unterricht größtentheils in der Einübung der Sprachformen am Sprachstoff bestehen lassen; allein diese gelegentliche Anwendung der Regeln will ich dem Lehrer überlassen wissen, während das Lehrbuch im theoretischen Theil dem Lernenden eine systematische Uebersicht der vom Lehrer gelegentlich vorgetragenen Regeln geben soll. — Nicht zersplittern soll das Lehrbuch, vielmehr den Uebungs=stoff in solcher Auswahl geben, daß die Regeln in einer gewissen Ordnung daran angeknüpft werden sollen.

Dies ist meine auf vieljährige Erfahrung sich gründende Ueber=zeugung vom Sprachunterricht, und in diesem Sinne habe ich auch dieses Lehrbuch bearbeitet.

Und so möge denn das Buch auch fernerhin recht Vielen die Erlernung unserer schönen Sprache erleichtern.

Kecskemét, am 20. Jänner 1854.

Der Verfasser.

Vorrede zur fünften Auflage.

Die vorliegende Auflage steht der vorigen weit näher, als diese der vorhergehenden von 1848. Da ich blos den gemeinnützigen Zweck, die Verbreitung unserer Sprache unter den Deutschen verfolge, so durfte ich an der Anordnung des Stoffes, welche sich durch 4 starke Auflagen hinreichend als zweckmäßig bewährt hat, nicht viel ändern.

Auch die Resultate der Sprachforschung des letzten Jahrzehends konnten hier um so weniger berücksichtigt werden, da einestheils dieselben zum großen Theile die Sprachvergleichung betreffen, andererseits können nur sehr wenige Punkte noch als zum Abschluß gelangt, betrachtet werden.

Uebrigens war ich auch jetzt bemüht, meine Arbeit zu vervollkommnen, was wohl jeder anerkennen wird, der diese Ausgabe mit den frühern zu vergleichen sich Mühe nehmen würde.

Pest, am 20. April 1861.

Der Verfasser.

Einleitung.

Ungarische Sprache und Grundzüge ihrer Bildungsgeschichte.

Die ungarische Sprache ist ein Zweig des im Norden Europas und des westlichen Asiens verbreiteten finnischen Sprachstammes, und ist die Muttersprache der Nachkommen der im neunten Jahrhundert aus dem nördlichen Asien unter der Anführung Arpads eingewanderten Magyaren.

Obgleich monoton in der Aussprache, wie uns Fremde versichern (eigenes Urtheil ist hier nicht von Gewicht, weil auch die abscheulichste Gurgelsprache demjenigen schön klingt, der sie als Muttersprache spricht), und obgleich sie die innere Flexion, wodurch die feinen Nüancen der Bedeutungsverschiedenheiten durch eine entsprechende feine Lautveränderung bezeichnet werden, in dem Maße, wie z. B. die deutsche Sprache, nicht besitzt: so ist ihr doch ein so hoher Grad von Bildsamkeit, so viel Anlage zu einem einfachen und deutlichen Ausdruck der Gedanken eigen, kann sie diesem Ausdruck durch die freieste Wortfolge und durch die kühnsten Satzzusammenziehungen so viel Ebenmaß und Nachdruck verleihen, daß sie keiner der europäischen Sprachen nachgesetzt werden darf. Daß sie eine Stammsprache ist, die aus keiner andern Sprache sich hervorgebildet, ist aus ihrem ganzen Bau ersichtlich, der auf einsilbigen Wurzeln beruhend, sich wesentlich von allen, fremden Sprachen entlehnten, nicht geringen Bestandtheilen derselben unterscheidet.

Die Bildungsgeschichte der ungarischen Sprache von ihrem ersten Auftreten im Ungarlande bis auf unsere Zeit bietet eine Reihe der wechselvollsten Erscheinungen dar.

Bei ihrem ersten Auftreten einzige Hof- und Dicasterialsprache unter den Arpaden bis auf Koloman 1098, wird sie nach und nach von der fremden Sprache der Römer so sehr in den Hintergrund gedrängt, daß sie zuletzt die Fähigkeit zur Besitznahme ihrer ursprünglichen Rechte verloren zu haben scheint. Im Jahre 1114 müssen die Geistlichen durch die Strenge des Gesetzes zur Erlernung des Lateinischen ermahnt werden, so sehr scheint ihnen die Sprache ihres Volkes hinzureichen; im Anfange des 19. Jahrhunderts bedarf es langwieriger Erörterungen, um den Geistlichen klar zu machen, daß auch ihre Muttersprache ihnen die Kenntniß ihrer Pflichten vermitteln könne! — Am meisten bedauerlich, weil unersetzlich, hierbei ist, daß bei der spätern Hintansetzung der Landessprache auch die schriftlichen Denkmäler aus früherer Zeit unbeachtet der Vernichtung Preis gegeben wurden, so, daß das älteste schriftliche Denkmal, welches wir besitzen, sich aus dem Anfange des 13. Jahrhunderts datirt, während doch die Sprache schon im 11. Jahrhundert keinen geringen Grad von Ausbildung besessen haben mochte; da nachweislich zu der Zeit die Landesgesetze in derselben abgefaßt wurden, wie denn auch zu Ende des 11. Jahrhunderts Albricus die ungarischen Gesetze aus dem Ungarischen ins Lateinische überträgt. Das älteste schriftliche Denkmal, welches wir so eben erwähnten, sind zwei Leichensermone, herausgegeben zuerst von Pray, später mit reichem Commentar von Révai, und neulich von der gelehrten Gesellschaft in dem ersten Bande der altungarischen Sprachdenkmäler. Diesem kostbaren Reste aus dem Alterthume unserer Sprache reiht sich zunächst an: „Das Leben der heiligen Jungfrau Margaretha," aus dem Ende des 13. Jahrhunderts, herausgegeben nach einer Abschrift aus dem 16. Jahrhundert von Pray, später von Samuel Vajda und zuletzt von der gelehrten Gesellschaft in den genannten Sprachdenkmälern.

Im Jahre 1533 verließ das erste ungarisch gedruckte Buch die Presse zu Krakau. Es war dies eine Uebersetzung der Briefe des Apostel Paulus von Benedikt Komjáthi. Um diese Zeit beginnt mit der Verbreitung des Protestantismus in Ungarn eine der reichsten Epochen der ungarischen Literatur und Sprache. Die Apostel der neuen Lehre, bemüht dieser eine breitere Basis bei dem Volke zu verschaffen, schrieben und lehrten in der Sprache des Volkes und der angegriffene Theil mußte zu seiner Vertheidigung ein Gleiches thun. Mehrfache Bearbeitungen der heiligen Schriften von katholischer Seite sowohl, als von protestantischer und unzählige Streitschriften waren die Früchte dieses heiligen Eifers. Die Bibelübersetzungen von Heltai, Károlyi, Molnár und Küldi, so wie Peter Pázman's geist- und kraftvolle Reden und Abhandlungen, welche in Folge der Religionsstreitigkeiten verfaßt wurden, gehören zu den werthvollsten Erzeugnissen unserer ältern Literatur.

Als jedoch nach nicht lange die vor dem großen Publikum angeregten Streitigkeiten ein Ende genommen, trat mit der Ruhe auch der alte scholastische Schlendrian mit seiner Anmaßung, seiner Hohlheit, eine vom Volke getrennte Gelehrtenkaste bildend, hervor, und so kam die Landessprache, dem gemeinen Volke allein überlassen, wieder in Verfall. Wenn einzelne Stimmen, wie der Sänger der Syrene Adria's (Graf Nicolaus Zrinyi), sich hie und da kräftig vernehmen ließen (1651), so geschah das ohne wesentlichen Erfolg für die Bildung ihrer Gegenwart, da diese von der Landessprache gänzlich abgewandt, sich in andern Elementen bewegte, wie denn auch im Jahre 1796 ein gewisser Behamb mit Recht jene niederschlagende Worte schreiben konnte: „Heutzutage wird die ungarische Sprache so sehr verachtet, daß außer einigen Liederchen und einigen Erörterungen in Beziehung auf den Gottesdienst nichts von ihr auf die Folgezeit gelangen wird."

Aus diesem Todesschlummer wurde die Nation zu Ende des 18. Jahrhunderts plötzlich durch die Neuerungen Kaiser Josephs kräftig aufgerüttelt. Dieser weise Monarch, dem Volke auf die Beine zu helfen bemüht, wollte um jeden Preis die seit Jahrhunderten als Scheidemauer zwischen das Volk und seine Vertreter sich eingenistete lateinische Sprache aus den Gerichts- und Amtsstuben verdrängt sehen. Nach dem natürlichen Gang der Dinge hätte dann in Ungarn freilich das Ungarische an die Stelle des Lateinischen treten sollen. Allein dieses wurde von unsern eigenen, allem Vaterländischen gänzlich entfremdeten Großen dem Monarchen als so ungelenk, so unbrauchbar in jeder höhern Sphäre des Denkens und des Thuns, als überdies so sehr im Dahinsterben begriffen dargestellt, daß es für zweckdienlicher befunden wurde, die damals schon in ihrer Blüthe stehende deutsche Sprache, die ohnehin von einem großen Theile der Einwohner Ungarns verstanden wird, zur Geschäftssprache in Ungarn einzuführen, zumal da der, überall große Zwecke beabsichtigende Monarch dadurch auch die Gleichförmigkeit der unter österreichischem Scepter stehenden Länder zu befördern glaubte. Diese durchgreifende Maßregel Kaiser Josephs wirkte. Jetzt sah man, wie Selbstnichtachtung andere zur Verachtung auffordere; man fühlte, daß es sich um Sein oder Nichtsein eines Magyarenvolkes handle, und daß von der Erhaltung der Nationalsprache die Erhaltung der Nation abhänge. So groß und unbegreiflich früher die Hintansetzung der Landessprache war, so mächtig war die nun erwachte Begeisterung und Liebe für dieselbe. — Die beabsichtigte Aufdringung des Deutschen hätte ein Akt des Gesetzes werden sollen, diesem gegenüber mußte die Landessprache auch auf dem Wege der Gesetzgebung in die ihr ursprünglich gebührende Würde eingesetzt werden. Nach dem früh erfolgten Tode Josephs zögerte daher die Nation nicht, gleich bei dem Antritte Leopolds II. ihren Wunsch wegen Beförderung der ungarischen Sprache auf dem Wege der Gesetzgebung laut werden zu lassen. In der That hat auch der Landtag von 1790 vor Allem die ungarische Sprache gesetzlich als

Landessprache Ungarns anerkannt, und vorläufig bestimmt, daß diese in allen Schulen öffentlich gelehrt werden müsse. Nun brachte jeder neue Landtag neue Verordnungen zu Gunsten der Nationalsprache, und es war das ausgesprochene Bestreben der Nation, das Ungarische zur alleinigen Sprache des öffentlichen Lebens zu erheben. Damit aber die seit Jahrhunderten zum größten Theile blos vom gemeinen Volk gepflegte, geistig vernachläſſigte Sprache ein würdiges Organ des neuerwachten Nationallebens sein könne, mußte natürlich das vorzüglichste Augenmerk auf die Reinigung, grammatische Ausbildung und Veredlung der Sprache gelenkt werden; so kam es, daß als auf dem Landtage 1825/7 die früher mehrmals vergebens angeregte Idee einer gelehrten Gesellschaft zur Beförderung des ungarischen Schriftwesens erörtert wurde, die versammelten Stände die Realisirung derselben durch ein Gesetz zu sanktioniren nicht Anstand nehmen durften. Das höchste Verdienst um Errichtung der ungarischen gelehrten Gesellschaft erwarb sich der berühmte Patriot Graf Széchenyi, mit vollem Recht der Große genannt, der nicht nur durch ein großes materielles Opfer (er schenkte 60000 fl. CM. zum Fonde), sondern eben so sehr durch geistige Thätigkeit bei der Einrichtung und Leitung der Anstalt zur Beförderung derselben das Meiste beitrug. Von jetzt an nahm mit dem auch sonstigen Mündigwerden der Nation die Entwickelung der ungarischen Sprache und Literatur einen raschen, lebendigern Fortgang. Das ungarische Schriftwesen, früher geringgeschätzt, unbeachtet und vereinzelt, sich höchstens in einem kleinen Kreise von Liebhabern fristend, ward durch die Anerkennung der Nation Gemeingut derselben, und ein neu erwachter Geist, der das Heldenthum des Schwertes verdrängend, einem Heldenthume des Geistes Platz zu machen begann, erhob die früher blos von Einzelnen gekannten Namen, wie Karl Kisfaludy († 1830), Franz Kazinczy († 1831), Daniel Berzsenyi († 1836), Franz Kölcsey († 1837), Alexander Kisfaludy († 1845) ꝛc. in die Reihen der gefeierten Männer der Nation. Die Literatur nahm nun eine Richtung, die, so verderblich sie späterhin auch ihren Vertretern wurde, an und für sich doch wohlthätig und fruchtbringend war, indem sie als Trägerin des öffentlichen Lebens die Sprache ihre ganze Fülle entfalten ließ und sie auf jene Stufe der Ausbildung brachte, die es möglich macht, daß wir jetzt bei de Neugestaltung der Dinge auf den neuen Bahnen der Civilisation, auf die wir ein künftiges Geschlecht zu leiten haben, auf den Gebieten eines neuerwachten Staatslebens sowohl, als auf denen der Volkswirthschaft, der Industrie und des Handels uns geistig frei zu bewegen und die Masse neuer Ideen zu bewältigen im Stande sind.

I.
Theoretischer Theil.

Erstes Buch.
Lautlehre.
Die Buchstaben.
§. 1.

Die Ungarn bedienen sich zur Bezeichnung der Laute in ihrer Sprache der lateinischen Buchstaben; da aber diese zur Darstellung aller ungarischen Laute nicht ausreichen, so war man veranlaßt dem diesfälligen Mangel bei den Consonanten durch Zusammensetzung, bei den Vocalen durch Striche oder Punkte, die über dieselben gesetzt werden, abzuhelfen; so entstand folgendes Alphabet:

A a, Á á, B b, C c (cz), Cs cs, D d, Ds ds, E e, É é, F f, G g, Gy gy, H h, I i, Í í, J j, K k, L l, Ly ly, M m, N n, Ny ny, O o, Ó ó, Ö ö, Ő ő, P p, R r, S s, Sz sz, T t, Ty ty, U u, Ú ú, Ü ü, Ű ű, V v, Z z, Zs zs.

Anmerkung. 1. ts und tz anstatt cs und c sind veraltet. (S. w. §. 16.)
Anmerkung. 2. Die Buchstaben c (statt k), ch, qu, w, x, y werden nur in Fremdwörtern, ch und y aber auch in altungarischen Familiennamen, und zwar ersteres statt cs, letzteres statt i gebraucht, als: Catalina, Achilles, Quintilianus, Xerxes, Ypsilandi, Forgách (l. Forgács), Zichy (l. Zicsi). In wenigen altungarischen Familiennamen wird auch aa statt á, ee statt é, oo statt ó, eö, eow, ew statt ő und w statt v gebraucht, als: Gaal (l. Gál), Veer (l. Vér), Joo (l. Jó), Desewffy (l. Desöffi), Eötvös (l. Ötvös), Jankowich (l. Jankovics). Z wird in einigen altungarischen Familiennamen für Sz gebraucht, als: Zerdahelyi (l. Szerdahelyi).

Aussprache der Buchstaben.
§. 2.

Die meisten Lautzeichen des Alphabets werden wie die entsprechenden deutschen Buchstaben ausgesprochen. Folgende weichen in der Aussprache ab und sind besonders zu bemerken:

a ohne Accent nähert sich in der Aussprache dem deutschen o und lautet wie das deutsche a in was nach österreichischer Mundart, als: hang Ton, kar Arm.

á mit Accent lautet wie das deutsche aa in paar, nach hochdeutscher Aussprache, als: kár Schaden, vád Klage.

c wird wie das deutsche z ausgesprochen, als: cipö Schuh, cél Ziel.

cs klingt wie tsch im Worte Kutsche, als: csúcs Gipfel, csal er betrügt.

e ohne Accent hat wie e im Deutschen eine doppelte Aussprache; eine offene wie im deutschen Worte Mensch, als: nyelv Zunge, Sprache, und eine geschlossene wie im deutschen Worte bekannt, als: veres roth, kelt entstanden.

Dieses geschlossene e nähert sich in der Aussprache dem ö, daher die zweite jetzt häufigere Schreibart vörös, költ. Einige ältere Schriftsteller bezeichnen diese verschiedenen e auch in der Schrift, indem sie über das geschlossene e zwei Punkte setzen, als: nëm ëgyebet nichts anderes.

Anmerkung. Der Anfänger möge diese Bemerkung nicht außer Acht lassen, und diejenigen Wörter mit ö, die er in den Wörterbüchern nicht findet, unter e nachsuchen.

é mit Accent lautet wie das deutsche eh in Mehl oder äh in ähnlich, als: szél Wind, nép Volk.

gy klingt ungefähr wie dj, in einem Laute gelinde ausgesprochen, als: gyök (djök) Wurzel, hegy (hedj) Berg.

i mit Accent lautet wie das deutsche ie in vier, als: ír er schreibt, híd Brücke.

ly klingt ungefähr wie lj, in einem Laute äußerst gelinde gesprochen, als: hely (helj) Ort, lyuk (ljuk) Loch.

ny klingt wie nj in einen Laut verschmolzen, als: nyár (njár) Sommer, fény (fénj) Glanz.

o ohne Accent neigt sich in der Aussprache ein wenig dem u-Laut zu, wie auch das deutsche o in einigen Provinzen gehört wird, als: lop er stiehlt, hol wo.

ó mit Accent lautet wie das deutsche oo in Loos, als: ó alt, ón Blei, pók Spinne.

ö mit zwei Punkten ist ein kurzer Mischlaut ähnlich dem ö in Hölle, als: ökör Ochs, öröm Freunde.

ő mit zwei Accenten oder nach veralteter Schreibart mit zwei Punkten und einem Accent dazwischen, lautet wie das deutsche ö in König, als: fő Haupt, őr Wache, rőt rothbraun.

s klingt wie das deutsche sch, worauf der Anfänger besonders zu merken hat, als: sas (l. Schasch) Adler, só (l. Schoo) Salz; wogegen

sz wie das deutsche ss oder auch ß klingt, als: szász (l. ßaaß) Sachse, szesz (l. ßeß) Geist.

ty klingt wie tj in einem Laute, als: tyúk (tjuk) Henne.

u ohne Accent lautet wie das deutsche kurze u, als : falu Dorf, tudom ich weiß es.

ú mit Accent lautet wie das deutsche uh in Uhr, als : úr Herr, kút Brunnen.

ü mit zwei Punkten ist ein Mischlaut ähnlich dem deutschen ü in über, nur noch kürzer ausgesprochen, als : ünnep Fest, üdv Heil.

ű mit Doppelaccent oder nach veralteter Schreibart mit zwei Punkten und einem Accente dazwischen, lautet wie das ü in dem Worte Mühe, als : fű Gras, szűcs Kürschner.

v wird wie das deutsche w ausgesprochen, als : vad wild, öv Gürtel.

z klingt wie das deutsche s in böse, als : zab (l. Sob) Hafer, üz (l. űs) er jagt.

zs kann mit deutschen Lautzeichen nicht dargestellt werden, es ist ein gelindes sch mit einem leisen Anlaute des früher genannten Buchstaben z, wie das g in der letzten Silbe des französischen Wortes negligée, welches auch im Deutschen üblich ist, als : zsámoly Schemel, rozs Roggen.

Eintheilung und Wesen der Laute.

§. 3.

Die 39 Laute der ungarischen Sprache theilen sich in 14 Vocale : a, á, e, é, i, í, o, ó, ö, ő, u, ú, ü, ű und 25 Consonanten : b, cs, c, d, ds, f, g, gy, h, j, k, l, ly, m, n, ny, p, r, s, sz, t, ty, v, z, zs.

Die Vocale spielen im Ungarischen eine weit wichtigere Rolle als in andern Sprachen, und machen einen eben so wesentlichen Bestandtheil der Wörter aus, als die Mitlaute. Ganz verschiedene Bedeutung haben daher z. B. folgende Wörter mit ganz gleichen Consonanten und blos verschiedenen Vocalen, kar, Arm; kár, Schaden; kér, er bittet; kor, Zeit; kór, Krankheit; kör, Kreis. Eben so : ár, Preis, Fluth, Ahle; ér, Ader; ér, ist werth; ír, er schreibt; ir, Salbe; or, Nase; or, Dieb; ör, Wache; úr, Herr; ür, Leere.

Auch ist die ungarische Sprache sehr vocalreich und duldet keine Häufung von Mitlauten, namentlich fängt nie eine Silbe mit mehren engverbundenen Consonanten an, wie im Deutschen in den Wörtern : Brod, Sprache ꝛc. Wenn daher ein Wort mit solcher Consonantenhäufung aus irgend einer fremden Sprache entlehnt werden soll, so wird entweder vor oder zwischen die Mitlaute ein Vocal eingeschoben, so sagt man istálló von Stall; istáp von Stab; istráng von Strang; iskola vom lateinischen scola; ostrom von Sturm; ispotály von Spital; sinór von Schnur; goromba von grob; salak von Schlacke; garas von Groschen; király vom slavischen král; kalász vom slavischen klasz, Aehre ꝛc.

Um die Häufung der Consonanten im Anlaute zu vermeiden, wird nicht selten einer der Consonanten ausgestoßen, als: zsoltár von Psalter; font von Pfund; pünkösd von Pfingsten; cérna von Zwirn; tompa von stumpf.

§. 4.

Die drei einfachen und ursprünglichen Selbstlaute, auf welche sich im Ungarischen alle Vocaltöne zurückführen lassen, sind: i, a, u. Aus Mischung dieser drei Grundlaute entwickeln sich die sogenannten Mischlaute e, o, ö, ü, nämlich aus dem Schweben der Stimme zwischen a und i entsteht e, zwischen a und u, o, zwischen i und u, ü und ö. — I und u als die festesten unter diesen Vocalen, verhärten sich leicht zu Mitlauten, i zu j, u zu v, so wird aus soha-it, sohajt, er seufzt; aus daru, Kranich, darvak, Kraniche.

§. 5.

Die Vocale sind ihrem Ursprunge nach entweder einfach (kurz) oder doppelt (lang). Der einfachen Vocale gibt es 7: a, e, i, o, ö, u, ü und eben so viele doppelte: á, é, í, ó, ő, ú, ű, die sämmtlich durch den Accent von den einfachen unterschieden werden. Es sind zwei Arten der Entstehung der accentuirten Vocale möglich: 1) wenn die ursprüngliche Doppelung desselben Vocals äußerlich in einen Körper zusammengetreten ist, z. B. á statt aa, í statt ii, ó statt oo. 2) Wenn zwei verschiedene Laute in einen Mischlaut zusammenfließen, z. B. ó statt au, av; ő statt eü, ev; é statt ai; als: látók statt látá-uk, wir sahen es, kérők statt kére-ük, wir baten es, elő statt eleve, vor, csór statt csavar, er windet, romolnék statt romolna-ik, es würde verderben. Tritt nun zu den accentuirten Vocalen ó oder ő noch ein Vocal hinzu, so können sie wieder in ihre Grundbestandtheile zerfallen, und dann verwandelt sich das u vor einem Selbstlaute, wie oben bemerkt wurde, in v; so z. B. wenn zu tó, welches eigentlich so viel ist als tau, in der Mehrzahl ak hinzutritt, so wird tavak; tő, tövek.

§. 6.

Eine eigenthümliche Eintheilung der Vocale, die sich durch die ganze Wortlehre hindurchzieht, und die Bildung durchgreifend beherrscht, ist die in tieflautende oder harte und hochlautende oder weiche.

Tieflautende oder harte Vocale sind: a, á, o, ó, u, ú; hochlautende oder weiche: e, ö, ő, ü, ű. Das gedehnte é, í, und i sind Mittellaute, die bald tief bald hoch lauten, je nachdem die Vocale der vorhergehenden Silben in demselben Worte tief= oder hochlautend sind. So wird z. B. das é in árnyék, Schatten, tief lauten, da der Vocal der vorletzten Silbe tieflautend ist, während é in remény, Hoffnung, hochlautend ist, weil sich in der vorletzten Silbe ein hochlautender Vocal (e) befindet.

In Wörtern wo é, í, i allein vorkommen, ist é immer, das kurze i gewöhnlich hoch=, das lange í aber meistens tieflautend.

§. 7.

Je nachdem eine Wurzel einen tief= oder hochlautenden Vocal hat, werden auch alle Bildungs= und Anhangssilben desselben tief= oder hochlautend sein. Daher gibt es z. B. für die deutsche Bildungs= endung ung im Ungarischen eine tieflautende Bildungsendung at und eine hochlautende et. Wenn ich nun von vállal, er unternimmt, und becsül, er achtet, die Hauptwörter Unternehmung und Achtung bilden will, so muß ich dem Worte vállal die tieflautende Silbe at und dem Worte becsül die hochlautende Bildungssilbe et anfügen, weil vállal tieflautende Vocale á, a, und becsül die hochlautenden Vocale e, ü hat und folglich vállal selber ein tief= lautendes und becsül ein hochlautendes Wort ist; so entstehen die Wörter vállalat, Unternehmung, und becsület, Achtung.

Wörter mit gemischten, tief= und hochlautenden Vocalen ge= hören zu den seltenen Ausnahmen, solche sind: beretva, Rasir= messer; gyertya, Kerze; hernyó, Raupe; hervad, es welkt; pelyva, Spreu.

§. 8.

Die Kenntniß der verschiedenen Mitlautklassen hat in Bezie= hung auf grammatische und lexikalische Bildung ebenfalls große Wichtigkeit. Wir unterscheiden:

I. **Nach den Organen**, welche bei der Hervorbringung der Mitlaute thätig sind:

a) Lippenlaute: b, f, m, p, v.

b) Zungen= oder Zahnlaute: cs, c, d, ds, l, ly, n, ny, r, s, sz, t, ty, z, zs.

c) Kehllaute: g, gy, h, j, k.

II. **Nach der innern Natur ihrer Aussprache** sind die Mitlaute:

a) Stummlaute, welche dadurch entstehen, daß zwei Sprach= werkzeuge sich fest zusammenschließen, um die aus der Kehle hervorströmende Luft für einen Augenblick zu hemmen und sie dann stärker hervorbrechen zu lassen. Diese Laute haben das Eigenthümliche, daß man sie nicht forttönen lassen kann, ohne inzwischen immer von Neuem den nachlautenden Selbst= laut zu wiederholen, so z. B. bé, dé ꝛc.

b) **Flüssige Mitlaute**, die mit schlafferem Zusammenschließen der Sprachorgane gesprochen werden und die Eigenthümlichkeit besitzen, daß sie, so lange der Athem reicht, forttönen können. Sie zerfallen in vier Klassen verschiedener Art:

a) Sause= und Zischlaute : cs, c, s, sz, z, zs.

b) Schmelzlaute : l, ly, m, n, ny, r, welche ihren Namen daher haben, weil sie ihrer Natur nach sich leicht und gerne andern Lauten anschmiegen, und in der Aussprache leicht elidirt werden. Der gemeine Mann sagt statt töld, Erde, föd; statt Tens Ur (das verkürzte Tekintetes Ur), gnädiger Herr, Tés Ur; statt mért? warum? mét? ꝛc.

c) Hauchlaute : f, h. Diese beiden Laute entstehen blos durch verstärkten Hauch, fast ohne Hinzuthun der Sprachorgane; daher ihr Name.

d) Halbvocale : j, v. Sie heißen so, weil sie leicht aus Vocalen, das j aus i, das v aus u entstehen.

Folgende Tabelle gibt eine systematische Uebersicht sämmtlicher Mitlaute nach den Organen, so wie nach der verschiedenartigen Lautbarkeit, wobei auch die **harte** oder **weiche** Aussprache derselben berücksichtigt wurde.

	Stummlaute		Flüssige Laute					
			Sauselaute		Schmelzlaute		Hauch-	Halb-
	harte	weiche	harte	weiche	harte	weiche	laute	vocale
Lippenlaute	p	b			m		f	v
Zungenlaute	t	d	c, cs s, sz	ds z, zs	l, n, r, ty	ly, ny		
Kehllaute	k	g				gy	h	

Anmerkung. 1. Die Laute ds, ly, ny, ty sind ihrer zusammengesetzten Natur nach sowohl den Zungen- als den Kehllauten zuzuzählen. Eben so sind gy, ty bald als Stummlaute, bald als flüssige Laute zu betrachten.

Anmerkung. 2. Unter den flüssigen Lauten haben die Hauchlaute, Halbvocale, so wie der Sauselaut sz das Eigenthümliche gemeinschaftlich, daß sie sämmtlich zu ihrer Aussprache mehr oder weniger verstärkten Hauch erfordern, und können von dieser Seite mit Recht unter eine Klasse der Lautbarkeit gesetzt werden, die wir mit dem Namen der Spiranten belegen wollen. Es gibt also der Spiranten fünf: f, h, j, sz, v.

Die harten und weichen Laute müssen deutlich von einander unterschieden werden, so z. B. bor, Wein, und por, Staub; bab, Bohne; pap, der Geistliche; dér, Reif; tér, Raum rc.

Lehre der Euphonie oder des Wohllautes.

Ein ebenmäßiges Verhältniß der in einem Worte verbundenen Laute bildet die Euphonie oder den Wohllaut der Sprache. An und für sich ist zwar jeder Laut wohltönend; allein die Laute in ihrer Verbindung können leicht ein solches Mißverhältniß erzeugen, daß das Gehör unangenehm afficirt wird. Jede Sprache strebt daher mehr oder weniger solche, durch die grammatikalischen Bildungen entstandene übelklingende Lautverbindungen auf wohllautende zurückzuführen. Dies wird vermittelt durch: 1) **Wechsel der Laute**; 2) **Ausstoßen gewisser Laute**; 3) **Einschiebung**; 4) **Assimilation**; 5) **Versetzung der Consonantlaute**.

1. Wechsel der Laute.

§. 10.

Um die Häufung der Vocale zu vermeiden, wird i in j, u in v verwandelt, als: gyüjt, er sammelt, statt gyü-it; szarvak, Hörner, statt szaru-ak; darvak, Kraniche, statt daru-ak. Umgekehrt geht ein Mitlaut in einen Selbstlaut über, wenn sonst eine Häufung der Mitlaute stattfände, als: piac für Platz.

Zwei ähnliche einfache Vocale zerfließen oder verwandeln sich in ihren entsprechenden langen Vocal, als: kutya, Hund, in der Mehrzahl: kuty-ák, Hunde, statt kutya-ak. Daher die allgemeine Regel: die kurzen Vocale a, e übergehen in á, é, wenn denselben unmittelbar etwas angehängt wird, als: az atya, der Vater; az atyák, die Väter; az atyától, von dem Vater; a teve, das Kameel; a tevé-re, auf das Kameel; a tevé-röl, von dem Kameele u. s. w.

Die Anhängsilben i, ság, kép, ként, kor machen hier eine Ausnahme, als: atya-i, väterlich, nicht atyá-i; atya-ként, gleich einem Vater, nicht atyá-ként.

Die meisten genannten Lautveränderungen sind in Folge grammatikalischer Bildungen nach den Gesetzen der Euphonie entstanden. Es gibt aber eine eigentliche Art von Lautwechsel, welcher darin besteht, daß dasselbe Wort in unterschiedenen Sprachen und Mundarten unterschiedene Lautverhältnisse und Uebergänge der

Laute in andere ihnen verwandte Laute bildet. Wir nennen aber Laute verwandt, welche ein und demselben Organ angehören.

Wir begegnen einem Wechsel der Laute: 1) innerhalb ein und derselben Sprache in verschiedenen Mundarten, als: fejér — fehér, weiß; borjú — bornyú, Kalb; döm — töm, er stopft; pohánka — pogánka, Heidegrütze; labda — lapta, Ballen; 2) in ein und derselben Mundart blos um eine, wenn auch geringe Verschiedenheit der Bedeutung anzuzeigen, als: büdös, stinkend; büzös, einen übeln Geruch habend; hajolni, sich biegen; kajolni, herabgebogen werden; 3) bei Wörtern aus fremden Sprachen, wo durch den Wechsel das Lautverhältniß des fremdklingenden Wortes unsern Organen angemessen wird. So wird

aus	Beize	ungarisch pác
—	Beck	— pék
—	Börse	— persely
—	Bisam	— pézma
—	Binder	— pintér
—	Bleiweiß	— plajbász
—	Blech	— pléh
—	Becher	— pohár
—	Buche	— bük
—	Wagner	— bognár
—	Bürger	— polgár
—	Pokal	— bokál
—	Flasche	— palack
—	Bauer	— pór
—	Viole	— ibolya
aus dem lateinischen pinus (Fichte)	—	fenyö
aus dem latein. angelus (Engel)	—	angyal
aus dem latein. crux (Kreuz)	—	kereszt
aus	Erker	— erkély
—	Julius	— Gyula
—	Georg	— György
—	Ingenieur	— inzsellér
—	Pranger	— pellengér
—	Elisabeth	— Erzsébet
—	Frühstück	— fölöstök
—	Vorreiter	— fellajtár
—	Quartier	— kvártély
—	Kümmel	— kömény
—	Panzer	— páncél
—	Bagage	— pogyász
—	Herde	— csorda
—	Dolmetsch	— tolmács

2. Ausstoßen oder Abwerfen gewisser Laute.

(Elision oder Aphaeresis.)

§. 11.

Die Elision findet grammatikalisch vorzüglich in jenen Wörtern statt, in deren letzter Silbe sich ein Schmelzlaut befindet. Wenn nämlich auf die Silbe eine mit einem Selbstlaut anfangende Bildungspartikel (Suffix) folgt, so werden die Mischlaute e, o, ö gänzlich ausgestoßen, die gedehnten Vocale aber verkürzt, so wird aus álom, Traum, in der Mehrzahl, wo ak hinzutritt, ál-mak, aus ökör, Ochs, ökr-ök, Ochsen; aus ezer, tausend, ezr-ek, tausende. Gleichermaßen wird aus sugár (welches eigentlich so viel ist als sugaar), Strahl, sugar-ak, Strahlen; szél (welches so viel ist als szeel), Wind, szel-ek, Winde. — Der Grund dieser regelmäßigen Elision liegt in der vocalischen Natur der Schmelzlaute, deren Zusammenstoßen mit andern Mitlauten keine mißtönende Consonanthäufung geben. Daher auch manche andere Silben, wie tok, tek, csok, csek, zog, zeg, goz, gez, szok, szek, derselben Regel folgen, als: titok, Geheimniß, titk-ok, Geheimnisse; mocsok, Flecken, mocsk-ok, Flecken (Mehrzahl); mozog, er bewegt sich, mozg-ok, ich bewege mich; tegez, der Köcher, tegz-ek, die Köcher (Mehrzahl); fészek, Nest, fészk-ek, Nester.

Etymologisch findet Elision statt:

1) Innerhalb ein und derselben Sprache: a) Bei Zusammensetzungen, wo zwei Vocale zusammenstoßen, als: gazdasszony statt gazda-asszony; lelkiméret statt lelki-isméret; szintannyi statt szinte-annyi; b) durch Abschleifung bei der Ableitung oder durch den Gebrauch, als: ötvös, Gold- oder Silberarbeiter, statt öntvös, von önt, gießen, schmelzen; chomra statt éhgyomorra, auf nüchternen Magen; pajtás, Gefährte, statt bajtárs; kend oder kelmed statt kegyelmed, Ihr, Tens oder Tés statt Tekintetes, gnädiger, tom statt tudom, ich weiß es; ném, lám statt nézem, látom, ich sehe es. Häufig geschieht diese Ausstoßung oder Abschleifung beim l, als: tún statt talán, vielleicht; át statt által, durch; hónap statt holnap, Monat, morgen. In der Sprache des Volkes: hód statt hold, Mond; föd statt föld, Erde; kéne statt kellene, müßte ꝛc.

2) Bei fremden Sprachen entlehnten Wörtern geschieht das Abwerfen eines Consonanten im Anfange zur Erleichterung der Aussprache, das Abwerfen eines Vocales im Anfange durch Abschleifung, so wird aus stumpf, tompa; aus Psalter, zsoltár; aus Psalm, zsolosma; aus Pfund, font; aus Pomeranze, narancs; ferner aus Italiener, talián; aus Episcopus (Bischof), püspök;

aus Eremit, remete; aus Apotheke, patika ꝛc. Auch Ausstoßung einzelner Laute aus der Mitte des Wortes findet statt, so wird aus Punkt, pont; aus Troß, dac; aus Schwager, sógor; ans florentinus, florin (Gulden), forint ꝛc. S. oben §. 3.

3. Die Einschiebung.

§. 12.

Die Einschiebung ist von zweierlei Art, entweder 1) Einschiebung eines Vocales zwischen zwei Consonanten, welches a) grammatikalisch dann stattfindet, wenn zwei Consonanten verbunden werden sollen, die dem Geiste der ungarischen Sprache gemäß mißlautend wären, als: mondasz, du sagst, statt mondsz; hordasz, du trägst, statt hordsz ꝛc.; b) etymologisch bei Wörtern aus fremden Sprachen, die mit zwei engverbundenen Mitlauten anfangen, so wird aus Franz, Ferenc; aus Schnur, zsinór; aus Kreuz, kereszt ꝛc., s. oben §. 3. 2) Einschiebung eines Consonanten zwischen zwei Vocale, zur Vermeidung des übellautenden sogenannten Hiatus, als: veszem, ich nehme es, statt ve-em; ivó, Trinker, statt i-ó.

Anmerkung. Bei Anfügung der Futurendung and, end, wird das Zusammenstoßen zweier Vocale (Hiatus) gewöhnlich nicht vermieden, und man sagt: ve-endek, ich werde nehmen, i-andok, ich werde trinken. Auch sonst ist die Vermeidung des Hiatus nicht durchgängig.

Weniger häufig ist die Vorsetzung und zwar findet Vorsetzung von Vocalen etymologisch blos bei Wörtern aus fremden Sprachen statt, die mit zwei engverbundenen Mitlautern anfangen, so wird aus Stall, istálló; aus Strang, istráng; ans schola, Schule, iskola oder oskola; aus Sturm, ostrom.

Verhältnißmäßig noch seltener ist die Vorsetzung gewisser Consonantlaute (Prosthesis) ohne irgend nachweislichen Grund, wie z. B. irkál, firkúl, er scribelt; ügyel, figyel, er gibt Acht; uszít, huszít, er hetzt; ámul, bámul, er staunt; állvány, bálvány, Standbild, Götzenbild.

4. Assimilation.

§. 13.

Durch die Assimilation werden zwei verschiedene Consonanten, die unmittelbar zusammenstoßen, entweder ganz verähnlicht oder doch in gleichartige Laute verwandelt. So gehen im Ungarischen die Halbvocale j und v nach Sauselauten immer in ähnliche Sauselaute über, als: sassa, sein Adler, statt sas-ja; moss, wasche, statt mos-j; össze, zusammen, statt ösz-ve. Eine Ausnahme von dieser Regel machen die Bildungssuffixe des Gerundium ván und va, als : mosváu, waschend, nicht mos-sán; érezvén, fühlend, nicht érez-zén.

Weiter ausgedehnt wurde dieses Lautgesetz bei der Bildungssilbe val, vel, wo die Assimilation mit jedem Consonanten ohne Unterschied stattfindet, man sagt daher eben so gut kör-rel, mit dem Kreise, statt körvel; lapát-tal, mit der Schaufel, statt lapátval; wie man sas-sal, mit dem Adler, sagt statt sas-val.

Die Assimilation zu gleichartigen Lauten findet besonders in der Etymologie statt, so übergeht vor dem Endlaute t das m gewöhnlich in das mitverwandte (s. §. 8) n, als : bont, er löst auf, bon-col, er secirt, von bom-ol, er löst sich auf; hán-tok, ich schäle, von hám, Hülse; rontani, zerstören, rombolni, öfter zerstören; ferner übergeht das weiche b in das harte p vor dem ebenfalls harten k und umgekehrt, z. B. lep-ke, statt leb-ke, der Schmetterling, von leb, flattern. Auch völlige Verähnlichung ist nicht selten, namentlich in der Ableitung der Zeitwörter, als : szag-gat, er zerrt, er reißt öfter, statt szak-gat, von szak-itani, reißen; nyag-gatni, Einem auf dem Halse sein, plagen, statt nyak-gat, von nyak; hál-lani, sich schälen, statt hám-lani, von hám, Schale, Hülse; pállik, es verfault, statt párlik. Diese Gesetze der Assimilation sind im Ungarischen jedoch nicht durchgeführt und beschränken sich blos auf einige Fälle, unter denen uns die genannten am häufigsten begegnen.

Anmerkung. Auch etymologisch überflüssig und blos des Wohllauts halber eingeschoben begegnet uns das m, als : lomb, von Laub; szombat, von Sabbat. Eben so begegnet uns das n des Wohllauts halber eingeschoben vor t, g, k, als : lant von Laute, lantorna von Laterne, pank =pók Spinne, tengelice von Stieglitz, tátong=tátog Schlucht.

5. Versetzung der Consonantlaute (Methatesis).

§. 14.

Die Versetzung der Consonantlaute ist a) nothwendig hervorgerufen durch die Schwäche gewisser Consonanten, die vermöge ihrer Flüssigkeit sich auf ihrem Platze nicht zu behaupten vermögen, als : vemhek, die Füllen, statt vehm-ek von vehem; pelyh-ek, Flaumfedern, statt pehly-ek, von pehely; terh-ek, Lasten, statt tehr-ek, von teher; b) willkürlich und mundartlich, als : kalán und kanál, Löffel; egyeledni und elegyedni, sich mischen; erszény und eszrény, Beutel; rög und gör, Scholle; szöcskö und szökcsö, Grashüpfer; pök und köp, er speit; vilagos und vigályos, licht; fentereg und fetreng, er wälzt sich; léha und héla, leer.

Häufig ist die Versetzung der Consonanten bei der Entlehnung aus fremden Sprachen, als:

lecke	von Lektion, (lectio)
ereklye	— Relique
familia	— Familie
kehely	— Kelch, többes, kelyhek
kályha	— Kachel.

Orthographie oder Rechtschreibung.
Allgemeines Gesetz der Orthographie.
§. 15.

Die Orthographie oder Rechtschreibung kennt zwei Wege die Lautgebilde in Schrift darzustellen, denn entweder hält man bei veränderter Aussprache die durch die Etymologie gebotene Schreibart fest, wie z. B. der Engländer sein Szódzser, Soldat, Soldier schreibt, weil es von Sold stammt; oder man paßt, auch gegen die Abstammung, die Schreibung der Aussprache an, so wie man im Ungarischen einst nach der Aussprache kesztyü schrieb, statt kcztyü von kéz und tyü. — Der neueste Gebrauch in der ungarischen Rechtschreibung entschied sich für das Gesetz der Abstammung, welches darin besteht: die Wörter durch die Schrift in solcher Form auszudrücken, daß diese der Etymologie gemäß sei. Diesem Grundsatze zufolge schreiben wir adjuk, wir geben es, mit dj, obgleich es in der Aussprache adgyuk lautet; tanitson, er lehre, und nicht tanicson, da der Stamm tanit ist. Darum schreiben einige der Alten sehr richtig az malom, die Mühle, und so schreibt man jetzt nicht unrichtig a' malom, a' mit Apostroph, als Zeichen des weggelassenen Buchstaben z, obgleich in der Aussprache ammalom zu hören ist.

Aus dem rein äußerlichen Grunde, die Schreibung zu erleichtern und durch die häufigen Apostrophe nicht zu verunstalten, läßt man neuerer Zeit die Apostrophe überall weg.

Von den zusammengesetzten Lautzeichen.
§. 16.

Die zusammengesetzten Lautzeichen sind, wie wir in §. 1 gesehen haben, aus Unzulänglichkeit des lateinischen Alphabets zur Bezeichnung der ungarischen Laute entstanden, wir bezeichnen also mit cs, ds, gy, ly, ny, ty, sz, zs, jene theils geschliffene, theils gezischte Laute, für die es im lateinischen Alphabet kein einfaches Zeichen gibt, die aber nichts destoweniger einfache Laute darstellen und nie getheilt werden können. Wird einer dieser Laute im Wortstamme doppelt ausgesprochen, so wird nach dem neuesten Gebrauche blos der erste Buchstabe verdoppelt, als: hosszú, lang; faggyú, Unschlitt; hattyú, Schwan, statt hoszszú, fagygyú, hatytyú. Allein bei Theilung des Wortes ist letztere Schreibart unerläßlich, als: hosz-szú, fagy-gyú, haty-tyú. Geschieht die Verdoppelung in Folge der Anfügung eines Suffixes oder der Zusammensetzung, so findet die erwähnte Abkürzung eben so wenig statt, als: asszony-nyal, mit einer Frau, von asszony; öcscse, sein Bruder, von öcs.

> Anmerkung. 1. Statt cs, c hat man früher ts, tz geschrieben. Die Neuern haben diese Schreibart nur da beibehalten, wo das t im Stammworte vorhanden war, und das s als Bildungsbuchstabe hinzugekommen ist, als: rontsa, er zerstöre es, von ront; tartsa, er halte es, von tart; átzúg, es durchrausche, von át, durch, und zúg, es rauscht; látszik, es scheint, von lát.
>
> Anmerkung. 2. Statt cz haben die neuesten Schriftsteller nach Vorgang der ältern (Dugonics und Kazinczy) ein bloßes c zu schreiben angefangen, was schon der Einfachheit wegen sehr zu empfehlen ist.

Von der Schreibart der selten zu gebrauchenden Fremdwörter und Eigennamen.

§. 17.

Die Fremdwörter, welche im Ungarischen vorkommen, sind entweder eingebürgert, d. i. als Eigenthum in die Sprache aufgenommen, und werden dann natürlich nach ungarischer Weise geschrieben, als: frigy, Bündniß, von Friede; friss, frisch; oder gastlich, d. i. aus Mangel eines ungarischen Wortes, vornehmlich eines Kunstausdruckes, vorläufig entlehnt, aber nicht als Eigenthum aufgenommen, welche nach fremder Weise, d. h. mit den in der fremden Sprache für das Wort gebrauchten Buchstaben geschrieben werden, als: philosophia, Philosophie.

Die Vornamen haben sich größtentheils nach den, dem Ungarischen eigenthümlichen Gesetzen der Lautlehre entwickelt, und sich dann in der entwickelten Form eingebürgert, daher sie auch nach dieser Form zu schreiben sind, als: János, Johann, Borbála, Barbara, József, Joseph, Fülöp, Philipp, Rajna, Rhein c.

Altungarische Familiennamen behalten ihre ursprüngliche Schreibart, als: Forgách, Desewffy.

Namen, die in der ungarischen Sprache nicht eingebürgert sind, schreibt man der Orthographie der Sprache gemäß, aus der sie entlehnt sind.

Gebrauch der großen Anfangsbuchstaben.

§. 18.

Mit großen Anfangsbuchstaben schreibt man: 1) jedes Wort zu Anfang einer Rede, oder eines Verses und nach jedem geschlossenen Satze. 2) Die Eigennamen der Personen, Länder, Städte, Welttheile, Flüsse, Berge, als: Vilmos, Wilhelm, Németország, Deutschland, Bécs, Wien, Afrika, Afrika, Tisza, Theiß, a Kárpatok, die Karpaten. 3) Die Personwörter zur Ehrenbezeigung, als: Tekintetes Úr, Gnädiger Herr, Fötisztelendö Úr, Hochwürdiger Herr.

Die Theilung der Wörter, so wie die verschiedenen Unterscheidungszeichen sind im Ungarischen den nämlichen Regeln unterworfen, wie im Deutschen.

Von der Betonung.

§. 19.

Ton oder Accent ist der Grad der innern Stärke oder des Nachdruckes, mit welchem eine Silbe ausgesprochen wird; der Ton ist daher etwas völlig Verschiedenes von der Qualität oder dem Maße der Länge und Kürze der Vocale. In dem Worte vezér z. B. kommt der Nachdruck der Stimme nicht auf das é, obgleich es lang gesprochen wird, sondern auf die erste Silbe ve, welche kurz ausgesprochen wird.

Anmerkung. Wie sehr diese Unterscheidung bisher von den Grammatikern übersehen wurde, siehe Szalay's Grammatik, 7. Auflage, S. 13.

Nach dem natürlichsten Gesetze der Aussprache ruht der Ton stets auf der Silbe des Wortes, welche vornehmlich den Sinn angibt, d. i. auf der Wurzelsilbe; da nun die ungarischen Wörter größtentheils mit der Wurzelsilbe beginnen, so hat sich der Ungar die Betonung der ersten Silbe des Wortes angewöhnt. Dieser Gewohnheit zufolge wird daher auch in den wenigen Wörtern, bei welchen vorne eine Partikel hinzutritt, der Ton von der Wurzel auf die vordere Zusatzsilbe treten, als: megmenteni, retten.

Am deutlichsten tritt diese Regel bei der Aussprache eingebürgerter Fremdwörter hervor, die in der fremden Sprache den Accent auf die zweite Silbe legen, während im Ungarischen folgerecht der Nachdruck auf die erste Silbe kommt, z. B. pápista von Papist, kappan von Kapaun, kaszárnya von Kaserne, kastély von Kastell.

Bei zusammengesetzten Wörtern bekommt jeder Theil der Zusammensetzung besonders den Accent, daher faló, der Schlucker, anders ausgesprochen werden muß als fa-ló, das hölzerne Pferd; elégedett, zufrieden, anders als el-égetett, er ist verbrannt worden; elég, genug, anders als el-ég, es verbrennt.

Von den Silben.

§. 20.

Die Silbe kann im Ungarischen sowohl mit einem Vocale als mit einem Consonanten beginnen, als: em-ber, Mensch; nie aber fängt die Silbe in einem echt ungarischen Worte mit zwei oder gar drei Consonanten, wie im Deutschen in Spreu, Stroh, an. — Die wenigen ungarischen Wörter, welche mit zwei Consonanten, von denen der erste immer ein starrer und der zweite ein Schmelz= laut ist, anfangen, sind sämmtlich fremden Ursprungs, theils früher, theils später eingebürgert. So sind die Wörter drága, theuer, fricska, Nasenstüber, slavischen, so wie die Wörter friss, frisch, frigy, Bund, deutschen Ursprungs. — Einige werfen, indem sie ins Ungarische herübergenommen werden, einen der Consonanten ab, als: tompa, von stumpf, cérna, von Zwirn.

Jede ungarische Silbe lautet in der Regel nur auf einen Con= sonanten aus, selten und nur wenn der erste Consonant ein Schmelz= oder Sause=, der zweite aber ein starrer Laut ist, auf zwei, als: lomb, Laub, rend, Ordnung, kard, Schwert, part, Ufer u. s. w. Häufiger sind die Doppelconsonanten am Ende der Wörter, als: kell, es ist nöthig

Ausnahmen von der früher ausgesprochenen Regel finden blos in den grammatikalischen Formationen Statt, als: látsz, du siehst, mondsz, du sagst; aber diesem unmagyarischen Lautverhält= nisse wird gewöhnlich durch Einschiebung eines Vocals abgeholfen. Offene auf einen Vocal endigende Silben sind sehr häufig, als: hó, Schnee, ke-fe, Bürste.

Zweites Buch.

Wortlehre.

Der gesammte Wortvorrath der Sprache theilt sich in Arten oder Klassen, die in der Redefügung eine verschiedene Geltung haben, je nachdem sie den Gegenstand, die Aussage oder die nähere Bestimmung und Verbindung des Satzes angeben. Jedes Wort, das eine Wahrnehmung benennt oder bezeichnet, heißt ein Renn= wort; das Wort, wodurch von der Wahrnehmung geurtheilt, d. i. etwas ausgesagt wird, heißt Zeitwort; und alle Wörter, durch welche die so entstandene Rede näher bestimmt und verbunden wird, umfaßt der Name **Partikel**.

Anmerkung. Da von diesen drei Hauptteilen das Zeitwort im Ungarischen oft alle Glieder eines einfachen Satzes in sich vereinigt, und dasselbe demnach auch ohne Kenntniß der andern Redetheile zur Bildung eines Satzes genügt, wie z. B. tudod, bu weißt es, kérlek, ich bitte dich u. s. w., so scheint es die natürlichste Methode zu sein, die Lehre von den Redetheilen mit demselben anzufangen, und diejenigen darauf folgen zu lassen, die zur Bildung eines Satzes der Hilfe anderer Redetheile bedürfen.

Das Zeitwort ist überdies im Ungarischen auch das, worauf die Aufmerksamkeit des Lernenden zuerst gelenkt werden muß, weil es die meisten Schwierigkeiten darbietet.

Um indessen dem Anfänger das Verständniß der in den Uebungsstücken und Beispielen vorkommenden Veränderungen der Nennwörter zu erleichtern, ist es nöthig, hier eine vorläufige Bemerkung über das Nennwort vorauszuschicken.

Die der deutschen Deklination entsprechenden Veränderungen des Hauptwortes lauten folgendermaßen:

Tieflautende.	Einzahl.	Hochlautende.
az atya der Vater		a fejsze das Beil
az atya ház-a oder		a fejsze nyel-e oder
az atyá-nak ház-a des Vaters sein Haus oder das Haus des Vaters		a fejszé-nek nyel-e des Beiles sein Stiel oder der Stiel des Beiles
az atyá-nak bem Vater		a fejszé-nek bem Beile
az atyá-t den Vater		a fejszé-t das Beil

Tieflautende.	Mehrzahl.	Hochlautende.
az atyá-k die Väter		a fejszé-k die Beile
az atyá-k ház-a oder		a fejszé-k nyel-e oder
az atyá-knak ház-a der Väter Haus oder das Haus der Väter		a fesjzé-knek nyel-e der Beile Stiel oder der Stiel der Beile
az atyá-knak den Vätern		a fejszé-knek ben Beilen
az atyá-kat die Väter		a fejszé-ket die Beile

Auf eben dieselbe Weise werden alle sonstigen Verhältnisse am Hauptworte durch Suffixe bezeichnet, als: atyá-m, mein Vater, ház-ad, dein Haus, az atyá-tól, von dem Vater, az atya által, durch den Vater, a ház-ról, von dem Hause, a ház mögött, hinter dem Hause u. s. w.

§. 21.

Alle Veränderungen am Worte in der ungarischen Sprache geschehen durch Buchstaben, Silben oder kurze Wörtchen, die demselben hinten angefügt werden (Suffixe).

Die Suffixe dienen also sowohl zur Bezeichnung der Beziehungen, in welche die Redetheile im Satze zu einander zu stehen kommen, als auch zur Bildung von Wortstämmen. — Die ganze Wortlehre enthält folglich nichts anderes als die Lehre von den Suffixen, und zwar a) Lehre von den Suffixen als Biegungsformen (Formenlehre), b) Lehre von den Suffixen als Stammbildung (Stammbildungslehre).

Formenlehre.

Erstes Kapitel.

Von dem Zeitworte.

§. 22.

Wir theilen im Ungarischen alle Zeitwörter zuvörderst in zwei Hauptklassen: in

1. **Uebergehende Zeitwörter** (Transitiva), wo die Thätigkeit vom Subjekte auf einen andern Gegenstand übergeht, als: látok fát, ich sehe einen Baum, várom az atyámat, ich erwarte meinen Vater.

2. **Unübergehende** oder **Mittel=Zeitwörter** (Intransitiva oder Neutra), deren Thätigkeit auf das Subjekt beschränkt ist, und auf keinen andern Gegenstand hinwirkt, als: ég a tüz, es brennt das Feuer, virágzik a fa, es blüht der Baum. *)

*) Anmerkung. Ich spreche auch bei den neutralen Zeitwörtern von einer Thätigkeit, da das Urtheil in der That stets als Thätigkeit oder als Leiden des Subjektes in der Sprache ausgedrückt wird; denn wenn ich sage z. B. a fü hervad, das Gras welkt, so wird das Welken hier als Thätigkeitsäußerung des Grases aufgestellt u. s. f.

§. 23.

Ein Zeitwort, welches gewöhnlich transitiv ist, kann auch in einer solchen Bedeutung gebraucht werden, daß an keinen Gegenstand der Handlung zu denken ist, als: szeret, er liebt, er ist verliebt; iszik, er trinkt, er ist ein Trunkenbold. Eben so kann ein intransitives Zeitwort eine Bedeutung annehmen, in welcher es transitiv wird, wozu es oft nur der Anfügung des Objektes bedarf, als: áll, er steht, utját állja, er verstellt ihm den Weg, a sétány örök porfellegbe van borulva, még is eleven, és a nép, melly járja víg és jó kedvü, die Promenade ist in eine ewige Staubwolke gehüllt, dennoch ist sie belebt, und das Volk, das sie beschreitet (Verzeihung für die Sprachhärte, mit der ich der Deutlichkeit wegen übersetze), ist froh und wohlgemuth (Schedel). Hier ist jár übergehend, da es sich auf sétány bezieht, und eigentlich heißt melly járja (a sétányt), während gewöhnlich járni, gehen, intransitiv ist. Eben so steht vérezni, bluten, in der Bedeutung „bluten machen," als: a mi az ösz hazafinak lelkét vérezi, was des greisen Vaterlandsfreundes Seele bluten macht (Kisfaludy Sándor). Die gebräuchlichste Art jedoch aus einem unübergehenden Zeitworte ohne

Aenderung des Stammes ein übergehendes zu machen, ist die Anfügung von Vorsilben: meg, fel, ki, le, vissza ꝛc. als: lakni, wohnen; meglakni, bewohnen; ülni, sitzen; elülni, besetzen; kurjongatni, jauchzen; vissza kurjongatni, jauchzend zurückrufen; játszani, spielen; megjátszani, zum Spiel machen, Jemanden zum Besten haben; járni, gehen, bejárni, bereisen ꝛc. Z. B. A harmat gyöngyei sűrűen elülték minden zöldellő fűszálat, die Perlen des Thaues haben dicht besetzt jeden grünenden Grashalm (Szent-Miklóssy); A haragost s dühöst, irígyet szint igy játszanám meg, den Zornigen, Wüthenden und Neidischen würde ich ebenso zum Besten haben (Vörösmarty).

§. 24.

Die durch das übergehende Zeitwort ausgedrückte Handlung kann entweder thätig (activ) dargestellt werden, als: lát, er sieht, vár, er wartet, oder leidend (passiv), vermittelst der Bildungssilben at, et, tat, tet, als: vár-at-ik, er wird erwartet, lát-tat-ik, er wird gesehen. Bei jeder übergehenden Thätigkeit kömmt nämlich in Betracht: das Subjekt, von welchem sie ausgeht, das Objekt, auf welches sie hinwirkt, und die Thätigkeit selbst, durch welche beide in Beziehung treten, als: az ember látja a csillagokat, der Mensch sieht die Sterne; levelet várok, ich erwarte einen Brief.

Macht man nun das Subjekt der Thätigkeit auch zum Subjekte des Satzes, so steht das Zeitwort im Aktivum, wie in obigem Beispiele. Will man dagegen aus irgend einem Grunde den leidenden Gegenstand als Hauptsache darstellen, so macht man denselben zum Subjekte des Satzes und setzt das Zeitwort in das Passivum oder in die Leideform, z. B. csillagok láttatnak az ember által, die Sterne werden gesehen von dem Menschen.

Die Bildung des Passivs geschieht durch tat, tet, bei mehrsilbigen Stämmen, oder bei einsilbigen auf t, wenn dem t kein anderer Mitlaut vorangeht, als: olvas-tat-ik, es wird gelesen, von olvas, er liest; vet-tet-ik, es wird geworfen, von vet, er wirft; bei allen übrigen Stämmen geschieht die Bildung durch at, et, als: ver-et-ik, er wird geschlagen, von ver, er schlägt; von-at-ik, er wird gezogen, von von, er zieht.

Von der Conjugation.

§. 25.

Man nennt die dem Zeitworte eigenthümliche Veränderung durch Anhängsilben Abwandlung und unterscheidet für die verschiedenen Arten von Beziehungen, welche durch die Abwandlung an dem Zeitworte ausgedrückt werden, drei Arten von Bezeichnungen:

Wortlehre.

1. Die Bezeichnung der **Arten** für das Verhältniß der Aussage.
2. Die Bezeichnung der **Zeit**, in welcher die Handlung geschieht.
3. Die Bezeichnung der **Personen**, von denen die Handlung ausgeht.

§. 26.

In Hinsicht auf Bezeichnung der Personen ist vorläufig zu bemerken, daß das ungarische Zeitwort zwei Aktivformen hat: eine **bestimmte**, d. i. wenn die Handlung auf ein durch den Artikel, das anzeigende, zurückführende oder zueignende Fürwort oder auf ein durch einen Eigennamen genauer angegebenes oder vorhergegangenes Objekt sich bezieht, und eine **unbestimmte**, wenn das Objekt, auf das sich die Handlung bezieht, die genannten Bestimmungen nicht hat, oder wenn das Zeitwort eines Objektes gänzlich entbehrt. Eine dritte Abwandlungsform ist die des **Passivum**, aber nur in der Einzahl, die Mehrzahl hat die unbestimmte Aktivform.

Die Personalendungen für die drei Formen sind im Präsens der anzeigenden Art folgende:

	Bestimmt.	Unbestimmt.	Leidend.
		Einzahl.	
1. P.	— m	— k, lak, lek	— m
2.	— — d	— sz	— l
3.	— — ja, i	— —	— ik
		Mehrzahl.	
1. P.	— juk, jük	— unk, ünk	— unk, ünk
2.	— jútok, itek	— tok, tek, tök	— tok, tek, tök
3.	— ják, ik	— nak, nek	— nak, nek

Allen diesen Personalendungen wird ein, dem Stamme analoger Vocal, d. h. bei tieflautenden Stämmen o, bei hochlautenden e, oder wenn in der letzten Silbe des Stammes ö oder ü vorkommt, ein ö als Bindelaut vorangesetzt, außer denjenigen, die wie z. B. unk schon selbst mit einem Vocale, oder die, wie z. B. juk, mit einem erweichenden j anfangen. Zum Beispiele nehmen wir folgende drei Verbalstämme:

für tieflautende | hochlaut. | hochl., die im Stamme ö oder ü haben,
vár, er wartet | kér, er bittet | tör, er bricht.

Bestimmt.	Unbestimmt.	Leidend.
	Einzahl.	
ich erwarte ihn ꝛc.	ich warte ꝛc.	ich werde erwartet ꝛc.
1. P. vár-om	vár-ok u. várlak	várat-om
2. — vár-od	vár-sz	várat-ol
3. — vár-ja	vár	várat-ik

Bestimmt.	Unbestimmt.	Leidend.
	Mehrzahl.	
wir erwarten ihn ꝛc.	wir warten ꝛc.	wir werden erw. ꝛc.
1. P. vár-juk	vár-unk	várat-unk
2. — vár-játok	vár-tok	várat-tok
3. — vár-ják	vár-nak	várat-nak
	Einzahl.	
ich bitte ihn ꝛc.	ich bitte ꝛc.	ich werde gebeten ꝛc.
1. P. kér-em	kér-ek, kérlek	kéret-em
2. — kér-ed	kér-sz	kéret-el
3. — kér-i	kér	kéret-ik
	Mehrzahl.	
wir bitten ihn ꝛc.	wir bitten ꝛc.	wir werden geb. ꝛc.
1. P. kér-jük	kér-ünk	kéret-ünk
2. — kér-itek	kér-tek	kéret-tek
3. — kér-ik	kér-nek	kéret-nek
	Einzahl.	
ich breche es ꝛc.	ich breche ꝛc.	ich w. gebrochen ꝛc.
1. P. tör-öm	tör-ök, törlek	töret-em
2. — tör-öd	tör-sz	töret-el
3. — tör-i	tör	töret-ik
	Mehrzahl.	
wir brechen es ꝛc.	wir brechen ꝛc.	wir w. gebrochen ꝛc.
1. P. tör-jük	tör-ünk	töret-ünk
2. — tör-itek	tör-tök	töret-tek
3. — tör-ik	tör-nek	töret-nek

1. **Anmerkung.** Die Endung lak, oder lek, schließt eine Beziehung auf eine zweite Person in sich, und so verbinden sich in vár-lak, ich erwarte dich, das Zeitwort als Prädicat, die erste Person als Subjekt und die zweite Person als Objekt, also sämmtliche Glieder eines Satzes zu einem Worte zusammen.
2. **Anmerkung.** Die dritte Person der Einzahl unbestimmt ist immer der nackte Stamm des Zeitwortes.
3. **Anmerkung.** Verbalstämme, die auf zwei Consonanten ausgehen, schieben in der zweiten Person der Einzahl und Mehrzahl, so wie in der dritten Person der Mehrzahl der leichtern Aussprache wegen manchmal einen Bindevocal zwischen den Stamm und die Endung, so sagt man: allsz und állasz, álltok und állatok, állnak und állanak.
4. **Anmerkung.** Verbalstämme, die auf einen Zischlaut ausgehen, bilden in der Volkssprache die zweite Person der Einzahl mit l statt sz, ebenfalls wegen Erleichterung der Aussprache, so sagt man: leszel statt leszosz, olvasol statt olvassz.
5. **Anmerkung.** Nach den Stämmen der Zeitwörter, die auf einen Sauselaut ausgehen, assimilirt sich das j der Personalendungen der bestimm-

ten Form mit dem Sauselaute und verwandelt sich in denjenigen Buchstaben, womit der Stamm endigt, als: rázza, er schüttelt ihn, statt rázja, rázzuk statt rázjuk, olvassa, er liest es, statt olvasja, hajhászsza, er jagt ihm nach, statt hajhász-ja ꝛc. (S. oben §. 13.)

Von den Zeitwörtern mit bloßem Mittellaute reihen folgende sich den tieflautenden Stämmen an: ví, vív, er kämpft; hí, hív, er ruft; szí, er saugt; rí, sír, er weint; bír, er besitzt; ír, er schreibt; nyír, er schert; bíz, er vertraut; bizik, er hat Zutrauen; hízik, er wird fett; iszik, er trinkt.

Zu den hochlautenden Stämmen gehören: csíp, er kneipt; visz, er trägt; hisz, er glaubt, so wie sämmtliche Zeitwörter mit é, als: kér, er bittet; mér, er mißt ꝛc.

§. 27.

Verbalstämme, welche in der letzten Silbe einen Schmelzlaut oder zwei bei unmittelbarer Berührung den Wohllaut nicht störende feste Consonanten und einen kurzen Vocal haben, stoßen häufig bei Anfügung jener Personalendungen, die mit einem Vocale beginnen, oder denen gewöhnlich ein Vocal angefügt wird, ihren kurzen Vocal aus, solche sind:

1. Zeitwörter, die auf og, eg, ög ausgehen, wenn diese Silben mit j, l, ly, n, r, z, zs anlauten, als: zajog, er saust; enyeleg, er tändelt; támolyog, er taumelt; forog, er dreht sich; mozog, er bewegt sich; pezseg, er braust, gährt.

2. Zeitwörter, die auf or, er, ör ausgehen, wenn die Silben mit d, t anlauten, als: sodor, er zwirnt; er reißt fort; pödör, er dreht; gyötör, er martert.

3. Die meisten Zeitwörter auf oz, cz, öz, als: bélyegez, er stempelt; helyez, er placirt, er weist einen Platz an; jegyez, er bezeichnet, er zeichnet auf; képez, er bildet; kínoz, er quält; köröz, er circulirt; osztályoz, er klassifizirt; ösztönöz, er treibt an; őröz, er bewacht; szegez, er nagelt an; szerez, er erwirbt.

4. Folgende Zeitwörter auf ol, el, öl: csépel, er drischt; darabol, er zerstückt; ebédel, er speist; elnököl, er präsidirt; énekel, er singt; érdekel, er interessirt; esdekel, er fleht; gátol, er hemmt, hindert; gyalogol, er geht zu Fuß; iszapol, er schlemmt; kémel, er spionirt; kicsinyel, er hält für klein; könyököl, er stützt sich auf den Ellbogen; lovagol, er reitet; nádol, er stählt (das Eisen); ostromol, er bestürmt; öldököl, er würgt, mordet; padol, er bühnt; pecsétel, er siegelt; pótol, er ersetzt; pöröl, er prozessirt; rabol, er raubt; szagol, er riecht; szándokol, er beabsichtigt; tanácsol, er rathet; térdepel, er kniet; tolmácsol, er dolmetscht; tolvajol, er stiehlt; torol, er rächt; töröl, er wischt ab; tudakol, er erkundigt; vádol, er klagt an.

26   I. Theoretischer Theil.

Hierher gehören noch einige Mittel=Zeitwörter, welche bald nach der aktiven, bald nach der passiven Form abgewandelt werden, über welche siehe §. 61.

Als Beispiele mögen dienen: sodor, szerez und közöl.

Bestimmt.	Unbestimmt.	Leidend.

Einzahl.

ich reiße es fort ꝛc.	ich reiße fort ꝛc.	ich w. fortgerissen ꝛc.
1. P. sodr-om	sodr-ok, sodor-lak	sodortat-om
2. — sodr-od	v. sodra-lak	sodortat-ol
3. — sodor-ja	sodor-sz v. sodr-asz sodor	sodortat-ik

Mehrzahl.

wir reißen es fort ꝛc.	wir reißen fort ꝛc.	wir w. fortgerissen ꝛc.
1. P. sodor-juk	sodr-unk	sodortat-unk
2. — sodor-játok	sodor-tok, sodr-otok	sodortat-tok
3. — sodor-ják	sodor-nak, sodr-anak	sodortat-nak

Einzahl.

ich erwerbe es ꝛc.	ich erwerbe ꝛc.	ich werbe erworben ꝛc.
1. P. szerz-em	szerz-ek, szerezlek	szereztet-em
2. — szerz-ed	szerz-esz, szerez-zs	szereztet-el
3. — szerz-i	szerez	szereztet-ik

Mehrzahl.

wir erwerben es ꝛc.	wir erwerben ꝛc.	wir werden erworben
1. P. szerez-zük	szerz-ünk	szereztet-ünk
2. — szerzi-tek	szerez-tek	szereztet-tek
3. — szerz-ik	szerez-nek	szereztet-nek

Einzahl.

ich theile es mit ꝛc.	ich theile mit ꝛc.	ich werde mitgetheilt ꝛc.
1. P. közl-öm	közl-ök	közöltet-em
2. — közl-öd	közöl-sz	közöltet-el
3. — közl-i	közöl	közöltet-ik

Mehrzahl.

wir theilen es mit ꝛc.	wir theilen mit ꝛc.	wir werd. mitgetheilt
1. P. közöl-jük	közl-ünk	közöltet-ünk
2. — közl-itek	közöl-tök	közöltet-tek
3. — közl-ik	közöl-nek	közöltet-nek

§. 28.

Zeitwörter, die auf i, ó oder ö, ü ausgehen, haben das Eigenthümliche, daß sie vor allen den Endungen, die mit einem Vocale beginnen, sich in iv, öv, ov, av auflösen (s. oben §. 5), so geben

Wortlehre. 27

hí | megró | sző
er ruft | er rügt | er webt

folgende Abwandlung:

Bestimmt.   Unbestimmt.   Leidend.

Einzahl.

ich rufe ihn ꝛc.	ich rufe ꝛc.	ich werde gerufen ꝛc.
1. P. hiv-om	hiv-ok, hí-lak	hiv-atom
2. — hiv-od	hí-sz	hiv-atol
3. — hiv-ja	hí	hiv-atik

Mehrzahl.

wir rufen ihn ꝛc.	wir rufen ꝛc.	wir werden gerufen ꝛc.
1. P. hí-juk	hi-vunk	hiv-atunk
2. — hí-játok	hí-tok	hiv-attok
3. — hí-ják	hí-nak	hiv-atnak

Einzahl.

ich rüge es ꝛc.	ich rüge ꝛc.	ich werde gerügt ꝛc.
1. P. megrov-om	megrov-ok, megró-lak	megrov-atom
2. — megrov-od	megró-sz	megrov-atol
3. — megró-ja	megró	megrov-atik

Mehrzahl.

wir rügen es ꝛc.	wir rügen ꝛc.	wir werden gerügt ꝛc.
1. P. megró-juk	megrov-unk	megrov-atunk
2. — megró-játok	megró-tok	megrov-attok
3. — megró-ják	megró-nak	megrov-atnak

Einzahl.

ich webe es ꝛc.	ich webe ꝛc.	ich werde gewebt ꝛc.
1. P. szöv-öm	szöv-ök	szövet-em
2. — szöv-öd	sző-sz	szövet-el
3. — szöv-i	sző	szövet-ik

Mehrzahl.

wir weben es ꝛc.	wir weben ꝛc.	wir werden gewebt ꝛc.
1. P. szőjük	szöv-ünk	szövet-ünk
2. — szöv-itek	sző-tök	szövet-tek
3. — szöv-ik	sző-nek	szövet-nek

Anmerkung. Die Wörter ó, óv er hütet sich, fú er bläst, búvik er versteckt sich, und fő es kocht, behalten ihren langen Vocal auch vor dem v bei.

Bezeichnung der Zeit.

§. 29.

Außer den drei Hauptzeiten, gegenwärtige, vergangene und zukünftige, gibt es noch eine eigene Gattung von Zeitformen für jene Art der Darstellung, wo der Darstellende sich mit seinen Gedanken in eine andere Zeit versetzt und dann erzählt, was vor, während oder nach der Zeit, in die er sich versetzt denkt, geschehen ist. Wir nennen diese letzteren Zeiten **bezieh liche**.

Zur Bezeichnung der Zeiten dienen folgende Merkmale, die man Charakterbuchstaben nennt, und welche den obigen Personalendungen, die in den verschiedenen Zeiten und Arten übrigens nur sehr geringe Modifikationen erleiden, sämmtlich vorgesetzt werden:

  Praesens — —
  Imperfectum a e
  Perfectum t, ott, ett, ött
  Futurum and, end oder ni fog
  Futurum exactum andott, endett oder ni fogott

und endlich zur Umschreibung der beziehlichen Zeit: vala.

Das Präsens entbehrt jeder besondern Bezeichnung und hängt, wie wir bereits gesehen haben, die Personalendungen dem Stamm an.

§. 30.

Bei der Bildung des Imperfektums muß vorläufig an die allgemeine Regel der Lautlehre erinnert werden, daß die kurzen Vocale a, e in ihnen entsprechende lange Vocale übergehen, wenn denselben unmittelbar ein Suffix angefügt wird.

Das **Imperfektum** von vár und kér lautet demnach wie folgt:

Bestimmt.	Unbestimmt.	Leidend.
Einzahl.		
ich erwartete ihn ꝛc.	ich erwartete ꝛc.	ich wurde erwartet ꝛc.
1. P. vár-ám, statt vár-a-am	vár-ók, vár-álak	várat-ám
2. — vár-ád	vár-ál	várat-ál
3. — vár-á	vár-a	várat-ék
Mehrzahl.		
wir erwarteten ihn ꝛc.	wir warteten ꝛc.	wir wurden erwartet
1. P. vár-ók, statt vár-a-uk (s. oben §. 5.)	vár-ánk	várat-ánk
2. — vár-átok	vár-átok	várat-átok
3. — vár-ák	vár-ának	várat-ának

Wortlehre.

Bestimmt.	Unbestimmt.	Leidend.
	Einzahl.	
ich bat ihn 2c.	ich bat 2c.	ich wurde gebeten 2c.
1. P. kér-ém, statt kér-e-em	kér-ék, kér-élek	kéret-ém
2. — kér-éd	kér-él	kéret-él
3. — kér-é	kér-e	kéret-ék
	Mehrzahl.	
wir baten ihn 2c.	wir baten 2c.	wir wurden gebeten
1. P. kér-ők, statt kér-e-ük	kér-énk	kéret-énk
2. — kér-étek	kér-étek	kéret-étek
3. — kér-ék	kér-ének	kéret-ének

Die Zeitwörter, von denen wir oben §. 28 gesprochen haben, stoßen hier in allen Personen der bestimmten und unbestimmten Form den kurzen Selbstlaut aus:

Bestimmt.	Unbestimmt.	Leidend.
	Einzahl.	
ich erwarb es 2c.	ich erwarb 2c.	ich wurde erworben.
1. P. szerz-ém	szerz-ék, szerz-élek	szereztet-ém
2. — szerz-éd	szerz-él	szereztet-él
3. — szerz-é	szerz-e	szereztet-ék
	Mehrzahl.	
wir erwarben es 2c.	wir erwarben 2c.	wir wurden erworben
1. P. szerz-ők	szerz-énk	szereztet-énk
2. — szerz-étek	szerz-étek	szereztet-étek
3. — szerz-ék	szerz-ének	szereztet-ének

§. 31.

Das Perfektum von vár und kér lautet folgendermaßen:

Bestimmt.	Unbestimnt.	Leidend.
	Einzahl.	
ich habe ihn erwartet2c.	ich habe gewartet 2c.	ich bin erwartet word.
1. P. vár-tam	vár-tam, vár-talak	várat-tam
2. — vár-tad	vár-tál	várat-tál
3. — vár-ta	vár-t	várat-ott
	Mehrzahl.	
wir haben ihn erwartet2c.	wir haben gewartet 2c.	wir sind erwartet w.
1. P. vár-tuk	vár-tunk	várat-tunk

2. P. vár-tátok | vár-tatok | várat-tatok
3. — vár-ták | vár-tak oder vár-tanak | várat-tak ob. várat-tanak

Einzahl.

ich habe ihn gebeten ꝛc. | ich habe gebeten ꝛc. | ich bin gebeten worb.
1. P. kér-tem | kér-tem, kér-telek | kéret-tem
2. — kér-ted | kér-tél | kéret-tél
3. — kér-te | kér-t | kéret-ett

Mehrzahl.

wir haben ihn gebeten ꝛc. | wir haben gebeten ꝛc. | wir sind gebeten worden
1. P. kér-tük | kér-tünk | kéret-tünk
2. — kér-tétek | kér-tetek | kéret-tetek
3. — kér-ték | kér-tek oder kér-tenek | kéret-tek oder kéret-tenek

§. 32.

Der Charakterbuchstabe des Perfektum ist ursprünglich ein einfaches t, doch sind bei der Anfügung desselben die Gesetze des Wohllautes wohl zu berücksichtigen, und diesen zufolge bilden alle Zeitwörter, deren Stamm sich auf t mit vorhergehendem Consonanten oder vorhergehendem langen Vocale endigen, ihr Perfektum auf ott, ett; so gehen z. B. hajt, er treibt, vét, er sündigt, fűt, er heizt.

Bestimmt. | Unbestimmt. | Leidend.

Einzahl.

ich habe ihn getrieben ꝛc. | ich habe getrieben ꝛc. | ich bin getrieben w.
1. P. hajt-ottam | hajt-ottam | hajtat-tam
2. — hajt-ottad | hajt-ottál | hajtat-tál
3. — hajt-otta | hajt-ott | hajtat-ott

Mehrzahl.

wir haben ihn getrieben ꝛc. | wir haben getrieben ꝛc. | wir sind getrieben w.
1. P. hajt-ottuk | hajt-ottunk | hajtat-tunk
2. — hajt-ottátok | hajt-ottatok | hajtat-tatok
3. — hajt-ották | hajt-ottak oder — ottanak | hajtat-tak oder — tanak

Eben so gibt vét, vétettem, vétettél, vétett u. s. w. und fűt, fűtöttem, fűtöttél, fűtött u. s. w.

Auf eben diese Art bildet man das Perfektum des Zeitwortes hat, er wirkt, und aller jener Zeitwörter, welche den Vocal der letzten Silbe vor den Suffixen ausstoßen. Doch kann hier der Vocal der letzten Silbe auch beibehalten werden, und dann wird das Perfektum durch ein bloßes t gebildet, mit Ausnahme jedoch der dritten

Person, die immer ott, ett, ött hat; z. B. szerez, er erwirbt, hat das Perfektum in unbestimmter Form auf folgende zwei Arten:

Einzahl.
Ich habe erworben ꝛc.
1. P. szerz-ettem   oder   szerez-tem
2. — szerz-ettél   —   szereztél
3. —   szerz-ett

Mehrzahl.
Wir haben erworben ꝛc.
1. P. szerz-ettünk   oder   szerez-tünk
2. — szerz-ettetek   —   szerez-tetek
3. —   szerz-ettünk

§. 33.

Zeitwörter, deren Stamm sich auf d mit vorhergehendem Consonanten oder langem Vocal endigt, bilden ihr Perfektum nach doppelter Art, bald mit ott, ett, ött und bald mit bloßem t, jedoch mit Ausnahme der dritten Person Einzahl in der unbestimmten Form, welche immer ott, ett, ött hat; so lauten die Zeitwörter mond, er sagt, véd, er schützt, küld, er schickt, im Perfektum unbestimmter Form folgendermaßen:

Einzahl.
Ich habe gesagt ꝛc.
1. P. mond-ottam   oder   mond-tam
2. — mond-ottál   —   mond-tál
3. —   mond-ott

Mehrzahl.
Wir haben gesagt ꝛc.
1. P. mond-ottunk   oder   mond-tunk
2. — mond-ottatok   —   mond-tatok
3. — mond-ottak   —   mond-tak

Ebenso védettem oder védtem, ich habe geschützt; küldöttem oder küldtem, ich habe geschickt; und védott, küldött, er hat geschützt, er hat geschickt.

Ganz so bilden das Perfektum die Zeitwörter fut, er läuft; jut, er kommt; üt, er schlägt, nach doppelter Art.

Zeitwörter, deren Stamm auf einen starren Mitlaut oder auf einen Sauselaut ausgeht, bilden, mit Ausnahme der Wörter, welche unter obige zwei Regeln gehören, das Perfektum mit bloßem t, nur in der dritten Person Einzahl unbestimmter Form bekommen diese Zeitwörter ott, ett, ött; so gibt z. B. ad, er gibt, adtam, ich habe gegeben, adtál, bu haſt gegeben; keres, er ſucht, keresett, er hat geſucht; kerestük, wir haben es geſucht; döf, er ſtößt, döfött, er hat geſtoßen, döftem, ich habe geſtoßen und ich habe ihn geſtoßen.

Die oben §. 28 erwähnten Verbalſtämme aſſimiliren gewöhnlich das v mit dem t des Perfektum und ſo wird von hí, hív, er ruft, hittam, ich habe gerufen, ſtatt hivtam, hitt, er hat gerufen, ſtatt hívt; wird aber das v beibehalten, was nicht ſelten der Fall iſt, dann geſchieht die Bildung des Perfektum durch ein einfaches t, als: hivtam, hívtál, mit Ausnahme der dritten Perſon Einzahl unbeſtimmter Form, welche immer auf ott ausgeht, als: hivott.

Zeitwörter, deren Stamm auf die Schmelzlaute l, ly, n, ny oder r ausgeht, bilden das Perfektum durch alle Perſonen ohne Ausnahme mit bloßem t, als: él, er lebt, éltem, ich habe gelebt, élt, er hat gelebt.

§. 34.

Die Bildung des Futurum geſchieht entweder durch eine dem Futurum eigene Endung: and, end, oder auf deutſche Weiſe, durch Umſchreibung mittelſt des Hilfszeitwortes fog, welches dem Hauptzeitworte unbeſtimmter Art angehängt und regelmäßig abgewandelt wird, als:

Beſtimmt.	Unbeſtimmt.	Leidend.
Einzahl.		
ich werde ihn erwarten	ich werde warten ꝛc.	ich werde erwartet w.
1. P. vár-andom	vár-andok	várat-andom
2. — vár-andod	vár-andasz	várat-andol
3. — vár-andja	vár-and	várat-andik
Mehrzahl.		
wir werd. ihn erwarten	wir werden warten	wir werden erwartet w.
1. P. vár-andjuk	vár-andunk	várat-andunk
2. — vár-andjátok	vár-andatok	várat-andatok
3. — vár-andják	vár-andanak	várat-andanak
Einzahl.		
ich werde ihn erwarten	ich werde warten ꝛc.	ich werde erwartet werd.
1. P. vár-ni fogom	vár-ni fogok	várat-ni fogok
2. — vár-ni fogod	várni-fogsz	várat-ni fogsz
3. — vár-ni fogja	várni-fog	várat-ni fog
Mehrzahl.		
wir werden ihn erwart.	wir werden warten ꝛc.	wir werden erwartet w.
1. P. vár-ni fogjuk	vár-ni fogunk	várat-ni fogunk
2. — vár-ni fogjátok	vár-ni fogtok	várat-ni fogtok
3. — vár-ni fogják	vár-ni fognak	várat-ni fognak

§. 35.

Außer diesem einfachen Futurum kann die ungarische Sprache noch zwei Arten der vollendeten Zukunft (Futurum exactum) unterscheiden, indem sie dem einfachen Futurum die Endungen des Imperfectum und des Perfectum beifügt, als:

Unbestimmt.

Einzahl.

ich werde gewartet haben

1. P. vár-and-ék   várni fog-ék
       vár-and-ottam   várni fog-tam

du wirst gewartet haben

2. — vár-and-ál   várni fog-ál
      vár-and-ottál   várni fog-tál

er wird gewartet haben

3. — vár-and-a   várni fog-a
      vár-and-ott   várni fog-ott

Mehrzahl.

wir werden gewartet haben 2c.

1. P. vár-and-ánk   várni fog-ánk
       vár-and-ottunk   várni fog-tunk
2. —   vár-and-átok   várni fog-átok
       vár-and-ottatok   várni fog-tatok
3. —   vár-and-ának   várni fog-ának
       vár-and-ottak   várni fog-tak

Bestimmt.

Einzahl.

ich werde ihn erwartet haben 2c.

1. P. vár-and-ám   várni fog-ám
       vár-and-ottam   várni fog-tam 2c.

§. 36.

Zur Bezeichnung der beziehlichen Zeiten dient das Wörtchen vala oder volt, welches allen bisher erwähnten Zeitformen beigefügt werden kann. Mit dem Präsens oder Imperfectum zeigt es an, daß der Redende sich mit seinen Gedanken in die Vergangenheit versetzt und das dort Gegenwärtige aussagt; mit dem Perfectum bezeichnet es, daß etwas als vergangen in Beziehung auf ein Vergangenes, und mit dem Futurum, daß etwas als vergangen in Bezie-

hung auf ein Zukünftiges ausgesagt wird. Das Schema dieser Zeit=
formen lautet wie folgt :

Einzahl.

1. P. vár-ok vala   vár-tam vala   vár-andok vala
ich wartete   ich hatte gewartet   ich werde gewartet hab.
2. — vár-sz vala   várt-ál vala   vár-andasz vala
du wartetest   du hattest gewartet   du wirst gewartet hab.
3. — vár vala   várt vala   vár-and vala
er wartete   er hatte gewartet   er wird gewartet hab.

Mehrzahl.

1. P. vár-unk vala   vár-tunk vala   vár-andunk vala
wir warteten   wir hatten gewartet   wir werd. gewartet h.
2. — vár-tok vala   várt-atok vala   vár-andatok vala
ihr wartetet   ihr hattet gewartet   ihr werdet gewartet h.
3. — vár-nak vala   várt-ak vala   vár-andanak vala
sie warteten   sie hatten gewartet   sie werden gewartet h.

§. 37.

An Arten ist die ungarische Sprache ebenfalls reicher als die deutsche, denn sie hat außer den vier Arten der deutschen Sprache, der anzeigenden, verbindenden, gebietenden und un= bestimmten Art noch eine Begehrungsart, Optativ. Die Bezeichnung der Arten in den verschiedenen Zeiten geschieht nach folgendem Schema :

Zeiten	Indicativ	Conjunctiv und Imperativ	Optativ	Infinitiv
Praesens	ohne Merk= mal	j	na, ne	ni
Imperfect.	a, e	j vala	na, ne volna	
Perfectum	t, ott, ett, ött	—t legyen	—t volna	
Futurum	and, end —ni fog	and endj —ni fogj	andna endne —ni fogna	andni —ni fogni
Futurum exactum	anda, an- dott —ni foga fogott	andott le- gyen —ni fogott volna	andott volna —ni fogott volna	

§. 38.
Gegenwärtige Zeit der verbindenden Art.

Bestimmt.	Unbestimmt.	Leidend.
	Einzahl.	
ich soll ihn erwarten ꝛc.	ich soll warten ꝛc.	ich soll erwartet werd.
1. P. vár-jam	vár-jak, vár-jalak	váras-sam
2. — vár-jad	vár-j	váras-sál
3. — vár-ja	vár-jon	váras-sék
	Mehrzahl.	
wir sollen ihn erw. ꝛc.	wir sollen warten ꝛc.	wir sollen erwartet w.
1. P. vár-juk	vár-junk	váras-sunk
2. — vár-játok	vár-jatok	váras-satok
3. — vár-ják	vár-jánnak	váras-sannak
	Einzahl.	
ich soll ihn bitten ꝛc.	ich soll bitten ꝛc.	ich soll gebeten werd.
1. P. kér-jem	kér-jek, kér-jelek	kéres-sem
2. — kér-jed	kér-j	kéres-sél
3. — kér-je	kér-jen	kéres-sék
	Mehrzahl.	
wir sollen ihn bitten ꝛc.	wir sollen bitten ꝛc.	wir sollen gebeten w.
1. P. kér-jük	kér-jünk	kéres-sünk
2. — kér-jétek	kér-jetek	kéres-setek
3. — kér-jék	kér-jenek	kéres-senek
	Einzahl.	
ich soll es brechen ꝛc.	ich soll brechen ꝛc.	ich soll gebrochen w.
1. P. tör-jem	tör-jek, tör-jelek	töres-sem
2. — tör-jed	tör-j	töres-sél
3. — tör-je	tör-jen	töres-sék
	Mehrzahl.	
wir sollen es brechen ꝛc.	wir sollen brechen ꝛc.	wir sollen gebroch. w.
1. P. tör-jük	tör-jünk	töres-sünk
2. — tör-jétek	tör-jetek	töres-setek
3. — tör-ják	tör-jenek	töres-senek

§. 39.

Verbalstämme, welche auf ein t endigen, dem ein kurzer Vocal vorangeht, verwandeln das t des Stammes und das j des Con=

junctivs bleibe in ss, als : kössön statt kötjön, von köt, er bindet; fussak statt futjak, von fut, er läuft. Daher erscheint in der leidenden Form hier stets ass, ess statt atj, etj, wie in obigem Schema zu sehen ist. Hierher gehören die Zeitwörter metsz, er schneidet; tetsz(ik), er gefällt, es beliebt; látsz(ik), es scheint, welche die verbindende und gebietende Art von den Wurzeln met, tet, lát bilden, so : messek, messél, messen; tessék, lássék; ferner gehören hierher die drei Zeitwörter lót, er läuft umher; bocsát, er läßt; lát, er sieht; z. B.

	Bestimmt.	Unbestimmt.	Leidend.
		Einzahl.	
	ich soll es sehen ꝛc.	ich soll sehen ꝛc.	ich soll gesehen werd.
1. P.	lás-sam	lás-sak	láttas-sam
2. —	lás-sad	lás-s	láttas-sál
3. —	lás-sa	lás-son	láttas-sék
		Mehrzahl.	
	wir sollen es sehen ꝛc.	wir sollen sehen ꝛc.	wir sollen ges. werd.
1. P.	lás-suk	lás-sunk	láttas-sunk
2. —	lás-sátok	lás-satok	láttas-satok
3. —	lás-sák	lás-sanak	láttas-sanak
		Einzahl.	
	ich soll ihn binden ꝛc.	ich soll binden ꝛc.	ich soll geb. werden
1. P.	kös-sem	kös-sek	köttes-sem
2. —	kös-sed	kös-s	köttes-sél
3. —	kös-se	kös-sön	köttes-sék
		Mehrzahl.	
	wir sollen ihn bind. ꝛc.	wir sollen bind. ꝛc.	wir sollen geb. werden
1. P.	kös-sük	kös-sünk	köttes-sünk
2. —	kös-sétek	kös-setek	köttes-setek
3. —	kös-sék	kös-senek	köttes-senek

§. 40.

Zeitwörter, deren Stamm auf t, mit vorhergehendem sz, oder s auslautet, bilden den Conjunctiv und Imperativ durch Verwandlung des t in den vorhergehenden Sauselaut, das j aber bleibt ganz weg; so wird statt választjam ꝛc. von választ, er wählt, und statt festjem ꝛc. von fest, er malt

Wortlehre.

Bestimmt.	Unbestimmt.	Leidend.

Einzahl.

ich soll ihn wählen 2c.	ich soll wählen 2c.	ich soll gewählt w. 2c.
1. P. válasz-szam	válasz-szak	választas-sam
2. — válasz-szad	válasz-sz	választas-sál
3. — válasz-sza	válasz-szon	választas-sék

Mehrzahl.

wir sollen ihn wählen	wir sollen wählen 2c.	wir sollen gewählt w.
1. P. válasz-szuk	válasz-szunk	választas-sunk
2. — válasz-szátok	válasz-szatok	választas-satok
3. — válasz-szák	válasz-szanak	választas-sanak

Einzahl.

ich soll ihn malen 2c.	ich soll malen 2c.	ich soll gemalt werd.
1. P. fes-sem	fes-sek	festes-sem
2. — fes-sed	fes-s	festes-sél
3. — fes-se	fes-sen	festes-sék

Mehrzahl.

wir sollen ihn malen 2c.	wir sollen malen 2c.	wir sollen gemalt w.
1. P. fes-sük	fes-sünk	festes-sünk
2. — fes-sétek	fes-setek	festes-setek
3. — fes-sék	fes-senek	festes-senek

§. 41.

Das j der verbindenden und gebietenden Art assimilirt sich mit dem Endlaute des Stammes, wenn dieser ein Sauselaut ist, daher die allgemeine Regel: alle jene Verbalstämme, die auf Sauselaute ausgehen, nehmen kein j an, sondern verdoppeln ihren letzten Consonanten, z. B. keres, er sucht.

Bestimmt.	Unbestimmt.	Leidend.

Einzahl.

ich soll ihn suchen 2c.	ich soll suchen 2c.	ich soll gesucht w. 2c.
1. P. keres-sem	keres-sek	kerestes-sem
2. — keres-sed	keres-s	kerestes-sél
3. — keres-se	keres-sen	kerestes-sék

Mehrzahl.

wir sollen ihn suchen 2c.	wir sollen suchen 2c.	wir sollen gesucht w.
1. P. keres-sük	keres-sünk	kerestes-sünk
2. — keres-sétek	keres-setek	kerestes-setek
3. — keres-sék	keres-senek	kerestes-senek

Ist der Endbuchstabe des Stammes ein t und geht diesem ein anderer Consonant, außer den Sauselauten, oder ein langer Vocal voran, so verwandelt sich das j des Conjunctiv in s, so wird von tart, er hält, segít, er hilft:

Bestimmt.	Unbestimmt.	Leidend.
	Einzahl.	
ich soll ihn halten 2c.	ich soll halten 2c.	ich soll gehalten w.
1. P. tart-sam	tart-sak	tartas-sam
2. — tart-sad	tart-s	tartas-sál
3. — tart-sa	tart-son	tartas-sék
	Mehrzahl.	
wir sollen ihn halten 2c.	wir sollen halten 2c.	wir sollen gehalten w.
1. P. tart-suk	tart-sunk	tartas-sunk
2. — tart-sátok	tart-satok	tartas-satok
3. — tart-sák	tart-sanak	tartas-sanak
	Einzahl.	
ich soll ihm helfen 2c.	ich soll helfen 2c.	mir soll geholfen w.
1. P. segít-sem	segít-sek	segíttes-sem
2. — segít-sed	segít-s	segíttes-sél
3. — segít-se	segít-sen	segíttes-sék
	Mehrzahl.	
wir sollen ihm helfen	wir sollen helfen 2c.	uns soll geholfen w.
1. P. segít-sük	segít-sünk	segíttes-sünk
2. — segít-sétek	segít-setek	segíttes-setek
3. — segít-sék	segít-senek	segíttes-senek

Anmerkung. Der Grund der Formations-Eigenthümlichkeiten, die wir in den §§. 40, 41, 42 gesehen haben, beruht auf der Eigenthümlichkeit der Wohllautgesetze. Wenn hier eingewendet wird, daß wie man z. B. im Indicativ sagen kann ütjük, rontják, festjük, es nicht minder wohlklingend sein müßte, wenn man im Conjunctiv sagte, utjem statt üssem u. s. w. Dagegen muß erinnert werden, daß die Verbindung des Modallautes mit dem Stamme eine weit innigere ist, als die Anfügung der Personalendung an den Stamm. In der That ist in der Aussprache von ütjük, routjuk ein Abbrechen der Stimme fühlbar.

Bemerkenswerth in dieser Beziehung ist, daß im Volksdialekte diesseits der Theiß immer taszíjja statt taszítsa, fordíjja statt fordítsa gesagt wird, welche Assimilation jedenfalls auf eine sehr innige Verbindung hindeutet.

§. 42.

In der 2. Person Einzahl bestimmter Form kann in der gebietenden Art ja, je auch weggelassen werden, wenn durch die Auslassung kein den Wohllaut störendes Lautverhältniß entsteht, so wird

Wortlehre.   39

dicsérd anstatt dicsérjed, von dicsér, er lobt; add statt adjad, von ad, er gibt.

Dasselbe findet auch statt bei den stellvertretenden Sauselanten, als: kösd statt kössed, von köt, er bindet. — Auch für hagyjad, von hagy, er läßt, wird oft, besonders wenn der Conjunctiv darauf folgt, zusammengezogen hadd gebraucht, als: hadd lássam, laß es mich sehen.

Dem Imperativ wird manchmal, um ihm eine mehr auffallende ermunternde Bedeutung zu geben, die Silbe sza. oder sze, angehängt, als: mondsza, sag' einmal, addsza, gib einmal her.

§. 43.

Die Bildung des Imperfectum des Conjunctiv geschieht blos durch Umschreibung mit vala verbunden mit dem Präsens (s. oben §. 37) folgendermaßen:

Bestimmt.   **Unbestimmt.**   **Leidend.**

Einzahl.

ich sollte ihn erw. 2c.   ich sollte warten 2c.   ich sollte erwartet w.

1. P. vár-jam }   vár-jak }   vár-as-sam }
2. — vár-jad   } vala   vár-j   } vala   vár-as-sál } vala
3. — vár-ja   }   vár-jon }   vár-as-sék }

Mehrzahl.

wir sollten ihn erw. 2c. wir sollten warten 2c.   wir sollten erw. w.

1. P. vár-jam   }   vár-junk }   vár-as-sunk }
2. — vár-játok } vala   vár-jatok } vala   vár-as-satok } vala
3. — vár-ják   }   vár-janak }   vár-as-sanak }

§. 44.

Zur Bildung der vergangenen Zeit des Conjunctiv dient das Wörtchen legyen, welches als bloßes Merkmal zur Bezeichnung der Art unverändert den verschiedenen Personen des Perfectum der anzeigenden Art beigefügt wird, und ist daher durchaus nicht als Hilfszeitwort zu betrachten, welches letztere stets, mit dem Infinitiv construirt, die Personalendungen annimmt. Die vergangene Zeit des Conjunctiv lautet also wie folgt:

Bestimmt.   **Unbestimmt.**   **Leidend.**

Einzahl.

ich soll ihn erwartet h. ich soll gewartet h.   ich soll erwartet word. sein

1. P. vár-tam }   vár-tam }   várat-tam }
2. — vár-tad   } legyen   vár-tál } legyen   várat-tál } legyen
3. — vár-ta   }   vár-t   }   várat-ott }

Beſtimmt.   Unbeſtimmt.   Leidend.

Mehrzahl.

w. ſollen ihn erwartet h. w. ſollen gewartet h. w. ſollen erwart. w. ſein
1. P. vár-tuk   vár-tunk   várat-tunk
2. — vár-tátok   } legyen   vár-tatok   } legyen   várat-tatok   } legyen
3. — vár-ták   vár-tak   várat-tak

§. 45.

Die zukünftige Zeit verbindender Art geht folgendermaßen:

1. Form.

Beſtimmt.   Unbeſtimmt.   Leidend.

Einzahl.

ich ſoll ihn erwarten   ich ſoll warten   ich ſoll erwartet werden
                       (in Zukunft)
1. P. fog-jam   fog-jak   fog-jak
2. — fod-jad   } várni   fog-jál   } várni.   fog-jál   } váratni.
3. — fog-ja   fog-jon   fog-jon

Mehrzahl.

wir ſollen ihn erwarten   wir ſollen warten   wir ſollen erwart. werd.
                         (in Zukunft)
1. P. fog-juk   fog-junk   fog-junk
2. — fog-játok } várni.   fog-jatok } várni.   fog-jatok } váratni.
3. — fog-ják   fog-janak   fog-janak

2. Form.

Einzahl.

ich ſoll ihn erwarten   ich ſoll warten   ich ſoll erwartet werd.
                       (in Zukunft)
1. P. vár-andjam   vár-andjak   várat-andjam
2. — vár-andjad   vár-andjál   várat-andjál
3. — vár-andja   vár-andjon   várat-andjék

Mehrzahl.

wir ſollen ihn erwarten   wir ſollen warten   wir ſollen erwartet werd.
                         (in Zukunft)
1. P. vár-andjuk   vár-andjunk   várat-andjunk
2. — vár-andjátok   vár-andjatok   várat-andjatok
3. — vár-andják   vár-andjanak   várat-andjanak

§. 46.

Die gegenwärtige Zeit begehrender Art wird gebildet, indem zwischen die Zeitendung des Imperfectums anzeigender Art und dem Stamme ein n eingeschoben wird:

Bestimmt.	Unbestimmt.	Leidend.
Einzahl.		
ich würde ihn erwarten	ich würde warten	ich würde erwartet w.
1. P. vár-nám	vár-nék	várat-nám
2. — vár-nád	vár-nál	várat-nál
3. — vár-ná	vár-na	várat-nék
Mehrzahl.		
wir würden ihn erwarten	wir würden warten	wir würden erw. w.
1. P. vár-nók	vár-nánk	várat-nánk
2. — vár-nátok	vár-nátok	várat-nátok
3. — vár-nák	vár-nának	várat-nának
Einzahl.		
ich würde ihn bitten	ich würde bitten	ich würde gebeten werden
1. P. kér-ném	kér-nék	kéret-ném
2. — kér-néd	kér-nél	kéret-nél
3. — kér-né	kér-ne	kéret-nék
Mehrzahl.		
wir würden ihn bitten	wir würden bitten	wir würden gebet. w.
1. P. kér-nők	kér-nénk	kéret-nénk
2. — kér-nétek	kér-nétek	kéret-nétek
3. — kér-nék	kér-nének	kéret-nének

§. 47.

Zur Bildung der halbvergangenen Zeit begehrender Art dient wie im Conjunctiv das Wörtchen vala, verbunden mit dem Präsens des Conjunctiv, so hier mit dem Präsens der begehrenden Art, wie folgt:

Bestimmt.	Unbestimmt.	Leidend.
Einzahl.		
ich würde ihn erwartet haben ꝛc.	ich würde gewartet haben ꝛc.	ich würde erwartet worden sein ꝛc.
1. P. vár-nám ⎫	vár-nék ⎫	vár-at-nám ⎫
2. — vár-nád ⎬ vala	vár-nál ⎬ vala	vár-at-nál ⎬ vala
3. — vár-ná ⎭	vár-na ⎭	vár-at-nék ⎭

42   1. Theoretischer Theil.

Bestimmt.	Unbestimmt.	Leidend.

Mehrzahl.

wir würden ihn erwartet haben ꝛc.	wir würden gewartet haben ꝛc.	wir würden erwartet worden sein ꝛc.
1. P. vár-nók	vár-nánk	vár-at-nánk
2. — vár-nátok } vala	vár-nátok } vala	vár-at-nátok } vala
3. — vár-nák	vár-nának	vár-at-nának

§. 48.

Die vergangene Zeit begehrender Art wird aus der vergangenen Zeit anzeigender Art gebildet mittelst Umschreibung mit dem Worte volna, welches, wie in der entsprechenden Zeit des Conjunctivs legyen, stets unverändert bleibt.

Bestimmt.	Unbestimmt.	Leidend.

Einzahl.

ich hätte ihn erwartet	ich hätte gewartet	ich wäre erwartet word.
1. P. vár-tam	vár-tam	várat-tam
2. — vár-tad } volna	vár-tál } volna	várat-tál } volna
3. — vár-ta	vár-t	várat-ott

Mehrzahl.

wir hätten ihn erwartet	wir hätten gewartet	wir wären erwartet w.
1. P. vár-tuk	vár-tunk	várat-tunk
2. — vár-tátok } volna	vár-tatok } volna	várat-tatok } volna
3. — vár-ták	vár-tak	várat-tak

§. 49.

Die zukünftige Zeit begehrender Art lautet also:

1. Form.

Bestimmt.	Unbestimmt.	Leidend.

Einzahl.

ich würde ihn erwartet haben ꝛc.	ich würde gewartet haben ꝛc. (in Zukunft)	ich würde erwartet worden sein ꝛc.
1. P. fog-nám	fog-nék	fog-nék
2. — fog-nád } várni	fog-nál } várni	fog-nál } váratni
3. — fog-ná	fog-na	fog-na

Wortlehre.

Bestimmt.	Unbestimmt.	Leidend.

Mehrzahl.

wir würden ihn erwartet haben	wir würden gewartet haben	wir würden erwartet worden sein
1. P. fog-nók	fog-nánk	fog-nánk
2. — fog-nátok	fog-nátok	fog-nátok
3. — fog-nák	fog-nának	fog-nának

(várni) (várni) (váratni)

2. Form.
Einzahl.

ich würde ihn erwarten	ich würde warten (in Zukunft)	ich würde erwartet w.
1. P. vár-andnám	vár-andnék	várat-andnám
2. — vár-andnád	vár-andnál	várat-andnál
3. — vár-andná	vár-andna	várat-andnék

Mehrzahl.

wir würd. ihn erwarten	wir würden warten (in Zukunft)	wir würden erw. w.
1. P. vár-andnók	vár-andnánk	várat-andnánk
2. — vár-andnátok	vár-andnátok	várat-andnátok
3. — vár-andnák	vár-andnának	várat-andnának

So wie der Conjunctiv zur Bezeichnung des aus der Gegenwart Vorgestellten dient, so wird der Optativ oder die begehrende Art zur Bezeichnung des aus der Vergangenheit Vorgestellten gebraucht, wie aus folgender Zusammenstellung zu ersehen ist: látjuk, wir sehen es; lássuk, sehen wir es, wir sehen es noch nicht, sondern wir nehmen uns vor oder denken uns gegenwärtig es zu sehen; látnók, wir würden es sehen, wenn dies oder jenes geschähe. Auch hier geschieht das Sehen nicht, sondern wird gedacht, und zwar in Beziehung auf ein anderes Ereigniß, mit dem es in Verbindung steht. Die Zeiten des Optativ sind also ihrer Bedeutung nach eigentlich sämmtlich bezügliche Zeiten, und zwar so, daß das Präsens eigentlich Imperfectum, das Perfectum eigentlich Plusquamperfectum, und das Futurum eigentlich Exactum ist. Diese Bemerkung erst wird zum wahren Verständniß unserer Uebersetzung der Zeiten des Optativs anleiten.

Von dem Infinitive.

§. 50.

Der Infinitiv oder die subjektlose Art bezeichnet eine Handlung im Allgemeinen und dient zur Ergänzung eines andern Zeitwortes.

Zur Bildung des Infinitivs dient die Silbe ni und hat nur eine gegenwärtige und eine zukünftige Zeit im Gebrauche, als:

Gegenwärtige Zeit.

vár-ni warten
kér-ni bitten

várat-ni erwartet werden
kéret-ni gebeten werden

Zukünftige Zeit.

vár-andni warten in Z.
kér-endni bitten in Z.

várat-andni erwartet werden i. Z.
kéret-endni gebeten werden i. Z.

Eigenthümlich der ungarischen Sprache ist, daß der Infinitiv, wenn er zur Ergänzung eines unpersönlichen Zeitwortes oder eines Nennwortes kommt, Personalsuffixe des Nennwortes (welche den besitzenden Fürwörtern der Deutschen entsprechen) annimmt, als: jó várnom, wörtlich: es ist gut mein Warten, oder es ist gut, daß ich warte, jó várnod, es ist gut dein Warten, oder es ist gut, daß du wartest. Das vollständige Schema des Infinitivs mit Personalsuffixen lautet also:

vár-nom, várat-nom, kér-nem, kéret-nem, tör-nöm, töret-nem,
vár-nod, várát-nod, kér-ned, kéret-ned, tör-nöd, töret-ned,
vár-nia, várat-nia, kér-nie, kéret-nie, tör-nie, töret-nie,
vár-nunk, várat-nunk, kér-nünk, kéret-nünk, tör-nünk, töret-nünk,
vár-notok, várat-notok, kér-netek, kéret-netek, tör-nötök, töret-netek,
vár-niok, várat-niok, kér-niök, kéret-niök, tör-niök, töret-niök.

§. 51.

Von dem Begebenheitsworte.

(Nomen verbale.)

Das Begebenheitswort ist eigentlich ein aus dem Zeitworte gebildetes Hauptwort zur Bezeichnung der ganz selbstständigen Handlung; allein da die Bildung desselben an eine von der Satzfügung bestimmte Form des Zeitwortstammes geknüpft ist, und ohne Unterschied aus jedem Zeitworte, wenn es die Satzfügung fordert, gebildet werden kann, so ist es nothwendig, die Art wie dies geschieht in der Lehre von der Abwandlung des Zeitwortes nachzuweisen. Gewöhnlich wird das Nomen verbale im Ungarischen überall da gebraucht, wo im Deutschen der Infinitiv als Hauptwort gesetzt wird; während aber im Deutschen z. B. der als Hauptwort gebrauchte Infinitiv: das Umstürzen so viel heißt als das Umstürzen von selbst, das Umstürzen eines Gegenstandes, ferner selbst das Umgestürztwerden, unterscheidet der Ungar felfordulás, das Umstürzen von selbst, felfordítás, das Umstürzen eines Gegenstandes, und felfordíttatás, das Umgestürztwerden. Dem Fremden wird diese Eigenthümlichkeit zur besondern Beachtung empfohlen.

Von den Zustandswörtern.

§. 52.

Das Zustandswort schließt sich theils an den Infinitiv, theils an das Mittelwort an; denn einerseits bezeichnet es, wie der Infinitiv, das Hauptzeitwort ergänzend eine Handlung ganz im Allgemeinen, anderseits steht es eben so mitten inne zwischen Zeit- und Nebenwort, wie das Mittelwort zwischen Zeit- und Beiwort.

Wir unterscheiden eine zweifache Bildung des Zustandswortes: eine Bildung auf ván, vén, und eine Bildung auf va, ve.

Thätig.   Leidend.
1) vár-ván, wartend   várat-ván, erwartet werdend
    kér-vén, bittend   kéret-vén, gebeten werdend
2) vár-va, wartend   várat-va, erwartet werdend
    kér-ve, bittend   kéret-ve, gebeten werdend

Ueber den verschiedenen Gebrauch der unserer deutschen Uebersetzung nach gleichbedeutend scheinenden Formen siehe in der Syntax von den Zustandswörtern.

Anmerkung. Bei alten Schriftstellern findet sich nicht selten das Zustandswort auf va, ve, mit Personalsuffixen wie der Infinitiv, als: hogy élvénk dicsérjük te nevedet, damit wir lebend deinen Namen preisen.

Häufiger und auch bei den Neuern im Gebrauch ist die Anfügung eines k, bei Weglassung des Hilfszeitwortes vannak, valának ꝛc., als: a szinházak zsúfolásig tömvék, die Schauspielhäuser sind zum Ersticken vollgepfropft.

Von dem Mittelworte.

§. 53.

Das Mittelwort hat seinen Namen daher, daß es mitten inne steht zwischen Zeit- und Beiwort. Mit ersterm hat es das gemeinschaftlich, daß es eine Thätigkeit bezeichnet, mit dem letztern theilt es die Natur der Eigenschaftlichkeit, indem durch das Mittelwort das durch ein Zeitwort ausgedrückte Verhalten einem Dinge als anhaftende Eigenschaft beigelegt wird.

Die ungarische Sprache bildet folgende drei Arten von Mittelwörtern:

1) **Mittelwort der gegenwärtigen Zeit**, gebildet durch ó, ő.

Bestimmt und Unbestimmt. Leidend.

váró	kérő	várathat°	kérethető
der wartende	der bittende	was erwartet werden kann	was erbeten werden kann

2) **Mittelwort der vergangenen Zeit**, gebildet durch t, ott. ett. ött.

várt	kért	váratott	kéretett
erwartet	gebeten	erwartet	gebeten
látott	kötött	láttatott	köttetett
gesehen	gebunden	gesehen	gebunden

3) **Mittelwort der zukünftigen Zeit**, gebildet durch andó, endő.

várandó,	kérendő	várathatandó	kérethetendő
der zu erwartende	der zu bittende	was in Zukunft erwartet werden kann	was in Zukunft erbeten werden kann

1. **Anmerkung.** Das Mittelwort der gegenwärtigen Zeit leidender Form ist ungebräuchlich. Blos die sogenannten Potentialia machen eine Ausnahme, wie várathato, was oder wer erwartet werden kann, es oder er ist zu erwarten; kérethető, was oder wer erbeten werden kann.
2. **Anmerkung.** Da das Mittelwort der vergangenen Zeit ein und dieselbe Endung hat mit dem Perfectum des Indicativ, so ist alles, was von dem Perfectum des Indicativ oben gesagt worden ist, auch hier zu bemerken.
3. **Anmerkung.** Das Mittelwort der vergangenen Zeit kann auch nebenwörtlich gebraucht werden, wo es dann die Bildungssilbe des Nebenwortes an, en annimmt, und dazu dient, um den Begriff des Zeitwortes, dem es verdoppelnd beigefügt wird, zu erhöhen, als: kért-en kérek, ich bitte inständigst; könnyei folytan folynak, seine Thränen fließen fort und fort.

§. 54.

Damit der Lernende nicht durch die Menge des dem Gedächtnisse auf ein Mal einzuprägenden Stoffes verwirrt werde, schien es nicht unzweckmäßig, die Verbalformen, wie wir es gethan haben, einzeln auseinander zu setzen. Der Lernende hat also auch dieselben einzeln sammt den dazu gehörigen Aufgaben auswendig zu lernen. Damit man aber auch die gewohnte Aufeinanderfolge der Zeiten überblicken und einüben könne, mögen die oberwähnten verschiedenen Formen hier als Vorbilder zur Conjugation an mehreren Zeitwörtern vollständig zusammengestellt werden. Und da von den beziehlichen Zeiten nur die beziehlich vergangene oder die im Deutschen sogenannte längstvergangene Zeit im Gebrauch ist, so wollen

Wortlehre. 47

wir, um von der deutschen Anordnung der Zeiten nicht zu sehr abzuweichen, in die Vorbilder nur diese eine Zeit, und zwar unter dem Namen längstvergangener Zeit, aufnehmen. Eben so wollen wir von den zukünftigen Zeiten verbindender und begehrender Art nur die einfachere geben.

Erstes Vorbild
für tieflautende Zeitwörter.

Anzeigende Art.

Ggenwärtige Zeit.

Bestimmt.	Unbestimmt.	Leidend.
	Einzahl.	
1. P. vár-om	vár-ok, -lak	várat-om
ich erwarte ihn	ich warte	ich werde erwartet
2. — vár-od	vár-sz	várat-ol
du erwartest ihn	du wartest	du wirst erwartet
3. — vár-ja	vár	várat-ik
er erwartet ihn	er wartet	er wird erwartet
	Mehrzahl.	
1. P. vár-juk	vár-unk	várat-unk
wir erwarten ihn	wir warten	wir werden erwartet
2. — vár-játok	vár-tok	várat-tok
ihr erwartet ihn	ihr wartet	ihr werdet erwartet
3. — vár-ják	vár-nak	várat-nak
sie erwarten ihn	sie warten	sie werden erwartet

Halbvergangene Zeit.

Einzahl.

1. P. vár-ám	vár-ék, -álak	várat-ám
ich erwartete ihn	ich wartete	ich wurde erwartet
2. — vár-ád	vár-ál	várat-ál
du erwartetest ihn	du wartetest	du wurdest erwartet
3. — vár-á	vár-a	várat-ék
er erwartete ihn	er wartete	er wurde erwartet

I. Theoretischer Theil.

Bestimmt.	Unbestimmt.	Leidend.

Mehrzahl.

1. P. vár-ók	vár-ánk	várat-ánk
wir erwarteten ihn	wir warteten	wir wurden erwartet
2. — vár-átok	vár-átok	várat-átok
ihr erwartetet ihn	ihr wartetet	ihr wurdet erwartet
3. — vár-ák	vár-ának	várat-ának
sie erwarteten ihn	sie warteten	sie wurden erwartet

Vergangene Zeit.

Einzahl.

1. P. vár-tam	vár-tam, -talak	várat-tam
ich habe ihn erwartet	ich habe gewartet	ich bin erwartet word.
2. — vár-tad	vár-tál	várat-tál
du hast ihn erwartet	du hast gewartet	du bist erwartet word.
3. — vár-ta	vár-t	várat-ott
er hat ihn erwartet	er hat gewartet	er ist erwartet worden

Mehrzahl.

1. P. vár-tuk	vár-tunk	várat-tunk
wir haben ihn erwart.	wir haben gewartet	wir sind erwart. word.
2. — vár-tátok	vár-tatok	várat-tatok
ihr habt ihn erwartet	ihr habt gewartet	ihr seid erwart. word.
3. — vár-ták	vár-tak	várat-tak
sie haben ihn erwartet	sie haben gewartet	sie sind erwart. word.

Längstvergangene Zeit.

Einzahl.

1. P. vár-tam vala	vár-tam vala	várat-tam vala
ich hatte ihn erwart.	ich hatte gewartet	ich war erwart. word.
2. — vár-tad vala	vár-tál vala	várat-tál vala
du hattest ihn erwart.	du hattest gewartet	du warst erwart. word.
3. — vár-ta vala	várt vala	várat-ott vala
er hatte ihn erwart.	er hatte gewartet	er war erwart. word.

Mehrzahl.

1. P. vár-tuk vala	vár-tunk vala	várat-tunk vala
w. hatten ihn erwart.	wir hatten gewartet	wir waren erwart. w.
2. — vár-tátok vala	vár-tatok vala	várat-tatok vala
ihr hattet ihn erwart.	ihr hattet gewartet	ihr waret erwartet w.
3. — vár-ták vala	vár-tak vala	várat-tak vala
sie hatten ihn erwart.	sie hatten gewartet	sie waren erwartet w.

Wortlehre.

Zukünftige Zeit.

Bestimmt.	Unbestimmt.	Leidend.

Einzahl.

1. P. vár-andom vár-ni fogom	vár-andok, vár-an- dalak vár-ni fogok, vár-ni foglak	várat-andom várat-ni fogok
ich werde ihn erwart.	ich werde warten	ich werde erwartet w.
2. — vár-andod vár-ni fogod	vár-andasz vár-ni fogsz	várat-andolj várat-ni fogsz
du wirst ihn erwart.	du wirst warten	du wirst erwartet w.
3. — vár-andja vár-ni fogja	vár-and vár-ni fog	várat-andik várat-ni fog
er wird ihn erwarten	er wird warten	er wird erwartet werd.

Mehrzahl.

1. P. vár-andjuk vár-ni fogjuk	vár-andunk vár-ni fogunk	várat-andunk várat-ni fogunk
wir werd. ihn erwart.	wir werden warten	w. werden erwartet w.
2. — vár-andjátok vár-ni fogjátok	vár-andotok vár-ni fogtok	várat-andotok váratni fogtok
ihr werdet ihn erw.	ihr werdet warten	ihr werdet erwartet w.
3. — vár-andják vár-ni fogják	vár-andanak vár-ni fognak	várat-andanak várat-ni fognak
sie werden ihn erw.	sie werden warten	sie werden erwartet w.

Zukünftigvergangene Zeit.

Einzahl.

1. P. vár-andottam	vár-andottam, vár- andottalak	várat-andottam
ich werde ihn erw. h.	ich werde gewartet h.	ich werde erw. worden s.
2. — vár-andottad	vár-andottál	várat-andottál
du wirst ihn erw. h.	du wirst gewartet h.	du wirst erw. worden s.
3. — vár-andotta	vár-andott	várat-andott
er wird ihn erwart. h.	er wird gewartet h.	er wird erw. worden s.

Mehrzahl.

1. P. vár-andottuk wir werden ihn er- wartet haben	vár-andottunk wir werden gewartet haben	várat-andottunk wir werden erwartet worden sein
2. — vár-andottátok ihr werdet ihn erwar- tet haben	vár-andottatok ihr werdet gewartet haben	várat-andottatok ihr werdet erwartet worden sein

Ballagi ung. Gramm. 5. Aufl.

I. Theoretischer Theil.

Bestimmt.	Unbestimmt.	Leidend.
3. P. vár-andották	vár-andottak	várat-andottak
sie werden ihn erwartet haben	sie werden gewartet haben	sie werden erwartet worden sein

Verbindende oder gebietende Art.

Gegenwärtige Zeit.

Einzahl.

1. P. vár-jam	vár-jak, vár-jalak	váras-sam
ich soll ihn erwarten	ich soll warten	ich soll erwartet werd.
2. — vár-jad, vár-d	vár-j	váras-sál
du sollst ihn erwarten	du sollst warten	du sollst erwart. werd.
3. — vár-ja	vár-jon	váras-sék
er soll ihn erwarten	er soll warten	er soll erwartet werden

Mehrzahl.

1. P. vár-juk	vár-junk	váras-sunk
wir sollen ihn erwart.	wir sollen warten	wir sollen erw. werd.
2. — vár-játok	vár-jatok	váras-satok
ihr sollt ihn erwarten	ihr sollt warten	ihr sollt erwartet werd.
3. — vár-ják	vár-janak	váras-sanak
sie sollen ihn erwarten	sie sollen warten	sie sollen erwart. werd.

Vergangene Zeit.

Einzahl.

1. P. vár-tam legyen	vár-tam,-talak legy.	várat-tam legyen
ich soll ihn erw. hab.	ich soll gewartet hab.	ich soll erw. word. sein
2. — vár-tad legyen	vár-tál legyen	várat-tál legyen
du sollst ihn erw. hab.	du sollst gewart. hab.	du sollst erw. worden s.
3. — vár-ta legyen	vár-t legyen	várat-ott legyen
er soll ihn erw. haben	er soll gewartet hab.	er soll erw. worden s.

Mehrzahl.

1. P. vár-tuk legyen	vár-tunk legyen	várat-tunk legyen
wir sollen ihn erwartet haben	wir sollen gewartet haben	wir sollen erwartet worden sein
2. — vár-tátok legy.	vár-tatok legyen	várat-tatok legyen
ihr sollt ihn erwartet haben	ihr sollt gewartet haben	ihr sollt erwartet worden sein
3. — vár-ták legyen	vár-tak legyen	várat-tak legyen
sie sollen ihn erwartet haben	sie sollen gewartet haben	sie sollen erwartet worden sein

Wortlehre.

Zukünftige Zeit.

Bestimmt.	Unbestimmt.	Leidend.

Einzahl.

1. P. vár-andjam — vár-andjak,-andjalak — várat-andjam
ich soll ihn erw. i. 3. — ich soll warten i. 3. — ich soll erw. werd. i. 3.
2. — vár-andjad — vár-andj — várat-andjál
du sollst ihn erw. i. 3. — du sollst warten i. 3. — du sollst erw. werd. i. 3.
3. — vár-andja — vár-andjon — várat-andjék
er soll ihn erw. i. 3. — er soll warten i. 3. — er soll erw. werd. i. 3.

Mehrzahl.

1. P. vár-andjuk — vár-andjunk — várat-andjunk
wir sollen ihn erw. i.3. — wir sollen warten i. 3. — wir sollen erw. w. i. 3.
2. — vár-andjátok — vár-andjatok — várat-andjatok
ihr sollt ihn erw. i. 3. — ihr sollt warten i. 3. — ihr sollt erw. werd. i. 3.
3. — vár-andják — vár-andjanak — várat-andjanak
sie sollen ihn erw. i.3. — sie sollen warten i.3. — sie sollen erw. w. i. 3.

Begehrende Art.

Gegenwärtige Zeit.

Einzahl.

1. P. vár-nám — vár-nék, -nálak — várat-nám
ich würde ihn erwart. — ich würde warten — ich würde erwartet w.
2. — vár-nád — vár-nál — várat-nál
du würdest ihn erwart. — du würdest warten — du würdest erwart. w.
3. — vár-ná — vár-na — várat-nék
er würde ihn erwart. — er würde warten — er würde erwartet w.

Mehrzahl.

1. P. vár-nók — vár-nánk — várat-nánk
wir würden ihn erw. — wir würden warten — wir würden erwart. w.
2. — vár-nátok — vár-nátok — várat-nátok
ihr würdet ihn erw. — ihr würdet warten — ihr würdet erwartet w.
3. — vár-nák — vár-nának — várat-nának
sie würden ihn erw. — sie würden warten — sie würden erwartet w.

Vergangene Zeit.

Einzahl.

1. P. vár-tam volna — vár-tam,-talak volna — várat-tam volna
ich hätte ihn erwartet — ich hätte gewartet — ich wäre erwartet w.
2. — vár-tad volna — vár-tál volna — várat-tál volna
du hättest ihn erwart. — du hättest gewartet — du wärest erwartet w.

1. Theoretischer Theil.

Bestimmt.	Unbestimmt.	Leidend.
3. P. vár-ta volna	vár-t volna	várat-ott volna
er hätte ihn erwartet	er hätte gewartet	er wäre erwartet w.

Mehrzahl.

1. P. vár-tuk volna	vár-tunk volna	várat-tunk volna
wir hätten ihn erw.	wir hätten gewartet	wir wären erwartet w.
2. — vár-tátok volna	vár-tatok volna	várat-tatok volna
ihr hättet ihn erwart.	ihr hättet gewartet	ihr wäret erwartet w.
3. — vár-ták volna	vár-tak volna	várat-tak volna
sie hätten ihn erwart.	sie hätten gewartet	sie wären erwartet w.

Zukünftige Zeit.
Einzahl.

1. P. vár-andnám	vár-andnék, -andnálak	várat-andnám
ich würde ihn erwart. in Zukunft	ich würde warten in Zukunft	ich würde erwartet werden in Zukunft
2. — vár-andnád	vár-andnál	várat-andnál
du würd. ihn erw. i. Z.	du würd. warten i. Z.	du würdest erw. w. i. Z.
3. — vár-andná	vár-andna	várat-andnék
er würde ihn erw. i. Z.	er würde warten i. Z.	er würde erw. w. i. Z.

Mehrzahl.

1. P. vár-andnók	vár-andnúnk	várat-andnánk
wir würden ihn erw. in Zukunft	wir würden warten in Zukunft	wir würden erwartet werden in Zukunft
2. — vár-andnátok	vár-andnátok	várat-andnátok
ihr würd. ihn erw. i. Z.	ihr würd. warten i. Z.	ihr würdet erw. w. i. Z.
3. — vár-andnák	vár-andnának	várat-andnának
sie würd. ihn erw. i. Z.	sie würd. warten i. Z.	sie würden erw. w. i. Z.

Unbestimmt und bestimmt.   Leidend.

vár-ni warten   várat-ni erwartet werden

Zukünftige Zeit.

vár-andni warten i. Z.   várat-andni erwartet werden i. Z.

Unbestimmte Art mit Personalsuffiren.

Unbestimmt und bestimmt.   Leidend.

Einzahl.

1. P. vár-nom	várat-nom
2. — vár-nod	várat-nod
3. — vár-nia	várat-nia

Wortlehre. 53

Unbestimmt und bestimmt.   Leidend.
                         Mehrzahl.
1. P. vár-nunk   várat-nunk
2. —   vár-notok   várat-notok
3. —   vár-niok   várat-niok

                    Begebenheitswort.
vár-ás das Warten   várat-ás das Erwartetwerden.
                    Zustandswörter.
vár-ván } wartend   várat-ván } erwartet werdend.
vár-va   várat-va

            Mittelwort der gegenwärtigen Zeit.
            Unbestimmt und bestimmt.
            vár-ó wartend (als Beiwort).
            Mittelwort der vergangenen Zeit.
vár-ott erwartet   várat-ott der Erwartete.
            Mittelwort der zukünftigen Zeit.
vár-andó zu erwartend   várat-andó der zu Erwartende.

---

§. 55.

Zweites Vorbild
für hochlautende Zeitwörter.

Anzeigende Art.
Gegenwärtige Zeit.

Bestimmt.   Unbestimmt.   Leidend.
                      Einzahl.
1. P. kér-em   kér-ek, kér-lek   kéret-em
ich bitte ihn   ich bitte   ich werde gebeten
2. — kér-ed   kér-sz   kéret-el
du bittest ihn   du bittest   du wirst gebeten
3. — kér-i   kér   kéret-ik
er bittet ihn   er bittet   er wird gebeten

Bestimmt. **Unbestimmt.** **Leidend.**

Mehrzahl.

1. P. kér-jük — kér-ünk — kéret-ünk
wir bitten ihn — wir bitten — wir werden gebeten
2. — kér-itek — kér-tek — kéret-tek
ihr bittet ihn — ihr bittet — ihr werdet gebeten
3. — kér-ik — kér-nek — kéret-nek
sie bitten ihn — sie bitten — sie werden gebeten

Halbvergangene Zeit.

Einzahl.

1. P. kér-ém — kér-ék, kér-élek — kéret-ém
ich bat ihn — ich bat — ich wurde gebeten
2. — kér-éd — kér-él — kéret-él
du batest ihn — du batest — du wurdest gebeten
3. — kér-é — kér-e — kéret-ék
er bat ihn — er bat — er wurde gebeten

Mehrzahl.

1. P. kér-ők — kér-énk — kéret-énk
wir baten ihn — wir baten — wir wurden gebeten
2. — kér-étek — kér-étek — kéret-étek
ihr batet ihn — ihr batet — ihr wurdet gebeten
3. — kér-ék — kér-ének — kéret-ének
sie baten ihn — sie baten — sie wurden gebeten

Vergangene Zeit.

Einzahl.

1. P. kér-tem — kér-tem, kér-telek — kéret-tem
ich habe ihn gebeten — ich habe gebeten — ich bin gebeten worden
2. — kér-ted — kér-tél — kéret-tél
du hast ihn gebeten — du hast gebeten — du bist gebeten worden
3. — kér-te — kért-t — kéret-ett
er hat ihn gebeten — er hat gebeten — er ist gebeten worden

Mehrzahl.

1. P. kér-tük — kér-tünk — kéret-tünk
wir haben ihn gebeten — wir haben gebeten — wir sind gebeten word.
2. — kér-tétek — kér-tetek — kéret-tetek
ihr habt ihn gebeten — ihr habt gebeten — ihr seid gebeten word.
3. — kér-ték — kér-tek — kéret-tek
sie haben ihn gebeten — sie haben gebeten — sie sind gebeten word.

Wortlehre.

Längstvergangene Zeit.

Bestimmt.	Unbestimmt.	Leidend.
	Einzahl.	
1. P. kér-tem vala	kér-tem, -telek vala	kéret-tem vala
ich hatte ihn gebeten	ich hatte gebeten	ich war gebeten word.
2. — kér-ted vala	kér-tél vala	kéret-tél vala
du hattest ihn gebeten	du hattest gebeten	du warst gebeten word.
3. — kér-te vala	kért-t vala	kéret-ett vala
er hatte ihn gebeten	er hatte gebeten	er war gebeten word.
	Mehrzahl.	
1. P. kér-tük vala	kér-tünk vala	kéret-tünk vala
wir hatten ihn gebeten	wir hatten gebeten	wir waren gebeten w.
2. — kér-tétek vala	kér-tetek vala	kéret-tetek vala
ihr hattet ihn gebeten	ihr hattet gebeten	ihr waret gebeten w.
3. — kér-ték vala	kér-tek vala	kéret-tek vala
sie hatten ihn gebeten	sie hatten gebeten	sie waren gebeten w.

Zukünftige Zeit.

	Einzahl.	
1. P. kér-endem	kér-endek, -endlek	kéret-endem
kér-ni fogom	kér-ni fogok, -ni foglak	kéret-ni fogok
ich werde ihn bitten	ich werde bitten	ich werde gebeten w.
2. — kér-ended	kér-endesz	kéret-endel
kér-ni fogod	kér-ni fogsz	kéret-ni fogsz
du wirst ihn bitten	du wirst bitten	du wirst gebeten werd.
3. — kér-endi	kér-end	kéret-endik
kér-ni fogja	kér-ni fog	kéret-ni fog
er wird ihn bitten	er wird bitten	er wird gebeten werd.
	Mehrzahl.	
1. P. kér-endjük	kér-endünk	kéret-endünk
kér-ni fogjuk	kér-ni fogunk	kéret-ni fogunk
wir werden ihn bitten	wir werden bitten	wir werden gebeten w.
2. — kér-enditek	kér-endetek	kéret-endetek
kér-ni fogjátok	kér-ni fogtok	kéret-ni fogtok
ihr werdet ihn bitten	ihr werdet bitten	ihr werdet gebeten w.
3. — kér-endik	kér-endenek	kéret-endenek
kér-ni fogják	kér-ni fognak	kéret-ni fognak
sie werden ihn bitten	sie werden bitten	sie werden gebeten w.

Zukünftigvergangene Zeit.

Bestimmt. **Unbestimmt.** **Leidend.**

Einzahl.

1. P. kér-endettem   kér-endettem   kéret-endettem
                         -endettelek
ich werde ihn gebet. h. ich werde gebeten h. ich werde geb. word. f.
2. — kér-endetted   kér-endettél   kéret-endettél
du wirst ihn gebeten h. du wirst gebeten h. du wirst gebet. word. f.
3. — kér-endette   kér-endett   kéret-endett
er wird ihn gebeten h. er wird gebeten hab. er wird gebet. word. f.

Mehrzahl.

1. P. kér-endettük   kér-endettünk   kéret-endettünk
wir werd. ihn geb. h. wir werden gebet. h. wir werd. geb. word. f.
2. — kér-endettétek kér-endettetek   kéret-endettetek
ihr werd. ihn geb. h. ihr werdet gebeten h. ihr werd. geb. word. f.
3. — kér-endették   kér-endettek   kéret-endettek
sie werd. ihn gebet. h. sie werden gebeten h. sie werd. geb. word. f.

Verbindende und gebietende Art.

Gegenwärtige Zeit.

Einzahl.

1. P. kér-jem   kér-jek, -jelek   kéres-sem
ich soll ihn bitten ich soll bitten   ich soll gebeten werden
2. — kér-jed, kér-d kér-j   kéres-sél
du sollst ihn bitten du sollst bitten   du sollst gebeten werd.
3. — kér-je   kér-jen   kéres-sék
er soll ihn bitten   er soll bitten   er soll gebeten werden

Mehrzahl.

1. P. kér-jük   kér-jünk   kéres-sünk
wir sollen ihn bitten wir sollen bitten   wir sollen gebet. werb.
2. — kér-jétek   kér-jetek   kéres-setek
ihr sollt ihn bitten   ihr sollt bitten   ihr sollt gebeten werden
3. — kér-jék   kér-jenek   kéres-senek
sie sollen ihn bitten sie sollen bitten   sie sollen gebeten werd.

Vergangene Zeit.

Einzahl.

1. P. kér-tem legyen kér-tem,-telek legy. kéret-tem legyen
ich soll ihn gebeten h. ich soll gebeten haben ich soll gebeten word. f.

Wortlehre.

Bestimmt.	Unbestimmt.	Leidend.
2. P. kér-ted legyen	kér-tél legyen	kéret-tél legyen
du sollst ihn gebeten h.	du sollst gebeten h.	du sollst gebet. word. s.
3. — kér-te legyen	kér-t legyen	kéret-ett legyen
er soll ihn gebeten h.	er soll gebeten haben	er soll gebeten word. s.

Mehrzahl.

1. P. kér-tük legyen	kér-tünk legyen	kéret-tünk legyen
wir sollen ihn geb. h.	wir sollen gebet. h.	wir sollen geb. word. s.
2. — kér-tétek legy.	kér-tetek legyen	kéret-tetek legyen
ihr sollt ihn gebet. h.	ihr sollt gebeten hab.	ihr sollt gebet. word. s.
3. — kér-ték legyen	kér-tek legyen	kéret-tek legyen
sie sollen ihn gebet. h.	sie sollen gebeten h.	sie sollen geb. word. s.

Zukünftige Zeit.

Einzahl.

1. P. kér-endjem	kér-endjek,-endjel.	kéret-endjem
ich soll ihn bitten i. Z.	ich soll bitten i. Z.	ich soll geb. werd. i. Z.
2. — kér-endjed	kér-endj	kéret-endjél
du sollst ihn bitten i. Z.	du sollst bitten i. Z.	du sollst geb. werd. i. Z.
3. — kér-endje	kér-endjen	kéret-endjék
er soll ihn bitten i. Z.	er soll bitten i. Z.	er soll gebet. werd. i. Z.

Mehrzahl.

1. P. kér-endjük	kér-endjünk	kéret-endjünk
wir sollen ihn bitten i.Z.	wir sollen bitten i.Z.	wir sollen geb. w. i. Z.
2. — kér-endjétek	kér-endjetek	kéret-endjetek
ihr sollt ihn bitten i.Z.	ihr sollt bitten i. Z.	ihr sollt gebet. w. i. Z.
3. — kér-endjék	kér-endjenek	kéret-endjenek
sie sollen ihn bitten i.Z.	sie sollen bitten i. Z.	sie sollen gebet. w.i.Z.

Begehrende Art.

Gegenwärtige Zeit.

Einzahl.

1. P. kér-ném	kér-nék	kéret-ném
ich würde ihn bitten	ich würde bitten	ich würde gebet. werd.
2. — kér-néd	kér-nél	kéret-nél
du würdest ihn bitten	du würdest bitten	du würdest gebet. werd.
3. — kér-né	kér-ne	kéret-nék
er würde ihn bitten	er würde bitten	er würde gebeten werd.

Beſtimmt.	Unbeſtimmt.	Leidend.

Mehrzahl.

1. P. kér-nők · kér-nénk — kéret-nénk
wir würden ihn bitten wir würden bitten wir würden gebeten w.
2. — kér-nétek kér-nétek kéret-nétek
ihr würdet ihn bitten ihr würdet bitten ihr würdet gebeten w.
3. — kér-nék kér-nének kéret-nének
ſie würden ihn bitten ſie würden bitten ſie würden gebeten w.

Vergangene Zeit.
Einzahl.

1. P. kér-tem volna kér-tem volna kéret-tem volna
ich hätte ihn gebeten ich hätte gebeten ich wäre gebeten word.
2. — kér-ted volna kér-tél volna kéret-tél volna
du hätteſt ihn gebeten du hätteſt gebeten du wäreſt gebeten word.
3. — kér-te volna kér-t volna kéret-ett volna
er hätte ihn gebeten er hätte gebeten er wäre gebeten word.

Mehrzahl.

1. P. kér-tük volna kér-tünk volna kéret-tünk volna
wir hätten ihn gebet. wir hätten gebeten wir wären gebet. word.
2. — kér-tétek volna kér-tetek volna kéret-tetek volna
ihr hättet ihn gebeten ihr hättet gebeten ihr wäret gebet. word.
3. — kér-ték volna kér-tek volna kéret-tek volna
ſie hätten ihn gebeten ſie hätten gebeten ſie wären gebet. word.

Zukünftige Zeit.
Einzahl.

1. P. kér-endném kér-endnék kéret-endném
ich würde ihn bitten i. Z. ich würde bitten i. Z. ich würde gebet. w. i. Z.
2. — kér-endnéd kér-endnél kéret-endnél
du würdeſt ihn bitt. i. Z. du würdeſt bitten i. Z. du würdeſt gebet. w. i. Z.
3. — kér-endné kér-endne kéret-endnék
er würde ihn bitt. i. Z. er würde bitten i. Z. er würde gebeten w. i. Z.

Mehrzahl.

1. P. kér-endnők kér-endnénk kéret-endnénk
wir würden ihn bit. i. Z. wir würden bitt. i. Z. wir würden geb. w. i. Z.
2. — kér-endnétek kér-endnétek kéret-endnétek
ihr würdet ihn bit. i. Z. ihr würdet bitten i. Z. ihr würdet gebet. w. i. Z.
3. — kér-endnék kér-endnének kéret-endnének
ſie würden ihn bit. i. Z. ſie würden bitten i. Z. ſie würden gebet. w. i. Z.

Wortlehre.

Unbestimmte Art.

Gegenwärtige Zeit.

Unbestimmt und bestimmt. Leidend.
kér-ni bitten kéret-ni gebeten werden

Zukünftige Zeit.

kér-endni bitten f. Z. kéret-endni gebeten werden f. Z.

Unbestimmte Art mit Personalsuffixen.

Einzahl.

1. P. kér-nem kéret-nem
2. — kér-ned kéret-ned
3. — kér-nie kéret-nie

Mehrzahl.

1. P. kér-nünk kéret-nünk
2. — kér-netek kéret-netek
3. — kér-niök kéret-niök

Begebenheitswort.

kér-és das Bitten kéret-és das Gebetenwerden

Zustandswörter.

kér-vén } bittend kéret-vén } gebeten werdend
kér-ve } kéret-ve }

Mittelwort der gegenwärtigen Zeit.

kér-ő bittend (als Beiwort).

Mittelwort der vergangenen Zeit.

kér-ett gebeten kéret-ett der Gebetene

Mittelwort der zukünftigen Zeit.

kér-endő zu bittend kéret-endő der zu Bittende.

§. 56.
Drittes Vorbild
für tiefflautende Zeitwörter,
die den Vocal der letzten Silbe ausstoßen.

Anzeigende Art.

Gegenwärtige Zeit.

Bestimmt.	Unbestimmt.	Leidend.
	Einzahl.	
ich quäle ihn ꝛc.	ich quäle ꝛc.	ich werde gequält ꝛc.
1. P. kínz-om	kinz-ok	kinoztat-om
2. — kínz-od	kínz-asz	kinoztat-ol
3. — kínoz-za	kínoz	kinoztat-ik
	Mehrzahl.	
wir quälen ihn ꝛc.	wir quälen ꝛc.	wir werden gequält ꝛc.
1. P. kínoz-zuk	kinz-unk	kinoztat-unk
2. — kínoz-zátok	kinoz-tok	kinoztat-tok
3. — kínoz-zák	kínoz-nak	kinoztat-nak

Halbvergangene Zeit.

	Einzahl.	
ich quälte ihn ꝛc.	ich quälte ꝛc.	ich wurde gequält ꝛc.
1. P. kínz-ám	kínz-ók	kinoztat-ám
2. — kínz-ád	kínz-ál	kinoztat-ál
3. — kínz-á	kínz-a	kinoztat-ék
	Mehrzahl.	
wir quälten ihn ꝛc.	wir quälten ꝛc.	wir wurden gequält ꝛc.
1. P. kínz-ók	kínz-ánk	kinoztat-ánk
2. — kínz-átok	kínz-átok	kinoztat-átok
3. — kínz-ák	kínz-ának	kinoztat-ának

Vergangene Zeit.

	Einzahl.	
ich habe ihn gequält ꝛc.	ich habe gequält ꝛc.	ich bin gequält w. ꝛc.
1. P. kinoz-tam	kinoz-tam	kinoztat-tam
2. — kinoz-tad	kinz-tál	kinoztat-túl
3. — kinoz-ta	kinz-ott	kinoztat-ott

Wortlehre. 61

Bestimmt.   Unbestimmt.   Leidend.
                 Mehrzahl.
wir haben ihn gequält   wir haben gequält   wir sind gequält word.
1. P. kinoz-tuk   kinoz-tunk   kinoztat-tunk
2. — kinoz-tátok   kinoz-tatok   kinoztat-tatok
3. — kinoz-ták   kinoz-tak   kinoztat-tak

Längstvergangene Zeit.
Einzahl.

ich hatte ihn gequält   ich hatte gequält   ich war gequält word.
1. P. kinoz-tam   kinoz-tam   kinoztat-tam
2. — kinoz-tad } vala   kinoz-tál } vala   kinoztat-tál } vala
3. — kinoz-ta   kinz-ott   kinoztat-ott

Mehrzahl.

wir hatten ihn gequält   wir hatten gequält   wir waren gequält w.
1. P. kinoz-tuk   kinoz-tunk   kinoztat-tunk
2.— kinoz-tátok } vala   kinoz-tatok } vala   kinoztat-tatok } vala
3.— kinoz-ták   kinoz-tak   kinoztat-tak

Zukünftige Zeit.
Einzahl.

ich werde ihn quälen   ich werde quälen   ich werde gequält werd.
1. P. kinz-andom   kinz-andok   kinoztat-andom
    kinoz-ni fogom   kinoz-ni fogok   kinoztat-ni fogok
2. — kinz-andod   kinz-andasz   kinoztat-andol
    kinoz-ni fogod   kinoz-ni fogsz   kinoztat-ni fogsz
3. — kinz-andja   kinz-and   kinoztat-andik
    kinoz-ni fogja   kinoz-ni fog   kinoztat-ni fog

Mehrzahl.

wir werden ihn quälen   wir werden quälen   wir werden gequält w.
1. P. kinz-andjunk   kinz-andunk   kinoztat-andunk
    kinoz-ni fogjuk   kinoz-ni fogunk   kinoztat-ni fogunk
2. — kinz-andjátok   kinz-andatok   kinoztat-andatok
    kinoz-ni fogjátok   kinoz-ni fogtok   kinoztat-ni fogtok
3. — kinz-andják   kinz-andanak   kinoztat-andnak
    kinoz-ni fogják   kinoz-ni fognak   kinoztat-ni fognak

Zukünftigvergangene Zeit.
Einzahl.

ich werde ihn gequält h.   ich werde gequält h.   ich werde gequält w. f.
1. P. kinz-andottam   kinz-andottam   kinoztat-andottam
2.— kinz-andottad   kinz-andottál   kinoztat-andottál
3. — kinz-andotta   kinz-andott   kinoztat-andott

Bestimmt. Unbestimmt. Leidend.
Mehrzahl.
wir werden ihn ge-   wir werden gequält   wir werden gequält
quält haben   haben   worden sein
1. P. kinz-andottuk kinz-andottunk   kinoztat-andottunk
2. — kinz-andottátok kinz-andottatok   kinoztat-andottatok
3. — kinz-andották   kinz-andottak   kinoztat-andottak

Verbindende und gebietende Art.

Gegenwärtige Zeit.

Einzahl.
ich soll ihn quälen   ich soll quälen   ich soll gequält werden
1. P. kinoz-zam   kinoz-zak   kinoztas-sam
2. — kinoz-zad   kinoz-z   kinoztas-sál
3. — kinoz-za   kinoz-zon   kinoztas-sék

Mehrzahl.
wir sollen ihn quälen wir sollen quälen wir sollen gequält w.
1. P. kinoz-zuk   kinoz-zunk   kinoztas-sunk
2. — kinoz-zátok   kinoz-zatok   kinoztas-satok
3. — kinoz-zák   kinoz-zanak   • kinoztas-sanak

Vergangene Zeit.

Einzahl.
ich soll ihn gequält hab. ich soll gequält haben ich soll gequält word. s.
1. P. kinoz-tam ⎫   kinoztam   ⎫   kinoztat-tam ⎫
2. — kinoz-tad ⎬ legyen kinoz-tál   ⎬ legyen   kinoztal-tál ⎬ legyen
3. — kinoz-ta   ⎭   kinz-ott   ⎭   kinoztat-ott ⎭

Mehrzahl.
wir sollen ihn gequält h. wir sollen gequält h. wir sollen gequält w. s.
1. P. kinoz-tuk   ⎫   kinoz-tunk ⎫   kinoztat-tunk ⎫
2. — kinoz-tátok   ⎬ legyen kinoz-tatok ⎬ legyen kinoztat-tatok ⎬ legyen
3. — kinoz-ták   ⎭   kinoz-tak   ⎭   kinoztat-tak   ⎭

Zukünftige Zeit.

Einzahl.
ich soll ihn quälen i. Z. ich soll quälen i. Z. ich soll gequält w. i. Z.
1. P. kinz-andjam   kinz-andjak   kinoztat-andjam
2. — kinz-andjad   kinz-andj   kinoztat-andjál
3. — kinz-andja   kinz-andjon   kinoztat-andjék

Wortlehre.

Bestimmt.	Unbestimmt.	Leidend.

Mehrzahl.

wir sollen ihn quälen in Zukunft	wir sollen quälen i. 3.	wir sollen gequält werden in 3.
1. P. kinz-andjuk	kinz-andjunk	kinoztat-andjunk
2. — kinz-andjátok	kinz-andjatok	kinoztat-andjatok
3. — kinz-andják	kinz-andjanak	kinoztat-andjanak

Begehrende Art.

Gegenwärtige Zeit.

Einzahl.

ich würde ihn quälen	ich würde quälen	ich würde gequält w.
1. P. kinoz-nám	kinoz-nék	kinoztat-nám
2. — kinoz-nád	kinoz-nál	kinoztat-nál
3. — kinoz-ná	kinoz-na	kinoztat-nék

Mehrzahl.

wir würden ihn quälen	wir würden quälen	wir würden gequält w.
1. P. kinoz-nók	kinoz-nánk	kinoztat-nánk
2. — kinoz-nátok	kinoz-nátok	kinoztat-nátok
3. — kinoz-nák	kinoz-nának	kinoztat-nának

Vergangene Zeit.

Einzahl.

ich hätte ihn gequält	ich hätte gequält	ich wäre gequält word.
1. P. kinoz-tam ⎱ volna	kinoz-tam ⎱ volna	kinoztat-tam ⎱ volna
2. — kinoz-tad ⎰	kinoz-tál ⎰	kinoztat-tál ⎰
3. — kinoz-ta	kinz-ott	kinoztat-ott

Mehrzahl.

wir hätten ihn gequält	wir hätten gequält	wir wären gequält w.
1. P. kinoz-tuk ⎱ volna	kinoz-tunk ⎱ volna	kinoztat-tunk ⎱ volna
2. — kinoz-tátok ⎰	kinoz-tatok ⎰	kinoztat-tatok ⎰
3. — kinoz-ták	kinoz-tak	kinoztat-tak

Zukünftige Zeit.

Einzahl.

ich würde ihn quälen in Zukunft	ich würde quälen in Zukunft	ich würde gequält werden i. 3.
1. P. kinz-andnám	kinz-andnék	kinoztat-andnám
2. — kinz-andnád	kinz-andnál	kinoztat-andnál
3. — kinz-andná	kinz-andna	kinoztat-andnék

Beſtimmt. **Unbeſtimmt.** **Leidend.**

Mehrzahl.

wir würden ihn quä- len in 3.	wir würden quälen in Zukunft	wir würden gequält werden i. 3.
1. P. kinz-andnók	kinz-andnánk	kinoztat-andnánk
2. — kinz-andnátok	kinz-andnátok	kinoztat-andnátok
3. — kinz-andnák	kinz-andnának	kinoztat-andnának

Unbeſtimmte Art.

Gegenwärtige Zeit.

Unbeſtimmt und beſtimmt.   **Leidend.**
kinoz-ni quälen   kinoztat-ni gequält werden

Zukünftige Zeit.
kinz-andni quälen i. 3.   kinoztat-andni gequält werden i. 3.

Unbeſtimmte Art mit Perſonalſuffixen.

Einzahl.

1. P. kinoz-nom   kinoztat-nom
2. — kinoz-nod   kinoztat-nod
3. — kinoz-nia   kinoztat-nia

Mehrzahl.

1. P. kinoz-nunk   kinoztat-nunk
2. — kinoz-notok   kinoztat-notok
3. — kinoz-niok   kinoztat-niok

Begebenheitswort.

kin-zás das Quälen   kinoztat-ás das Gequältwerden

Zuſtandswörter.

kinoz-vún } quälend   kinoztat-vún } gequält werdend
kinoz-va   kinoztat-va

Mittelwort der gegenwärtigen Zeit.
    kinz-ó quälend (als Beiwort).

Mittelwort der vergangenen Zeit.

Unbeſtimmt und beſtimmt.   **Leidend.**
  kinz-ott gequält   kinoztat-ott der Gequälte

Mittelwort der zukünftigen Zeit.
kinz-andó zu quälend   kinoztat-andó das zu Quälende.

§. 57.
Viertes Vorbild
für hochlautende Zeitwörter,
die den Vocal der letzten Silbe ausstoßen.

Anzeigende Art.
Gegenwärtige Zeit.

Bestimmt.	Unbestimmt.	Leidend.
	Einzahl.	
ich fühle es	ich fühle	ich werde gefühlt
1. P. érz-em	érz-ek	éreztet-em
2. — érz-ed	érz-esz	éreztet-el
3. — érz-i	ére-z	éreztet-ik
	Mehrzahl.	
wir fühlen es	wir fühlen	wir werden gefühlt
1. P. érez-zük	érz-ünk	éreztet-ünk
2. — érz-itek	érez-tek	éreztet-tek
3. — érz-ik	érez-nek	éreztet-nek

Halbvergangene Zeit.

	Einzahl.	
ich fühlte es	ich fühlte	ich wurde gefühlt
1. P. érz-ém	érz-ék	éreztet-ém
2. — érz-éd	érz-él	éreztet-él
3. — érz-é	érz-e	éreztet-ék
	Mehrzahl.	
wir fühlten es	wir fühlten	wir wurden gefühlt
1. P. érz-ők	érz-énk	éreztet-énk
2. — érz-étek	érz-étek	éreztet-étek
3. — érz-ék	érz-ének	éreztet-ének

Vergangene Zeit.

	Einzahl.	
ich habe es gefühlt	ich habe gefühlt	ich bin gefühlt worden
1. P. érez-tem	érez-tem	éreztet-tem
2. — érez-ted	érez-tél	éreztet-tél
3. — érez-te	érz-ett	éreztet-ett

Bestimmt. **Unbestimmt.** **Leidend.**

Mehrzahl.

wir haben es gefühlt	wir haben gefühlt	wir sind gefühlt word.
1. P. érez-tük	érez-tünk	éreztet-tünk
2. — érez-tétek	érez-tetek	éreztet-tetek
3. — érez-ték	érez-tek	éreztet-tek

Längstvergangene Zeit.

Einzahl.

ich hatte es gefühlt	ich hatte gefühlt	ich war gefühlt worden
1. P. érez-tem ⎫	érez-tem ⎫	éreztet-tem ⎫
2. — érez-ted ⎬ vala	érez-tél ⎬ vala	éreztet-tél ⎬ vala
3. — érez-te ⎭	érz-ett ⎭	éreztet-ett ⎭

Mehrzahl.

wir hatten es gefühlt	wir hatten gefühlt	w. waren gefühlt word.
1. P. érez-tük ⎫	érez-tünk ⎫	éreztet-tünk ⎫
2. — érez-tétek ⎬ vala	érez-tetek ⎬ vala	éreztet-tetek ⎬ vala
3. — érez-ték ⎭	érez-tek ⎭	éreztet-tek ⎭

Zukünftige Zeit.

Einzahl.

ich werde es fühlen	ich werde fühlen	ich werde gefühlt werd.
1. P. érz-endem	érz-endek	éreztet--endem
érez-ni fogom	érez-ni fogok	éreztet-ni fogok
2. — érz-ended	érz-endesz	éreztet-endel
érez-ni fogod	érez-ni fogsz	éreztet-ni fogsz
3. — érz-endi	érz-end	éreztet-endik
érez-ni fogja	érez-ni fog	éreztet-ni fog

Mehrzahl.

wir werden es fühlen	wir werden fühlen	wir werd. gefühlt werd.
1. P. érz-endjük	érz-endünk	éreztet-endünk
érez-ni fogjuk	érez-ni fogunk	éreztet-ni fogunk
2. — érz-enditek	érz-endetek	éreztet-endetek
érez-ni fogjátok	érez-ni fogtok	éreztet-ni fogtok
3. — érz-endik	érz-endenek	éreztet-endenek
érez-ni fogják	érez-ni fognak	éreztet-ni fognak

Wortlehre. 67

Zukünftigvergangene Zeit.

Bestimmt.	Unbestimmt.	Leidend.

Einzahl.

ich werde es gefühlt haben	ich werde gefühlt haben	ich werde gefühlt worden sein
1. P. érz-endettem	érz-endettem	éreztet-endettem
2. — érz-endetted	érz-endettél	éreztet-endettél
3. — érz-endette	érz-endett	éreztet-endett

Mehrzahl.

wir werden es gefühlt haben	wir werden gefühlt haben	wir werden gefühlt worden sein
1. P. érz-endettük	érz-endettünk	éreztet-endettünk
2. — érz-endettétek	érz-endettetek	éreztet-endettetek
3. — érz-endették	érz-endettek	éreztet-endettek

Verbindende und gebietende Art.

Gegenwärtige Zeit.

Einzahl.

ich soll es fühlen	ich soll fühlen	ich soll gefühlt werden
1. P. érez-zem	érez-zek	éreztes-sem
2. — érez-zed	érez-z	éreztes-sél
3. — érez-ze	érez-zen	éreztes-sék

Mehrzahl.

wir sollen es fühlen	wir sollen fühlen	wir sollen gefühlt werd.
1. P. érez-zük	érez-zünk	éreztes-sünk
2. — érez-zétek	érez-zetek	éreztes-setek
3. — érez-zék	érez-zenek	éreztes-senek

Vergangene Zeit.

Einzahl.

ich soll es gefühlt hab.	ich soll gefühlt haben	ich soll gefühlt worb. f
1. P. érez-tem ⎫	érez-tem ⎫	éreztet-tem ⎫
2. — érez-ted ⎬ legyen	érez-tél ⎬ legyen	éreztet-tél ⎬ legyen
3. — érez-te ⎭	érz-ett ⎭	éreztet-ett ⎭

Mehrzahl.

wir sollen es gefühlt h.	wir sollen gefühlt h.	wir sollen gefühlt w. f
1. P. érez-tük ⎫	érez-tünk ⎫	éreztet-tünk ⎫
2. — érez-tétek ⎬ legyen	érez-tetek ⎬ legyen	éreztet-tetek ⎬ legyen
3. — érez-ték ⎭	érez-tek ⎭	éreztet-tek ⎭

5 *

I. Theoretischer Theil.

Zukünftige Zeit.

Bestimmt. **Unbestimmt.** **Leidend.**

Einzahl.

ich soll es fühlen i. 3.	ich soll fühlen i. 3.	ich soll gefühlt w. i. 3.
1. P. érz-endjem	érz-endjek	éreztet-endjem
2. — érz-endjed	érz-endj	éreztet-endjél
3. — érz-endje	érz-endjen	éreztet-endjék

Mehrzahl.

wir sollen es fühlen i.3.	wir sollen fühlen i. 3.	wir sollen gefühlt w. i.3.
1. P. érz-endjük	érz-endjünk	éreztet-endjünk
2. — érz-endjétek	érz-endjetek	éreztet-endjetek
3. — érz-endjék	érz-endjenek	éreztet-endjenek

Begehrende Art.

Gegenwärtige Zeit.

Einzahl.

ich würde es fühlen	ich würde fühlen	ich würde gefühlt werd.
1. P. érez-ném	érez-nék	éreztet-ném
2. — érez-néd	érez-nél	éreztet-nél
3. — érez-né	érez-ne	éreztet-nék

Mehrzahl.

wir würden es fühlen	wir würden fühlen	wir würden gefühlt w.
1. P. érez-nők	érez-nénk	éreztet-nénk
2. — érez-nétek	érez-nétek	éreztet-nétek
3. — érez-nék	érez-nének	éreztet-nének

Vergangene Zeit.

Einzahl.

ich hätte es gefühlt		ich hätte gefühlt		ich wäre gefühlt worden	
1. P. érez-tem	} volna	érez-tem	} volna	éreztet-tem	} volna
2. — érez-ted		érez-tél		éreztet-tél	
3. — érez-te		érz-ett		éreztet-ett	

Mehrzahl.

wir hätten es gefühlt		wir hätten gefühlt		wir wären gefühlt w.	
1. P. érez-tük	} volna	érez-tünk	} volna	éreztet-tünk	} volna
2. — érez-tétek		érez-tetek		éreztet-tetek	
3. — érez-ték		érez-tek		éreztet-tek	

Wortlehre.

Zukünftige Zeit.

Bestimmt.	Unbestimmt.	Leidend.

Einzahl.

ich würde es fühlen in Zukunft	ich würde fühlen in Zukunft	ich würde gefühlt werden in Zukunft
1. P. érz-endném	érz-endnék	éreztet-endném
2. — érz-endnéd	érz-endnél	éreztet-endnél
3. — erz-endné	érz-endne	éreztet-endnék

Mehrzahl.

wir würden es fühlen in Zukunft	wir würden fühlen in Zukunft	wir würden gefühlt werden i. Z.
1. P. érz-endnők	érz-endnénk	éreztet-endnénk
2. — érz-endnétek	érz-endnétek	éreztet-endnétek
3. — érz-endnék	érz-endnének	éreztet-endnének

Unbestimmte Art.

Gegenwärtige Zeit.

Unbestimmt und bestimmt.	Leidend.
érez-ni fühlen	éreztet-ni gefühlt werden

Zukünftige Zeit.

érz-endni fühlen i. Z.	éreztet-endni gefühlt werden i. Z.

Unbestimmte Art mit Personalsuffixen.

Einzahl.

1. P. érez-nem	éreztet-nem
2. — érez-ned	éreztet-ned
3. — érez-nie	éreztet-nie

Mehrzahl.

1. P. érez-nünk	éreztet-nünk
2. — érez-netek	éreztet-netek
3. — érez-niök	éreztet-niök

Begebenheitswort.

érz-és das Fühlen	éreztet-és das Gefühltwerden

Zustandswörter.

Unbestimmt und bestimmt.	Leidend.
érez-vén } fühlend érez-ve	éreztet-vén } gefühlt werdend. éreztet-ve

70 I. Theoretischer Theil.

Mittelwort der gegenwärtigen Zeit.
Unbestimmt und bestimmt.
érz-ő fühlend (als Beiwort).

Mittelwort der vergangenen Zeit.
érz-ett gefühlt   éreztet-ett das Gefühlte.

Mittelwort der zukünftigen Zeit.
érz-endő zu fühlend   éreztet-endő das zu Fühlende.

§. 58.

Fünftes Vorbild
für tiefsautende Zeitwörter,
die auf langen Vocal ausgehen.

Anzeigende Art.
Gegenwärtige Zeit.

Bestimmt.	Unbestimmt.	Leidend.
Einzahl.		
ich rufe ihn	ich rufe	ich werde gerufen
1. P. hiv-om	hiv-ok	hivat-om
2. — hiv-od	hí-sz	hivat-ol
3. — hí-ja	hí, hiv	hivat-ik
Mehrzahl.		
wir rufen ihn	wir rufen	wir werden gerufen
1. P. hí-juk	hiv-unk	hivat-unk
2. — hi-játok	hí-tok	hivat-tok
3. — hí-ják	hí-nak	hivat-nak

Halbvergangene Zeit.

Einzahl.		
ich rief ihn	ich rief	ich wurde gerufen
1. P. hiv-ám	hiv-ék	hivat-ám
2. — hiv-ád	hiv-ál	hivat-ál
3. — hiv-á	hiv-a	hivat-ék

Wortlehre. 71

Bestimmt.	Unbestimmt.	Leidend.

Mehrzahl.

wir riefen ihn	wir riefen	wir wurden gerufen
1. P. hiv-ók	hiv-ánk	hivat-ánk
2. — hiv-átok	hiv-átok	hivat-átok
3. — hiv-ák	hiv-ának	hivat-ának

Vergangene Zeit.

Einzahl.

ich habe ihn gerufen	ich habe gerufen	ich bin gerufen worden
1. P. hít-tam	hít-tam	hivat-tam
2. — hít-tad	hít-tál	hivat-tál
3. — hít-ta	hiv-ott	hivat-ott

Mehrzahl.

wir haben ihn gerufen	wir haben gerufen	wir sind gerufen word.
1. P. hít-tuk	hít-tunk	hivat-tunk
2. — hít-tátok	hít-tatok	hivat-tatok
3. — hít-ták	hít-tak	hivat-tak

Längstvergangene Zeit.

Einzahl.

ich hatte ihn gerufen	ich hatte gerufen	ich war gerufen worden
1. P. hít-tam	hít-tam	hivat-tam
2. — hít-tad	hít-tál	hivat-tál
3. — hít-ta	hiv-ott	hivat-ott

(vala)

Mehrzahl.

wir hatten ihn gerufen	wir hatten gerufen	wir waren gerufen w.
1. P. hít-tuk	hít-tunk	hivat-tunk
2. — hít-tátok	hít-tatok	hivat-tatok
3. — hít-ták	hít-tak	hivat-tak

(vala)

Zukünftige Zeit.

Einzahl.

ich werde ihn rufen	ich werde rufen	ich werde gerufen werd.
1. P. hiv-andom	hiv-andok	hivat-andom
hí-ni fogom	hí-ni fogok	hivat-ni fogok
2. — hiv-andod	hiv-andasz	hivat-andol
hí-ni fogod	hí-ni fogsz	hivat-ni fogsz
3. — hiv-andja	hiv-and	hivat-andik
hí-ni fogja	hí-ni fog	hivat-ni fog

Bestimmt.	Unbestimmt.	Leidend.

Mehrzahl.

wir werden ihn rufen	wir werden rufen	wir werd. gerufen werd.
1. P. hiv-andjuk	hiv-andunk	hivat-andunk
hí-ni fogjuk	hí-ni fogunk	hivat-ni fogunk
2. — hiv-andjátok	hiv-andatok	hivat-andatok
hí-ni fogjátok	hí-ni fogtok	hivat-ni fogtok
3. — hiv-andják	hiv-andanak	hivat-andanak
hí-ni fogják	hí-ni fognak	hivat-ni fognak

Zukünftigvergangene Zeit.

Einzahl.

Ich werde ihn gerufen haben	ich werde gerufen haben	ich werde gerufen worden sein
1. P. hiv-andottam	hiv-andottam	hivat-andottam
2. — hiv-andottad	hiv-andottál	hivat-andottál
3. — hiv-andotta	hiv-andott	hivat-andott

Mehrzahl.

wir werden ihn gerufen haben	wir werden gerufen haben	wir werden gerufen worden sein
1. P. hiv-andottuk	hiv-andottunk	hivat-andottunk
2. — hiv-andottátok	hiv-andottatok	hivat-andottatok
3. — hiv-andották	hiv-andottak	hivat-andottak

Verbindende und gebietende Art.

Gegenwärtige Zeit.

Einzahl.

ich soll ihn rufen	ich soll rufen	ich soll gerufen werden
1. P. hí-jam	hí-jak	hivas-sam
2. — hí-jad	hí-j	hivas-sál
3. — hí-ja	hí-jon	hivas-sék

Mehrzahl.

wir sollen ihn rufen	wir sollen rufen	wir sollen geruf. werd.
1. P. hí-juk	hí-junk	hivas-sunk
2. — hí-játok	hí-jatok	hivas-satok
3. — hí-ják	hí-janak	hivas-sanak

Wortlehre.

Vergangene Zeit.

Bestimmt.   Unbestimmt.   Leidend.

Einzahl.

ich soll ihn gerufen h.   ich soll gerufen hab.   ich soll gerufen word. s.
1. P. hít-tam   } legyen   hít-tam   } legyen   hivat-tam   } legyen
2. — hít-tad   hít-tál   hivat-tál
3. — hít-ta   hiv-ott   hivat-ott

Mehrzahl.

wir sollen ihn geruf. h. wir sollen gerufen h.   wir sollen gerufen w. s.
1. P. hít-tuk   } legyen   hít-tunk   } legyen   hivat-tunk   } legyen
2. — hít-tátok   hít-tatok   hivat-tatok
3. — hít-ták   hít-tak   hivat-tak

Zukünftige Zeit.

Einzahl.

ich soll ihn rufen i. Z.   ich soll rufen i. Z.   ich soll gerufen w. i. Z.
1. P. hiv-andjam   hiv-andjak   hivat-andjam
2. — hiv-andjad   hiv-andj   hivat-andjál
3. — hiv-andja   hiv-andjon   hivat-andjék

Mehrzahl.

wir sollen ihn rufen i. Z. wir sollen rufen i. Z. wir sollen geruf. w. i. Z.
1. P. hiv-andjuk   hiv-andjunk   hivat-andjunk
2. — hiv-andjátok   hiv-andjatok   hivat-andjatok
3. — hiv-andják   hiv-andjanak   hivat-andjanak

Begehrende Art.

Gegenwärtige Zeit.

Einzahl.

ich würde ihn rufen   ich würde rufen   ich würde gerufen werd.
1. P. hí-nám   hí-nék   hivat-nám
2. — hí-nád   hí-nál   hivat-nál
3. — hí-ná   hí-na   hivat-nék

Mehrzahl.

wir würden ihn rufen   wir würden rufen   wir würden gerufen w.
1. P. hí-nók   hí-nánk   hivat-nánk
2. — hí-nátok   hí-nátok   hivat-nátok
3. — hí-nák   hí-nának   hivat-nának

Vergangene Zeit.

Bestimmt. **Unbestimmt.** **Leidend.**

Einzahl.

ich würde ihn gerufen ich würde gerufen ich würde gerufen wor-
haben   haben   den sein

1. P. hít-tam   ⎫   hít-tam   ⎫   hivat-tam ⎫
2. — hít-tad   ⎬ volna   hít-tál   ⎬ volna hivat-tál ⎬ volna
3. — hít-ta   ⎭   hiv-ott   ⎭   hivat-ott ⎭

Mehrzahl.

wir würden ihn gerufen wir würden gerufen wir würden gerufen
haben   haben   worden sein

1. P. hít-tuk   ⎫   hít-tunk   ⎫   hivat-tunk   ⎫
2. — hít-tátok   ⎬ volna hít-tatok ⎬ volna hivat-tatok ⎬ volna
3. — hít-ták   ⎭   hít-tak   ⎭   hivat-tak   ⎭

Zukünftige Zeit.

Einzahl.

ich würde ihn rufen i. Z.   ich würde rufen i. Z.   ich würde geruf. w. i. Z.
1. P. hiv-andnám   hiv-andnék   hivat-andnám
2. — hiv-andnád   hiv-andnál   hivat-andnál
3. — hiv-andná   hiv-andna   hivat-andnék

Mehrzahl.

w. würd. ihn rufen i. Z.   wir würden rufen i. Z. wir würd. geruf. w. i. Z.
1. P. hiv-andnók   hiv-andnánk   hivat-andnánk
2. — hiv-andnátok   hiv-andnátok   hivat-andnátok
3. — hiv-andnák   hiv-andnának   hivat-andnának

Unbestimmte Art.

Gegenwärtige Zeit.

Unbestimmt und bestimmt.   **Leidend.**
hí-ni rufen   hivat-ni gerufen werden

Zukünftige Zeit.

hiv-andni rufen i. Z.   hivat-andni gerufen werden i. Z.

Unbestimmte Art mit Personalsuffixen.

Einzahl.

1. P. hí-nom   hivat-nom
2. — hí-nod   hivat-nod
3. — hí-nia   hivat-nia

Wortlehre.

Unbestimmt und bestimmt.   Leidend.
                  Mehrzahl.
    1. P. hí-nunk   hivat-nunk
    2. — hí-notok   hivat-notok
    3. — hí-niok   hivat-niok

               Begebenheitswort.
hiv-ás das Rufen   hivas-ás das Gerufenwerden.

               Zustandswörter.
hi-ván } rufend   hivat-ván } gerufen werdend.
hi-va }   hivat-va }

      Mittelwort der gegenwärtigen Zeit.
    hiv-ó rufend (als Beiwort).

      Mittelwort der vergangenen Zeit.
hí-tt oder hiv-ott gerufen   hivat-ott der Gerufene.

      Mittelwort der zukünftigen Zeit.
hiv-andó zu rufend   hivat-andó das zu Rufende.

---

§. 59.

Sechstes Vorbild

für hochlautende Zeitwörter,

die auf langen Vocal endigen.

Anzeigende Art.

Gegenwärtige Zeit.

Bestimmt.   Unbestimmt.   Leidend.
                  Einzahl.
ich webe es   ich webe   ich werde gewebt
1. P. szöv-öm   szöv-ök   szövet-em
2. — szöv-öd   szö-sz   szövet-el
3. — szöv-i   szö, szöv   szövet-ik

Bestimmt.	Unbestimmt.	Leidend.
	Mehrzahl.	
wir weben es	wir weben	wir werden gewebt
1. P. szö-jük	szöv-ünk	szövet-ünk
2. — szöv-itek	szö-tek	szövet-tek
3. — szöv-ik	szö-nek	szövet-nek

Halbvergangene Zeit.
Einzahl.

ich webte es	ich webte	ich wurde gewebt
1. P. szöv-ém	szöv-ék	szövet-ém
2. — szöv-éd	szöv-él	szövet-él
3. — szöv-é	szöv-e	szövet-ék

Mehrzahl.

wir webten es	wir webten	wir wurden gewebt
1. P. szöv-ők	szöv-énk	szövet-énk
2. — szöv-étek	szöv-étek	szövet-étek
3. — szöv-ék	szöv-ének	szövet-ének

Vergangene Zeit.
Einzahl.

ich habe es gewebt	ich habe gewebt	ich bin gewebt worden
1. P. szőt-tem	szőt-tem	szövet-tem
2. — szőt-ted	szőt-tél	szövet-tél
3. — szőt-te	szö-tt	szövet-ett

Mehrzahl.

wir haben es gewebt	wir haben gewebt	wir sind gewebt word.
1. P. szőt-tük	szőt-tünk	szövet-tünk
2. — szőt-tétek	szőt-tetek	szövet-tetek
3. — szőt-ték	szőt-tek	szövet-tek

Längstvergangene Zeit.
Einzahl.

ich hatte es gewebt		ich hatte gewebt		ich war gewebt worden	
1. P. szőt-tem	⎫	szőt-tem	⎫	szövet-tem	⎫
2. — szőt-ted	⎬ vala	szőt-tél	⎬ vala	szövet-tél	⎬ vala
3. — szőt-te	⎭	szö-tt	⎭	szövet-ett	⎭

Mehrzahl.

wir hatten es gewebt		wir hatten gewebt		wir waren gewebt word.	
1. P. szőt-tük	⎫	szőt-tünk	⎫	szövet-tünk	⎫
2. — szőt-tétek	⎬ vala	szőt-tetek	⎬ vala	szövet-tetek	⎬ vala
3. — szőt-ték	⎭	szőt-tek	⎭	szövet-tek	⎭

Wortlehre.

Zukünftige Zeit.

Bestimmt.	Unbestimmt.	Leidend.

Einzahl.

ich werde es weben	ich werde weben	ich werde gewebt werd.
1. P. szöv-endem	szöv-endek	szövet-endem
sző-ni fogom	sző-ni fogok	szövet-ni fogok
2. — szöv-ended	szöv-endesz	szövet-endel
sző-ni fogod	sző-ni fogsz	szövet-ni fogsz
3. — szöv-endi	szöv-end	szövet-endik
sző-ni fogja	sző-ni fog	szövet-ni fog

Mehrzahl.

wir werden es weben	wir werden weben	wir werd. gewebt werd.
1. P. szöv-endjük	szöv-endünk	szövet-endünk
sző-ni fogjuk	sző-ni fogunk	szövet-ni fogunk
2. — szöv-enditek	szöv-endetek	szövet-endetek
sző-ni fogjátok	sző-ni fogtok	szövet-ni fogtok
3. — szöv-endik	szöv-endenek	szövet-endenek
sző-ni fogják	sző-ni fognak	szövet-ni fognak

Zukünftigvergangene Zeit.

Einzahl.

ich werde es gewebt haben	ich werde gewebt haben	ich werde gewebt worden sein
1. P. szöv-endettem	szöv-endettem	szövet-endettem
2. — szöv-endetted	szöv-endettél	szövet-endettél
3. — szöv-endette	szöv-endett	szövet-endett

Mehrzahl.

wir werden es gewebt haben	wir werden gewebt haben	wir werden gewebt worden sein
1. P. szöv-endettük	szöv-endettünk	szövet-endettünk
2. — szöv-endettétek	szöv-endettetek	szövet-endettetek
3. — szöv-endették	szöv-endettek	szövet-endettek

Verbindende und gebietende Art.

Gegenwärtige Zeit.

Einzahl.

ich soll es weben	ich soll weben	ich soll gewebt werden
1. P. sző-jem	sző-jek	szöves-sem
2. — sző-jed	sző-j	szöves-sél
3. — sző-je	sző-jön	szöves-sék

78 I. Theoretischer Theil.

Bestimmt. **Unbestimmt.** **Leidend.**

Mehrzahl.

wir sollen es weben	wir sollen weben	w. sollen gewebt werd.
1. P. ssö-jük	ssö-jünk	ssöves-sünk
2. — ssö-jétek	ssö-jetek	ssöves-setek
3. — ssö-jék	ssö-jenek	ssöves-senek

Vergangene Zeit.
Einzahl.

ich soll es gewebt hab.	ich soll gewebt haben	ich soll gewebt word. s.
1. P. ssöt-tem ⎫	ssöt-tem ⎫	ssövet-tem ⎫
2. — ssöt-ted ⎬ legyen	ssöt-tél ⎬ legyen	ssövet-tél ⎬ legyen
3. — ssöt-te ⎭	ssö-tt ⎭	ssövet-ett ⎭

Mehrzahl.

wir sollen es gewebt h.	wir sollen gewebt h.	w. sollen gewebt word. s.
1. P. ssöt-tük ⎫	ssöt-tünk ⎫	ssövet-tünk ⎫
2. — ssöt-tétek ⎬ legyen	ssöt-tetek ⎬ legyen	ssövet-tetek ⎬ legyen
3. — ssöt-ték ⎭	ssöt-tek ⎭	ssövet-tek ⎭

Zukünftigvergangene Zeit.
Einzahl.

ich soll es weben i. Z.	ich soll weben i. Z.	ich soll gewebt werd. i. Z.
1. P. ssöv-endjem	ssöv-endjek	ssövet-endjem
2. — ssöv-endjed	ssöv-endj	ssövet-endjél
3. — ssöv-endje	ssöv-endjen	ssövet-endjék

Mehrzahl.

w. sollen es weben i. Z.	w. sollen weben i. Z.	w. sollen gewebt wer. i. Z.
1. P. ssöv-endjük	ssöv-endjünk	ssövet-endjünk
2. — ssöv-endjétek	ssöv-endjetek	ssövet-endjetek
3. — ssöv-endjék	ssöv-endjenek	ssövet-endjenek

Begehrende Art.
Gegenwärtige Zeit.
Einzahl.

ich würde es weben	ich würde weben	ich würde gewebt w.
1. P. ssö-ném	ssö-nék	ssövet-ném
2. — ssö-néd	ssö-nél	ssövet-nél
3. — ssö-né	ssö-ne	ssövet-nék

Wortlehre.

Bestimmt. **Unbestimmt.** **Leidend.**

Mehrzahl.

wir würden es weben / wir würden weben / w. würden gewebt werd.
1. P. sző-nők   sző-nénk   szövet-nénk
2. — sző-nétek   sző-nétek   szövet-nétek
3. — sző-nék   sző-nének   szövet-nének

Vergangene Zeit.
Einzahl.

ich würde es gewebt h. / ich würde gewebt h. / ich würd. gewebt wor. f.
1. P. szőt-tem ⎫   szőt-tem ⎫   szövet-tem ⎫
2. — szőt-ted ⎬ volna   szőt-tél ⎬ volna   szövet-tél ⎬ volna
3. — szőt-te ⎭   sző-tt ⎭   szövet-ett ⎭

Mehrzahl.

wir würd. es gewebt h. / wir würd. gewebt h. / w. würd. gewebt word. f.
1. P. szőt-tük ⎫   szőt-tünk ⎫   szövet-tünk ⎫
2. — szőt-tétek ⎬ volna   szőt-tetek ⎬ volna   szövet-tetek ⎬ volna
3. — szőt-ték ⎭   szőt-tek ⎭   szövet-tek ⎭

Zukünftige Zeit.
Einzahl.

ich würde es weben i. Z. / ich würde weben i. Z. / ich würd. gew. w. i. Z.
1. P. szöv-endném   szöv-endnék   szövet-endném
2. — szöv-endnéd   szöv-endnél   szövet-endnél
3. — szöv-endné   szöv-endne   szövet-endnék

Mehrzahl.

w. würd. es weben i. Z. / w. würd. weben i. Z. / w. würd. gewebt w. i. Z.
1. P. szöv-endnők   szöv-endnénk   szövet-endnénk
2. — szöv-endnétek   szöv-endnétek   szövet-endnétek
3. — szöv-endnék   szöv-endnének   szövet-endnének

Unbestimmte Art.

Gegenwärtige Zeit.

Unbestimmt und bestimmt   **Leidend.**
    sző-ni weben   szövet-ni gewebt werden

Zukünftige Zeit.

szöv-endni weben i. Z.   szövet-endni gewebt werden i. Z.

Unbestimmte Art mit Personalsuffixen.

Einzahl.

1. P. sző-nöm   szövet-nem
2. — sző-nöd   szövet-ned
3. — sző-nie   szövet-nie

Mehrzahl.

1. P. sző-nünk   szövet-nünk
2. — sző-netek   szövet-netek
3. — sző-niök   szövet-niök

Begebenheitswort.

szöv-és das Weben   szövet-és das Gewebtwerden.

Zustandswörter.

sző-vén }
sző-ve } webend   szövet-vén}
     szövet-ve } gewebt werdend.

Mittelwort der gegenwärtigen Zeit.

szöv-ő webend (als Beiwort).

Mittelwort der vergangenen Zeit.

sző-tt gewebt   szövet-ett das Gewebte.

Mittelwort der zukünftigen Zeit.

szöv-endő zu webend   szövet-endő das gewebt werden soll.

Von den Mittelzeitwörtern.

§. 60.

Die Mittelzeitwörter zerfallen in Beziehung auf die Abwandlung in zwei Klassen: 1) in Mittelzeitwörter mit activer Form, welche ihrer Bedeutung nach unübergehend, aber gewöhnlich eine Thätigkeit anzeigend sind, und ganz nach der unbestimmten Activform abgewandelt werden, als: jár, er geht, mozog, er bewegt sich, ered, es entspringt ꝛc.; 2) in Mittelzeitwörter mit passiver Form, die gewöhnlich einen an sich selbst bewirkten leidenden Zustand anzeigen, und nach der Passivform abgewandelt werden, als: iparkodik, er bestrebt sich, melegszik, er wärmt sich, vetkezik, er zieht sich aus ꝛc.

Der Grund, warum viele Mittelzeitwörter als Passiva abgewandelt werden, liegt, angegebener Maßen ohnstreitig zunächst in der reflexiv=passiven Bedeutung derselben; nicht zu verkennen aber ist, daß bei einem großen Theile der Mittelzeitwörter, die nach dem Sprachgebrauche passiv abgewandelt zu werden pflegen, diese reflexiv=passive Bedeutung oder (nach Fogarasi) der Begriff der Nothwendigkeit eines Zustandes des Subjektes bei aller Subtilität nicht herauszufinden ist; wie denn sogar auch die thätig übergehenden Zeitwörter enni, essen; inni, trinken, als Neutra-passiva abgewandelt werden, während andererseits Zeitwörter mit klar ausgesprochener neutro=passiver Bedeutung, die obendrein auch den Begriff der Nothwendigkeit des Zustandes des Subjektes verbinden, activ abgewandelt werden, wie dies am deutlichsten aus der Vergleichung von Wörtern wie vénül und vénheszik und wiederum vénhed, er wird alt, oder ifjúl, ifjodik, er wird jung; házasul, házasodik, er heirathet, zu ersehen ist, wo völlig gleichbedeutende nur verschieden formirte Wörter, die auf ul, ed formirten activ, während die auf od, esz formirten neutro=passiv abgewandelt werden. Hier ist es gewiß einzig und allein die Form des Stammes, oder vielmehr die Form der Endsilbe, welche die passive Abwandlung erheischt; es läßt sich demnach mit vollem Rechte behaupten, daß die neutro=passive Abwandlung eben so sehr von euphonischen Gründen abhängt als von etymologischen. In der That lassen sich gewisse Endsilben der Zeitwörter verzeichnen, die ohne Ausnahme die neutro=passive Abwandlung fordern. Es sind die folgenden:

nd, als : csiklandik, es kitzelt.

od als : álmodik, er träumt. — Es gibt eine Menge Zeitwörter auf od, welche aber sämmtlich reflexiv=passive Bedeutung haben, mithin jedenfalls passiv abgewandelt werden, als : savanyodik, es wird sauer; vágynkodik, er sehnt sich. Eben derselbe Fall ist bei den Wörtern auf ód, öd und üd, als : bajlódik, er plagt sich, aggódik, er bekümmert sich, veszödik, er plagt sich, sürüdik, es wird dicht.

öd, als : bünhödik, er sündigt (er vergeht sich), er büßt; küzködik, er kämpft.

zd, als : küzdik, er kämpft.

j, als : tojik, sie legt (ein Ei).

k, als : lakik, er wohnt; pökik, er spuckt.

p, als : szopik, er säugt. Ausnahme : lép, er schreitet.

gr, als : ugrik, er springt.

Die Wurzelwörter auf

s, als : csik, er fällt; késik, er säumt; vásik, es wird stumpf; und von den abgeleiteten : bujdosik, er irrt herum; szökdösik, er springt herum.

sz, als : alkuszik, er handelt um etwas; aszik, es trocknet; enyészik, es verschwindet; csúszik, er kriecht; látszik, es scheint;

tenyészik, es nimmt ju; tetszik, es gefällt; úszik, er schwimmt; vajuszik, sie kreißt. Ausnahme: mász, er kriecht; vesz, er geht zu Grunde.

v, als: avik, es veraltet.

z, als: habzik, es schäumt; rugdalódzik, er schlägt aus; virágzik, es blüht; rajzik, er schwärmt; tajtékzik, es schäumt; porzik, es staubt; származik, es entspringt; fázik, er friert; csemetézik, er treibt Zweige; dolgozik, er arbeitet; adózik, er zahlt Steuer; himlözik, er pockt.

Manche Mittelzeitwörter werden sowohl nach der activen, als nach der passiven Form abgewandelt, als:

bomol und bomlik, es löst sich auf.
botol und botlik, er stolpert.
hajol und hajlik, er biegt sich.
omol und omlik, es stürzt zusammen.
ömöl und ömlik, es ergießt sich.
romol und romlik, es verdirbt.
tündököl und tündöklik, es glänzt.
ugor und ugrik, er springt.

Schwankend ist der Gebrauch in folgenden Zeitwörtern:

csúsz und csúszik, er rutscht.
enyész und enyészik, es schwindet.
jelen und jelenik, er erscheint.
létez und létezik, es existirt, besteht.
lobban und lobbanik, es entbrennt.
mász und mászik, er kriecht.
robban und robbanik, er springt auf (mit Geräusch).
szűn und szűnik, er hört auf.
tenyész und tenyészik, es gedeiht.
tün und tünik, es scheint.
úsz und úszik, er schwimmt.
vál und válik, es wird.
vágy und vágyik, er sehnt sich.

Folgende Stämme haben eine andere Bedeutung, wenn sie in activer, ine andere, wenn sie in passiver Form gebraucht werden:

bán, er bereut, bedauert,   bánik, er behandelt, er verfährt.
hibáz, er fehlt, begeht einen   hibázik, er fehlt, mangelt.
  Fehler,
nyúl, er greift, streckt seine Hand   nyúlik, er dehnt sich.
  nach Etwas.

Folgende Zeitwörter haben ohne ik eine thätige Bedeutung, während sie mit ik einen Zustand anzeigen oder reflexiv sind:

ágaz, er macht Zweige, schneidet Zweige ab,
ágazik, er vertheilt sich in Aeste.
áldoz, er opfert,
áldozik, er nimmt das Opfer (das heil. Abendmahl).
arányoz, er bringt in Verhältniß oder Proportion,
arányzik, es verhält sich, es proportionirt.
bicsakol, er schneidet mit einem Taschenmesser,
bicsaklik, es schnappt zu wie ein Taschenmesser.
bíz, er vertraut Jem. Etwas,
bízik, er traut, er hat Vertrauen zu Jemanden.

bú, er steckt sich (ins Loch),
búvik, er versteckt sich.
csatol, er schnallt, schließt Etwas an,
csatlik, es schnallt, schließt sich an.
csikland, er kitzelt Jemanden,
csiklandik, es kitzelt.
csiráz, er beschneidet die Reime,
csirázik, es keimt.
ér, es ist werth, taugt; es reicht, langt, trifft zu,
érik, es reift, wird reif.
érez, er fühlt Etwas,
érzik, es wird gefühlt.
fenekel, er setzt einen Boden ein,
feneklik, er bleibt auf dem Grunde sitzen, wird stätig.
fényel, er macht glänzend,
fénylik, es glänzt.
fesel, er trennt auf, er entfaltet,
feslik, es trennt sich.
fűl, es wird warm von außen,
fűlik, es wird warm von innen.
gyúl, er fängt Feuer von außen,
gyúlik, es entzündet sich von selbst, von innen.

gyűl, es versammelt sich,
gyűlik, es sammelt sich innerlich.
haboz, er macht Schaum,
habzik, er schäumt.
hall, er hört,
hallik oder hallatszik, es läßt sich hören.

hámol, er schält, zieht die Schale ab,
hámlik, es schält sich, wirft die Schale ab.
hány, er wirft,
hányik, er erbricht sich.
húny, er schließt die Augen,
húnyik, das Auge schließt sich, es verlischt.

ízel oder ízlel, er schmeckt,
ízlik, es schmeckt.
kékel, er bläut, macht blau,
kéklik, es sieht blau aus, es zeigt blaue Farbe.

okád, er speit aus (Etwas),
okádik, er erbricht sich.
oszol, er zertheilt sich,
oszlik, es theilt sich.
poroz oder porol, er stäubt, reinigt von Staub,
porzik oder porlik, es staubt, fliegt als Staub umher.
rajoz, er fängt einen Bienenschwarm,
rajzik, ein Bienenhaufen schwärmt.
rímel, er reimt, macht Reime,
rímlik, es reimt sich.

rögöz, er häuft Schollen, rögzik, er verhärtet sich, wird verstockt.
sikol, er macht glatt, siklik, er gleitet aus.
szül, sie gebärt, szülik es wird geboren.
tajtékoz, er beschäumt, tajtékzik, es schäumt.
tör, er bricht Etwas, törik, es bricht.
töröl, er wischt ab, törlik, es wischt sich ab.
vérez, er macht blutig, vérzik, es blutet.
világol, er leuchtet, világlik, es leuchtet.
viszonyol, er setzt Etwas in Verhältniß, viszonylik, es verhält sich.
zárol, er schließt, zárlik, es schließt sich.

§. 61.
Siebentes Vorbild
für Mittelzeitwörter mit passiver Form.

Anzeigende Art.
Gegenwärtige Zeit.

Tieflautend.   Hochlautend.

Einzahl.

ich wohne	ich falle
1. P. lak-om	es-sem
2. — lak-ol	es-sel
3. — lak-ik	es-ik

Mehrzahl.

wir wohnen	wir fallen
1. P. lak-unk	es-ünk
2. — lak-tok	es-tek
3. — lak-nak	es-nek

Halbvergangene Zeit.
Einzahl.

ich wohnte	ich fiel
1. P. lak-ám	es-ém
2. — lak-ál	es-él
3. — lak-ék	es-ék

Wortlehre.

Tieflautend.	Hochlautend.

Mehrzahl.

wir wohnten	wir fielen
1. P. lak-ánk	es-énk
2. — lak-átok	es-étek
3. — lak-ának	es-ének

Vergangene Zeit.

Einzahl.

ich habe gewohnt	ich bin gefallen
1. P. lak-tam	es-tem
2. — lak-tál	es-tél
3. — lak-ott	es-ett

Mehrzahl.

wir haben gewohnt	wir sind gefallen
1. P. lak-tunk	es-tünk
2. — lak-tatok	es-tetek
3. — lak-tak	es-tek

Längstvergangene Zeit.

Einzahl.

ich hatte gewohnt	ich war gefallen
1. P. lak-tam vala	es-tem vala
2. — lak-tál vala	es-tél vala
3. — lak-ott vala	es-ett vala

Mehrzahl.

wir hatten gewohnt	wir waren gefallen
1. P. lak-tunk vala	es-tünk vala
2. — lak-tatok vala	es-tetek vala
3. — lak-tak vala	es-tek vala

Zukünftige Zeit.

Einzahl.

ich werde wohnen	ich werde fallen
1. P. lak-andom	es-endem
lak-ni fogok	es-ni fogok
2. — lak-andol	es-endel
lak-ni fogsz	es-ni fogsz
3. — lak-andik	es-endik
lak-ni fog	es-ni fog

I. Theoretischer Theil.

Tieflautend.   **Hochlautend.**

Mehrzahl.

wir werden wohnen	wir werden fallen
1. P. lak-andunk	es-endünk
lak-ni fogunk	es-ni fogunk
2. — lak-andatok	es-endetek
lak-ni fogtok	es-ni fogtok
3. — lak-andanak	es-endenek
lak-ni fognak	es-ni fognak

Zukünftigvergangene Zeit.

Einzahl.

ich werde gewohnt haben	ich werde gefallen sein
1. P. lak-andottam	es-endettem
2. — lak-andottál	es-endettél
3. — lak-andott	es-endett

Mehrzahl.

wir werden gewohnt haben	wir werden gefallen sein
1. P. lak-andottunk	es-endettünk
2. — lak-andottatok	es-endettetek
3. — lak-andottak	es-endettek

Verbindende und gebietende Art.

Gegenwärtige Zeit.

Einzahl.

ich soll wohnen	ich soll fallen
1. P. lak-jam	es-sem
2. — lak-jál	es-sél
3. — lak-jék	es-sék

Mehrzahl.

wir sollen wohnen	wir sollen fallen
1. P. lak-junk	es-sünk
2. — lak-jatok	es-setek
3. — lak-janak	es-senek

Vergangene Zeit.

Einzahl.

ich soll gewohnt haben	ich soll gefallen sein
1. P. lak-tam legyen	es-tem legyen
2. — lak-tál legyen	es-tél legyen
3. — lak-ott legyen	es-ett legyen

Tieflautend.   Hochlautend.

Mehrzahl.

wir sollen gewohnt haben   wir sollen gefallen sein
1. P. lak-tunk legyen   es-tünk legyen
2. — lak-tatok legyen   es-tetek legyen
3. — lak-tak legyen   es-tek legyen

Zukünftige Zeit.

Einzahl.

ich soll wohnen in Zukunft   ich soll fallen in Zukunft
1. P. lak-andjam   es-endjem
2. — lak-andjál   es-endjél
3. — lak-andjék   es-endjék

Mehrzahl.

wir sollen wohnen in Zukunft wir sollen fallen in Zukunft
1. P. lak-andjunk   es-endjünk
2. — lak-andjatok   es-endjetek
3. — lak-andjanak   es-endjenek

Begehrende Art.

Gegenwärtige Zeit.

Einzahl.

ich würde wohnen   ich würde fallen
1. P. lak-nám   es-ném
2. — lak-nál   es-nél
3. — lak-nék   es-nék

Mehrzahl.

wir würden wohnen   wir würden fallen
1. P. lak-nánk   es-nénk
2. — lak-nátok   es-nétek
3. — lak-nának   es-nének

Vergangene Zeit.

Einzahl.

ich würde gewohnt haben   ich würde gefallen sein
1. P. lak-tam volna   es-tem volna
2. — lak-tál volna   es-tél volna
3. — lak-ott volna   es-ett volna

Tieflautend.   Hochlautend.
Mehrzahl.
wir würden gewohnt haben   wir würden gefallen sein
1. P. lak-tunk volna   es-tünk volna
2. — lak-tatok volna   es-tetek volna
3. — lak-tak volna   es-tek volna

Zukünftige Zeit.
Einzahl.
ich würde wohnen in Zukunft   ich würde fallen in Zukunft
1. P. lak-andnám   es-endném
2. — lak-andnál   es-endnél
3. — lak-andnék   es-endnék

Mehrzahl.
wir würden wohnen i. Z.   wir würden fallen i. Z.
1. P. lak-andnánk   es-endnénk
2. — lak-andnátok   es-endnétek
3. — lak-andnának   es-endnének

Unbestimmte Art.
Gegenwärtige Zeit.
lakni wohnen   es-ni fallen

Zukünftige Zeit.
lak-andni wohnen i. Z.   es-endni fallen i. Z.

Unbestimmte Art mit Personalsuffixen.
Einzahl.
1. P. lak-nom   es-nem
2. — lak-nod   es-ned
3. — lak-nia   es-nie

Mehrzahl.
1. P. lak-nunk   es-nünk
2. — lak-notok   es-netek
3. — lak-niok   es-niök

Begebenheitswort.
lak-ás das Wohnen   es-és das Fallen

Zustandswörter.
lak-ván ⎫ wohnend   es-vén ⎫ fallend
lak-va ⎭   es-ve ⎭

Mittelwort der gegenwärtigen Zeit.

lak-ó wohnend (als Beiwort)   es-ő fallend (als Beiwort)

Mittelwort der vergangenen Zeit.

lak-ott gewohnt   es-ett gefallen

Mittelwort der zukünftigen Zeit.

lak-andó zu wohnend   es-endő zu fallend.

Von den unregelmäßigen Zeitwörtern.

§. 62.

Unregelmäßig heißen im Ungarischen diejenigen Zeitwörter, die ihre verschiedenen Zeiten und Arten aus verschiedenen Stämmen bilden. Wir unterscheiden in dieser Rücksicht acht Klassen von unregelmäßigen Zeitwörtern, wie folgt:

I. Van, vagyon, er ist.
II. Megy, megyen, mén, er geht.
III. Lesz, leszen, er wird.
　Tesz, teszen, er thut.
　Vesz, veszen, er nimmt.
　Visz, viszen, er trägt.
　Hisz, hiszen, er glaubt.
IV. Eszik, er ißt.
　Iszik, er trinkt.
V. Aluszik, Alszik, er schläft.
　Feküszik, Fekszik, er liegt.
VI. Dicsekszik, Dicsekedik, er rühmt sich.
　Cselekszik, Cselekedik, er thut.
　Törekszik, Törekedik, er bestrebt sich.
VII. Alkuszik, Alkszik, Alkudik, er handelt (um eine Waare).
　Esküszik, Eskszik, Esküdik, er schwört.
　Nyugoszik, Nyugszik, Nyugodik, er ruht.
VIII. Alapszik, Alapodik, es gründet sich.
　Betegszik, Betegedik, er wird krank.
　Bünhöszik, Bünhödik, er büßt.
　Elégszik, Elégedik, er gibt sich zufrieden.
　Gazdagszik, Gazdagodik, er wird reich.
　Gyanakszik, Gyanakodik, er vermuthet, hat einen Verdacht.
　Gyarapszik, Gyarapodik, er nimmt zu.
　Haragszik, Haragudik, er zürnt.
　Hidegszik, Hidegedik, es wird kalt.
　Kisebbszik, Kisebbedik, er wird kleiner.

Könnyebbszik, Könnyebbedik, es wird leichter.
Melegszik, Melegedik, es wird wärmer.
Menekszik, Menekedik, er rettet sich.
Növekszik, Növekedik, er wächst.
Öregszik, Öregedik, er wird alt.
Részegszik, Részegedik, er wird betrunken.

§. 63.

Erstes Vorbild

für die unregelmäßigen Zeitwörter.

I. Zeitwort van, vagyon, er ist.

Anzeigende Art.

Gegenwärtige Zeit.

Einzahl.	Mehrzahl.
1. P. vagy-ok ich bin	vagy-unk wir sind
2. — vagy du bist	vagy-tok ihr seid
3. — van oder vagy-on er ist	van-nak oder vagy-nak sie sind

Halbvergangene Zeit.

1. P. val-ék ich war	val-ánk wir waren
2. — val-ál du warst	val-átok ihr waret
3. — val-a er war	val-ának sie waren

Vergangene Zeit.

1. P. vol-tam ich bin gewesen	vol-tunk wir sind gewesen
2. — vol-tál du bist gewesen	vol-tatok ihr seid gewesen
3. — vol-t er ist gewesen	vol-tako, vol-tanak sie sind gew.

Längstvergangene Zeit.

1. P. vol-tam vala ich war gew.	vol-tunk vala wir waren gewes.
2. — vol-tál vala du warst gew.	vol-tatok vala ihr waret gewesen
3. — vol-t vala er war gewes.	vol-tak vala sie waren gewesen

Zukünftige Zeit.

1. P. lesz-ek ⎫
    le-endek ⎬ ich werde sein
    fogok lenni ⎭

    lesz-ünk ⎫
    le-endünk ⎬ wir werden sein
    fogunk lenni ⎭

Wortlehre.

Einzahl. Mehrzahl.

2. P. lesz-esz ⎫   * lesz-tek   ⎫
   le-endesz   ⎬ du wirst sein le-endetek   ⎬ ihr werdet sein
   fogsz lenni ⎭   fogtok lenni   ⎭
3. — lesz,lesz-en ⎫   lesz-nek   ⎫
   le-end   ⎬ er wird sein le-endenek ⎬ sie werden sein
   fog lenni   ⎭   fognak lenni   ⎭

Zukünftigvergangene Zeit.

1. P. le-endettem ich werde ge- le-endettünk wir werden gewe-
   wesen sein   sen sein
2. — le-endettél du wirst ge- le-endettetek ihr werdet gewe-
   wesen sein   sen sein
3. — le-endett er wird ge- le-endettek sie werden gewe-
   wesen sein   sen sein

Verbindende und gebietende Art.

Gegenwärtige Zeit.

1. P. legy-ek ich sei   legy-ünk wir seien
2. — légy du seist   legy-etek ihr seiet
3. — legy-en er sei   legy-enek sie seien

Vergangene Zeit.

1. P. vol-tam legyen ich sei gew. vol-tunk legyen wir seien gew.
2. — vol-tál legyen du seist gew. vol-tatok legyen ihr seiet gew.
3. — vol-t legyen er sei gewes. vol-tak legyen sie seien gewesen

Zukünftige Zeit.

1. P. le-endjek ich werde sein   le-endjünk wir werden sein
2. — le-endj du werdest sein   le-endjetek ihr werdet sein
3. — le-endjen er werde sein   le-endjenek sie werden sein

Begehrende Art.

Gegenwärtige Zeit.

1. P. vol-nék ich wäre   vol-nánk wir wären
2. — vol-nál du wärest   vol-nátok ihr wäret
3. — vol-na er wäre   vol-nának sie wären

Vergangene Zeit.

1. P. vol-tam volna ich wäre gew. vol-tunk volna wir wären gew.
2. — vol-tál volna du wärest gew. vol-tatok volna ihr wäret gew.
3. — vol-t volna er wäre gew. vol-tak volna sie wären gewesen

Zukünftige Zeit.

Einzahl.	Mehrzahl.
1. P. le-endnék ich würde sein	le-endnénk wir würden sein
2. — le-endnél du würdest sein	le-endnétek ihr würdet sein
3. — le-endne er würde sein	le-endnének sie würden sein

Unbestimmte Art.

Gegenwärtige Zeit.

len-ni sein

Zukünftige Zeit.

le-endni sein in Zukunft.

Unbestimmte Art mit Personalsuffixen.

Einzahl.	Mehrzahl.
1. P. len-nem	len-nünk
2. — len-ned	len-netek
3. — len-nie	len-niök

Begebenheitswort.

lev-és das Sein.

Zustandswörter.

lé-vén } seiend.
lé-ve }

Mittelwort der gegenwärtigen Zeit.

val-ó seiend (als Beiwort).

Mittelwort der vergangenen Zeit.

vol-t gewesen (als Beiwort).

Mittelwort der zukünftigen Zeit.

le-endö das sein wird.

Anmerkung. Mit hot, kann, verbunden wird es le-het, es kann sein.

§. 64.

I. Das Zeitwort menni, gehen, hat in der gegenwärtigen Zeit anzeigender Art:

Einzahl.   Mehrzahl.
ich gehe   wir gehen

1. P. megyek, men-ek selten   megy-ünk, men-ünk
2. — mégy, mész, mensz   men-tek
3. — megy, megyen, mén   men-nek

Die übrige Abwandlung ist regelmäßig von men, als: men-ék, ich ging, men-tem, ich bin gegangen ꝛc.

§. 65.

Zweites Vorbild

für die unregelmäßigen Zeitwörter.

III. Zeitwort vesz, veszen, er nimmt.

Anzeigende Art.

Gegenwärtige Zeit.

Bestimmt.	Unbestimmt.	Leidend.
	Einzahl.	
ich nehme es	ich nehme	ich werde genommen
1. P. vesz-em	vesz-ek	vétet-em
2. — vesz-ed	vesz-esz	vétet-el
3. — vesz-i	vesz ob. veszen	vétet-ik
	Mehrzahl.	
wir nehmen es	wir nehmen	wir werden genomm.
1. P. vesz-szük	vesz-ünk	vétet-ünk
2. — vesz-itek	vesz-tek	vétet-tek
3. — vesz-ik	vesz-nek	vétet-nek

Halbvergangene Zeit.

	Einzahl.	
ich nahm es	ich nahm	ich wurde genommen
1. P. vev-ém	vev-ék	vétet-ém
2. — vev-éd	vev-él	vétet-él
3. — vev-é	vev-e	vétet-ék

Bestimmt.   **Unbestimmt.**   **Leidend.**

Mehrzahl.

wir nahmen es	wir nahmen	wir wurden genommen
1. P. vev-ők	vev-énk	vétet-énk
2. — vev-étek	vev-étek	vétet-étek
3. — vev-ék	vev-ének	vétet-ének

Vergangene Zeit.
Einzahl.

ich habe es genommen	ich habe genommen	ich bin genommen w.
1. P. vet-tem	vet-tem	vétet-tem
2. — vet-ted	vet-tél	vétet-tél
3. — vet-te	vet-t	vétet-ett

Mehrzahl.

w. haben es genommen	wir haben genommen	wir sind genommen w.
1. P. vet-tük	vet-tünk	vétet-tünk
2. — vet-tétek	vet-tetek	vétet-tetek
3. — vet-ték	vet-tek	vétet-tek

Längstvergangene Zeit.
Einzahl.

ich hatte es genommen	ich hatte genommen	ich war genommen w.	
1. P. vet-tem ⎫	vet-tem ⎫	vétet-tem ⎫	
2. — vet-ted ⎬ vala	vet-tél, ⎬ vala	vétet-tél ⎬ vala	
3. — vet-te ⎭	vet-t ⎭	vétet-ett ⎭	

Mehrzahl.

w. hatten es genommen	w. hatten genommen	w. war. genommen w.	
1. P. vet-tük ⎫	vet-tünk ⎫	vétet-tünk ⎫	
2. — vet-tétek ⎬ vala	vet-tetek ⎬ vala	vétet-tetek ⎬ vala	
3. — vet-ték ⎭	vet-ték ⎭	vétet-tek ⎭	

Zukünftige Zeit.
Einzahl.

ich werde es nehmen	ich werde nehmen	ich werde genommen w.
1. P. ve-endem	ve-endek	vétet-endem
ven-ni fogok	ven-ni fogok	vétet-ni fogok
2. — ve-ended	ve-endesz	vétet-endel
ven-ni fogod	ven-ni fogsz	vétet-ni fogsz
3. — ve-endi	ve-end	vétet-endik
ven-ni fogja	ven-ni fog	vétet-ni fog

Wortlehre. 95

Bestimmt.	Unbestimmt.	Leidend.

Mehrzahl.

wir werden es neh-men	wir werden neh-men	wir werden genommen werden
1. P. ve-endjük	ve-endünk	vétet-endünk
ven-ni fogjuk	ven-ni fogunk	vétet-ni fogunk
2. — ve-enditek	ve-endetek	vétet-endetek
ven-ni fogjátok	ven-ni fogtok	vétet-ni fogtok
3. — ve-endik	ve-endenek	vétet-endenek
ven-ni fogják	ven-ni fognak	vétet-ni fognak

Zukünftigvergangene Zeit.

Einzahl.

ich werde es genommen haben	ich werde genommen haben	ich werde genommen worden sein
1. P. ve-endettem	ve-endettem	vétet-endettem
2. — ve-endetted	ve-endettél	vétet-endettél
3. — ve-endette	ve-endett	vétet-endett

Mehrzahl.

wir werden es genom-men haben	wir werden genom-men haben	wir werden genom-men worden sein
1. P. ve-endettük	ve-endettünk	vétet-endettüuk
2. — ve-endettétek	ve-endettetek	vétet-endettetek
3. — ve-endették	ve-endettek	vétet-endettek

Verbindende und gebietende Art.

Gegenwärtige Zeit.

Einzahl.

ich soll es nehmen	ich soll nehmen	ich soll genommen w.
1. P. ve-gyem	ve-gyek	vétes-sem
2. — ve-gyed	végy	vétes-sél
3. — ve-gye	ve-gyen	vétes-sék

Mehrzahl.

wir sollen es nehmen	wir sollen nehmen	wir sollen genommen w.
1. P. ve-gyük	ve-gyünk	vétes-sünk
2. — ve-gyétek	ve-gyetek	vétes-setek
3. — ve-gyék	ve-gyenek	vétes-senek

Vergangene Zeit.

Bestimmt.	**Unbestimmt.**	**Leidend.**

Einzahl.

ich soll es genom. h.	ich soll genommen h.	ich soll genommen w. s.
1. P. vet-tem ⎫	vet-tem ⎫	vétet-tem ⎫
2. — vet-ted ⎬ legyen	vet-tél ⎬ legyen	vétet-tél ⎬ legyen
3. — vet-te ⎭	vet-t ⎭	vétet-ett ⎭

Mehrzahl.

w. sollen es genom. h.	w. sollen genom. h.	w. soll. genommen w. s.
1. P. vet-tük ⎫	vet-tünk ⎫	vétet-tünk ⎫
2. — vet-tétek ⎬ legyen	vet-tetek ⎬ legyen	vétet-tetek ⎬ legyen
3. — vet-ték ⎭	vet-tek ⎭	vétet-tek ⎭

Zukünftige Zeit.

Einzahl.

ich soll es nehmen	ich soll nehmen (in Zukunft)	ich soll genom. werd.
1. P. ve-endjem	ve-endjek	vétet-endjem
2. — ve-endjed	ve-endj	vétet-endjél
3. — ve-endje,	ve-endjen	vétet-endjék

Mehrzahl.

wir sollen es nehmen	wir sollen nehmen (in Zukunft)	w. soll. genom. werd.
1. P. ve-endjük	ve-endjünk	vétet-endjünk
2. — ve-endjétek	ve-endjetek	vétet-endjetek
3. — ve-endjék	ve-endjenek	vétet-endjenek

Begehrende Art.

Gegenwärtige Zeit.

Einzahl.

ich würde es nehmen	ich würde nehmen	ich würde genom. w.
1. P. ven-ném	ven-nék	vétet-ném
2. — ven-néd	ven-nél	vétet-nél
3. — ven-né	ven-ne	vétet-nék

Mehrzahl.

w. würden es nehmen	w. würd. nehmen	w. würd. genom. werd.
1. P. ven-nők	ven-nénk	vétet-nénk
2. — ven-nétek	ven-nétek	vétet-nétek
3. — ven-nék	ven-nének	vétet-nének

Wortlehre.

Vergangene Zeit.

Bestimmt.	Unbestimmt.	Leidend.

Einzahl.

ich würde es genommen haben	ich würde genommen haben	ich würde genommen worden sein
1. P. vet-tem ⎫	vet-tem ⎫	vétet-tem ⎫
2. — vet-ted ⎬ volna	vet-tél ⎬ volna	vétet-tél ⎬ volna
3. — vet-te ⎭	vet-t ⎭	vétet-ett ⎭

Mehrzahl.

wir würden es genommen haben	wir würden genommen haben	wir würden genommen worden sein
1. P. vet-tük ⎫	vet-tünk ⎫	vétet-tünk ⎫
2. — vet-tétek ⎬ volna	vet-tetek ⎬ volna	vétet-tetek ⎬ volna
3. — vet-ték ⎭	vet-tek ⎭	vétet-tek ⎭

Zukünftige Zeit.

Einzahl.

ich würde es nehmen	ich würde nehmen (in Zukunft)	ich würde genom. w.
1. P. ve-endném	ve-endnék	vétet-endném
2. — ve-endnéd	ve-endnél	vétet-endnél
3. — ve-endné	ve-endne	vétet-endnék

Mehrzahl.

wir würden es nehmen	w. würden nehmen (in Zukunft)	w. würd. genom. werd.
1. P. ve-endnők	ve-endnénk	vétet-endnénk
2. — ve-endnétek	ve-endnétek	vétet-endnétek
3. — ve-endnék	ve-endnének	vétet-endnének

Unbestimmte Art.

Gegenwärtige Zeit.

Einzahl.

Unbestimmt und bestimmt.	Leidend.
ven-ni nehmen	vétet-ni genommen werden

Zukünftige Zeit.

ve-endni nehmen i. Z.	vétet-endni genommen werd. i. Z.

Ballagi ung. Gramm. 5. Aufl.

Unbestimmte Art mit Personalsuffixen.

Einzahl.

1. P. ven-nem   vétet-nem
2. — ven-ned   vétet-ned
3. — ven-nie   vétet-nie

Mehrzahl.

1. P. ven-nünk   vétet-nünk
2. — ven-netek   vétet-netek
3. — ven-niök   vétet-niök

Begebenheitswort.

vev-és, das Nehmen   vétet-és das Genommenwerden.

Zustandswörter.

vé-vén } nehmend   vétet-vén } genommen werdend.
vé-ve   vétet-ve

Mittelwort der gegenwärtigen Zeit.

vev-ő nehmend (als Beiwort).

Mittelwort der vergangenen Zeit.

vet-t genommen   vétet-ett genommen.

Mittelwort der zukünftigen Zeit.

ve-endö zu nehmend   vétet-endő das genommen werden soll.

1. Anmerkung. Die drei Zeitwörter lesz, tesz, vesz werden in der gegenwärtigen Zeit anzeigender und verbindender Art oft auch accentuirt abgewandelt, wie folgt:

Veszek, vészesz oder vészsz, vészen ꝛc.
Vegyek, végy, végyen ꝛc.

§. 66.

Auch lenni in der Bedeutung werden geht nach dem zweiten Vorbild wie folgt:

Anzeigende Art.
Gegenwärtige Zeit.

Einzahl.   Mehrzahl.
ich werde   wir werden
1. P. lesz-ek   lesz-ünk
2. — lesz-esz oder lész-sz lesz-tek
3. — lesz oder lész-en   lesz-nek

Wortlehre.

Halbvergangene Zeit.

Einzahl.	Mehrzahl.
ich wurde	wir wurden
1. P. lev-ék	lev-énk
2. — lev-él	lev-étek
3. — lev-e	lev-ének

Vergangene Zeit.

Einzahl.	Mehrzahl.
ich bin geworden	wir sind geworden
1. P. let-tem	let-tünk
2. — let-tél	let-tetek
3. — let-t	let-tek

Zukünftige Zeit.

Einzahl.	Mehrzahl.
ich werde werden	wir werden werden
1. P. le-endek	le-endünk
2. — le-endesz	le-endetek
3. — le-end	le-endenek

Verbindende und gebietende Art.

Gegenwärtige Zeit.

Einzahl.	Mehrzahl.
daß ich werde	daß wir werden
1. P. le-gyek	le-gyünk
2. — lé-gy	le-gyetek
3. — le-gyen	le-gyenek

2. **Anmerkung.** Diese Klasse der unregelmäßigen Zeitwörter hat auch eine zweite Form der halbvergangenen Zeit unbestimmt, entstanden durch Zusammenziehung von ev und iv in ö und ü (s. oben §. 5), die folgendermaßen lautet:

von venni, nehmen

Einzahl.	Mehrzahl.
ich nahm ꝛc.	wir nahmen ꝛc.
1. P. vök statt vevék	vönk statt vevénk
2. — völ — vevél	vötek — vevétek
3. — vön — veve	vönek — vevének

von hinni, glauben

Einzahl.	Mehrzahl.
ich glaubte ꝛc.	wir glaubten ꝛc.
1. P. hük statt hivék	hünk statt hivénk
2. — hül — hivél	hütek — hivétek
3. — hün — hive	hünek — hivének

Von diesen Formen wird die dritte Person der Einzahl und Mehrzahl häufig gebraucht, die erste und zweite Person aber ist nur bei den ältern Schriftstellern anzutreffen.

§. 67.

IV. Zeitwort eszik, er ißt.

Anzeigende Art.

Gegenwärtige Zeit.

Unbestimmt.	Bestimmt.
	Einzahl.
ich esse ꝛc.	ich esse es ꝛc.
1. P. eszem	eszem
2. — eszel	eszed
3. — eszik	eszi
	Mehrzahl.
wir essen ꝛc.	wir essen es ꝛc.
1. P. eszünk	eszszük
2. — esztek	eszitek
3. — esznek	eszik

Halbvergangene Zeit.

	Einzahl.
ich aß ꝛc.	ich aß es ꝛc.
1. P. evém	evém
2. — evél	evéd
3. — evék	evé
	Mehrzahl.
wir aßen ꝛc.	wir aßen es ꝛc.
1. P. evénk	evők
2. — evétek	evétek
3. — evének	evék

Vergangene Zeit.

	Einzahl.
ich habe gegessen ꝛc.	ich habe es gegessen ꝛc.
1. P. ettem	ettem
2. — ettél	etted
3. — evett (nicht ett)	ette

Wortlehre.

Unbestimmt.	Bestimmt.

Mehrzahl.

wir haben gegessen ꝛc.	wir haben es gegessen ꝛc.
1. P. ettünk	ettük
2. — ettetek	ettétek
3. — ettek	ették

Zukünftige Zeit.

Einzahl.

ich werde essen ꝛc.	ich werde es essen ꝛc.
1. P. eendem	eendem
2. — eendel ꝛc.	eended ꝛc.

Verbindende oder gebietende Art.

Einzahl.

ich soll essen ꝛc.	ich soll es essen ꝛc.
1. P. egyem	egyem
2. — egyél	egyed
3. — egyék	egye

Mehrzahl.

wir sollen essen ꝛc.	wir sollen es essen ꝛc.
1. P. együnk	együk
2. — egyetek	egyétek
3. — egyenek	egyék

Mittelwort der gegenwärtigen Zeit: evő, essend; der vergangenen Zeit: evett (nicht ett), gegessen; der zukünftigen Zeit: eendő, zu essen.

Ganz wie eszik geht auch iszik, er trinkt; nur daß iszik die Personalendungen mit tiefflautendem Vocal annimmt, als: iszom, iszol, iszik ꝛc., igyam, igyál, igyék ꝛc.

§. 68.
Drittes Vorbild
für die unregelmäßigen Zeitwörter.

V. **Zeitwörter:** aluszik, alszik er schläft; feküszik, fekszik er liegt.

Anzeigende Art.
Gegenwärtige Zeit.

Tieflautend.   Hochlautend.
Einzahl.

Tieflautend	Hochlautend
ich schlafe	ich liege
1. P. Alusz-om	feküsz-öm
Alsz-om	feksz-em
2. — Alusz-ol	feküsz-öl
Alsz-ol	feksz-el
3. — Alusz-ik	feküsz-ik
Alsz-ik	feksz-ik

Mehrzahl.

wir schlafen	wir liegen
1. P. Alusz-unk	feküsz-ünk
Alsz-unk	feksz-ünk
2. — Alusz-tok	feküsz-tök
Alsz-otok	feksz-etek
3. — Alusz-nak	feküsz-nek
Alsz-anak	feksz-enek

Halbvergangene Zeit.
Einzahl.

ich schlief	ich lag
1. P. aluv-ám	feküv-ém
alv-ám	fekv-ém
2. — aluv-ál	feküv-él
alv-ál	fekv-él
3. — aluv-ék	feküv-ék
alv-ék	fekv-ék

Mehrzahl.

wir schliefen	wir lagen
1. P. aluv-ánk	feküv-énk
alv-ánk	fekv-énk

Wortlehre.

Tieflautend.	Hochlautend.
2. P. aluv-átok	feküv-étek
alv-átok	fekv-étek
3. — aluv-ának	feküv-ének
alv-ának	fekv-ének

Vergangene Zeit.

Einzahl.

ich habe geschlafen	ich bin gelegen
1. P. alutt-am	fekütt-em
2. — alutt-ál	fekütt-él
3. — alutt	fekütt

Mehrzahl.

wir haben geschlafen	wir sind gelegen
1. P. alutt-unk	fekütt-ünk
2. — alutt-atok	fekütt-etek
3. — alutt-ak, alutt-anak	fekütt-ek, fekütt-enek

Längstvergangene Zeit.

Einzahl.

ich hatte geschlafen	ich war gelegen
1. P. alutt-am vala	fekütt-em vala
2. — alutt-ál vala	fekütt-él vala
3. — alutt vala	fekütt vala

Mehrzahl.

wir hatten geschlafen	wir waren gelegen
1. P. alutt-unk vala	fekütt-ünk vala
2. — alutt-atok vala	fekütt-etek vala
3. — alutt-ak	fekütt-ek
v. alutt-anak vala	v. fekütt-enek vala

Zukünftige Zeit.

Einzahl.

ich werde schlafen	ich werde liegen
1. P. alv-andom	fekv-endem
alunni fogok	fekünni fogok
2. — alv-andol	fekv-endel
alunni fogsz	fekünni fogsz
3. — alv-andik	fekv-endik
alunni fog	fekünni fog

Tieflautend.   Hochlautend.

Mehrzahl.

wir werden schlafen   wir werden liegen
1. P. alv-andunk   fekv-endünk
     alunni fogunk   fekünni fogunk
2. — alv-andotok   fekv-endetek
     alunni fogtok   fekünni fogtok
3. — alv-andanak   fekv-endenek
     alunni fognak   fekünni fognak

Zukünftigvergangene Zeit.

Einzahl.

ich werde geschlafen haben   ich werde gelegen sein
1. P. alv-andottam   fekv-endettem
2. — alv-andottál   fekv-endettél
3. — alv-andott   fekv-endett

Mehrzahl.

wir werden geschlafen haben   wir werden gelegen sein
1. P. alv-andottunk   fekv-endettünk
2. — alv-andottatok   fekv-endettetek
3. — alv-andottak   fekv-endettek

Verbindende und gebietende Art.

Gegenwärtige Zeit.

Einzahl.

ich soll schlafen   ich soll liegen
1. P. alugy-am   fekügy-em
2. — alugy-ál   fekügy-él
3. — alugy-ék   fekügy-ék

Mehrzahl.

wir sollen schlafen   wir sollen liegen
1. P. alugy-unk   fekügy-ünk
2. — alugy-atok   fekügy-etek
3. — alugy-anak   fekügy-enek

Vergangene Zeit.

Einzahl.

ich soll geschlafen haben   ich soll gelegen sein
1. P. alutt-am legyen   fekütt-em legyen
2. — alutt-ál legyen   fekütt-él legyen
3. — alutt legyen   fekütt legyen

Wortlehre.

Tieflautend.   **Hochlautend.**

Mehrzahl.

wir sollen geschlafen haben   wir sollen gelegen sein
1. P. alutt-unk legyen   fekütt-ünk legyen
2. — alutt-atok legyen   fekütt-etek legyen
3. — alutt-ak v.   fekütt-ek v.
     alutt-anak legyen   fekütt-enek legyen

Zukünftige Zeit.

Einzahl.

ich soll schlafen in Zukunft   ich soll liegen in Zukunft
1. P. alv-andjam   fekv-endjem
2. — alv-andjál   fekv-endjél
3. — alv-andjék   fekv-endjék

Mehrzahl.

wir sollen schlafen in Zukunft   wir sollen liegen in Zukunft
1. P. alv-andjunk   fekv-endjünk
2. — alv-andjatok   fekv-endjetek
3. — alv-andjanak   fekv-endjenek

Begehrende Art.

Gegenwärtige Zeit.

Einzahl.

ich würde schlafen   ich würde liegen
1. P. alunn-ám   fekünn-ém
2. — alunn-ál   fekünn-él
3. — alunn-ék   fekünn-ék

Mehrzahl.

wir würden schlafen   wir würden liegen
1. P. alunn-ánk   fekünn-énk
2. — alunn-átok   fekünn-étek
3. — alunn-ának   fekünn-ének

Vergangene Zeit.

Einzahl.

ich würde geschlafen haben   ich würde gelegen sein
1. P. alutt-am volna   fekütt-em volna
2. — alutt-ál volna   fekütt-él volna
3. — alutt volna   fekütt volna

Tieflautend.   Hochlautend.

Mehrzahl.

wir würden geschlafen haben   wir würden gelegen sein
1. P. alutt-unk volna   fekütt-ünk volna
2. — alutt-atok volna   fekütt-etek volna
3. — alutt-ak v.   fekütt-ek v.
    alutt-anak volna   fekütt-enek volna

Zukünftige Zeit.

Einzahl.

ich würde schlafen in Zukunft   ich würde liegen in Zukunft
1. P. alv-andnám   fekv-endném
2. — alv-andnúl   fekv-endnél
3. — alv-andnék   fekv-endnék

Mehrzahl.

wir würden schlafen in Zukunft   wir würden liegen in Zukunft
1. P. alv-andnánk   fekv-endnénk
2. — alv-andnátok   fekv-endnétek
3. — alv-andnának   fekv-endnének

Unbestimmte Art.

Gegenwärtige Zeit.

alun-ni schlafen   fekün-ni liegen.

Zukünftige Zeit.

alv-andni schlafen in Zukunft   fekv-endni liegen in Zukunft.

Unbestimmte Art mit Personalsuffixen.

Tieflautend.   Hochlautend.

Einzahl.

1. P. alunn-om   fekünn-öm
2. — alunn-od   fekünn-öd
3. — alunn-ia   fekünn-ie

Mehrzahl.

1. P. alunn-unk   fekünn-ünk
2. — alunn-otok   fekünn-etek
3. — alunn-iok   fekünn-iök

Begebenheitswort.

alv-ás das Schlafen   fekv-és das Liegen.

Wortlehre.

Zustandswort.

alv-án   ⎫   fekv-én   ⎫
aluv-án   ⎬ schlafend   feküv-én   ⎬ liegend.
alv-a   ⎪   fekv-ö   ⎪
aluv-a   ⎭   feküv-ö   ⎭

Mittelwort der gegenwärtigen Zeit.

alv-ó   ⎫ schlafend (als Beiwort)   fekv-ö   ⎫ liegend (als Beiwort).
aluv-ó ⎭   feküv-ö ⎭

Mittelwort der vergangenen Zeit.

alu-tt geschlafen   fekü-tt gelegen.

Mittelwort der zukünftigen Zeit.

alv-andó   ⎫ zu schlafend   fekv-endö   ⎫ zu liegend.
aluv-andó ⎭   feküv-endö ⎭

Anmerkung. Die vergangenen Zeiten, so wie der Infinitiv dieser Zeitwörter können auch aus dem veralteten Stamme alud-ik, feküd-ik gebildet werden, als: alud-tam, alud-ott, alud-t, alud-ni; feküd-tem, feküd-ött, feküd-t, feküd-ni.

---

§. 70.

Viertes Vorbild

für die unregelmäßigen Zeitwörter.

VI. Zeitwort: dicsekszik, er rühmt sich, er prahlt.

Anzeigende Art.

Gegenwärtige Zeit.

Einzahl.	Mehrzahl.
ich prahle	wir prahlen
1. P. dicseksz-em	dicseksz-ünk
2. — dicseksz-el	dicseksz-tek
3. — dicseksz-ik	dicseksz-nek

Halbvergangene Zeit.

ich prahlte	wir prahlten
1. P. dicsekv-ém	dicsekv-énk

Einzahl.	Mehrzahl.
2. P. dicsekv-él	dicsekv-etek
3. — dicsekv-ék	dicsekv-ének

Zukünftige Zeit.

Einzahl.	Mehrzahl.
ich werde prahlen	wir werden prahlen
1. P. dicsekvend-em	dicsekvend-ünk
2. — dicsekvend-el	dicsekvend-etek
3. — dicsekvend-ik	dicsekvend-enek

Zustandswort.

dicsekvén } prahlend.
dicsekve }

Mittelwort der gegenwärtigen Zeit.

dicsekvő, prahlend (als Beiwort).

Mittelwort der zukünftigen Zeit.

dicsekvendő zu prahlend.

Die übrigen Zeiten und Arten werden aus der regelmäßigen Form dicsekedik gebildet. Eben so wie dicsekszik werden auch die Zeitwörter cselekszik, er thut; törekszik, er bestrebt sich, abgewandelt.

VII. Die Zeitwörter dieser Klasse werden als regelmäßige ganz nach den Zeitwörtern der fünften Klasse abgewandelt, bilden jedoch eine besondere Klasse, weil sie in der Form auf dik auch regelmäßig abgewandelt werden können, als:

alkusz-om, alksz-om	alkud-om
alkuv-ám, alkv-ám	alkud-ám
alkutt-am	alkudt-am
alkugy-am	alkudj-am stb.

VIII. Die Zeitwörter dieser Klasse werden blos in der gegenwärtigen Zeit anzeigender Art aus der Form auf szik, also unregelmäßig conjugirt; alle übrigen Zeiten und Arten werden von der Form auf dik auf regelmäßige Art gebildet.

Anmerkung. Das Zeitwort haragszik kann auch wie alszik durchgehends unregelmäßig abgewandelt werden.

Wortlehre. 109

Uebersicht der Abwandlung sämmtlicher unregelmäßiger Zeitwörter.

Gegenwärtige Zeit Stamm	Halbvergangene Zeit	Vergangene Zeit	Zukünftige Zeit	Gegenw. Zeit verbindend	Gegenw. Zeit begehrend	Mittelwort	Unbestimmte Art
Alu-szik er schläft	-vám, alvám	-dtam	-vandom	-djam	-dnám	-vó, alvó	-nni
Beteg-szik er wird krank	-edém	-edtem	-edendem	-edjem	-edném	-edő	-edni
Cselek-szik er thut	-vém, -edém	-edem	-edendem	-edjem	-edném	-vő -edő	-edni
Dicsek-szik er prahlt	-vém, -edém	-edtem	-edendem	-edjem	-edném	-vő -edő	-edni
Eskü-szik er schwört	-vém	-ltem	-dendem	-djem	-dném	-vő -dő	-dni
E-szik er ißt	-vém	-ttem	-endem	-gyem	-nnem	-vő	-nni
Fek-szik er liegt	-vém	-üdtem	-vendem	-üdjem	-üdném	-vő	-üdni
Harag-szik er zürnt	-udám	-udtam	-udandom	-udjam	-udnám	-vő	-udni
Hideg-szik es wird kalt	-edém	-edtem	-edendem	-edjem	-edném	-edő	-edni
Ili-sz er glauft	-vék	-tem	-endek	-gyek	-nnék	-vő	-nni
I-szik er trinkt	-vám	-ttam	-andom	-gyam	-nnám	-vő	-nni
Le-sz er wird	-vék	-ttem	-endek	-gyek	-nnék	-vő	-nni
Meleg-szik es wird warm	-edém	-edtem	-edendem	-edjem	-edném	-edő	-edni
Me-gy er geht	-nék	-ntem	-nendek	-njek	-nnek	-nő	-nni
Menek-szik er rettet sich	-kvém	-edtem	-vendem	-edjem	-edném	-vő	-edni
Nevek-szik es wächst	-edém	-edtem	-edendem	-edjem	-edném	-edő	-edni
Rész-eg-szik er betrinkt sich	-edém	-edtem	-edendem	-edjem	-edném	-edő	-edni
Nyug-szik er ruht	-vám	-oltam	-odandom	-odjam	-odnám	-vő	-odni
Öreg-szik er altert	-edém	-edtem	-elendem	-edjem	-edném	-edő	-edni
Te-sz er thut	-vék	-ttem	-endek	-gyek	-nnék	-vő	-nni
Vaszek-szik er zankt	-edém	-edtem	-edendem	-edjem	-edném	-edő	-edni
Ve-sz er nimmt	vék	-ttem	-endek	-gyek	-nnék	-vő	-nni
Vi-sz er trägt	vék	-ttem	-endek	-gyek	-nnék	-vő	-nni

Anfänger mögen folgende drei Paragraphen erst nach der Lehre vom Hauptworte vornehmen.

Umschreibende Conjugation.

§. 71.

Durch das Zeitwort van, welches man, um der Rede mehr Nachdruck zu verleihen, mit den Participien der übrigen Zeitwörter zusammensetzt, wird eine eigene Art der Conjugation gebildet, welche die umschreibende heißt, als:

    váró vagyok, vagy, vagyon
    ich warte, du wartest 2c. 2c.
eigentlich ich bin, du bist, er ist wartend 2c.
    várók vagyunk, vagytok, vagynak
    wir warten, ihr wartet 2c.
eigentlich wir sind, ihr seid, sie sind wartend 2c.
    váró valék, voltam
    ich wartete, ich habe gewartet 2c.
eigentlich ich war wartend, ich bin wartend gewesen 2c.
und so durch alle Zeiten und Arten, activ und passiv.

Am häufigsten wird von dieser Umschreibung Gebrauch gemacht in folgenden Wendungen: én azt mondó vagyok, hogy ne engedjünk, ich sage, daß wir nicht nachgeben, mit tevő legyek már most? was soll ich nun thun? statt „mit tegyek?"

Besondere Beachtung verdient die umschreibende Abwandlung mit dem Mittelwort der zukünftigen Zeit, um eine Absicht, ein „im Begriff sein," oder was der Deutsche mit „einst" ausdrückt, zu bezeichnen, als:

  elmenendő vagyok, ich bin im Begriff wegzugehen;
  elmenendő valék, ich war im Begriff wegzugehen;
  elmenendő voltam, ich bin im Begriff gewesen wegzugehen;
  elmenendő leszek, ich werde nun einst weggehen.

Von den mangelhaften Zeitwörtern.

§. 72.

Mangelhafte Zeitwörter sind, die nicht alle Arten, Zeiten oder Personalendungen haben. Dergleichen sind im Ungarischen:

Wortlehre.

1) **Anzeigende Art.**

Gegenwärtige Zeit.

Einzahl.	Mehrzahl.
3. P. nincs	nincsenek
es ist nicht	es sind nicht
3. P. sincs	sincsenek
es ist auch nicht	es sind auch nicht

2) **Gebietende Art.**

Gegenwärtige Zeit.

	1. P. jerünk gehen wir
2. P. jer komme	jertek kommet

Die übrigen Arten, Zeiten und Personen werden bei dem ersten vom Hilfszeitworte lenni, sein: nem vagyok, ich bin nicht, nem vala, er war nicht, sem vagyok, ich bin auch nicht, sem vala, er war auch nicht; bei letzterem aber von jöni, kommen, jövök, ich komme ꝛc. gebildet.

3)
Szabad, es ist erlaubt.
Szabadott, es ist erlaubt gewesen.
Szabadand, es wird erlaubt sein.
Szabadjon, möge es erlaubt sein.
Szabadna, wäre es erlaubt.

4)
Ne; nesze! hier hast du! nimm!
Netek; nesztek! hier habt ihr! nehmt!

Von den unpersönlichen Zeitwörtern.

§. 73.

Unpersönlich werden überhaupt alle die Zeitwörter genannt, welche das Subjekt der Thätigkeit unbestimmt lassen. Sie werden daher auch blos in der dritten Person durch alle Zeiten und Arten gebraucht, weil diese allein fähig ist, ein unbestimmtes Subjekt auszudrücken. Es gibt deren zweierlei:

1) Solche, welche die Veränderungen des Wetters bezeichnen, und die ihrem Begriffe nach gar keine Personalbestimmung zulassen, als: csik, es regnet, villámlik, es blizt.

2) Solche, welche zwar ebenfalls kein persönliches Subjekt haben, aber doch auch in der dritten Person Mehrzahl gebraucht werden, und einen Nominativ als Objekt annehmen, als: van, nincs, sincs, kell, lehet, szabad, fáj, eigentlich es ist, es ist nicht, es ist auch nicht, es ist nöthig, es ist möglich, es ist erlaubt, es thut mir weh.

Kommen diese Wörter in eine im Deutschen persönliche Bedeutung, als: er hat, er hat nicht, er hat auch nicht, er braucht, er kann haben, so kommt das Wort, welches im Deutschen Subjekt ist, in den Dativ, und welches Objekt ist, in den Nominativ mit Personalsuffix, als: nekem van házam, ich habe ein Haus, eigentlich mir ist mein Haus; nekem lehet házam, ich kann ein Haus haben, eigentlich mir kann sein mein Haus. Ist der Gegenstand in der Mehrzahl, so heißt es: nekem vannak házaim, ich habe Häuser, nekem lehetnek házaim, ich kann Häuser haben.

§. 74.

Vorbild

für das Zeitwort van

in der Bedeutung er hat.

Anzeigende Art.

Gegenwärtige Zeit.

Einzahl des Gegenstandes.	Mehrzahl des Gegenstandes.
Einzahl der Person.	
1. P. nekem van házam ich habe ein Haus	nekem vannak házaim ich habe Häuser
2. — neked van házad du hast ein Haus	neked vannak házaid du hast Häuser
3. — neki van háza er hat ein Haus	neki vannak házai er hat Häuser
Mehrzahl der Person.	
1. P. nekünk van házunk wir haben ein Haus	nekünk vannak házaink wir haben Häuser
2. — nektek van házatok ihr habt ein Haus	nektek vannak házaitok ihr habt Häuser
3. — nekik van házok sie haben ein Haus	nekik vannak házaik sie haben Häuser

Wortlehre.

Halbvergangene Zeit.

1. P. nekem vala házam   nekem valának házaim
   ich hatte ein Haus 2c.   ich hatte Häuser 2c.

Vergangene Zeit.

1. P. nekem volt házam   nekem voltak házaim
   ich habe gehabt ein Haus 2c.   ich habe Häuser gehabt 2c.

Zukünftige Zeit.

Einzahl der Person.

1. P. nekem lesz házam   nekem lesznek házaim
   ich werde ein Haus haben   ich werde Häuser haben
2. — neked lesz házad   neked lesznek házaid
   du wirst ein Haus haben   du wirst Häuser haben
3. — neki lesz háza   neki lesznek házai
   er wird ein Haus haben   er wird Häuser haben

und so fort durch alle Zeiten und Arten.

Vorbild
für das Zeitwort nincs,
in der Bedeutung er hat nicht.

Anzeigende Art.

Gegenwärtige Zeit.

Einzahl des Gegenstandes.   *Mehrzahl des Gegenstandes.*

Einzahl der Person.

1. P. nekem nincs házam   nekem nincsenek házaim
   ich habe kein Haus   ich habe keine Häuser
2. — neked nincs házad   neked nincsenek házaid
   du hast kein Haus   du hast keine Häuser
3. — neki nincs háza   neki nincsenek házai
   er hat kein Haus   er hat keine Häuser

Mehrzahl der Person.

1. P. nekünk nincs házunk   nekünk nincsenek házaink
   wir haben kein Haus   wir haben keine Häuser

2. P. nektek nincs házatok   nektek nincsenek házaitok
   ihr habt kein Haus   ihr habt keine Häuser
3. — nekik nincs házok   nekik nincsenek házaik
   sie haben kein Haus   sie haben keine Häuser

Halbvergangene Zeit.

1. P. nekem nem vala házam   nekem nem valának házaim
   ich hatte kein Haus ꝛc.   ich hatte keine Häuser ꝛc.

Vergangene Zeit.

1. P. nekem nem volt házam   nekem nem voltak házaim
   ich habe kein Haus gehabt ꝛc. ich habe keine Häuser gehabt ꝛc.

Zukünftige Zeit.
Einzahl der Person.

1. P. nekem nem lesz házam   nekem lesznek házaim
   ich werde kein Haus haben ich werde keine Häuser haben
2. — neked nem lesz házad   neked nem lesznek házaid
   du wirst kein Haus haben du wirst keine Häuser haben
3. — neki nem lesz háza   neki nem lesznek házai
   er wird kein Haus haben ꝛc. er wird keine Häuser haben ꝛc.

und so durch alle Zeiten und Arten.

Kommt statt des Gegenstandes ein Zeitwort im Infinitiv, so bekommt dieses die Personalsuffixe und die Abwandlung geschieht, wie folgt:

Anzeigende Art.
Gegenwärtige Zeit.

Einzahl.   Mehrzahl.
1. P. nekem kell dolgoznom   nekünk kell dolgoznunk
   ich muß arbeiten   wir müssen arbeiten
2. — neked kell dolgoznod   nektek kell dolgoznotok
   du mußt arbeiten   ihr müßt arbeiten
3. — neki kell dolgoznia   neki kell dolgozniok
   er muß arbeiten   sie müssen arbeiten

Halbvergangene Zeit.

1. P. nekem kelle dolgoznom   ich mußte arbeiten ꝛc.

Vergangene Zeit.

1. P. nekem kellett dolgoznom   ich habe arbeiten müssen ꝛc.

und so durch alle Zeiten und Arten.

§. 75.

Durch allgemeine, dem Begriffe der Thätigkeit zugehende Modifikationen, die im Ungarischen durch, dem Stamme angefügte Buchstaben oder Silben angedeutet werden, entstehen folgende Arten der Zeitwörter :

1) Causativa (Bewerkstelligende), gebildet durch at, et, tat, tet, bezeichnen eine Veranlassung oder deutlicher : eine Handlung, durch welche das Objekt in eine durch das Zeitwort ausgedrückte Thätigkeit versetzt wird. Im Deutschen geschieht die Bezeichnung der Veranlassung gewöhnlich durch Umschreibung mit lassen oder durch den Umlaut, als: lát, er sieht, láttat, er läßt sehen; von den unregelmäßigen Zeitwörtern : von tesz, er thut, te-tet, er läßt thun; von visz, er trägt, vi-tet, er läßt tragen; von iszik, er trinkt, i-tat, er läßt trinken oder tränkt; von alszik, er schläft, al-tat, er schläfert ein; hingegen von cselekszik, er thut 2c., cseleked-tet, er läßt thun 2c.

2) Frequentativa und Continuativa bezeichnen gewöhnlich eine Wiederholung, zuweilen aber auch eine Fortdauer der Handlung. — Sie werden im Ungarischen weit häufiger gebraucht als im Deutschen, und haben ihre eigenthümliche Bildungssilben, die hier folgen :

a) gál, gél, als : rongál, er zerstört nach und nach, keresgél, er sucht herum.

b) gat, get, als : irogat, er schreibt öfters, integet, er ermahnt oft, beszélget, er plaudert.

c) kál, kél, als : áskál, er grabt emsig nach, véskélni, nach und nach meißeln.

d) kod, ked, köd, als : kapkod, er greift hin und her, öltözködik, er kleidet sich fortwährend an, csipked, er stichelt fortwährend.

e) os, es, ös, dos, des, als : futos, er läuft herum, röpös, er fliegt herum, érdes, er berührt, rugdos, er stößt.

f) og, eg, ög, als : háborog, er ist fortwährend unruhig, peng (statt peneg), es klingt fort.

3) Inceptiva (Beginnende) werden durch die Silbe dúl, dül gebildet, aber blos von jenen Zeitwörtern, die auf og, eg ausgehend, eine fortdauernde Thätigkeit bezeichnen, als : mozog, er bewegt sich fort, mozdúl, er fängt an sich zu bewegen, peng, es klingt fort, pendül, es fängt an zu klingen, es erklingt.

4) Intensiva (Verstärkende), zur Bezeichnung der erhöhten und verstärkten Thätigkeit, werden durch dal, del gebildet, als : vagdal, er haut zusammen, tördel, er bricht zusammen.

5) Diminutiva (Verkleinernde) werden gewöhnlich durch ein

8*

eingeschobenes n gebildet, indem dieses einer andern Bildungssilbe vorgesetzt wird, als: nyalintok, ich belecke leicht, hajintok, ich werfe (von hajitok, ich schleudere), érintek, ich streife sanft an.

6) Potentialia (Vermögende), welche ein **Können**, ein im Stande sein mittelst der Bildungssilben hat, het ausdrücken, als: várhat, er kann warten, fizethet, er kann zahlen.

7) Desiderativa (Wünschende), welche ein **Wünschen, Mögen** mittelst der Bildungssilben hat, het kann ausdrücken: aber nur im Präsens begehrender Art gebräuchlich sind, als chetném, ich wünschte zu essen, ich bin hungrig; alhatnám, ich wünschte zu schlafen, ich bin schläfrig.

8) Transitiva (Uebergehende), welche eine auf einen andern Gegenstand gerichtete Thätigkeit mittelst folgender Bildungssilben ausdrücken: t, nt, jt, szt, et, it, ot, gat. (Beispiele s. in der folgenden Tafel.)

9) Intransitiva (Unübergehende), welche eine Thätigkeit ausdrücken, die auf den Gegenstand selbst, von dem sie ausgeht, beschränkt ist. Die Bildungssilben der Intransitiva sind: d, g, al, el, ol, ul, öl, ül, n, r, sz. (Beispiele s. in der folgenden Tafel.)

10) Reciproca (Wechselbezügliche), wo durch die Bildungssilbe kodik, kedik eine wechselseitige Thätigkeit ausgedrückt wird, als: verekedünk, wir schlagen uns.

11) Reflexiva (Zurückführende), wenn eine übergehende Thätigkeit auf den Gegenstand, von dem sie ausgeht, zurückgeführt wird, als: ich wasche mich; — sie werden gebildet durch dik, ódik, ödik, kozik, kezik, als: mosdik, er wäscht sich, fürdik, er badet sich, meggyőződik, er überzeugt sich.

§. 76.

Folgende Tafel gibt Beispiele der Umgestaltung verschiedener Verbalstämme nach den angegebenen Bestimmungen:

Trans.	ver, er schlägt.
Trans. Caus.	ver-et, er läßt schlagen.
Trans. Frequ.	ver-eget, ver-degél, ver-des, er schlägt oft, wiederholt.
Trans. Dimin.	ver-int, er schlägt leise, sanft.
Reciprocum.	ver-ekedik, er schlägt sich mit Jem.
Reflexivum.	ver-ődik, er schlägt sich an.
Reflexivum Frequ.	ver-gődik, er schlägt sich durch.
Trans. Pot.	ver-het, er kann schlagen.
Trans. Caus. Pot.	ver-ethet, er kann schlagen lassen.
Trans. Dimin. Pot.	ver-inthet, er kann leise schlagen.

Wortlehre.

Recipr. Pot.	ver-ekedhetik, er kann sich schlagen mit Jemanden.
Reflex. Pot.	ver-ődhetik, er kann sich anschlagen.
Reflex. Frequ. Pot.	ver-gődhetik, er kann sich durchschlagen.

Intrans.	ij-ed, er erschrickt.
Trans. Caus.	ij-eszt, er erschreckt Jemanden.
Trans. Frequ.	ij-esztget, er schreckt wiederholt Jem.
Intr. Potent.	ij-edhet, er kann erschrecken.
Trans. Potent.	ij-eszthet, er kann Jem. schrecken.
Trans. Frequ. Pot.	ij-esztgethet, er kann Jemanden wiederholt erschrecken.
Trans.	ij-eszttet, er läßt Jemanden schrecken.
Trans. Caus. Pot.	ij-eszttethet, er kann Jem. schrecken lassen.

Intrans.	olv-ad, es schmilzt.
Trans.	olv-aszt, er schmelzt etwas.
Intr. Frequ.	olv-adozik, es schmilzt nach und nach.
Trans. Frequ.	olv-asztgat, er schmelzt wiederh. etwas.
Intr. Potent.	olv-adhat, es kann schmelzen.
Trans. Potent.	olv-aszthat, er kann etwas schmelzen.
Intr. Frequ. Pot.	olv-adozhatik, es kann nach und nach schmelzen.
Trans. Frequ. Pot.	olv-asztgathat, er kann wiederholt etwas schmelzen.

Intr. Frequ.	moz-og, es bewegt sich fortwährend.
Intr. Incept.	moz-dúl, es fängt an sich zu bewegen, es rührt sich.
Trans. Frequ.	moz-gat, er bewegt etw. fortwährend.
Trans. Incept.	moz-dít, er bewegt.
Intr. Frequ.	moz-gadoz, er bewegt sich wiederholt, fortwährend.
Intr. Dimin.	moz-zan, er macht eine leise Bewegung.
Intr. Frequ.	moz-galódik, er bewegt sich herum.
Intr. Frequ. Potent.	moz-oghat, es kann sich fortwährend bewegen.
Intr. Incept. Potent.	moz-dúlhat, es kann anfangen sich zu bewegen.
Trans. Frequ. Potent.	moz-gathat, er kann etwas fortwährend bewegen.

Trans. Incept. Potent.	moz-díthat, er kann bewegen.
Intr. Frequ. Potent.	moz-gadozhat, es kann sich wieder= holt, fortwährend bewegen.
Intr. Dimin. Potent.	moz-zanhat, es kann eine leise Bewe= gung machen.
Intr. Frequ. Potent.	moz-galódhatik, es kann sich herum bewegen.
Trans. Frequ. Caus.	moz-gattat, er läßt etwas fortwäh= rend bewegen.
Trans. Frequ. Caus. Potent.	moz-gattathat, er kann etwas fort= während bewegen lassen.

Intrans.	bom-ol, bom-lik, es löst sich auf.
Trans.	bon-t, er löst etwas auf (s. oben §. 13).
Intr. Frequ.	bom-ladozik, es löst sich nach und nach auf, es zerfällt.
Trans. Frequ.	bom-laszt, er löst etwas nach und nach auf.
Intr. Frequ. Reflex.	bon-takozik, es löst sich nach und nach auf.
Trans. Frequ.	bon-togat, er löst etwas allmälig auf.
Intr. Potent.	bom-olhat, es kann sich auflösen.
Trans. Potent.	bont-hat, er kann etwas auflösen.
Trans. Caus.	bont-tat, er läßt etwas auflösen.
Trans. Caus. Potent.	bont-tathat, er kann etwas auflösen lassen.
Trans. Frequ. Caus.	bont-ogattat, er läßt etwas allmälig auflösen.
Trans. Frequ. Caus. Potent.	bon-togattathat, er kann etwas all= mälig auflösen.

Intrans.	szor-úl, er ist beengt.
Trans.	szor-ít, er beengt einen andern, er drückt, er drängt.
Intr. Frequ.	szor-ong, er drängt sich nach und nach.
Trans. Frequ.	szor-gat, er drängt oft, er treibt an.
Intr. Frequ. Reflex.	szor-golódik, er drängt sich fortwäh= rend, er kümmert sich um etwas.
Trans. Frequ. Dimin.	szor-ongat, er drückt oder er drängt oft.
Trans. Frequ.	szor-galmaz, er drängt fortwährend, er betreibt.
Intr. Potent.	szor-úlhat, er kann beengt sein.

Trans. Potent.	szor-íthat, er kann brengen einen andern, er kann drängen.
Trans. Frequ. Caus.	szor-gattat, er läßt antreiben.
Trans.Freq.Caus.Pot.	szor-gattathat, er kann antreiben lassen.

Intr. Frequ.	csep-eg, es tropft.
Trans. Frequ.	csep-egtet, csep-eget, er tropft, z. B. Zucker.
Intr. Frequ. Dimin.	csep-pen, csep-eng, es träufelt.
Trans. Frequ. Dimin.	csep-pent, er träufelt, z. B. Zucker.
Intr. Frequ. Potent.	csep-eghet, es kann tropfen.
Trans. Freq. Potent.	csep-egtethet, csep-egethet, er kann tropfen.
Intr. Freq. Dim. Pot.	csep-penhet, es kann träufeln.
Trans. Freq. Dim.Pot.	csep-penthet, er kann träufeln.

Aus diesen wenigen, aus methodischen Rücksichten absichtlich mangelhaft gelassenen Beispielen ist deutlich die Art und Weise zu ersehen, wie die ungarische Sprache die Begriffsvermehrung am Zeitworte durch geringe Veränderungen der Bezeichnung zu bewerkstelligen sucht. Häufig jedoch ist das übergehende Zeitwort mit dem unübergehenden in der Bezeichnung gleich, und unterscheiden sich von einander nur in der Abwandlung, indem sie unübergehend nach leidender Form, übergehend aber nach der bestimmt oder unbestimmt thätigen Form abgewandelt werden, als: szop-ik, er saugt, szop, er säugt, betör-ik, es bricht ein, betör, er bricht ein.

§. 77.

Andere Beziehungen und Nebenbestimmungen des Zeitwortes werden durch Zusammensetzung mit Vorpartikeln angezeigt. Solche Partikeln sind: alá, által, be, belé, el, ellen, föl, ki, le, meg, össze, szét, vissza und dergleichen mehrere, als: alábocsát, er läßt hinab, aláír, er unterschreibt, általhat, er durchbringt, bemegy, er geht hinein, belehel, er athmet ein, beleavatkozik, er läßt sich in etwas ein, elharap, er beißt ab, er verbeißt, z. B. den Zorn, elhengerel, er wälzt weg, ellenáll, er widersteht, fölmegy, er geht hinauf, földerít, er heitert auf, kiás, er gräbt aus, leereszt, er läßt herunter, meggondol, er bedenkt, összejő, er kömmt zusammen, szétszór, er zerstreut, visszatér, er kehrt zurück.

Meg hat als für sich bestehendes Sprachglied gar keine Bedeutung, drückt aber in Zusammensetzung mit den Zeitwörtern die mannigfaltigsten Begriffe aus, welche indessen sämmtlich auf den Begriff der Vollendung, des erlangten Zweckes und der nachdrücklichen Handlung zurückzuführen sind, als: megnő, er wächst heran, von nöni, wachsen, megenni, aufessen, von enni, essen, megjönni, ankommen, von jönni, kommen, megnézni, besehen, von nézni, sehen, megismerni, erkennen, von ismerni, kennen.

Anmerkung. Die Bedeutung der Vorpartikeln bei der Bildung der Zeitwörter ist übrigens so mannigfach, daß wir in dieser Beziehung auf das Lexicon verweisen müssen.

§. 78.

Die durch Stammänderung modifizirten Zeitwörter folgen in ihrer Abwandlung ganz der Regel der ursprünglichen Zeitwörter, von denen sie abgeleitet sind, z. B.

Anzeigende Art.

Gegenwärtige Zeit.

Bestimmt.	Unbestimmt.	Leidend.
Einzahl.		
1. P. várhatom	várhatok	várathatom
ich kann ihn erwarten	ich kann warten	ich kann erwartet werd.
2. — várhatod	várhatsz	várathatol
du kannst ihn erwart.	du kannst warten	du kannst erwartet w.
3. — várhatja	várhat	várathatik
er kann ihn erwarten	er kann warten	er kann erwartet werd.
Mehrzahl.		
1. P. várhatjuk	várhatunk	várathatunk
wir können ihn erwart.	wir können warten	wir können erwartet w.
2. — várhatjátok	várhattok	várathattok
ihr könnt ihn erwart.	ihr könnt warten	ihr könnt erwartet w.
3. — várhatják	várhatnak	várathatnak
sie können ihn erwart.	sie können warten	sie können erwartet w.

u. s. w. durch alle Zeiten und Arten.

Zweites Kapitel.
Von dem Nennworte.

§. 79.

Die ungarische Sprache kennt kein grammatikalisches Geschlecht. Nur diejenigen Dinge, die in der Natur ein Geschlecht haben, werden entweder durch eigene Benennungen oder durch Anfügung des Wortes nö, (Weib) bei Menschen, und hím, kan, bak, Männchen, und nőstény, Weibchen, bei Thieren, unterschieden, als: fiú, Sohn, leány, Tochter, ökör, Ochs, tehén, Kuh, szabó, Schneider, szabóné, Schneiderin oder Schneidersfrau, király, König, királyné, Königin oder Königsfrau, hím oroszlány, männlicher Löwe, nőstény oroszlány, weiblicher Löwe, Löwin, kan macska, Kater, nőstény macska, Katze.

§. 80.

Alles, was vor das Hauptwort zur nähern Bestimmung desselben tritt, bleibt unverändert; daher gibt es im Ungarischen zur Bezeichnung des Artikels auch nur eine und zwar für alle Fälle (Casus) unveränderte Form, nämlich az, welches vor einem Consonanten a geschrieben wird, indem sich in der Aussprache das z mit dem darauf folgenden Mitlaute assimilirt. Man schreibt also anstatt az falú, das Dorf, a falú, und spricht affalú (s. oben §. 15).

§. 81.

Das Nennwort drückt in seiner nackten Gestalt die Einheit aus und bildet die Mehrheit durch die Anfügung der Silben k, ok, ak, ek oder ök, als:

atya	Vater	atyá-k	Väter
teve	Kameel	tevé-k	Kameele
ország	Land	ország-ok	Länder
ház	Haus	ház-ak	Häuser
kép	Bild	kép-ek	Bilder
gyöngy	Perle	gyöngy-ök	Perlen

Der Grund der verschiedenen Vocalisirung der Mehrheitsendung liegt in den Regeln des Wohllautes, daher tiefflautende Wörter ihre Pluralendung tiefflautend, hochlautende hochlautend bilden; allein welche tieflautende Nomina im Plural die offene Silbe **a k** und welche die geschlossene Silbe **o k**, oder welche hochlautende Nomina **e k** und welche **ö k** verlangen, läßt sich, da der Gebrauch hierin augenscheinlich willkürlich und bei den Schriftstellern noch schwankend ist, auf allgemein geltende Regeln nicht zurückführen. Was sich indessen mit einiger Bestimmtheit angeben läßt, ist Folgendes:

I. Die tieflautenden Nomina bilden ihren Plural auf **ok**, als: barát, Freund, barátok, Freunde, mit Ausnahme folgender, die in der Mehrzahl auf **ak** ausgehen:

a) Die meisten Beiwörter, unter welchen namentlich die auf **s, as, ós, os, ékony** und **abb**, als: magas, hoch, magas-ak; nyomos, wichtig, nyomos-ak; tudós, gelehrt, tudós-ak; fogékony, empfänglich, fogékony-ak; hamis, falsch, hamis-ak; gyors, schnell, gyors-ak.

b) Die Mittelwörter der vergangenen Zeit, als: áldott, gesegnet, áldott-ak; holt, gestorben, holt-ak.

c) Die Zahlwörter, als: száz, hundert, száz-ak. Ausgenommen hat, sechs, hat-ok; milliom, Million, milliom-ok.

d) Viele einsilbige Hauptwörter, als: kút, Brunnen, kut-ak.

e) Alle Hauptwörter, gebildet durch **alom**, als: birodalom, Reich, birodalm-ak, Reiche.

f) Die mehrsilbigen Hauptwörter, die den Vocal der letzten Silbe abkürzen, als: madár, Vogel, madar-ak, Vögel.

II. Die hochlautenden Nomina bilden ihren Plural auf **ek**, als: ünnep, Feiertag, ünnep-ek, Feiertage, mit Ausnahme derjenigen, die in der letzten Silbe ö oder ü haben, weil diese in der Mehrzahl **ök** bekommen, als: török, Türke, török-ök, Türken. Auch wenn in der letzten Silbe ö oder ü ist, nehmen der Hauptregel gemäß im Plural **ek** an:

a) Die meisten Beiwörter, namentlich die auf **ös, ős, üs, tt** und **bb** oder **b** ausgehen, als: főzött, gekocht, főzött-ek; hűs, kühl, hűs-ek, hüvösb, kühler, hüvösb-ek.

b) Viele einsilbige Substantive, als: fül, Ohr, fül-ek, Ohren; hölgy, Frau, hölgy-ek, Frauen.

III. Nomina, die auf einen Vocal auslauten, bilden die Mehrzahl durch Hinzufügung eines bloßen **k**, als: kocsi, Kutsche, kocsi-k, Kutschen; fa, Baum, fá-k, Bäume; eke, Pflug, eké-k, Pflüge (über die Verlängerung des kurzen Vocals vor dem **k** siehe oben §. 10).

Mehrere auf einen accentuirten Vocal auslautende einsilbige Nennwörter bekommen in der Mehrzahl, um das Wort zweisilbig zu machen und so der gewöhnlichen Form der Mehrzahl zu nähern, meistens **ak** oder **ek**, zerlegen aber erst ihren langen Vocal in seine

Bestandtheile (siehe oben §. 5), als : hó, Mond, Monat, hav-ak, Monate, tö, Stamm, töv-ek, Stämme.

Manche Nennwörter, die auf u oder ü auslauten, haben die Mehrzahl nach zweierlei Form, als : darv-ak oder daruk, von daru, Kranich, falv-ak oder faluk, von falu, Dorf, fenyv-ek oder fenyük, von fenyü, Fichte. — Steht vor dem u ein j, so findet die gewöhnliche Anfügung eines bloßen k statt, oder es wird das u vor ak ganz ausgestoßen, und wir haben dann folgende zwei Formen borju-k oder borjak, von borju, Kalb; ifjú-k oder ifjak, von ifjú, Jüngling; fiú-k oder fiak, von fiú, Sohn oder Knabe, varjú-k oder varjak, von varju, Krähe.

Auch die Wörter fattyú, Bastard, faggyú, Unschlitt, biró, Richter, haben zweierlei Mehrzahl : fattyak oder fattyúk, faggyak oder faggyúk, birák oder birók.

Mag, der Same, hat im Plural magok und magvak.

Die Beiwörter auf i, u, ü, ű nehmen in der Mehrzahl ak, ek statt eines bloßen k an, als : budai-ak, von budai, ein Ofner; győri-ek, von győri, ein Raaber; gyorslábu-ak, von gyorslábu, schnellfüßig; lassú-ak, von lassú, langsam; egyszerű-ek, von egyszerű, einfach.

Das Beiwort hosszú, lang, hat eine dreifache Form der Mehrheit : hossz-uk, hosszú-ak, hossz-ak.

Nennwörter, die in der letzten Silbe einen flüssigen Consonanten oder zwei bei unmittelbarer Berührung den Wohlklang nicht störende feste Consonanten haben, stoßen bei der Bildung des Plurals meistens den kurzen Vocal der letzten Silbe gänzlich aus und verkürzen den langen, als : bátr-ak, von bátor, tapfer; kez-ek, von kéz, Hand (s. oben §. 11).

Die Wörter vehem, Füllen, pehely, Flaumfeder, teher, Last, erleiden vor der Anfügung der Mehrheitsendung erst eine Versetzung, so : pelyh-ek, vemh-ek, terh-ek. — Lélek, Seele, Geist, hat in der Mehrzahl lelkek.

Außer dieser Form der Anfügung des k zur Bezeichnung der Mehrzahl hat das Ungarische noch einen zweiten Plural des Besitzes, welcher durch Einschiebung eines einfachen i bezeichnet wird, als : háza-im, meine Häuser, von ház-am, mein Haus, kerte-id, deine Gärten, von kert-ed, dein Garten.

<small>Anmerkung. 1. Die Hauptwörter auf a, as, os, ós, ös, ős, us sind in der Bildung der Mehrzahl von den entsprechenden Beiwörtern gleicher Endungen genau zu unterscheiden, als : a tudósok mindenütt tiszteltetnek, die Gelehrten werden überall geachtet; hingegen : a németek sem mindnyájan tudósak, die Deutschen sind auch nicht alle gelehrt; hősök, die Helden; hingegen : mindnyájan hősek ők, sie sind alle heldenmüthig.</small>

Anmerkung. 2. Den Vocal der letzten Silbe verkürzen:

Agár, der Windhund,
bogár, der Käfer,
bél, das Eingeweide,
cserép, die Scherbe,
dél, der Mittag,
dér, der Reif,
derék, vortrefflich; der Rumpf,
ég, der Himmel,
egér, die Maus,
egyéb, ein anderer,
elég, genug,
ér, die Ader,
ész, der Verstand,
fazék, der Topf,
fedél, das Dach,
fél, die Hälfte,
fenék, der Boden,
fonál, der Faden,
fövény, der Sand,
fűz, die Weide (Baum),
geréb, das Hinderniß,
gunár, der Gänserich,
gyökér, die Wurzel,
hét, sieben; die Woche,
hév, die Hitze,
jég, das Eis,
kanál, der Löffel,
kenyér, das Brod,
kerék, rund, das Rad,
kevés, wenig,
kéz, die Hand,
kosár, der Korb,
kötél, das Seil,
közép, die Mitte,
kút, der Brunnen,
légy, die Fliege,
lév, der Saft, die Brühe,
levél, das Blatt; der Brief,
lúd, die Gans,
madár, der Vogel,
mész, der Kalk,
mozsár, der Mörser,
nyár, der Sommer,
nehéz, schwer,
név, der Name,
nyél, das Heft, der Stiel,
nyúl, der Hase,
négy, vier,
pohár, der Becher,
réz, das Kupfer,
rúd, die Stange,
sár, der Koth,
sudár, der Wipfel,
sugár, der Strahl,
szamár, der Esel,
szél, der Wind,
szekér, der Wagen,
szén, die Kohle,
tehén, die Kuh,
tej, die Milch,
tél, der Winter,
tenyér, die flache Hand,
tíz, zehn,
tűz, das Feuer,
úr, der Herr,
út, der Weg,
veréb, der Sperling,
víz, das Wasser.

Anmerkung. 3. Namen von Gegenständen, die gewöhnlich nicht einzeln vorkommen, drücken ohne Zeichen des Plurals eine Mehrheit aus, und heißen **Sammelnamen**, Nomina collectiva. Wird einem solchen Namen die Pluralendung angehängt, so wird damit eine Mehrheit verschiedener Arten dieses Namens ausgedrückt, z. B. gyöngyet veszek, heißt nicht, ich kaufe eine Perle, sondern ich kaufe Perlen; gyöngyöket veszek, heißt, ich kaufe verschiedene Arten von Perlen; almát veszek, ich kaufe Äpfel. Will man die Einheit solcher Namen ausdrücken, so muß egy vorgesetzt werden, als: egy almát vettem, ich habe Einen Apfel gekauft.

§. 82.

Die Deklination oder Abänderung der Nennwörter zur Bezeichnung der Beziehungen, in welche dieselbe im Satze vorkommen, geschieht im Ungarischen blos durch Anhängung gewisser Buchstaben, Silben oder durch Hinzufügung gewisser Partikel. Wir wollen

Wortlehre.

sämmtliche Bezeichnungen am Nennworte, ohne Rücksicht darauf, ob diese Bezeichnungen dem Worte wirklich angehängt werden oder getrennt nachfolgen, Suffixe (Anhängsel) nennen.

Sämmtlich Suffixe der Nennwörter zerfallen in zwei Klassen: 1) Suffixe zur Bezeichnung der Personen, welche einen Gegenstand als einer Person eigen oder angehörig darstellen, Personalsuffixe; 2) Suffixe zur Bezeichnung des Verhältnisses oder der Beziehung des Substantivs zum Prädikate, Verhältnißsuffixe.

§. 83.

Tabelle der Personalsuffixe.

Suffixe für die Einzahl des Besitzes.

	Nach Vocalen.	Nach Consonanten.
1. P.	m	am, om, em, öm
2. —	d	ad, od, ed, öd
3. —	ja	a, ja, e, je
1. —	nk	unk, ünk
2. —	tok, tek, tök	atok, otok, tok· etek, ötök, tek, tök
3. —	jok, jök	ok, jok, ök, jök

Suffixe für die Mehrzahl des Besitzes.

	Nach Vocalen.	Nach Consonanten.
1. P.	im	aim, jaim, eim, jeim
2. —	id	aid, jaid, eid, jeid
3. —	i	ai, jai, ei, jei
1. —	ink	aink, jaink, eink, jeink
2. —	itok	aitok, jaitok, eitek, jeitek
3. —	ik	aik, jaik, eik, jeik

Anmerkung. Die Aehnlichkeit dieser Personalsuffixe mit den Personalendungen des Zeitwortes bestimmter Form wird einem Jeden beim ersten Anblick auffallen.

§. 84.

Die Anfügung der Suffixe an die Nennwörter erfolgt im Wesentlichen nach denselben Gesetzen, als die Anhängung der Pluralendung. Wenn álom, Traum, den Plural álmak bildet, so heißt es mit den Personalsuffixen álmam, mein Traum, álmad, dein Traum, álma, sein Traum u. s. w.; eben so hat dal, Lied, in der Mehrzahl dalok, und mit den Personalsuffiren dalom, mein Lied, dalod, dein Lied, dalotok, euer Lied u. s. w.; ló, Pferd, hat in der Mehrzahl lovak, es heißt daher mit den Personalsuffiren lovam, mein Pferd, lovad, dein Pferd u. s. w.

Nach eben den Grundsätzen geschieht die Anfügung der Personalsuffire für die Mehrzahl des Besitzes bei Nennwörtern, die auf einen Vocal auslauten, als: fa, Baum, Mehrzahl: fák, Bäume, fáim, meine Bäume, fáid, deine Bäume, fái, seine Bäume u. s. w.

Bei Nennwörtern aber, die auf einen Mitlaut ausgehen, geschieht die Anfügung der Personalsuffire für die Mehrzahl des Besitzes auf zweierlei Art, entweder ohne, oder mit einem vermittelnden j zur Erweichung des vorhergehenden Mitlautes, als: gyöngy-eim, meine Perlen, gyöngy-eid, deine Perlen, gyöngy-ei, seine Perlen u. s. w.; nap-jaim, meine Tage, nap-jaid, deine Tage, nap-jai, seine Tage, nap-jaink, unsere Tage u. s. w. — Mit einem j geschieht die Anfügung am häufigsten bei den Wörtern auf b, f, p, seltener bei Wörtern auf d, g, k, l, m, n, r und t, und zwar nehmen tieflautende Wörter lieber die Erweichung durch j an, als die hochlautenden, als: lap-jaim, meine Blätter, lap-jaid, deine Blätter, lap-jaink, unsere Blätter u. s. w. mit j; hingegen: kép-eim, meine Bilder, kép-eid, deine Bilder, kép-eink, unsere Bilder u. s. w. ohne j. Bei Wörtern, die mit einem Zischlaut endigen, wird das erweichende j durch Verdoppelung des Zischlautes ersetzt, als: sas-saim, meine Adler, sas-said, deine Adler u. s. w. Meistens aber bleibt die Erweichung ganz weg, als: inas-aim, meine Bedienten u. s. w.

Nothwendig bleibt das j weg:
1) Bei Wörtern auf h und v, als: juh-aim, meine Schafe, juh-aid, deine Schafe, juh-ai, seine Schafe ꝛc.; év-eim, meine Jahre, év-eid, deine Jahre, év-ei, seine Jahre u. s. w.
2) Bei Wörtern, welche die letzte Silbe abkürzen, und bei Wörtern auf ság, ség, ok, ek, ök, und der Bildungssilbe et, als: álm-aim, meine Träume, álm-aid, deine Träume u. s. w., von álom; bolondság-aim, meine Narrheiten, bolondság-aitok, eure Narrheiten, bolondság-aik, ihre Narrheiten u. s. w.; birtok-aim, meine Besitzungen, birtok-aink, unsere Besitzungen u. s. w.; kötet-eim, meine Bände, kötet-eitek, eure Bände u. s. w.
3) Bei allen hochlautenden Wörtern auf b, g, p, als: eb-eim, meine Hunde, eb-eitek, eure Hunde u. s. w.; auch láb hat: láb-aim, meine Füße, láb-aid, deine Füße u. s. w.
4) Bei Bruchzahlen, als: harmad-aim, meine Drittel, harmad-aid, deine Drittel u. s. w.

Alle diese Regeln der Erweichung finden auch bei beiden dritten

Personen für die Einzahl des Besitzes statt, als: nap-ja, sein Tag, nap-jok, ihr Tag; sas-sa, sein Adler, sas-sok, ihr Adler.

Bei Wörtern, die in der Bildung der Mehrzahl ein bloßes k annehmen, geschieht die Anfügung der dritten Person für die Einzahl des Besitzes mit einem j, als: fá-ja, sein Baum, fá-jok, ihr Baum.

Viele Wörter auf ó, ő verwandeln diesen Endlaut vor dem j in a, e, als: ajta-ja, seine Thür, von ajtó; ere-je, seine Kraft, von erő.

Von disznó, Schwein, sagt man diszna, disznai, sonst regelmäßig; von biró, Richter, hingegen birám, birád, birája ꝛc.

Von borjú, Kalb, sagt man borja, sein Kalb, borjai, eine Kälber; eben so von fattyú, uneheliches Kind, fattya, fattyai; von fiú, Sohn, fia, fiai; von gyapjú, Wolle, gyapja, gyapjai; von hosszú, lang, hossza, hosszai; von ifjú, Jüngling, ifja, ifjai; von könnyű, leicht, könnye; von varjú, Krähe, varja, varjai.

Die Verwandschaftsnamen atya oder apa, Vater, anya, Mutter, bátya, älterer Bruder, öcsc, jüngerer Bruder, néne, ältere Schwester, stoßen vor dem j den Endvocal aus, als: aty-ja oder ap-ja, sein Vater, any-ja, seine Mutter, báty-jok, ihr älterer Bruder, öcscse, sein jüngerer Bruder, statt atyája, anyája ꝛc.

Die Suffixe für die Mehrzahl des Besitzes verlieren oft das a vor dem i der Mehrheit, auch nach Wörtern, die auf einen Mitlaut ausgehen, als: barát-im, statt barát-aim, meine Freunde, barát-id, statt barát-aid, deine Freunde.

§. 64.
Vorbilder für die Anfügung der Personalsuffixe.

Erstes Vorbild
für tieflautende Wörter die auf einen Selbstlaut ausgehen.

Hiba, Fehler.

Einzahl des Besitzes.	Mehrzahl des Besitzes.
Einzahl der Person.	
1. P. hibá-m mein Fehler	hibá-im meine Fehler.
2. — hibá-d dein Fehler	hibá-id deine Fehler
3. — hibá-ja sein Fehler	hibá-i seine Fehler

I. Theoretischer Theil.

Einzahl des Besitzes.   Mehrzahl des Besitzes.
             Mehrzahl der Person.

1. P. hibá-nk unser Fehler   hibá-ink unsere Fehler
2. — hibá-tok euer Fehler   hibá-itok euere Fehler
3. — hibá-jok ihr Fehler   hibá-ik ihre Fehler

Zweites Vorbild

für hochlautende Wörter, die auf einen Selbstlaut ausgehen.

Teve, Kameel.

Einzahl der Person.

   mein Kameel   meine Kameele
1. P. tevé-m   tevé-im
2. — tevé-d   tevé-id
3. — tevé-je   tevé-i

Mehrzahl der Person.

   unser Kameel   unsere Kameele
1. P. tevé-nk   tevé-ink
2. — tevé-tek   tevé-itek
3. — tevé-jök   tevé-ik

Drittes Vorbild

für tieflautende Wörter, die auf einen Mitlaut ausgehen, und kein j zur Erweichung bekommen.

Hal, Fisch.

Einzahl der Person.

   mein Fisch   meine Fische
1. P. hal-am   hal-aim
2. — hal-ad   hal-aid
3. — hal-a   hal-ai

Mehrzahl der Person.

   unser Fisch   unsere Fische
1. P. hal-unk   hal-aink
2. — hal-atok   hal-aitok
3. — hal-ok   hal-aik

Viertes Vorbild

für hochlautende Wörter, die auf einen Mitlaut ausgehen und kein j zur Erweichung bekommen.

Szem, Auge.

Einzahl des Besitzes.	Mehrzahl des Besitzes.
Einzahl der Person.	
mein Auge	meine Augen.
1. P. szem-em	szem-eim
2. — szem-ed	szem-eid
3. — szem-e	szem-ei
Mehrzahl der Person.	
unser Auge	unsere Augen
1. P. szem-ünk	szem-eink
2. — szem-etek	szem-eitek
3. — szem-ek	szem-eik

Fünftes Vorbild

für hochlautende Wörter, deren Vocal ö oder ü ist.

Öröm, Freude.

Einzahl der Person.	
meine Freude	meine Freuden
1. P. öröm-öm	öröm-eim
2. — öröm-öd	öröm-eid
3. — öröm-e	öröm-ei
Mehrzahl der Person.	
unsere Freude	unsere Freuden
1. P. öröm-ünk	öröm-eink
2. — öröm-ötök	öröm-eitek
3. — öröm-ök	öröm-eik

Sechstes Vorbild

für tieflautende Wörter, die auf einen Mitlaut ausgehen und ein j zur Erweichung bekommen.

Kalap, Hut.

Einzahl der Person.	
mein Hut	meine Hüte
1. P. kalap-om	kalap-jaim
2. — kalap-od	kalap-jaid
3. — kalap-ja	kalap-jai

I. Theoretischer Theil.

Mehrzahl der Person.

	unser Hut	unsere Hüte
1. P.	kalap-unk	kalap-jaink
2. —	kalap-otok	kalap-jaitok
3. —	kalap-jok	kalap-jaik

Száj, der Mund, wird abweichend von der Regel folgenderweise suffigirt:

Einzahl der Person.	Mehrzahl der Person.
mein Mund	unser Mund
1. P. szá-m	szá-nk
2. — szá-d	szá-tok
3. — szá-ja	szá-jok

§. 86.

Die Verhältnißsuffixe zerfallen in drei Klassen:

1) **Untrennbare Verhältnißsuffixe**, welche stets mit dem Worte, dessen Verhältniß im Satze sie bestimmen sollen, verbunden erscheinen, als: a ház-ból, aus dem Hause.

2) **Getrennte Verhältnißsuffixe**, welche dem Substantive getrennt nachgesetzt werden, und nur mit persönlichen Fürwörtern verbunden erscheinen, als: a ház mögött, hinter dem Hause.

3) **Zusammengesetzte Verhältnißsuffixe**, d. i. solche, welche aus einem untrennbaren und einem getrennten Suffixe bestehen, als: a vi-zen túl, jenseits des Wassers.

Untrennbare Verhältnißsuffixe,
die den deutschen Endungen entsprechen, sind folgende:

Genit. 1) é
 „ 2) nak, nek, — a, — ai, — e, — ei
Dativ nak, nek
Acc. t, at, ot, et, öt

Untrennbare Verhältnißsuffixe,
die den deutschen Vorwörtern entsprechen, sind:

astúl, estül, sammt;
ba, be, in, mit dem Accusativ;
ban, ben, in, mit dem Dativ;
ból, böl, aus;
ért, für, um, wegen;
hoz, hez, höz, zu;

ig, bis zu;
ként, gleich, mit dem Dativ; anstatt, als;
kép, in der Gestalt, in der Weise, als;
kor, zur Zeit, mit dem Genitiv;
nál, nél, bei;
n, en, on, ön, an, auf, mit dem Dativ;
ra, re, auf, mit dem Accusativ;
ról, röl, von — herunter;
tól, től, von;
úl, ül, anstatt, als;
vá, vé, zu (zu etwas werden);
val, vel, mit.

Alle diese Suffixe werden den Nennwörtern sowohl der Einzahl als der Mehrzahl nach den bekannten Regeln des Wohllautes angefügt.

Bemerkungen zu den Verhältnißsuffixen, die den deutschen Endungen entsprechen.

§. 87.

Das Verhältniß der Angehörigkeit (Genitiv) kann auf doppelte Weise ausgedrückt werden: a) zuschreibend (attributiv), wenn Besitz und Besitzer zusammen als ein Theil des Satzes, entweder als Subjekt oder als Prädikat erscheinen, als: das Haus des Vaters ist schön, wo die durch den Genitiv zur Begriffseinheit verbundenen zwei Hauptwörter „das Haus des Vaters" Subjekt sind, oder: ich sehe das Haus des Vaters, wo dieselben zwei Hauptwörter als Objekt erscheinen. In beiden Fällen wird das Verhältniß beider Hauptwörter zu einander, wie das Verhältniß von Beiwort und Hauptwort vorausgesetzt; — b) aussagend (prädikativ) wenn Besitz und Besitzer im Verhältniß von Subjekt zu Prädikat steht, und das Verhältniß des Besitzes oder Angehörens erst ausgesagt wird, als: dieses Haus ist meines Vaters. Hier ist „dieses Haus" Subjekt, und „meines Vaters" Prädikat. Im deutschen werden nun diese zwei Arten von Genitiv nicht unterschieden; hingegen hat der Ungar für den zuschreibenden Genitiv die umschreibende Form nak, nek — a, e, ai, ei, d. h. die Suffixe des Dativ für den Besitzer und das Personalsuffix dritter Person für den Besitz, während der aussagende Genitiv die einfachere Form é hat. Obige Beispiele lauten also ungarisch folgendermaßen: az atyámnak húz-a szép, dem Vater sein Haus ist schön; látom az atyámnak ház-át, ich sehe dem Vater sein Haus; hingegen: ez a ház az atyám-é, dieses Haus ist meines Vaters.

Der aussagende Genitiv wird mit dem Gegenstande des Besitzes an Zahl übereinstimmend gesetzt, und die Mehrzahl nicht durch k, sondern durch das i (s. oben §. 81) bezeichnet, als: ezek a házaik az atyám-éi, diese Häuser sind meines Vaters. Das Wort, das im aussagenden Genitiv steht, kann dem Zeitworte gemäß, von dem es abhängt, auch andere neue Suffixe annehmen, als: ez a bátyám háza, az atyám-ét eladtuk, dies ist das Haus meines ältern Bruders, meinem Vater seines haben wir verkauft.

Es ist ein sehr weises Gesetz der Oekonomie in der ungarischen Sprache, daß es keine Bezeichnung ohne Noth zweimal setzt; daher die Bezeichnung der Mehrzahl der Besitzer nur einmal zu setzen ist, und man sagt a polgárok házai, der Bürger ihre Häuser, die Häuser der Bürger, nicht a polgárok házai-k. Ist jedoch das den Besitzer anzeigende Wort von dem den Besitz anzeigenden Redetheile durch einen Zwischensatz oder blos durch einzelne Bestimmungswörter getrennt, so darf das k des Plural nicht wegbleiben, z. B. a polgároknak, kik egyszersmind nemesek voltak, nem volt szabad katonát szállítani házai-kba, in die Häuser jener Bürger, die zugleich Edelleute waren, durfte man keine Soldaten einquartiren.

Anmerkung 1. Die umschreibende Form für den attributiven Genitiv ist auch dem Deutschen nicht fremd. „Die gemeinen Mundarten," sagt Götzinger („Die deutsche Sprache" II. Bd., S. 83, §. 36), kennen den Genitiv fast gar nicht mehr, sondern ersetzen ihn in der Regel durch von oder durch das zueignende Fürwort sein in Begleitung des Dativ; es heißt also: die Fenster von dem Hause, dem Nachbar sein Garten, dem Leuen sein Schwanz u. s. f.

Anmerkung 2. Der aussagende Genitiv erscheint oft in der Bedeutung eines Nominativs, um die zu einer Familie, zu einem Hauswesen Gehörigen zu bezeichnen, wo dann die Mehrzahl durch Anfügung eines k gebildet wird, als: a Góczick, die zur Góczi'schen Familie Gehörigen, bátyámék, die Angehörigen meines ältern Bruders, kovácsék, die Angehörigen des Schmiedes.

Anmerkung 3. Diese weitere Auseinandersetzung des Genitivs, welche eigentlich mehr in die Syntax gehört, habe ich aus methodischen Gründen hierher gesetzt, da ohne das Verständniß derselben der Lernende die Uebersetzungsaufgaben nicht zu lösen vermag.

§. 88.

Die Endung des zuschreibenden Genitiv nak, nek kann nach Willkür gesetzt und weggelassen werden, als: a világnak teremtöje oder a világ teremtöje, der Schöpfer der Welt.

Die Endung nak, nek wird der Regel nach weggelassen:

1) Wenn mehrere Genitive auf einander folgen, wo nur der letzte die Endung bekömmt, als: a világ teremtöjének akaratja, der Wille des Schöpfers der Welt; Kazinczy levelei tartalmának kivonata, ein Auszug des Inhalts der Briefe Kazinzy's.

2) Wenn auf den Genitiv ein Dativ folgt, als : a katonák vitézségének közönhetjük a gyözelmet, der Tapferkeit der Soldaten haben wir den Sieg zu verdanken.

3) Wenn die Eigennamen von Oertern, Flüssen, Bergen ꝛc., von Monaten und Tagen mit ihren Gattungsnamen statt in Apposition, wie im Deutschen, in ein Genitivverhältniß gesetzt werden, als : Pest városa, die Stadt Pest (eigentlich Pests Stadt); a Duna folyama, der Donaufluß; Május hava, der Monat Mai.

Nothwendig dagegen ist die Bezeichnung des Genitiv :

1) Wenn das durch den Genitiv bestimmte Hauptwort des Nachdrucks wegen voran kömmt, als : teremtője a világnak (nicht a világ), Schöpfer der Welt.

2) Wenn die durch das Genitivverhältniß zu verbindenden Hauptwörter durch Einschaltungen getrennt werden, als: a háznak, mellyet építettél, fedele, das Dach des Hauses, das du gebaut hast.

3) Wenn dem Genitiv des Hauptwortes der Genitiv des anzeigenden Fürwortes (az, ez) vorgesetzt wird : ennek a háznak fedele, das Dach dieses Hauses.

4) Wenn die Verhältnißwörter alatt, mellett, megett, közepett u. s. f. mit ihrem Hauptworte des Nachdrucks halber in Genitivverbindung gesetzt werden, als : tengernek közepette, mitten auf dem Meere; háznak előtte, vor dem Hause; széknek alatta, unter dem Stuhle. Es wäre eben so fehlerhaft tenger közepette, als tengernek közepett.

§. 89.

Die Regeln der Anfügung des Accusativsuffixes sind dieselben, die wir bei der Bildung des Plurals gesehen haben; ausgenommen jedoch werden viele derjenigen Wörter, welche auf die flüssigen Mitlaute j, l, ly, n, ny, r, s, sz und z auslautend, die ihre Mehrzahl mit ok, ek bilden, denn diese haben im Accusativ ein bloßes t, als : bajt, von baj, Beschwerlichkeit, Uebel, asztalt, von asztal, Tisch, páholyt, von páholy, Loge, lent, von len, Flachs, erszényt, von erszény, Beutel, bort, von bor, Wein, húst, von hús, Fleisch, vadászt, von vadász, Jäger, eszközt, von eszköz, Mittel.

Die Wörter, welche den Plural auf zweifache Art bilden, nehmen auch die Accusativendung auf zweifache Art an. Diese Wörter sind :

  Daru, Kranich Accus. darut oder darvat
  Enyü, Leim — enyüt oder enyvet
  Falu, Dorf — falut oder falvat

Fenyű, Fichte	Accuf.	fenyűt oder fenyvet
Hamu, Asche	—	hamut oder hamvat
Odu, Höhle	—	odut oder odvat
Szaru, Horn	—	szarut oder szarvat
Tetű, Laus	—	tetűt oder tetvet
Borju, Kalb	—	borjut oder borjat
Faggyu, Unschlitt	—	faggyut oder faggyat
Fiú, Knabe	—	fiút oder fiat
Gyapju, Wolle	—	gyapjut oder gyapjat
Ifju, Jüngling	—	ifjut oder ifjat
Varju, Krähe	—	varjút oder varjat
Mag, Same	—	magot oder magvat

Anmerkung. Biró, Richter, das in der Mehrzahl gewöhnlich birák hat, bildet in der Regel den Accusativ birót.

§. 90.

Die zusammengesetzten Wörter folgen in der Abänderung denselben Regeln, wie die einfachen, als: kömives, Maurer, kömives-ek, die Maurer, kömives-em, mein Maurer, kömives-ed, dein Maurer, kömives-nek, dem Maurer, kömives-től, von dem Maurer ꝛc. Eine Ausnahme machen die Wörter: hazafi, Landsmann, atyafi, Verwandter, név-nap, Namenstag, welche mit den Personalsuffixen so abgeändert werden: hazámfia (wörtlich meines Vaterlandes Sohn), mein Landsmann, hazádfia, dein Landsmann, hazája fia oder hazafia, sein Landsmann, hazánkfia, unser Landsmann ꝛc.; nevemnapja, mein Namenstag, nevednapja, dein Namenstag, nevenapja, sein Namenstag ꝛc.

Eigenthümlich ist die Suffigirung der mit asszony und úr zusammengesetzten Wörter, asszony erhält in diesem Falle nie die Personalsuffixe, úr hingegen wird immer suffigirt, so daß bei derartigen Wörtern beide Theile der Zusammensetzung suffigirt werden; man sagt daher anyám asszony, meine Frau Mutter, komám asszony, meine Frau Gevatterin, atyám uram, mein Herr Vater, komám uram, mein Herr Gevatter.

§. 91.
Erſtes Vorbild
für die Anfügung der Verhältnißſuffixe, die den
deutſchen Endungen entſprechen.

Bei tiefſautenden Wörtern.

Nom. a hal	a halak	balam	halaik
der Fiſch	die Fiſche	mein Fiſch	ihre Fiſche
Gen. a hal-é	a halak-é	halam-é	halaik-é
a hal-nak	a halak-nak	halam-nak	halaik-nak
des Fiſches	der Fiſche	meines Fiſches	ihrer Fiſche
Dat. a hal-nak	a halak-nak	halam-nak	halaik-nak
dem Fiſche	den Fiſchen	meinem Fiſche	ihren Fiſchen
Acc. a hal-at	a halak-at	halam-at	halaik-at
den Fiſch	die Fiſche	meinen Fiſch	ihre Fiſche

Zweites Vorbild
für die Anfügung der Verhältnißſuffixe, die den
deutſchen Endungen entſprechen.

Bei hochlautenden Wörtern.

Nom. a szem	a szemek	szemem	szemeink
das Auge	die Augen	mein Auge	unſere Augen
Gen. a szem-é	a szemek-é	szemem-é	szemeink-é
a szem-nek	a szemek-nek	szemem-nek	szemeink-nek
des Auges	der Augen	meines Auges	unſerer Augen
Dat. a szem-nek	a szemek-nek	szemem-nek	szemeink-nek
dem Auge	den Augen	meinem Auge	unſeren Augen
Acc. a szem-et	a szemek-et	szemem-et	szemeink-et
das Auge	die Augen	mein Auge	unſere Augen

Drittes Vorbild
für die Anfügung der untrennbaren Verhältnißſuffixe,
die den deutſchen Vorwörtern entſprechen.

Bei tiefſautenden Wörtern.

a hal-ba	a halak-ba	halam-ba	halaik-ba
in den Fiſch	in die Fiſche	in meinen Fiſch	in ihre Fiſche
a hal-ban	a halak-ban	halam-ban	halaik-ban
in dem Fiſche	in den Fiſchen	in meinem Fiſche	in ihren Fiſchen

a hal-ból	a halak-ból	a halam-ból	halaik-ból
aus dem Fische	aus den Fischen	aus mein. Fische	aus ihr. Fischen
a hal-ért	a halak-ért	halam-ért	halaik-ért
für den Fisch	für die Fische	für meinen Fisch	für ihre Fische
a hal-hoz	a halak-hoz	halam-hoz	halaik-hoz
zum Fische	zu den Fischen	zu meinem Fische	zu ihren Fischen
a hal-ig	a halak-ig	halam-ig	halaik-ig
bis zum Fische	bis zu d. Fischen	bis zu meinem Fische	bis zu ihr. Fisch.
hal-ként	halak-ként	halam-ként	balaik-ként
gleich einem F.	gleich Fischen	gleich meinem F.	gleich ihr. Fisch.
hal-kép	halak-kép	halam-kép	halaik-kép
in der Gestalt eines Fisches	in der Gestalt von Fischen	in der Gestalt meines Fisches	in der Gestalt ihrer Fische
tavasz-kor	tavaszak-kor	tavaszom-kor	
zur Zeit des Frühlings	zur Zeit der Frühlinge	zur Zeit meines Frühlings	
a hal-nál	a halak-nál	halam-nál	halaik-nál
bei dem Fische	bei den Fischen	bei mein. Fische	bei ihren Fischen
a hal-on	a halak-on	halam-on	halaik-on
auf dem Fische	auf den Fischen	auf mein. Fische	auf ihr. Fischen
a hal-ra	a halak-ra	halam-ra	balaik-ra
auf den Fisch	auf die Fische	auf meinen Fisch	auf ihre Fische
a hal-ról	a halak-ról	halam-ról	halaik-ról
vom Fische herunter	von den Fischen herunter	von meinem Fische herunter	von ihren Fischen herunter
a hal-tól	a halak-tól	halam-tól	halaik-tól
von dem Fische	von den Fischen	v. meinem Fische	von ihr. Fischen
hal-úl	halak-úl	halam-úl	halaik-úl
als Fisch	als Fische	als mein Fisch	als ihre Fische
hal-lá (statt hal-vá)	halak-ká (statt halak-vá)	halam-má (statt halam-vá)	halaik-ká (statt halaik-vá)
zum Fische (geworden)	zu Fischen	zu meinem Fische	zu ihren Fischen
a hal-lal (statt a hal-val)	a halak-kal (st. halak-val)	halam-mal (st. halam-val)	halaik-kal (statt halaik-val)
mit dem Fische	mit den Fischen	mit mein. Fische	mit ihr. Fischen

Viertes Vorbild

für die Anfügung der untrennbaren Verhältnißsuffire,
die den deutschen Vorwörtern entsprechen.

Bei hochlautenden Wörtern.

a szem-be	a szemek-be	szemem-be	szemeink-be
in das Auge	in die Augen	in mein Auge	in unsere Augen
a szem-ben	a szemek-ben	szemem-ben	szemeink-ben
in dem Auge	in den Augen	in meinem Auge	in unsern Augen
a szem-ből	a szemek-ből	szemem-ből	szemeink-ből
aus dem Auge	aus den Augen	aus mein. Auge	aus unsern Aug.
a szem-ért	a szemek-ért	szemem-ért	szemeink-ért
für das Auge	für die Augen	für mein Auge	für unsere Aug.
a szem-hez	a szemek-hez	szemem-hez	szemeink-hez
zum Auge	zu den Augen	zu meinem Auge	zu unsern Augen
a szem-ig	a szemek-ig	szemem-ig	szemeink-ig
bis zum Auge	bis zu d. Augen	bis zu meinem Auge	bis zu unsern Augen
szem-ként	szemek-ként	szemem-ként	szemeink-ként
gleich einem Auge	gleich Augen	gl. meinem Auge	gleich unf. Aug.
szem-kép	szemek-kép	szemem-kép	szemeink-kép
in der Gestalt eines Auges	in der Gestalt von Augen	in der Gestalt meines Auges	in der Gestalt unserer Augen
ebéd-kor	ebédek-kor	ebédem-kor	ebédeink-kor
zur Zeit des Mittagmahls	zur Zeit d. Mittagsmahle	zur Zeit meines Mittagmahls	zur Zeit unserer Mittagsmahle
a szem-nél	a szemek-nél	szemem-nél	szemeink-nél
bei dem Auge	bei den Augen	bei meinem Auge	bei unsern Aug.
a szem-en	a szemek-en	szemem-en	szemeink-en
auf dem Auge	auf den Augen	auf mein. Auge	auf unsern Aug.
a szem-re	a szemek-re	szemem-re	szemeink-re
auf das Auge	auf die Augen	auf mein Auge	auf unsere Aug.
a szem-ről	a szemek-ről	szemem-ről	szemeink-ről
von dem Auge herunter	von den Augen herunter	von meinem Auge herunter	von unsern Augen herunter
a szem-től	a szemek-től	szemem-től	szemeink-től
von dem Auge	von den Augen	von meinem Auge	von unsern Aug.
szem-ül	a szemek-ül	szemem-ül	szemeink-ül
anstatt eines Auges	anstatt der Augen	anstatt meines Auges	anstatt unserer Augen
szem-ké (statt szem-vé)	szemek-ké (st. szemek-vé)	szemem-ké	szemeink-ké

zu einem Auge (werden)	zu Augen	zu meinem Auge	zu unsern Augen
a szem-mel (st. szem-vel)	a szemek-kel	szemem-mel	szemeink-kel
mit dem Auge	mit den Augen	mit meinem Auge	mit unsern Aug.

§. 92.

Die getrennten Verhältnißsuffire, welche den deutschen Vorwörtern entsprechen, zerfallen in drei Klassen:

1) **dreiförmige**, welche auf die Frage wo? mit tt. auf die Frage wohin? mit á, é, und auf die Frage woher? mit úl, öl, ül endigen. Solche sind:

Wo?	Wohin?	Woher?
alatt	alá	alól, alunnan unter
elött	elé	elöl vor
körött	köré	körül um, herum
között	közé	közül zwischen (unter)
megett	megé	megül hinter
hátmegett	hátmegé	hátmegül hinter
mellett	mellé	mellöl neben

2) **zweiförmige**:

Wo?	Wohin?	Woher?
	felé	felöl, felünnen gegen(wärts), von — her,
fölött	fölé	über
hegyett	hegyé	auf (über)

3) **einförmige**:

által durch	gyanánt gleichwie, anstatt
ellen gegen	helyett statt, anstatt
iránt in Hinsicht, in Betreff	óta seit
miatt wegen, halber	szerént, szerint gemäß
mulva nach Verlauf	után nach
nélkül ohne	végett wegen, um.

§. 93.

Vorbild

für die getrennten Verhältnißsuffire, die den deutschen Vorwörtern entsprechen.

az asztal alatt	haza felé
unter dem Tische	heimwärts
az asztal alá	az asztal felöl
unter den Tisch	von dem Tische her
az asztal alól	az asztal fölött
von unter dem Tische hervor	über dem Tische
az asztal elött	az asztal fölé
vor dem Tische	über den Tisch hin
az asztal elé	az asztal hegyett
vor den Tisch hin	auf dem Tische
az asztal elöl	az asztal hegyé
von vor dem Tische weg	auf den Tisch hinunter
az asztal körött	munka által
um den Tisch	durch Arbeit
az asztal köré	az asztal ellen
um den Tisch hin	gegen den Tisch
az asztal körül	asztal gyanánt
um den Tisch herum	als wäre es ein Tisch
az asztalok között	asztal helyett
zwischen den Tischen	statt eines Tisches
az asztalok közé	asztal iránt
zwischen die Tische hin	in Hinsicht eines Tisches
az asztalok közül	asztal miatt
von zwischen den Tischen heraus	wegen eines Tisches
az asztal megett	egy hónap mulva
hinter dem Tische	nach Verlauf eines Monats
az asztal megé	asztal nélkül
hinter den Tisch	ohne Tisch
az asztal megül	egy hónap óta
von hinter dem Tische hervor	seit einem Monat
az asztal mellett	a törvény szerint
neben dem Tische	nach dem Gesetze
az asztal mellé	egy hónap után
neben den Tisch	nach einem Monate
az asztal mellöl	a törvény végett
von neben dem Tische her	wegen des Gesetzes
az asztal felé	
gegen den Tisch zu	

Das Hauptwort kann mit den getrennten Verhältnißsuffixen auch in ein Verhältniß des Genitivs kommen, als:
az asztal-nak alatt-a unter dem Tische
az asztal-nak miatt-a wegen des Tisches (s. oben §. 88).

§. 94.

Zusammmengesetzte Verhältnißsuffixe sind folgende:

-n, -on, -en, -ön { alól, alúl unterhalb
felyűl, felűl, fölűl oberhalb
belől, belűl innerhalb
ként, ... weise
kivűl außerhalb, außer
át, által oder ált, által über
keresztűl durch, mitten durch
innen dießseits
túl jenseits }

-hoz, -hez, -höz képest in Vergleich mit
-nál, nél fogva, fogvást bei (angefaßt), zu Folge
-tól, -től fogva seit, von — an
-ra, re nézve in Bezug, in Hinsicht
-val, -vel együtt sammt

Uneigentliche Verhältnißsuffixe sind:
számra — weise
módra oder módon — mäßig, nach Art
tájba um — herum
-nak, -nek számára für, auf Rechnung des —
-nak, -nek irányában }
-val, -vel átellenben } gegenüber
-nak, -nek átellenében }
-nak, -nek okáért zu, zum, aus

§. 95.

Vorbild

für die zusammengesetzten Verhältnißsuffixe.

a vár-on alól unterhalb der Festung
a vár-on felül oberhalb der Festung
a vár-on belől innerhalb der Festung
szál-anként fadenweise
a vár-on kivűl außerhalb der Festung
a vár-on át durch oder über die Festung
a vár-on keresztűl mitten durch die Festung

a vár-on innen diesseits der Festung
a vár-on túl jenseits der Festung
a vár-hoz képest in Vergleich mit der Festung
hajá-nál fogva bei den Haaren (gefaßt)
e nap-tól fogva von diesem Tage an
a vár-ra nézve in Hinsicht der Festung
a vár-ral együtt sammt der Festung
font számra pfundweise
vár-módra } nach Art einer Festung
vár-módon }
dél-tájban um Mittag herum, gegen Mittag
a vár-nak számára für die Festung
a vár-nak { irányában }
          { átellenében } gegenüber der Festung
a vár-ral   átellenben

példá-nak okáért zum Beispiele
barátság okáért aus Freundschaft

Man sagt auch ház kivül, außer dem Hause, und rend kivül, außerordentlich, ohne -n, -on, was aber als Ausnahme zu betrachten ist.

Anmerkung. Als Adverbium gebraucht kommen diese Verhältnißwörtchen vor dem Hauptworte zu stehen, und das Hauptwort bekommt dann den Artikel, so z. B. statt Dunán túl, jenseits der Donau, sagt man túl a Dunán; statt házon kivül, außer dem Hause, kivül a házon.

Ferneres über die Suffixe s. §§. 113, 114, 115.

Von dem Beiworte.

§. 96.

Das Beiwort ist nach seiner Beziehungsart entweder aussagend (prädikativ), wenn die Eigenschaft vom Hauptworte erst behauptet wird, als: az atya beteg, der Vater ist krank, az anya egészséges, die Mutter ist gesund, a gyermek szép, das Kind ist schön, oder zuschreibend (attributiv), wenn die Eigenschaft am Hauptworte vorausgesetzt und nur der nähern Bestimmung wegen demselben beigefügt wird, als: a beteg atya, der kranke Vater, az egészséges anya, die gesunde Mutter, a szép gyermek, das schöne Kind.

Während nun die deutsche Sprache nur das zuschreibend gebrauchte Beiwort (der krank-e Vater, die krank-en Kinder) mit seinem Hauptworte übereinstimmen läßt, das aussagend gebrauchte Beiwort aber der Copula (ist, sind) unverändert anfügt, als : der Vater ist krank, die Kinder sind krank, geschieht im Ungarischen gerade das Gegentheil; denn hier bleibt das zuschreibend gebrauchte Beiwort vor dem Hauptworte in allen Fällen unverändert, während das aussagend gebrauchte Beiwort mit dem Hauptworte in der Zahl übereinstimmen muß. So sagt man

 az ügyes ember der geschickte Mensch
 az ügyes emberé ⎱
 az ügyes embernek ⎰ des geschickten Menschen
 az ügyes embernek, dem geschickten Menschen
 az ügyes embert, den geschickten Menschen
 az ügyes embertöl, von dem geschickten Menschen
 az ügyes emberek, die geschickten Menschen
 az ügyes embereké ⎱
 az ügyes embereknek ⎰ der geschickten Menschen
 az ügyes emberektöl, von den geschickten Menschen; hingegen sagt man
 der Mensch ist geschickt, az ember ügyes
 die Menschen sind geschickt, az emberek ügyesek, ferner
 mulandó az élet, vergänglich ist das Leben
 mulandók az élet örömei, vergänglich sind die Freuden des Lebens

Kommt jedoch das zuschreibend gebrauchte Beiwort in Bezug auf ein früher genanntes Hauptwort hinter demselben zu stehen, so folgt es hinsichtlich der Suffigirung dem Hauptworte, als : célt, dicsöet mutatál, emberekhez illöt, du zeigtest ein Ziel, ein herrliches, der Menschen würdiges (Kunoss). Nach der gewöhnlichen Wortstellung müßte es heißen : dicsö, emberekhez illö célt mutatál, die Beiwörter vor dem Hauptworte, und daher unverändert.

Die Suffigirung des Beiwortes ist ganz der des Substantivs gleich, als :

 a hasznos, das Nützliche
 a hasznosnak, dem Nützlichen
 a hasznosak, die Nützlichen
 a hasznosakhól, aus den Nützlichen ꝛc.

§. 97.

Wird eine Eigenschaft von einem Dinge ausgesagt, so geschieht dieses

1) ganz einfach, als : a róka ravasz, der Fuchs ist listig, a ravasz róka, der listige Fuchs.

2) In einem verstärkten Maße. Hierzu gebraucht man die Beiwörter und Nebenwörter: meglehetös, ziemlich, merö, eitel,

rein, mily, milyen! wie! valami, beiläufig, etwa, igen, nagyon, sehr, felette, äußerst, rendkivűl, außerordentlich ꝛc., z. B. meglehetős sok, ziemlich viel; valami száz forint, etwa hundert Gulden; mily szép! wie schön! milyen rút! wie häßlich!

3) **Vergleichungsweise.** Die Vergleichung geschieht aber wieder:

a) **in einem gleichen Grade**, wobei wir uns der Wörter oly, ép oly, épen oly, szint oly, hasonta... mint, valamint... úgy, so, eben so... als als; verneinend, nem oly, nicht so, épen nem oly, eben nicht so, mint, als, z. B. húgod szint oly hamis mint szép, deine jüngere Schwester ist eben so schelmisch als schön; a hit valamint természetes, úgy szükséges és jótévő tulajdona embernek, der Glaube ist eine eben so natürliche als nothwendige und wohlthätige Eigenschaft des Menschen (Guzmics); öcséd távol sem olyan jó mint bátyád, dein jüngerer Bruder ist bei weitem nicht so gut als dein älterer Bruder;

b) **in höherem Grade**, wovon im nächsten §.

§. 98.

Für die Grade der Vergleichung hat die ungarische Sprache ihre eigenen einfachen Formen.

Der Comparativ wird durch die Endung bb, abb, ebb gebildet. Die Anfügung dieser Suffixe geschieht nach denselben Regeln, die wir bei der Bildung des Plural angegeben haben, als: puhá-bb, weicher, von puha, weich, weil in der Mehrzahl puhák ist; vastag-abb, dicker, von vastag, dick, weil die Mehrzahl vastag-ak heißt; röst-ebb, fauler, von röst, faul, weil es in der Mehrzahl röst-ek heißt.

Die einfachen Adjektive auf i, nyi, ú, ü bilden den Comparativ auf zweifache Art, durch abb, ebb und durch bb, als: régi-ebb und régi-bb, älter, von régi, alt, valószinü-ebb und valószinü-bb, wahrscheinlicher, von valószinü, wahrscheinlich; szomorú-abb und szomorú-bb, trauriger, von szomorú, traurig.

Die Wörter, welche auf s, sz, z auslauten, bilden den Comparativ ebenfalls auf zweifache Weise, mit abb, ebb und mit einfachem b, als: magas-abb und magas-b, höher, von magas, hoch; édes-ebb und édes-b, süßer, von édes, süß; merész-ebb und merész-b, kühner, von merész, kühn; nehez-ebb und nehéz-b, schwerer, von nehéz, schwer.

Bei den zusammengesetzten Beiwörtern bekommt nicht der letzte, sondern der erste Theil der Zusammensetzung die Comparativsendung, als: rossz-abb-lelkü, böswilliger, von rossz-lelkü, böswillig; elő-bb-kelő, vornehmer, von elő-kelő, vornehm; közel-ebb-való, näher, von közel-való, nahe.

Eigenthümlich ist im Ungarischen die Comparation der Hauptwörter, als: soha szamar-abb embert nem láttam, ich habe nie einen grössern Esel von Menschen gesehen; ember-ebb, ein tüchtigerer Mensch, Csórinál miköztünk emberebb is vagyon, wir haben unter uns auch tüchtigere Menschen als Csóri (Arany János); nincs poklabb a hazug embernél, es gibt nichts höllischeres als ein Lügner (Pesthi).

§. 99.

Wird mit dem Comparativ auch der Begriff des unterscheidenden Heraushebens verbunden, so wird der Comparativendung bb noch ik hinzugefügt, so sagt man: a szebbik, der schönere (von beiden); a nagyobbik, der grössere (von beiden); a két ló közül az erősbiket vevém meg, von den zwei Pferden habe ich das stärkere gekauft.

Eigenthümlich ist der Gebrauch des Comparativs mit Verkleinerung, um einen geringen Grad der Steigerung auszudrücken, als: szebbecske, etwas schöner; jobb a kutya mint a macska, mert a kutya nagyobbacska, besser ist der Hund als die Katze, denn der Hund ist etwas grösser (Kazinczy).

Anmerkung. Wie in andern Sprachen so kann auch im Ungarischen der Comparativ durch Vorsetzung gewisser gradbestimmenden Nebenwörter verstärkt oder näher bestimmt werden, als: sokkal jobb, um Vieles besser; jóval messzebb, um Vieles weiter ɹc. Nincs nálunk sem inkább gyülölt sem kevésbé értett szó, mint a kritika, es gibt bei uns kein mehr verhasstes und kein weniger verstandenes Wort als die Kritik (Kölcsey).
Die Redensart szebbnél szebb, jobbnál jobb, wörtlich: schöner als schöner, besser als besser, ist mit geringer Abänderung auch im Deutschen gebräuchlich: schöner als schön, besser als gut.

§. 100.

Von der gewöhnlichen Form abweichend bilden den Comparativ die Beiwörter:

sok,	viel	Comparativ	több,	mehr
szép,	schön	—	szebb,	schöner
nagy,	gross	—	nagyobb,	grösser
				(nicht nagyabb)
jó,	gut	—	jobb,	besser
könnyü,	leicht	—	könnyebb,	leichter
kicsiny,	klein	—	kisebb,	kleiner

Anmerkung. Im gemeinen Leben sagt man auch sokabb statt több, als: soknál is sokabb, mehr als zuviel (Obsitos von Garay).

§. 101.

Der Superlativ wird gebildet, indem man dem Comparativ die Silbe leg vorsetzt, als: a leg-puhább, das weichste, von puha, weich; leg-édesb, das süßeste, von édes, süß; leg-több, das meiste, von sok, viel.

Der einfache Superlativ läßt noch eine Verstärkung zu und zeigt diese Verstärkung durch Verdoppelung der Vorsilbe leg folgendermaßen an: leg-esleg-jobb, der allerbeste, leg-csleg-derekabb, der allervortrefflichste.

Der möglich höchste Grad wird gebildet, indem man dem Comparativ mennél, mentöl (mindnél, mindtöl) vorsetzt, als: mennél oder mentöl jobb, das möglich beste; mennél oder mentöl több, das möglich meiste.

Die Beiwörter auf só, ső, so wie die Nebenwörter auf úl, ül bilden den Superlativ ohne Comparativendung blos durch die Vorsilbe leg, als: legelső, der erste; legutolsó, der letzte; legelől, zu vorderst; leghátúl, zu hinterst.

Wenn das Beiwort im Superlativ mit dem Suffixe der dritten Person zu stehen kommt, so kann die Comparativendung nach Willkür beibehalten und auch weggelassen werden; so sagt man gleich richtig: legjobbja, der beste (unter ihnen); legszebbje, der schönste (unter ihnen), und legjava, legszépe.

Auch manche Hauptwörter können im Superlativ zu stehen kommen, dann aber wird die Comparativendung stets weggelassen, als: legteteje, die höchste Spitze desselben.

§. 102.

Wird der Grad zweier gesteigerten Beiwörter unter sich verglichen, so geschieht es durch die Wörter minél, je, annál, desto, z. B. minél régibb valamely nyelv, annál egyszerübb az, je älter eine Sprache ist, desto einfacher ist sie.

Von dem Zahlworte.

§. 103.

Die Zahlwörter sind entweder bestimmte oder unbestimmte, theils Adjektiva, theils Adverbia. Die adjektivischen Zahlwörter antworten auf die Fragen: 1) wie viele? (Grundzahlen); 2) der wievielste? (Ordnungszahlen); 3) wie viel ein jeder? oder: wie viel jedes Mal? (Vertheilungszahlen); 4) wie vielerlei? (Gattungszahlen); 5) wie vielfach? (Vervielfältigungszahlen). — Die adverbialischen Zahlwörter antworten auf die Frage: wie viel Mal? (Wiederholungszahlen).

Von den Grundzahlen.

§. 104.

Die Grundzahlen, aus welchen alle übrigen Zahlwörter gebildet werden, sind:

egy	eins	harmincz	dreißig
kettő, két	zwei	harminczegy	ein und dreißig
három	drei	harminczkettő	zwei und dreißig
négy	vier	harminczkét	
öt	fünf	negyven	vierzig
hat	sechs	negyvenegy	ein und vierzig
hét	sieben	negyvenkettő	zwei und vierzig
nyolc	acht	negyvenkét	
kilenc	neun	u. s. w.	u. s. w.
tíz	zehn	ötven	fünfzig
tiz-en-egy	eilf	hatvan	sechzig
tiz-en-kettő	zwölf	hetven	siebzig
tiz-en-két		nyolcvan	achtzig
u. s. w.	u. s. w.	kilencven	neunzig
húsz	zwanzig	száz	hundert
husz-on-egy	ein und zwanzig	százegy	hundert u. eins
husz-on-kettő	zwei u. zwanzig	százkettő	hundert u. zwei
husz-on-két		kétszáz	zweihundert
u. s. w.	u. s. w.	háromszáz	dreihundert
ezer	tausend	kétezer	zweitausend
ezeregy	tausend u. eins	egy millió	eine Million
	u. s. w.		

Kettő wird nur gebraucht, wenn es allein ohne Hauptwort zu stehen kommt, als: egy meg egy kettő, eins und eins ist zwei. In Verbindung mit einem Hauptworte gebraucht man immer két, als: két könyv, zwei Bücher, két ház, zwei Häuser.

Bei den zwischen den Zehnern inne liegenden Zahlen bis dreißig werden die Zehner mit dem Suffixe on, en, über dreißig aber ohne alle Formänderung voran und dann die Einer nachgesetzt, als: tiz-en három, dreizehn, husz-on négy, vier und zwanzig, harminczaégy, vier und dreißig. Ueberhaupt werden im Ungarischen die Zahlwörter nach eben der Ordnung ausgesprochen, nach der sie mit Ziffern geschrieben werden. Man spricht im Ungarischen z. B. die Zahl 265 nicht so aus, wie im Deutschen, nämlich két száz öt hatvan, sondern: két száz hatvan öt. So ist auch die Zahl 3456 folgendermaßen auszusprechen: három ezer négy száz ötven hat.

Wenn die Grundzahlen als Nebenwörter gebraucht werden, so nehmen sie die Bildungssuffixe der Adverbia, nämlich an, en an, als : hárm-an jöttek hozzám, es sind ihrer drei zu mir gekommen; négyen, ötön harcoltak, ihrer vier, ihrer fünf haben gekämpft.

Für den Pluralnominativ der Grundzahlen werden immer diese adverbialen Zahlwörter gebraucht, als : hányan voltak az ebédnél? wie viele waren beim Mittagmahl? ketten, hárman, négyen ꝛc., zwei, drei, vier ꝛc.

Anmerkung. Fälschlich haben viele Grammatiker aus diesen adverbialen Grundzahlen eine eigene Klasse gemacht und sie Sammelzahlen genannt.

In Hinsicht der Abänderung findet bei allen abjektiven Zahlwörtern dieselbe Regel statt, wie bei den Beiwörtern. Sie werden also nur dann abgeändert, wenn sie nach dem Hauptworte oder ganz allein stehen, als : hány nyulat löttél? wie viele Hasen hast du geschossen? hárm-at, drei, négy-et, vier; kettöt ütött az óra, es (die Uhr) hat zwei geschlagen.

Bei der Grundzahl egy, eins, tritt uns die auffallende Eigenthümlichkeit entgegen, daß sie im Plural gebraucht werden kann, als : mi ketten egy-ek vagyunk, wir zwei sind eins, d. h. einig. Auch die Zahlen száz, ezer, milliom können im Plural gesetzt werden, als : sok százakat, sok ezereket költött Párisban, er hat viele Hunderte, viele Tausende verzehrt in Paris.

Von den Ordnungszahlen.

§. 105.

Die Ordnungszahlen werden, mit Ausnahme der zwei ersten, von den Grundzahlen vermittelst der Endungen adik, odik, edik, ödik gebildet. Es sind folgende :

elsö	der erste (eigentl. der vorderste)
második	der zweite (eigentl. der andere)
harmadik	der dritte
negyedik	der vierte
ötödik	der fünfte
hatodik	der sechste
hetedik	der siebente
nyolcadik	der achte
kilencedik	der neunte
tizedik	der zehnte
tizenegyedik	der eilfte

tizenkettedik	der zwölfte
huszadik	der zwanzigste
huszonegyedik	der ein und zwanzigste
harmincadik	der dreißigste
negyvenedik	der vierzigste
ötvenedik	der fünfzigste
hatvanadik	der sechzigste
századik	der hunderste
százegyedik	der hundersterste
százkettetik	der hundertzweite
kétszázadik	der zweihunderste
ezeredik	der tausendste
kétezeredik	der zweitausendste

Bei zusammengesetzten Zahlen wird statt első und második immer egyedik und kettedik gebraucht, als: tizenegyedik, huszonegyedik, harmincegyedik ꝛc., tizenkettedik, huszonkettedik, harminckettetik ꝛc.

Első hat seine Endung mit einigen Adjektiven gemein, welche die Stelle der Ordinalzahlen vertreten, wie közép-ső, der mittlere, utól-só, der letzte, fel-ső, der obere, al-só, der untere, kül-ső, der äußere, bel-ső, der innere ꝛc. Első bildet daher wie die genannten andern Adjektiva auch einen Comparativ und Superlativ, als: első-bb, der erstere, leg-első-bb, der allererste, wie felső-bb, der allerhöchste, oder utólsó-bb, der letztere, leg-utólsó-bb, der allerletzte.

Vor den Wörtern rész, Theil, évi, jährig, fü, in der Bedeutung von Jahr, jährig, beim Alter der grasenden Hausthiere (fü heißt eigentlich Gras); nap, Tag, und magam, ich selbst, magad, du selbst ꝛc. verlieren die Ordnungszahlen die Endung ik, als: harmad rész, ein Drittel (ein dritter Theil), harmad évi, dreijährig, ez az ökör harmadfű, dieser Ochse ist dreijährig; harmad magával, wörtlich: der dritte mit ihm selbst, d. h. er mit noch zwei andern, harmad magammal, ich mit noch zwei andern ꝛc.

Auch die Bruchzahlen sind nichts anderes als um die Silbe ik verkürzte Ordnungszahlen, als: negyed, ein Viertel, hatod, ein Sechstel ꝛc.

Tized, század, ezered bedeuten auch manchmal eine Gesammtheit von zehn, hundert, tausend, so: tized, ein Jahrzehend, század, ein Jahrhundert, ezred, ein Jahrtausend; auch eine Anzahl von tausend Soldaten, ein Regiment.

Bei größern zusammengesetzten Zahlen erscheint nur die letzte als Ordnungszahl, z. B. ezer nyolc száz negyven kettetik esztendő, das 1842=ste Jahr.

Ordnungszahlen verbinden sich mit den Wörtern fél und magával, wie im Deutschen mit den entsprechenden Adjektiven halb und selb, und zwar:

1) Die einer Grundzahl hinzutretende Hälfte, z. B. ein und einhalb, zwei und einhalb u. s. f. wird gewöhnlich durch die folgende Ordnungszahl ohne ik und das nachgesetzte fél ausgedrückt, als: másodfél, anderthalb (was eigentlich so viel heißt, als: das andere halb, neben dem ersten Ganzen), harmadfél, dritthalb (das dritte halb, neben den zwei Ganzen).

2) Um zu bezeichnen in Gesellschaft oder in Begleitung von wie vielen sich Jemand befinde, wird statt der Grundzahl die folgende Ordnungszahl gesagt und magával nachgesetzt, z. B. másod magával, selbander, harmad magával, selbdritter u. s. f.

Von den Vertheilungszahlen.

§. 106.

Die Vertheilungszahlen entstehen durch Wiederholung der Grund- oder Ordnungszahlen folgendermaßen: egy egy; két két; három három ɾc., als: két két krajcárt egy egy napra, je zwei Groschen auf einen Tag. Die Vertheilungszahlen können auch als Nebenwörter gebraucht werden, als: ketten ketten mentek, zu je zwei sind sie gegangen. Adverbiale Vertheilungszahlen können auch ohne Wiederholung durch die Silbe ként gebildet werden, als: ezeren-ként jöttek, sie sind zu Tausenden gekommen.

Von den Gattungszahlen.

§. 107.

Die Gattungszahlen werden durch Anhängung der Silbe féle — lei gebildet, als:

egyféle, einerlei;
kétféle, zweierlei;
húszféle, zwanzigerlei ɾc.

Als Nebenwörter gebraucht wird noch die Silbe kép oder vollständiger, képen hinzugefügt, als:

egyfélekép, egyféleképen, auf einerlei Art;
kétfélekép, kétféleképen, auf zweierlei Art;
húszfélekép, húszféleképen, auf zwanzigerlei Art ɾc.

Eben so wird zur Bildung von Gattungszahlen den Grundzahlen in unveränderter Form rétü oder szerü fach hinzugefügt, und so werden auch die Suffixe szoros, szeres, szörös mit derselben Bedeutung den vorausgehenden Zahlen angereiht, z. B.

egyrétű, egyszerű, egyszeres, einfach;
kétrétű, kétszerű, kétszeres, zweifach;
húszrótű, húszszerű, húszszoros, zwanzigfach ꝛc.

Von den Vervielfältigungszahlen.

§. 108.

Die Vervielfältigungszahlen werden durch die Silben as, os, es, ös gebildet, wie:

egyes, einfach, kettős, zweifach, hármas, dreifach;
huszas, zwanzigfach ꝛc.

Anmerkung. Die Endungen as, os, es, ös sind mit dem vorerwähnten rétű und szoros, szeres, szörös sinnverwandt, nur gebraucht man die Gattungszahlen mehr bei Sachen, die an oder in einander gelegt, gebogen oder gemischt werden können, als: kétrétű vászon, Leinwand doppelt genommen; kétszeres gabona, Zwiefrucht ꝛc., während man die Vervielfältigungszahlen bei Gegenständen anwendet, welche durch Kunst oder Natur an oder in einander gewachsen, geschmiedet, geflochten wurden, wie: kettős dió, doppelte Nuß, zwei in einander verwachsene Nüsse; négyes vászon, vierzwirnige Leinwand; auch werden sie von Münzsorten als Hauptwörter gebraucht, als: hatos, Sechser; tizes, Zehner; huszas, Zwanziger.

Von den Wiederholungszahlen.

§. 109.

Die Wiederholungszahlen sind Zahl-Adverbia, gebildet durch szor, szer, ször, als:

egyszer	einmal	tízszer	zehnmal
kétszer	zweimal	húszszor	zwanzigmal
háromszor	dreimal	ezerszer	tausendmal
ötször	fünfmal	milliomszor	millionenmal

Wenn die Wiederholungszahlen zur nähern Bestimmung eines Bei- oder Nebenwortes dienen, so wird ihnen noch die Silbe ta, te angehängt, als: a bor tizszer-te jobb a viznél, der Wein ist zehnmal besser als das Wasser.

Von diesen Zahl-Adverbien werden vermittelst der Bildungssilbe i gleichbedeutende Beiwörter gebildet, als: egyszeri, einmalig, kétszeri, zweimalig, háromszori, dreimalig ꝛc.

Eine andere Gattung von Zahl-Adverbien antwortet auf die Frage zum wie vielten Mal? mit derselben Endung als die frühere von den Ordnungszahlen abgeleitet, als: először (első stößt das s, als Zeichen des Adjektivs (f. oben §. 106) aus), zum ersten Male, másodszor, zum zweiten Male oder zweitens, harmadszor, drittens ꝛc.

Von den unbestimmten Zahlwörtern.

§. 110.

Die unbestimmten Zahlwörter bezeichnen:
a) Die **Allheit** substantivisch: mint, alle, mindnyájan, alle insgesammt, mindenki, kiki, mindegyik, jeder, jeglicher, jedweder; adjektivisch: minden, alle, mindenik, jeder, jeglicher, jedweder.
b) Die **Viel- und Mehrheit**: néhány, einige, etliche, sok, viel, több, mehr, kevés, wenig, ennyi, annyi, so viel.

Von den Viel- und Mehrheitszahlen werden abgeleitet:
1) Die Nebenwörter: sokan, viele, többen, mehrere, kevesen, wenige, nehányan, einige.
2) Die Nebenwörter: sokszor, vielmal, többször, mehrmal, nehányszor, einigemal ꝛc., von diesen die Adjektiva: sokszori, vielmalig, többszöri, mehrmalig ꝛc.
3) Die Adjektiva: sokféle, vielerlei, többféle, mehrerlei ꝛc., von diesen die Adverbia: sokféleképen, auf vielerlei Art, nehányféleképen, auf mancherlei Art ꝛc.
c) Die **Einheit**: egy, ein und senki, kein.

Von dem Fürworte.

§. 111.

Wir unterscheiden im Ungarischen folgende Arten von selbstständigen Fürwörtern:
1) persönliche, 2) anzeigende, 3) fragende, 4) beziehende.

Die persönlichen Fürwörter zerfallen in vier Klassen, und zwar:
a) **Bestimmte**: én, ich, te, du, ő, er, mi, wir, ti, ihr, ők, sie.
b) **Unbestimmte**: valaki, Jemand, egy valaki, irgend Jemand, senki, Niemand, valami, etwas, semmi, nichts, akárki, wer immer, akármi, was immer, akármelyik, welcher immer, némely, egynémely, mancher, irgend mancher.
c) **Reciproca**: egymást, einander.
d) **Reflexiva** (zurückführende): magam, ich selbst, magad, du selbst, maga, er selbst, magunk, wir selbst, magatok, ihr selbst, magok, sie selbst.

Anmerkung 1. Statt valaki, valami wird auch ki, mi gebraucht, wo ein unbestimmtes Subjekt oder Objekt ganz leicht obenhin und unbetont bezeichnet werden soll; besonders ist dies der Fall nach ha, ne, hol, nehogy ꝛc., wie überhaupt in Relativsätzen nach a ki, akárki ꝛc., als: ha ki azt mondaná ꝛc., wenn Jemand sagte ꝛc., ne ki azt mondja ꝛc., daß nicht Jemand sage ꝛc., ha mit látál rosszat, mondjad meg, wenn du irgend etwas Böses gesehen hast, so sage es; hol mi, irgend etwas; nehogy mit elfelejtsünk, damit wir nicht etwas vergessen; a ki mihez szokott, el nem hagyja, wer an etwas gewöhnt ist, der läßt es nicht; akárki mit szóljon, wer immer was sage.

Anmerkung 2. Statt némely wird oft, namentlich in sprichwörtlichen Redensarten, ki gebraucht, als: ki nyer, ki veszt, mancher gewinnt, mancher verspielt; ki áll, ki úl, der eine steht, der andere sitzt.

§. 112.

Die Deklination der bestimmten persönlichen Fürwörter ist zwar der des Nomen ähnlich, hat aber doch viele Eigenthümlichkeiten, welche besonders darin zu liegen scheinen, daß das Fürwort den Verhältnißsuffixen in Form von Personalendungen nachgesetzt wird.

Die der deutschen Deklination entsprechenden Endungen indessen haben ihr ursprüngliches Gepräge größtentheils verloren und lauten folgendermaßen:

Einzahl.

Nom.	én	ich	te	du	ő	er
Gen.	enyém	mein	tied	dein	övé	sein
Dat.	nekem	mir	neked	dir	neki	ihm
Acc.	engemet / engem	mich	tégedet / téged	dich	őtet / őt	ihn

Mehrzahl.

Nom.	mi	wir	ti	ihr	ők	sie
Gen.	miénk	unser	tiétek	euer	övék	ihr
Dat.	nekünk	uns	nektek	euch	nekik	ihnen
Acc.	minket / bennünket	uns	titeket / benneteket	euch	őket	sie

§. 113.

Von den untrennbaren Verhältnißsuffixen können blos folgende mit Personalendungen verbunden werden, und zwar folgendermaßen:

ban, ben	bennem	benned	benne
in	in mir	in dir	in ihm
	bennünk	bennetek	bennek
	in uns	in euch	in ihnen

Wortlehre.

ba, be	belém	beléd	beléje, belé
in	in mich	in dich	in ihn
	belénk	belétek	beléjek, belék
	in uns	in euch	in sie
ból, ből, aus	belőlem	belőled	belőle
	aus mir	aus dir	aus ihm
	belőlünk	belőletek	belőlök
	aus uns	aus euch	aus ihnen
ért	értem, érettem	érted, éretted,	érte, érette
für	für mich	für dich	für ihn
	értünk, érettünk	értetek, érettetek	értek, érettek
	für uns	für euch	für sie
hoz, hez, höz	hozzám	hozzád	hozzája, hozzá
zu	zu mir	zu dir	zu ihm
	hozzánk	hozzátok	hozzájok
	zu uns	zu euch	zu ihnen
nál, nél	nálam	nálad	nála
bei	bei mir	bei dir	bei ihm
	nálunk	nálatok	nálok
	bei uns	bei euch	bei ihnen
n, on, en, ön	rajtam	rajtad	rajta
auf	auf mir	auf dir	auf ihm
	rajtunk	rajtatok	rajtok
	auf uns	auf euch	auf ihnen
ra, re	reám, rám	reád, rád	reája, reá, rá
auf	auf mich	auf dich	auf ihn
	reánk, ránk	reátok, rátok	reájok, rájok
	auf uns	auf euch	auf sie
ról, ről	rólam	rólad	róla
von	von mir	von dir	von ihm
	rólunk	rólatok	rólok
	von uns	von euch	von ihnen
tól, től	tőlem	tőled	tőle
von	von mir	von dir	von ihm
	tőlünk	tőletek	tőlök
	von uns	von euch	von ihnen
val, vel	velem	veled	vele
mit	mit mir	mit dir	mit ihm
	velünk	veletek	velök
	mit uns	mit euch	mit ihnen

§. 114.

Von den getrennten Verhältnißsuffixen können blos óta und végett nicht mit Personalsuffixen verbunden werden, alle übrigen nehmen die Personalsuffixe regelmäßig an, als:

alattam	alattad	alatta
unter mir	unter dir	unter ihm
alattunk	alattatok	alattok
unter uns	unter euch	unter ihnen
alám	alád	alája, alá
unter mich	unter dich	unter ihn
alánk	alátok	alájok
unter uns	unter euch	unter sie

Statt elém, vor mich hin ꝛc., sagt man mit doppelter Suffigirung:

elémbe, elömbe	elédbe, elödbe	elejébe, elejbe
		elébe, eleibe, elibe
vor mich hin	vor dich hin	vor ihn hin
elénkbe, elönkbe	elétekbe, elötökbe	elejekbe, eleikbe
vor uns hin	vor euch hin	vor sie hin

Eben so sagt man pleonastisch statt nálam, nálad, nála, nálunk ꝛc., nálamnál, náladnál, nálánál, nálunknál ꝛc. — Ferner sagt man des Nachdrucks halber statt einfach hozzám, hozzád, hozzá ꝛc., hozzámig, hozzádig, hozzáig ꝛc. — Im gemeinen Leben sagt man auch: aztat, statt azt, indem man das Zeichen des Accusativ verdoppelt.

Statt megettem, hinter mir, megetted, hinter dir, megette, hinter ihm ꝛc., sagt man gewöhnlich: hátam megett (eigentlich hinter meinem Rücken), hátad megett ꝛc., und eben so statt megém, hinter mich, megéd, hinter dich, megé, hinter ihm ꝛc., hátam megé, hátad megé, háta megé ꝛc., statt megülem, von hinter mir her, megüled, von hinter dir her ꝛc., hátam megül, hátad megül ꝛc.; ferner: statt nélkülem, ohne mich, nélküled, ohne dich, nélküle, ohne ihn ꝛc., nálam nélkül, nálad nélkül, nála nélkül ꝛc.

Bei den zusammengesetzten Verhältnißsuffixen wird die Personalendung mit dem untrennbaren Theile der Zusammensetzung verbunden, der andere Theil aber bleibt unverändert, als:

ratjtam keresztül	rajtad keresztül	rajta keresztül
über mich hin	über dich hin	über ihn hin
rajtunk keresztül	rajtatok keresztül	rajtok keresztül
über uns hin	über euch hin	über sie hin
hozzám képest	hozzád képest	hozzá képest
in Vergleich mit mir	in Vergleich mit dir	in Vergleich mit ihm

hozzánk képest	hozzátok képest	hozzájok képest
in Vergleich mit uns	in Vergleich mit euch	in Vergleich mit ihnen
velem együtt	veled együtt	vele együtt
mit mir zusammen	mit dir zusammen	mit ihm zusammen
velünk együtt	veletek együtt	velök együtt
mit uns zusammen	mit euch zusammen	mit ihnen zusammen

§. 115.

Kommt der Nachdruck der Rede auf die Person, so wird den mit Personalendungen verbundenen Verhältnißsuffixen das persönliche Fürwort ungeändert vorgesetzt, als:

én bennem	te benned	ö benne
in mir	in dir	ihn ihm
mi bennünk	ti bennetek	ö bennök
in uns	in euch	in ihnen
én alattam	te alattad	ö alatta
unter mir	unter dir	unter ihm
mi alattunk	ti alattatok	ö alattok
unter uns	unter euch	unter ihnen

Vom persönlichen Fürworte der Anrede.

§. 116.

In der Sprache des gebildeten Umganges bedient man sich jetzt bei der Anrede gemeinhin des Wortes ön, Sie, für beide Geschlechter, welches in der Mehrzahl önök heißt, seltener gebraucht man kegyed, Sie, in der Mehrzahl kegyetek, noch seltener az úr, uraságod, Herr, az asszony, asszonyságod, Madame. Die früher als Höflichkeitsform gebrauchte Anrede durch maga hat sich nur noch unter den Landleuten erhalten. — Personen geringeren Standes werden durch kend, Ihr, Er, angeredet. — Uebrigens wird jede Anrede, mit Ausnahme von te, mit der dritten Person der Einzahl des Zeitwortes verbunden, als: vigyázzon ön, geben Sie Acht; uraságod sokat látott, Sie haben viel gesehen.

Von den anzeigenden Fürwörtern.

§. 117.

Die anzeigenden Fürwörter bezeichnen und unterscheiden den Gegenstand genauer als der Artikel, doch machen einige (az, ez, ugyan ez, ugyan az) den Artikel, wenn sie vor dem Hauptworte stehen, durchaus nicht entbehrlich. Sie sind folgende:

I. Theoretischer Theil.

Einzahl.	Mehrzahl.
ez, ezen, dieser, diese, dieses	ezek, diese
az, azon, jener, jene, jenes	azok, jene
emez, imez eme, ime } dieser hier ꝛc.	emezek, imezek, diese hier
(vor einem Worte, das mit einem Consonanten beginnt)	
amaz ama } jener dort ꝛc.	amazok, jene dort
(vor einem Worte, das mit einem Consonanten beginnt)	
ugyan ez ugyan az } derselbe, der nämliche	ugyan ezek ugyan azok } dieselben
ily, ilyen, ilyes, ilyetén, imilyen, solcher, solche, solches,	ilyenek, ilyesek, ilyetének, imilyenek, solche
oly, olyan, olyas, olyatán, amolyan, solcher, solche, solches	olyanak, olyasak, olyatának, amolyanak, solche

Unter diesen Fürwörtern bezeichnen die hochlautenden (ez, emez, ezen ꝛc.) einen nähern, die tieflautenden (az, amaz, azon ꝛc.) einen entferntern Gegenstand.

§. 118.

Die Deklination geschieht mit Berücksichtigung der Wohllautslehre regelmäßig, wie folgt:

Einzahl.	Mehrzahl.
Nom. ez a ház dieses Haus	ezek a házak diese Häuser
Gen. ezé a házé } dieses ennek a háznak } Hauses	ezeké a házaké } dieser ezeknek a házaknak } Häuser
Dat. ennek a háznak diesem Hause	ezeknek a házaknak diesen Häusern
Acc. ezt a házat dieses Haus	ezeket a házakat diese Häuser
ebbe a házba in dieses Haus	ezekbe a házakba in diese Häuser
ebben a házban in diesem Hause	ezekben a házakban in diesen Häusern
ebből a házból aus diesem Hause	ezekből a házakból aus diesen Häusern
ezért a házért für dieses Haus ꝛc.	ezekért a házakért für diese Häuser ꝛc.

ez alatt a ház alatt
unter dieſem Hauſe
ez előtt a ház előtt
vor dieſem Hauſe
ez által a ház által
durch dieſes Haus

ezek alatt a házak alatt
unter dieſen Häuſern
ezek előtt a házak előtt
vor dieſen Häuſern
ezek által a házak által
durch dieſe Häuſer

Ezen, azon bleiben ſtets unverändert, ily ꝛc., oly ꝛc. aber ſind wahre Adjektiva und werden daher nur dann deklinirt, wenn ſie allein ſtehen. Obiges Beiſpiel lautet mit ezen und ilyen folgendermaßen:

Einzahl.   Mehrzahl.

Nom. ezen ház dieſes Haus   ezen házak dieſe Häuſer
     ilyen ház ein ſolches Haus   ilyen házak ſolche Häuſer
Gen. ezen házé }dieſes Hauſ. ezen házaké }dieſer Häuſer
     ezen háznak   ezen házaknak
     ilyen házé }eines ſolchen ilyen házaké }ſolcher Häuſer
     ilyen háznak   Hauſes   ilyen házaknak
Dat. ezen háznak dieſem Hauſe ezen házaknak dieſen Häuſern
     ilyen háznak einem ſolchen ilyen házaknak ſolchen Häuſern
     Hauſe
Acc. ezen házat dieſes Haus   ezen házakat dieſe Häuſer
     ilyen házat ein ſolches Haus ilyen házakat ſolche Häuſer

---

ezen házba in dieſes Haus   ezen házakba in dieſe Häuſer
ilyen házba in ein ſolches   ilyen házakba in ſolche Häuſer
   Haus
ezen ház előtt vor dieſem   ezen házak előtt vor dieſen
   Hauſe   Häuſern
ilyen ház előtt vor einem   ilyen házak előtt vor ſolchen
   ſolchen Hauſe ꝛc.   Häuſern ꝛc.

Von den fragenden Fürwörtern.

§. 119.

Eigentlich fragende Fürwörter gibt es nur drei: ki, kicsoda? wer? mi, micsoda? was? mely, melyik? welcher, welche, welches?

Ki, kicsoda? wer? wird blos bei Perſonen und zwar nur ſubſtantiviſch entweder allein oder mit nachfolgendem Zeitworte ge=

braucht, als: kicsoda ez az ember? wer ist dieser Mann? ki lármázik? wer lärmt?

Mi micsoda? was, was für ein? wird gebraucht, wenn man nach Sachen fragt, und zwar substantivisch sowohl als auch abjektivisch, als: mi történt? was ist geschehen? micsoda lárma ez? was ist das für ein Lärm?

Mely, melyik? welcher, welche, welches? dienen zum Unterscheiden bei Personen und Sachen und werden substantivisch und abjektivisch gebraucht, als: itt van sokféle posztó, melyet választ ön? Hier ist vielerlei Tuch, welches wählen Sie? Melyik sógorom volt nálad? welcher meiner Schwäger war bei dir?

Alle diese Fürwörter werden regelmäßig suffigirt; mit Ausnahme von meddig statt mi-ig, bis was? bis wie lange? mért? warum? statt miért?

§. 120.

Uneigentlich fragende Fürwörter, mit welchen nach der Beschaffenheit oder Qualität der Dinge gefragt wird, sind:

Milyen? was für ein? wie ist es beschaffen (besonders in Hinsicht auf innere Eigenschaften)?

Micsodás? was für ein? wie sieht es aus (hinsichtlich äußerlicher Eigenschaften: der Oberfläche, der Gestalt 2c.)?

Miféle? minemü? minö? welcherlei, welcher Art?

Mekkora? wie groß?

Mennyi? wie viel (an Menge)?

Hány? wie viel (an Zahl)?

Auch diese uneigentlich fragenden Fürwörter können entweder alleinstehend oder mit einem Hauptworte verbunden gebraucht werden, und werden regelmäßig suffigirt.

Von den beziehenden Fürwörtern.

§. 121.

Die fragenden Fürwörter ki? wer? mi? was? und mely? welcher? welche? welches? werden gewöhnlich mit vorgesetztem Artikel (a) oder auch ohne Artikel, zugleich als beziehende gebraucht.

A ki oder ki bezieht sich nur auf Personen, und zwar bestimmt, als: a fogadós, kinél lakom, der Gastwirth, bei dem ich wohne, und unbestimmt, als: a ki ártani akar, nem senyegetődzik, wer schaden will, droht nicht; und kann als substantives Fürwort (s. §. 119), mit einem nachfolgenden Hauptworte nie verbunden werden; wird dies jedoch nothwendig, so wird statt a ki das beziehende Fürwort a mely gesetzt, als: a mely ember sokat igér, keveset szokott adni, wörtlich: welcher Mensch viel verspricht, pflegt wenig zu geben. Hingegen muß es heißen: az ember, a ki sokat igér, keveset szokott adni, und sehr fehlerhaft wäre es hier, statt a ki, a mely zu setzen.

A mely bezieht sich auf bestimmte, im Vorhergehenden ausdrücklich genannte oder auf bestimmte ausdrücklich nachfolgende, a mi auf unbestimmte, nicht im Vorhergehenden ausdrücklich genannte und auch nicht nachfolgende Dinge, als: az eb, mely sokat ugat, ritkán mar, oder: a mely eb sokat ugat ritkán mar, der Hund, der viel bellt, beißt nicht. Hingegen: a mi szép, tetszik, was schön ist, gefällt, weil der Gegenstand, auf den sich das „schön" bezieht, nicht bestimmt ist. Eben so: sejdítem, mit akarsz, ich ahne, was du willst, nicht: sejdítem, melyet akarsz, weil der Gegenstand nicht ausdrücklich benannt ist.

Auch die uneigentlich fragenden Fürwörter können mit vorgesetztem Artikel als beziehende gebraucht werden, als: a milyen a kérdés, olyan a felelet, wie die Frage, so die Antwort; a minőnek látszom, olyan vagyok, wie ich scheine, so bin ich; a hány fő, annyi gondolat, so viele Köpfe, so viele Gedanken.

Uebrigens werden wie die fragenden, so auch die beziehenden Fürwörter ganz regelmäßig suffigirt.

Correlative Fürwörter.

§. 122.

Unter den bisher genannten Fürwörtern gibt es mehrere, die eine gegenseitige Beziehung (Correlation) zu einander ausdrücken, und diese Beziehung durch eine entsprechende Form in constanter Weise darstellen.

Fragend	Näheres anzeigend	Entfernteres anzeigend	Beziehend	unbestimmt	verallgemeinernd	verneinend
ki? wer?	(ez, emez dieser)	(az, amaz jener)	a ki welcher	valaki Jemand	akárki wer immer	senki Niemand
mi? was?	(ez, emez dieses)	(az, amaz jenes)	a mi was	valami etwas	akármi was immer	semmi nichts
mely? welch?	(ez, emez dieser, dieses)	(az, amaz jener, jenes)	a mely welcher	valamely irgend ein	akármely welcher immer	(senki semmi)
milyen? was für ein?	ilyen, emilyen solcher 2c.	olyan, amolyan solcher 2c.	a milyen so wie		akármilyen was immer für ein	
mennyi? wie viel?	ennyi so viel	annyi so viel	a mennyi so viel als	valamennyi so viel als da ist	akármennyi so viel immer	
mekkora? wie groß?	ekkora so groß	akkora so groß	a mekkora wie groß	valamekkora irgend wie groß	akármekkora wie groß immer	
hány? wie viel?	(ennyi so viel)	(annyi so viel)	a hány so viel als	valahány so viele ihrer	akárhány so viel immer	

Drittes Kapitel.
Von den Partikeln.

§. 123.

Partikeln nennen wir jene Redetheile, welche weder Deklination noch Conjugation zulassen, und begreifen unter diesem Namen Nebenwörter, Bindewörter und Empfindungswörter. Da nun diese Redetheile der Formänderung nicht unterliegen, so gehört das, was sich über die Partikeln sagen läßt, eigentlich mehr in das Kapitel der Wortbildung, als zur Formenlehre. Da jedoch hier Einiges mit der Flexion der abänderlichen Redetheile in genauer Verbindung steht, so können wir die Lehre von den Partikeln als Uebergang von der Formenlehre zur Wortbildung betrachten, und ihr hier am Schlusse der Formenlehre einen Platz einräumen.

Von den Nebenwörtern.

§. 124.

Von allen Partikeln schließt sich das Nebenwort noch am nächsten an die veränderlichen Redetheile an, insofern diejenigen Nebenwörter, welche ihrer Bedeutung nach eine Steigerung zulassen, auch die Formen der Steigerung wie die Beiwörter annehmen, als: le-ebb, le-jebb, mehr, weiter, hinab, be-ebb, be-jebb, weiter hinein, ki-jebb, mehr, weiter hinaus, kor-ábban, früher, későbben, später.

In Hinsicht der Bildung theilen sich die Nebenwörter in ursprüngliche und abgeleitete.

Wir behandeln zuerst die abgeleiteten, welche sämmtlich bestimmten Regeln in der Ableitung folgen.

§. 125.

Allgemeine Formen zur Bildung von Nebenwörtern sind:

1) n, en, an, on, ön. Durch diese Silben werden die meisten Nebenwörter gebildet und zwar a) aus Beiwörtern, als: mohón, gierig, von mohó, mohóbban, gieriger, von mohóbb, legmohóbban, am gierigsten, von legmohobb; örökön, ewig; b) von Zahlwörtern, als: száazan, zu Hunderten, czeren, zu Tausenden (s. oben §. 104); c) aus Mittelwörtern der vergangenen Zeit, als: folyton, fortwährend, von folyt; menten, im Gange, im Laufe, von ment.

Anmerkung. Die Anfügung dieser Silben geschieht ganz nach denselben Regeln, die wir bei der Bildung des Plurals (siehe oben §. 81) gesehen haben. **Ausnahme.** műltó, würdig, heißt als Nebenwort méltán, und nicht méltón. Von ifju wird ifjantan, in der Jugend, jugendlich, statt einfach ifjan.

2) úl, ül. Durch diese werden ebenfalls viele Nebenwörter gebildet und zwar a) aus Hauptwörtern: emberűl, männlich, von ember; ebűl, hündisch, von eb; b) aus Beiwörtern, als: gonoszúl, böse, von gonosz; rosszúl, schlecht, von rossz; magyarúl, ungarisch, von magyar.

Anmerkung. Von jó, gut, heißt das Nebenwort jól, zusammengezogen für jóúl.

3) lag, leg bilden Nebenwörter aus Beiwörtern, besonders aber aus Mittelwörtern der gegenwärtigen Zeit, als: külsőleg, äußerlich, von külső; futólag, flüchtig, von futó; észrevehetőleg, merklich, von észrevehető.

4) kor bildet Nebenwörter der Zeit: a) von Hauptwörtern, als: éjfélkor, um Mitternacht, von éjfél; aratáskor, zur Zeit der Ernte, von aratás; b) von Beiwörtern, als: máskor, ein andermal, von más; mindenkor, zu jeder Zeit, immer, von minden; c) von Fürwörtern, als: mikor? wann? von mi; akkor (für azkor, s. oben §. 13), damals, dann.

5) vú, vé bilden Nebenwörter a) aus Beiwörtern, als: soká, lange, von sok; jóvá, gut, von jó; b) aus andern Nebenwörtern, als: továbbá, ferner, weiter, von tovább.

6) vást, vést bilden Nebenwörter blos aus Zeitwörtern, als: folyvást, fortwährend, fließend, von foly; lépvést, im Schritte (z. B. reiten), von lép: óvást, vorsichtig, von ó, óv.

7) ra, re bilden Nebenwörter aus Beiwörtern und Nebenwörtern mit dem Suffixe der dritten Person, als: nagyobbára, jobbára, größtentheils, von nagyobb, jobb; többire, übrigens, von több; bizonyára, sicherlich, von bizony.

8) szaka bildet Zeitadverbien, als: hetetszaka, die Woche hindurch; nyaratszaka, den Sommer durch; ejtszaka, die Nacht durch.

Vereinzelte Adverbialformen sind: örömest, gerne, von öröm, Freude; koránt, früh, zeitlich, von kor, Zeit; alkalmasint, füglich, wahrscheinlich, von alkalom, Gelegenheit.

Blos verstärkende Formen sind: gyakorta, oft, von gyakor; tizszerte, zehnmal, von tízszer.

§. 126.

Auch gewisse Endungen und Formen der Nennwörter vertreten häufig die Stelle der Adverbien, als: éjjel (eigentlich mit der Nacht) des Nachts; nappal (eigentlich mit dem Tag) des Tages, bei Tag; reggel (eigentlich mit dem Morgen) des Morgens; kissé, ein wenig; valóban, in Wahrheit, wirklich. Selbst der Nominativ wird oft als Nebenwort gebraucht, als: este, des Abends, Abends; négy kéz láb, auf allen Vieren. Besonders häufig wird der Accusativ zur Bildung des Nebenwortes gebraucht, als: sokat nevet, er lacht viel, keveset eszik, er ißt wenig.

Einige Beiwörter werden auch unverändert als Nebenwörter gebraucht, so z. B. die meisten Beiwörter auf talan, telen, atlan, etlen, und andere, als: mezitelen gyermek, ein nacktes Kind; mezitelen jár, er geht nackt; hivatlan vendég, ein ungerufener Gast; hivatlan jött, er kam ungerufen; gyalog katonaság, Fußvolk, Soldaten zu Fuß, gyalog megyek, ich gehe zu Fuß.

Von den ursprünglichen Nebenwörtern.

§. 127.

Die ursprünglichen Nebenwörter sind gering an Zahl in Vergleich mit den abgeleiteten, und antworten auf die Fragen ob? wie? wann? wo?

Wir lassen hier unter dem Verzeichniß der Nebenworts-Klassen, um es einigermaßen vollständig zu machen, auch viele nichtursprüngliche folgen.

1) Auf die Frage ob? valjon? antworten die Nebenwörter der Bejahung, Verneinung, des Zweifels und der Frage:

    igen is, ja;
    bizony, bizonyosan, gewiß, zuverlässig;
    hogy ne? warum nicht?
    szivesen, gerne;
    hihető, hihetőleg, wahrscheinlich;
    valóban, valósággal, in der That, wirklich;
    nem, nein, nicht;
    semmi sem, gar nichts;
    ingyen sem, bei Leibe nicht;
    de hogy, bei Leibe!
    talán, vielleicht;
    miért? warum?
    hol? wo?
    hogy? wie? wie theuer?

2) Auf die Frage wie? hogy? antworten die Nebenwörter:

 csaknem, szinte, szintén, fast;
 alig, kaum;
 szinte úgy, szint-úgy, hasonlókép, desgleichen, eben=
  falls, eben so;
 e kép, auf diese Art;
 igen, sehr;
 felette, überaus;
 rendkivűl, szertelenűl, außerordentlich;
 kivált, vorzüglich;
 szerfelett, übermäßig;
 részint, theils;
 általában, közönségesen, überhaupt;
 egyáltalában, durchaus;
 folytán, in Folge;
 leginkább, vornehmlich;
 mintegy, gleichsam;
 mint, als, wie;
 valamint, so wie, gleich wie;
 mennél — annál, je — desto;
 annál inkább, um so viel mehr;
 legfeljebb, legfölebb, höchstens;
 legalább, wenigstens 2c. 2c.

3) Auf die Frage wann? mikor? und wie lange? meddig? antworten die Nebenwörter der Zeit:

 ma, heute;
 most, mostan, jetzt;
 tegnap, gestern;
 minap, jüngst;
 holnap, morgen;
 tegnap elött, vorgestern;
 holnap után, übermorgen;
 délest, gegen Abend, nach Mittag;
 az idén, heuer;
 taval, voriges Jahr;
 hajdan, hajdanta, vor Zeiten;
 rég, régen, régenten, vor lange, einst;
 eleinte, anfangs;
 ifjanta, ifjantan, in der Jugend;
 korán, früh;
 késön, spät;
 gyakran, gyakorta, oft;

soha, sohasem, nie;
mindenha, immer;
néha, zuweilen;
valaha, jemals;
majd, bald;
mindjárt, sogleich;
tüstént, legott, legottan, alsogleich;
ezennel, azonnal, jetzt gleich, dann gleich;
azután, aztán, nachher, hernach;
ezután, eztán, nach diesem;
ez úttal, bei dieser Gelegenheit;
hamar, geschwind;
addig, so lange.

¶ Einige dieser Nebenwörter können auch gesteigert werden, als: régebben, legrégebben, vor längerer Zeit, vor längster Zeit; gyakrabban, leggyakrabban, öfters, am öftersten.

4) Auf die Frage hol? wo? hová? wohin? honnan? honnét? woher? antworten die Nebenwörter des Orts:

itt, itten, hier;
ott, ottan, dort;
sehol, nirgends;
máshol, másutt, anderswo;
mindenhol, mindenütt, überall;
szerteszét, szánaszét, zerstreut;
közel, nahe;
távol, fern;
messze, weit;
künn, kinn, draußen;
benne, darin;
fönn, fenn, fen, fent, oben;
lenn, lent, alant, unten;
hátul, hinten;
ide, hierher;
oda, dorthin;
erre, emerre, herwärts, daherzu;
arra, amarra, dorthin, dortzu;
máshova, másuva, anderswohin;
sehova, nirgendshin;
valahova, irgendwohin;
mindenhova, mindenüvé, überallhin;
elöre, vorwärts;
hátra, rückwärts;

be, hinein, herein;
ki, hinaus, heraus;
fel, hinauf, herauf;
le, hinunter, herunter;
innen, innét, von hier, daher;
onnan, onnét, von dorther;
felőlről, von oben her;
alólról, von unten her;
elölről, von vorn;
hátúlról, von hinten;
máshonnan, másunnan, anderswoher;
sehonnan, von nirgendsher;
messzünnen, von weither;
hazunnan, von Hause her.

Auch von diesen Nebenwörtern können viele verglichen werden, als: előbbre, mehr vorwärts; lejebb, mehr hinunter ꝛc.

§. 128.

Die Ortsadverbien können auch als Vorpartikeln der Zeitwörter gebraucht und als solche verglichen werden, wodurch gleichsam eine Steigerung des Zeitwortes entsteht, als: leszállani, sich vermindern, lejebb szállani, sich mehr vermindern, mehr abnehmen; fölmenni, hinaufgehen, fölebbmenni, höher hinaufgehen; kitolni, hinausschieben, kijebb tolni, weiter hinausschieben; benyomulni, hineinbringen, bejebb nyomulni, tiefer einbringen ꝛc.

Von den Bindewörtern.

§. 129.

1) Im eigentlichen Sinne verbinden: és oder s, und, meg, und (verbindet blos Zahlwörter), hát, und (bei Fragen); is, auch; szint úgy — mint, sowohl — als auch; nem csak — hanem, nicht nur — sondern auch; mint — úgy, wie — so; részint — részint, theils — theils; mind — mind, sowohl — als ꝛc.

2) Einige geben einen Grund an: mert, denn, weil; mivelhogy, minthogy, da.

3) Einen Zweck zeigen an: hogy, daß, damit; hogy ne oder ne hogy, damit nicht.

4) Einen Gegensatz geben an: de, aber, allein; hanem, sondern; pedig, pediglen, aber; azonban, doch, indessen; mind-

azáltal, bennoch, jedoch; mégis, doch; ellenben, hingegen; holott, da doch; egyébiránt, übrigens; különben, sonst; widrigenfalls; a helyett hogy, statt, daß; úgy de, jedoch; söt inkább, vielmehr.

5) **Vergleichende** sind: mint — úgy, wie — so; mennyire — annyira, wiefern — so, sofern; szintúgy, eben so.

6) **Auf die Zeit beziehen sich**: midőn, als; minekutána, nachdem; azonban, azonközben, az alatt, indessen; az alatt, hogy — míg, während, daß; minekelőtt, ehe, bevor; mihelyt, mihelyest, sobald als; alighogy, kaum daß; miután, nachdem; mielőtt, ehe.

7) **Bedingende** sind: ha, wenn; ha hogy, wofern, wenn nur; ha csak, wenn nur.

8) **Bindewörter der Ausschließung und Einschränkung** sind: csak, nur, blos; csupán, blos; nem, nicht; ne, nicht (verbietend); sem, auch nicht; se, auch nicht (verbietend); sem — sem, weder — noch; se — se; weder — noch (verbietend); vagy, oder.

9) **Einen Schluß bezeichnen**: tehát, also; következőleg, folglich; s így, mithin; a honnan, daher.

10) **Eintheilende Bindewörter** sind: részint — részint, theils — theils; egy részt — más részt, einestheils — anderntheils; most — majd, bald — bald; akár — akár, ob — oder.

11) **Fragende Bindewörter** sind: valjon-e oder blos -e, welches dem Worte, auf dem der Nachdruck der Frage ruht, also selbst andern Partikeln angefügt wird, z. B. igaz-e? ist es wahr? úgy-e? nicht wahr? (eigentlich so?) hátha, und wenn?

§. 130.

Endlich gehören zu den Bindewörtern die **ausfüllenden** oder sogenannten **emphatischen Partikeln**, welche an und für sich von unbestimmter nach den verschiedenen Verbindungen, in denen sie vorkommen, wechselnder Bedeutung und unübersetzbar sind und die in die Rede blos deshalb eingeschaltet werden, um ihr Halt und Nachdruck zu geben. Solche Wörter sind im Ungarischen: ugyan, hiszen, bezzeg, ám, vagy, jóformán, szinte, akár ꝛc.; z. B. ugyan mit beszélsz? was sprichst du doch? hiszen magad láttad, du hast es ja selbst gesehen; bezzeg volt ott lárma, da gab's einen Lärm; pisszegjenek le benneteket jóformán vagy háromszor, man zische euch nur so dreimal tüchtig aus (Desewffy Aurél); ám lássa, er mag zusehen; akár soha se lássam, mag ich ihn immerhin nimmer sehen.

Von den Empfindungswörtern.

§. 131.

Es kann der Empfindungswörter so viel geben, als es Arten der Empfindungen gibt.

Die Zahl der Empfindungswörter ist daher eigentlich in keiner Sprache zu bestimmen; am häufigsten sind im Ungarischen folgende zu hören :

1) im Schmerz : oh, ah, ach; hah, ha, ha; jaj, weh; ej, ei;
2) in der Freude : hejh, hajh, ach; juhu, juchhe;
3) in der Verwunderung : ejnye be, vajmi, ni, nini, schau; be, o wie; la, lá, ni, sieh;
4) beim Ermuntern : no, nohát, nosza, rajta, nun auf, darauf los; ahol, ahol-ni, schau, schau; im, íme, sieh; ihol, ihon, sieh da;
5) Bei Verneinung : ne, nicht; dejszen, ei ja, de hogy, ach nein; piha, pfui; bezzeg, fürwahr; majd bizony, ja freilich; warum denn nicht gar?
6) beim Stillegebieten : csitt, still;
7) beim Wünschen : vajha, ach wenn, wollte Gott; bárcsak, wenn nur, wollte Gott.

Auch andere Redetheile, selbst zusammengesetzte Redensarten, z. B. Schwüre, Anrufungen, sind in bestimmten Verbindungen als Empfindungswörter anzusehen. Dergleichen sind :

Istenem! mein Gott!
O egek! o Himmel!
az Istenért! um Gottes willen!
Isten őrizzen, Gott bewahre.
Isten mentsen, Gott behüte.
Boldog Isten, guter Gott.
Hála Istennek, Gott Lob.
Isten hozta, Willkommen (eigentlich : Gott hat Sie gebracht).
Isten veled, Lebewohl.
Igazán, wahrlich.
Lelkemre, meiner Seel.
Hitemre, meiner Treu.
Isten utcse, (isten úgy segítsen, so wahr mir Gott helfe) bei Gott.
Ördög adta! Teufel!
Mi az Ördög! was Teufel!
Vigyázz! aufgeschaut!
Ebadta! Sapperment! (eigentlich : der Hund hat es gegeben).
Teremtette! Pot͓tausend! (eigentlich : er hat es erschaffen).
Fenét! der Henker! (eigentlich : Krebsgeschwür).
Mi a mennykő! Pot͓ Wetter!
Mi a tatár! ei der Kukuk!
Beszép! ach, wie schön!
Bejó! ach, wie gut!
Éljen! er lebe hoch!
Isten éltesse! Gott erhalte ihn!
Szabad! herein! (eigtl.: erlaubt).
Igaz, apropos, (eigentlich : wahr).
Halljuk! höre!
Indulj! marsch!
Izibe! schnell!

Ördög vigye! hol ihn der Teufel! Igazolj! richt euch!
Mi a láncos! ⎫
Mi a patvar! ⎬ was der Kukuk!
Félre! auf die Seite!
Ki vele! hinaus mit ihm!
Előre! vorwärts!
Vissza! zurück!

Lódulj! pack dich!
Majd bizony! warum nicht gar!
Megállj! halt!
Kivagy?! wer da?!
Hallgass! still!
Lassan! langsam!

Von den Titulaturen.

§. 132.

Die Titelwörter werden meistens mit den Personalsuffixen zweiter Person gebraucht, wie folgt:

Fölséged, Eure oder Ihre Majestät.
Fölségtek, Ihre Majestäten.
Fönséged, Eure oder Ihre Hoheit.
Fönségtek, Ihre Hoheiten.
Hercegséged, Eure oder Ihre Durchlaucht.
Hercegségtek, Ihre Durchlauchten.
Nagyméltóságod, Eure oder Ihre Excellenz.
Nagyméltóságtok, Ihre Excellenzen.
Méltóságod, Euer Gnaden (Hochgeborner Herr, Hochg. Frau).
Méltóságtok, Ihre Gnaden.
Nagyságod, Euer Gnaden, Euer Hocheveln.
Nagyságtok, Ihre Gnaden.
Tisztelendőséged, Euer Hochwürden.
Tisztelendőségtek, Euer Hochwürden (von vielen).
Tekintetes, Wohlgeboren
Tiszteletes, Ehrwürdiger Herr.
Nemzetes, Edelgeboren.
Uraságod, Sie, mein Herr.
Uraságtok, Sie, meine Herren.
Asszonyságod, Sie, Madame.
Asszonyságtok, Sie, meine Damen.
Ön, kegyed, maga, Sie.
Önök, kegyetek, magok, Sie (von vielen).
Kend, er.
Kendtek, ihr.
Kigyelmed, kelmed, Ihr.
Kigyelmetek, kelmetek, Ihr (von vielen).

Anmerkung. Anstatt Fölséged sagt man auch Fölséges úr, Fölséges asszony und eben so statt der übrigen Titel bis Tisztelendőséged.— Gleicherweise sagt man statt uraságod, asszonyságod, einfach az úr, az asszony.

Von den Abbreviaturen oder Abkürzungen.

§. 133.

Ein Wort abkürzen heißt: es mit weniger Buchstaben schreiben, als zu demselben gehören.

Bei der Abkürzung eines Wortes schreibt man 1) entweder nur den Anfangsbuchstaben, als: l. für lásd, siehe; oder 2) man läßt die Vocale und einen Consonanten aus der Mitte des Wortes aus, als: Ns. für Nemes. Die am häufigsten vorkommenden Abkürzungen sind:

l.	für lásd, siehe.
o.	— olvasd, lies.
v.	— vagy, oder.
h.	— helyett, statt.
t.	— többes, Mehrzahl.
p. o.	— példának okáért, zum Beispiel.
u. m.	— úgy mint, nämlich.
t. i.	— tudni illik, nämlich.
u. n.	— úgy nevezett, so genannt.
u. o.	— ugyan ottan, eben dort.
v. ö.	— vesd össze, vergleiche.
f. e.	— folyó esztendő, laufendes Jahr.
m. e.	— múlt esztendő, verflossenes Jahr.
d. e.	— dél előtt, vormittag.
d. u.	— dél után, nachmittag.
Kr. sz. u.	— Krisztus születése után, nach Christi Geburt.
Kr. sz. e.	— Krisztus születése előtt, vor Christi Geburt.
s. t. e.	— s több efféle, und dergleichen mehr.
stb.	— s a többi, ɔc., u. s. w.
fva.	— folytatva, ff., folgend.
t. c.	— teljes címzetű, mit vollem Titel.
Ns.	— Nemes, Edler.
T. T.	— Tekintetes Tudós, Gnädiger, Gelehrter.
f.	— forint, Gulden.
kr.	— krajcár, Kreuzer.
sz.	— szent, heilig.
sz. i.	— szent írás, heilige Schrift.
k.	— királyi, königlich.
cs. k.	— császári királyi, kaiserlich königlich.
Tettes	— Tekintetes, Gnädiger.
UU.	— Urak, Herrn.
km.	— közmondás, Sprichwort.

… Drittes Buch.
Wortbildung.
(ETYMOLOGIE.)

§. 134.

Die Etymologie stellt die Gesetze auf, nach denen die Sprache aus ihren Wurzeln Wörter bildet. Wurzel aber nennt man diejenige Lautverbindung, welche einer Reihe zwar verschieden gebildeter aber auf einerlei Grundbegriff hindeutender Wörter zur Grundlage dient; so ist z. B. in den Wörtern alap, Basis; alacsony, niedrig; alatt, unter; aláz, er erniedrigt, er demüthigt; alázat, Demuth; alél, er wird ohnmächtig; aléltság, Ohnmacht; alj, Grund; aljas, gemein, niedrig; aljadék, der Niederschlag, Satz; alság, Niedrigkeit, Gemeinheit; aljasodik, er kommt herab, er verfällt; alom, Streu; almoz, er horstet, er streut ein; alruha, Unterkleid; alsor, Erdgeschoß; alföld, Niederland 2c. der Begriff von niedrig und unten, der in der Wurzel al liegt, überall deutlich, obgleich nach verschiedener äußerer Gestaltung des Wortes auch die Bedeutungen verschieden sein müssen. Die in der Wurzel liegende allgemeine Bedeutung wird in den verschiedenen Formirungen individualisirt, umgrenzt.

Anmerkung. Wie wichtig die Kenntniß der Etymologie bei Erlernung einer fremden Sprache sein muß, ist aus dem Gesagten ersichtlich; denn indem wir eine ganze Reihe von Wortformen, die ihrer Bedeutung nach wesentlich mit einander verwandt sind, auf eine Grundform und Grundbedeutung zurückführen können, muß natürlich das Memoriren jener ganzen Reihe von Wörtern von der genauen Einprägung blos des Grundbegriffes abhängen.

§. 135.

Der ungarische Wortbau beruht auf einsilbigen, meistens an und für sich Sinn habenden Wurzeln, und die ganze Wortbildung geschieht ausschließlich durch äußere Anfügung von Suffixen, als: házi, häuslich, von ház, Haus, nicht aber durch innere Aenderung (Ablaut), wie es im Deutschen der Fall ist, z. B. in Band, Binde (Ding, das bindet); Bund (Ding, das gebunden ist), von binden; oder Scheere (Ding, das scheert), Schur (Ding, das geschoren ist), von scheeren.

Anmerkung. Daß die ungarische Sprache in der ersten schöpferischen Epoche ihrer Entwickelung eine innere Flexion besaß, wird uns aus der Betrachtung von Wörtern, wie ár, Preis, und ér, werth sein, Preis haben, csal, er betrügt, und csel, die List, él, er lebt, und állat, Thier, láb, Fuß, und lép, er tritt, vág, er schneidet, und vég, Ende, hinlänglich klar; obgleich anderseits der Gebrauch einer und derselben Wurzel in verbaler und nominaler Bedeutung ohne die geringste Veränderung, wie les, die Lauer; les, er lauert; zár, das Schloß; zár, er schließt; nicht wenig gegen die Annahme einer Flexion spricht; daß aber die Sprache in ihrer gegenwärtigen Gestalt keine Flexion hat, liegt so klar am Tage, daß das Gegentheil behaupten, so viel wäre, als die Natur der Flexion gänzlich verkennen.

§. 136.

Der grammatische Ausdruck für die Wortbildung, durch welche aus den Wurzeln Stämme werden, ist **Ableitung**. Wir erkennen nun aber bei der Ableitung verschiedene Ableitungssuffixe für verschiedene Wortklassen, und gewöhnlich unterscheiden wir sogleich an der Endung, ob es ein Substantiv, Adjektiv oder Verbum ist. Wir können daher von besondern Bildungsweisen des Hauptwortes, Beiwortes 2c. sprechen.

Anmerkung 1. In folgender Darstellung wollen wir genau unterscheiden zwischen Ableitung durch Suffixe von bestimmbarer Bedeutung, welche bestimmten Wortarten angehängt, und Suffixen von unbestimmbarer Bedeutung, die meistens nackten, gegenwärtig nicht mehr üblichen, ja nicht einmal klar verständlichen (todten) Wurzeln angefügt werden. Diese letztern, welche zur Unterscheidung hier mit gewöhnlicher, während die ersten mit durchschossener Schrift erscheinen, können daher von dem Anfänger füglich übergangen werden.

Anmerkung 2. Ein Verzeichniß aller ungarischen lebendigen Wurzeln s. im Anhang.

Allgemeine Regeln zur Wortbildung.

§. 137.

1) Stämme, die auf l, m, n, r, s, sz, z ausgehen (s. oben §. 8), nehmen die Bildungssilben ab, ad, ag, ak, at, az ohne Vocal auf, so : dom-b, statt dom-ab, Hügel.

2) Stämme, die auf einen kurzen Selbstlaut ausgehen, werfen denselben vor einigen mit langem Vocal anlautenden Bildungssilben der Zeitwörter ab, so wird von béna, verstümmelt, bén-ít, verstümmeln, bén-úl, verstümmelt werden 2c.

3) h und m werden oft ohne alle Bedeutung blos des Wohllauts wegen eingeschoben, so: vénhedik, er wird alt, statt vénedik 2c.

Bildung des Hauptwortes.

§. 138.

Die Ableitungssilben des Hauptwortes sind:

a, e, als: mond-a, die Sage (von mond, er sagt); ürg-e, die Zieselmaus (von ürög, er tummelt sich).

b, ab, eb, áb, öb, als: dom-b, Hügel; dar-ab, Stück; has-áb, Scheit, Spalte (has-ít, spalten; has-ad, sich spalten); ver-éb, Sperling.

cs, acs, ács, ccs, ocs, öcs ist Endsilbe vieler Nennwörter und hat wie das deutsche el manchmal verkleinernde, manchmal wiederholende, öfter aber unbestimmte Bedeutung, als: teker-cs, Gewinde, Rolle (teker, winden, rollen, von tek, etwas Rundes, woher teke, Kegel); ur-acs, ein Herrchen (Úr, Herr); forg-ács, Span, Abschnitz=el (farag, schnitzen); köv-ecs, Kies, eigentlich Steinchen (kö, Stein); kap-ocs, Klammer, eigentlich was greift, packt (kap, greifen); ken-öcs, Salbe, Schmiere (ken, schmieren).

Anmerkung. Die Wörter: har-ács, Kopfsteuer, Schatzung; szak-ács, Koch; tak-ács, Weber; kalap-ács, Hammer; kov-ács, Schmied, sind slavischen Ursprungs.

csa, cse, csó, csö, minder häufig als die früher genannten Endsilben, scheinen nur eine Abart derselben zu sein, als: tó-csa, Lache, eigentlich kleiner Teich (tó, Teich), szem-cse, Aeuglein, Körnchen (szem, Auge), hág-csó, Steige, Leiter (hág, steigen), lép-csö, Stiege, Treppe, Stufe, Staffel (lép, schreiten), böl-csö, Wiege (bill-en, wippen, auf und nieder schweben).

cska, cske, gehört zu ein und derselben Klasse mit den frühern auf cs, mit dem bloßen Unterschiede, daß hier die verkleinernde Bedeutung durchgehends klar ist, als: húz-acska, Häuschen, könyv-ecske, Büchelchen.

c, ac, úc, ec, éc, öc, sind von den vorhergegangenen auf cs nicht verschieden, und dienen ebenfalls bald um Verkleinerung (die mit vortretendem ó dienen im Gegentheil um Vergrößerung anzuzeigen; allein das liegt blos im ó Laut, der im Ungarischen stets vergrößernde Bedeutung hat), bald um eine Wiederholung anzuzeigen, als: külön-c, Sonderling, eigentl.: der sich oft absondert (külön, besonders), kup-ac, Häufchen, torn-ác, Hausflur, gomb-óc, Knödel, Kloß.

ca, ce, ci, ebenfalls nicht verschieden von den früher genannten, als: tubi-ca, Täubchen (tuba, Taube), ut-ca, Straße (út, Weg).

Diese Silbe dient auch oft zur Bildung des natürlichen weiblichen Geschlechtes, so wird von apát, apa-ca, Nonne; von dem slavischen konj, Pferd, kan-ca, Stute; von gerle, gerli-ce, Turteltaube. Eben so ist jér-ce, Dusel, das Weibliche der Vögel, ru-ca, ré-ce, Ente ꝛc.

d, ád, éd, als: apró-d, Edelknabe, Knappe (apró, klein), elö-d, Vorgänger (elő, vor), seg-éd, Gehilfe (seg-élni, helfen), csal-ád, Familie.

Bei den Wörtern auf da ist blos a Ableitungssilbe, und zwar blos phonetischer Art, das d gehört zur Wurzel, als: rozsd-a, von Rost. Einen Beweis meiner Behauptung liefert schon der Umstand, daß kein Wort mit einer entsprechenden hochlautenden Ableitungsendung vorhanden ist; überdies sind die Wörter auf da sämmtlich fremden Ursprungs und haben das d in der Wurzel.

Eben so verhält es sich mit der vermeintlichen Ableitungssilbe lya, lye, in den Wörtern wie fáklya, = Fackel, ereklye, = Reliquie.

In neuerer Zeit fing man an da, de zur Bildung solcher Substantive zu verwenden, die den Ort, wo die Thätigkeit des Stammes stattfindet, ausdrücken, als: ir-o-da, Schreibstube, Kanzlei (wo man schreibt, ir), usz-o-da, Schwimmschule (wo man schwimmt, úsz(ik).

dalom, delem, zusammengesetzt aus dem eben erwähnten Localsuffix und der Ableitungssilbe lom, lem (alom, elem), bedeutet den Wirkungskreis der durch den Stamm ausgedrückten Thätigkeit, als: áll-a-dalom, der Staat (áll, er steht), bir-o-dalom, das Reich (bir, er besitzt). Doch sind auch viele Nomina auf dalom, delem, wo die Localbeziehung fehlt, als: fáj-dalom, der Schmerz, fej-e-delem, der Fürst, Monarch ꝛc.

é, ó, als: gór-é, die Feldhütte, der Schauer; kar-ó, der Pfahl.

f, af, als: döly-f, der Hochmuth, kan-af, die Faser.

g, ag, eg, og, ág, als: suhán-g, Gerte (suhan, huschen); lov-ag, Reiter (ló, Pferd); csill-ag, Stern (csill, flimmern); üreg, Höhle (ür, Leere); bal-og, der links ist (bal, link); vir-ág, Blume (vir-it, blühen).

gy, als: ron-gy, Fetzen, Lumpen (rom, Ruine, Bruchstück s. oben §. 13); tár-gy, Gegenstand (im Raum tér seiendes).

h, he, als: marha, Vieh; csür-he, Ferkel.

j, aj, ej, éj, dient wie das deutsche Ge zur Bezeichnung von Gesellschaftsbegriffen (nomina collectiva); in manchen Wörtern jedoch von geringer, fast unmerklicher Bedeutung, als: moraj, Gemurmel (mor-og, murren); kac-aj, Gelächter (kac-ag, lachen); zör-ej, Geräusch (zör-ren, rauschen); or-j, das Rückenstück (von Schweinen).

k, ak, ek, ik, ák, ék, ok, ók, ök, Bildungssilbe vieler Nennwörter von dunkler Bedeutung, mit langem ó manchmal vergrößernd, mit é meistens aus Zeitwörtern Abstracta bildend, als: far-k, Schwanz, Schweif (far, Hintertheil); kup-ak, Pfeifendeckel (kúp, Kuppe); ful-ák, Stachel; vét-ek, Sünde (vét, sündigen); fenyit-ék, Zucht (fenyit, züchtigen); nyomat-ék, Nachdruck (nyomat, drücken); zsizs-ik, der Kornwurm; pof-ók, der Bauschwangige; tor-ok, Schlund, Gurgel; tücs-ök, Grille.

Dieser Ableitungssilbe wird oft ein phonetisches d oder l oder n vorgesetzt, als: roml-adék, Ruine (romol, ruinirt werden); tör-edék, Bruchstück (tör, brechen); told-alék, Anhang, Zusatz (told, zusetzen); ful-ánk, Stachel.

ka, ke, dient überall zur Verminderung und Verkleinerung des Begriffes, wenn es auch nicht überall deutlich hervortritt, als: kosár-ka, Körbchen (kosár, Korb); lep-ke, Schmetterling; sás-ka, Heuschrecke.

Eigenthümlich ist der Gebrauch dieser Bildungssilbe mit dem Mittelworte der gegenwärtigen Zeit, als: mondó-ka, ein Sprüchelchen, das man herzusagen hat; menö-ke, ein kleiner Gang, den man zu machen hat.

l, al, ál, el, él, ol, öl, als: fon-al, Faden (fon, spinnen); hal-ál, Tod (hal, sterben); köt-él, Seil (köt, binden); gyám-ol, Stütze (gyámolit, unterstützen).

Die vocalisch auslautenden Verbalwurzeln nehmen das erweiterte tal, tel an, als: hi-tel, Glaube, Kredit (von hi-nni, glauben); vé-tel, Empfang, Kauf (von ve-nni, empfangen, kaufen); i-tal, Trank (von i-nni, trinken).

ló, lö, als: tar-ló, die Stoppel; him-lö, Pocken; em-lö, die Brust (em-ik, saugen).

ly, aly, ály, ely, ély, oly, öly, als: guzs-aly, der Spinnrocken; hüv-ely, die Scheide; fog-oly, der Gefangene (fog, er fängt); bög-öly, die Bremse; dag-ály, Schwulst (dag-ad, schwellen); szem-ély, Person (szem, Auge). Neuere Wörter nach derselben Analogie: szab-ály, Regel (szab, bestimmen, vorschreiben); vesz-ély, Gefahr (vesz, zu Grunde gehen).

alom, elem, bildet Hauptwörter aus Zeitwörtern, selten aus andern Nennwörtern, und bezeichnet die Thätigkeit als für sich bestehend, als: fél-elem, Furcht (fél, fürchten); györ-elem, Sieg (györ, siegen).

m, am, ám, em, öm, als: foly-am, Fluß (foly, fließen); ál-om, Schlaf (al-szik, schlafen); ér-dem, Verdienst (ér, werth sein), das d ist rein phonetisch.

Nach Analogie dieser Bildung hat man seit Kurzem angefangen das Wort jel-lem (jel, Zeichen) für Charakter zu gebrauchen. Eben so unterschied man schon früher szel-lem (szél, Wind, szellő, Luft, Hauch), Geist, von lél-ek, Seele (lél zusammengezogen von lehel, Athem, Hauch).

ma, me, als: szak-ma, Fakultät (szak, Abtheilung); elme, Verstand.

mány, mény, soll der Deutlichkeit wegen mit vány, vény zusammengestellt werden. Ersteres bezeichnet den näheren, letzteres den entfernteren Gegenstand der durch die Wurzel ausgedrückten Handlung. So ist bei tanit, lehren, das Gelehrte, oder die Lehre der nähere (Accusativ); die Person hingegen, der gelehrt wird, oder der Schüler, der entfernte Gegenstand der Handlung (Dativ); ersteres heißt also ungarisch tanitmány, Lehre, letzteres tanitvány, Schüler. Bei Wörtern, wo kein entfernter Gegenstand der Handlung denkbar ist, z. B. bei lát, sehen, wo man nicht sagen kann „ich sehe mir" ꝛc. können beide Formen für den nähern Gegenstand der Handlung (Objekt) ohne Unterschied gebraucht werden, als: látvány, oder lát-omány, Erscheinung, Gesicht. Hingegen sagt man keresmény, Erwerb, und nicht keresvény, weil ich sagen kann „ich suche mir" ꝛc. Dunkel ist die Bedeutung dieser Ableitungssilbe in ör-vény, Abgrund; ös-vény, Bahn (wenn es nicht üt-vény, das Betretene ist); törvény, Gesetz ꝛc., so wie in dem neuen tok-mány, Patrontasche.

n, an, án, en, én, ön, als: szapp-an, Seife (lat. sapo), kapp-an, Kapaun (der gekappte, verschnittene von kappen, beschneiden); csal-án, Nessel; tehén, Kuh (die Milchgeberin, von tej, Milch, also eigentlich tején. Der Wechsel ist wie in fehér, = fejér, weiß); kölcs-ön, Darlehen; rok-on, Verwandter.

ny, any, ány, eny, ény, öny, als: ar-any, Gold (lat. aurum, Gold); doh-ány, Tabak (doh, dumpfiger Geruch); lepény, Kuchen (lap, das flache Blatt); leg-ény, Junge (leg Bildungssilbe des Superlativs, etwas Starkes ausdrückend); kötény, Vortuch (was man vorbindet, köt, binden); torony ist das deutsche Thurm; dögöny, das deutsche Degen, obgleich die Wurzel des Wortes beiden gemeinschaftlich ist, dig, dagu, etwas Bohrendes, Stechendes, ungarisch dug.

Nach Analogie dieser Bildung entstanden schon früher ar-ány, visz-ony, Verhältniß, und erst vor Kurzem: sürg-öny, Depesche von sürg, sich sputen, und mell-ény, Weste, eigentlich Brustkleid von mell, Brust.

na, ne, als: pár-na, Polster; komor-na, Kammerjungfer.

né (aus nő, Frau), entsprechend der deutschen Silbe in, dient zur Ableitung des natürlichen weiblichen Geschlechtes, als: szabó, Schneider, szabóné, Schneiderin; király, König, királyné, Königin.

nok, nek, nök bildet persönliche Substantive, als: bajnok, Kämpe (baj in der alten Sprache Kampf); fegyver-nök, Waffenträger (fegyver, Waffe); daher die neuern Wörter: elnök, Präsident, Vorsitzer (elő, vor); titok-nok, Sekretär, Geheimschreiber (titok, Geheimniß).

Das Neuungarische hat diese Bildungen auf nok übermäßig und wider die Gesetze des Wohllautes vermehrt, da die Häufung der k-Laute in unserer Sprache ohnehin stark genug ist, und Lautmonstra wie titoknokoknak gewiß nicht zu den Schönheiten der Sprache gerechnet werden können.

Die Wörter auf nya, nye sind sämmtlich fremden Ursprungs.

ó, ö ist der Suffix des Mittelwortes der gegenwärtigen Zeit und bildet, entsprechend der deutschen Silbe er, persönliche Verbalsubstantive, als: iró, Schreiber; szedö, Setzer. Von unbestimmbarer Bedeutung ist ó, ö in borsó, Erbse; teknö, Mulde, Trog; czipö, Schuh ꝛc.

Anmerkung. Da auch das Werkzeug als eine Handlung bewirkend, als Subjekt der Handlung angesehen werden kann, so bezeichnet ó, ö oft auch das Werkzeug, als: furó, Bohrer (nicht der Bohrende, sondern das Bohrende, das Werkzeug, das bohrt); véső, Meißel.

p, ap, ep, als: al-ap, der Grund (al, das Untere); ül-ep, der Sitz (ül, sitzen); in den Wörtern cserép, Scherbe (althochdeutsch scirpi); oszlop, Säule (slav. slup) ist das p Wurzellaut.

ar, er, ár, ér, or, ör, als: agy-ar, Hauzahn; cim-er, Schild (cim, Titel); kulcs-ár, Beschließer (kulcs, Schlüssel); tölcs-ér, der Trichter; gát-or, Schirmdach (gát, Schutzdamm); göd-ör, die Grube.

ár, ér scheint konstante Bildungssilbe persönlicher Substantive zu sein, als: bojt-ár, Schäferknecht; tim-ár, Lohgärber; daher das neue tan-ár, Doktor von tan, Lehre; fut-ár, Läufer (fut, laufen).

s, as, es, os, ös, als: in-as, Bedienter; mén-es, Gestüte.

Von bestimmter Bedeutung, entsprechend der deutschen Ableitungssilbe er, sind die Suffixe s, as, es, os, ös weit häufiger und dienen zur Bildung von Namen der Handwerker und Aemter, als: hajó-s, Schiffer, von hajó, Schiff; fazek-as, Töpfer, von fazék, Topf; bér-es, Miethknecht, von bér, Miethe; vár-os, die Stadt; börtön-ös, Kerkermeister, von börtön, Kerker.

ás, és. Durch diese Ableitungssilbe werden die sogenannten Nomina Verbalia gebildet. Die Deutschen drücken dieses bald mit dem als Hauptwort gebrauchten Infinitiv, bald durch die Ableitungssilbe ung aus, als: lát-ás, das Sehen, von lát, sehen; láttat-ás, das Gesehenwerden, das Sehenlassen, von láttat, gesehen werden, sehen lassen; láthat-ás, das Sehenkönnen, von lát-hat, sehen können; jelent-és, Ankündigung, Berichterstattung, Bedeutung, von jelent, ankündigen, Bericht erstatten, bedeuten. Hierher gehören auch lát-omás, das Sehen; vall-omás, das Geständniß ꝛc., die ebenfalls Nomina Verbalia auf ás sind, blos daß hier noch ein phonetisches m eingeschoben ist.

ság, ség hat eine doppelte Geltung: 1) eine abstrakte, den Zustand und das Wesen zu bezeichnen, welche das Wort, dem sie angehängt wird, angibt, als: koma-ság, Gevatterschaft, von koma, Gevatter; barom-ság, Brutalität, viehisches Wesen, von barom, Vieh; atyafi-ság, Verwandtschaft, von atyafi, Verwandter; igaz-ság, Wahrheit, von igaz, wahr; föl-ség, Hoheit, von föl, auf; hamar-ság, Schnelligkeit, von hamar, schnell; 2) eine concrete zur Bezeichnung a) eines Gebietes oder Bezirkes, als: herceg-ség, Herzogthum, von herceg; b) einer Würde, eines Standes ꝛc., als: császár-ság, die Kaiserwürde, von császár, Kaiser; kapitány-ság, die Würde eines Kapitäns, von kapitány, Kapitän; c) zur Bezeichnung von Sammelnamen, als: pap-ság, die Geistlichkeit; polgár-ság, Bürgerschaft oder Gesammtheit der Bürger.

In den Wörtern or-szág, Land, jó-szág, Gut (Vermögen), ist szág, statt ság.

sz, asz, csz, als: szak-asz, Abschnitt; vál-asz, Antwort; ret-csz, Riegel.

ász, ész bezeichnet eine Person männlichen Geschlechtes, welche sich mit dem beschäftigt, was das Wort, dem sie angehängt wird, angibt, als: bány-ász, Bergmann, von bánya, Bergwerk; vad-ász, Jäger, von vad, Wild; kert-ész, Gärtner, von kert, Garten. Von unbestimmbarer Bedeutung ist die Ableitungssilbe ász, ész in: kolbász, Bratwurst, kalász, Aehre, kovász, Sauerteig, penész, Schimmel, poggyász, Gepäck, fürész, Säge, kelevész, Speer. Allein diese Wörter sind, mit Ausnahme der zwei letzten, fremden Ursprungs.

t, at, et, ot, öt bilden aus Zeitwörtern selbstständige, concrete Hauptwörter, welche von den auf ás, és gebildeten selbstständig-gedachten wohl zu unterscheiden sind, so heißt z. B. von ruház, er kleidet, ruház-at, die Kleidung, ruház-ás, das Kleiden; von epül, es wird gebaut, heißt épül-et, das Gebäude, épül-és, das Gebautwerden; von rajzol, er zeichnet, heißt rajzol-at, die

Zeichnung, rajszol-ás, das Zeichnen; von akar, er will, ist akarat, der Wille, akar-ás, das Wollen. Etwas unklar ist der Sinn dieser Ableitungssilbe in : áll-at, Thier, masz-at, Schmiere, Schmutz; völlig unklar in : guv-at, Wiesenläufer, lig-et, Hain, szig-et, Insel, ecs-et, Pinsel ꝛc.

Hierher gehört auch bocsán-at, Verzeihung, rothan-at, Fäulniß, die den t-Laut ihres Stammes in der Ableitung in n verwandelten, denn von bocsánat ist der Stamm bocsát, verzeihen, wie von rothanat, rothad, verfaulen.

át, ét, als : lap-át, Schaufel; meny-ét, Wiesel.

tó, tő, als : láb-tó, Leiter; aj-tó, Thür; nem-tő, Genius (Schutzgeist).

ty, als : pon-ty, Karpfen; kor-ty, Schluck; pin-ty, Fink.

tya, tye, als : hár-tya, Häutchen, Membrane (hár-sol, schälen); reket-tye, Ginster. Die Wörter bástya, Bastei, ostya, Oſtie, gyertya, Kerze ꝛc. ſind fremden Urſprungs.

tyú, tyü, als : szivat-tyú, Pumpe (szi, sziv, saugen, ziehen); kez-tyü, Handschuh (kéz, Hand); sarkan-tyú, Sporn (sark, Ferse).

u, ú, ü, als : fal-u, Dorf; bor-ú, Trübe; der-ü, Helle; gyür-ü, Ring.

va, ve, als : ár-va, Waise; est-ve, Abend. Die Wörter pony-va, Plache; poly-va, Spreu ꝛc. sind fremden Ursprungs.

z, az, áz, ez, éz, oz, öz, als : csim-az, Wanze; pór-áz, Strick, Leitseil; teg-ez, Köcher; vit-éz, Held (vi, kämpfen); koboz, Laute; cszk-öz, Mittel, Werkzeug.

Die Wörter auf ázs, als : dar-ázs, Wespe; par-ázs, glühende Kohle; var-ázs, Zauber, sind fremden und zwar slavischen Ursprungs.

Dasselbe gilt von den Wörtern auf zsa, zse, als : morzsa, Krümchen, Bröschen; dézsa, Schaff; pizse, Küchlein.

Schließlich muß bemerkt werden, daß nach einer besondern Eigenthümlichkeit der ungarischen Sprache auch die Mittelwörter der gegenwärtigen und vergangenen Zeit des Zeitwortes lenni, sein, zur Bildung von Nennwörtern gebraucht werden, und zwar bildet das Mittelwort der gegenwärtigen Zeit Nennwörter aus allen Redetheilen mittelst passender Verhältnißsuffire, als : nyakra való, Halstuch (eigentlich etwas auf den Hals gehörendes, seiendes); borra-való, Trinkgeld (eigentl. etwas zum Wein seiendes, bestimmtes, d. i. Geld); minek való? zu was seiend, gehörend? ingnek való vászon, wörtlich zu einem Hemde seiende Leinwand, Leinwand zu einem Hembe; nekem való, mir gehörig, mir seiend, neked való, dir gehörig, dir seiend. Enni való, etwas zu essen, inni való, etwas zu trinken, mosni való fehérnemü, Wäsche zum Waschen. Ferner :

honnan való? wörtlich woher seiend? oder hová való? wohin seiend, wohin gehörig? beide Redensarten in der Bedeutung: was für ein Landsmann? Pestre oder Pestről való, ein Pester, Bécsből oder Bécsbe való, ein Wiener. Noch unbeschränkter ist der Gebrauch von való zur Bildung von Beiwörtern aus Substantiven mit Verhältnißsuffiren, als: a jövő nyárig való idő, wörtlich bis zu kommendem Sommer seiende Zeit, die Zeit bis zum kommenden Sommer, atyám ajánlatára való tekintetből, aus Rücksicht auf die Empfehlung meines Vaters.

Anmerkung. In neuerer Zeit fing man an den Gebrauch von való in letzterer Verbindung zu vermeiden und an dessen Stelle das Adjektiv bildende i zu setzen. Man braucht aber nur in obigen Beispielen i anstatt való zu setzen, um sich von der ganzen Widerwärtigkeit solcher Mißbildungen zu überzeugen, als: atyám ajánlatárai tekintetbol, a jövő nyárigi idő.

Das Mittelwort der vergangenen Zeit tritt in Verbindung mit den Personalsuffiren häufig als Hauptwort auf, nimmt verschiedene Verhältnißsuffire (ban, ben, kor, ra, re, val, vel, elött, után, nélkül ꝛc.) an und vertritt dann die Stelle der im Deutschen üblichen Adverbialsätze, als: tudtommal, tudtoddal, tudtával, mit meinem, deinem, seinem Wissen, tudtunkra, unseres Wissens, tudtom nélkül, ohne mein Wissen, ott laktomban, als ich dort wohnte, visszajöttödben, menj be hozzá, wenn du zurückkommst, geh' hinein zu ihm.

Hierher gehört auch der Gebrauch des Mittelwortes vergangener Zeit von lenni zur Bildung von Nomina abstracta, als: Isten jó volta, die Güte Gottes; szegény voltára, bei seiner Armuth; csekély voltát nem tekintve, seine Geringfügigkeit nicht beachtend; neve híres voltát élte nyugalmával fizette, den Ruhm seines Namens bezahlte er mit der Ruhe seines Lebens (Kölcsey). A helyzet rettentő volta = a helyzet rettentősége, das Schreckliche der Lage (Szontágh).

Sonderbar ist der Gebrauch der reflexiven Fürwörter, so wie der persönlichen Fürwörter der Anrede verbunden mit Beiwörtern als Hauptwörtern, als: édes magam, mein liebes Ich; kedves kegyed, Sie; ironisch: szüzmaga, Ihre Jungfräulichkeit, Sie (an ein Mädchen).

Bildung des Beiwortes.

§. 139.

Die Ableitungssilben des Beiwortes sind:

d, ad, ed, éd, öd, dad, ded. Diese geben den Beiwörtern, denen sie angehängt werden, eine verkleinernde Bedeutung und entsprechen so dem deutschen lich, als: lágy-ad, weichlich, gyöng-éd, zärtlich. Bei Hauptwörtern entsprechen sie dem deutschen förmig, als: tojás-dad, eiförmig, von tojás, Ei; kerek-ked, radförmig, rund, von kerék, Rad.

ánk, énk, bezeichnet eine Thätigkeit, oder die Art und Weise einer Thätigkeit als Eigenschaft; in passiver Bedeutung aber die Nothwendigkeit und Möglichkeit eines Leidens, eigenschaftlich: nyalánk, leckerhaft, él-énk, lebhaft, fél-énk, furchtsam.

ány, ény, als: sov-ány, mager, halv-ány, blaß, sil-ány, gering, schlecht, kem-ény, hart, fösv-ény, karg.

ar, ár, er, ér, or, ör, als: sud-ár, schlank, csapod-ár, flatterhaft, köv-ér, fett, boto-r, dumm, albern, tölpisch, göndör, kraus. Hierher gehört auch csal-árd, betrügerisch, von csal, er betrügt; szil-árd, fest. Das d ist blos euphonischer Zusatz.

s, as, es, os, ös bilden Beiwörter: a) aus Hauptwörtern und bezeichnen eine Fülle dessen, was das Stammwort besagt, eigenschaftlich, als: hib-ás, fehlerhaft, von hiba, Fehler, kock-ás, würfelig, gewürfelt, ág-as, ästig, nád-as, rohrig, schilfig, level-es, blätterig, belaubt, test-es, beleibt, corpulent, test-i, hingegen körperlich; hegy-es vidék, eine bergige Gegend, eine Gegend voll Berge, hingegen: hegy-i lakos, ein Bergbewohner; völgy-es, thalig, voll Thäler, völgy-i lakos, ein Thalbewohner; árnyék-os, schattig, wo viel Schatten ist, ször-ös, haarig; b) aus Beiwörtern mit verkleinernder Bedeutung, als: szürk-és, graulich, kék-es, bläulich.

asz, esz, osz, ász, ész, als: kop-asz, kahl, rav-asz, listig, bám-ész, gaffend, erstaunt, mer-ész, kühn, gon-osz, böse, schlecht.

csi, als: kivancsi, neugierig (kiván, verlangen); kicsi, klein.

di, wird angewendet um das Nachgemachte, Unächte und Gebrechliche zu bezeichnen, als: okos-di, altklug; csap-di, leichtsinnig. Neuere Bildung: vakos-di, Obscurant (vak, blind).

ékony, ékeny, zeigt eine Anlage, eine Fähigkeit an, als: hajl-ékony, biegsam, was die Anlage, die Fähigkeit hat sich zu biegen (hajl-ani); gyul-ékony, entzündlich, was die Anlage hat sich zu entzünden (gyul-ni, sich entzünden); érz-ékeny, empfindlich, der die Fähigkeit zu empfinden in einem hohen Grade besitzt (érez-ni, empfinden).

i, eine fruchtbare Ableitungssilbe. Sie bildet Beiwörter: a) aus Hauptwörtern und drückt theils die Abstammung und Herkunft, theils den Charakter und die Gesinnung aus, als: haza-i, vaterländisch, von haza, Vaterland, was aus dem Vaterlande stammt; atya-i, väterlich, was die Gesinnung eines Vaters zeigt. b) Von Partikeln, als: ma-i, heutig, von ma, heute, itten-i, hierortig, von itt, hier; alatt-i, von alatt, unter, als: a föld alatti vizek, die unter der Erde befindlichen Gewässer.

Hierher gehört das Ableitungssuffix beli, béli (eigentlich böl-i), welches von Hauptwörtern Beiwörter mit dem Begriffe gehörig, angehörig bildet, als: ogykor-béli, einer Zeit angehörig, egy város-beli, einer Stadt angehörig.

ik hat eine heraushebende Bedeutung: jobb-ik, das bessere von mehreren, mely-ik, welcher von mehreren, harmad-ik, der dritte (nicht der zweite, erste ec., also auch von mehreren).

nyi bildet Maß anzeigende Beiwörter aus Hauptwörtern, als: tiz öl-nyi széles, zehn Klafter breit, két font-nyi nehéz, zwei Pfund schwer.

ka, ke, acska, ecske, ocska, öcske bilden Beiwörter mit verkleinernder Bedeutung, als: szegény-ke, arm, mit verkleinernder Bedeutung, ärmlich; nagyobb-acska, etwas größer; szép-ecske, etwas schön, szebb-ecske, ein wenig schöner.

só, ső, als: al-só, der untere, el-ső, der erste, utól-só, der letzte, fel-ső, der obere, túl-só, der jenseitige.

talan, telen, atlan, etlen entsprechen der deutschen Vorsilbe un und der Endsilbe los. Sie bilden von Haupt-, Bei- und Zeitwörtern Adjektiva mit verneinender Bedeutung, als: szám-talan, zahllos, unzählig, boldog-talan, unglückselig, vár-atlan, unerwartet, halhat-atlan, unsterblich, szerencsét-len, unglücklich.

ú, ü. Diese Ableitungssilbe dient dazu, um zusammengesetzte Begriffe als Eigenschaften und zwar zuschreibend (attributiv) zu bezeichnen, als: érett itélet-ü ember, ein Mann von reifem Urtheile, d. h. ein Mann, der ein reifes Urtheil besitzt, jósziv-ü gutherzig oder von gutem Herzen, d. h. ein Mensch, der ein gutes Herz besitzt; egy ölnyi magasság-ú fa, ein Baum von einer Klafter Höhe, oder eine Klafter hoch.

§. 140.

Von der Bildung der Beiwörter durch való ist oben §. 138 bereits abgehandelt worden. Auch lévő bildet ähnliche Beiwörter, die sich in der Bedeutung jedoch von den mit való gebildeten Beiwörtern folgendermaßen unterscheiden: való drückt eine „Bestimmung" an, in, auf, zu etwas aus; lévő hingegen zeigt ein Befinden an, in, auf etwas an, als : a boltban lévő árúk heißt: die in dem Gewölbe seienden Waaren; a boltba való árúk hingegen : die in das Gewölbe hinein gehörigen Waaren, die sich übrigens auch außer dem Gewölbe befinden können.

§. 141.

Eigenthümlich ist im Ungarischen, daß ein Hauptwort durch seine Stellung vor einem andern Hauptworte adjektive Bedeutung gewinnt, als : csoda nyájasság, wunderbare Freundlichkeit, barom ember, viehischer Mensch. — Besonders und regelmäßig ist dies der Fall bei allen Stoffnamen und Namen der Nationen, als : vas, Eisen, vas fazék, eiserner Topf; tölgyfa, Eichenholz, tölgyfa asztal, eichenhölzerner Tisch; arany, Gold, arany hegyek, goldene Berge; lengyel, Pole, lengyel király, polnischer König; magyar, Ungar, magyar király, ungarischer König.

Auch viele Nebenwörter werden unverändert als Beiwörter gebraucht, als : messze, weit, messze út, ein weiter Weg; ingyen, unentgeltlich, umsonst, ingyen lakás, unentgeltliche Wohnung.

§. 142.

Ganz besonders merkwürdig ist die Eigenthümlichkeit, daß ein ganzer Nebensatz, blos mit Weglassung des beziehenden Fürwortes dem Subjekte oder Objekte des Hauptsatzes adjektivisch vorgesetzt werden kann, als : a tárgyalom ügy statt az ügy, melyet tárgyalok, die Sache, die ich behandle; a hallod dolgok statt a dolgok, melyeket hallasz, die Dinge, die du hörst. Wie aus den Beispielen ersichtlich ist, wird das Zeitwort in derlei Konstruktionen stets aus der unbestimmten in die bestimmte Form gesetzt. — Gewöhnlich ist diese Konstruktion, wenn das Zeitwort des Nebensatzes im Perfektum steht, als : a hallottam beszéd, statt a beszéd, melyet hallottam, die Rede, welche ich gehört; a hallottad beszéd, statt a beszéd, melyet hallottad, die Rede, die du gehört hast; a kárt vallott ember, statt az ember, ki kárt vallott, ein Mensch, der Schaden gelitten; az eszeveszett ember, statt az ember, kinek esze veszett, ein Mensch, dessen Verstand verrückt ist, ein verrückter Mensch.

Bildung der Zeitwörter.

§. 143.

Nach dem, was bereits oben §. 75 über Ableitung der Zeitwörter von andern Zeitwörtern weitläufiger gesagt wurde, wollen wir hier die Bildung des Zeitwortes in Folgendem kurz zusammenfassen:

ad, ed bilden Mittelzeitwörter (Verba-Neutra) meistens mit inchoativer Bedeutung, als: dag-ad, es schwillt an, ébr-ed, er erwacht. Nur die zwei Zeitwörter: fog-ad, er empfängt, er nimmt auf, und eng-ed, er erlaubt, gestattet, haben thätige Bedeutung.

adik, edik, odik, ödik bilden ebenfalls Zeitwörter mit inchoativer Bedeutung sowohl aus Nennwörtern als aus andern Zeitwörtern, als: fehér-edik, es wird weiß, von fehér, weiß, zavarodik, es wird trübe, nagyobb-odik, es wird größer, von nagyobb, größer, kever-edik, es vermischt sich, von kever, er mischt.

ódik, ődik bilden zurückführende Zeitwörter, die auch als Passiva betrachtet werden können, als: ad-ódik, es gibt sich, es wird gegeben, meggyőz-ődik, er überzeugt sich, er wird überzeugt.

ag, eg, og, ög, oder mit eingeschobenem erweichenden und verkleinernden n: ong, eng, öng, erzeugen theils aus andern Zeitwörtern, theils aus Nennwörtern Mittelzeitwörter mit continuativer Bedeutung, als: ball-ag, er schlendert fort, csep-eg, es tröpfelt, zaj-og, zajong, er lärmt, ker-eng, es kreist fort.

l, al, el, ol, öl, eine der fruchtbarsten Ableitungssilben. Sie bildet größtentheils aus Nennwörtern a) thätige Zeitwörter ohne alle Nebenbedeutung, als: kaszá-l, er mäht, von kasza, Sense, tál-al, er tischt auf, von tál, Schüssel; remény-el, er hofft, von remény, Hoffnung. b) Unübergehende Zeitwörter, mit der Nebenbedeutung von „nach und nach," als: rom-l-ik, es verdirbt (nach und nach); osz-l-ik, es theilt sich (nach und nach); hajnal-l-ik, der Tag bricht an, es dämmert.

In den Wörtern: vigaszt-al, er tröstet, tapaszt-al, er erfährt, magaszt-al, er erhebt, er lobpreist, engeszt-el, er versöhnt, ist al, el völlig bedeutungslos.

all, ell drückt ein Dafürhalten aus, als: sok-all, er hält für zu viel, jav-all, er heißt gut, er billigt, keves-ell, er hält für wenig.
— Zöld-ellik, es grünt, piros-ollik, es röthet sich ꝛc., ist offenbar falsch und soll heißen: zöld-lik, piros-lik ꝛc. nach der frühern Regel.

an, en, ant, ent, als: vill-an, es blitzt, dörr-en, es donnert, lobb-an, es lodert auf, csatt-an, es knallt, csöpp-en, es tropft, oder übergehend, als: lobb-ant, er läßt auflodern, csatt-ant, er knallt, z. B. ostort, eine Peitsche, csepp-ent, er tropft, er läßt träufeln.

ar, ár, er, ér, or, ör, als : zav-ar, er verwirrt, dics-ér, er rühmt, lobt, kev-er, er mischt, gyöt-ör, er quält.

ász, ész bildet aus Hauptwörtern Zeitwörter, welche die Thätigkeit sammt ihrem Objekte ausdrücken, als : hal-ász, er fischt (er fängt Fische), rák-ász, er fängt Krebse, madar-ász, er fängt Vögel (von hal, Fisch, rák, Krebs, madár, Vogel).

aszt, eszt bildet thätig übergehende Zeitwörter größtentheils aus Mittelzeitwörtern auf ad, ed, als : olv-aszt, er schmelzt (von olv-ad, es schmilzt), fár-aszt, er macht müde (von fár-ad, er wird müde).

t, at, et macht aus unübergehenden Zeitwörtern thätig übergehende, aus übergehenden veranlassende Zeitwörter, als: pattan-t, er schnalzt (mit der Peitsche), von pattan, es knallt, ad-at, er läßt geben, von ad, er gibt, ver-et, er läßt schlagen, von ver, er schlägt.

az, ez, oz, öz erzeugt a) Frequentativa aus andern Zeitwörtern, als : önt-öz, er begießt, told-oz, er stückt an; b) aus Hauptwörtern übergehende und unübergehende Zeitwörter auf ik, als : só-z, er salzt, köv-ez, er steinigt, kölcsön-öz, er leiht, vér-zik, es blutet, por-oz, er bestreut mit Sand, por-zik, es staubt.

it bildet theils aus Beiwörtern, theils aus andern Zeitwörtern übergehende Zeitwörter, als : szép-it, er verschönert, hegyes-it, er spitzt zu, édes-it, er versüßt, szól-it, er redet an, bor-it, er bedeckt, gyú-jt, er zündet, für gyú-it (s. oben §. 10), oha-jt, er wünscht, für oha-it. Wird dieser Ableitungssilbe ein n eingeschoben, so tritt eine Nebenbedeutung der Verkleinerung hinzu, als : tap-int, er betastet leise, nyom-int, er drückt leise.

bál bildet nur einige wenige Zeitwörter : nyir-bál, er bittet flehentlich, er bettelt, ló-bál, er schaukelt.

dal, del bildet Frequentativa mit verstärkender Nebenbedeutung, als : vag-dal, er haut zusammen, fur-dal, er durchbohrt.

gál, gél, gat, get bilden Frequentativa, als : ron-gál, er zerstört, keres-gél, er sucht herum, iro-gat, er schreibt öfters, felel-get, er antwortet oft. Auch hier wird oft das verkleinernde n vorgeschoben, als : öbl-önget, er spült oft aus, mer-enget, er schöpft oft.

hat, het erzeugt vermögende Zeitwörter, als : lát-hat, er kann sehen, rongál-hat, er kann zerstören, ver-het, er kann schlagen.

kál, kél, kod, ked, köd, koz, kez, köz bilden Frequentativa, oft mit verkleinernder Nebenbedeutung, als : tur-kál, er wühlt herum, jár-kál, er geht herum, kap-kod, er hascht (nach etwas), köp-köd, er spuckt oft, fut-koz, er läuft herum.

kodik, kedik, ködik bilbet theils aus Nennwörtern, theils aus veralteten Zeitwörtern auf al, el unübergehende Zeitwörter mit geringer Nebenbedeutung einer Wiederholung, als: kocsis-kodik, er thut Kutscherdienste, er dient als Kutscher, katonás-kodik, er thut Soldatendienste, er dient als Soldat, szorgalmas-kodik, er befleißigt sich, elmél-kedik, er sinnt nach, eresz-kedik, er läßt sich herab, er senkt sich.

lál, lél, lal, lel bilben theils aus Nennwörtern, theils aus Zeitwörtern Frequentativa, als: szám-lál, er zählt, er rechnet, mit frequentativer Nebenbedeutung, die im Deutschen sich nicht ausdrücken läßt, und also verschieden von szám-ol, er rechnet, szemlél, er betrachtet, er mustert, kér-lel, er besänftigt, er sucht zu beschwichtigen, fog-lal, er faßt ein.

úl, ül, eine sehr fruchtbare Ableitungssilbe. Sie bildet Verba inchoativa a) aus Zeitwörtern auf ag, eg, og, ög, indem das g in d übergeht, als: ford-úl, er wendet sich, von forog, buzd-úl, er ereifert sich, von buzog; b) aus veralteten Hauptwörtern, als: gyarap-úl, es vermehrt sich, pir-úl, er wird roth, rém-űl, er erschrickt; c) aus Beiwörtern, vorzüglich aus Beiwörtern auf as, os, es oder bb, abb, ebb, als: csendes-űl, er wird ruhig, er beruhigt sich, üres-űl, es wird leer, nagyobb-úl, es wird größer, könnyebb-űl, es wird leichter.

§. 144.

Nicht selten sind doppelte Bildungen wie vig-aszt-al, trösten, das eigentlich heißen sollte vigaszt, fröhlich machen, von vigad, fröhlich sein (vig, froh). Es ist daher durchaus nicht fehlerhaft, wenn Vörösmarty mit einfacher Bildung sagt: vigaszt, als: s nem volt, ki vigasztó szóval az elhagyatottnak oszolni segitse bánatait, und es war Niemand, der mit tröstendem Worte zerstreuen hälfe die Kümmernisse des Verlassenen.

Bemerkenswerth ist auch, wie im Ungarischen die Wiederholung einer Handlung durch Verdoppelung des Präfixes angezeigt wird, als: rá-rákezdeni, immer wieder beginnen; fel-felszökni, öfter aufspringen.

Bildung der Nebenwörter.
(Siehe oben §. 125.)

Wortbildung durch Zusammensetzung.

§. 145.

Außer der Anfügung von Endsilben hat die ungarische Sprache noch das Mittel der Zusammensetzung zur Bildung neuer Wörter.

Die Wortbildung durch Zusammensetzung besteht darin, daß zwei oder mehrere Wörter zu einem Worte verbunden werden, z. B. kor-szellem, Zeitgeist, anya-szent-egy-ház, Mutterkirche.

In der Zusammensetzung unterscheidet man das Wort, welches den Hauptbegriff angibt — Grundwort, — und das Wort, wodurch das Grundwort näher bestimmt wird — Bestimmungswort.

Dem Geiste der ungarischen Sprache gemäß, steht das Bestimmungswort immer vor dem Grundworte, weshalb auch der Sinn einer Zusammensetzung bei Veränderung der Stellung der einzelnen Wörter sich ändert, als: híd-láncz, Brückenkette, láncz-híd, Kettenbrücke; épület-fa, Bauholz, fa-épület, hölzernes Gebäude; örtorony, Wachtthurm, toronyör, Thurmwache.

In der Regel werden nur verschiedene Wörter zusammengesetzt; indessen werden des Nachdrucks halber auch nahe verwandte Wörter in eins verbunden, als: bú-bánat, Kummer, erőhatalom, Gewalt.

Vorbild zur Wortbildung.

§. 146.

(Áll.)

Áll, er steht, es besteht.
    Beáll, er steht ein, er tritt ein.
    Eláll, er steht ab, er hört auf; er verstellt (z. B. den Weg).
    Ellenáll (eigentlich er widersteht), er wehrt sich (einer Sache), er trotzt.
    Ellentáll, er widersetzt sich.
    Előáll, er tritt hervor, er stellt sich.

Föláll, er ſteht auf, er erhebt ſich.
Fennáll, es beſteht.
Kiáll, er tritt hervor, er geht hervor; er ſtellt ſich; er ſteht aus, er hält aus.
Leáll, es ſteht herab, es hängt herab.
Megáll, er bleibt ſtehen; es beſteht.
Öszszeálla-ni, zuſammentreten, ſich vereinigen.
Reáálla-ni, ſich auf etwas ſtellen; auf etwas eingehen, etwas annehmen.
Áll-adalom, Staat (neues Wort, gebildet nach Analogie von birodalom).
Áll-adalmi, Staats=, z. B. álladalmi jog, Staatsrecht.
Áll-andó, beſtändig, dauerhaft (eigentlich Mittelwort der zukünftigen Zeit, was beſtehen wird).
Áll-andóan ⎫
Áll-andólag ⎬ beſtändig (als Nebenwort).
Áll-andóúl ⎭
Áll-andóság, Beſtändigkeit, Beſtand, Dauer.
Áll-andóſít, er macht beſtändig, er befeſtigt.
Áll-apik, er bleibt ſtehen; es gründet ſich.
Áll-apít, er ſtellt feſt, er begründet.
Megáll-apít, er ſetzt feſt, er beſtimmt.
Áll-apodik, er bleibt ſtehen; es gründet ſich.
Áll-apodás, Stillſtand.
Áll-apodott, innehaltend; geſetzt (von Menſchen).
Áll-apodottság, Geſetztheit.
Meg-áll-apodik, er bleibt ſtehen; er entſchließt ſich; er wird geſetzt.
Meg-áll-apodás, das Stillſtehen.
Meg-áll-apodott, geſetzt.
Áll - apot, Zuſtand.
Áll-apotjegyző, Zuſtandswort.
Áll-ás, das Stehen; die Stellung; der Stand; das Gerüſt.
Baromállás, Viehſtand.
Bosszúállás, Rache.
Elállás, das Abſtehen; der Abfall.
Ellentállás, Widerſtand.
Faállás, Holzſtätte.
Kiállás, das Hervorſtehen; die Hervorragung, das Aushalten.
Környűlállás, Umſtand.
Nap-állás, Sonnenſtandpunkt.
Teſt-állás, Statur; Leibesgeſtalt.
Vásár-állás, Marktplatz.
Víz-állás, Waſſerſtand.

Áll-at, Thier; Substanz.
　Asszonyiállat, Weibsbild.
　Áll-ati, thierisch.
　Áll-atilag, thierisch (als Nebenwort).
　Áll-atiság, die Thierheit, Fleischlichkeit.
　Áll-atka, Thierchen.
　Áll-latos, reich an Thieren, oder Substanz habend.
Áll-dogálni, herum stehen, müßig stehen; zögern.
　Áll-dogálás, das Herumstehen, das Müßigstehen, das Zögern.
Áll-hat, er kann stehen.
　Áll-hatatlan, (eigentlich was nicht stehen kann) unbeständig, veränderlich.
Áll-hatatlankodik, er zeigt sich unbeständig, wankelmüthig.
　Áll-hatatlanság, Unbeständigkeit.
　Áll-hatatlanúl, unbeständig (als Nebenwort).
　Áll-hatatos, beständig, standhaft.
　Áll-hatatosan, beständig (als Nebenwort).
　Áll-hatatosság, die Beständigkeit.
Áll-ít, er stellt, errichtet; behauptet.
　Beállítani, einsetzen (in ein Amt).
　Elállítani, weg-, fortstellen; stillen (z. B. das Bluten).
　Előállítani, herstellen, hervorbringen.
　Fölállítani, aufstellen, aufrichten; errichten.
　Kiállítani, ausstellen, hinausstellen.
　Megállítani, stellen, aufhalten.
Áll-ítás, Errichtung; Behauptung.
Áll-ítgat, er stellt; er erachtet, behauptet zu wiederholten Malen.
Áll-ítható, behauptbar.
　Áll-íthatlan, unbehauptbar.
Áll-ítmány, Behauptung, Satz.
Áll-ító, behauptend, bejahend.
　Állítólag, behauptend, bejahend (als Nebenwort).
Áll-ó, stehend, fix.
　Áll-óság, Standhaftigkeit.
　Önállóság, Selbstständigkeit.
Áll-ogatni, aufstellen, aufsetzen.
Áll-omány, Substanz.
Áll-omás, Station.
　Állomási, stational.
　Állomásonként, stationsweise.
　Állomásozni, stationiren.
Áll-ott, überständig, abgelegen.
　Áll-vány, Statue.

§. 147.

Wir haben in diesem Kapitel so manches ausgelassen, was sich mehr für den Sprachforscher eignet, als für denjenigen, dem es blos um die gründliche Erlernung der Sprache zu thun ist. Doch sind die Hauptpunkte der Etymologie berührt worden; um aber alles, was dem Lernenden bei Aneignung des Sprachstoffes dienlich werden könnte, so vollständig als möglich zu liefern, haben wir hier noch an einer Anzahl von Beispielen nachzuweisen, wie die ungarische Sprache aus fremden Sprachen entlehnt. Diese Entlehnungen geschahen größtentheils von den Deutschen und Slaven, von denen die Ungarn seit der Besitznahme des Landes umgeben waren. — So wie allmälig das kriegerische Magyarenvolk sich den Beschäftigungen des Friedens hinzugeben begann, mußte es natürlich von den in Ackerbau, Handwerken und städtischer Kultur weit vorgerückten Slaven und Deutschen lernen, und mit den erlernten Gegenständen auch die Namen für dieselben mit herübernehmen, eben so, wie sie mit dem lateinischen Christenthum alle Benennungen für die Gegenstände der Religion aus dem Lateinischen entlehnt haben. In Folge eines ähnlichen Verhältnisses sind auch im Englischen für die Gegenstände des Landlebens die Benennungen aus der Sprache der frühern altsassischen Bewohner geblieben, während im Herren-Leben das Meiste aus der Sprache der Eroberer, der französischen Normanen entlehnt ist.

I. Folgende Wörter der ungarischen Sprache beziehen sich auf Dinge der Religion und sind lateinischen, mittelbar griechischen Ursprungs.

§. 148.

Ungarisch.	Lateinisch.	Deutsch.
Angyal	Angelus	Engel
Apáca	Abatissa	Nonne
Apát	Abbas	Abt
Apostol	Apostolus	Apostel
Arkangyal	Archangelus	Erzengel
Bérmálni	Confirmare	Firmeln
Eretnek	Hereticus	Ketzer
Ersek	Archiepiscopus (franz. archevêque)	Erzbischof
Esperes	Presbyter	Priester
Iskola	Schola	Schule
Kanonok	Canonicus	Domherr
Káplán	Capellanus	Caplan
Káptalan	Capitulum	Capitel
Kar	Chorus	Chor

Von der Wortbildung.

Ungarisch.	Lateinisch.	Deutsch.
Kehely	Calix	Kelch
Kereszt	Crux	Kreuz
Keresztény	Christianus	Christ
Kolostor	Claustrum	Kloster
Korosma	Chrisma	Salbung
Letenye	Litania	Litanei
Ministrálni	Ministrare	Ministriren
Mise	Missa	Messe
Orgona	Organon	Orgel
Ostya	Hostia	Hostie
Pallást	Pallium	Mantel
Paradicsom	Paradisus	Paradies
Perjel	Prior	Prior
Plébánus	Plebanus	Volksgeistlicher
Pogány	Paganus	Heide
Prépost.	Praepositus	Probst
Pünköst	Pentecoste	Pfingsten
Püspök	Episcopus	Bischof
Remete	Eremita	Eremit
Segrestyés	Sacrista	Sakristan
Szent	Sanctus (franz. Saint)	heilig
Templom	Templum	Kirche
Zsolosma	Psalmus	Psalm, s. oben §. 11.
Zsoltár	Psalterium	Psalter, s. oben §. 11.

§. 149.

II. Landwirthschaft, Handwerke und städtische Kultur betreffend und sind deutschen Ursprungs, bei manchen mittelbar lateinisch.

Ungarisch.	Deutsch.	Ungarisch.	Deutsch.
Arat	ernten (althochdeutsch aren)	Császár	Kaiser
		Csatorna	Cisterne
Áspa	Haspel	Csöbör	Zuber
Bak	Bock	Cserép	Scherbe
Barna	braun	Csésze	Tasse
Bival	Büffel	Csup	Schopf
Bodnár	Büttner	Csür	Scheuer
Bognár	Wagner	Cédula	Zettel
Bokály	Pokal	Cégér	Zeiger
Borbély	Barbier	Cél	Ziel
Borosta	Bürste	Cérna	Zwirn
Bükkön	Wicken	Cin	Zinn
Csap	Zapf, Zapfen	Citrom	Citrone

Ungarisch.	Deutsch.	Ungarisch.	Deutsch.
Drót	Draht	Kömény	Kümmel
Dandár	Standarte	Könting	Quentchen
Eke	Egge	Láda	Lade
Eperj	Erdbeere	Lajtorja	Leiter
Érc	Erz	Lárma	Lärm
Erkely	Erker	Léc	Latte
Esztcrág	Storch	Lencse	Linse
Fáklya	Fackel	Lúg	Lauge
Farsang	Fasching	Malom	Mühle
Fellajtár	Vorreiter	Mandola	Mandel
Fertály	Viertel	Mester	Meister
Firhang	Vorhang	Móring	Morgengabe
Fölöstököm	Frühstück	Mozsár	Mörser
Font	Pfund	Narancs	Orange
Forspont	Vorspann	Ostrom	Sturm
Fortély	Vortheil	Palánt	Pflanze, Planta
Furmányos	Fuhrmann	Páncél	Panzer
Fuvar	Fuhr	Púnt	Band
Gesztenye	Kastanie	Petrezselyem	Petersilie
Glét, Gelét	Glätte	Pecsét	Petschaft
Gyémánt	Diamant	Pék	Bäcker
Hajdina	Haidekorn	Pellengér	Pranger
Hámor	Hammer	Perec	Pretze
Ház	Haus	Piac	Platz
Herceg	Herzog	Pintér	Binder
Hévér	Heber	Piskólc	Spießglanz
Himpellér	Hümpler	Piskóta	Biscuit
Hostát	Vorstadt	Pléh	Blech
Huta	Hütte	Plajbász	Bleiweiß
Iskatullya	Schachtel	Polc	Pult
Ispány	Gespan	Polgár	Bürger
Istálló	Stall	Pór	Bauer
Istáp	Stab	Posta	Post
Kályha	Kachel	Postamester	Postmeister
Kalmár	Krämer	Prófunt	Proviant
Kámfor	Kampher	Puska	Büchse
Kappan	Kapaun	Puszpáng	Buchsbaum
Kapucán	Kappzaum	Putton	Butte
Kalarábé	Kohlrübe	Ráma	Rahmen
Kártya	Karte	Ránc	Runzel
Kastély	Kastell	Ráspoly	Raspel
Kaszárnya	Kaserne	Répa	Rübe
Kémény	Kamin	Rostély	Rost

Ungarisch.	Deutsch.	Ungarisch.	Deutsch.
Rózsa	Rose	Tömjén	Thymian
Rozsda	Rost	Tengelic	Stieglitz
Sáfár	Schaffer	Tézsla	Deichsel
Sáfrány	Saffran	Tódor	Theodor
Sajtár	Sächter	Tolna	Ptolmaeus
Salak	Schlacke	Torony	Thurm
Saláta	Salat	Trombita	Trompete
Sámoly	Schemel	Tuba	Taube
Sánc	Schanze	Ugorka	Gurke
Sinór	Schnur	Unoka	Enkel
Sintér	Schinder	Vándor	Wanderer
Sógor	Schwager	Viaszk	Wachs
Sróf	Schraube	Vincellér	Winzer
Szála	Saal	Zsák	Sack
Tallér	Thaler	Zsemlye	Semmel
Tánc	Tanz	Zsindely	Schindel
Táska	Tasche	Zsinat	Synode
Tégely	Tiegel	Zsold	Sold
Tégla	Ziegel		

§. 150.

Die hier angeführten ungarischen Wörter geben sich nicht so sehr durch ihr äußeres Gepräge als fremde kund, denn dieses ist in dem Munde des Volkes nur allzusehr magyarisirt worden; sondern dadurch, daß ihre Wurzeln wohl in den fremden Sprachen, denen sie entlehnt wurden, aufzufinden sind, aber durchaus nicht im Ungarischen. Rejtély und Räthsel sind bei weitem ähnlicher klingende Wörter, als Pellengér und Pranger, dessen ungeachtet haben erstere durchaus nichts gemein, da rejtély von rejt, verbergen, gebildet ist, Räthsel aber von „rathen", während pellengér nichts anderes ist als eine verzerrte Form von Pranger, da dem Worte pellengér nichts zu Grunde liegt, was nur im entferntesten an eine ungarische Wurzel erinnern könnte. Daß aber die angeführten Wörter im Ungarischen so entstellt erscheinen, rührt daher, daß der gemeine Mann, indem er, die Wurzel der ihm fremden Ausdrücke nicht kennend, das etymologische Gesetz der Sprache, dem er sonst instinktmäßig folgt, ganz vernachlässigen muß, und sich einzig und allein an die ihm eigenthümlichen Gesetze des Wohllautes zu halten gezwungen ist. Am deutlichsten tritt dies hervor, wenn man den Ungarn deutsche Eigennamen oder seiner Einsicht fern liegende andere Ausdrücke aussprechen hört, wo wir dann den lustigsten Entstellungen begegnen. So sagt der gemeine Mann für Lichtenstein, Lük István, für Baumgarten, Bongárd und Pankort. für Che=

vaurlegers, Savólves, für Bajonnet, panganet, für Einrichtung, Arektom, für Appetit, etyepetye, für Genealogie, gyenyegyória.

In neuerer Zeit jedoch, da der Gebrauch fremder Ausdrücke mehr in jenen Kreisen im Schwunge ist, wo die Sprachorgane an das Reden fremder Sprachen von Kindheit auf sich gewöhnt haben, werden die entlehnten Wörter unverändert in die Sprache gebracht. Indessen wird gewöhnlich das entlehnte Wort als Stamm genommen und im Gebrauche nach ungarischer Weise flektirt. Besonders ist dies der Fall bei den Bei= und Zeitwörtern, als: politicai jogok, politische Rechte; politizál, er politisirt; motivál, er motivirt; motivált javaslat, ein motivirtes Gutachten.

Neologie.

§. 151.

So lange eine Sprache lebt, theilt sie die Bewegungen des Lebens. Sie ist einfach, gedrängt und erhaben, wenn ein Volk im Besitze seiner ursprünglichen Rechte seine Gedanken freimüthig ausspricht; sie wird fein, einschmeichelnd und figürlich, wo die Sprache nicht den Interessen der Nation, sondern dem beschränkten Egoismus Einzelner dient, und das Wort nicht mehr treuer Dolmetsch des innern Menschen ist; sie sinkt mit dem Muthlosen, erhebt sich mit dem Stolzen, und der lebendige, frische, neue Gedanke schafft sich neue Formen, neuen Ausdruck. Was als Einheit im Geiste gestanden, wird gerne als Einheit auch dargestellt, und der einfache Begriff schafft sich das einfache Wort. Neue Ideen erzeugen neue Wörter, welche die Wissenschaft geltend macht, der lebendige Verkehr einbürgert. Dieses heißt man Neologie, den Mißbrauch derselben Neologismus.

Kazinczy war der erste Neolog, der sich über die Abgeschmacktheiten seiner Zeit erhob, über die Menschen, welche in ihrer Bornirtheit den Geist der Sprache in das Joch grammatischer Knechtung schmieden und zu ewigem Stillstande verdammen wollten.

Begierig wurde die neologistische Richtung Kazinczy's von den später auftauchenden Publicisten ergriffen, und gewiß können wir die politische Zeitschrift Jelenkor die eigentliche erste Propaganda der Neologie nennen.

Die ungarische Akademie hingegen, deren Mitglieder mit sehr wenigen Ausnahmen selbst Neologen sind, hat nach Vorgang der französischen das Schaffen neuer Wörter abgelehnt; aber indem sie die von ihren Mitgliedern so wie die von Nicht=Mitgliedern geschaffenen neuen Wörter controllirt, dient sie wesentlich zur Consolidirung neologischer Bestrebungen.

Nähere Entwickelung der Neologie.

§. 152.

Zu erstrebende Kürze und Präcision gab die erste Veranlassung zur Neologie, und Kürze und Präcision bilden daher auch das höchste Criterium der Zweckmäßigkeit eines neologischen Ausdruckes, so wie die Analogie die höchste Norm, das unverletzliche Gesetz aller Wortbildungen macht. Wir heißen aber Analogie die Uebereinstimmung zwischen mehreren Verhältnissen und Fällen, also in der Ableitungslehre die Uebereinstimmung zwischen der Ableitungsart mehrerer Wörter.

Was die Quelle der Neologie betrifft, so ist es klar, daß diese keine andere sein kann und darf, als die Sprache, zu deren Reinigung und Bereicherung die Neuerungsthätigkeit in Bewegung gesetzt wird. Die Neologie hat daher nicht nur den in Büchern niedergelegten alten und neuen Sprachschatz auszubeuten und weiter auszuprägen, sondern ganz besonders das im Munde des Volkes lebende Wort in seiner Bedeutung genau zu bestimmen und zu fixiren. Wenn die neuere Naturlehre z. B. für die Erscheinung, die im Deutschen Wasserhose heißt, im Ungarischen das Wort viztorgatag geschaffen hat, so wäre gegen die Bildung dieses Wortes nichts einzuwenden; allein nachdem in Niederungarn, namentlich in der Bekescher Gespannschaft, wo diese Erscheinung häufig ist, zur Benennung derselben der höchst bezeichnende Ausdruck esőzsák (buchstäblich: Regensack) im Munde des Volkes lebt, so wird die oben angeführte Neuerung überflüssig und ist daher auch nicht zu billigen. Wenn dagegen „Charakter" mit bélyeg (eigentlich: eingeprägtes Zeichen) ausgedrückt wurde, so war hier das Wort Charakter, als den Inbegriff des Bezeichnenden an einem Dinge oder einer Person aussagend, durch das Wort bélyeg, welches einen Einzelbegriff, ein einzelnes und zwar ein äußerlich eingeprägtes Zeichen besagt, durchaus nicht entsprechend wiedergegeben und verstieß daher gegen das Gesetz der Präcision. Nicht besser entsprechend war das später gebrauchte lelkület (eigentl.: Seelenzustand), da hier der allgemeine Begriff Charakter, welcher sowohl Aeußeres als Inneres umfaßt, auf das enge Gebiet der Seele zurückgedrängt wurde. Hingegen entspricht das von Szemere zuerst, und seitdem allgemein gebrauchte jellem völlig dem griechischen Ausdrucke, indem es von jel, einzelnes Zeichen, nach Analogie von kellem, Reiz, einen Collectivbegriff des Bezeichnenden gibt, und so das Wort Charakter ganz ausdrückt.

Nicht minder unentbehrlich und trefflich gebildet sind die Wörter: elem, Element, elv, Prinzip (beide aus el, welches die Wurzelfilbe von első ist); eben so eszme, Idee, von ész, Verstand; miv oder mű, Werk, Wurzel von mivel, er wirkt, er thut. Besonders empfehlen sich diese Bildungen dadurch, daß sie zu ferneren Bildungen bequem, ganzen Wortfamilien den Ursprung geben. So wird aus elem, elemezni, in die Elemente zerlegen, analysiren; elemi iskola, Elementarschule ꝛc.; aus mű, műavatott, kunstgeweiht; műbiró, Kunstrichter; műértö, sachverständig; műismerő, Sachkenner; műhely, Werkstatt; műipar, Gewerbfleiß; müszer, Werkzeug; művész, Künstler; művészi, künstlerisch ꝛc.

Das Meiste schöpft die Neologie aus den in gebräuchlichen Stämmen für todt gehaltenen Wurzeln, so entstand telep, Niederlassung, von telepedni, sich niederlassen; gömb, Kugel, von gömbölyü, kugelrund; gyár, Fabrik, aus gyártani, verfertigen, fabriziren, welches selbst aus kötélgyártó, Seiler, Seilverfertiger, kerékgyártó, Wagner, Radverfertiger eruirt wurde u. s. w.

Wie behutsam aber auch hierin zu verfahren ist, beweisen die aus Mißverstand und Unkenntniß entstandenen Neologismen, wie ötv für Edelstein, csőr für Klystier ꝛc. Der Entstehung von ötv liegt der Irrthum zu Grunde, daß in dem Worte ötvös Silber- und Goldarbeiter ötv, eine todte Wurzel sei, die demnach wohl einen Edelstein bedeuten konnte, da ötvös dann „der in Edelstein Arbeitende" eben so heißen würde, wie üveges, „der in Glas Arbeitende;" allein in Wahrheit ist öt nichts anderes als das abgeschliffene önt, er gießt (s. oben §. 11), und ötvös heißt eigentlich der Gold- und Silbergießer. Nicht minder irrthümlich soll csőr, der zweite Theil von töltsér, Trichter, sein, in der Meinung, daß töltsér Zusammensetzung von zwei selbstständigen Wörtern töl = tel, voll und csér = csőr, Röhre, seien, während in der That töltsér, statt töltér, von tölt, füllen, so entstanden ist, wie hajtsár, Treiber, von hajt, treiben, statt hajtár.

Ein sehr wesentliches Mittel der Neologie ist die Zusammensetzung. Wie in der frühesten Periode der Sprachentwickelung die Ableitung, zur Zeit des Verfalles der Sprache die matte Umschreibung, so ist seit dem neuen Aufleben derselben, wo es sich um genaue und scharfe Begriffsbestimmung handelt, die Zusammensetzung thätig, so wird gyógyszer, Arzneimittel; gyógyszertár, Arzneimittelniederlage oder Apotheke; gyógyszerárus, Arzneimittelverkäufer oder Apotheker.

Nächst der Analogie sind zunächst die Gesetze des Wohllautes zu berücksichtigen, und hier ist vor Allem die möglichste Verminderung der e-Laute unter den Vocalen, so wie der k-Laute unter den Consonanten zu erstreben, die unserer Sprache durch ihr häufiges Wiederkehren eine unangenehme Monotonie verleihen. Daher die neueren, kürzeren und in der Aussprache der e abwechselnden Formen wie veszély, Gefahr, szenvedély, Leidenschaft, den gedehnten und eintönigen veszedelem, szenvedelem gewiß vorzuziehen sind. Aber auch andere langgedehnte Wörter sind aus der Sprache so viel als möglich zu verbannen, da es im Geiste der ungarischen Sprache ist, einfache Begriffe mit einfachen, wo möglich einsilbigen Wurzeln auszudrücken. Freilich aber kann auch hierin das Maßhalten nicht genug empfohlen werden. Denn so gewiß Wörter wie alkalmatlanságtalanság kaum zu Ende zu sprechen sind, so gewiß sind halt- und stützlose Wörter, wie éd, Süßigkeit, für édesség, mag, Höhe, statt magosság (die nackte Wurzel bedeutet sonst „Samen"), störend im Flusse der Sprache.

Das Gebiet der Neologie ist übrigens nicht blos auf die Wortbildung beschränkt, sondern erstreckt sich auch auf die Construction, die sie im Geiste der ungarischen Sprachökonomie zu vereinfachen und von übellautenden Verbindungen zu reinigen sucht. So wurden die in der älteren Schriftsprache so häufig wiederkehrenden und eben darum gehörverletzenden való und lévö in der neueren Schriftsprache abgeschafft, und dafür wird entweder i gesetzt oder wo dies nicht angeht, wird, was in der früheren Sprache zuschreibend erschien, aussagend gesetzt, so sagt man statt dem alten: szivem szerint való ember entweder szivem szerinti ember oder ember szivem szerint. Auch von den vielen vala und volna zur Bezeichnung der historischen Zeiten, so wie von den vielen az én, a te, az ö, a mi ꝛc., wo nicht besonderer Nachdruck es fordert, wurde die Sprache gereinigt. Wir wollen zum Beispiele einige Verse aus der Károlyi'schen Bibelübersetzung, die zu Ende des 16. Jahrhunderts angefertigt wurde, mit meiner Uebersetzung aus dem Jahre 1840 zusammenstellen: Gen. 1. 12. Károlyi'sche Uebersetzung: Hoza annakokáért a föld gyenge füveket, maghozó füveket, az ő nemek szerént és gyümölcstermö fákat, melyekben vala az ő nemek szerént való magvok; és látá Isten, hogy az jó vólna. Bloch'sche Uebersetzung: Terme tehát a föld sarjadékot, maghozó füvet neme szerint, gyömölcstermö fát, melyben megvan magva neme szerint, és látá isten, hogy jó. G. 11. 1. 2. Károlyi'sche Uebersetzung: Mind az egész föld pedig egy nyelven szólt vala, és a szóllásnak beszéde egy vala. Bloch'sche Uebersetzung: Vala pedig az egész föld egy nyelven és egy beszéden.

Homonymen.

§. 153.

Wörter, die obschon ähnlich oder ganz gleichlautend in der Aussprache, dennoch verschiedene Bedeutung haben, heißen Homonymen. Solche sind im Ungarischen:

ádáz, die Gleiße (Pflanze). ádáz, wüthend, gierig.
  ádáz, wüthen, gierig verlangen.

agg, sehr alt, abgelebt. agg, sich ableben, altern.
agy, der Schädel. agy, der Kolben.
  ágy, das Bett.

akar, er will. akár, ob, entweder, oder.
akol, der Stall. akol, er eicht, visirt.
ál, falsch. áll, er steht.
  áll, das Kinn.

alom, die Streu. álom, der Traum.
átal (statt által), durch. átall, er scheut sich.
apád, dein Vater. apát, der Abt.
ár, der Preis. ár, die Fluth.
  árr, die Ahle.

Arad, Arab (Stadt). arat, er erntet.
arany, das Gold. arány, die Proportion.
aszal, er dörrt. aszaly, der Zwickel am Hembe.
  aszály, die Dürre.

bab, die Bohne. pap, der Geistliche.
baba, kleines Kind, die Docke. bába, die Hebamme.
baj, das Uebel. báj, der Liebreiz.
bajnok, der Held. bájnok, der Zauberer.
bán, der Ban (in Croatien). bán, er bedauert.
bánt, er beleidigt. pánt, ein eisernes Band.
banya, ein altes Weib. bánya, das Bergwerk.
barát, der Freund. barát, der Mönch.
Bécs, Wien. Pécs, Fünfkirchen.
Békes, Name eines Comitates. békes, friedlich.
Bereg, Name eines Comitates. berek, der Hain.
beszél, er spricht. beszély, die Erzählung.
bír (vmit), er besitzt. bír (vmivel), gewachsen sein
  (einer Sache ic.).

birál, er kritisirt. birál, du besaßest.
biró, der Richter. biró, der Besitzer.
bíz (vmit vkire), er beauftragt biz, wahrlich.
  Jem. mit Etwas.

biztos, vertraulich. biztos, der Beauftragte.

bodor, kraus.

bojt, die Quaste.

bók, das Compliment.
bolgár, der Bulgare.
bont, er zertrennt.
bor, der Wein.

bőg, er brüllt.
búb, der Schopf.
csáb, die Lockung.
csak, nur.
csal, er betrügt.
csap, er schlägt.
csapat, er läßt schlagen.
csarnok, die Halle.
csavar, er schraubt.
csekély, gering.

csep, der Tropfen.

csere, der Tausch.
csikós, der Gestüthüter.
csin, die Nettigkeit.
csubor, der Webebaum.
csúsz, er rutscht.

csür, die Scheuer.
dag, die Geschwulst.
dagad, es schwillt.
dal, das Lied.
darázs, die Wespe.
dél, der Mittag.
derék, der Rumpf.
deres, die Peinbank.
derül, es heitert sich aus.
dob, er wirft.
ecet, der Essig.
ég, der Himmel.
ék, der Keil.
él, die Schneide.
elég, genug.
elégedett, zufrieden.

bodor, die Masche.
botor, albern.
bojt, er schürt, facht an.
bujt, er senkt (Gärtnerei).
pók, die Spinne.
polgár, der Bürger.
pont, der Punkt.
por, der Staub.
pór, der Bauer.

bök, er sticht.
púp, der Buckel.
csáp, das Fühlhorn.
csák, die Spitze.
csal, die Hinterlist.
csap, der Zapfen.
csapat, die Schaar.
zsarnok, der Tyrann.
csavar, die Schraube.
sekély, die Untiefe.
sekély, untief.
csép, der Dreschflegel.
csíp, er zwickt.
cserje, das Gesträuch.
csikos, gestreift.
csin, csiny, der Streich.
csupor, das Töpfchen.
csusz, der Strunk von Kukurutz.
csúz, das Rheuma.
csür, er dreht.
tag, das Glied.
tagad, er läugnet.
dall (dalol), er singt.
darás, griesig.
tél, der Winter.
derék, vortrefflich.
deres, bereift; mausfarbig.
terül, es erstreckt sich.
dob, die Trommel.
edzett, abgehärtet, gestählt.
ég, es brennt.
ék, der Schmuck.
él, er lebt.
elég, es verbrennt.
elégetett, verbrannt.

elől, von vorn.
ellen, der Gegner.
elv, der Grundsatz.
ér, die Ader.

értek, ich verstehe.
eressz, laß aus.
etet, er füttert.
fagy, der Frost.
faizás, die Holzung.
fal, er frißt.
faló, der Fresser.
fáradság, die Mühe.
fed, er deckt.
fej, der Kopf.
fej-ér, die Kopfader.
fek, das Lager.
fél, die Hälfte.
felé, gegen zu.
felől, von einer Seite her.
fen, oben.
férek, ich habe Platz darin.
fi, der Sohn.
fog, der Zahn.

fogas, gezähnt, der Rid.
fogoly, der Gefangene.
fon, er spinnt.
fő, das Haupt.
fül, das Ohr.
fűz, die Weide.

füzet, das Heft.
galyiba, das Hinderniß.
galand, das Leinwandband.
gamat, der Unflath.

garád, der Misthaufen.
gárgya, die Einfassung.
garas, der Groschen.
gaz, das Unkraut.
gém, der Reiher.

ken, er schmiert.

elöl, er tödtet.
ellen, gegen.
élv, der Genuß.
ér, es ist werth.
ér, es reicht, langt.
érték, der Werth.
eresz, das Vordach.
étet, er vergiftet.
fagy, er friert.
fajzás, die Ausartung.
fal, die Wand.
fa ló, hölzernes Pferd.
fáradtság, die Müdigkeit.
fedd, er rügt.
fej, er melkt.
fejér, weiß.
fék, der Zaum.
fél, er fürchtet.
felé, über.
felől, von oben her.
fon, er schleift.
féreg, Wurm.
fű, Gras.
fog, er fängt.
fok, die Stufe, der Grad.
fogás, der Fang, der Kniff.
fogoly, das Rebhuhn.
von, er zieht.
fő, es kocht.
fül, es wird warm.
fűz, er heftet, er broschirt.
főz, er kocht.
fizet, er zahlt.
kalyiba, die Hütte.
kaland, das Abenteuer.
gamat, roh, schmutzig.
kamat, die Interessen.
garat, der Mühltrichter.
kártya, die Karte.
garos, hochmüthig.
gáz, die Wade; das Gas.
kém, der Spion.
gim, die Hirschkuh.
kén, Schwefel; kény, Willkür.

gép, die Maschine.
geréb, das Gestade.
gerebel, trampeln. }
kerepel, er ratscht.
gerezd, die Zehe (v. Knoblauch).
góc, der Feuerherd.
gomb, der Knopf.
gór, hochgestreckt.
göböly, das Mastvieh.
görbe, krumm.
gőz, der Dampf.
had, der Krieg.
hadd, laß.
haj, das Haar.
hajdani, ehemalig.
hal, der Fisch.

hány, er wirft.
harmad, der Dritte.
hasad, dein Bauch.
hason, auf dem Bauche.
hát, der Rücken.
haza, nach Hause.
hegy, der Berg.
hegyes, bergig.
hely, der Ort.
hét, die Woche.
heted, reine Woche.
Heves, Heveser Comitat.
hi, er ruft.
hid, die Brücke.
him, gestickter Zierrath.

hitel, der Credit.
hiv, er ruft.
hó, der Schnee.
hold, der Mond.
holnap, morgen.
hón, die Achsel.

hordó, tragend.
hozzád, zu dir.
hő, die Hitze.
hőség, die Hitze.

kép, das Bild.
geréb, der Meierer.
gerébel, einen Graben ziehen.

kereszt, das Kreuz.
kóc, das Werg.
komp, die Fähre.
kór, die Krankheit.
köböl, der Kübel.
körbe, im Kreise.
győz, er siegt.
hat, sechs.
hat, er wirkt.
hajh! ach!
hajtani, treiben.
hal, er stirbt.
hall, er hört.

hány, wie viel.
harmat, der Thau.
hasad, es spaltet.
hason, ebenmäßig.
hát, also.
haza, das Vaterland.
hegy, die Spitze.
hegyes, spitzig.
héj, die Schale.
hét, sieben.
heted, der siebente.
heves, hitzig.
hi, der Mangel.
hit, der Glaube.
him, männlich.
him, das Männchen.

hitel, er beeidet.
hiv, treu.
hó, der Monat.
holt, todt.
hónap, der Monat.
hon, die Heimath.
hon, zu Hause.

hordó, das Faß.
hozzád! schwure!
hő, hitzig.
hősség, der Heldenmuth.

húsz, zwanzig.
hű, die Kühle.
hűség, die Treue.
idéz, er citirt.
ifjú, der Jüngling.
így, so.
in, die Sehne.
ing, das Hemd.
ir, die Salbe.
iró, die Buttermilch.
irt, er gätet.
iz, das Glied.
jegyes, gezeichnet.
jelen, er erscheint.
jelenkezik, er zeigt sich.
jeles, bezeichnet.
jobb, besser.
kantár, der Zaum.
kapod, du bekommst es.
kar, der Arm.
kel, er steht auf.
kelet, der Osten.
keletlen, ungegohren.
kened, du schmierst es.
kén, der Schwefel.
kéntelen, schwefellos.

képes, bildlich.
kerek, rund.
kérd, er fragt.
kerül, er vermeidet.
kérek, ich bitte.
késem, mein Messer.
kisért, er hat begleitet.
ki, wer.
kin, draußen.
koboz, die Laute.
korom, mein Alter.
kóta, die Note.
könny, die Thräne.
követ, den Stein.

láb, der Fuß.

húz, er zieht.
hű, treu.
hűsség, die Kühle.
idöz, er weilt.
ifjú, jung.
ügy, die Angelegenheit.
in, iny, das Zahnfleisch.
ing, es wankt.
ír, er schreibt.
iró, der Schreiber.
írt, geschrieben.
iz, der Geschmack.
jegyes, verlobt.
jelen, gegenwärtig.
jelentkezik, er meldet sich.
jeles, ausgezeichnet.
jobb, die rechte Hand.
kontár, der Pfuscher.
kaput, der Gehrock.
kar, der Chor.
kell, es ist nöthig.
kellett, es war Noth.
kelletlen, unnöthig, unlieb.
kenet, die Salbe.
kény, die Willkür.
kénytelen, ohne eigenen Willen, gezwungen.
képes, fähig.
kerék, das Rad.
kért, er hat gebeten.
kerül, es kostet.
kéreg, die Rinde.
késem, ich verspäte mich.
kisért, er versucht.
ki, aus, hinaus.
kín, Pein.
koboz, er nimmt in Beschlag.
korom, der Ruß.
kótya, die Licitation.
könyv, das Buch.
követ, der Abgeordnete.
követ, er folgt.
láp, das Moor.
lább, er schwebt, schwimmt.

lakod, deine Wohnung.
lég, die Luft.
lél, er findet.
lép, er schreitet.
len, der Flachs.
les, er lauert.
levél, du wurdest.
lob, die Entzündung.
lomb, das Laub.
lug, die Lauge.
mag, der Same.
magán, privat.
mart, das Gestade.
másod, der zweite.
mász, er kriecht.
mása, sein Ebenbild.
megy, er geht.
megette, hinter ihm.
méh, die Biene.
mell, die Brust.
menj, gehe.

mennyei, himmlisch.
ment, er ist gegangen.
mer, er schöpft.
merő, wagend.
mérek, ich messe.
mert, er hat gewagt.
mért? warum?
mész, der Kalk.
meszel, er weißt.
mi? was?
mind, alles.
mindegy, alles eins.
mível, er bildet.
nap, die Sonne.

ne! da hast du es!
nem, das Geschlecht.
nemzett, erzeugt.
nő, die Frau.
nyő, er rupft.
nyár, der Sommer.
nyel, er schlingt.

lakat, das Schloß.
lék, das Loch.
lél, der Geist, Spiritus.
lép, die Milz.
len, unten.
les, die Lauer.
levél, der Brief.
lop, er stiehlt.
lomp, der Lump.
lyuk, das Loch.
makk, die Eichel.
magány, die Einsamkeit.
mart, er hat gebissen.
másutt, anderswo.
máz, der Anstrich.
mázsa, der Zentner.
meggy, die Weichsel.
meg-ette, er hat es aufgegessen.
méh, die Gebärmutter.
mely, welcher, welche, welches.
menny, der Himmel.
meny, die Schwiegertochter.

mennyi? wie viel?
ment, frei.
mer, er wagt.
merő, starr.
méreg, das Gift.
mert, weil.
mért, gemessen.
méz, der Honig.
meszely, das Seidel.
mi, wir.
mint, wie, als.
mintegy, ungefähr.
mível, weil.
nap, der Tag.
nap, die Schwiegermutter.

ne, nicht.
nem, nicht.
nemzet, die Nation.
nő, es wächst.
nyű, die Made.
nyár, die Pappel.
nyél, der Stiel,

nyil, der Pfeil.　　　　　　　nyil, es öffnet sich.
nyir, die Birke.　　　　　　　nyír, er schert.
nyom, er drückt.　　　　　　 nyom, die Spur.
nyúl, der Hase.　　　　　　　nyúl, er greift nach etwas.
ó, alt.　　　　　　　　　　　ó, er verhütet.
　　　　　　　　　　　　　　oh! ach!
old, er löst auf.　　　　　　 olt, er löscht.
olvasó, der Leser.　　　　　　olvasó, der Rosenkranz.
orr, die Nase.　　　　　　　 or, der Dieb.
orra, seine Nase.　　　　　　 óra, die Uhr.
orosz, der Russe.　　　　　　oroz, er stiehlt.
orosz lány, ein russisch Mädchen. oroszlány, der Löwe.
öl, er tödtet.　　　　　　　　öl, der Schoß.
ül, er sitzt.　　　　　　　　 öl, die Klafter.
önt, er gießt.　　　　　　　　önt, Sie (Accus.).
örök, ewig.　　　　　　　　　örök, der Erbe.
öröm, die Freude.　　　　　　üröm, der Wermuth.
öröl, er malt.　　　　　　　　örül, er freut sich.
　　　　　　　　　　　　　　ürül, es wird leer.
örv, ein stacheliges Halsband örv, der Vorwand.
　　der Hunde.
ős, uralt.　　　　　　　　　　ős, der Ahn.
ősz, der Herbst.　　　　　　　ősz, grau.
　　　　　　　　　　　　　　őz, das Reh.
öt, fünf.　　　　　　　　　　üt, er schlägt.
páhol, er prügelt.　　　　　　páholy, die Loge.
pálya, die Bahn.　　　　　　　pályha, der Zwickel.
papság, die Priesterschaft.　　pap zsák, Pfaffensack.
persely, der Kirchenbeutel.　　perzsel, er senkt.
pont, der Punkt.　　　　　　　ponty, der Karpfen.
pök, er spuckt.　　　　　　　 pök, der Speichel.
rag, das Anhängsel.　　　　　 rak, er legt.
rág, er kaut.　　　　　　　　 rák, der Krebs.
rajz, die Zeichnung.　　　　　 rajz, er fängt Bienenschwärme.
remeg, er zittert.　　　　　　remek, das Meisterstück.
rész, der Theil.　　　　　　　réz, das Kupfer.
reszel, er feilt.　　　　　　　rezel, er verkupfert.
retteg, er hat Angst.　　　　　retek, Rettich.
rossz, schlecht.　　　　　　　rozs, der Roggen.
rúd, die Stange.　　　　　　　rút, häßlich.
sanda, scheel.　　　　　　　 sánta, lahm.
seb, die Wunde.　　　　　　　zseb, die Tasche.
sebes, verwundet.　　　　　　sebes, schnell.
　　　　　　　　　　　　　　zsebes, mit Taschen versehen.

sejt, die Wabe.
segél, er hilft.
sekély, untief.
serény, fleißig.
sertés, das Schwein.
sík, glatt.

sikit, er macht glatt.
siker, der Erfolg.
síp, die Pfeife.
sír, das Grab.
sivány, öde, kahl.
sódar, der Schinken.
soha, nie.
sugár, der Strahl.
sujtás, der Schlag.

sül, das Stachelthier.

szab, er schneidet zu.
szabad, frei.
szabadosság, die Licenz.
szád, dein Mund.
szag, der Geruch.
szák, das Schöpfnetz.
szakaszt, der Abschnitt.
szál, der Faden.
szálas, faserig.
szán, er bedauert.
szúr, der Stiel.

szász, der Sachse.
szebben, schöner.
szeg, der Nagel.
szegen, am Nagel.
szél, der Wind.
szelet, den Wind.
szem, das Auge.
szemet, das Auge (Accus.).
szemle, die Musterung.
szenny, der Schmutz.
szid, er schmäht.
szín, die Farbe.

sejt, er ahnt.
segély, die Hilfe.
sekély, die Untiefe.
serény, die Mähne.
sértés, die Verletzung.
sík, die Ebene.
zsik, der Secken.
sikit, er heult.
sikér, der Kleber.
zsib, alter Kram.
sír, er weint.
zsivány, der Räuber.
sodor, er dreht.
sohaj, der Seufzer.
sugár, schlank.
sujtás, schmale Schnürchen auf
  ungarische Kleider.
sül, es wird gebacken.
süly, der Skorbut.
zab, der Hafer.
szabad, er läßt zuschneiden.
szabadosság, die Präcision.
szád, der Spund.
szak, das Fach.
zsák, der Sack.
szakaszt, er reißt.
száll, er steigt auf oder ab.
szállás, das Quartier.
szán, der Schlitten.
zár, das Schloß.
zár, er sperrt.
száz, hundert.
Szeben, Hermannstadt.
szeg, er bordirt.
szegény, arm.
szél, der Rand.
szelet, die Schnitte.
szem, das Korn.
szemét, der Mist.
zsemlye, die Semmel.
szén, die Kohle.
szit, er schürt das Feuer.
szín, die Bühne.
szín, der Schuppen.

szirt, die Klippe. szirt, das Genick.
szintelen, farblos. szüntelen, unaufhörlich.
szív, das Herz. szív, er saugt.
szövet, er läßt weben. szövet, das Gewebe.
szőr, das Haar. szűr, ein grober Bauernmantel.
zűr, der Wirrwar. szűr, er seihet.
szüret, er läßt seihen. szüret, die Weinlese.
szűz, keusch. szűz, die Jungfrau.
tagad, er läugnet. tagod, dein Glied.
tág, geräumig. ták, der Schuhfleck.
talán, vielleicht. talány, das Räthsel.
tanja, seine Lehre. tanya, das Lager.
tanuság, die Zeugenschaft. tanulság, die Lehre.
                                       tanultság die Gelehrtheit.
tapaszt, das Pflaster (Accus.). tapaszt, er klebt.
tapad, es klebt an. tapod, er tritt mit Füßen.
tar, kahl. tar, der Kahlkopf.
tár, offen. tár, er öffnet.
                                       tár, das Magazin.
tartozik, er ist schuldig. tartózik, er hält sich.
tartozkodik, er hält sich zurück. tartózkodik, er hält sich auf.
tegez, der Köcher. tégez, er duzt.
teng, er vegetirt. tenk, Bankerott.
tengeri, der Kukuruz. tengeri, vom Meere.
tépet, er läßt zupfen. tépet, die Charpie.
tér, der Raum. tér, er hat Raum.
                                       tér, er kehrt (zurück ıc.).
tért, den Raum. térd, das Knie.
terem, er bringt (Früchte). terem, der Saal.
termet, die Statur. termett, es ist gewachsen.
tetem, das Gebein. tettem, ich habe gethan.
tett, er hat gethan. tett, die That.
tető, der Gipfel. tetű, die Laus.
tiszt, der Officier. tiszt, die Obliegenheit.
tíz, zehn. tűz, das Feuer.
                                       tűz, er heftet.
tizet, zehn (Accus.). tized, der Zehnt.
tok, die Scheide. tok, der Stör (Fisch).
tol, er schiebt. toll, die Feder.
told, er setzt zu. tolt, geschoben.
tőgy, das Euter. tölgy, die Eiche.
tör, er bricht. tőr, der Dolch.
tür, er schürzt auf. tür, er duldet.
törik, es bricht. török, d. Türke; türök, d. Horn.

törös, brüchig. törös, mit einem Dolche versehen.
tus, der Toast. tús, die Tusche.
uj, neu. új, der Finger.
utad, dein Weg. utód, der Nachfolger.
utal, er weist an. utál, er verabscheut.
ül, er sitzt. ül, er feiert.
ülő, sitzend. üllő, der Amboß.
vad, wild. vad, das Wild.
vadász, er jagt. vadász, der Jäger.
vágat, er läßt hauen. vágat, der Schlag.
vagy, du bist. vagy, oder.
vágy, die Sehnsucht. vágy, er sehnt sich.
vajh! ach wenn! vaj, die Butter.
vál, er trennt sich. váll, die Schulter.
var, der Grind. varr, er näht.
vár, er wartet. vár, die Festung.
varrás, das Nähen. varázs, der Zauber.
vasárnap, Sonntag. vásárnap, der Markttag.
véd, er schützt. véd, der Schutz.
végzett, er hat geendigt. végzet, das Verhängniß.
végy, nimm du. vegy, die Mischung.
vékony, dünn. vékony, die Lende.
véle, mit ihm. véle, er meinte.
vesz, er kauft. vesz, er geht verloren.
 vész, die Gefahr.
vet, er säet. vett, er hat gekauft.
vét, er fehlt. vét, er wirft.
vettet, er läßt säen. vetett, er hat gesäet.
visz, er trägt. víz, das Wasser.
világ, die Welt. világ, das Licht.
villan, es blitzt. villany, der Phosphor.
záp, die Schwinge. záp, faul, stinkend.
zavar, er verwirrt. zavar, die Verwirrung.
zug, der Schlupfwinkel. zúg, es braust.
zúz, der Reif. zúz, er zermalmt.
zúza, der zweite Magen der Vögel. zúzza, er zermalmt es.

Dialekte.

§. 151.

Die Ausbreitung des ungarischen Sprachstammes über mehrere von Natur verschieden ausgestattete Landstrecken, und die daraus entspringenden Verschiedenheiten theils der klimatischen Einwirkungen, theils der die Ungarn umgebenden fremden Nationalitäten, haben die ungarische Sprache in Mundarten gespalten, die sowohl in Beziehung auf die Aussprache, als in Hinsicht grammatischer und lexikalischer Eigenthümlichkeiten bedeutende Abweichungen von der allgemein angenommenen Schriftsprache zeigen.

Schedel hat im Magyar academiai értesitő, vom Jahre 1843, Nro. 1, dreizehn Dialekte aufgezählt, die sämmtlich von einander abweichend, verschieden genannt werden können. Dem Lernenden wird es jedoch genügen sich blos mit zweien bekannt zu machen, da alle übrigen sich auf diese zwei Haupt-Dialekte zurückführen lassen.

1) Der niederungarische Dialekt, der mit geringen Unterschieden sich in die Siebenbürger, Debrecziner, Szegediner und Borsoder Mundarten spaltet, bildet die Grundlage der gemeinsamen Schriftsprache und des gebildeten Verkehres.

2) Der oberungarische Dialekt, oder die von der Schriftsprache am meisten abweichende Mundart der Palóczen in den zusammenstoßenden Theilen der Gespannschaften Nógrád, Honth, Gömör, Borsod und Heves. Sie hat von dem alterthümlichen Gepräge der Sprache das Meiste bewahrt, andererseits aber sich mit slavischen Elementen geschwängert.

Das Charakteristische dieses Dialektes läßt sich füglich in folgenden Punkten zusammenfassen:

a) Verdunkelung des Lautes a in ein geschlossenes o, des i in e, als: láttom, láttod, látto, für láttam, láttad, látta; enség für inség, Noth; vella, statt villa, Gabel.

b) Verplattung und Verdunkelung der Aussprache der langen Vocale á, é, ó, ő, die wie ua, iee, uoo, üö gesprochen werden, als: ién oder ieen statt én; iédes, statt édes; juó oder juoo, statt jó, szüöllő, statt szőllő.

c) Verschlingung des l, zuweilen des r, und am Ende auch anderer Mitlaute, als: feö meök statt föl megyek; mikou, akkou statt mikor, akkor; azié, statt azért.

d) Erweichung der Laute d, l, n, t, in gy, ly, ny, ty, als: gyiák, statt diák; ártanyi, tennyi, vennye, statt ártani, tenni, venni; tyőkör, statt tükör.

e) Verwerfung der Assimilation bei val, vel und Aufnahme derselben bei meg, als: kézveö = kézvel, statt kézzel; botvan = botval, statt bottal; hingegen melluát, statt meglát; mebbír, statt megbír.

f) Häufige Wortverkürzungen, als: ett, statt evett; meék, statt megyek.

g) Eigenthümlicher Gebrauch mancher Wortformen, so sagt man: papnuá mék = papnál megyek, statt paphoz megyek.

h) Gebrauch slavischer Wörter, wo die übrigen Dialekte sich ungarischer Ausdrücke bedienen.

Diesem Dialekte reihen sich an, einerseits die Moldauer (csángó) und Székler Mundarten, anderseits die Mundarten der Gegenden jenseits der Theiß.

Drittes Buch.
Syntax.

§. 155.

Die Syntax lehrt den Gebrauch der Formen, deren Bildung die Wortlehre gezeigt hat, und handelt von der Verbindung der einzelnen Wörter zu Sätzen.

Ein Satz ist der sprachliche Ausdruck eines Gedankens, dessen wesentliche Bestandtheile sind: a) der Name des Dinges, von dem etwas ausgesagt wird (Subjekt); b) das Ausgesagte, was dem Subjekte beigelegt, oder von ihm ausgesagt wird (Prädikat), als: a ló négy lábu, das Pferd ist vierfüßig; házam nagy, mein Haus ist groß; az állat él, das Thier lebt; a madár repűl, der Vogel fliegt; az állat érzi a fájdalmat, das Thier fühlt den Schmerz; Isten a világot semmiből teremtette, Gott hat die Welt aus Nichts erschaffen.

§. 156.

Ein eigenes Wort zur bloßen Zusammenhaltung von Subjekt und Prädikat, wie das deutsche ist oder sind, kennt die ungarische Sprache nicht, und man sagt daher: az idö szép, die Zeit ist schön, statt az idö van szép; okosság soha annak felette nem hinni, a ki minket avagy csak egyszer megtréfált, es ist Klugheit, demjenigen nie mehr sehr zu trauen, der uns auch nur ein Mal zum Besten gehabt (Cserei), statt: van okosság :c. Nur wenn an das Zeitwort sein sich gewisse Begriffe von Zeit (vergangene, zukünftige), von Personen (1. und 2.) knüpfen, oder wenn eigentlich der Begriff des Daseins ausgesagt werden soll, wo dann im Deutschen das vertretende es gibt zu gebrauchen wäre, kann man sich des ungarischen Zeitwortes lenni bedienen, als: az idő szép volt, én szép vagyok, mi szépek vagyunk, szép idő van.

Gebrauch des Artikels.

§. 157.

Der Ungar hat nur für den bestimmten Artikel eine eigene Form az, a (s. §. 80); den unbestimmten muß er ebenfalls durch az, a, oder durch Weglassung jeder Bezeichnung, oder durch das Zahlwort egy andeuten; als: az okos ember soha nem jön zavarodásba felelet miatt, ein kluger Mann kommt nie in Verlegenheit wegen einer Antwort (Faludi). Ki másnak vermet ás, maga esik belé, wer einem andern eine Grube gräbt, fällt selbst hinein. Egy balsorai király nagy kincsesel birt, ein König von Balsora besaß große Reichthümer.

Die Bezeichnung des unbestimmten Artikels durch egy ist eine Nachahmung des deutschen ein, und ist nur zu gebrauchen: a) wenn der Begriff der Einheit ausgedrückt werden soll, namentlich bei Sammelnamen, als: adj nekem egy cseresnyét, gib mir eine Kirsche: — adj nekem cseresnyét hieße: gib mir Kirschen (siehe §. 163). Eben so: adjon nekem egy almát, geben Sie mir einen Apfel; adjon nekem almát hieße: geben Sie mir Aepfel; b) wo im Deutschen „ein gewisser" gesetzt werden könnte, als: egy balsorai király nagy kincsesel birt, ein (ein gewisser) König von Balsora besaß große Reichthümer (Vörösmarty); c) wenn es nach einer besondern Eigenthümlichkeit der ungarischen Sprache, des Nachdrucks wegen zwischen Bei= und Hauptwort gesetzt wird, als: gonosz egy gyermek, ein böses Kind, szép egy utca, eine recht schöne Straße.

§. 158.

Die Regeln über Setzung des bestimmten Artikels kommen im Allgemeinen mit denen überein, die wir aus dem Deutschen kennen. Er wird mithin gesetzt, wenn von einem bestimmten, vorher erwähnten, oder sonst bekannten Subjekte die Rede ist, und wird nicht gesetzt, wenn dieses unbestimmt und allgemein ist.

Der bestimmte Artikel steht im Ungarischen, wo er im Deutschen ausgelassen, oder statt dessen der unbestimmte gebraucht werden muß.

1. Bei den Fürwörtern, namentlich bei den anzeigenden, als: ez az ember, dieser Mensch; ez a fürdő, dieses Bad; bei den beziehenden Fürwörtern, als: a ki, welcher; bei den unbestimmten Fürwörtern: az olyan, ein solcher.

2. Wenn das Hauptwort durch Personalsuffixe bestimmt wird, und auf dem Suffix der Nachdruck ruht, wo dann gewöhnlich auch das getrennte persönliche Fürwort gebraucht werden muß (s. oben §. 115), als: a házam, mein Haus, ez az én házam, nem a tiéd, dieses ist mein Haus, nicht das deinige; itt a házam, ott a kertem, hier ist mein Haus, dort mein Garten.

Ueber die übrigen Fälle, wo der ungarische bestimmte Artikel statt des deutschen unbestimmten zu stehen kommt, läßt sich Folgendes als Regel aussprechen: Wenn etwas, das in den einzeln vorkommenden Fällen unbestimmt genommen werden müßte, als Idee oder im Ganzen aufgefaßt wird, und also nun als bestimmt erscheint, so daß im Grunde auch der Deutsche den bestimmten Artikel setzen könnte, da muß im Ungarischen nothwendig der bestimmte Artikel gebraucht werden, als: a kéz kezet mos, eine Hand wäscht die andere (Faludi); zabla nélkül a ló soká nem lészen jó, ein Pferd ohne Zügel wird nicht lange gut sein, besser: Wo der Bauer nicht muß, da rührt er weder Hand noch Fuß (Sprichw.).

Wie im Deutschen, steht auch im Ungarischen der Artikel nothwendig vor einem als Hauptwort gebrauchten fremden Redetheile, als: a tisztosséges nem, néha kedvesebb, mint az izetlen úgy, ein ehrbares Nein ist oft angenehmer, als ein abgeschmacktes Ja (Sprichw.).

Ausnahme. Die Setzung des Artikels findet nicht statt, wenn der Infinitiv als Subjekt gebraucht wird, als: halni a hazáért dicsőséges, Sterben für's Vaterland ist rühmlich.

§. 159.

Die Bezeichnung des Artikels fällt der Regel nach weg:

1. Bei Eigennamen der Personen, der Länder, der Städte und Marktflecken, wie auch der Monate und Tage, als: Vörösmarty; Magyarország, Ungarn; Győr, Raab; Pápa; Soroksár; tavaszelő, März; vasárnap, Sonntag (wird aber gesetzt bei Eigennamen der Flüsse und Berge, als: a Duna, die Donau; a Kárpátok, die Karpathen).

2. Vor Hauptwörtern, welche durch einen vorhergehenden Genitiv bestimmt sind, weil sie dann der Bestimmung durch den Artikel nicht mehr bedürfen, als: az ember lelke, die Seele des Menschen; a ház ablaka, das Fenster des Hauses.

Nach Willkür gebraucht oder weggelassen wird der bestimmte Artikel:

1. Bei den beziehenden Fürwörtern, als: nem mind arany, a mi fénylik, es ist nicht Alles Gold, was glänzt, wäre eben so richtig: nem mind arany, mi fénylik. Ki mint vet, úgy arat, wie man säet, so erntet man, kann auch heißen: a ki mint vet stb.

2. Bei den Namen der Berge, der Thäler, der Wälder, der Flüsse und der Seen, z. B. A Duna vize sem mossa le emberről a gyalázatot, das Wasser der Donau wäscht auch die Schande vom Menschen nicht ab (Sprichw.); merre zúgnak habjai Tiszának, Dunának, wo die Wellen rauschen der Theiß und der Donau.

3. Bei dem Worte Isten, Gott, als: nép szava, Isten szava, das Wort des Volkes ist das Wort Gottes; jó az Isten, jót ád, Gott ist gut, gibt Gutes (Sprichwörter).

Lehre von der Congruenz.

§. 160.

Der wichtigste Theil im Satze ist das Subjekt; daher sich alles nach dem Subjekte richtet und das Prädikat muß mit seinem Subjekte in Person und Zahl übereinkommen, als: én állok, te ülsz, ich stehe, du sitzest; mi állunk, ti ültök, wir stehen, ihr sitzet.

Eine scheinbare Ausnahme von dieser Regel machen die unpersönlichen Zeitwörter van, nincs, sincs, kell, lehet, die das Wort, welches im Deutschen Subjekt ist, in den Dativ fordern (s. oben §. 72), als: nekünk nem lehetett jelen lennünk, wir konnten nicht zugegen sein, was aber eigentlich so zu verstehen ist: unser Zugegensein war uns unmöglich, hier ist also eigentlich der suffigirte Infinitiv Subjekt des Satzes.

> Anmerkung. Da wir in unserer Grammatik nur das vom Deutschen Abweichende und dem Ungarischen besonders Eigenthümliche zu erwähnen haben, so wollen wir auch in der Lehre von der Congruenz nur die dem Ungarischen eigenthümlichen Gesetze herausheben. Als solche sind die Regeln zu bezeichnen, die sich auf den Gebrauch der bestimmten und unbestimmten Form der Zeitwörter beziehen, die wir nun hier folgen lassen.

Von dem Gebrauche der bestimmten und unbestimmten Form der Zeitwörter.

§. 161.

Der richtige Gebrauch der bestimmten und unbestimmten Form der Zeitwörter ist unstreitig einer der schwierigsten Punkte der ungarischen Sprache. Folgende sind die hier zu merkenden Hauptregeln.

Die bestimmte Form des thätig-übergehenden Zeitwortes wird gebraucht:

1. Wenn der Gegenstand, auf den die Thätigkeit übergeht, den bestimmten Artikel oder eines der anzeigenden Fürwörter az, ez, azon, ezen, amaz, emez ꝛc., oder ein fragendes Fürwort auf ik vor sich hat, als: olvasom a könyvet, melyet kaptam töled, ich lese das Buch, welches ich von dir bekommen habe. Szeretem ezt a gyermeket, ich liebe dieses Kind. Látod ama fákat? siehst du jene Bäume? Melyik házat vetted meg? welches Haus hast du gekauft? — Bleibt die genauere Bestimmung durch den Artikel, durch das anzeigende oder durch das fragende Fürwort auf ik weg, so kommt das Zeitwort in die unbestimmte Form, als: könyvet olvasok, ich lese ein Buch; egy fát látok, ich sehe einen Baum. Ausgenommen werden: kétlem, ich zweifle, und beérem vele, ich begnüge mich damit, welche beide Zeitwörter unbestimmt gar nicht abgewandelt werden.

Anmerkung. Das euphonische a bei den beziehenden Fürwörtern besitzt nicht die Kraft des bestimmten Artikels und hat daher das Zeitwort in unbestimmter Form nach sich, als: a mit mondok, mind igaz, was ich sage, ist alles wahr. A kit egyszer a kigyó megcsíp, a gyíktól is fél, den einmal die Schlange sticht, fürchtet sich auch vor der Eidechse. (Sprichw.)

2. Wenn der Gegenstand, auf den die Thätigkeit übergeht, die dritte Person des persönlichen Fürwortes, die zweite Person des persönlichen Fürwortes der Anrede, önt, kegyedet, Sie, oder ein alleinstehendes anzeigendes Fürwort ist, und diese in der Rede entweder wirklich ausgedrückt erscheinen, oder nur hinzugedacht werden müssen, als: Hallottátok-e már az új énekesnöt? mi már többször hallottuk öt, oder: már többször hallottuk, habt ihr schon gehört die neue Sängerin? wir haben sie schon mehreremal gehört. Még egyszer ismétlem, ich wiederhole es noch einmal; ismerem öket, ich kenne sie; tudom azt, ich weiß das. Hierher gehören die dritten Personen: magát, ihn allein, nur ihn, magokat, sie allein, nur sie, mindnyájokat, sie alle insgesammt, welche derselben Regel folgen, als: csak magát láttam, ich habe nur ihn gesehen, mindnyájokat becsülöm, ich schätze sie alle insgesammt.

Wenn jedoch das alleinstehende anzeigende Fürwort einen Gegenstand nur allgemein und unbestimmt angibt, so steht auch das Zeitwort in unbestimmter Form, als: Ön regényeket olvas? én is azt olvasok, Sie lesen Romane? auch ich lese derlei (nämlich Romane). Ö veszi köpönyegét, én is azt veszek, er nimmt seinen Mantel, auch ich nehme einen (Mäntel; nicht den bestimmten, von welchem hier die Rede ist, nämlich: seinen; én is azt veszem hieße: auch ich nehme denselben, von dem die Rede ist). Nem kalap, de sarú kell neki, mondván, s ezt vet neki, nicht Hut, sondern Stiefel braucht er sagend, und wirft ihm solche hin. (Széchényi.)

Die Accusative engem, engemet, mich, téged, tégedet, dich, minket, bennünket, uns, und titeket, benneteket, euch, ferner magamat, mich allein, nur mich, magadat, dich allein, nur dich, magunkat, uns allein, nur uns, magatokat, euch allein, nur euch, mindnyájunkat, uns alle insgesammt, mindnyájatokat, euch alle insgesammt, fordern gleichfalls das Zeitwort in der unbestimmten Form, als: onnan meglátnak minket oder bennünket, von dort sieht man uns; csak magamat találsz itt, du findest nur mich hier; mindnyájunkat meghivott, er hat uns alle gerufen.

3. Wenn der Gegenstand, auf den die Thätigkeit übergeht, mit Personalsuffixen verbunden erscheint, als: szeretem hazámat, ich liebe mein Vaterland; a becsületes ember megtartja szavát, ein ehrlicher Mann bält sein Wort.

4. Die reflexiv gebrauchten Fürwörter: magam, magad, maga ꝛc., und die unbestimmten Zahlwörter: mindnyájunk, mindnyájatok, mindnyájok, wenn sie reflexiv gebraucht werden, fordern, im Falle sie als Objekt erscheinen, die bestimmte Form des Zeitwortes, als: ismerd önmagadat, kenne dich selbst, az ember nem hallja maga magát, man hört sich selbst nicht; mindnyájatokat elrontjátok, ihr verderbet euch alle insgesammt.

Werden diese Wörter nicht in reflexivem Sinne gebraucht, so fordern sie, mit Ausnahme der dritten Personen, die unbestimmte Form, wie wir bereits oben Nr. 2 gesehen.

5. Die Fürwörter und unbestimmten Zahlwörter, welche, um ein einzelnes Ding oder Individuum zu bezeichnen, das Suffix ik annehmen, fordern stets die bestimmte Form, als: melyiket választod? welches wählst du? mindeniket szeretném, ich möchte ein jedes.

Stehen die Wörter auf ik mit Personalsuffixen, so folgen sie per Regel Nr. 4.

6. Wenn das Objekt das unbestimmte Zahlwort mind ist, wird das Zeitwort ebenfalls in die bestimmte Form gesetzt, weil, wenn kein anderes bestimmtes Objekt da ist, „es, sie, ihn" mitverstanden wird, als: Hol van a cseresznye? a gyermek mind megette, wo sind die Kirschen? das Kind hat sie alle aufgegessen.

7. Wenn das Objekt der Handlung ein Name ist, so kommt ebenfalls die bestimmte Form, als: olvastad már Horatiust? Hast du schon Horaz gelesen? Nem ismerted Kazinczyt? Hast du Kazinczy nicht gekannt?

Wenn jedoch die Eigennamen als Gattungsnamen gebraucht werden, oder wenn mehrere dadurch, daß sie einerlei Namen haben, gleichsam zu einer Klasse gerechnet werden, so finden alle die Regeln wieder statt, die für die Gattungsnamen gelten, als: korunkban, nem találunk Zrínyiket, in unserem Zeitalter finden wir keine Zrínyi's, d. h. Menschen von solcher Tapferkeit, wie der unsterbliche Held von Sziget; én két Devecsert tudok Magyarországban, az egyik Bihar vármegyében van, a masik Sopron vármegyében fekszik, ich weiß zwei Devecser in Ungarn, das eine ist im Biharer Comitat, das andere liegt im Oedenburger Comitat; ismerek egy Jósikát, ich kenne einen Jósika, heißt gleichsam, ich kenne einen aus der Klasse der Jósika.

8. Zeitwörter, welche einen andern Satz zum Objekt haben, d. h. Zeitwörter, welche eine Thätigkeit des äußern oder innern Sinnes oder eine Verkündigung ausdrücken, stehen vor ihrem Satzobjekte in bestimmter Form. Solche Zeitwörter sind: hallani, hören; látni, nézni, sehen; érezni, empfinden, fühlen; észre venni, wahrnehmen; tapasztalni, erfahren; tudni, wissen; emlékezni, sich erinnern; gondolni, denken; vélni, meinen; mondani, sagen; állítani, behaupten; üzenni, sagen lassen; hirdetni, verkündigen; fogadni, wetten; igérni, versprechen, und mehrere andere, deren Grundbedeutung **fühlen, denken, wissen** oder **sagen** ist. Der Satz, welcher die Rolle des Objektes vertritt, beginnt gemeinhin mit hogy oder mit einem beziehenden Fürworte, als: Hallom, hogy utazni akarsz, ich höre, daß du reisen willst.

§. 162.

Bezieht sich das Zeitwort auf mehrere Objekte, so sind diese entweder: a) sämmtlich bestimmt oder sämmtlich unbestimmt; in beiden Fällen ist die Konstruktion ohne Schwierigkeit, denn im ersten Falle wird die bestimmte, im zweiten die unbestimmte Form des Zeitwortes gebraucht; b) theils bestimmt, theils unbestimmt, in diesem Falle muß der Satz in zwei kleinere Sätze dermaßen zerlegt werden, daß in den einen Theil des Satzes die bestimmten, in den andern die unbestimmten Objekte zu stehen kommen, und das Zeitwort muß wiederholt werden; so ist es fehlerhaft gesagt: sokan annyira felfuvalkodtak, hogy sem az Istent, sem ön magokat, sem egyebeket nem ismerének, viele wurden so aufgeblasen, daß sie weder Gott, noch sich selbst, noch andere erkannten; sondern muß heißen: sem az Istent nem ismerék, sem magokat, sem egyebeket nem ismerének.

Von dem Hauptworte.

§. 163.

Das Hauptwort ist als Bezeichnung des Gegenstandes dasjenige Wort, nach welchem sich syntaktisch alle übrigen Redetheile richten müssen; weshalb es auch mit Recht den Namen Hauptwort führt. Wir betrachten am ungarischen Hauptworte die Zahl und die Endung.

In dem Gebrauche der Einzahl und der Mehrzahl weicht der Ungar vom Deutschen in vielen Fällen ab, indem nach einer Eigenheit der ungarischen Sprache das Pluralszeichen nie gebraucht wird, so oft die Mehrzahl ohnehin bestimmt ist. Das Hauptwort steht also gemeinhin in der Einzahl statt in der Mehrzahl:

1. Wenn es als Sammelname schon im Singular eine Mehrheit bezeichnet, als: almát, cseresnyét, szilvát eszik, er ißt Aepfel, Kirschen, Zwetschken; borsót nem eszem, ich esse keine Erbsen. (S. oben §. 157.)
2. Bei den Theilen des Körpers, als: szembe tünik, es fällt in die Augen; lábánál megfogta, er packte ihn bei den Füßen; hajánál megragadta, er ergriff ihn bei den Haaren.
3. Nach den Grundzahlen, als: három ló, drei Pferde; tiz beszédrész, zehn Redetheile; ezer katona, tausend Soldaten.
4. Nach den unbestimmten Zahlwörtern oder nach Sammelnamen, als: egy sereg vakmerő ember, eine Schaar verwegener Leute; néhány garas, einige Groschen; sok ember, viele Menschen 2c.

Von den Endungen des Hauptwortes in der Rektionslehre.

Rektionslehre.

Allgemeine Bemerkungen.

§. 164.

1. Statt der hergebrachten Weise, nach der die Rektionslehre, wie es in der lateinischen Grammatik Brauch war, auch im Ungarischen von den selbstständigen Redetheilen ausgeht, wobei der ganze Sprachschatz durchgenommen und nach den verschiedenen Verbindungen, in die jedes einzelne Wort treten kann, behandelt werden mußte, schien es gerathener die innere Bedeutung und den Werth der Verhältnißsuffire aufzuweisen, wodurch es dann selbst klar wird, mit welchem Verhältnißsuffire irgend ein Zeitwort, Bei-

wort ꝛc. zu verbinden ist. Nur wo die Beziehungen sich nicht klar ergeben, mußte in's Einzelne eingegangen werden.

2. Stehen mehrere Hauptwörter unter gleichem Verhältnisse im Satze, so bekommt gewöhnlich nur das letzte Hauptwort das Suffix, als: Igy történt, hogy ritkán térne meg valamely csatából koszorúk, vezére dicsérete s egyéb megkülönböztetések nélkül, so geschah es, daß er selten ohne Kränze, Lob seiner Anführer und andere Auszeichnungen aus einer Schlacht zurückkehrte (Bajza).

Wird jedoch der Satz des besseren Verständnisses oder des Nachdruckes halber in mehrere kleinere Sätze zerlegt, so wird nach jedem Hauptworte das Verhältnißsuffix wiederholt, z. B. a fia atya ellen, a szolga ura ellen, az alattvaló felsőbbsége ellen, ne szegüljön, der Sohn widersetze sich nicht seinem Vater, der Knecht seinem Herrn, der Unterthan seiner Obrigkeit.

Wenn ein zusammengesetztes Verhältnißsuffix bei mehreren hinter einander folgenden Hauptwörtern, die unter gleichem Verhältnisse im Satze stehen, wiederholt werden soll, wird gewöhnlich nur der untrennbare Theil der Zusammensetzung wiederholt, der trennbare Theil aber wird nur einmal und zwar zuletzt gesetzt, als: mind erkölcsére, mind tudományára, mind tehetségére nézve kitünő volt, er war sowohl in Beziehung auf Sitten, als auf Wissenschaft, als auf Fähigkeit ausgezeichnet.

3. Wenn in einem Satze zwei oder mehrere Substantive mit einander zu verbinden sind, welche ein und dieselbe Person oder Sache bezeichnen und wovon das eine zur näheren Bestimmung des andern dient, so nennt man dies Apposition.

Stehen mehrere Hauptwörter in Apposition, so wird nur das letzte suffigirt, als: Hunyady Mátyás, magyar királynak szobrot emelnek, dem ungarischen König Matbias Hunyady will man eine Statue errichten.

Ist unter den in Apposition stehenden Wörtern ein Eigenname, so steht derselbe als näher bestimmend voran, als: József Császár, Kaiser Joseph, Nádasdy főispán, der Obergespan Nadasdy.

Die von den Deutschen entlehnten Ehrenwörter der Geburt: Herceg, Gróf, Báró, machen hier eine Ausnahme, indem dieselben auch ihre deutsche Stellung vor den Eigennamen beibehalten haben, als: Herceg Eszterházy, Fürst Esterhazy, Gróf Zichy, Báró Eötvös.

Der Vorname wird dem Taufnamen, das Prädikat aber dem Vornamen als näher bestimmend vorgesetzt, als: Székhelyi Gróf Majláth Antal, Anton Graf Majláth von Székhely; Szentiványi Török Pál, Paul Török von Szentiványi.

Von den Endungen.

Vom Nominativ.

§. 165.

Der Nominativ bezeichnet, wie im Deutschen das Ding, von welchem gesprochen wird — das Subjekt, und unterliegt allen Konstruktionsregeln, welche wir aus der deutschen Grammatik als bekannt voraussetzen.

Wir beschränken uns daher auf die Eigenthümlichkeiten des ungarischen Sprachgebrauches und bemerken Folgendes:

1. Das Subjekt wird oft im Ungarischen nicht ausgedrückt, entweder weil es schon in der Form des Zeitwortes liegt, wie in szeretek, ich liebe, szeretsz, du liebst ꝛc., oder weil es aus dem Zusammenhange leicht zu errathen ist.

2. Eben dies geschieht, wo im Deutschen „es" gesagt wird, und eine Wirkung der Natur oder der Umstände gemeint ist, als: dörög, es donnert, mutatkozik, es zeigt sich, szükséges, es ist nöthig.

3. Das im Deutschen so häufig gebrauchte unbestimmte Subjekt „man" wird ungarisch auf folgende Art ausgedrückt: a) durch die dritte Person Mehrzahl im Activ, als: mondják, man sagt; b) durch die dritte Person Einzahl mit az ember, oder durch die erste Person Mehrzahl im Activ, als: nem tudja az ember, mit csináljon, oder nem tudjuk, mit csináljunk, man weiß nicht, was man thun soll, wobei vorausgesetzt wird, daß die redende Person in man mit gemeint sei. c) Durch den Infinitiv, als: nem láthatni a sötétben, man kann nicht sehen im Finstern.

Letztere Art das unbestimmte Subjekt zu bezeichnen wird meistens nur dann gebraucht, wenn im Deutschen das man durch läßt sich oder es wird ersetzt werden kann, als: hallani, man hört, es wird gehört, azt gondolhatni, das kann man denken, das läßt sich denken.

Merkwürdig ist die Eigenheit der ungarischen Sprache, daß oft das Hauptwort im Nominativ seinen bestimmten, begrenzten Sinn verliert und die allgemeine Bedeutung eines Nebenwortes annimmt, als: éjszaka, des Nachts (eigentl. Nacht), este, Abends (eigtl. Abend), mindennap, täglich (eigtl. jeden Tag), négy kéz láb, auf vier Füßen (eigtl. vier Hände-Füße), hon, zu Hause (eigtl. Vaterland), z. B. egy éjszaka álmában egy tiszteletes öreget láta, eines Nachts sah er im Traume einen ehrwürdigen Greis (Vörösmarty), s. oben §. 126.

Ganz allein steht der Nominativ sprichwörtlich, als: fakó kocsi, kenderhám, nemesember, szürdolmány, ein unbeschlagener Wagen, Pferdegeschirr von Hanf, Edelmann, Dolman aus grobem Bauerntuche, — ein ungarisches Sprichwort zur Bezeichnung des Bettlerstolzes: Sok lárma, kevés haszon, viel Lärm, wenig Nutzen.

Der Nominativ steht statt des Accusativs in Zusammensetzungen, wo das zweite Wort ein den Accusativ regierendes Verbum ist, als: földmivelő, Feldbauer (statt földet mivelő); mindentudó, allwissend (statt mindent tudó); hiteszegett ember, ein eidbrüchiger Mensch (hingegen hitét szegte ember); süvegvetve, mit abgenommenen Hute (statt süveget vetve); szájtátva, mit offenem Munde (statt száját tátva). Gewöhnlich ist in einer solchen Zusammensetzung ein Nebensatz enthalten und muß oft in der Uebertragung auch so gegeben werden, z. B. fohászkodik, mint a kárvallott czigány, er seufzt wie ein Zigeuner, der Schaden gelitten (Sprichwort).

Vom Genitiv.

§. 166.

Wenn zwei Substantive mit einander zu einem Begriffe verbunden werden, so steht das eine im zuschreibenden Genitiv. Dieser von einem Substantivum abhängige Genitiv findet auch im Deutschen statt. Eigenthümlich ist das Genitivverhältniß zwischen den Eigen- und Gattungsnamen von Oertern, Flüssen, Bergen, Teichen ꝛc., Monaten und Tagen, wo im Deutschen Apposition stattfindet, als: Bécs városa, die Stadt Wien; a Balaton tava, der Plattensee; a kárpát hegye, das Karpathen-Gebirg; boldogasszony hava, Jänner; szombat napja, Sabbat-Tag. Man sagt auch Izrael népe, das Volk Israel.

Auch Bei-, Zahl- und Fürwörter treten, nach einer Eigenthümlichkeit des ungarischen Sprachgebrauches, mit Hauptwörtern in ein Genitivverhältniß, als: pénz szüke. Geldmangel (eigtl. Enge des Geldes); Junius ötödike, der fünfte des Juni; mindnyájunknak akaratja, unser Aller Wille.

Ein anderer Fall ist, wenn der mit dem Bei-, Zahl- oder Fürworte verbundene Genitiv kollectiv zu nehmen ist oder geradehin in der Mehrzahl steht; dann dient der Ausdruck zur Bezeichnung solcher aus der Menge, welchen die angegebene Eigenschaft oder Zahl zukommt, als: a hadnak legderekabbjai, die vortrefflichsten im Heere; a testvérek legidősbike, der älteste unter den Geschwistern; lovaimnak hárma, drei meiner Pferde; némelyikünknek akaratja, der Wille einiger von uns.

Auch die Vorpartikel der Zeitwörter können nach der erwähnten Eigenthümlichkeit des ungarischen Sprachgebrauches mit Hauptwörtern in ein Genitivverhältniß treten, so daß man sagen könnte, jene Zeitwörter regieren den Genitiv, als: utána járni egy dolognak, einer Sache nachgehen, sich um eine Sache bemühen; végére járni valami dolognak, auf den Grund einer Sache kommen. Hierher gehören die Redensarten: hijával lenni valaminek, etwas entbehren; bőviben lenni valaminek, an etwas Fülle haben, szükiben lenni valaminek, an etwas Mangel haben, elébe hágni valakinek, jemandem zuvorkommen, es jemanden zuvorthun, u. m. dgl.

Bemerkenswerth ist der Genitiv bei den allein stehenden Verhältnißwörtchen, der gewöhnlich blos darum gebraucht wird, um der Sprache mehr Halt zu geben, als: a háznak mellette, neben dem Hause; a földnek alatta, unter der Erde, statt a ház mellett, a föld alatt (siehe oben §. 93).

Vom Dativ.

§. 167.

Der Dativ bezeichnet die betheiligte Person oder Sache, mit Rücksicht, auf welche das Subjekt handelt, oder in Hinsicht, auf welche es in diesem oder jenem Zustande sich befindet.

Daher wird der Dativ, wie im Deutschen, erstens gesetzt: bei allen übergehenden Zeitwörtern neben einem ausgedrückten oder verschwiegenen Accusativ, auf die Frage wem? als: ajánlom önnek ezen könyvet, ich empfehle Ihnen dieses Buch; tanácslom önnek, hogy sat, ich rathe Ihnen, daß ic.

Man setzt ihn daher auch zweitens zu solchen unübergehenden Zeitwörtern, welche einen in sich abgeschlossenen Zustand bedeuten, sobald sich eine Beziehung der oben angegebenen Art auf einen andern Gegenstand ergibt, als: könyörgök, imádkozom az istennek, ich flehe, ich bete zu Gott; nem hazudok az istennek, ich sage Gott keine Lüge vor; fiának elismeri, er erkennt ihn an für seinen Sohn.

Man setzt ferner drittens den Dativ bei allen Beiwörtern, deren Begriff unvollständig bleibt, wenn nicht hinzugefügt wird, wem, für wen, zu wessen Nutzen oder Schaden die besagte Eigenschaft stattfindet. Dergleichen Adjektiva sind: adós, schuldig; ártalmas, schädlich; hasznos, nützlich; kedves, lieb; káros, schädlich; unalmas, langweilig ic., als: bátyámnak adós, er ist meinem Bruder schuldig; ha neked kedves, wenn es dir lieb ist.

Man setzt viertens den Dativ bei den Zeitwörtern, welche die eben gedachten Beiwörter in Verbalform ausdrücken, als: használ neki, es nützt ihm, árt neki, es schadet ihm, kedvez neki, er begünstigt ihn, er ist ihm günstig 2c.

In einigen Fällen wird im Ungarischen der Dativ gesetzt, wo die Beziehung des Betheiligtseins nicht deutlich ist, wo in der deutschen Sprache manchmal sogar eine andere Endung oder ein Vorwort im Gebrauch ist. So steht der Dativ im Ungarischen:

1) Zur Bezeichnung einer Richtung: über, in der Richtung, gen, zu, als: Pestről Kassára Gyöngyösnek és Miskolcnak kell menni. Ha Böszörménynek mégy, nagyot kerülsz. Von Pest nach Kaschau muß man über Gyöngyös und Miskolc gehen. Wenn du über Böszörmény gehst, so machst du einen großen Umweg. — A várnak szegzette az ágyut, er richtete die Kanone gegen die Festung. A fának dőlve állott, er stand gegen (an) den Baum gelehnt (Vörösmarty). Hierher gehört wohl, so fremdartig es auch dem ersten Anblicke nach scheint, die Redensart: ha neki volnék, ha neki lettem volna etc., wenn ich an seiner Stelle wäre, wenn ich an seiner Stelle gewesen wäre 2c.

2) Bei Zeitwörtern, die ein Zielen, Richten auf Etwas, oder ein Aufbrechen, sich Aufmachen bezeichnen, als: falnak vágtatni, gegen die Mauer rennen; a fának irányozni, gegen den Baum richten; útnak indulni, sich auf den Weg machen.

3) Bei Zeitwörtern, die „benennen, für etwas halten oder vermuthen, zu etwas machen oder erwählen, sich als etwas zeigen" ausdrücken, oder wo diese Zeitwörter mitverstanden werden. Im Deutschen werden dann theils zwei Accusative, theils zu, für, als gebraucht, als: Róma alapítóját Romulusnak hítták, den Gründer Roms nannte man Romulus; Aristotelest a természettudomány alapítójának mondhatjuk, Aristoteles können wir als den Gründer der Naturwissenschaft nennen; királynak választatott, er wurde zum König gewählt; barátomnak mondja magát, er nennt sich meinen Freund; társamnak veszem, ich nehme ihn zum Gefährten; birónak tették, man hat ihn zum Richter gemacht; jónak mutatkozik, er zeigt sich gut.

4) Bei einer Menge von Zeitwörtern, wo die Bedeutung von „benennen, zu etwas machen 2c." mitverstanden wird, als: katonának fölcsapott, er hat eingeschlagen Soldat zu werden; papnak öltöztették föl, man hat ihn zum Geistlichen eingekleidet.

5) Steht der Dativ bei den unpersönlich gebrauchten Zeitwörtern, als: illik neki, es geziemt ihm; jól esik neki, es kommt

ihm gut; tetszik neki, es gefällt ihm; kell neki, er braucht, es ist ihm nöthig; látszik oder tetszik neki, es scheint ihm; lehet neki, es ist ihm möglich.

6) Wenn ein Nennwort mit dem Hilfszeitworte lenni zu einer Einheit des Begriffes verbunden, entweder als Subjekt oder als Objekt gebraucht wird, als: jónak lenni nehéz, gut sein hält schwer.

7) Steht der Dativ bei einigen unübergehenden Zeitwörtern, um den Begriff des sich überlassens, sich ergebens einem Gefühle auszudrücken, als: neki komorodik, er überläßt sich dem Kummer; neki bátorodik, er faßt Muth (eigtl. er überläßt sich dem Gefühle des Muthes).

8) In der Volkssprache sagt man minek? statt miért? warum? als: minek sirsz? warum weinst du?

9) Nach den Wörtern: való, termett, született, um Befähigung, Tauglichkeit, Bestimmung zu Etwas auszudrücken, als: favágónak való, er taugt zum Holzhauer; katonának termett, zum Soldaten geschaffen; költőnek született, zum Dichter geboren.

10) Nach den Wörtern szokás, Brauch, und kár, Schade, als: Magyarnak szokás bajuszt viselni, es ist Brauch beim Ungarn einen Schnurbart zu tragen; nekünk nem szokásunk, es ist nicht Brauch bei uns; kár neki ez a szép ruha, Schade für ihn dieses schöne Gewand.

Vom Accusativ.

§. 168.

Der Gebrauch des Accusativs bei übergehenden Zeitwörtern zur Bezeichnung des leidenden Gegenstandes ist aus dem Deutschen hinlänglich bekannt. Aber oft ist im Ungarischen ein leidender Gegenstand der Thätigkeit, wo im Deutschen mit Verhältnißwörtern konstruirt wird, und ebenso häufig werden ursprünglich unübergehende Zeitwörter durch Konstruktion mit einem Accusativ übergehend. Wir bringen hier die wichtigsten Fälle in Uebersicht:

1) Einen Accusativ regieren, abweichend vom Deutschen, die folgenden Zeitwörter: kérek, ich bitte, fordert den Gegenstand im Accusativ, die Person aber mit dem Suffixe tól, während im Deutschen die Person im Accusativ kommt, der Gegenstand aber mit um konstruirt wird, als: engedelmet kérek, ich bitte um Verzeihung; bocsánatot kérek öntől, ich bitte Sie um Verzeihung; eigentlich: ich bitte Verzeihung von Ihnen. (Man kann aber auch sagen: megkérem az atyá-

mat az iránt, ich werde meinen Vater um das ersuchen); illet, es gebührt; a harmadrész engemet illet, der dritte Theil gebührt mir; utánzom, majmolom, ich ahme nach, ich äffe nach, utánzom tégedet, ich ahme dir nach; megelőz, er kommt zuvor; megelőzött engemet, er ist mir zuvorgekommen; szégyenel, er schämt sich, szégyenli tetteit, er schämt sich seiner Thaten; félteni, besorgt sein um Jemand; barátját félti, er fürchtet, ist besorgt für seinen Freund; feleségét félti, er eifert mit seinem Weibe.

2) Ursprünglich unübergehende Zeitwörter werden durch Hinzufügung eines Objektes übergehend. Dergleichen sind: kinyugszik, er ruht aus; kinyugossza fáradalmát, er ruht aus von der Ermüdung; gondol valamivel, er kümmert sich um Etwas; egy szót sem gondol vele, er kümmert sich kein Wort um ihn; elalszik, er schläft ein; elalussza a fél napot, er schläft den halben Tag; kiált, er schreit, er ruft; tüzet kiált, er ruft Feuer; bámul, er staunt; bámulom ügyességedet, ich bewundere deine Geschicklichkeit.

3) Viele unübergehende Zeitwörter erhalten durch die Zusammensetzung mit einer Partikel übergehende Bedeutung und werden dann natürlich mit einem Accusativ verbunden, als: alkuszik, er handelt (um eine Waare), kialkuszsza árát, er handelt aus den Preis; fekszik, er liegt, megfekszi az ütlegeket, er liegt darnieder von den Schlägen; aluszik, er schläft, kialuszsza mámorát, er schläft seinen Rausch aus; nevet, er lacht, elneveti magát, er lacht laut auf. — Eine ähnliche Konstruktion, wie dieses letzte Zeitwort, haben, um eine Verstärkung anzudeuten, noch mehrere Zeitwörter, die einen Ruf oder einen Ton ausdrücken: elkiáltja magát, er schreit laut auf; elkacagja magát, er lacht laut auf; elrikkantja, elrikoltja, elsikoltja magát, er schreit heftig auf.

Ferner werden so konstruirt: elbizza, elvéli magát, er traut sich zu viel zu, er wird übermüthig; elfillenti magát, er lügt; elhagyja magát, er verzagt; elszánja, eltökéli magát, er entschließt sich; elszégyenli magát, er wird beschämt; elunja magát, er hat Langeweile.

Besonders eigenthümlich ist der Accusativ in Redensarten, wie kihányta őt a rüh, er hat die Krätze bekommen (eigentl. es warf ihn aus die Krätze); kilelte őt a hideg, er hat das Fieber bekommen (eigentl. die Kälte hat ihn herausgefunden); jól birja magát, er steht sich gut.

Wenn statt des Objektes ein ergänzender Satz kommt, so findet im Ungarischen die Eigenthümlichkeit statt, daß wenn der eigentliche Zweck der Aussage im ergänzenden Satze ruht, d. h. wenn im

Deutschen der Nachdruck auf dem Bindeworte des ergänzenden Satzes ist, dem Worte des Hauptsatzes, auf das sich die Ergänzung bezieht, az mit der erforderlichen Endung vorgesetzt wird, wo dann das Bindewort im Ungarischen oft auch wegbleiben kann, als: Legszebb érzelmeink értékét még egyszer olly nagyra neveli annak tudása, hogy más is hasonlólag érez. Den Werth unserer schönsten Gefühle hebt um's Doppelte das Bewußtsein (dessen), daß ein Anderer unsere Gefühle theilt (eigentl. gleichfalls fühlt). Meddig hon valék útra vágytam, utamban azt kivántam, itt legyen megállapodásom helye. So lange ich zu Hause war, wünschte ich auf Reisen zu sein, auf der Reise wünschte ich (das), daß mir hier eine Stätte der Ruhe werde (Bajza).

Kommen mehrere Objekte eines und desselben Zeitwortes nach einander, so erhält des Wohllautes wegen gewöhnlich nur das letzte das Zeichen des Accusativs, als: Némelyek azért is kérnek tanácsot, hogy annak nem követésével önerejök s függetlenségöket bizonyítsák. Manche verlangen blos darum Rath, um durch Nichtbefolgung ihre eigene Kraft und Unabhängigkeit zu beweisen (Wesselényi).

Auch ein einziges Objekt, wenn es mit einem Personalsuffixe verbunden ist, verliert oft das Zeichen des Accusativs, als: jer öntsd ki bánatod' (statt bánatodat) meghitten nekem, wörtlich: komm, schütte vertraut deinen Kummer vor mir aus, s enyhülni fogsz, ha kínod' (statt kínodat) visszazengem, und dir wird Linderung, wenn ich deine Pein wiedertöne (Szemere Pál).

Das Zeichen des Accusativs wird ferner ausgelassen vor Mittelwörtern, wo dann das Hauptwort mit dem Mittelworte zusammenschmilzt, als: mindentudó, allwissend, anstatt mindent tudó, Alles wissend; hitehagyott, der seinen Glauben verlassen (hitét hagyta), Apostat; uraszerető, seinen Herrn liebend (urátszerető).

Endlich wird das Zeichen des Accusativs redensartlich auch vor Infinitiven weggelassen, als: szénagyüjteni ment, er ist gegangen Heu machen.

Völlig verschwiegen wird das Objekt, wenn es die dritte Person des persönlichen Fürwortes ihn oder es ist, und dies aus dem Zusammenhange hinzugedacht werden kann, als: megérkezett az atyám, de még nem láttam, der Vater ist angekommen, aber ich habe ihn noch nicht gesehen. Nem gondolhatod, du kannst es nicht denken.

Syntax.

Von den Verhältnißsuffixen.

§. 169.

Die Verhältnisse, in welchen das Hauptwort zu stehen kommen kann, sind:
1) Verhältnisse des Raumes und der Zeit;
2) Verhältniß der Art und Weise;
3) Verhältniß der bloßen Beziehung.

§. 170.

Das Verhältniß des Raumes und der Zeit und zwar 1) auf die Fragen woher? seit wann? wie lange vorher? bezeichnen:

ból, ből	
ról, ről	közül, megül
tól, től	mellől
alól	tól fogva
elől	óta
felől	a, e, ja, je.

Ból, ből entspricht in seiner Bedeutung und in seinem Gebrauche ganz dem deutschen aus. Es bezeichnet also: a) den Ort, in dessen Innerem eine Bewegung oder Handlung ihren Anfang nimmt, als: a házból jő, er kommt aus dem Hause. b) Das Verhältniß des Entstehens oder Bestehens aus etwas, als: a fehér ruhát vászonból csinálják, Wäsche macht man aus Leinwand; a magyar abc negyven betüből áll, das ungarische Alphabet besteht aus vierzig Buchstaben; test és lélekből áll az ember, aus Körper und Geist besteht der Mensch. c) Den Grund der Erkenntniß einer Sache: tapasztalásból tudom, ich weiß es aus Erfahrung. d) Den Beweggrund einer Handlung: bosszúságból tettem, ich habe es aus Zorn gethan.

Abweichend vom deutschen Sprachgebrauche wird ból gesetzt bei Zeitwörtern, die mit ki (aus) zusammengesetzt sind, wenn auch die Bedeutung der Vorpartikel im Deutschen nicht wiedergegeben wird: kifogyott a pénzből, er ist von Gelde entblößt; kifosztották minden vagyonából, sie entblößten ihn alles Vermögens; kiaggott a szolgálatból, er ist durch Alter zum Dienste untauglich geworden; kiokik belőle, er verlernt es.

Eigenthümlich ist ferner der Gebrauch von ból für das deutsche von nach den Zeitwörtern él, er lebt, ért, er versteht, als: miből él? wovon lebt er? tanitásból él, er lebt vom Unterrichte; nem értettem beszédéből semmit, ich habe von seiner Rede nichts verstanden. Ferner in den Redensarten: szivemből, von Herzen; egész lelkemből, von ganzer Seele ꝛc.

Ról, röl, heißt: a) von, von herab, von herunter im Gegensatze zu auf, hinauf ꝛc., als: lejött a hegyről, er ist vom Berge heruntergekommen. In dieser Bedeutung steht ról nach allen Zeitwörtern, welche mit le, herab, zusammengesetzt sind, und den Sinn der Vorpartikel in der Zusammensetzung bewahrt haben: leugrott a lóról, er sprang herab vom Pferde; letör a fáról, er bricht ab vom Baume. Einige Zeitwörter mit le werden im Deutschen abweichend von der angegebenen Regel übersetzt, regieren aber im Ungarischen nichtsdestoweniger die Endung ról, ről, als: lemond a hivatalról, er verzichtet auf das Amt; letesz követeléciről, er entsagt seinen Forderungen, er gibt seine Forderungen auf; b) über, von, d. h. in Beziehung auf..., als: halaottam atyámról beszélni, ich hörte über meinen Vater sprechen. lMátyás királyról mondatott, hogy..., von König Matthias ist gesagt worden, daß..., d. h. in Betreff des Königs Matthias wurde gesagt..., welches wohl zu unterscheiden ist von Mátyás királytól mondatott, deutsch ebenfalls: von König Matthias ist gesagt worden, d. h. König Matthias hat gesagt. Im Ungarischen findet diese Zweideutigkeit nicht statt, denn hier bezeichnet ról immer das Objekt in Beziehung auf welches etwas geschieht, während tól das Subjekt einer Handlung oder die Person, von der die Handlung ausgeht, angibt.

Dieser Angabe gemäß werden mit ról konstruirt: aggódni, besorgt, bekümmert sein um etwas; álmodni, träumen; számot adni, Rechnung ablegen; beszélni, sprechen; biztositani, sicher stellen, versichern; értekezni, disseriren; elfeledkezni, vergessen; elhiresedni, berühmt werden; elmélkedni, nachdenken, Betrachtungen anstellen; föltenni, voraussetzen; gondoskodni, Sorge tragen; gondolni, denken; gondolkozni, nachdenken; itélni, urtheilen; irni, schreiben; kérdezősködni, nachfragen, sich erkundigen; kételkedni, zweifeln; emlékezni, sich erinnern; feledkezni, vergessen; meggyőzni, überzeugen; meggyőződni, sich überzeugen; megkövetni, abbitten; rendelkezni, verfügen; szólani, sprechen; tanácskozni, berathschlagen; tudni, wissen; tudakozni, sich erkundigen; tudósitani, benachrichtigen; értesiteni, in Kenntniß setzen, verständigen, értesülni, in Kenntniß gesetzt werden; számot venni, Rechnung fordern, als: kiki gondoskodjék magáról, jeder sorge für sich; emlékezzünk a régiekről, gedenken wir der Alten. — Doch wird gondolni, emlékezni und feledkezni auch mit ra konstruirt, als: barátira gondolt, er dachte an seine Freunde; a vének megemlékeztek boldog rég elmult időkre, die Alten erinnerten sich glückseliger längstvergangener Zeiten (Jókai Mór). — c) heißt ról:

aus, von, bei einheimischen Ortsnamen, welche nicht auf j, m, n, ny ausgehen: Kassáról, aus, von Kaschau, Pestről, aus, von Pest.

§. 171.

Um hier bei der ersten Gelegenheit die Konstruktion der Städtenamen zusammenzufassen, merke man:

1) Ortsnamen des Auslandes, so wie von den einheimischen diejenigen, welche auf j, m, n, ny ausgehen, bekommen auf die Frage wo? ban, ben, auf die Frage wohin? ba, be, und auf die Frage woher? ból, ből, als: Bécsben, Sopronban lakik, er wohnt in Wien, in Oedenburg; Pozsonyba, Rómába ment, er ging nach Preßburg, nach Rom; Mosonyból, Párisból jön, er kommt von Wieselburg, von Paris.

Einheimische Ortsnamen auf halom machen eine Ausnahme von der Regel, denn man sagt: Kőhalmon, zu Kőhalom, Kőhalomra, nach Kőhalom, Kőhalomról, von Kőhalom.

2) Diejenigen einheimischen Ortsnamen, welche nicht auf j, m, n, ny, i, ly, úr, vár ausgehen, bekommen auf die Frage wo? n, on, en, ön, auf die Frage wohin? ra, re, und auf die Frage woher? ról, ről, als: Nagy-Váradon, in Groß-Wardein, Nagy-Váradra, nach Groß-Wardein, Nagy-Váradról, von Groß-Wardein.

Abweichend von dieser Regel werden die Namen mit szombat, als: Nagyszombat, Tirnau, Rimaszombat, Groß-Steffelsdorf, so wie Zágráb, Agram, Brassó, Kronstadt, Bród, Belgrad; Szolnok, Márjatal nach der Regel Nr. 1 konstruirt, als: Nagyszombatban, in Tirnau, Brassóból, von Kronstadt, Zágrábba, nach Agram.

3) Die einheimischen Ortsnamen auf i, ly, úr, vár werden bald nach der ersten, bald nach der zweiten Regel konstruirt, als: Ujhelyre und Ujhelybe, nach Ujhely, Fehérvárról und Fehérvárból, aus Weißenburg.

4) Einige Ortsnamen auf hely und vár, so wie auch Győr, Raab, Pécs, Fünfkirchen, werden auf die Frage wo? mit t, ott, ett, ött konstruirt, als: Keszthelyt, zu Keszthely, Földvárt, in Földvár; Győrött, zu Raab; Pécsett, in Fünfkirchen.

Die Namen der Gespannschaften folgen alle der ersten Regel: Pestben heißt daher: im Pester Komitat, Pesten, aber: in der Stadt Pest; Tolnára, heißt: nach Tolnau, Tolnába, in die Tolnauer Gespannschaft.

§. 172.

Tól, től, **von**, bezeichnet 1) ursprünglich den Anfangspunkt einer Bewegung im Allgemeinen, und so Entfernung, Trennung, als : az atyámtól jövök, ich komme vom Vater. Abgeleitet ist die Bedeutung, nach welcher es eine **Abkunft, eine Ableitung, einen Ursprung, einen Anfang** anzeigt, als : egyenes vonalban Árpádtól veszi eredetét, er stammt in gerader Linie von Árpád ab.

2) Bezeichnet tól, től den Grund eines Leidens, oder eines leidenden Zustandes, als : reszketek a hidegtől, ich zittere vor Kälte; megfúladok a hőségtől, ich ersticke vor Hitze; beteg vagyok a nagy fáradságtól, ich bin krank von der großen Mühe.

3) Steht tól, től bei leidenden Zeitwörtern, um das Subjekt, von dem die Handlung ausgeht, zu bezeichnen, als : szerettetik szüleitől, er wird geliebt von seinen Eltern (s. oben bei ról, ről).

4) Bedeutet tól, től auch **durch**, als : végre jegygyűrűmet hiv cselédétől visszaküldé, endlich schickte sie mir meinen Brautring durch ihren treuen Diener zurück (Kovács Pál).

5) Kommt tól, től nach folgenden Zeitwörtern : érteni valakitől, von Jemand erfahren; eltiltani valakit valamitől, Jemanden etwas verbieten; félni valakitől, vor Jemand fürchten; megijedni, erschrecken; függni valakitől, von Jemanden abhängen; megfosztani valakit valamitől, Jemand einer Sache berauben; megvonni valamit valakitől, Jemanden etwas entziehen; megtartóztatni magát, tartózkodni valamitől, sich einer Sache enthalten; ovakodni, sich hüten; borzadni, iszonyodni, schaudern ꝛc. als : meg nem ijed semmitől, er erschrickt vor Nichts; tartózkodjál a játéktól, enthalte dich des Spieles.

Alól bezeichnet eine Bewegung von **unten hervor**, sowohl in eigentlicher als figürlicher Bedeutung, und wird allemal in solchen Fällen gebraucht, wo die entgegengesetzte Bewegung mit alá, herunter, oder die entgegengesetzte Lage mit alatt, unter, ausgedrückt wird, als : az asztal alól ki jött, er kam von unter dem Tische hervor; a fölvigyázat alól kiszabadúlt, er wurde von der Aufsicht befreit; weil es in entgegengesetzter Lage heißt : az asztal alatt van, er ist unter dem Tische; fölvigyázat alatt áll, er steht unter Aufsicht.

Elől bezeichnet eine Entfernung von **vor einem Orte oder Dinge weg**, und kommt immer auf die Frage **woher?** wenn auf die Frage wo? elött steht. Wenn Jemand vor einem Fenster (ablak elött) steht, so sagt man: menj el az ablak elől, geh weg von dem Fenster.

Felöl hat seine ursprüngliche Bedeutung, über, gänzlich verloren, und kommt 1) auf die Frage von welcher Seite her? als: a szél kelet felől fú, der Wind bläst von Osten; mely felől jő ma a gőzhajó? Pozsony felől, von welcher Seite her kommt heute das Dampfschiff? von Preßburg her — 2) Kommt es in der Bedeutung von wegen, in Betreff..., als: szóltam felőled atyámmal, ich habe deinetwegen oder in Betreff deiner mit meinem Vater gesprochen. In dieser letzten Bedeutung wird felől oft mit ról, ről verwechselt, als: gondoskodni valamiről oder valami felől, für etwas Sorge tragen. Hierher gehört föl teszem felőle, ich vermuthe von ihm, ich muthe ihm zu.

Közül bezeichnet die Entfernung oder das Herausheben eines Dinges aus der Mitte örtlich zusammenseiender (koexistirender) Gegenstände, als: a bokrok közül kijött, er kam zwischen den Gebüschen hervor; hárman közülök bátran megállottak, drei von ihnen sind tapfer stehen geblieben.

Megül, mellől kommen überall auf die Frage woher? wenn auf die Frage wo? megett, mellet stünde, als: a fa megül előjött, er kam von hinter dem Baume hervor; weil es auf die Frage wo? heißen kann: a fa megett állott, er ist hinter dem Baume gestanden; a kocsis a kocsi mellől elment, der Kutscher ging vom Wagen weg; weil man auf die Frage wo? sagen kann: a kocsis a kocsi mellet van, der Kutscher ist bei dem Wagen.

§. 173.

Auf die Frage seit wann? wird dem Hauptworte, womit die Zeit ausgedrückt wird, tól fogva oder óta, seit, angefügt, und zwar tól fogva, gewöhnlich um zu bezeichnen, daß eine Handlung seit der Zeit, auf die sich das Verhältnißsuffix bezieht, fortdauert, als: egy esztendő óta nem láttam, ich habe ihn seit einem Jahre nicht gesehen; Reggeltől fogva estig mindég veszekedik, von Früh bis Abend zankt er immer.

Anmerkung. Óta wird gemeinhin als getrennte Partikel gebraucht. Einigen Wörtern jedoch wird es gleich den untrennbaren Verhältnißsuffixen angehängt, als: mióta? seit wann? azóta, seitdem, régóta, seit lange.

Wenn die Frage: wie lange vorher? in Bezug auf die Gegenwart geschieht, so steht das die Zeit bestimmende Hauptwort mit dem Suffix der dritten Person, als: most két esztendeje Párisban voltam, vor zwei Jahren war ich in Paris. Findet eine Beziehung auf die Gegenwart nicht statt, so wird dem Hauptworte, wenn die Zeit in der Gestalt eines Hauptwortes ausgedrückt ist, das Suffix vel angehängt und előtt beigefügt, als: két évvel az előtt, zwei Jahre früher ꝛc.

§. 174.

Das Verhältniß des Raumes und der Zeit auf die Frage wo? wann? bezeichnen:

ban, ben	mellet
alatt	megett
felett	nál, nél
előtt	n, on, an, en, ön
hegyett	t, ott, ett, ött
körűl	után
között	kor

Ban, ben, in, im Gegensatze von ból, ből, aus, drückt das Sein an einem Orte oder in einer Sache aus, und entspricht in seinem Gebrauche der angegebenen deutschen Bedeutung in mit dem Dativ, als: a kertben van, er ist in dem Garten.

Zunächst aber ist für ban, ben die Bedeutung an ohne genaue örtliche Beziehung festzustellen, als: ebben az emberben azt szeretem, azt csodálom leginkább, an diesem Menschen liebe ich, bewundere ich das am meisten ꝛc.

Zum Ausdruck der Zeit bedient man sich dieses Verhältniß= suffixes, um zu bezeichnen, wann eine Sache geschieht oder ge= schehen ist, als: a napban háromszor fürdik, er badet dreimal des Tages.

Bei Beiwörtern, welche im Deutschen mit in konstruirt wer= den, steht auch im Ungarischen das entsprechende ban, ben, als: er ist unermüdlich in seinem Amte, fáradhatatlan hivatalában.

Folgende Beiwörter werden abweichend vom deutschen Sprach= gebrauche mit ban, ben konstruirt: bünös, schuldig; foglalatos, beschäftigt; kevély, stolz; részes, theilhaftig; vétkes, schuldig, sündig, als: részes a nyereségben, theilhaftig des Gewinnstes; kevély nemességében, stolz auf seinen Adel. Eben so die Zeitwör= ter, welche die oben genannten Beiwörter in Verbalform ausdrücken, als: kevélykedik, er brüstet sich, er stolzirt; részesűl, er wird theilhaftig ꝛc.

Meistens abweichend vom deutschen Sprachgebrauche steht noch ban, ben, nach den Zeitwörtern, die ein Glauben, ein Ergötzen an Etwas, ein Zutrauen zu Etwas, ein Stolzthun auf Etwas anzeigen, als: hiszen istenben, er glaubt an Gott; pénzben gyönyörködik, er ergötzt sich am Gelde; erejében bizakodik, er vertraut seiner Stärke; öltözetében kevélykedik, er ist stolz auf seinen Anzug.

Ferner kommt ban, ben in folgenden Redensarten: kifér egy sorban, es hat Raum genug auf einer Zeile; eljár kötelességében, er thut seine Pflicht; kötelességében áll, es ist seine Pflicht; becsben tartani, werthschätzen; valamiben botránkozni, Anstoß nehmen an etwas, sich über etwas skandalisiren; gutában szenvedni, an der Gicht leiden; jó színben van, er sieht gut aus; szükölködni valamiben, an etwas Mangel oder Noth leiden; sokban van neki, es kommt ihm hoch zu stehen; elmarasztani valakit valamiben, Einen irgend einer Sache überweisen; megnyugodni valamiben, in etwas willigen, sich mit etwas zufrieden geben.

Endlich kommt ban, ben für das deutsche a n in Redensarten wie die folgenden: reich, arm an Verstand, észben gazdag, szegény; ich habe an dem Hunde einen treuen Freund, e kutyában hű barátot bírok; zunehmen an Zahl, számban gyarapodni ꝛc.

Ganz eigenthümliche Redensarten sind: nincs kétség benne, es leidet keinen Zweifel, nincs tagadás benne, es ist nicht zu läugnen, Tamás vagyok benne, daran zweifle ich sehr.

Alatt entspricht dem deutschen u n t e r mit dem Dativ, sowohl in eigentlicher als tropischer Bedeutung, als: az asztal alatt, unter dem Tische, azon feltétel alatt, unter der Bedingung.

Zum Ausdruck der Zeit bedient man sich dieses Verhältnißsuffixes, auf die Frage: in wie viel Zeit? (wann?) als: két nap alatt megcsinálom, in zwei Tagen mache ich es.

Felett entspricht dem deutschen ü b e r im Gegensatze zu alatt, unter, sowohl in eigentlicher als tropischer Bedeutung, als: fejem felett, über meinem Kopfe; asztal felett, über Tische, d. h. während der Mahlzeit. Im uneigentlichen Sinne bezeichnet felett eine Bevorzugung, mindenek felett szereti, er liebt ihn über alles.

Elött antwortet dem deutschen v o r mit dem Dativ. Eigenthümlich ist der Gebrauch von elött nach den Bei- und Zeitwörtern, die ein Bekanntsein mit Etwas ausdrücken, und zwar wird elött der Person beigefügt, als: minden ember clött tudva van, es ist Jedermann bekannt, ismeretes előttem, es ist mir bekannt.

Hegyett, über, körül, um, között, zwischen, megett, hinter, entsprechen in ihrem Gebrauche (einige in den Uebungen zu erwähnende Eigenthümlichkeiten abgerechnet) ganz ihren deutschen Bedeutungen.

Mellett, gewöhnlich neben, als: a ház mellet, neben dem Hause; auch in dem Sinne von bei, um das mit und neben einem Gegenstande vorhandene Dasein anzuzeigen, als: minden tudománya mellett bolond ö, er ist bei allem seinem Wissen ein Narr. Nagy indulatosság mellett az ember nem lehet boldog, bei großer Leidenschaftlichkeit kann der Mensch nicht glücklich sein. — Oft steht mellett auch für das deutsche für im Sinne des Parteinehmens für . . ., als: számosok mind a régi mellett az új ellen, mind az új mellett s a régi ellen meglévő előitéletek, zahlreich sind die bestehenden Vorurtheile, sowohl für das Alte gegen das Neue, als für das Neue gegen das Alte (Wesselényi).

Nál, nél bedeutet soviel als bei in jeder Beziehung auch figürlich, mit Ausnahme der Fälle, wo, nach obiger Regel, im Ungarischen mellett kommt, als: atyámnál láttam, ich habe ihn bei meinem Vater gesehen. Ueber den Gebrauch dieses Suffixes bei einem Comparativ s. §. 188.

Után, nach, bezeichnet ursprünglich eine Richtung nach einem Gegenstande, besonders hinter her, dann auch mit dem Nebenbegriffe der Ordnung und der Reihe sowohl eigentlich als figürlich, hinsichtlich der Zeit und des Raumes, als: utána szaladt, er lief ihm nach, a kard után nyúlt, er griff nach dem Schwerte; azután, hernach; élete után leselkedik, er trachtet ihm nach dem Leben.

Anmerkung. Wie das deutsche nach bei den Ortsnamen gegeben wird s. oben §. 171.

---

n, on, an, en, ön hat mit dem deutschen an Form und Bedeutung gemein, und dient:

1) Zur Bezeichnung des Befindens auf oder an einem Orte, als: a vizen, auf dem Wasser, a felületen, an der Oberfläche.

2) Zur Bezeichnung des Gegenstandes nach unübergehenden Zeitwörtern, die einen Zustand des Kummers, der Freude, des Bedauerns 2c. anzeigen. Dergleichen Zeitwörter sind: aggódni, törődni, tünődni valamin, sich um etwas kümmern, elámúlni, álmélkodni, elhülni, erstaunen, búsúlni, betrübt sein, sich kümmern, csodálkozni, staunen, hevülni, warm werden, keserülni, könyörülni, sich erbarmen, örvendeni, sich freuen, sajnálkozni, bedauern, bemitleiden, szomorodni, betrübt sein, als: álmélkodom az előmeneteten, melyet kegyed a magyar nyelvben tett, ich staune über den Fortschritt, den Sie in der ungarischen Sprache machten.

3) Zur Bezeichnung des entfernten Gegenstandes womit, wovon 2c. nach den Zeitwörtern él, er lebt, táplál, er nährt, tart, er hält aus, hízik, er wird fett, hízlal, er mästet, telel, er überwintert, als: kenyeren él, er lebt mit Brod; makkon hízik, er wird von Eicheln fett.

4) Nach den Zeitwörtern, die ein Nachdenken, Berathschlagen über Etwas anzeigen, als: az ország dolgain tanácskoznak, sie berathschlagen über die Angelegenheiten des Landes.

5) Steht dieses Verhältnißsuffix nach folgenden Zeitwörtern, meistens um denselben einen von ihrer ursprünglich übergehenden Bedeutung abweichenden, unübergehenden Sinn zu verleihen, als: kapni valamin, sich um etwas reißen, von kapni, bekommen; számon kérni, Rechenschaft fordern, von kér, er bittet; fején keresni valakit (Redensart), Einen auf Leben und Tod anklagen; kiadni valakin, Jemands sich entledigen, Einen abschaffen; kézen forog, (Redensart), es ist in aller Hände; kifogni valakin, Jemanden übertreffen; fogni valamin, an etwas haften, kleben bleiben, von fog, er fängt, er faßt; szaván fogni valakit, Jemand beim Worte nehmen; felakadni, megütődni valamin, sich über etwas aufhalten, von felakadni, hängen bleiben; átrontani az ellenség sorain, die Reihen der Feinde durchbrechen, von átrontani, durchbrechen; megnyugodni valamin, in etwas willigen, sich mit etwas zufrieden geben; békén lenni, zufrieden sein (Redensart); csínyt ejteni valakin, Jemanden zum Besten haben.

6) Bezeichnet dieses Verhältnißsuffix bisweilen das Verhältniß der Zeit und des Werthes auf die Frage wann? wie theuer? als: ezen a héten, diese Woche, két forinton vettem, ich habe es um zwei Gulden gekauft.

t, ott, ett, ött, siehe oben §. 171, 4.

Kor ist eigentlich ein Hauptwort und bedeutet: das Alter, Zeitalter. Als Verhältnißsuffir antwortet es auf die Frage wann? und wird mit um, zur Zeit, um die Zeit ꝛc. übersetzt, als: éjfélkor, um Mitternacht, tizenegy órakor, um eilf Uhr, őszkor, zur Zeit des Herbstes.

§. 175.

Das Verhältniß des Raumes und der Zeit auf die Frage wohin? wann (in Zukunft)? bezeichnen:

ba, be	megé
hoz, hez	mellé
ra, re	közé
alá	ig
elé	mulva
felé	

Ba, be steht auf die Frage wohin? bei Zeitwörtern, die ein Bestreben nach dem Innern einer Sache in eigentlicher oder figürlicher Bedeutung bezeichnen, und entspricht dem deutschen in mit dem Accusativ, als: a városba megyek, ich gehe in die Stadt; tolongásba jövök, ich komme ins Gedränge; nem avatom magamat ezen ügybe, ich menge mich nicht in diese Sache; aggodalomba ejteni, in Angst versetzen.

Eigenthümlich steht ba, be in den Redensarten: sokba kerül oder jő, es kostet viel, áruba ereszteni oder bocsátani, feil bieten; jegybe adni, verloben; valamibe izelíteni, an etwas Geschmack finden; valamibe kapaszkodni, etwas erfassen, sich an etwas hängen; valamibe fúlni, an etwas ersticken; vizbe fúlni, im Wasser ersticken, ertrinken; valamibe akadni, an etwas anstoßen; kicsinybe venni, gering achten; eredj a manóba, geh zum Kukuk; valamibe kezdeni, Etwas beginnen.

Hoz, hez bezeichnet eine durch das Herankommen an einen Gegenstand bewirkte Nähe. Daher

1) nach Zeitwörtern, die eine Bewegung der Annäherung oder ein Nahesein in Bezug auf einen Gegenstand, ferner eine Zuneigung, Anhänglichkeit, Verknüpfung, Verbindung ꝛc. anzeigen, als: valakihez menni, zu Jemand gehen; közel a városligethez, nahe dem Stadtwäldchen; előítéleteihez ragaszkodik, er hängt an seinen Vorurtheilen; szitni valakihez, an Jemand hängen, es mit Jemanden halten.

2) Nach Zeitwörtern, die ein Darangehen, ein Ergreifen, Unternehmen ꝛc., ferner ein Erfassen, Begreifen, geistig sowohl als körperlich ꝛc. aussagen, als: hozzá fogott a munkához, er ging an die Arbeit; nem tudok hozzá, ich verstehe mich darauf nicht.

3) Bezeichnet hoz, hez das Verhältniß der Aehnlichkeit und Schicklichkeit, oder die Gemäßheit, nach welcher, wie nach einer Richtschnur etwas geschieht, als: a majom emberhez hasonlít, der Affe steht einem Menschen gleich; munka illik az ifjuhoz, oktatás, tanács, itélet az öreghez, Arbeit geziemt dem Jünglinge, Belehrung, Rath und Urtheil dem Alten.

Anmerkung. Egy und egyenlö, gleich, machen von der hier angegebenen Regel eine Ausnahme, indem diese mit val, vel konstruirt werden.

4) Dient hoz, hez um einen Zweck zu bezeichnen, zu dem gewisse Mittel, in deren Besitz man ist, bestimmt sind, als: van pénze a játékhoz, er hat Geld zum Spiele. Hierher gehören: van reményem valamihez, ich habe Hoffnung auf Etwas; van szólásom valamihez, ich habe in Etwas darein zu reden; van jogom valamihez, ich habe ein Recht auf Etwas.

5) Zeitbestimmend bezeichnet hoz, hez einen Zeitpunkt, von wo an gerechnet man eine andere Zeit angibt, als: mához egy esztendöre, von heute über's Jahr; tegnaphoz egy hétre, von gestern über acht Tage.

6) Folgende Beiwörter, von denen die meisten im Deutschen mit **gegen** verbunden werden, fordern im Ungarischen hoz, hez: kegyes, gnädig; nyújas, artig; kemény, hart; szigorú, streng; igaz, wahr; hamis, falsch; hű, treu; hütelen, untreu; szíves, herzlich; szívtelen, herzlos; kegyetlen, grausam; rosz, böse; jó, gut; illö, geziemend; hasonló, ähnlich; hajlandó, geneigt; fogható, gleichkommend; rokon, atyafi, verwandt, als: a jókhoz kegyes, a gonoszokhoz szigorú, gegen die Guten gnädig, gegen die Bösen streng; nincs hozzá fogható az országban, es kommt ihm niemand gleich im Lande.

Ra, re hat zur Grundbedeutung den Begriff **auf, auf die Frage wohin?** als: toronyra fölmenni, auf einen Thurm hinauf gehen; szónokszékre lépni, auf den Rednerstuhl treten. Allein sehr oft wird es allgemeiner und steht:

1) Für **an** auf die Frage **wohin?** wenn im Deutschen anstatt dessen ohne Sinnesänderung auch **auf** gesetzt werden könnte, als: a falra függeszteni, an die Wand hängen.

2) Für **nach** bei Städtenamen (s. oben §. 171).

3) Steht ra, re um die Richtung einer Handlung oder des Gemüthes auf einen Gegenstand anzuzeigen, als: birni valamire, zu etwas bewegen; bízni valakire, Jemanden vertrauen; csábítani valamire, zu etwas verleiten; ébreszteni valamire, zu etwas ermuntern. Ferner nach den Zeitwörtern: akadni, finden, antreffen;

emelni, erheben; festeni, färben, z. B. vörösre, roth; figyelni, aufmerken; gondolni, denken; hajolni, geneigt sein; haragudni, zürnen; inteni, warnen; kárhoztatni, verdammen; kénszeríteni, zwingen; készülni, sich anschicken; költeni, ausgeben; meghívni, einladen; megkérni, bitten, ersuchen um etwas; méltóztatni, würdigen; mereszkedni valamire, sich auf etwas steifen, auf etwas bestehen; mosolyogni, lächeln; neheztelni, unwillig sein; nevetni, lachen; oszlani, sich theilen; osztani, theilen; ösztönözni, antreiben; panaszkodni, sich beklagen; szert tenni, erwerben, sich schaffen; törekedni, iparkodni, igyekezni, szaggatni valamire, nach etwas streben; tanítani, lehren; számot tartani valamire, auf etwas rechnen; szolgálni valamire, zu etwas dienen; vágyni, sich sehnen, begehren; válaszolni, antworten; változni, sich verändern; vezetni, vezérleni, führen.

4) Steht ra, re um die Bestimmung eines Dinges zu Etwas, den Endzweck zu bezeichnen, als: víz a mosásra, Wasser zum Waschen, könyv olvasásra, ein Buch zum Lesen, magam használatára, zu eigenem Gebrauche, öngyalázatára, zu eigener Schande.

Im Sinne dieser, theils auch der früheren Regel steht dieses Verhältnißsuffix auch nach folgenden Beiwörtern: alkalmas, tauglich, geschickt; alkalmatlan, untauglich; bosszús, verdrießlich, böse (gegen Jemanden); érdemes, werth, würdig, verdient; érdemetlen, unwürdig, unwerth; erős, stark, kräftig; erőtlen, schwach, kraftlos; érzékeny, empfindlich, gefühlvoll; figyelmes, aufmerksam; gondos, besorgt, sorgfältig; gyenge, schwach; hajlandó, geneigt; haragos, zornig, erzürnt; irígy, neidisch; jó, gut (zu etwas); képes, fähig; képtelen, unfähig; kész, bereit, fertig; méltó, würdig; méltatlan, unwürdig; rossz, schlecht; szükséges, nothwendig; ügyes, geschickt, tauglich; való, zu etwas bestimmt.

5) Maß- oder zeitangebend bezeichnet ra, re das Ziel einer bestimmten Entfernung oder eines bestimmten Zeitraumes, als: tíz forintra megy, es beläuft sich auf zehn Gulden; tíz lépésnyire ide, zehn Schritt von hier; mához egy hétre, von heute über acht Tage.

6) Bei Bitten, wo es auch mit um — willen übersetzt werden kann, als: Istenre kérlek, ich bitte dich um Gotteswillen; auch beim Schwören, wo es dem deutschen bei entspricht, als: becsületemre, bei meiner Ehre; ferner bei Ausrufungen, als: fegyverre vitézek! zu den Waffen, Soldaten!

7) Dient ra, re um den Begriff des Imponirens auszudrücken, als: reá parancsoltam keményem, ich habe es ihm fest aufgetragen, reá ijesztettem az emberre, ich habe dem Manne einen Schrecken eingejagt.

8) Steht ra, re nach Zeitwörtern, die eine Verwandlung bezeichnen, wenn die Verwandlung Jemanden zum Vortheile oder Nachtheile gereicht, und wir diesen Nebenbegriff mit ausdrücken wollen, z. B. jóra fordult a dolog, die Sache wandte sich zum Guten (besser: die Sache nahm eine gute Wendung).

9) Bei Zeitwörtern, die eine Zerstückelung, Vertheilung anzeigen, bekommen die Stücke oder Theile das Suffix ra, re, als: magyarország négy kerüle t r e oszlik, Ungarn zerfällt in vier Distrikte.

10) Endlich steht ra, re in folgenden Nebenarten: lábra kapni, aufkommen, überhandnehmen; balra magyarázni, falsch auslegen; életre hini, in's Leben rufen; fegyverre kelni, die Waffen ergreifen; kedvére enni, inni, sich gütlich thun (eigentl. nach Lust essen und trinken); kedvére élni, nach Wunsch leben; nincs kedvemre, es sagt mir nicht zu; nem hajt szavamra, er achtet nicht auf mein Wort; semmire sem megyünk, wir richten nichts aus; sirásra, nevetésre fakadni, in Weinen, in Lachen ausbrechen; egyességre lépni, einen Vergleich schließen; házasságra lépni, eine Heirath schließen; szövetségre lépni, ein Bündniß schließen; tudtomra, meines Wissens; vinni valamire, zu Etwas führen.

Alá, unter, elé, vor, mögé, hinter, mellé, neben, közé, zwischen, entsprechen in ihrem Gebrauche ihren deutschen Bedeutungen auf die Frage wohin?

Felé kommt auf die Frage wohin? wo auf die Frage woher? felől zu stehen käme (s. oben §. 172), als: Pozsony felé megy, er geht nach Preßburg zu, haza felé, heimwärts.

Ig bezeichnet ein Ziel, sowohl hinsichtlich der Zeit als des Raumes, auf die Frage wie lange? wie weit? als: a kapuig, bis zum Thore, új esztendeig, bis Neujahr, egy hétig, eine Woche lang. Größeren Nachdrucks halber wird der Silbe ig manchmal lan, len hinzugefügt, z. B. mindegyig elvesztek a harcban heißt: sie blieben alle in der Schlacht bis auf einen Mann; hingegen heißt mindegyiglen elvesztek a harcban, sie blieben alle in der Schlacht bis auf den letzten Mann, so daß auch nicht Einer blieb.

Mulva ist eigentlich ein Zustandswort des Zeitwortes mulni, vergehen: egy év mulva meglátogatlak heißt eigentlich: wenn ein Jahr vergangen, werde ich dich besuchen, wird aber gemeinhin als Verhältnißsuffix zur Bezeichnung der Zeit auf die Frage wann (später)? gebraucht, als : egy hónap mulva, in einem Monate, egy óra mulva, in einer Stunde.

§. 176.

Das Verhältniß der Art und Weise bezeichnen:

> által
> nélkül
> úl, ül
> val, vel
> astúl, estül
> vú, vé

Által, durch, mittelst, mit bezeichnet das Mittel zu einer von dem Subjekte beabsichtigten Handlung, als: levél által foglak tudósítani, ich werde dich durch Briefe (besser brieflich) benachrichtigen, pénz által mindenütt boldogulhatni. mit (durch) Geld kann man überall fortkommen.

Als causales (vermittelndes) Verhältnißsuffir bezeichnet által den thätigen Grund einer Handlung, welche als von dem Subjekte erlitten, gedacht wird, z. B. rablók által vagyonátol fosztatott meg, er wurde von Räubern seines Vermögens beraubt. Zusammengesetzt mit n, on, an, en, ön bedeutet által oder át 1) vom Orte: durch, hindurch, über, a hidon át, über die Brücke. 2) Von der Zeit, während: egész éven át, während eines ganzen Jahres, ein ganzes Jahr hindurch.

Nélkül, ohne, als: hajlék nélkül, ohne Obdach. Eigenthümlich aber konsequent ist der Gebrauch von nélkül nach Zeitwörtern, die einen Mangel anzeigen, als : szűkölködni valami nélkül, Mangel leiden an etwas, ellehetni valami nélkül, Etwas entbehren können (eigentl. ohne Etwas sein können).

Úl, ül, zu, drückt die Bestimmung eines Dinges zu einem Zwecke aus, als: segitségül hini, zu Hilfe rufen, ajándékúl adni, zum Geschenke geben, csak kevés számú rabszolgákat akara vinni magával kiséretül, er wollte nur eine kleine Anzahl Sklaven zur Begleitung mitnehmen (Vörösmarty).

Daher der Gebrauch des Mittelwortes der gegenwärtigen Zeit mit den Verhältnißsuffiren úl, ül, statt des einfachen Mittelwortes der zukünftigen Zeit, wofür der Deutsche den Infinitiv mit zu hat, als: jöttem az Úrnak tanácsot adóúl, statt: jöttem tanácsot adandó az Úrnak, ich bin gekommen, um Ihnen einen Rath zu geben.

Seltener, aber nicht minder erklärlich ist die Bedeutung des Suffixes úl in arcúl fúni, in's Gesicht blasen; arcúl csapni, in's Gesicht schlagen ꝛc.

Daher ferner das Suffix úl nach den Zeitwörtern fogadni, aufnehmen; beállani, einstehen; szövetkezni, sich verbinden ꝛc. zu irgend einem Behufe, z. B. tiszttartóúl állott be, er ist zum Verwalter eingestanden; nem ismerhetem el barátomúl, ich kann ihn nicht als meinen Freund anerkennen.

Val, vel, mit, nicht blos von räumlicher Gegenwart, sondern auch von zeitlichem Zusammensein, als: valakivel ebédelni, mit Jemand zusammenspeisen; valakivel menni, utazni, mit Jemand gehen, reisen; auch von begleitenden Umständen, als: kárral kelett eladnom, ich mußte mit Schaden verkaufen. — Die durch val, vel verbundenen Gegenstände können aber auch als arbeitende, schaffende gedacht werden, so daß der Eine dem Andern beisteht, wo val, vel dann ein Werkzeug oder ein Mittel bezeichnet, als: tűzzel, vassal pusztítani, mit Feuer und Schwert (eigentl. Eisen) verheeren; kézzel inteni, mit der Hand winken; röffel mérni, mit der Elle messen.

Daher kommt es, daß bei veranlassenden Zeitwörtern die veranlaßte Person das Verhältnißsuffix val, vel erhält, als: nővéreddel varratom fehérnemümet, ich lasse meine Weißwäsche durch deine Schwester nähen; inasával tudatta velem, er ließ es mich durch seinen Diener wissen; balsors érezteti velünk, hogy emberek vagyunk, Mißgeschick läßt es uns fühlen, daß wir Menschen sind (Kölcsey).

Maß- oder zeitangebend bezeichnet val, vel das Mehr oder Minder, Früher oder Später, als: sokkal nagyobb, um vieles größer; háromnal több, um drei mehr; néhány évvel ezelőtt létezett, er existirte um einige Jahre früher. Auch absolut maßangebend steht val, vel, als: egy marokkal, eine Hand voll.

Daher der Gebrauch von val, vel, nach den Wörtern der Fülle, des Ueberflusses, des Reichthums, als: a Tisza hallal bővölködik, die Theiß ist reich an Fischen; negéddel teljes, er ist voller Uebermuth; tele búval, voll Kummer.

Undeutlich sind die angegebenen Beziehungen nach folgenden Zeitwörtern, welche mit val, vel konstruirt werden: birni valamivel, etwas besitzen; birni valakivel, Jemanden beikommen; biztatni, vertrösten; boldogúlni, fortkommen; élni valamivel, etwas genießen, sich einer Sache bedienen, Etwas gebrauchen, benutzen;

ellenkezni valakivel, Jemanden entgegen sein; eltelni, voll werden; felérni valamivel, einer Sache gleichkommen, gewachsen sein; felhagyni valamivel, etwas aufgeben, fahren lassen; felsülni valamivel, mit etwas schlecht ankommen, sein Ziel verfehlen; gondolni, törődni valamivel, sich um etwas kümmern; jól lakni valamivel, sich an etwas satt essen; jól tartani valamivel, mit etwas gut bewirthen; kinálni valakit valamivel, Jemanden etwas anbieten; különbözni valamivel, in etwas sich unterscheiden; megférni valakivel, sich mit Jemand vertragen; megjárni, übel ankommen; találkozni valakivel, Jemanden begegnen; tartozni valamivel, etwas schuldig sein; vádolni, anklagen.

Bei Hauptwörtern, welche einen Gemüthszustand, hauptsächlich Lust, Ruhe, Sorge, Schmerz und Bekümmerniß ausdrücken, kömmt nach dem Zeitworte lenni, sein, ebenfalls val, vel, als: kedvvel, békével, félelemmel, gonddal lenni, Lust, Ruhe, Frieden, Furcht, Sorge haben.

Eine verwandte Bedeutung mit val, vel hat das Suffix astúl, estúl, mit, sammt, als: gyökerestül kiirtani, sammt der Wurzel ausrotten; lelkestül, testestül, mit Leib und Seele; lovastúl esett a vizbe, er fiel sammt dem Pferde in's Wasser.

vá, vé, heißt zu, um die Umwandlung, Umgestaltung eines Gegenstandes und in demselben Sinne die Ernennung einer Person zu einem Amte zu bezeichnen, als: hamuvá lenni, zu Asche werden, biróvá tenni, zum Richter machen.

§. 177.

Das Verhältniß der bloßen Beziehung bezeichnen:

Ellen ként
ért miatt
gyanánt szerint
iránt végett.

Ellen, gegen, wider, blos in der Bedeutung des Widerstandes, des Widerspruches, der Bestreitung, als: erőszak ellen semmit sem tehetünk, gegen Gewalt können wir nichts thun; a törvény ellen cselekedni, gegen das Gesetz handeln; ez a szabály ellen van, das ist gegen die Regel.

Ért bezeichnet 1) einen Preis und heißt deutsch: für, um, als: két forintért, um zwei Gulden; pénzért, für's, um's Geld. 2) Ist es gleichbedeutend mit miatt und végett. In allen diesen drei Verhältnißsuffixen nämlich liegt die Auffassung von Ursache und Grund, und sie haben so feine Unterschiede, daß die Angabe derselben mehr in die Synonimik gehört; blos végett hat eine bestimmtere Beziehung des Endzweckes, als: pajkosságodért lakolsz, du büßest für deine Ausgelassenheit; ő mindent dicsőség kedveért tesz; er thut alles um des Ruhmes willen; betegsége miatt nem jöhetett iskolába, er konnte seiner Krankheit wegen nicht in die Schule kommen; csak a végett szóltam, hogy . . ., ich habe nur deswegen gesprochen, um . . .

Gyanánt heißt: als, wie, gleich, statt, anstatt, als: fia gyanánt szereti, er liebt ihn wie seinen Sohn; fia gyanánt fogadta, er nahm ihn statt seines Sohnes an.

Iránt (von irány, Richtung) bezeichnete früher die Richtung einer körperlichen Bewegung auf einen Gegenstand, als: a templom iránt, gegen die Kirche zu; jetzt ist das Wort nur noch im Gebrauch um eine Gedankenrichtung, eine Rücksicht anzuzeigen, als: beszéltem vele a dolog iránt, ich habe mit ihm gesprochen wegen (rücksichtlich, Betreff's ɔc.) dieser Sache.

Ként, verwandt mit gyanánt, und — hoz képest, dient zur Bezeichnung der Art und Weise, wie in vergleichender Hinsicht, als: nevelőjét atyaként becsüli, er schätzt seinen Erzieher, wie (gleich) seinen Vater; mi szép világosító csillagként tünni föl ezrek előtt, wie schön ist es gleich einem leuchtenden Stern Tausenden vorzuleuchten.

-nál fogva, zu Folge, dient zur Bezeichnung des Verhältnisses von Grund und Folge, als: nem ismerek életéből egy adatot sem, melynélfogva őt rosz embernek kellene mondanom, ich kenne aus seinem Leben keine Angabe, der zu Folge ich ihn einen schlechten Menschen nennen dürfte.

Szerint, nach, gemäß, zufolge, laut. Wie in den entsprechenden deutschen Bedeutungen liegt auch in szerint der Begriff des Maßgebens und der Vorschrift, als: törvény szerint, nach dem Gesetze; szabály szerint van, es ist der Regel gemäß.

Vom Gebrauche der Modi.

§. 178.

Der Indicativ dient zur Darstellung einer bestimmten Behauptung und wird daher in Sätzen gebraucht, deren Inhalt, es sei die Möglichkeit oder die Wirklichkeit oder die Nothwendigkeit einer Sache, Gegenstand desselben, mit Bestimmtheit als Thatsache ausgesprochen wird, als : a tű szúr, die Nadel sticht; talán eljövök, ich komme vielleicht; az ember halandó, der Mensch ist sterblich; daher steht auch bei den bedingenden Bindewörtern ha, ha nem s a t. der Indicativ, so oft etwas als wirklich angenommen oder ausgenommen wird, als : Ha engem megvársz, eljövök, wenn du mich erwartest, komme ich; hallgatok, ha beszédemnek sikere nincs, ich schweige, wenn meine Rede keinen Erfolg hat.

Als Abweichungen vom deutschen Sprachgebrauche sind hier folgende Eigenthümlichkeiten zu merken : in hypothetischen (bedingten) Sätzen, wo im Deutschen sowohl im Bedingungs- als im Folgerungsgliede die längstvergangene Zeit des Conjunctivs gebraucht wird, kommt im Ungarischen, um die übelklingende Eintönigkeit des zwei- oder mehrmal auf einander folgenden volna zu vermeiden, das Folgerungsglied in die, der deutschen längstvergangenen Zeit des Conjunctivs entsprechende vergangene Zeit des Optativs, während das Bedingungsglied im Praesens Indicativi zu stehen kommt, als : az elégedetlenség bizonyosan közlázadást szült volna, ha a királyné elég ügyességgel nem bir azt megelőzni, die Unzufriedenheit hätte unfehlbar eine allgemeine Empörung herbeigeführt, wenn die Königin nicht die Geschicklichkeit gehabt hätte dem zuvorzukommen. (Vörösmarty.)

Die älteren Schriftsteller, welche um die Euphonie der Sprache wenig bekümmert waren, kannten diese Regel nicht, und sie sagten ohne Anstand : ha tudtam volna, eljöttem volna; ha kérdeztél volna, megmondtam volna s a t.

Ferner steht im Ungarischen gewöhnlich der Indicativ, wo im Deutschen der Conjunctiv gesetzt zu werden pflegt, nach manchen allgemein relativen Ausdrücken, namentlich nach den mit akár zusammengesetzten Fürwörtern und Adverbien, als : Akármit, akár mennyit beszélnek, was immer, so viel immer man sprechen mag; akármikor történt, wann es immer geschehen sein mag; csakugyan akármi igen meg húzza is az ember magát, akármi függetlenné kivánja is magát tenni, boldogsága sokat függ még is a környülállásoktól, in der That, der Mensch mag sich wie immer einziehen, mag wie immer sich unabhängig zu machen wünschen, so hängt seine Glückseligkeit dennoch von den Umständen ab. (Takács.)

Eben so steht nach akár — akár der Indicativ abweichend vom deutschen Sprachgebrauche, als: akár mondod, akár nem, du magst es sagen oder nicht.

§. 179.

Der Conjunctiv steht 1) wenn ein Satz nicht als Thatsache, sondern als Absicht, Wille, Rath oder Ermahnung aufgestellt wird, als: tanulok, hogy tudjak valamit, ich lerne, damit ich was weiß; az atyám akarta, hogy utazzak, mein Vater wollte, daß ich reise; reméljünk! hoffen wir!

2) Steht der Conjunctiv in zweifelnden Fragen, als: mit tegyek? was soll ich thun? mi kezdő legyek? was soll ich anfangen?

3) Kommt der Conjunctiv gewöhnlich mit hogy, wo im Deutschen der Infinitiv mit zu oder um zu steht, als: szabad kérnem kegyedet, hogy rá emlékeztessen, dürfte ich Sie bitten, mich daran zu erinnern.

4) Kommt der Conjunctiv manchmal nach den beziehenden Fürwörtern und Nebenwörtern, wo aber öfter der Optativ steht, als: nincs ember a kerék ég alatt, a kinek minden okos és oktalan kivánása bételjesedjék, es gibt keinen Menschen auf dem Erdenrunde, dem jeder vernünftige und unvernünftige Wunsch erfüllt würde (Takács).

§. 180.

Die begehrende Art drückt einen Wunsch aus, und steht daher 1) nach den wünschenden Partikeln: vajha, bárcsak, csak, csakhogy, als: vajha még egyszer láthatnám, wenn ich ihn nur noch einmal sehen könnte; bárcsak megtenné, wenn er es nur thun möchte; csak olyan rút nem volna, wenn er nur nicht so häßlich wäre; csak hogy meg nem tudná senki, wenn es nur Niemand erfahren möchte.

2) In hypothetischen oder bedingten Sätzen kommt sowohl im Bedingungsgliede (abhängig von den Bindewörtern, ha, ha nem is, ha — is), als im Folgerungsgliede der Optativ, als: ezer életet adnék egy dicső halálért, ha vele hazámnak használnék, ich möchte tausend Leben für einen rühmlichen Tod geben, wenn ich damit meinem Vaterlande nützte. (Kisfaludy Károly.)

Ist jedoch von etwas Vergangenem die Rede, so findet, um die übellautende Wiederholung zu vermeiden, wie wir oben §. 178

gesehen haben, eine Ausnahme in dem Sinne statt, daß nur einer der Sätze in den Optativ, der andere aber in den Indicativ gesetzt wird. So würde obige Sentenz in der vergangenen Zeit so lauten: ezer életet adtam volna egy dicső halálért, ha vele hazámnak használok, ich hätte tausend Leben für einen rühmlichen Tod gegeben, wenn ich damit meinem Vaterlande genützt hätte.

3) Kommt der Optativ als Nachsatz einer Supposition nach den beziehenden Fürwörtern und Nebenwörtern: a mi, hol, hová u. dgl. m., so wie überhaupt, wo eine Supposition entweder ausdrücklich gesetzt oder blos verstanden ist, und wo im Deutschen würde, möchte, könnte, dürfte ꝛc. zu stehen kommt, als: széles e'világon nincs menedékhelye, hová vonúlhatna az ellenség dühétöl, auf dieser weiten Welt gibt es keinen Zufluchtsort, wohin sie sich zurückziehen könnte vor der Wuth des Feindes. (Kisfaludy K.) Mi tarthatna e földön, ha én is megfelejtkezhettem anyámról, mas könnte noch Dauer haben auf Erden, wenn auch ich meiner Mutter vergessen könnte (Eötvös). Teszem föl, hogy eljönne, a határozott időre, mindenesetre soká itt nem maradhatna, ich setze den Fall, er würde zur bestimmten Zeit kommen, jedenfalls könnte er doch nicht lange hier bleiben. — Csupán egy esetben választanám fiamnak a házi nevelést, ha tudni illik valami életpályára kirekesztőleg kedve és talentoma mutatkoznék, blos in einem Falle möchte ich die häusliche Erziehung für meinen Sohn wählen, wenn er nämlich für eine Lebensbahn ausschließlich Lust und Talent zeigen möchte. (Fáy.)

Besonders findet Supposition statt nach mintsemhogy, beim Comparativ, als: nehezebb, mintsemhogy meg birhatnám, es ist schwerer, als daß ich es tragen könnte.

4) Kömmt der Optativ nach a nélkül hogy . . . , als: hányan vannak nálunk, kik föl nőnek s férfikort érnek, a nélkül hogy hazájokról s annak tartozó kötelességeikről tiszta képzetök lenne, wie viele sind unter uns, die aufwachsen und das Mannesalter erreichen, ohne daß sie von ihrem Vaterlande und von den demselben schuldigen Pflichten einen klaren Begriff hätten. (Wesselényi.)

Vom Infinitiv.

§. 181.

Der Infinitiv ist die substantivische Form des Zeitwortes, und kann daher in einem Satze die Stelle des Subjektes sowohl, als die des Objektes vertreten, als: ismerni a jót könnyebb, mint követni, das Gute erkennen ist leichter als es ausüben. (Kölcsey.) Dies könnte auch heißen: a jónak ismerése könnyebb, mint annak követése. — Hallottam énekelni, ich habe ihn oder sie singen gehört. Könnte auch heißen: Hallottam éneklését.

Die Personalsuffixe am Infinitiv zeigen, wie wir oben §. 51 gesehen haben, das Subjekt der Thätigkeit an, als: szükséges tudnom, es ist nöthig, daß ich es wisse; illik megnéznem, es ziemt sich, daß ich es besichtige; tudnotok kell, ihr müßt das wissen. Wenn jedoch das Subjekt eine allgemeine Person, das deutsche man ist, wofür es im Ungarischen kein eigenes Wort gibt, so kann es nicht ausgedrückt werden, als: jót tenni, emberi, es ist menschlich, daß man Gutes thue, wo man aber auch im Deutschen ohne Person sagen kann; Gutes thun ist menschlich.

Der Infinitiv mit Personalsuffixen steht auch bei manchen Substantiven, als: kár, es ist schade; szükség, es ist Noth ꝛc., und Adjektiven, als: nehéz, schwer; könnyü, leicht; hasznos, nützlich; szép, schön ꝛc., wenn diese ohne Copula als ganze Sätze aufgefaßt werden, als: kár volt öt elkergetnem, Schade, daß ich sie weggejagt habe (Petöfy). Ha tovább szabad mennem, wenn es mir erlaubt ist weiter zu gehen (Vörösmarty).

Häufig ist der Infinitiv mit Personalsuffixen nach den Zeitwörtern engedni, hagyni, megadni, als: Ha az Isten megadja érnünk, wenn Gott gibt, daß wir es erleben. Engedd elbeszélnem az egészet, erlaube, daß ich das Ganze erzähle.

Dem Ungarischen besonders eigen aber ist der Gebrauch des Infinitivs statt des deutschen man kann mit nachfolgendem Infinitiv, als: man kann nicht wissen, was in der Welt geschieht, nem tudhatni, mi történik a világban.

Von dem Begebenheitsworte.

§. 182.

Da alle Nebensätze entweder das Subjekt, oder das Attribut, oder das Objekt des Hauptsatzes ausdrücken und so eigentlich nichts anderes als zu Sätzen erweiterte Substantive, oder Adjektive, oder Adverbien sind, so müssen sie auch natürlich in solche zusammengezogen werden können. So z. B. kann in dem Satze „es ist unerläßliche Pflicht der Regierung, daß sie die Gesetze allgemein verkünde," der Nebensatz zum Substantivum zusammengezogen werden: „die allgemeine Verkündung der Gesetze ist unerläßliche Pflicht der Regierung." — Diese Zusammenziehung des Nebensatzes nun kann die ungarische Sprache vermittelst des Begebenheitswortes oft bewerkstelligen auch da, wo in allen übrigen bekannten Sprachen ohne Sprachhärte die Zusammenziehung nicht stattfinden kann, z. B. én magam lemondásra kértem, ich selbst habe ihn gebeten, daß er entsage; nem csak törvények irásáról kell gondoskodni, hanem az irott törvények megtartásáról is, nicht blos, daß man Gesetze schreibe, muß man Sorge tragen, sondern auch, daß man die geschriebenen Gesetze halte.

Von den Zustandswörtern.

§. 183.

Da in der Form des Zustandswortes durchaus keine Bestimmung enthalten ist, so muß nothwendigerweise die Zeit durch das Verhältniß zum Satze bestimmt werden. Wir besitzen aber zweierlei Zustandswörter: 1) Die Form auf ván, vén dient um eine, der Handlung des Satzes vorhergegangene Thätigkeit auszudrücken, als: eleget dolgozván, nyugodjál, wenn du genug gearbeitet hast, ruhe; tanulván és dolgaidat végezvén, játszhatol, wenn du gelernt und deine Geschäfte beendigt hast, kannst du spielen.

2) Das Zustandswort auf va, ve soll eine mit der Handlung des Satzes gleichzeitig von dem Subjekte verübte oder an dem Subjekte vorgegangene Thätigkeit ausdrücken, als: játszva tanul a gyermek, spielend lernt das Kind; elfogódva nézte háza belső intézetét, befangen betrachtete er die innere Einrichtung seines Hauses (Kisfaludi K.).

Es dient hauptsächlich als Nebenwort zur genaueren Bestimmung des Zeitwortes im Hauptsatze, als: sötétben tapogatva haladunk, im Finstern tappend gehen wir vorwärts; sírva végezte beszédét, weinend beschloß er seine Rede.

Die zweite Form des Zustandswortes wird besonders des Nachdruckes und der Verstärkung wegen dem bestimmten Zeitworte als Wiederholung vorgesetzt, als: kérve kért, er bat inständigst.

Ferner wird diese Form gebraucht, wenn im Deutschen das Mittelwort der vergangenen Zeit als Ergänzung des Prädikats auftritt, als: meg van tiltva, es ist verboten. El vala használva a szenvedelem, kihülve az érzemény, die Leidenschaft war abgenutzt, das Gefühl abgekühlt (Eötvös). In diesem Falle kann das Zustandswort auch das Zeichen der Mehrzahl annehmen, als: ezek a dolgok tiltvák, diese Sachen sind verboten.

Die Zustandswörter regieren die Endungen des bestimmten Zeitwortes, und ihre aktive Form verliert oft ihre thätige Bedeutung und wird passiv, wenn der Gegenstand, auf den die Thätigkeit übergehen sollte, fehlt, als: már mondva van, es ist schon gesagt. Hingegen: azt mondva eltávozott, das sagend entfernte er sich. A mi történik ma, annak magvai század előtt s talán senkitől nem sejtve, hintettek el, was heute geschieht, dessen Samenkörner sind vor einem Jahrhundert, und vielleicht von Niemand geahnet, ausgestreut worden. (Kölcsey.)

Wo jedoch eine Zweideutigkeit entstehen könnte, steht die passive Form, als: magára hagyatva marad a havasok bércein, sich selbst überlassen, bleibt er auf den Gebirgen der Alpen. (Wess.)

Von dem Mittelworte.

§. 184.

Das Mittelwort ist eigentlich die adjektivische Form des Zeitwortes und muß daher im Allgemeinen als Beiwort betrachtet und behandelt werden. Als solches kann es gleich dem Beiworte, wenn es der dadurch bezeichnete Begriff verstattet, gesteigert werden; allein andererseits kann es auch gleich dem Zeitworte, von dem es abstammt, ein Nennwort regieren, als: nem sejtéd, hogy tartózkodóbb volt? merktest du nicht, daß sie zurückhaltender war? (Kazinczy.) Szeyn nem győzte csodálni mind ezen őt környező dolgok szépségeit, Seyn konnte nicht genug bewundern die Schönheiten aller ihn umgebenden Dinge. (Vörösmarty.) A mostani világ esze után okúlt ember, ein nach dem Sinne der jetzigen Welt gebildeter Mann. (Faludi.)

Man bedient sich im Ungarischen weit häufiger der Mittelwörter, als im Deutschen, um das Zeitwort in erklärenden Nebensätzen, welche durch das beziehende Fürwort mit einem Nennworte des Hauptsatzes verbunden sind, dadurch auszudrücken, als: mindenben szoros rendet kedvelő ember, ein Mensch, der in Allem strenge Ordnung liebt; kötelességiben hiven eljáró embert mindenki kedvel, einen Menschen, der seine Pflichten treulich erfüllt, liebt Jedermann.

Das Mittelwort gegenwärtiger Zeit oder das thätige Mittelwort nimmt oft das Wesen eines Hauptwortes an, und dient gewöhnlich zur Bezeichnung des Subjektes der Handlung, als: iró, Schreiber; manchmal zur Bezeichnung der Sache, der die Handlung des Zeitwortes zukömmt, als: fogó, Zange, fürdő, Bad, dugó, Stöpsel, rugó, Springfeder, s. oben §. 137.

Das Mittelwort der gegenwärtigen Zeit wird mit dem Verhältnißsuffixe ban, ben, und mit dem Zeitworte van konstruirt, um, insbesondere bei den Zeitwörtern, die eine Bewegung anzeigen, ein „im Begriff sein" auszudrücken, als: elmenőben vannak, sie sind im Begriffe wegzugehen; indulóban van a sereg, das Heer ist im Begriffe aufzubrechen.

§. 185.

Das Mittelwort der vergangenen Zeit hat in aktiver Form wie das Zustandswort thätige Bedeutung, wenn es sein Objekt bei sich hat; wird aber passiv, wenn es das Objekt verliert, als: sokat látott, hallott, tapasztalt ember, ein Mensch, der viel gesehen, gehört und erfahren hat. Hingegen: a látott könyv, das gesehene Buch; a hallott mese, die gehörte Fabel; a tapasztalt bajok, die erfahrenen Leiden. Oft ist das Hauptwort, vor dem das Particip abjektivisch steht, selbst das Objekt, als: olvasott könyv (könyv, melyet olvastak), ein gelesenes Buch, hingegen: olvasott ember (ember, ki olvasott) ein belesener Mensch. Dasselbe ist der Fall bei dem Mittelworte der zukünftigen Zeit: levelet irandó, heißt: um einen Brief zu schreiben, irandó levél, aber heißt: ein zu schreibender Brief, oder: ein Brief, der geschrieben werden soll.

Anmerkung. Kölcsey sagt: Felednem kellett volna talán Kazinczyt az embert, a szenvedett tot. Hier ist das Mittelwort der vergangenen Zeit ohne Objekt in thätiger Bedeutung zu nehmen, aber schwerlich sprachrichtig. Dagegen sagt Bajza: közre bocsátám Zajtay neheztelt cikkét, was dann nicht so viel heißt, als: a cikk, mely neheztel, sondern: a cikk, mely felett neheztelnek, der angefochtene Artikel.

Das Mittelwort der vergangenen Zeit nimmt auch die Adverbialendung an, en, ön, an, und bezeichnet dann in Verbindung mit demselben Zeitworte, von dem es abstammt, die Wiederholung oder Fortdauer der Handlung, als: folyton foly, es fließt fortwährend, oder in einem fort; kérten kér, er bittet inständigst oder unaufhörlich; nőttön nő, es wächst immer mehr und mehr.

Von den Zeiten des Zeitwortes.

§. 186.

Die Bestimmung der Zeiten geschieht im Ungarischen — wie wir oben gesehen — durch eigene Formen. Sie werden auch, bis auf einige hier anzuführende Abweichungen, durchaus wie die betreffenden Zeiten des deutschen Zeitwortes gebraucht. Die Präsensform jedoch drückt im Ungarischen das deutsche Futurum aus, wenn die zukünftige Zeit schon aus dem Zusammenhange der Rede zu entnehmen ist, wo gewöhnlich eine Gleichzeitigkeit entsteht, als: szólok, mihelyt haza jövök.

Diese Regel beruht auf dem Gesetze der dem Ungarischen eigenen Sprachökonomie, die keine wiederholte Bezeichnung eines grammatikalischen Verhältnisses duldet, s. oben §. 87.

Die halbvergangene Zeit ist im gemeinen Leben außer Gebrauch, dafür aber ist sie in der Schriftsprache jetzt unbedingt vorwaltend, und verdrängt fast alle übrigen Präteritalzeiten. Oft wird sie der Abwechslung oder der Satzrundung wegen mit den ersten zwei beziehenden Zeiten vertauscht, als: ki akkoron erős mellből zeng é a koporsóig kötelező esküvés szavait, ki sokat igérő ifjúságában üle meg lovát, s villogó kardjával hiv oltalmat milliomoknak fogad vala, wörtlich: der damals aus starker Brust ertönen ließ die bis zum Grabe bindenden Schwuresworte, der in seiner vielversprechenden Jugend das Pferd bestieg, und mit seinem blitzenden Schwerte treuen Schutz Millionen gelobte (Kölcsey).

Die zukünftigen Zeiten der verbindenden und begehrenden Art gehören zu den selten gebrauchten Formen, die wir in der Formenlehre größtentheils auch nur der Vollständigkeit halber, und zwar mit dem kürzern Bildungssuffixe des Futurum and, end aufgenommen haben, während die ältern Schriftsteller, bei denen überhaupt hin und wieder diese Zeiten anzutreffen sind, zu diesem Behufe lieber die andere Form des Futurum gebrauchen.

In der jetzigen Schriftsprache vertreten die andern Zeiten des Conjunktivs und Optativs die Futura dieser beiden Arten, als: ha tudnám, eljönnék, wenn ich es wüßte, würde ich kommen, anstatt daß es, um deutlicher die Zukunft anzudeuten, so heißen müßte: ha tudnám, eljövendnék oder elfognék jönni.

Der Gebrauch der beziehlichen Zeiten ist derselbe, wie im Deutschen, nur daß sie im Ungarischen weit seltener und meistens nur der Abwechslung und der Satzrundung wegen — wie wir oben gesehen — angewendet werden; auch an der Stelle der vergangenen Zeit der begehrenden Art werden sie nicht selten gebraucht, als: panaszolkodék Antisthenesnek egy jó barátja, hogy emlékeztető könyveit elvesztette; Ez felele; Elmédbe, nem papirosodba kell vala (anstatt kellett volna) azokat raknod, ein Freund klagt dem Antisthenes, daß er seine Memoriale verloren; dieser antwortete: In den Kopf, nicht auf's Papier hättest du sollen diese niederlegen. (Cscrei.)

Von dem Beiworte.

§. 187.

Wenn man das, was oben über Wesen und Form des Beiwortes gesagt worden ist, richtig verstanden hat, so hat man über den Gebrauch desselben nur noch Folgendes zu merken.

Der richtige Gebrauch des Beiwortes, wenn dasselbe ohne Substantiv steht, ist dem Deutschen durch die in Betreff seiner Sprache verbreitete falsche Vorstellung erschwert, daß die Eigenschaftswörter ohne e, nicht Bei= sondern Nebenwörter sind. In dem Satze: „Was schön ist, ist nicht immer gut" sind dem Deutschen die Wörter schön und gut Nebenwörter, die er mit szépen und jól übersetzen zu müssen glaubt, während diese hier wahre Beiwörter sind, die von dem in was ausgedrückten unbestimmten Gegenstand ausgesagt (prädicirt) werden.

Eine ähnliche Zweideutigkeit findet statt, wenn das Beiwort nicht zur nähern Bestimmung eines durch das Hauptwort bezeichneten Dinges gebraucht wird, sondern sich auf einen ganzen Satz bezieht, der die Stelle des Hauptwortes vertritt, als: könnyü meggondolni, mi szerepet kellett azon társaságban jútszanom, es ist leicht zu denken, welche Rolle ich in jener Gesellschaft spielen mußte.

Wir müssen daher auf die Unterscheidung des aussagenden und zuschreibenden Beiwortes hier noch einmal zurückweisen.

Von dem Gebrauche der Vergleichungsstufen.

§. 188.

Der Comparativ vergleicht entweder verschiedene Eigenschaften in Hinsicht auf ein und denselben Gegenstand, oder verschiedene Gegenstände auf ein und dieselbe Eigenschaft; in beiden Fällen bekömmt der Theil der Vergleichung, welchem der Vorzug zugestanden wird, die in der Formenlehre angegebene Endung des Comparativs, dem verglichenen Worte hingegen wird im ersten Falle mint vorgesetzt, im zweiten Falle aber gewöhnlich nál, nél nachgesetzt, als: sok ember okosabb, mint emberséges, mancher Mensch ist mehr klug, als rechtschaffen. Az egér kisebb a patkánynál, die Maus ist kleiner, als die Ratte. In dem letzten Falle wird auch manchmal mint gebraucht, als: jobb a kutya mint a macska, der Hund ist besser als die Katze, statt: jobb a kutya a macskánál.

In einfacher Folge von dieser Hauptregel wird das verglichene Wort nothwendig mit mint, manchmal mit mintsem oder hogysem konstruirt, wenn auf den Comparativ ein Nebenwort oder ein Zeitwort folgt, oder wo sonst Zweideutigkeit entstünde, als : Jobb valami mint semmi, besser etwas als nichts. Okosabb mintsem gondolod, er ist vernünftiger, als du glaubst. A ki atyját inkább szereti nálamnál, könnte in Beziehung auf a ki eben so gut heißen : „wer seinen Vater mehr liebt, als ich ihn liebe" als auch : „wer seinen Vater mehr liebt, als mich." Daher lautet der Satz richtiger : a ki atyját inkább szereti, hogysem engem.

Wird einem oder einigen Gegenständen vor allen zu derselben Art gehörenden der Vorzug zugestanden, so drückt dieses der Superlativ aus, wo dann gemeiniglich das zweite Objekt der Vergleichung das Verhältnißsuffix között bekömmt, oder es entsteht manchmal ein Genitivverhältniß, als : London Európa minden városi között a legnagyobb, oder: London Európa minden városainak legnagyobbika, London ist die größte unter allen Städten Europas.

Seltener wird das zweite Objekt der Vergleichung mit nál, nél wie beim Comparativ suffigirt, als : az úr mindeneknél legkegyesebb, Sie sind der gnädigste unter allen; eigentlich: Sie sind gnädiger als alle.

Das Genitivverhältniß ist schlechthin unrichtig, wenn das zweite Objekt der Vergleichung ein Fürwort ist, es muß daher heißen : Ö legokosabb közöttünk, er ist der klügste unter uns.

Von den Zahlwörtern.

§. 189.

Das Zahlwort hat in der Regel den gezählten Gegenstand, wie auch das Zeitwort im Singular bei sich, als : három ember, drei Menschen; tiz forint, zehn Gulden; sok bába közt elvész a gyermek, (wörtl. unter vielen Hebammen stirbt das Kind) viele Köche versalzen die Suppe; sok ember mondja, kevés ember hiszi, viele Menschen sagen es, wenige Menschen glauben es; csak kettő volt ott, es waren nur zwei da.

Das darauf folgende beziehende Fürwort kann aber sowohl im Singular als im Plural stehen, als : két száz forintról melycket oder melyet felvettem, über zwei hundert Gulden, welche ich empfangen habe. Ueberhaupt steht nach dem Zahlworte stets der Plural, wo sonst eine Zweideutigkeit entstehen könnte, da die ganze Regel auf dem obenerwähnten (§. 186) Gesetze der

Sprachökonomie beruht, wonach keine grammatikalische Bezeichnung ohne Noth wiederholt wird, die Mehrheit des Gegenstandes aber nach dem Zahlworte sich schon aus diesem versteht; tritt nun aber ein Fall ein, wo diese Bezeichnung des Plurals, wenn auch nur zur Vermeidung einer Zweideutigkeit nothwendig wird, so hört die erwähnte Regel auf, több collegáink kezdenek csipkedni, mehrere unserer Kollegen fangen an zu sticheln, ist daher besser gesagt, als: több collegánk kezd csipkedni, wie es nach der Hauptregel heißen müßte.

§. 190.

Das unbestimmte Zahlwort m i n d ist eigentlich Adverbium und wird also nie abgeändert. Es wird nur von unpersönlichen Dingen gebraucht.

Das Zeitwort wird dabei immer in die bestimmte Form gesetzt, weil, wenn kein anderes bestimmtes Objekt da ist, „es, sie, ihn" mitverstanden wird, als : Hol van a cseresznye? a gyermek mind megette, wo sind die Kirschen? das Kind hat sie alle aufgegessen. É könyveket mind barátom vette meg, die Bücher hat alle mein Freund gekauft.

Manchmal wird mind auch statt mindnyájan, alle insgesammt, gebraucht, als : mind eljöttek, alles ist oder alle sind gekommen, anstatt : mindnyájan eljöttek, alles ist oder alle sind gekommen.

M i n d e n ist ein wahres Beiwort und folgt daher hinsichtlich der Abänderung allen den Regeln, die wir vom Beiworte oben §. 96 angegeben. Es wird sowohl von Personen als von unpersönlichen Dingen gebraucht, als : minden gyermekeit elvesztette, er verlor alle seine Kinder; mindent elvesztett, er verlor Alles; minden bútorát eladta, er hat alle seine Möbel verkauft; mindent eladott, er hat Alles verkauft.

Wie jedes Beiwort, so kann auch minden als Hauptwort gebraucht und mit Personalsuffixen verbunden werden, als :

mindenem	mindened	mindene
mein Alles	dein Alles	sein Alles
mindenünk	mindenetek	mindenük
unser Alles	euer Alles	ihr Alles

Mindenik hat wie alle Wörter auf ik heraushebende Bedeutung und heißt j e d e r, jede, jedes, sowohl von Personen, als von unpersönlichen Dingen, als : mindenik közületek tegye meg a maga kötelességét, jeder von euch thue seine Pflicht.

M i n d n y á j a n ist ein Nebenwort, welches in seiner zusammenfassenden Bedeutung nur von Personen gebraucht wird, als :

mindnyájan megölettek, sie sind alle umgebracht worden. Mit Personalsuffixen hat es substantive Natur, als: mindnyájunk tudjuk, miszerint..., wir alle insgesammt wissen es, daß...; mindnyájok látták, sie alle insgesammt haben es gesehen.

Von den Fürwörtern.

§. 191.

Dem Dativ des persönlichen Fürwortes in beiden Zahlen wird oft des Nachdruckes wegen der Nominativ pleonastisch vorgesetzt, als: én nekem, mir; te neked, dir; ő neki, ihm; mi nekünk, uns; ti nektek, euch; ő nekik, ihnen.

Der Gebrauch der persönlichen Fürwörter ist im Ungarischen weit beschränkter als im Deutschen. Namentlich werden sie als Nominative vor den Zeitwörtern, wie wir oben (§. 165) gesehen haben, weggelassen, als: mondok valamit, ich sage etwas; nicht: én mondok valamit, das nur dann gesagt werden könnte, wenn auf én ein besonderer Nachdruck gelegt würde (ich und nicht du). Aber auch in den übrigen Endungen werden die persönlichen Fürwörter, so wie das anzeigende Fürwort az, wenn der Gegenstand, auf den sie Bezug haben, in der Rede schon vorausgegangen ist, weggelassen, z. B. kaptam levelet, de még nem olvastam, ich habe einen Brief erhalten, habe (ihn) aber noch nicht gelesen; ha tulajdon akaratodat nem alkalmaztatod Isten tetszéséhez, megutál az Isten, és vagy ellentáll, vagy veszni hágy, wenn du deinen eigenen Willen nicht richtest nach Gottes Gefallen, so wird (dich) Gott verwerfen, und wird (dir) entweder widerstehen oder (dich) verderben lassen.

Oft steht jedoch auch das anzeigende Fürwort im Ungarischen, wo es im Deutschen fehlt. Hierbei ist folgende Regel zu bemerken: In zusammengesetzten Sätzen kann der Ton entweder auf dem untergeordneten Satze, oder auf dem Zeitworte des Hauptsatzes ruhen. Ruht der Ton auf dem untergeordneten Satze, so tritt im Ungarischen vor das Zeitwort des Hauptsatzes ein auf den Nebensatz hinweisendes pleonastisches Demonstrativpronomen az. In dem Satze „ich sehe, daß du weggehen willst," was anders auch heißen kann, „ich sehe dein Weggehenwollen" (Accusativverhältniß), kann der Ton auf „ich sehe" ruhen, dann heißt es ungarisch: látom, hogy elakarsz menni; oder der Ton ruht auf „weggehen", also auf dem untergeordneten Satze, dann muß es heißen: azt látom, hogy elakarsz menni.

Das reflexive Fürwort magam, magad ꝛc. kann, da es eigentlich ein Hauptwort mit Personalsuffix ist (magam bedeutet mein Kern; magad, dein Kern ꝛc.) mit einem andern Hauptworte nur im Genitivverhältniß verbunden werden. Man sagt daher: magam része, mein eigener Theil (eigentl. der Theil meines Kernes); magad része, dein eigener Theil; maga része, sein eigener Theil; magunk része, unser eigener Theil ꝛc. Fehlerhaft wäre magam részem, magad részed ꝛc.

§. 192.

Senki und semmi werden immer mit den verneinenden Partikeln nem, ne, nicht, oder sem, se, auch nicht, konstruirt, als: seki nem oder sem látta, Niemand hat ihn gesehen; senki ne oder se moccanjon helyéböl, míg vissza nem jövök, Niemand rühre sich von der Stelle, bis ich nicht zurückkomme. Anstatt semmit sem wird bisweilen die einfachere Form mitsem gebraucht, als: mit sem láttam, ich habe nichts gesehen.

Anstatt der dritten Endung des persönlichen Fürwortes kommt im Ungarischen oft ein Personalsuffix der entsprechenden Person, als: pénzemet vissza adta, er gab mir das Geld zurück, anstatt: vissza adta nekem a pénzt. A kik felettébb pompáznak tisztségökkel, azt adják értenünk, hogy nem érdemlették meg. Die mit ihrem Amte zu viel groß thun, geben uns zu verstehen, daß sie es nicht verdient haben. (Faludi.)

Von den Nebenwörtern.

§. 193.

Nem, nicht, sem, auch nicht, dienen zur einfachen Verneinung, als: Egy fecske tavaszt nem szerez, eine Schwalbe macht keinen Sommer. Egy férges diót sem adnék érte, ich würde auch nicht eine wurmstichige Nuß dafür geben. In verbietenden und verbindenden Sätzen kommt ne, se, als: Ne rázd a fát, mely magától hullatja gyümölcsét, schüttele nicht den Baum, welcher von selbst seine Frucht abwirft. Nincs oly tudomány, melynek valamely haszna ne volna, es gibt keine Wissenschaft, die nicht irgend einen Nutzen hätte. (Takács.)

In Worten läßt sich der Unterschied zwischen nem, sem und ne, se so ausdrücken. Nem und sem zeigen eine Verneinung nach äußerer, objektiver Nothwendigkeit an; ne und se verneinen nur nach dem Gefühl und Bewußtsein des Redenden, also nur im Imperativ und Conjunktiv.

Die Verneinungswörter: soha, niemals, nie; schol, sohol, nirgends; sehova, sohova, nirgendshin; schonnan, sohonnon, von nirgendsher; semmiképen, auf keinerlei Art, werden mit den einfachen Verneinungen nem, sem, ne, se, nach den oben angegebenen Bestimmungen konstruirt, als: soha nem oder sem gondoltam volna, ich hätte es nie gedacht; soha ne oder se gondolt azt, glaube das nie.

Sem und se, auch in der Bedeutung „weder — noch" stehen in der Regel nicht allein als Verneinungen, sondern verbinden sich mit nem und ne, welche unmittelbar vor das Zeitwort treten, als: sem levelet nem irtál, sem leckédet nem tanultad, du hast weder Brief geschrieben, noch deine Lektion erlernt; sem nem láthat, sem nem hallhat, er kann weder sehen noch hören; se ne láss, se ne hallj semmit, du sollst weder sehen noch hören irgend etwas.

Wird jedoch das Dasein mehrerer Dinge ausschließend verneint, so steht sem unmittelbar vor dem verneinten Gegenstande, als: sem keze, sem lába, es hat weder Hand noch Fuß; sem jobbra, sem balra, weder rechts noch links. — Auch vor Mittelzeitwörtern steht sem und se unmittelbar, als: sem siet, sem késik haragja Istennek, weder eilt, noch zögert der Zorn Gottes. (Zrínyi.)

Auch nicht heißt sem oder se, wenn das Bindewort auch in Beziehung auf eine andere Verneinung steht, als: A. Úr nem volt még itt, s B. urat sem láttam, Herr A. ist noch nicht hier gewesen, und auch Herrn B. habe ich nicht gesehen. Steht aber das Bindewort auch in einem andern Sinne, so heißt es: nem is, ne is, als: az eszet korlátolni lehet erősebb észszel; de nem is ismer más fegyvert, dem Verstande kann man nur durch höhern Verstand Schranken setzen; andere Waffen aber kennt er auch nicht. (Fáy.)

Von den Bindewörtern.

§. 194.

Is, auch, und sem, se, auch nicht (aus is nem, is ne) kommen unmittelbar nach dem Worte, auf welches sie Bezug haben, als: én is haza megyek, ich gehe auch nach Hause, azt sem tudod, auch das weißt du nicht.

Die Bindewörter és und vagy bleiben im Ungarischen in sehr vielen Fällen weg, wo sie im Deutschen unentbehrlich sind, als: egyszer másszor, ottan ottan, dann und wann; imitt amott, helylyel helylyel, hie und da; tejben vajhan förösztení valakit, Jemanden in Milch und Butter baden; eszik iszik, er ißt und trinkt. Az uj mindig kisebb nagyobb mértékben lelket lep, das Neue überrascht stets in größerem oder kleinerem Maße die Seele (Kölcsey). Ueberhaupt wird das Bindewort és zwischen allen ein und denselben Begriff gebenden, paranomastischen Ausdrücken, die sehr häufig im Ungarischen sind, verschwiegen, als: tarka barka, recht bunt; sebbel lobbal, schnell; izeg mozog, es wackelt; dúl fúl, er wüthet.

Das Bindewort meg bezeichnet das zweite beigeordnete Glied als bloße Fortsetzung oder Erweiterung des ersten. Es steht deshalb gewöhnlich bei zwei Vorstellungen, die sich gegenseitig ergänzen, oder wo das zweite Glied neben dem Hauptbegriffe des ersten noch etwas hervorzuheben hat, als: a mely nemzet parányiszerű indolentiában a világirányhoz nem simul, annak jövendője: elnyeletés meg járom, eine Nation, die in kleinlicher Indolenz der Weltrichtung sich nicht anschmiegt, hat keine andere Zukunft als Verschlungenwerden und Joch.

Von der Wortstellung.

§. 195.

Im Ungarischen ist die Wortstellung (Konstruktionsordnung) durchaus nicht so streng, wie in mancher andern, selbst in der deutschen Sprache. Im Deutschen sind die Formen für die verschiedenen Beziehungen des Wortes im Satze oft ungenau und folglich nicht immer zur deutlichen Bestimmung ausreichend, daher derselbe oft durch die Wortstellung bestimmt werden muß. So unterscheiden wir in dem Satze „Kleider machen Leute" das Subjekt (Kleider) von dem Objekte (Leute) nur durch die Stellung, während im Ungarischen bei der genauesten Bezeichnung aller grammatikalischen Beziehungen durch deutliche Formen die strenge logische Konstruktionsordnung unnöthig wird, und daher der Wohlklang in der Bewegung des Satzes eben so wesentlich auf die Wortstellung einwirkt, als der Sinn der Satzglieder und ihr gegenseitiges Verhältniß.

Im Allgemeinen jedoch soll die Stellung der Worte im Satze immer mit der Ordnung übereinstimmen, in welcher der Verstand die Begriffe zu einem Urtheile verbindet; die Anordnung der Begriffe aber muß nothwendig von dem Zwecke der Darstellung abhängen, demzufolge wir einem oder dem andern Theile des Satzes, um den es sich hauptsächlich fragt, und der im Deutschen blos durch den Redeton bezeichnet wird, einen besondern Werth der Bedeutung, eine eigene Wichtigkeit beilegen. Handelt es sich z. B. um die Frage, womit die Natur den Menschen ausgerüstet habe? so sage ich deutsch: die Natur hat uns mit Anlagen ausgerüstet, und gebe den Redeton auf das Wort „Anlagen;" handelt es sich aber um die Frage: wer hat uns mit Anlagen ausgerüstet? so antworte ich ebenfalls: die Natur hat uns mit Anlagen ausgerüstet, setze aber den Redeton auf „Natur." Im Deutschen ist dies der einzige Unterschied, nicht so im Ungarischen. Hier spielt das Wort, um das sich die Frage dreht, eine wichtigere Rolle, so daß in der Stellung der Satztheile auf dieses Wort allein eine besondere Rücksicht genommen wird. Wir fassen nun die Regeln in Beziehung dieses wichtigsten Satztheiles in Folgendes zusammen:

1) In jedem Satze folgt auf den wichtigsten Satztheil unmittelbar das Zeitwort in bestimmter Art, mit hinten nachziehender Partikel, wenn es mit einer Partikel zusammengesetzt war, die übrigen Satztheile können nach Willkür vor- oder nachgesetzt werden. Obiger Satz „die Natur hat uns mit Anlagen ausgerüstet" wird also je nach dem Zwecke der Rede folgendermaßen variirt: a) auf die Frage „Womit" ic.? A természet hajlamokkal készitett föl bennünket. Hajlamokkal készitett föl bennünket a természet. Bennünket hajlamokkal készitett föl a természet. — Alle drei Sätze antworten auf eine Frage, und heißen deutsch „die Natur hat uns mit Anlagen ausgerüstet," weil in allen dreien auf das dem Deutschen „mit Anlagen" entsprechende hajlamokkal unmittelbar das Zeitwort készitett föl folgt. b) Auf die Frage „Wer" ic.? A természet készitett föl bennünket hajlamokkal. Hajlamokkal a természet készitett föl bennünket. Bennünket a természet készitett föl hajlamokkal. Hier antworten wieder alle drei Sätze auf eine Frage, und heißen deutsch „die Natur hat uns mit Anlagen ausgerüstet." c) Auf die Frage „Wen" ic.? Bennünket készitett föl a természet hajlamokkal. A természet bennünket készitett föl hajlamokkal. Hajlamokkal a természet bennünket készitett föl.

Ausnahme. Nach den Wörtern mind, minden, alle, und dem sinnverwandten akármely, welcher immer ic., so wie nach den Adverbien azonnal, tüstént, sogleich; örökké, ewig, und ähnlichen, wenn sie den Ton haben, wird die Partikel vom Zeitworte nicht getrennt, ja bei mind und minden kömmt sogar das zu diesen Wörtern gehörige Hauptwort vor das Verbum, als: akkor minden barátimat megszólitottam, damals habe ich alle meine Freunde angesprochen; tüstént megszólitottam az atyámat. Dieselbe Ausnahme findet statt nach den Wörtern is, pedig, meg, ismét, wenn der Ton auf dem Worte ruht, denn diese Partikeln theils angehängt, theils vorgesetzt werden, als: az atyámat is megszólitottám az iránt, meinen Vater habe ich auch darum angesprochen.

2) Ruht aber der Ton im Deutschen auf dem Zeitworte selbst, d. h. ist es der Ausdruck der Thätigkeit im Satze, um das sich die Frage dreht, so kommt, wenn das Zeitwort einfach ist, dieses am schicklichsten an die Spitze des Satzes zu stehen, und die übrigen Satztheile folgen in willkürlicher Ordnung, als : Beszéltem az iránt atyámmal, oder beszéltem atyámmal az iránt, ich habe mit meinem Vater darüber gesprochen. Bei zusammengesetzten Zeitwörtern ist die Sache so zu betrachten, als wäre der Ton auf der Vorpartikel, auf welche unmittelbar das Zeitwort folgen muß, die übrigen Satztheile aber können wieder nach Willkür vor= oder nachgesetzt werden, als : megszólítottam az iránt atyámat, ich habe meinen Vater darum angesprochen, welcher Satz gleichviel heißt, wenn er so lautet : megszólítottam az édes atyámat az iránt. Hat das betonte Zeitwort ein ergänzendes, mit einer Vorpartikel zusammengesetztes Verbum im Infinitiv bei sich, so tritt die Partikel vor das bestimmte Zeitwort, als : megakartam szólítani az iránt atyámat, ich wollte meinen Vater darum ansprechen.

Anmerkung. In der gebietenden und verbindenden Art kann die Vorpartikel dem Zeitworte nach Willkür vor- oder nachgesetzt werden, als : szólítsd meg, oder : megszólítsd atyámat, spreche darum meinen Vater an.

3) Bei verneinenden Sätzen sind folgende Punkte zu merken : a) die Verneinung kommt im Ungarischen immer unmittelbar vor dem Worte zu stehen, welches verneint wird; daher wird bei Zeit= wörtern, die mit einer Partikel zusammengesetzt sind, die Partikel immer vom Zeitworte getrennt, und bei der Verneinung mit nem, dieser vor= oder dem Zeitworte nachgesetzt, bei der Verneinung mit sem hingegen dieser stets vorgesetzt, damit die Verneinung unmit= telbar vor das Zeitwort zu stehen komme. Die Nr. 1 und 2 auf= gestellten Fälle werden demnach verneinend so lauten : 1) a termé- szet hajlamokkal nem készített föl bennünket, oder : a természet hajlamokkal föl nem készített bennünket, die Natur hat uns mit Anlagen nicht ausgerüstet. 2) A természet nem készített föl bennünket hajlamokkal, oder : a ter- mészet föl nem készített s a t., die Natur hat uns mit Anlagen nicht ausgerüstet. 3) Bennünket nem készített föl a természet hajlamokkal, oder : bennünket föl nem készített s a t., uns hat die Natur mit Anlagen nicht ausgerü= stet. Ferner 4) nem beszéltem az iránt atyámmal, ich habe mit dem Vater darüber nicht gesprochen. 5) Nem szólítot- tam meg az iránt atyámat, oder : meg nem szólítottam s a t., ich habe den Vater darum nicht angesprochen.

4) In fragenden Sätzen ruht der Ton gewöhnlich auf den fragenden Für- oder Nebenwörtern: ki? wer? mi? was? hol? wo? mikor? wann? miért? warum? 2c., worauf nach der Hauptregel das Zeitwort in bestimmter Art mit hinten nachziehender Partikel folgt, als: ki készitett föl bennünket hajlamokkal? wer hat uns mit Anlagen ausgerüstet? Mivel készitett föl bennünket a természet? womit hat uns die Natur ausgerüstet?

Geschieht die Frage durch die Partikel: valjon, hát, ha valjon? mit dem Anhängsel -e, so wird die gewöhnliche Wortstellung beobachtet, als: Valjon a természet készitett föl bennünket hajlamokkal? Hat wohl die Natur uns mit Anlagen ausgerüstet? Hát hajlamokkal készitett-e föl bennünket a természet? Hat uns die Natur mit Anlagen ausgerüstet?

5) In der gebietenden Art ist nur der eine Fall besonders zu bemerken, wenn der Ton auf einem zusammengesetzten Zeitworte ruht, denn da wird abweichend von der Hauptregel die Partikel dem Zeitworte stets nachgesetzt, als: szólitsd meg az iránt atyámat, spreche darum meinen Vater an.

§. 196.

Die Aufeinanderfolge nebengeordneter Glieder ist fast dieselbe, wie im Deutschen; namentlich findet unter den Nebenbestimmungen des Hauptwortes folgende Anordnung statt; erst kommt das allgemeine Zahlwort, darauf das Nebenwort, das Beiwort und endlich das Hauptwort als Subjekt oder als Objekt, als: mind a három ékesen fölpiperézett legény, alle drei zierlich aufgeputzten Jungen.

Zwischen das Beiwort und sein Hauptwort kann kein anderes Bestimmungswort treten, als nur unter gewissen Umständen das als unbestimmter Artikel gebrauchte Wörtchen egy, wie schon oben §. 157 gezeigt worden ist.

Die Beiwörter stehen dem Hauptworte nach, wenn es ein besonderer Nachdruck erheischt, oder wenn mehrere durch sich auf einander beziehende, trennende oder verbindende Conjunctionen mit einander verknüpft sind, als: az embernek, akár jó akár rossz, a törvénynek kell engednie, der Mensch, er sei gut oder schlecht, muß dem Gesetze gehorchen.

Die abhängigen Casus stehen vor den regierenden Nennwörtern, namentlich steht der Genitiv gemeinhin voran, als: büntetésre méltó, strafwürdig; örömnek könnyei, Thränen der Freude.

Der regierte Genitiv steht oft voran, wenn es der Nachdruck erheischt, vorzüglich aber wenn der regierende Genitiv zu seiner nähern Bestimmung oder Erklärung einen aus mehreren Wörtern bestehenden Zusatz hat, als: szabad urn légy vágyó indulatidnak, sei freier Herr deiner Leidenschaften (Faludi). Elöttünk vagyon elsö kötete azon gyüjteménynek, melyre Szemere már tizennégy esztendö elött gyüjtött, vor uns ist der erste Band jener Sammlung, zu der Szemere schon vor vierzehn Jahren gesammelt hat (Toldy = Schedel).

Der Dativ kann dem Accusativ vorangehen oder demselben auch nachgesetzt werden, muß aber immer bei dem Zeitworte bleiben und zwar in Behauptungssätzen meistens, in Fragesätzen immer vor dem Zeitworte. In Fragesätzen wird immer mit dem Dativ begonnen, ausgenommen wenn auf einen andern Satztheil ein besonderer Nachdruck gelegt werden soll, oder wenn der Satz verneinend ist, als: a jó polgár a hazának szenteli életét, ein guter Bürger widmet sein Leben dem Vaterlande; a jó polgár nem szenteli másnak életét mint a hazának, ein guter Bürger widmet sein Leben nichts Anderem als dem Vaterlande.

Oft würden durch die willkürliche Stellung des Objektes vor oder nach dem Zeitwort Zweideutigkeiten entstehen, wo dann der Deutlichkeit wegen das Objekt nothwendig dem Zeitworte nachzusetzen ist, als: Bogya Róza szerepét rögtön vállalta el, kann eben so gut heißen Bogya Róza hat ihre Rolle allsogleich angenommen, als auch: er oder sie hat die Rolle der Bogya Róza sogleich angenommen. Hingegen wird jede Zweideutigkeit vermieden werden, wenn die Worte so gestellt werden: Bogya Róza rögtön vállalta el szerepét.

Von der Prosodie.

§. 197.

Sobald die Rede zum Gesang angewendet wird, muß sie zugleich mit ihm Cadenz beobachten, d. h. sie muß nach gleichmäßig wiederkehrenden Bestimmungen sich fortbewegen. Dies kann auf doppelte Art geschehen: einmal durch eine der Zahl der Töne einer gegebenen Melodie entsprechende Anzahl von Silben, deren Geschwindigkeit oder Langsamkeit durch die Melodie bestimmt wird. Dies gibt die rhytmische Poesie. Zweitens, durch eine Anzahl gleicher Zeiten, die aus der relativen und übereinstimmenden Dauer der Töne der Melodie und der Töne der Sprache entsteht. Dies gibt die metrische Poesie. In der ersten wird keine Rücksicht auf das Zeitmaß der Silben genommen, man betrachtet sie als einander vollkommen gleich an Dauer. In der letztern hingegen wird keine Rücksicht auf die Zahl der Silben genommen; man mißt sie statt sie zu zählen, und ihr Zeitmaß bestimmt den Raum, den sie ausfüllen können. Beide Arten der Poesie hat die ungarische Sprache vollkommen ausgebildet.

Die rhytmische Poesie der Ungarn hat indeß nichts Besonderes vor der deutschen. Hingegen ist für die metrische Poesie der besondere Vortheil in der ungarischen Sprache, daß ihre Metrik äußerst einfach ist, indem die Silben, welche von Natur lange, d. i. accentuirte Vocale haben, lang, welche von Natur kurze, d. i. unaccentuirte Vocale haben, kurz sind, als: érzék (--), Sinn; elemez (⌣⌣⌣), er analysirt.

Silben mit kurzem Vocale werden lang, wenn auf den Vocal zwei oder mehrere Consonanten folgen, was man Position nennt, als: alkalmazni (---⌣), anwenden; ismerni (--⌣), kennen.

Hierher gehört der Artikel a, welcher für lang gilt, weil das abgeworfene z durch Assimilation ersetzt wird, als: a ki, das gesprochen wird: akki (-⌣).

Trotz dieser Bestimmtheit der Quantität des geschriebenen Wortes, hat die ungarische Sprache doch keinen Mangel an mittelzeitigen Vocalen, d. h. solchen, die sowohl lang als kurz gebraucht werden können. Solche Vocale sind i, u, ü, die besonders in der vorletzten Silbe zweisilbiger Wörter bald lang, bald kurz gesprochen werden, so spricht man biró und bíró, Richter; buza und búza, Getreide; tükör und tükör, Spiegel.

Auch das a ist mittelzeitig in der dritten Person von adni, geben, hagyni, lassen, denn man sagt gleich richtig ad und ád, er gibt, hagy und hágy, er läßt. Auch in mai und mái, heutig, ist das a mittelzeitig.

Das e ist mittelzeitig in folgenden: nekem, nékem, mir, neked und néked, dir ꝛc., velem und vélem, mit mir, veled und véled, mit dir ꝛc., be und bé, hinein, megy und mégy, er geht, teszek und tészek, ich thue ꝛc., ver und vér, er schlägt ꝛc.

Die Elision, d. h. Ausstoßen von Vocalen, kann überall stattfinden, wo der Wohllaut es erlaubt und das Versmaß es fordert, als: látd für látod, homálytlan für homálytalan. Besonders häufig und den Wohlklang fördernd ist die Elision bei längern Wörtern mit kurzen Vocalen, als: fejdelem, statt fejedelem, Monarch, fülmile, statt fülemile, Nachtigall, veszdelem, statt veszedelem, Gefahr.

Auch n in ban wird elidirt und durch den Apostroph ersetzt, als : Karjokba' tiszta honfitűz szablyája villoga (Bajza).

Die Elision des t des Accusativs ist, wie wir oben §. 168 gesehen haben, auch in der Prosa nicht selten.

Anmerkung. Die Zeichen der Länge und Kürze sind : der Strich (-) als Zeichen der Länge, und der Halbkreis (u) als Zeichen der Kürze.

Nach den gegebenen Andeutungen wollen wir die verschiedenen Versfüße zusammenstellen, deren sich die beiden alten klassischen Sprachen bedient haben, von denen die ungarische metrische Poesie entlehnt wurde.

a) Zweisilbige :

- ᴜᴜ Pyrrhichius : szeret, keres, felel.
- - - Spondaeus : szándék, egység, közlés.
- ᴜ - Jambus : irány, vezér, nekünk.
- - ᴜ Trochaeus : járom, szolga, nemzet.

b) Dreisilbige :

- ᴜᴜᴜ Tribrachys : akadoz, esedez, egyenes.
- - - - Molossus : tőszomszéd, szerzőjét.
- - ᴜᴜ Dactylus : férfiak, nemzeti, elnyeled.
- ᴜ - ᴜ Amphibrachys : irása, mezőket, alatta.
- ᴜᴜ - Anapaestus : adomány, magasabb, valamint.
- ᴜ - - Bacchius : valóság, tanitvány, hasonló.
- - ᴜ - Amphimacer : számasabb, gondolá, forditás.
- - - ᴜ Palimbacchius : megtartsam, szükséges, gondoltak.

c) Viersilbige :

- ᴜᴜᴜᴜ Procelcusmaticus : szavaiba, valamikor, bevezeti.
- - - - - Dispondacus : sarktörvényűl, készítését, alkalmatlant.
- ᴜᴜ - - Jonicus a minori : nyomatékosb, lehetővé, különösség.
- - - ᴜᴜ Jonicus a majori : mozgásai, háromszoros, származtanak.
- - ᴜ - ᴜ Ditrochaeus : megkülönböz, férfiakra, régiségben.
- ᴜ - ᴜ - Dijambus : következő, keletkezés, viseltetett.
- ᴜ - - - ᴜ Antispastus : bizottságra, azért senki, kedélyének.
- - ᴜᴜ - Choriambus: nemzetiség, kénytelenít, példabeszéd.
- - ᴜᴜᴜ Paeon primus : többnyire nagy, ismerete, a szerelem.
- ᴜ - ᴜᴜ Paeon secundus : beszédeket, korántsem az, unalmasan.

∪∪-∪ Paeon tertius : elemeztem, magyaroknak, szabadalmas.
∪∪∪- Paeon quartus : hitelező, elemezés, anyagiság.
∪--- Epitritus primus : szabadságát, ragaszkodván, szabályokként.
-∪-- Epitritus secundus : észrevételt, védelemkép, rabjavító.
--∪- Epitritus tertius : megtestesült, emlékező, ellenkező.
---∪. Epitritus quartus : országszerte, ismérhetjük, irgalmatlan.

Aus biefen Füßen, von benen aber in ber ungarifchen, fo wie überhaupt in ber neuern Poefie nur wenige in Gebrauch find, entftehen bie Versarten, welche auseinanber zu fegen bie Aufgabe ber Poetif ift.

II.
Praktischer Theil.
Aufgaben und Uebungsstücke.

Erster Uebungskurs über die übergehenden Zeitwörter.

(Zu §. 27.)

1.
Wörter zum Auswendiglernen und Aufgaben zum Uebersetzen.

Ír, er schreibt; ir-at, er läßt schreiben; ir-ás, das Schreiben; ír-ó, der Schreiber, der Schriftsteller; ír-omány, der geschriebene Gegenstand, die Schrift. — Olvas, er liest; olvasás, das Lesen; olvas-ó, der Leser; olvasmány, der Gegenstand, der gelesen wird, die Lektüre. — Tan, Lehre; Tanít, er lehrt; tanít-ás, das Lehren; tanít-ó, der Lehrer; tanít-vány, die Person, die belehrt wird, der Schüler. — Tanúl, er lernt; tanul-ás, das Lernen; tanul-ó, der Lernende; tanul-mány, der Gegenstand, der gelernt wird, der Lehrgegenstand, das Studium.

Kit vársz? — Várom a sógoromat. — Hiába
Wen erwartest du? — Ich erwarte meinen Schwager. — Vergebens
várod,   ő ma nem jő. — Nem kérünk és nem várunk
erwartest du ihn, er heute nicht kommt. — Nicht wir bitten und nicht erwarten
semmit. — A tanító tanit, int, fedd, fenyeget és büntet. —
Nichts. — Der Lehrer lehrt, ermahnt, tadelt, droht und straft. —
A tanuló tanúl, figyel, ír olvas és elmondja a leckét. —
Der Schüler lernt, merkt auf, schreibt, liest und sagt her die Lektion. —
Maga is tanúl, a ki másokat tanít. (km. — Mit ember
Selbst auch lernt, wer Andere lehrt.   — Was der Mensch
    ifjanta   tanúl, azt aggodtan is nehezen felejti. (km.) —
in der Jugend lernt, das im Alter auch schwer vergißt.

Akkor felel, mikor kérdezik. — Ha kérdezel, akkor majd
Dann antwortet er, wann man ihn fragt. Wenn du fragst, dann wohl
felelek. — Felejteni könnyü, tanúlni nehéz.
antworte ich. Vergessen ist leicht, lernen ist schwer.

---

*) Der Lehrer lehrt den Schüler. — Der Lehrer ermahnt den Schüler. — Der Schüler lernt die Lektion, schreibt und liest den Lehrgegenstand. — Die Schüler lernen, schreiben und lesen. — Das Lernen ist leicht, das Lehren ist schwer. — Der Lehrer fragt, der Schüler antwortet. — Wenn 1) er fragt, antworten wir. — Die Lehrer bestrafen und ermahnen die faulen 2) Schüler. — Schüler, die 3) nicht aufmerken, lernen nicht (nicht lernen). — Ich vergesse nicht (nicht vergesse) leicht das Studium. — Wir erwarten Gäste 4). — Erwartet ihr Jemanden? — Was 5) ihr bittet wird euch gegeben werden 6).

1) ha; 2) lusta; 3) kik; 4) vendégeket; 5) a mit; 6) meg fog adatni nektek.

2.

Tud, er weiß; tud-ás, das Wissen; tud-ós, vielwissend, gelehrt; — tudatlan, unwissend; tud-omány, der Gegenstand des Wissens, die Wissenschaft; tud-ományos, wissenschaftlich. — Ért, megért, er versteht; értés, das Verstehen; ért-elem, der Verstand; ért-het, er kann verstehen; ért-hető, verständlich; ért-hetetlen, unverständlich. — Mond, er sagt oder spricht; mondás, das Sagen, das Sprechen; der Spruch; mond-hat, er kann sagen; mond-hatatlan, unsäglich; ki-mond, er spricht aus; ki-mond-ás, die Aussprache. — Hall, er hört; hall-ás, das Hören; das Gehör; hall-atlan, unerhört; hall-gat, er hört zu; er schweigt; hallgat-ás, das Zuhören; das Schweigen; hall-gató, schweigend; Zuhörer.

A ki sokat beszél, vagy sokat tud, vagy sokat hazud.
Wer viel spricht, entweder viel weiß, oder viel lügt.
(km.) — Egyik tudatlan hamarább megérti a másikat (km.)
Ein Unwissender schneller versteht den Andern.
— Az okos ember, ha keveset szól is, sokat mond (km.)
Der kluge Mensch, wenn wenig spricht auch, viel sagt.

---

*) Ein für allemal wird hier dem Lernenden bemerkt, daß er diese und jede folgende Aufgabe zum Uebersetzen aus dem Deutschen in's Ungarische erst dann zu lösen wahrhaft in Stand gesetzt wird, wenn er (mit oder ohne Hilfe des Lehrers) die vorhergegangene ungarische Aufgabe genau erlernt hat, wovon er sich aus den Repetitionslektionen, die diesen Uebungen zuletzt nachfolgen, überzeugen kann. Außerdem ist vorher die Regel von dem Gebrauche der bestimmten Form aus §. 161 zu erlernen.

— Érted a magyar nyelvet? — Értem; de nem
Verstehst du die ungarische Sprache? — Ich verstehe sie; aber nicht
beszélek, könnyebb is a megértés, mint az érthető ki-
ich spreche, es ist leichter auch das Verstehen, als die verständliche Aus-
mondás. — Azért is ha magyarul beszélni hallok, hallgatok
sprache. — Darum auch wenn ungarisch sprechen ich höre, ich schweige
és figyelek. — Mondhatom, sokat tudsz már és ha ugy
und merke auf. — Ich kann sagen, viel du weisst schon und wenn so
folytatod a tanulást, nem sokára jól fogsz beszélni.
du fortsetzest das Lernen, in nicht langer Zeit gut wirst du sprechen.

Sprichst du ungarisch? Ich spreche ein wenig, ich setze aber
das Lernen fort und so hoffe 1) ich, daß ich in nicht langer Zeit gut
sprechen werde. — Wir sprechen immer 2) ungarisch. — Der kluge
Mensch hört viel (viel hört), und spricht wenig (wenig spricht). —
Kluge Menschen hören viel und sprechen wenig. — Was 3) ich
nicht verstehe, davon 4) spreche ich nicht, sondern 5) schweige. —
Was ihr nicht versteht, davon sprechet nicht, sondern schweiget. —
Die Studien, welche 6) wir hören, verstehen wir besser 7) (besser
verstehen wir), als welche wir lesen. — Dem Unwissenden (ist) vieles 8) unverständlich, was der Gelehrte versteht.

1) reméllem; 2) mindég; 3) a mit; 4) arról; 5) hanem;
6) a melyeket; 7) jobban; 8) sok.

3.

Ad, ád, er gibt; át-ad, által-ad, er übergibt; be-ad, er gibt ein
(z. B. Medizin); er reicht ein (z. B. eine Bittschrift); er gibt an, denun-
cirt; ad-ag, die Dosis; ad-ás, das Geben; ad-ó, der Geber; die Abgabe;
ad-omány, die Gabe, das Geschenk; ad-ományoz, er beschenkt. — Szív,
Herz; szív-ded, herzförmig; szív-es, herzlich; sziv-esség, Herzlichkeit;
sziv-etlen, herzlos; sziv-etlenség, Herzlosigkeit. — Júh, das Schaf; júh-
akol, Schafstall; juh-ász, der Schäfer. — Miv, mű, das Werk, die
Arbeit; die Kunst; miv-el, er bearbeitet; er bildet; miv-eltet, er läßt
bearbeiten; miv-elt, gebildet; miv-eltség, die Bildung; miv-ész, művész,
der Künstler; miv-észség, művészség, die Kunst. — Ruha, das Kleid;
ruhá-z, er kleidet; ruhá-zás, das Kleiden; ruhá-zat, die Kleidung.

Ha adsz, adj jó szívvel*) (km.) — A jó júh
Wenn du gibst, gib mit gutem Herzen   Das gute Schaf
nem sokat bég; de sok gyapjat ád (km.) — A föld hála-
nicht viel blödt; sondern viel Wolle gibt. — . Die Erde ist un-

---

*) Eigentl. gern, von Herzen gern.

datlan; nem annak ád termést, ki miveli; nem annak
bankbar: nicht bem gibt fie Erzeugniß, ber fie bearbeitet; nicht bem
ád kincset, ki benne túr; nem annak ád nyugtot, ki
gibt fie Schatz, ber in ihr wühlt; nicht bem gibt fie Ruhe, ber
fárad (Vörösmarty). — Az embert hordozza a ló,
fich Mühe gibt. Den Menschen trägt bas Pferb,
éteti az ökör, ruházza a júh, védelmezi a kutya, követi
fpeift ber Ochs, fleibet bas Schaf, schützt ber Hunb, ahmt nach
a majom, megeszi a pondró (km.) — A ki mást becsül
ber Affe, frißt bie Mabe. Wer einen anbern achtet,
magát hecsüli (km.) — Vak is talál olykor egy ga-
fich felbft achtet. Ein Blinder auch findet bisweilen einen Gro-
rast (km.) — Ki mer, nyer (km.)
fchen. Wer wagt, gewinnt.

Die guten Schafe blöcken nicht viel, sondern geben viel Wolle,
fagt bas Sprichwort 1) von folchen 2), die wenig versprechen 3)
aber viel geben. — Die Menschen sind undankbar, die ben Boben 4)
bearbeiten, die ihnen Brob 5) geben, werden nicht geachtet. — Wer
Anbere achtet, wirb auch felbst 6) geachtet. — Die sich Mühe geben
unb bas Vaterlanb 7) schützen, werden geachtet. — Die Pferbe 8)
tragen, die Schafe fleiben bie Menschen. — Der Mensch wirb ge-
tragen vom Pferbe 9) unb wirb gefleibet vom Schafe 10). — Die
Erbe wirb aufgewühlt ber Schätze wegen 11). — Wenn ihr euch
Mühe gebt, so findet ihr Ruhe. — Du gibst bir Mühe, ich achte bich
bafür 12). — Wenn bu bie Erbe nicht bearbeiteft, so gibt fie kein
Erzeugniß.

1) példabeszéd; 2) olyanokról; 3) igérnek; 4) a földet;
5) nekik kenyeret; 6) maga is; 7) a hazát; 8) a lovak; 9) a
lótól; 10) a juhtól; 11) a kincsek miatt; 12) azért.

Zu §. 28.

4.

Morog (morg), er murrt, er brummt; — morg-ás, bas Murren, bas Brummen; mordul, megmordul, er fängt an zu murren; —
forog (forg), er breht fich, er freist, er wenbet fich; forg-ás,
bas Umbrehen; ber Umlauf; forg-ékony, leicht wenbbar, beweglich; fordúl,
megfordul, er fängt an fich zu brehen; er breht fich, wenbet fich; fordít, er
breht, wenbet; er überfetzt (aus einer Sprache in bie anbere); fordulat, bie
Wendung; — érez (érz), er fühlt, empfindet; érez-hető, fühlbar; érz-és,
bas Fühlen, bas Gefühl; érz-elem, bie Empfindung; érz-ékeny, empfindlich; — érdem, Verbienft; érdem-dús, verbienftvoll érdem-es, verbienftvoll, würbig; érdem-etlen, unwürbig; érdem-el, megérdemel, er
verbient; érdemesit, er macht würbig; érdem-lett, verbient; érdem-lés,
bas Verbienen.

A kutya is morog. ha az orrát megütik (km.) —
Der Hund auch murrt, wenn seine Nase man schlägt.
A ki keveset el nem vesz, sokat nem érdemel (km.) — Kiki
Wer Weniges nicht annimmt, Vieles nicht verdient. Jeder
a maga terhét érzi (km.) — Ki úgy a mint érez, beszél,
seine eigene Last fühlt. Wer so wie er fühlt, spricht,
becsületes ember. — Nem mozog a levél szél nélkül
ein ehrlicher Mensch ist. Nicht sich bewegt das Blatt Wind ohne.
(km.) — Forog, mint a kerék. Morog, mint a medve.
Er dreht sich, wie das Rad. Er brummt, wie der Bär.
— Ha sokat forgok, szédeleg a fejem. — Nem mosolyog
Wenn viel ich mich drehe, schwindelt mir der Kopf. Nicht lächelt
a gyermek ok nélkül. — Egy fecske tavaszt nem szerez (km.)
das Kind Ursache ohne. Eine Schwalbe Frühling nicht verschafft.

Er brummt immer, wenn ich's auch nicht 1) verdiene. —
Ich brumme nicht, wenn du's nicht verdienst. — Wenn du Weniges
nicht annimmst, so verdienst du Vieles nicht. — Ich fühle meine
eigene 2) Last, du fühlst deine eigene 3) Last. — Menschen, die so
sprechen, wie sie fühlen, sind ehrliche Menschen. — Du verschaffst
dir 4) nicht immer 5) Freude, wenn du so sprichst, wie du denkst *).
— Die Thiere 6) bewegen sich, auch wir 7) bewegen uns. — Ich
bewege mich wenig, du bewegst dich viel. — Mir schwindelt, wenn
ich mich drehe, darum 8) tanze 9) ich nicht **). — Wenn der Wind
bläst, 10) bewegen sich die Blätter 11).

1) hanem is; 2) magam; 3) magad; 4) magadnak; 5) mindég; *) die Wortstellung im Ungarischen ist: nicht immer verschafft du Freude dir, wenn ꝛc. 6) az állatok; 7) mi is; 8) azért; 9) táncolok. **) Die Verneinung kommt im Ungarischen immer vor dem Zeitworte zu stehen. 10) fú; 11) levelek.

5.

Vád, die Klage, Anklage; vád-ol (váll), er beschuldigt, klagt an; vád-ló, der Ankläger; vád-lott, der Angeklagte. — Vég, das Ende, vég-es, endlich; vég-etlen, unendlich; vé-gett, zu dem Ende, wegen; vég-ez (végz), er endigt, beschließt; vég-zés, das Endigen, Beschließen; der Beschluß, vég-zet, der Beschluß; das Verhängniß. — Őr, die Wache; der Wächter, der Hüter; őröz (őrz), er hütet, er bewacht; őrzés, das Bewachen, őrzet, die Bewachung. — Tolmács, der Dolmetsch; tolmácsol, er dolmetscht; tolmácslás, das Dolmetschen. — Örök, das Erbe; örökös, erblich; der Erbe; örököl, er erbt; örökség, die Erbschaft; öröklés, das Erben.

Még senki nem vádolja, s már is mentegeti magát
Noch Niemand klagt ihn an, und schon er entschuldigt sich.
(km.) — Mindenki önbeszédét legjobban tolmácsolja. —
Jedermann seine eigene Rede am besten dolmetscht.
Az úr koporsóját sem őrzik ingyen (km.) — Ki
Des Herrn Sarg auch nicht hütet man unentgeltlich. Wer
sokba kap, keveset végez (km.) — Ki idején kezdi, idején
Vieles angreift, Weniges vollbringt. Wer zur Zeit beginnt, zur Zeit
végzi (km.) — Tavaszszal a madarak énekelnek. — Nem
endigt es. Im Frühjahr die Vögel singen. Nicht
egyaránt énekel az éhező a jóllakottal (km.) — A fiu
auf gleicher Weise singt der Hungrige mit dem Satten. Der Sohn
örökli szülei vagyonát, de nem mindég azoknak erényit. —
erbt seiner Eltern Vermögen, aber nicht immer derselben Tugenden.
Ki a keveset meg nem köszöni, a sokat nem érdemli (km.)
Wer für das Wenige nicht dankt, das Viele nicht verdient.

Ich klage ihn noch nicht an, und er entschuldigt sich schon. —
Ich spreche wenig und vollbringe vieles, du sprichst viel und voll=
bringst wenig. — Was hütest du? — Der Hirt 1) hütet die Heerde 2).
— Wenn die Heerde nicht gehütet wird, so zerstreut sie sich 3).
— Wer viel erbt, erwirbt gewöhnlich 4) wenig. — Ich singe nicht,
wenn ich hungrig bin 5). — Die Hungrigen singen nicht. —
Was du erwirbst, gehört dir 6); was du erbst, gehört nicht
minder dir 7). — Du verdienst nicht die Aufmerksamkeit 8), die
man dir beweist 9). — Ich verlange 10) nicht mehr 11), als
ich verdiene. — Was Du selbst 12) vollbringst ist dein Verdienst,
was durch Andere 13) vollbracht wird, ist nicht dein Verdienst.

1) a pásztor; 2) a nyájat; 3) elszéled; 4) rendesen; die
Wortstellung ist : gewöhnlich wenig erwirbt; 5) mikor éhezem;
6) tiéd; 7) nem kevésbé; 8) a figyelmet; 9) melyet mutatnak
irántad; 10) kivánok; 11) többet; 12) magad; 13) mások által.

(Zu §. 28 und 165.)

6.

Ló, er schießt; meglő, er erschießt; agyon ló, er schießt todt; meg-
lövet, er läßt erschießen; lövés, das Schießen; der Schuß; lőhely, die
Schießstätte. — Fú, er bläst; elfú, er bläst aus (z. B. das Licht); er verweht; fújás, fúvás, das Blasen; das Wehen; fuvat, er läßt blasen; suvó,
blasend; der Blasebalg; suvola, (das Blasinstrument) die Flöte. — Sző,
verflechten, er webt; szövés, das Weben; szövet, das Gewebe; szövő, der
Weber; szövőszék, Weberstuhl; — Szó, das Wort; szó-csere, der Wort-
wechsel; szótár, das Wörterbuch; előszó, das Vorwort; szól, er spricht;
szólás, das Sprechen; szólit, er redet an; szólitás, die Anrede; szózat,
der Zuruf.

Arra forditja a köpönyeget, honnan fú a szél (km.)
Dahin dreht er den Mantel, woher es bläst der Wind.
— Nem mindenkor fú az északi szél (km.) — Nem sze-
Nicht immer bläst der Nordwind. Nicht auf dem
meten szedik a gyöngyöt*) (km.) — A szót elfújja a szél
Miste sammelt man die Perlen. Das Wort verweht der Wind.
(km.) — Nem azé a madár, a ki meglövi, hanem a ki
Nicht dessen ist der Vogel, der ihn schießt, sondern der
megeszi (km.) — A füzfák igen szaporán nőnek. — A
ihn ißt. Die Weidenbäume sehr schnell wachsen. Die
tej hamar fő. — A vadász lő, a takács sző, a katona
Milch schnell kocht. Der Jäger schießt, der Weber webt, der Soldat
ví, a gyáva elbúvik.
kämpft, der Feige verkriecht sich.

Oft 1) flechten wir solche Worte 2) in unsere Rede 3), die
besser gewesen wäre nicht zu sagen 4). — Das Wort wird weg-
geweht, aber der Eindruck 5) bleibt 6). — In Ungarn 7) wird viel
Leinwand 8) gewebt. — Der Weber webt die Leinwand. — Perlen
werden nicht auf dem Miste gesammelt. — In Ungarn webt man
viel Leinwand. — Von wo 9) bläst der Wind. — Vom Norden 10).
— Wir kämpfen offen 11) für die Wahrheit 12) und verkriechen
uns nicht. — Der Räuber 13) wird erschossen. — Die Räuber
werden erschossen. — Die Jäger schießen das Wild 14); das Wild
wird erschossen. — Die Weber weben allerlei 15) Gewebe auf dem
Weberstuhl.

1) gyakran; 2) olyan szavakat; 3) beszédünkbe; 4) melyeket jobb lett volna nem mondani; 5) a benyomás; 6) marad;
7) magyarországban; 8) vászon; 9) honnan; 10) északról;
11) nyiltan; 12) az igazságért; 13) rabló; 14) vad; 15) mindenféle.

7.

Ró, er ferbt; felró, er zeichnet auf; rovás, das Kerbholz; das Auf-
gekerbte, die Rechnung; rovásomra, auf meine Rechnung; rovat, die Kerbe;
die Rubrik; rovaték, der Einschnitt; rovatékol, er rubricirt. — Fő, föl,
es kocht: sött, gekocht; főz, er kocht; főzés, das Kochen; főzni való,
etwas zum Kochen. — Rossz, schlecht, böse; rosszkor, zu schlechter Zeit,
zur ungelegenen Zeit; rosszaság, die Schlechtigkeit; rosszall, er mißbilligt
(hält für schlecht). — Ó, er verhütet, bewahrt; óvás, die Bewahrung;
die Vorsicht; ovatos, ovatosan, vorsichtig; ovatosság, die Vorsicht. — Törvény, das Gesetz; törvényes, gesetzlich; törvénytelen, ungesetzlich; tör-
vény-adás, die Gesetzgebung; törvény-adó, der Gesetzgeber.

*) S. §. 81. Anmerkung.

Mestert hí, inas jő. — Más költ,
Einen Meister ruft er, ein Lehrbub kommt. Ein Anderer zehrt,
nekem rójja fel. — Ha szólok, nem hallod szavamat,
mir rechnet er es auf. Wenn ich spreche, nicht du hörst mein Wort,
ha hílak, nem jösz. — Sok rosszból ójja az em-
wenn ich dich rufe, nicht du kommst. Vor vielem Uebel bewahrt den Men-
bert a törvény. — Kinek a kása megégette száját,
schen das Gesetz. Wem der Hirsenbrei verbrennt hat den Mund,
tarhóját is megfújja (km.) — Rí a rossz gyermek,
seine Milch auch bläst. Es weint das schlechte Kind,
ha nem verik is. — Hamarább megfő a lágy, mint a
wenn nicht man schlägt es auch. Geschwinder kocht das weiche, als das
kemény tojás (km.) — Csak akkor hiszem, ha látom.
harte Ei. — Nur dann glaube ich es, wenn ich es sehe.
— Szót sem hiszek belőle.
— Wort kein glaube ich davon.

Die Gesetze bewahren den Menschen vor vielem Uebel. — Wenn ich ihn rufe, kömmt er nicht. — Wenn er mich 1) ruft, komme ich immer. — Ich rechne dir 2) auf, was du verzehrst; du rechnest mir 3) auf, auch was ich verzehre. — Ich weine wie ein Kind, wenn man mich schlägt. — Ich blase die Speise 4) nicht, wenn es mich auch brennt 5). — Was mich nicht brennt, das blase ich nicht, sagt das Sprichwort. — Die Gastwirthe rechnen oft mehr auf, als man zehrt. — Ich mißbillige nicht die Vorsicht, denn sie bewahrt uns 6) vor vielem Uebel. — Warum kommst du nicht, wenn ich dich rufe? Ich komme nicht, denn du rufst mich zur ungelegenen Zeit.

1) engem; 2) neked; 3) nekem; 4) az ételt; 5) éget; 6) minket.

8.

Tud ön magyarul? — Tudok egy keveset. — Beszél-
Können Sie ungarisch? Ich kann ein wenig. Spre-
nek önök magyarul? — Beszélünk egy keveset. — Mindenütt
chen Sie ungarisch? Wir sprechen ein wenig. Ueberall
magyarul beszélnek már most az országban. — Ön igen
ungarisch spricht man schon jetzt im Lande. Sie sehr
szépen halad a honi nyelvben, már igen tisztán
schön schreiten vorwärts in der Landes-Sprache, schon sehr rein
ejti a szavakat. — Mit olvas ön? — Egy igen
sprechen Sie aus die Worte. Was lesen Sie? Einen sehr

jó magyar regényt. — Ugy látszik, ön kedveli az olvasást.
guten ungarischen Roman. Es scheint, Sie lieben das Lesen.
— Mulatságomat találom benne. — Régóta tanúl ön? —
Meine Unterhaltung finde ich darin. Seit lange lernen Sie? —
Hogy igazán tanulok, annak fél éve csak. — Hogy hijják
Daß wahrhaft ich lerne, ist ein halbes Jahr nur. Wie nennt man
önnek mesterét? — Erre adósa maradok a felelettel.
Ihren Lehrer? Darauf Ihr Schulbner ich bleibe mit der Antwort.
— Honnan jönnek önök? és hogy hijják önöket? — Deb-
Woher kommen Sie? und wie nennt man Sie? Aus Deb-
reczenből jövünk, és engem Pálnak hínak.
reczin wir kommen, und mich Paul nennt man.

Ich lerne schon seit lange ungarisch, und doch weiß ich sehr
wenig, verstehe noch weniger 1). — Ich lese viel, spreche aber 2)
wenig, weil 3) ich die Worte nicht rein ausspreche. — Viele 4) lieben mehr 5) die fremden Sprachen, als ihre Landessprache 6) und
bleiben dadurch 7) fremd 8) in ihrem eigenen Vaterlande 9). —
Wir finden noch viele Menschen in Ungarn, die ihre Landessprache
nicht kennen. — Sprechen Sie ungarisch? — Finden Sie Unterhaltung im Lesen? — Bleiben Sie lange bei uns 10)? —
Woher kommen Sie? und wie heißen (nennt man) Sie? Ich komme
aus Debreczin und (man nennt mich) ich heiße Paul.

1) értek még kevesebbet; 2) de kommt immer im Anfange
des Satzes; 3) mivel; 4) sokan; 5) jobban; 6) saját honi nyel-
vöket; 7) az által; 8) idegenek; 9) saját honokban; 10) soká
nálunk.

(Zu §. 31.)

9.

Kezd, er beginnt, fängt an; kezdeget, er fängt nach und nach
an; kezdés, das Anfangen; kezdet, der Anfang; kezdő, der Anfänger;
kezdődik, es fängt an, es nimmt den Anfang. — Kész, fertig, bereit;
készit, er verfertigt, er bereitet; előkészit, er bereitet vor; készitmény,
das Angefertigte, das Kunsterzeugniß; készül, es wird bereitet; er bereitet
sich vor, er rüstet sich; készület, die Vorbereitung, Rüstung; készületlen,
unvorbereitet. — Szent, heilig; szentel, er heiligt, weiht; szenteske-
dik, er spielt den Heiligen, szenteskedő, der den Heiligen spielt, Frömmler;
szentség, die Heiligkeit; szentséges, heilig; szentségtelen, unheilig. —
Dics, der Ruhm; dicsér, er rühmt, er lobt; megdicsér, er belobt; dicséret, das Lob; dicséretes, lobenswerth; dicső, ruhmwürdig, herrlich; dicsőit,
er verherrlicht; dicsőség, die Herrlichkeit; dicsőséges, herrlich.

Uebersetzungen.

Kezdetben teremté isten a mennyet és a földet. — És
Im Anfange erschuf Gott den Himmel und die Erde. — Und
mondá isten: legyen világosság és lőn világosság. — És
es sprach Gott: es sei Licht und es ward Licht. Und
látá isten a világosságot, hogy jó, és elkülönzé isten a
es sah Gott das Licht, daß es gut sei, und schied Gott das
világosságot és a sötétséget. — És elnevezé isten a
Licht und die Finsterniß. — Und es nannte Gott das
világosságot napnak, a sötétséget pedig nevezé éjnek. —
Licht Tag, die Finsterniß aber nannte er Nacht. —
És berekeszté isten a heted napon müvét, melyet ké-
Und es schloß Gott an dem siebenten Tage sein Werk, welches er ver-
szitett, és megáldá isten a heted napot és megszentelé
fertigte, und es segnete Gott den siebenten Tag und heiligte
azt, minthogy azon szünt meg minden munkájától,
ihn, da an demselben er aufhörte von aller seiner Arbeit,
melyet teremte isten és alkota.
welche schuf Gott und bildete.

Ich fand das Buch, welches ich suchte, und bereitete mich vor zur Lektion 1). — Er begann seine Arbeit 2) zur Zeit, und endigte zur Zeit, dafür 3) wurde er belobt. — Du sprachst nicht immer, wie du fühltest, darum 4) fing ich an zu zweifeln 5) an deiner Redlichkeit 6). — Ihr fandet nicht die Auszeichnung 7), die ihr verdientet. — Wir fanden nicht die Anerkennung 8), die wir verdienten, denn wir bewahrten die Stadt vor der Gefahr 9), die von allen Seiten her 10) sie bedrohte 11). — Er verschaffte sich 12) Feinde 13), denn er war 14) feige, und verkroch sich vor der Gefahr. — Ein Anderer zehrte, und mir rechnete er es auf. — Ich rief ihn und er kam nicht. — Ich rief dich und du kamst nicht. — Wir verschafften uns Feinde, weil wir offen sprachen für Recht und Wahrheit. — Vor Alters 15) wurden die Gesetze von den Menschen 16) geachtet, aber die Gesetze achteten die Menschen nicht; jetzt achten die Gesetze den Menschen, aber die Menschen achten das Gesetz nicht.

1) leckc; 2) munkáját; 3) azért; 4) azért; 5) kétkedni; 6) becsületességedben; 7) a kitüntetést; 8) az elismerést; 9) a veszedelemtől; 10) minden felölről; 11) fenyeget; 12) magának; 13) jelenségeket; 14) vala; 15) régenten; 16) az emberektől.

II. Praktischer Theil.

(Zu §. 32 — 34).

10.

Cél, Ziel, Absicht, Zweck; cél-ellenes, zweckwidrig; cél-irányos, zweckmäßig; céloz, er zielt; er spielt (auf etwas) an; er bezweckt; célszerü, zweckmäßig; célszerüség, Zweckmäßigkeit; célzás, die Anspielung. — Kér, er bittet; kéreget, er bittet oft, er bettelt; kérelem, die Bitte, das Gesuch; kérelemkép, bittlich; kéret, er läßt bitten. — Él, er lebt; él valamivel, er gebraucht etwas; visszaél, er mißbraucht; éled, er lebt auf; éleszt, er belebt, er ruft in's Leben; élet, das Leben; élelem, Lebensmittel; élénk, lebhaft; eleven, lebendig. — Hal, er stirbt; halál, der Tod; halálos, tödtlich; halandó, sterblich; halhatatlan, unsterblich; halott, der Todte; die Leiche; halotti beszéd, Leichenrede.

Más galambját célozta, magáét lőtte
Eines Andern Taube hat er gezielt, die seinige hat er erschossen.
(km.) — Kértelek a sorstól s az megtagadott;
Ich habe dich gebeten vom Schicksale und das hat versagt;
de helyetted, a mit nem kértem, bút adott s
aber statt deiner, was nicht ich gebeten habe, Kummer hat gegeben und
szívbeli kínt (Vörösmarty). — A mint tanultad, úgy tu-
Herzens-leid. Wie du es gelernt hast, so weißt
dod (km.) — A mint töltöttél, úgy lőttél (km.) — Ott
du es. Wie du geladen hast, so du geschossen hast. Dort
is arat, a hol nem vetett (km.) — Búzát vetett, konkolyt
auch er erntet, wo nicht er gesäet hat. Weizen hat er gesäet, Lolch
aratott (km.) — Sokszor vitták Budát (km.) -- Ezer
hat er geerntet. Vielmal hat man gestürmt Ofen. Tausend
évig laktunk e földön ; soha e hazát nemzet
Jahre haben wir gewohnt in diesem Lande; nie dieses Vaterland eine Nation
úgy nem szerette, mint mi szerettük, és még is ha ma
so nicht hat geliebt, wie wir haben es geliebt, und dennoch wenn heute
elmennénk róla holnap már nem tudná senki, hogy
wir weggingen von demselben morgen schon nicht wüßte niemand daß
itt valánk; hogy itt egykor egy nép élt, mely e
hier wir waren; daß hier einst ein Volk hat gelebt, welches dieses
földet hazának nevezte, érte izzadt, érte
Land Vaterland genannt hat, für dasselbe geschwitzt hat, für dasselbe
meghalt (Jókai).
gestorben ist.

Ich habe mich noch gestern 1) vorbereitet zur Lektion 2), ich bin also nicht unvorbereitet. — Ich habe dich gefragt, warum hast du nicht geantwortet? — Er ist zweimal 3) gefragt worden, und hat nicht einmal 4) geantwortet. — Ich habe zwei Monat 5) ungarisch gelernt und habe noch nicht gewußt wie ein Glas Wasser zu begehren 6). — Wir haben gesprochen und Ihr habt unsere Stimme nicht gehört, wir haben euch gerufen und Ihr seid nicht gekommen. — Er hat viel 7) gelernt, viel gelesen, und viel vergessen. — Du hast etwas gesagt, aber ich habe nicht zugehört und habe es daher nicht gehört. — Der Professor 8) hat gelehrt und die Zuhörer haben geschwiegen, wir haben daher alles verstanden, was gelehrt worden ist. — Wir haben nicht Vorwürfe 9) verdient, sondern Lob.

1) még tegnap; 2) a leckére; 3) kétszer; 4) egyszer; 5) két hónapig; 6) wie... begehren, hogy kell egy pohár vizet kérni; 7) sokat; 8) tanár; 9) szemrehányásokat.

11.

Hogy aludt ön az éjjel? Nyugodtan aludtam.
Wie haben geschlafen Sie in der Nacht? Ruhig habe ich geschlafen.
— Egész éjjel igen jól nyugodtam. — Egész éjjel virasz-
Die ganze Nacht sehr gut habe ich geruht. — Die ganze Nacht habe ich
tottam. — Sokszor fölijedtem álmomból és korán
gewacht. — Mehrmal bin ich aufgeschreckt aus meinem Schlafe und früh
fölkeltem. — Már megszoktam a koránkelést. —
bin ich aufgestanden. Schon ich habe mir angewöhnt das Frühaufstehen. —
Atyám is szokott korán fölkelni. — Elhozta
Mein Vater auch hat sich gewöhnt *) früh aufstehen. Hat gebracht
fehérneműmet a mosóné? — Nem hozott semmit**).
meine Wäsche die Wäscherin? — Nicht sie hat gebracht nichts.
A szabó elhozta a ruhát.
Der Schneider hat gebracht die Kleider.

*) Besser: pflegte.
**) S. Formenlehre.

Wie habt Ihr geschlafen? — Wir haben ruhig geschlafen. — Wie haben Sie geruht? — Wie habt Ihr geruht? — Wir haben die ganze Nacht schlecht 1) geruht. — Wir haben die ganze Nacht nicht geschlafen, sind mehrmal aufgeschreckt aus dem Schlafe und sind sehr früh aufgestanden. — Wir haben die ganze Nacht gewacht und nicht geschlafen. — Pflegen Sie früh aufzustehen? — Ich pflege sehr früh aufzustehen. — Wir haben uns alle angewöhnt das Frühaufstehen. — Haben Sie meine Wäsche gebracht? — Ich habe sie nicht gebracht, denn ich habe nicht gewußt, ob Sie sie benöthigen 2). — Wenn der Schneider die Kleider bringen wird, werde ich aufstehen und mich ankleiden 3).

1) rosszul; 2) ob Sie sie benöthigen, hogy van-e szüksége reá; 3) mich ankleiden, felöltözöm.

(Zu §. 35.)

12.

Lát, er sieht; átlát, er sieht durch; er begreift; belát, er sieht ein; meglát, er erblickt; látás, das Sehen; látatlan, ungesehen; látható, sichtbar; láthatatlan, unsichtbar; látogat, er besucht; látogatás, der Besuch. — Siet, er eilt; elsiet, er eilt weg; sietö, sietös, eilig; sietség, die Eile; sietséges, eilig; siettet, er beschleunigt; siettetés, die Beschleunigung; sietve, eilends. — Bír, er besitzt; er vermag; birtok, der Besitz; birtokos, der Besitzer. — Sor, Reihe, Zeile; soros, der in der Reihe folgt; soroz, er reiht; besoroz, er reiht ein; sorban, der Reihe nach.

Tanul ön rajzolni? — Fogok tanulni, ha ön is tanulni fog. Lernen Sie zeichnen? Ich werde lernen, wenn Sie auch lernen werden. — Sok tehetséggel bír a rajzolásra, magát egykor a müvészetben kitűntetendi, ha sokat dolgozand. Viel Talent besitzen Sie zum Zeichnen, sich einst in der Kunst werden Sie auszeichnen, wenn viel Sie arbeiten werden. — Mit ír ön? — Egy levélre válaszolok. Was schreiben Sie? Auf einen Brief antworte ich. Délután három levelet írandok, és lemásolandom mind a hármat. Nachmittag drei Briefe werde ich schreiben, und werde copiren alle drei. — Kitörli-e e szót? — Az egész sort kitörlendem. Streichen Sie dieses Wort? Die ganze Zeile werde ich streichen. — Sietve írtam, még letisztázandom de akkor egy sor sem fog töröltetni. — Ha elvégzendettem munkámat, meglátogatlak. Eilends habe ich geschrieben, noch ich werde es in's Reine schreiben, aber dann eine Zeile nicht einmal wird gestrichen werden. Wenn ich werde geendigt haben meine Arbeit, besuche ich dich.

Lernet ihr zeichnen? — Wir werden lernen, wenn Ihr auch lernen werdet. Du besitzest viel Talent zum Zeichnen, und wirst dich einst auszeichnen in der Kunst, wenn du viel arbeiten wirst. — Was schreibst du? — Ich antworte auf einen Brief. Nachmittag werden wir drei Briefe schreiben, und werden alle drei copiren. — Streiche dieses Wort. — Ich werde die ganze Zeile streichen. — Wir haben eilends geschrieben und werden alles in's Reine schreiben. — Die Farben 1) werden nie gehört, und die Töne nie gesehen werden. — Wenn du wirst geschrieben haben, sage es mir 2). — Wenn wir unsere Arbeit 3) beendigt haben werden, wollen wir dich besuchen. — Wo du nicht gesäet hast, wirst du nicht ernten. — Wenn du dich zur Lektion 4) gut vorbereiten wirst, so wirst du gelobt werden. — Wenn Ihr mich rufen werdet, werde ich kommen.

1) a színek; 2) sage es mir, mondd meg nekem; 3) munkánkat; 4) a leckére.

(Zu §. 37.)

13.

A nyár nem mindég fog tartani. — A sötétség három
Der Sommer nicht immer] wird dauern.   Die Finsterniß drei
napig tart vala. — Noé idejében víz borította vala el az
Tage dauerte.   Zu Noahs Zeit Wasser hatte bedeckt   die
egész földet. — Följegyeztem mindent a mit láttam vala.
ganze Erde.   Ich habe aufgezeichnet Alles,   was ich gesehen hatte.
— Elégettem mindent, a mit írtam vala. — Beszélj el
Ich habe verbrannt Alles, was ich geschrieben hatte.   Erzähle
nekem mindent, a mit valaha láttál vala. — S mind az
mir   Alles,   was sie du gesehen hattest.   Und das sämmtliche
egész nép látá vala a csodát és bámula. — Sok szerencsétlen-
ganze Volk sah das   Wunder und staunte.   Viel   Unglück
séget tapasztalt   vala a franczia háborúban.
er hatte erfahren in dem französischen Kriege.

Die Versammlung wird noch 1) drei Tage dauern. — Die Vacanzen 2) werden heuer zwei Monate 3) dauern. — Die Vacanzen hatten damals zwei Monate gedauert. Die egyptische 4) Finsterniß hatte drei Tage gedauert. — Einmal 5) hatten Wachteln 6) die ganze Wüste 7) bedeckt. — Schwarze Wolken hatten den Berg bedeckt. — Er erzählte Alles, was er je gesehen und gehört hatte. — Es entstand ein schwarzes Ungewitter, der Wind blies heftig und ein dichter Nebel bedeckte den Berg. — Wir zeichneten Alles auf, was wir gesehen hatten. — Er hatte Alles verbrannt, was er je geschrieben hat. — Erzählet mir Alles, was ihr gesehen hattet. — Wir sahen alle 8) das große Wunder und staunten.

1) még; 2) szünnapok; 3) heuer zwei Monate, az idén két hónapig; 4) az egyiptomi; 5) egyszer; 6) fürjek; 7) die ganze Wüste, az egész pusztát; 8) mindnyájan.

(Zu §. 39 ⁊c.)

14.

Jár, er geht; er wandert; jár neki, es gebührt ihm, es kommt ihm zu, er bekommt; járás, das Gehen; der Bezirk; járat, der Gang; járatos, bewandert; járatlan, unbewandert, unerfahren; járható, gangbar; járhatlan, unzugänglich; járkál, járdogál, er geht herum. — Parancs, der Befehl; parancsol, er befiehlt; parancsnok, der Befehlshaber; parancsolat, der Befehl. — Metsz, er schneidet; metsző, schneidend; metszőkés, das Beschneidemesser; metszőfog, der Schneidezahn; metszet, der Schnitt. — Vet, er wirft; er säet; vetés, das Werfen; das Säen; die Saat; vetőháló, das Wurfgarn; vetetlen, ungesäet.

Lassan járj, tovább jutsz (km.) — Kezes fizess. — Várjuk el, mit hoz a szerencse (km.) — Adós fizess, beteg nyögj (km.) — Nem tudom, ohajtsam-e megérkezését, vagy kerüljem, ha megjött. — Otthon parancsolj, másott hallgass (km.) — Tavaszkor áss, nyess, mess, vess, kertre, mezöre siess, ezt tartsd meg. — Nappal gyertyát ne gyújts (km.) — A mi előtted van, arra vigyázz (km.) — Szakadjon ruha, maradjon ura (km.)

Langsam gehe, weiter du kommst. Bürge zahle. Warten wir ab, was bringt das Glück. Schuldner zahle, Kranker ächze. Nicht ich weiß, ob ich wünschen soll seine Ankunft, oder ob ich ihn melde, wenn er angekommen ist. Zu Hause befehle, anderswo schweige. Im Frühling grabe, behaue, beschneide, baue an, in Garten, auf's Feld eile, das halte wohl. Bei Tag Kerzen nicht zünde an. Was vor dir ist, darauf gib Acht, Möge reißen das Gewand, bleibe sein Herr.

Als ich dich bat, daß du kommest und deinen Kameraden 1) auch bringest, hast du es versagt. — Säe, so wirst du ernten. — Beginnen wir zur Zeit, so werden wir zur Zeit endigen. — Achtet das Gute, und ihr werdet geachtet werden. — Schlage nicht das Pferd, das gut 2) zieht. — Gib Acht, daß du nicht mehr verzehrst, als du verdienst 3). — Geben Sie Acht, daß Sie nicht mehr sprechen, als Sie wissen. — Ich habe ihnen befohlen 4), daß sie kommen und nicht meiden die Gefahr. — Lieber sollen Sie nicht kommen und sich bewahren vor der Gefahr. — Wenn ihr nicht wißt, was ihr antworten sollt, so schweigt.

1) pajtásodat; 2) jól; 3) keres; 4) parancsol.

Er floh 1), damit man ihn nicht 2) sehe. — Ziele 3) gut, daß du den Apfel 4) treffest. — Achte andere, damit du geachtet werdest. — Sprechet, wie ihr fühlt, damit ihr geachtet werdet. — Laßt uns zur Zeit beginnen (beginnen wir ꝛc.), damit wir zur Zeit endigen. — Kämpfet offen für die Wahrheit und verkriecht euch nicht, damit ihr die allgemeine Achtung verdienet. — Möge die Sitzung 5) drei Tage dauern, ich bleibe 6) bis zu Ende 7). — Beginne deine Arbeit zur Zeit, daß du zur Zeit endigest. — Wir bitten nicht darum, daß man unsere Bitte 8) uns versage, und sprechen nicht darum, daß man unsere Sprache 9) nicht höre.

1) fut; 2) ne; 3) céloz; 4) alma; 5) gyűlés; 6) marad; 7) végig; 8) kérésünket; 9) beszédünket.

15.

Beszél ön magyarul? — Eleget tudok, hogy magamat
Sprechen Sie ungarisch?   Genug weiß ich, daß ich mich
érthetőleg kifejezzem. — Beszéljen ön velem magyarul.—
verständlich ausdrücke.   Sprechen Sie mit mir ungarisch.
Hogy ejtsem ki e szót? — Jól ejti ki. —
Wie soll ich aussprechen dieses Wort?   Gut sprechen Sie es aus.
Kefélje le csizmáimat, tisztogassa meg cipőimet és porolja
Bürsten Sie ab meine Stiefel, putzen Sie meine Schuhe und klopfen
ki köntösömet. — Már lekeféltem csizmáit,
Sie aus meinen Rock.   Schon habe ich abgebürstet Ihre Stiefel,
megtisztogattam cipőit és kiporoltam köntösét. —
habe geputzt Ihre Schuhe und habe ausgeklopft Ihren Rock.
De most öltse föl ön a ruháját, kösse meg cipőit és
Aber jetzt ziehen an Sie Ihre Kleider, binden Sie Ihre Schuhe und
gombolja be köntösét. — Ki kötötte meg e cipőket?
knöpfen Sie zu Ihren Rock.   Wer hat gebunden diese Schuhe?

Sprechen wir jetzt immer ungarisch. — Wir wissen doch 1) schon genug um uns verständlich auszudrücken. — Sprich doch 2) immer ungarisch; du weißt ja 3) schon genug um dich verständlich auszubrücken. — Die Deutschen sprechen das Ungarische 4) schlecht aus. — Wie sollen wir es aussprechen? — Bürstet meine Stiefel ab, putzet meine Schuhe und klopfet meinen Rock aus. — Die Kleider sind dazu da 5), daß wir sie anziehen, die Bänder 6) sind dazu da, daß wir etwas binden, und die Knöpfe 7) sind dazu da, daß wir unsere Röcke 8) zuknöpfen. — Wer putzt gewöhnlich Ihre Schuhe? — Mein Diener 9). — Putze mir die Schuhe.

1) Hiszem, kommt immer am Anfange des Satzes; 2) ugyan, zu Anfang des Satzes f. über die emphatischen Wörtchen §. 130; 3) hiszem; 4) a magyart; 5) die Kleider sind dazu da, a ruhák arravalók; 6) a szalagok; 7) a gombok; 8) köntöseinket; 9) inasom.

16.

Inog, er bewegt sich; ingadoz, er wankt; ingat, er bewegt; ingatag, leicht beweglich, wankend; ingatlan, unbeweglich; indít, er setzt in Bewegung; útnak indit, er schickt ab, er expedirt, indítóok, Beweggrund; indúl, er setzt sich in Bewegung, er bricht auf; indulás, der Aufbruch, die Abfahrt; indulat, die Gemütsbewegung, Leidenschaft; indulatos, leidenschaftlich. — Jegy, das Zeichen; das Verlöbniß; jegyes, gezeichnet; der Verlobte; jegyetlen, ungezeichnet; jegyez, er bezeichnet, merkt; jegyzék, das Verzeichniß; jegyzet, die Anmerkung. — Sötét, finster, dunkel; sötétes, etwas dunkel; sötétség, die Finsterniß, die Dunkelheit; sötétít, er macht finster; sötétedik, es wird dunkel oder finster. — Tör, er bricht, er stößt; tördel, er bricht in kleine Stücke, er zerbröselt; töredékeny, zerbrechlich; törődik, es bricht sich; es wird zerbrückt; törik, es bricht (von selbst); törés, das Brechen; der Bruch.

Fogjatok be, mert nyomban elindulunk.*) — Vizsgáljátok meg minden szobát, hogy valamit ne feledjünk. — Spannt an, denn auf der Stelle wir reisen ab. Untersuchet jedes Zimmer, daß etwas nicht wir vergessen.
Sógor! jól megjegyezze kend**), lassan járjon, ha rossz Schwager! wohl merke auf er, langsam fahre er, wenn schlecht
az út. — Nyissátok ki a kocsi ajtaját és bocsássátok ist der Weg. Oeffnet des Wagens Thür und lasset
le hágcsóját. — Szálljon föl. — Uraim utazzanak szerenherab den Tritt. Steigen Sie auf. Meine Herren reisen Sie glücklich.
csésen. — Megálljon kend, sógor, az ablakot eresztem le,
Bleib er stehen, Schwager, das Fenster laß ich herunter,
nehogy üvege eltörjön. — Hajtson kend, hisz elalszik daß nicht die Scheibe breche. . . Treibe er, ja schläft ein
kend. — Most meg ne siessen kend, mert sötét van. —
er. Jetzt wieder nicht eile er, denn finster es ist.
Gyujtsa meg a lámpákat. — Térjen ki kend.
Zünde er an die Laternen. Weiche aus er.

*) Eigentl.: wir brechen auf.
**) S. Formenl. §. 116.

Spanne an, denn ich reise auf der Stelle ab. — Untersuche wohl das Zimmer, daß du nicht etwas vergißt. — Kutscher 1) merke wohl, fahre langsam, wenn der Weg schlecht ist. — Oeffne die Wagenthür und lasse herab den Tritt. — Mein Herr 2), reisen Sie glücklich. — Halt (bleibe stehen) Kutscher und lasse die Fenster 3) herab, daß sie nicht brechen. — Eilen wir nicht, denn es ist finster. — Zünde die Laternen an. — Weiche aus. — Treibe zu. — Merket wohl, daß ihr nicht etwas vergesset. — Wenn du willst, daß ich Unterhaltung finde in der Reise 4), so merke wohl auf und vergesse Nichts, was nöthig ist 5). — Rufe den Schneider 6), daß er mir erst Reisekleider 7) verfertige.

1) Kocsis; 2) Uram; 3) ablakokat; 4) utazásban; 5) a mi szükséges; 6) szabó; 7) utazóruha.

(Zu §. 43.)

17.

Hadd statt hagyjad, hagyd wird mit dem Conjunctiv des nachfolgenden Zeitwortes auf eine eigenthümliche Weise verbunden und verdient daher besondere Beachtung.

Hadd lássa a világ, hogy mi a magunk lábán is
Möge es sehen die Welt, daß wir auf eigenen Füßen auch
meg tudunk állani. — Hadd próbáljuk mi is. — Hadd
können stehen. — Mögen es versuchen wir auch. Mag
legyen ő is itt. — Add ide a könyvet; hadd olvassam én
sein er auch hier. Gib her das Buch; daß lese es ich
is. — Add oda a könyvet, hadd olvassák ők is. — Nyisd
auch. Gib hin das Buch, daß es lesen mögen sie auch. Oeffne
ki az ablakot, hadd nézzek ki én is. — Ne várd
das Fenster, daß hinaussehe ich auch. Nicht erwarte ihn
ebédre, mert csak este jö. — Nem bánom, hadd
zum Mittagmahl, denn nur Abend er kömmt. Meinetwegen, mögen sie
lármázzanak, csak kárt ne tegyenek.
immerhin lärmen, nur Schaden nicht sie thun.

(Zu §. 45.)

18.

Nem emlékezem, hogy siettem legyen a munkámmal. —
Nicht ich erinnere mich, daß ich geeilt haben soll mit meiner Arbeit.
Azt kivánta, hogy siessek a munkámmal. — Nem hiszem,
Er verlangte, daß ich eilen soll mit meiner Arbeit. Nicht ich glaube,

hogy az emberek láttak legyen valaha oly búzát, mint a
daß die Menschen gesehen haben je solches Getreide, als
milyen az idén termett. — Az idén akármennyi teremjen,
welches heuer gewachsen ist. Heuer so viel immer wachsen mag,
várakozásunk nem fog kielégíttetni. — Kiki inkább azon
unsere Erwartung nicht wird befriedigt werden. Jeder lieber darüber
gondolkodik, hogy mit mondjon, mint hogy illőleg mit feleljen,
denkt nach, daß was er sagen soll, als daß treffend was er antwor-
— Nem hihető, hogy a követeknek oly büszkén
ten soll. Es ist nicht zu glauben, daß den Gesandten so stolz
felelt legyen. Engem ugyan rá nem birandasz, hogy
er geantwortet soll haben. Mich wohl nicht wirst du bewegen, daß
egész nap henyéljek, vagy veszekedjem.
den ganzen Tag ich müßig sein, oder zanken soll.

Man sagt, er soll sehr geeilt haben mit seiner Arbeit 1). —
Ich verlange, daß du eilest mit deiner Arbeit 2). — Erinnerst du
dich, daß Jemand verlangt hätte, wir sollen uns eilen mit unserer
Arbeit 3). — Ich glaube nicht, daß je solches Getreide gewachsen
sei, als heuer. — Sehen wir es. — Ich glaube kaum 4), daß unsere Erwartung befriedigt werden soll. — Denken wir lieber darüber nach, wie wir antworten, als was wir sagen sollen. — Es ist
nicht zu glauben, daß sie den Gesandten so stolz geantwortet, und
sie nicht befriedigt sollen haben. — Uns wirst du nicht bewegen, daß
wir den ganzen Tag müßig sein, und uns zanken sollen.

1) mit seiner Arbeit, munkájával; 2) mit deiner Arbeit, mun-
káddal; 3) mit unserer Arbeit, munkánkkal; 4) alig kommt vor
das Zeitwort hiszem.

(Zu §. 47.)

19.

Akar, er will; akarat, der Wille; akaratlan, ohne zu wollen, unab-
sichtlich; akaratos, eigenwillig, eigensinnig; akaratosság, der Eigenwille,
der Eigensinn; akaratoskodik, er handelt eigensinnig, ist eigensinnig. —
Csoda, das Wunder; csodamű, Wunderwerk; csodás, wunderlich;
csodál, er bewundert; csodálat, die Bewunderung; csodálatos, wunderbar;
csodálkozik, er verwundert sich. — Ismer, er kennt; ismeret, die Kenntniß;
ismeretes, bekannt; ismerkedik, er macht Bekanntschaft; ismerszik, es ist
zu erkennen; megismer, er erkennt; félre ismer, er verkennt. — Segéd, die
Hilfe; der Helfer, Gehilfe; segedelem, segély, die Hilfe, die Unter-
stützung; segéd-eszköz, das Hilfsmittel; segédkönyv, das Hilfsbuch; se-
gélyez, segit, er hilft; segítség, die Hilfe.

Megtudná ön mondani, mely uton érhetnék
Könnten Sie mir sagen, auf welchem Wege ich gelangen könnte,
leghamarább a városba? — Ha akarnám, megtudnám
am schnellsten in die Stadt? Wenn ich es wollte, könnte ich es Ihnen
mondani. — Nem csodáltatnánk ha tetteink
sagen. Nicht würden wir bewundert werden, wenn unserer Thaten
rugóit ismernék. — Igen örülnék, ha
Triebfedern man kennen würde. Sehr würde ich mich freuen, wenn
jobban sietne — Azt kivánta, hogy sietnék a mun-
mehr er eilen möchte. Er verlangte, daß ich eilen möchte mit meiner
kámmal. — Ha magunk nem hizelkednénk magunknak,
Arbeit. Wenn wir selbst nicht schmeicheln möchten uns selbst,
mások hizelkedése nekünk nem ártana. — Nincs, ki
Anderer Schmeichelei uns nicht würde schaden. Es gibt keinen, der
megszánná az özvegyet és hajlékot adna az elha-
sich erbarmen möchte der Wittwe und eine Stätte geben möchte den Ver-
gyottaknak. — Tévednénk, ha azt hinnők, hogy az úgy ne-
lassenen. Wir würden irren, wenn das glaubten, daß in dem soge-
vezett arany korban az emberek boldogabbak voltak mint
nannten goldenen Zeitalter die Menschen glückseliger waren als
jelenleg.
jetzt.

Könnten Sie (meine Herren) mir sagen, auf welchem Wege
wir am schnellsten in die Stadt gelangen könnten. — Wenn wir
wollten, könnten wir es euch sagen. — Die Menschen würden nicht
bewundert werden, wenn man die Triebfedern ihrer Handlungen
kennen würde. — Wir würden uns sehr freuen, wenn Sie mehr
eilen würden. — Sie wünschten, daß wir eilen möchten mit unserer
Arbeit. — Wenn die Menschen sich nicht selbst schmeicheln möchten,
so würde die Schmeichelei Anderer ihnen nicht schaden. — Wenn
ich es wüßte, würde ich dich nicht fragen 1). — Wenn sie kämen,
würden sie die Stadt vor großer Gefahr bewahren. — Möchten sie
doch kommen! — Wenn wir es beginnen würden, so würden wir
es auch beendigen.

1) kérd.

(Zu §. 49.)

20.

Ha Themistokles hideg vérrel nézte volna Miltiades
Wenn Themistokles mit kaltem Blute gesehen hätte Miltiades
vitéz tetteit, vagy ha a görögök nem szerették volna
tapfere Thaten, oder wenn die Griechen nicht geliebt hätten

oly buzgón hazájokat, soha nem kerülték volna el Xer-
ſo eifrig ihr Vaterland,   nie   entgangen wären ſie des Xerxes fenyegető igáját. — Oh ha azt tudtuk volna! —
res drohendem Joche.   Ach wenn das wir gewußt hätten!
Egy kicsit több munkásság nem ártott volna, bár úgy is
Ein wenig mehr Thätigkeit nicht geſchadet hätte, obgleich ſo auch
meggazdagodott. — Kevesebbel is megelégedtem volna.
er reich geworden iſt.   Mit weniger auch ich zufrieden wäre geweſen.
— Atyám is írt volna, de nem gondolta szüksé-
 Mein Vater auch geſchrieben hätte, aber nicht er es hielt für noth=
gesnek. — Úgy áll ott hasztalanúl, mintha leszegezték
wendig.   So ſteht er dort vergebens, als wenn man ihn an=
volna (km.) — Ha tudtam volna is, eddig elfelej-
genagelt hätte.   Wenn ich es gewußt hätte auch, bis jetzt ich es
tettem volna.
vergeſſen hätte.

Wenn Themiſtokles und Miltiades ihrer Vorfahren 1) tapfere
Thaten mit kaltem Blute geſehen hätten, oder wenn jeder Grieche 2)
ſein Vaterland 3) nicht ſo eifrig geliebt hätte, ſo wäre Griechenland 4)
nie entgangen dem drohenden Joche des Xerxes. — Ach wenn ich
das gewußt hätte, ich wäre reich geworden; aber auch ein bischen
mehr Thätigkeit hätte nicht geſchadet. — Sie wären auch mit we=
niger zufrieden geweſen. — Ich hätte auch geſchrieben, aber ich hielt
es nicht für nothwendig. — Sie trugen ihn auf den Armen 5), als
wenn er das Vaterland 6) gerettet 7) hätte. — Wenn ich es nicht
gehört hätte, ſo würde ich es nicht ſagen. — Wenn wir gewagt
hätten, ſo hätten wir gewonnen. — Wenn du doch alles aufgezeich=
net hätteſt, was du geſehen haſt. — Wenn ich doch alles verbrannt
hätte, was ich geſchrieben habe.

1) elődeik; 2) jeder Grieche, minden görög; 3) ſein Vater=
land, hazáját; 4) görögország; 5) karokon; 6) a hazát;
7) megment.

(Zu §. 51.)

21.

Nyelv, die Zunge; die Sprache; nyelves, mit einer Zunge ver-
ſehen; geſchwätzig; nyelveskedik, nyelvel, er ſchwatzt; nyelvész, der Sprachforſcher; nyelvészet, die Sprachkunde; nyelvmester, Sprachmeiſter; nyelv-
buvár, Sprachforſcher. — Kiván, er verlangt; er wünſcht; kivánat,
das Verlangen; der Wunſch; kivánandó, kivánatos, zu wünſchen, wün-
ſchenswerth; kivánság, der Wunſch; kiváncsi, neugierig; kiváncsiság, die
Neugierde; kiváncsiskodik, er iſt neugierig. — Bátor, ſicher; muthig;

bátorság, bie **Sicherheit**; ber **Muth**; bátorságos, **sicher**; bátorságtalan, **unsicher**; bátortalan, muthlos; bátortalanság, bie **Muthlosigkeit**; bie **Unsicherheit**; bátorít, er ermuthigt; bátorkodik, er untersteht sich; bátortalanít, er entmuthigt.

Idegen nyelvet tanulni nem kötelesség, a honi nyelvet
Frembe Sprache lernen nicht Pflicht ist, bie Landessprache
nem tudni, szégyen. — A honi nyelvet tudnunk kell. —
nicht kennen, ist Schande. Die Landessprache kennen wir müssen.
Tiszta lelkismerettel bírni boldogság. — Többet enni
Ein reines Gewissen besitzen ist Glückseligkeit. Mehr essen
kelleténél, egészségtelen. — Ha egészséges akarsz maradni,
als nöthig, ist ungesund. Wenn gesund du willst bleiben,
nem szabad többet enned*) kelleténél. — Szabad-e egy
nicht ist erlaubt daß mehr du ißt als nöthig ist. Ist erlaubt um einen
pillanatnyi meghallgatást kérnem?**) — Hová mégy
Augenblick lang Gehör daß ich bitte? Wohin gehst du
barátom? Fürcdni akarok, mert igen meleg van. — Jer
mein Freund? Baden will ich, benn sehr warm ist. Komm
velem. Nem bánom. De tudsz-e úszni? Tudok, két hóna-
mit mir. Meinetwegen. Aber kannst du schwimmen? Ich kann, zwei Mo-
pig tanultam. — Az embernek nem illik hazudnia. —
nate habe ich gelernt. Dem Menschen nicht ziemt zu lügen.
Fiatal korunkban nem illik henyélnünk. — Mielőtt
In unserem Jugendalter nicht ziemt es daß wir müßig sein. Bevor
magamat megadjam, előbb fegyvereimtől kell megfosztatnom.
ich mich ergeben soll, erst meiner Waffen muß ich beraubt werden.
Tegnap sokat kellett dolgoznunk. — Ma nem lehet sétál-
Gestern viel mußten · wir arbeiten. Heute nicht können wir
nunk. — Hasznosabb lett volna oda haza maradnotok
spazieren gehen. Nützlicher gewesen wäre zu Hause euer Bleiben
és tanulnotok, mintsem annyi időt vesztegetnetek. ***) —
und euer Lernen, als so viel Zeit euer Vergeuden.
E feleletre elhallgatott; látszott, hogy maga nem ki-
Auf diese Antwort schwieg sie; es war zu sehen, daß sie selbst nicht ver-
ván egyebet, mint vigasztaltatni és bátoríttatni (Jósika M.).
langt was anderes, als getröstet zu werden und ermuthigt zu werden.

Freier übersetzt sollen die Sätze heißen: *) „Darfst du
nicht mehr essen." **) „Darf ich bitten?" ***) „Zu
Hause zu bleiben und zu lernen, als so viel Zeit zu
vergeuden."

Wenn ihr in der Donau frei 1) baden wollt, müßt ihr erst schwimmen lernen. — Wenn wir mit unserem Schicksale 2) zufrieden sein wollen; müssen wir ein reines Gewissen besitzen. — Wenn wir gesund bleiben wollen, dürfen wir nicht mehr essen, als nöthig ist. — Dürfen wir um einen Augenblick Gehör bitten? — Dürfen wir baden? — Ihr dürft nicht lügen. — Ihr dürft in eurem Jugendalter nicht faullenzen. — Es ist nicht geziemend, daß ihr mehr esset als nöthig ist. — Es ziemt sich nicht, daß ihr in der Donau frei baden sollt. — Bevor wir uns ergeben sollen, müssen wir unserer Waffen beraubt werden. — Gestern haben sie viel arbeiten müssen, sie konnten daher nicht spazieren gehen. — Es wäre für uns auch besser gewesen, zu Hause zu bleiben und zu lernen, als so viel Zeit zu vergeuden.

1) in der Donau frei, a Dunában szabadon; 2) mit unserem Schicksale, sorsunkkal.

(Zu §. 53.)

22.

Esőtől félvén, hon maradtam. — Megállván Da vor Regen ich fürchtete, zu Hause bin ich geblieben. Als sich a szél, erős eső kezdett esni*). — Az eső stellt hat der Wind, ein starker Regen fing an zu regnen. Als der Regen megszűnvén, útnak indultam. — A levegő meghűlvén, aufgehört hatte, auf den Weg begab ich mich. Da die Luft kühl geworden ist, az idő kellemesb lesz. — A hazámból kiűzetvén, die Zeit angenehmer wird sein. Aus meinem Vaterlande vertrieben, Amerikába költöztem. — Sokat látván és tapasztalván nach Amerika bin ich gewandert. Wenn viel gesehen und erfahren hat az ember, hozzá szokik semmit nem csodálni. — Tanulder Mensch, daran gewöhnt er sich Nichts zu bewundern. Wenn mányidat és egyéb dolgaidat végezvén, játszhatol, du deine Studien und deine anderen Arbeiten beendigt hast, kannst du mulathatsz. — Pestről jövén, micsoda spielen, kannst du dich unterhalten. Aus Pest da du kamst, was für ujságot hoztál? — Az eső miatt sietvén, egy nyulat Neuigkeit hast du gebracht? Des Regens wegen eilend, einen Hasen se lőttem. — Szánakozás ragadta meg lelkemet, auch nicht habe ich geschossen. Erbarmen hat ergriffen meine Seele, nyomorúlt állapotját látván. seine elende Lage sehend.

*) eső esik, heißt eigentl.: es fällt ein Regen.

Wenn wir viel gesehen und erfahren haben, so gewöhnen wir uns daran, Nichts zu bewundern. — Da es zu regnen anfing, so sind wir zu Hause geblieben, und da wir zu Hause geblieben sind und unsere Arbeiten beendigt haben, so unterhielten wir uns ein wenig. — Da ich meiner Waffen beraubt wurde, mußte ich mich ergeben. — Da er ein reines Gewissen besaß, so war er mit seinem Schicksale zufrieden. — Da sie schwimmen können, so wollten sie frei in der Donau baden; als es indessen 1) zu regnen anfing, so eilten sie nach Hause. Da ein starker Wind blies, so konnte ich nicht schwimmen, und da ich nicht schwimmen konnte, eilte ich nach Hause 2). Wenn du deine Arbeiten beendigt hast, ruhe 3).

1) azonban im Anfange des Satzes; 2) nach Hause, haza; 3) pihen.

23.

Illik, es paßt, es schickt sich; illendő, passend, schicklich; illendőség, Schicklichkeit; illeszteni, hozzáilleszteni, anpassen; illetlen, unpassend; unschicklich; illetlenség, Unschicklichkeit. — Süt, er backt; (die Sonne) scheint; es brennt; elsütni, abbrennen (ein Gewehr); elsütni, losbrennen; sütemény, Gebäck; sütőteknő, Backtrog; sülni, gebacken werden; losgehen; születlen, ungebacken. — Nyit, er öffnet, er macht auf; nyitva, offen; nyilik, es öffnet sich, es wird aufgemacht; nyilás, Oeffnung; nyilásos, voll Oeffnungen; nyilatkozik, er äußert sich (er eröffnet seine Meinung); nyilatkozat, Aeußerung, Eröffnung. — Bolt, das Gewölbe; boltos, (der ein Gewölbe hat) Kaufmann; boltozni, wölben; boltozat, bolthajtás, Wölbung; boltoslegény, Ladendiener.

Mivelt embernek nem illik, énekelve menni az utcán. Einem gebildeten Menschen nicht geziemt es, singend zu gehen auf der Gasse. — A gyermek sírva elaludt. — A hús Das Kind weinend ist eingeschlafen. Das Fleisch jobb sülve, mint főzve. — Ez az adósság födve van. — ist besser gebraten, als gekocht. Diese Schuld gedeckt ist. Adósságaim födvék. — Henyélve töltöd az időt. — A Meine Schulden sind gedeckt. Müßig gehend, bringst du zu die Zeit. Auf földön heverve találtam. — Az ajtó nyitva áll. — A boltak der Erde liegend fand ich ihn. Die Thür geöffnet steht. Die Läden nyitva állnak — A boltak tömvék külföldi árúkkal. geöffnet stehen. Die Läden sind vollgestopft mit ausländischen Waaren. — Miből van varrva az ing? Miből van szőve a vászon? Woraus ist genäht das Hemd? Woraus ist gewebt die Leinwand? A pénz olvasva jó, az erszény töltve. — Hogy ez a Das Geld gezählt ist gut, der Beutel vollgestopft. Wie (theuer ist) dieser

gyürű? — Rá van írva az úra. — De jól van foglalva.
Ring? Darauf ist geschrieben der Preis. Aber gut ist er gefaßt.
— Alphonsusban rosszalván valaki hogy dolgozik, azt mondá
An Alphons mißbilligend Jemand daß er arbeitete, da sagte er
nevetve : Hát az Isten a királyoknak nem adott-e kezeket?
lachend. Wohl Gott den Königen nicht hat gegeben Hände?
— Pénzes ládát, pincét jó csukva tartani (km.) —
Gelbkiste, Keller ist gut geschlossen zu halten.
Hallgatva is többet mond, mint más szólva (km.)
Schweigend auch mehr er sagt, als ein anderer sprechend.

Es ist angespannt, wir reisen ab. — Der Tritt ist herab gelassen, steigen Sie auf (meine Herren). — Die Fenster sind herab gelassen. — In Paris sind auch am Sonntag alle Läden geöffnet. — Meiner Waffen beraubt mußte ich mich ergeben. — Den ganzen Tag im Bette 1) liegend bringt er seine Zeit mit Nichts 2) zu. — Ich habe das Fleisch lieber gebraten als gekocht. — Woraus sind die Servietten 3) gewebt? — Woraus sind die Kleider 4) genäht? — Er ist schwimmend herunter gekommen. — Er ist eilends zu mir gekommen. — Er bringt spielend seine Zeit zu. — Dieses Kind lernt spielend. — Er bittet schweigend. — Er hat dich mit Willen (wollend) beleidigt. — Die Sache ist bekannt (bewußt). — Du würdest irren, wenn du glaubtest, daß die Menschen nichts thuend 5) je glücklich waren oder arbeitend ganz unglücklich. — Ich habe nie Jemand mit Wissen (wissend) beleidigt. — Wenn du lernend, schreibend und lesend die Zeit zubringst, so wirst du nie Langeweile haben 6).

1) az ágyban; 2) semmivel; 3) az asztalkendők; 4) a ruhák; 5) nichtsthun, henyélni; 6) Langeweile haben, unatkozni (ik.).

(Zu §. 54.)

24.

Veszteg álló víznek, hallgató embernek nem kell
Stillstehendem Wasser, schweigendem Menschen nicht braucht
hinni (km.) — Tékozló embernek hitelt
man zu glauben. Einem verschwenderischen Menschen Kredit
nem adok. — Mindent magasztaló, mindent gyalázó. —
nicht ich gebe. Der Alles lobt, Alles schmäht.
Minden itélni tudó és akaró, mondja el véleményét. — A
Jeder der urtheilen kann und will, sage seine Meinung. Die zu

szárazon és vizen sokat utaztak, nem igen szeretik a
Land und zu Waſſer viel gereiſt ſind, nicht ſehr lieben das
nyugalmas életet. — Szökött szolga jót nem mond
ruhige Leben. Ein entflohener Diener Gutes nicht ſagt
uráról (km.) — Nem megvetendő díjt nyert
von ſeinem Herrn. Einen nicht zu verachtenden Preis er hat gewonnen
munkájával. — Ez a dolog nem megvetendő. — Az egyszer
mit ſeiner Arbeit. Dieſe Sache nicht iſt zu verachten. Der einmal
meggyőzetett tönkre még nem tétetett. — A mult
Beſiegte zu Grunde noch nicht iſt gerichtet. Die vergangene
héten érkezett Pestre, iskolai tanulmányit végzendő. —
Woche kam er an in Peſt, ſeine Schulſtudien um zu beendigen.
Végzett munka után pihenhetsz. — Drágán szerzett
Nach beendigter Arbeit kannſt du ruhen. Theuer erworbene
öröm, hamar ürömmé válik (km.)
Freude, ſchnell zu Wermuth wird.

Lang geſtandenes Waſſer iſt abgeſchmackt 1). — Verſchwen=
deriſchen Menſchen wird kein Kredit gegeben. — Die Alles loben,
ſchmähen Alles. — Haſt du das Buch, welches in allen Zeitungen 2)
gelobt war, geleſen? — Alle die urtheilen können und wollen, mö=
gen ihre Meinung ausſprechen. — Ein zu Waſſer und zu Land viel
gereiſter Mann liebt das ruhige Leben nicht. — Ein verachteter
Menſch iſt ſelten 3) zu achten. — Nicht um den Preis zu gewinnen
(um den zu gewinnenden Preis), ſondern um meinem Vaterlande 4)
zu dienen, arbeite ich. — Die kommende Woche komme ich nach
Peſt, um dort meine Schulſtudien zu beendigen. — Ein Ziel zu
erreichen ſind wir alle bemüht. — Die Geſetze ſind immer heilig 5)
zu halten. — Einen Diener, der ſeinem Herrn entlaufen iſt (einen
ſeinem Herrn entlaufenen Diener) möchte ich nie empfehlen. —
Das ſind nicht zu verachtende Reden.

1) izetlen; 2) in allen Zeitungen, minden ujságokban;
3) ritkán; 4) meinem Vaterlande, hazámnak; 5) szentül.

25.

Kedv, Luſt; Gefallen; kedvét tölteni, ſich beluſtigen, ſich ergötzen;
kedvtöltés, Beluſtigung, Unterhaltung; kedvelni, an etwas Gefallen haben,
etwas gerne oder lieb haben; kedvelő, Liebhaber; kedvenc, Liebling; ked=
ves, lieb, theuer; kedvesség, Lieblichkeit; kedvetlen, (ohne Luſt) verdrieß=
lich; kedvetlenedni, die Luſt verlieren; kedvetleníteni, die Luſt benehmen,
verſtimmen; elkedvetlenülni, verſtimmt werden; kedvetlenség, Verdrieß=
lichkeit, Verdruß; kedvezni, begünſtigen, Nachſicht haben; kedvezés, Be=
günſtigung, Nachſicht; kedvező, günſtig; kedvezmény, Begünſtigung; jó
kedvü, gut aufgelegt; rossz kedvü, ſchlecht aufgelegt; víg kedvü, luſtig;
nincs kedvemre, es iſt mir nicht lieb.

Kedvező körülmények szükségesek, hogy az ember
Begünstigende Umstände sind nöthig, daß der Mensch
tehetségeit szabadon kifejtse. — A uralkodó balitéleteket
seine Fähigkeiten frei entwickele. Die herrschenden Vorurtheile
nehéz kiküszöbölni. — Dolgozni szerető ember, mindenhol
ist schwer abzuschaffen. Zu arbeiten liebender Mensch*) überall
elől — A látogatót illő becsülettel fogadd. —
kann leben. Den Besuchenden mit gebührender Achtung empfange.
Látogatóba jött illő becsülettel kell
In Besuch er ist gekommen, mit gebührender Achtung mußt
fogadnod őt. — A mult éven megjelent munkákat mind
du ihn empfangen. Die vergangenes Jahr erschienenen Werke alle
olvastam, és a kiadandó értekezéseket is láttam.
habe ich gelesen, und die herauszugebenden Abhandlungen auch habe ich gese-
— Az üldözöttet levelek zörgése is ijeszt. — A nyilvános-
hen. Den Verfolgten der Blätter Rauschen auch schreckt. Der die Oeffent-
ságot gyülölő, a vétket kereső. — Az ártatlant kimélendő,
lichkeit haßt, die Sünde sucht. Den Unschuldigen ist zu schonen**),
a vétkest büntetendő. — Történt dolgokat nem lehet
den Schuldigen ist zu bestrafen. Geschehene Dinge nicht können
megváltoztatnunk.
wir umändern.

*) Besser : ein Mensch, der gerne arbeitet.
**) Anders : den Unschuldigen soll man schonen.

Die Dinge, welche erst 1) geschehen sollen (die erst zu gesche-
henden Dinge), können wir nicht wissen. — Ich kann es nicht wissen, was für 2) Werke das kommende Jahr erscheinen werden (zu
erscheinen sind). — Die das vorige Jahr herausgekommenen Abhandlungen habe ich alle gelesen. — Der Verfolger haßt mehr den
Verfolgten, als der Verfolgte den Verfolger. — Um daß 3) jeder
Mensch seine Fähigkeiten frei entwickeln könne 4), sind in unserem
Vaterlande 5) noch viele Vorurtheile abzuschaffen. — Ein Mensch
der gerne lernt, findet überall 6) Gelegenheit 7) zu lernen. — Wer
die Oeffentlichkeit sucht, haßt die Sünde. — Ein Soldat, der Belohnung 8) verdiente (eine Belohnung verdient habender Soldat).
— Ein Mensch, der die Welt gesehen hat (ein die Welt gesehener
Mensch), wundert sich nicht sobald 10) über etwas. — Ein Mensch,
der viel Unglück erfahren hat, ist gewöhnlich verdrießlich.

1) még; 2) micsoda; 3) um daß, hogy; 4) entwickeln könne,
kifejthesse; 5) in unserem Vaterlande, hazánkban; 6) mindenütt;
7) alkalmat; 8) jutalmat; 9) világot; 10) nicht sobald, nem egy
hamar.

Zweiter Uebungskurs über die übergehenden Zeitwörter.

(Zu §. 25 — 54.)

26.

Szabad tudakolnom mennyire van ide Pozsony? —
Darf ich*) mich erkundigen, wie weit ist hierher Preßburg?
Két napi járásra. — Micsoda városokat ér az ember út-
Zwei Tagreisen. Was für Städte trifft man un-
közben? — Többeket, de nem érdemlik meg, hogy az ember
terwegs? Mehrere, aber nicht sie verdienen, daß man
őket megnézze. — Jó az út? — Kövezve van mindenütt.
sie ansehe. Ist gut der Weg? Gepflastert er ist überall.
— Már ideje, hogy elinduljunk. — Micsoda falu az,
Schon es ist Zeit, daß wir aufbrechen. Was für ein Dorf ist das,
a melyet ott látok? — A nap elborul, félek, hogy
welches dort ich sehe? Die Sonne verhüllt sich, ich fürchte, daß
esni fog. — Távol mennydörög. — Egek! hogy szakad
es regnen wird. In der Ferne es donnert. Himmel! wie es gießt
az eső. — Térjünk be. — Menjünk födél alá, különben bőrig
der Regen. Kehren wir ein. Gehen wir unter Dach, sonst bis auf
megázunk. — Mily dörrenet! valahol beütött
die Haut wir werden naß. Was für ein Donnerschlag! irgendwo hat es ein-
— Az idő kiderül. — Süt a nap. — Menjünk
geschlagen. Das Wetter heitert sich auf. Es scheint die Sonne. Gehen wir
tovább.
weiter.

*) Besser: erlauben Sie, daß...

Erlauben Sie, daß ich Sie frage, wie weit von hier nach Preßburg ist? — Zwei Tagreisen. — Was für Städte treffen wir unterwegs? — Mehrere, die aber nicht verdienen, daß Sie sie ansehen, meine Herren 1). — Ist die Straße gut? — Es sind überall gepflasterte Straßen. — Es ist schon Zeit, daß Sie abreisen (meine Herren). — Was für ein Dorf ist das, welches wir dort sehen? — Die Sonne verhüllt sich, wir fürchten, daß es regnen wird. — Gehen Sie (meine Herren) unter Dach, sonst werden Sie naß bis auf die Haut. — Wir sind schon naß geworden, und er wird naß werden. — Treffen wir denn kein Gasthaus 2), wo wir einkehren sollen? — Sie treffen (meine Herren) zwei Gasthäuser. — Kehren Sie in das erste 3) ein. In das zweite 4) bin ich nie eingekehrt.

1) meine Herren, az Urak; 2) vendégfogadó; 3) in das erste, az elsőbe; 4) in das zweite, a másodikba.

27.

Korunknak szerencsétlensége azon kételkedés, melyet
Unseres Zeitalters Unglück ist jener Zweifel, welchen
mint egyetlen örökséget hagyott a mult ivadék a
als einziges Erbe ließ das vergangene Geschlecht dem
mostaninak, a nélkül hogy boldogító könnyelműségét ad-
jetzigen, ohne daß seinen beglückenden frohen Sinn es
hatta volna vele együtt; s mely most elterül az
hätte geben können sammt diesem; und welcher jetzt sich verbreitet über das
életen, lealázva mindent, mi emelt, eltagadva, mi
Leben, herabwürdigend Alles, was erhoben hat, verläugnend, was
boldogító, elvéve mi nélkül nem élhetünk. — Mint egy
beglückend, wegnehmend, ohne was nicht wir leben können. Wie ein
Tantalus áll az emberi nem a mult között,
Tantalus steht das menschliche Geschlecht zwischen der Vergangenheit,
mely az enyhet ígérő vízként elfoly, mihelyt
welche gleich dem Linderung versprechenden Wasser abfließt, sobald
hozzá lehajol, s meríteni akar, — s a jövő között, mely
dazu es sich bückt und schöpfen will, und zwischen der Zukunft, welche
gyömölcsdús ágait elvonja, mihelyt utána nyúl. (B. Eötvös.)
ihre fruchtreichen Zweige wegzieht, sobald darnach es greift.

Um die Menschen zu beglücken, gab ihnen der Himmel den frohen Sinn. Aber die Menschen wollten klüger sein als ihr Schöpfer 1) und es verbreitete sich bald Zweifel und schnöder Eigennutz 2) über das Leben. — Der Zweifel, welcher jetzt alle Gemüther 3) ergriffen hat, wirkt nun unaufhörlich. Herabgewürdigt wird Alles, was uns einst erhoben hatte, und erhoben, wodurch 4) wir einst tief erniedrigt werden. Die Menschen stehen nun zwischen Vergangenheit und Zukunft, wie Tantalus in der Unterwelt 5). Süße Linderung uns versprechend, blicken wir auf die lebendigen Quellen der Vergangenheit 6), aber so wir uns bücken und schöpfen wollen, sind sie abgeflossen. Und die Zukunft, zieht sie nicht die fruchtreichen Zweige weg, sobald wir zugreifen wollen?

1) klüger als ihr Schöpfer, okosabbak teremtőjöknél; 2) schnöder Eigennutz, galád önhaszon; 3) lelket; 4) miáltal; 5) az alvilágban; 6) auf die lebendigen Quellen der Vergangenheit, a mult eleven forrásaira.

28.

Tudja ön, mi újság? — Nem, épen semmit nem
Wissen Sie, was es Neues gibt? Nein, eben Nichts
tudok. — Hogyan? ön nem tudja, a miről már az egész
weiß ich. Wie? Sie nicht wissen, wovon schon die ganze
város beszél s a mit mindenki tud? Csak tetteti ön,
Stadt spricht und was Jeder weiß? Nur stellen sich Sie,
mintha nem tudná. — Ha tudnék felőle, megmonda-
als wenn nicht Sie es wüßten. Wenn ich wüßte davon, ich würde es sa-
nám önnek. — Alkalmasint tehát hamis hír; mert ke-
gen Ihnen. Wahrscheinlich also ist es falsches Gerücht; denn
gyednek tudnia kellene. — Mondja meg ön, kérem: igen ki-
Sie wissen es müßten. Sagen es Sie, ich bitte: sehr neu-
váncsi vagyok megtudni. — Ki mondja azt? Hiteles
gierig ich bin es zu wissen. Wer sagt das? Eine glaubwürdige
személy mondotta. — Ugyan minő érdekből mondaná
Person hat es gesagt. Wohl aus was für Interesse würde es sagen
az ember? — Pedig hazug, ki azt mondta. — Szabad
der Mensch? Und doch ein Lügner ist, wer das gesagt hat. Darf
tudnom, ki mondta önnek? — Én egy bizonyos P.
ich wissen, wer es gesagt hat Ihnen? Ich von einem gewissen P.
Úrtól tudom.
Herrn weiß es.

Wißt Ihr, was es Neues gibt? Nein, wir wissen eben gar
nichts. — Wie? Ihr wißt nicht, wovon man schon in der ganzen
Stadt 1) spricht, und was schon ein Jeder weiß? Ihr stellt euch nur,
als wenn Ihr es nicht wüßtet. — Wenn wir davon wüßten, so
würden wir es Ihnen sagen, oder: wenn wir davon gewußt hätten,
so hätten wir es Ihnen gesagt. — Es ist also wahrscheinlich ein
falsches Gerücht, denn Ihr müßtet davon wissen. — Wer hat es
gesagt? — Glaubwürdige Personen haben es gesagt, von denen
nicht vorauszusetzen ist 2), daß sie es aus irgend einem 3) Interesse
gesagt hätten. — Und doch sind es Lügner, die das gesagt haben,
denn sie haben von etwas gesprochen und etwas behauptet 4), was
nie geschehen ist.

1) in der ganzen Stadt, az egész városban; 2) von denen
nicht vorauszusetzen ist, a kikről föl nem tehetni; 3) valami;
4) behaupten, állítani.

29.

Együtt leélt vagy leélendő s remélendő örömek
Zusammen verlebte oder zu verlebende und zu hoffende Freuden
szülik az emberfajnál a barátságot. (Muzarion.) —
erzeugen bei dem Menschengeschlechte die Freundschaft.
Hogyan kivánhatjuk, hogy más ki ne beszélje tit-
Wie können wir verlangen, daß kein Anderer aus nicht sage un-
kunkat, ha magunk nem hallgathatjuk el. (Kaz.) —
ser Geheimniß, wenn wir selbst nicht es verschweigen können.
A ki a társaság törvényit nem teljesíti s azoknak vala-
Wer der Gesellschaft Gesetze nicht erfüllt und derselben welches
melyikét is megveti, áthágja; maga mond le azon legszebb
immer auch verschmäht, übertritt; er selbst entsagt jenem schönsten
jogáról, melynél fogva mindentől kivánhatja, hogy őt
Rechte, demzufolge von Jedermann er verlangen kann, daß ihn
tarsasági rokonsággal fogadjuk s megbecsüljék.
mit gesellschaftlicher Freundlichkeit man empfange und achte.
(Wess.) — Nem kérd, s nem vár az idő, sebes
Nicht es fragt, und nicht es wartet die Zeit, mit schnellem
rohanással haladván felettünk. (Kölcsey.)
Laufe fortschreitend über uns.

Wie kannst du verlangen, daß Andere dein Geheimniß 1) nicht aussagen, wenn du selbst es nicht verschweigen kannst? — Hast du die Gesetze der Gesellschaft nicht erfüllt, und welches immer auch derselben verschmäht und übertreten, so hast du selbst jenes schöne Recht zerstört, demzufolge du von Jedermann verlangen kannst, daß er dich 2) mit gesellschaftlicher Freundlichkeit empfange und achte. — Es fragen und warten nicht die Stunden der Zeit 3), sondern schreiten in schnellem Laufe über verlebte und zu verlebende Freuden und Leiden 4) dahin. — Was erzeugt die Freundschaft und was zerstört sie? — Wer möchte die Freundschaft eines großen Mannes 5) verschmähen? — Traurig ist's 6), wenn die erlebten Freuden mehr sind, als die zu hoffenden.

1) dein Geheimniß, titkodat; 2) téged; 3) die Stunden der Zeit, az idő órái; 4) kinok; 5) die Freundschaft eines großen Mannes, nagy ember barátságát; 6) szomorú dolog.

30.

Hány az óra? Most ütött tizenkettőt. — Azt
Wie viel ist die Uhr? Jetzt hat es geschlagen zwölf. Ich habe
tartottam, később van. — Még korán van ebédelni. — Ebé-
geglaubt), daß später sei. Noch zu früh es ist zu speisen. Spei-*

deljen ma velünk? — Szívesen látnám az Urat ma
fen Sie heute mit uns? Gerne möchte ich sehen Sie heute
nálunk ebéden. — Gyuri teríts asztalt. — Rakd a székeket
bei uns zum Speisen. Georg decke Tisch. Stelle die Sessel zu
az asztalhoz — Terítve van az asztal. — Hadd hordják föl
dem Tische. Gedeckt ist der Tisch. Man möge auftragen
az étkeket. — Tálalva van. — Az asztalon a leves. —
die Speisen. Angerichtet ist es. Auf dem Tische ist die Suppe.
Parancsol ön vörös bort? — Adjon nekem a fehérből. —
Befehlen Sie rothen Wein? Geben Sie mir von dem weißen.
Töltsön nekem a fehérből. — Kiürítette poharát.
Schenken Sie ein mir von dem weißen. Sie haben geleert Ihr Glas.
Mért nem tölti meg újra? — Már eloltottam szomjamat.
Warum nicht füllen Sie es auf's Neue? Schon ich habe gelöscht meinen Durst.

*) Eigtl.: ich habe gehalten, auch deutsch sagt man: ich halte dafür.

Darf ich fragen, wie viel Uhr es ist? — Eben 1) schlägt es
zwölf. — Ich dachte, daß schon später sei. — Es ist also noch nicht
Zeit, daß wir speisen. — Wo speisen Sie gewöhnlich (meine Her-
ren)? — Wir würden Sie gerne heute bei uns sehen zum Speisen.
— Georg und Michel 2) decket Tisch. Stellet die Sessel zu dem
Tisch. — Wir haben schon Tisch gedeckt. Die Sessel sind gestellt.
— So richtet an und traget das Essen auf. — Wir haben schon
angerichtet und das Essen ist aufgetragen. — Befehlen Sie (meine
Herren) rothen Wein? — Gebet mir von dem weißen. — Schenket
mir ein von dem weißen. — Sie haben (meine Herren) ausgeleert
Ihre Gläser 3). Warum füllen Sie sie nicht auf's Neue? — Wir
haben schon unsern Durst 4) gelöscht.

1) épen; 2) Mihály; 3) poharaikat; 4) szomjunkat.

31.

Jót és jól! Ebben áll a nagy titok! azt ha nem
Gutes und Gut! Hierin besteht das große Geheimniß! dies wenn nicht
érted, szánts s vess s hagyjad másnak az áldozatot.
du verstehest, pflüge und säe und überlasse einem Andern das Opfer.
— Az eszes ember sokszor el fogna azok közt akadni,
Der verständige Mann oft würde unter jenen in Verlegenheit
a kik nem azok. (Kazinczy.) — Azt tartjuk, hogy
kommen, die nicht es sind. Wir glauben, daß
e perben, melyet, a hálátlanság indítana az
in dem Prozesse, welchen der Undank anregen würde gegen das

érdem ellen, gróf Széchenyi azt fogná mondhatni bíráinak, a mit Sokrates mondott az athenaei Demosnak, mikor megkérdezteték, mit érdemle : azt érdemlem, úgy mond, hogy a nemzet költségén tartassam ki éltem fogytáig a pritaneumban. (Dessewffy A.) — Keféld bár az avit ruhát, nem lesz új belőle (km.)

Verdienſt, Graf Széchenyi das würde ſagen können ſeinen Richtern, was Sokrates ſagte dem athenäiſchen Demos, als er befragt wurde, was er verdiente : das ich verdiene, ſo ſprach er, daß auf der Nation Koſten ich ausgehalten werde bis meines Lebens Ende in dem Pritaneum. Mögſt du bürſten immerhin das veraltete Kleid, nicht wird werden ein neues daraus.

Ich glaube, daß der Bauer, der pflügt und ſäet, mehr der Geſellſchaft nützt, als wer ſchlechte Verſe 1) ſchreibt. — Wir würden oft in Verlegenheit kommen, wenn ſich der Bauer einfallen ließe 2) nicht pflügen und ſäen zu wollen. — Was Ihr nicht verſtehet, überlaſſet das Andern 3). — Gibt es unter uns Männer 4), die es verdienen auf Koſten der Nation bis an das Ende ihres Lebens 5) ausgehalten zu werden? — Wir verdienen es nicht, das fühle ich. — Ich glaube, daß ſehr wenige es verdienen. — Wenn Ihr uns ſo wirken ließet, wie wir von ganzem Herzen 6) wünſchen, ſo würden wir es verdienen. — Ich möchte nicht 7) auf Koſten der Nation ausgehalten werden. — Ich wünſchte 8), daß unſere verdienten Männer 9) auf Koſten der Nation ausgehalten würden. — Mögſt du immerhin ſchlagen das faule 10) Pferd, es geht nicht ſchneller 11).

1) ſchlechte Verſe, rosz verseket; 2) wenn ſich der Bauer einfallen ließe, hogyha a parasztnak eszébe jönne; 3) másoknak; 4) gibt es unter uns Männer, vannak-e köztünk fiérfiak; 5) életök; 6) von ganzem Herzen, teljes szívből; 7) nem szeretnék; 8) kivánnám; 9) daß unſere verdienten Männer, hogy érdemes férfiaink; 10) röst; 11) sebesebben.

32.

Micsoda levest parancsol ön? — Én rántott levest kérek. — Én meg egy kis metéltért könyörgök. — Hordja bitte. föl kend a marhahúst. — Ki tud boncolni? — Majd én megpróbálom, adjon csak, kérem, jó éles kést. — Ki akarja es verſuchen, Geben Sie nur, ich bitte, ein gutes ſcharfes Meſſer. Wer will

Was für eine Suppe befehlen Sie? Ich Einbrennſuppe Ich aber um ein wenig Nudelſuppe bitte. Trage auf er das Rindfleiſch. Wer kann zerlegen? Nun ich werde

a salátát elkészíteni? — Én bizony nem értek hozzá.
ben Salat zubereiten? Ich wirklich nicht verstehe mich darauf.
— Megsózta ön? — Adja ide az ecetespalackot. —
Haben ihn gesalzen Sie? Geben Sie her die Essigflasche.
Alázatosan köszönöm. — Nem nyujtana ide az Úr nekem
Unterthänigst ich danke. Nicht möchten reichen hieher Sie mir
egy almát? — Ez igen felséges alma. — Meghámozta
einen Apfel? Dieser ist ein sehr vortrefflicher Apfel. Haben ihn geschält
ön? — Elvetettem a héját.
Sie? Ich habe weggeworfen seine Schale.

Was für Suppe befehlen Sie (meine Herren)? — Wir bit=
ten Einbrennsuppe. — Und wir bitten um ein wenig Nudelsuppe.
— Soll ich das Rindfleisch auftragen? — Wer will zerlegen? —
Wollen Sie es probiren? — Verstehen Sie sich auf diese Kunst?
— Möchten Sie mir nicht ein scharfes Messer geben? — Wenn Sie
mir ein scharfes Messer geben, so will ich zerlegen. — Wer kann
den Salat zubereiten? — Den werde ich schon zubereiten. — Soll
ich ihn salzen? oder hat man ihn schon vielleicht gesalzen? — Gebt
mir die Essigflasche her. — Wir danken Ihnen unterthänigst. —
Geben Sie mir, ich bitte, einen Apfel. — Soll ich ihn abschälen,
oder wollen Sie sich ihn allein 1) schälen? — Werfen Sie die
Schalen nicht weg.

1) maga.

33.

A lélek nemzi, de csak a szó szüli világra gon-
Die Seele erzeugt, aber nur das Wort gebiert zur Welt unsere
dolatinkat. (Wess.) — Mi lenne az emberiségből, ha csak
Gedanken. Was würde aus der Menschheit, wenn nur
az küzdene, ki a végrehajtás bizonyosságát előre lát-
der kämpfen möchte, der der Ausführung Gewißheit voraus sehen
hatná. (Kölcsey.) — Gyakorta pirulnánk legszebb
könnte. Oft würden wir erröthen wegen unserer schönsten
tetteink miatt, ha a világ tudná azoknak minden indító
Thaten, wenn die Welt wissen würde derselben alle Be=
okait. (Kazinczy.) — A mód, miszerint valami elvek
weggründe. Die Art, wonach was immer für Grundsätze
alkalmaztatnak, a szín, melyben az iró az adatokat
angewendet werden, die Farbe, in welcher der Schriftsteller die Daten
föltünteti, a sokszor parányi észrevételek, mikkel kiséri,
erscheinen läßt, die oftmals winzigen Bemerkungen, mit welchen er sie be-

egy helybenhagyó vagy gáncsoló szó, melyet egy csegleitet, ein billigendes ober tadelndes Wort, welches nach einem gekély adat után odavet, naponkint hatnak az olvasó lelkére, ringen Begebniß er hinwirft, täglich wirken auf des Lesers Seele, bele szövik magokat eszméinek kifejlésébe, elébb utóbb hinein verflechten sich in seiner Ideen-Entwickelung, früher später befolyást gyakorolnak gondolkozás módjára. (Dessewffy.) — Einfluß sie üben auf seine Denkweise.
Nyájasság és megelőzés szövik a legszebb láncokat. Artigkeit und Zuvorkommenheit flechten die schönsten Ketten. (Muzarion.) — Zajos vígságokban kábítás nem pótolja az örömöt s szívélelmet. In rauschenden Lustbarkeiten Betäubung ersetzt nicht die Freude und den Herzensgenuß.

Der Mensch würde oft seiner schönsten Thaten wegen erröthen, wenn man alle Beweggründe derselben wüßte. — Wenige Menschen wollen die gute Sache verfechten 1), wenn sie die Gewißheit der Ausführung nicht voraus sehen. — Der in der Seele erzeugte Gedanke wird durch's Wort zur Welt gebracht (geboren). — Viele Menschen 2) besitzen Grundsätze 3), aber wenige 4) wissen sie gehörig 5) anzuwenden. — Artigkeit und Zuvorkommenheit hätten großen Einfluß auf seine Denkweise ausgeübt. — Viele Menschen wollen Nichts billigen; jedes hingeworfene Wort wird von ihnen getadelt und mit bittern 6) Bemerkungen begleitet, was auf die Seele des Hörers 7) äußerst unangenehm 8) wirkt. — Vieles hängt davon ab 9), in welchem Lichte 10) wir unsere Thaten erscheinen lassen.

1) a jó ügy mellett küzdeni; 2) sok ember. Das Zeitwort kommt hierauf in der Einzahl; 3) elvekkel; 4) kevesen; 5) helyesen; 6) keserű; 7) a hallgató; 8) felette kellemetlenül; 9) Vieles hängt davon ab, sok függ attól; 10) in welchem Lichte, mely színben.

34.

Adjon az Úr nekem tollat, téntát s egy levél papirost, Geben Sie mir eine Feder, Tinte und ein Blatt Papier, levelet szeretnék írni. — Üljön az Úr az íróeinen Brief ich möchte schreiben. Setzen sich Sie zu dem Schreibasztalhoz, ott mindenféle iróeszközt talál. — E toll tische, dort allerlei Schreibzeug Sie finden. Diese Feder

szálkás és frecseg, ennek meg hegye tompa. — Legyen
hat Zähne und spritzt, dieſer wiederum Spitze iſt ſtumpf. Sein Sie
oly szives, messen nekem egyet. — A papiros sem
ſo gefällig, ſchneiden Sie mir eine. Das Papier auch nicht
ér sokat, mert itat. — Sietve írtam. — Összehaj-
taugt viel, denn es fließt. Eilends habe ich geſchrieben. Ich lege zu-
tom levelemet. — Pecsételni akarok; adjon kérem,
ſammen meinen Brief. Siegeln ich will; geben Sie mir, ich bitte,
pecsétviaszt s egy pecsétnyomót. — Bérmentezzem-e? —
Siegellack und ein Petſchaft. Soll ich ihn frankiren?
Igen, de nem tudom, hová címezzem.
Ja, aber nicht ich weiß, wohin ich ihn adreſſire.

Gib mir Feder, Tinte und ein Blatt Papier, ich werde einen
Brief ſchreiben. — Setze dich zum Schreibtiſche, dort wirſt du allerlei Schreibzeug finden. — Kannſt du Federn ſchneiden? — Ich
ſchneide wohl. — Sei alſo ſo gut, und ſchneide mir eine, denn dieſe
hier taugen nicht viel. — Die Papiere taugen auch nicht, denn ſie
fließen. — Eile dich, denn ich möchte den Brief noch heute abſchicken.
— Du haſt ihn ſehr klein 1) zuſammengelegt. — Gib her, ich werde
ihn zuſammenlegen. — Willſt du ſiegeln? hier iſt Siegellack und
Petſchaft. — Weißt du wohin ihn zu adreſſiren? — Wenn du ihn
frankiren willſt, mußt du zahlen 2). — So zahle für mich 3).

1) kicsinyre; 2) mußt du zahlen, fizetned kell; 3) értem.

Mögen immerhin die Umſtände dich begünſtigen, du wirſt nie
glücklich ſein 1), da du nicht arbeiten willſt. — Mögen ſie mich loben oder ſchmähen, gleichviel 2), nur ſchlagen ſollen ſie mich nicht.
— Verſchwendet nicht die Güter, die vergangene Geſchlechter als
Erbe gelaſſen der Gegenwart. — Wenn du das Geſetz übertrittſt gegen Andere 3), ſo verlange nicht, daß Andere es erfüllen gegen
dich 4). — Wenn man den Schuldigen nicht ſchonen würde, möchten die Unſchuldigen nicht ſo oft 5) geſtraft werden. — Möchten
wir doch Alles abſchaffen, was gegen die Vernunft iſt 6). — Selten iſt der Menſch 7), der die Oeffentlichkeit haßte, ohne die Sünde
zu lieben (ohne daß er die Sünde liebte).

1) boldog nem leszesz; 2) mindegy; 3) mások irányában;
4) magad irányában; 5) gyakran; 6) a mi az ész ellen van;
7) ritka ember.

35.

Szeresd hazádat és ne mond; tégy érte mindent;
Liebe dein Vaterland und nicht sage es; thue für dasselbe Alles;
éltedet, ha kell, csekélybe vedd; de a hazát köny-
dein Leben, wenn es Noth ist, gering nehme; aber das Vaterland leicht-
elmüen kockára ki ne tedd. — Tűrj érte mindent a mi
sinnig auf's Spiel nicht setze. Dulde für dasselbe Alles, was
bánt: kínt, szégyent és halált; de el ne szenvedd, el ne
verletzt: Qual, Schmach und Tod; aber nicht ertrage, nicht
tűrd véred gyalázatát. (Vörösmarty.) — Rosszat ne
dulde deines Geschlechtes Schande. Böses nicht
félj, s ne kivánj jót múlt és jövő kö-
fürchte, und nicht verlange das Gute von der Vergangenheit und Zukunft;
zül; öleld meg a jelenvalót, mely játszik és örűl. (Kölcsey.)
umarme die Gegenwart, welche spielt und sich freut.
Isten áldd meg a magyart jó kedvvel, bőséggel, nyújts
Gott segne den Ungar mit gutem Muthe, mit Ueberfluß, reiche
feléje védő kart, ha küzd ellenséggel. (Kölcsey.) — Ha a
ihm schützenden Arm, wenn er kämpft mit Feind. Wenn die
jövendőt tudnók, kevesebbet hibáznánk (km.)
Zukunft wir wüßten, weniger wir fehlen würden.

Unser Herz 1) sagt es uns, daß wir unser Vaterland 2) lieben sollen, und dafür Alles thun, ja 3) wenn es Noth thut, das Leben gering achten; daß wir ferner 4) das Vaterland nicht leichtsinnig auf's Spiel setzen, daß wir Alles für dasselbe erdulden, doch nicht ertragen, daß Jemand die Ehre des Vaterlandes 5) verletze. — Er verlangt, daß ich ihm Sicherheit 6) reiche für die Zukunft 7). — Freuen wir uns der Gegenwart 8) und fürchten wir nicht die Zukunft. — Kämpfet nicht mit dem Leben 9), sondern erfreuet euch der Gegenwart und fürchtet nicht die Zukunft. — Verlangen wir nicht von der Zukunft 10), was wir von der Gegenwart erlangen können. — Gott segne euch und reiche euch seinen schützenden Arm. — Der wahre Weise freut sich der Gegenwart und fürchtet die Zukunft nicht.

1) unser Herz, szivünk; 2) unser Vaterland, hazánkat; 3) sőt; 4) továbbá; 5) daß Jemand die Ehre des Vaterlandes, hogy valaki a haza becsületét; 6) biztositékot; 7) a jövőre nézve; 8) a jelennek; 9) mit dem Leben, az élettel; 10) von der Zukunft, a jövőtől.

36.

A távollét fogyasztja a középszerű szenvedélyt, a nagyot gerjeszti, mint a hogy a szél eloltja a mécset, a szövétneket lángoltatja. (Kaz.) — Gondatlan rohanni veszélybe nem vitézség, nem erkölcs. (Kisf. K.) — Ha valaki azért fizeti le adósságát, mert különben elvesztené hitelét; a cselekedet eszes ugyan, de nem erkölcsi. (Takács.) — Könnyű munka valakit boszantani, nehéz engesztelni. — Rút mentség azt mondanunk, hogy nem gondoltuk volna. (Faludi.) — Előre nem intve, rád vissza nem tekintve jő és megy a pillanat. (Kölcsey.) — Az ember jót remél mindenha, de ki számítana a remény igéreteire? hiszen minden kincse saját vágyaink viszhangja — s a remény magunk vagyunk. (Jósika M.)

Die Entfernung vermindert die mittelmäßige Leidenschaft, die große regt sie an, so wie der Wind auslöscht das Lämpchen, die Fackel zur Flamme anfacht. Unbesonnen stürzen in Gefahr nicht ist Tapferkeit, nicht ist Tugend. Wenn Jemand darum bezahlt seine Schuld, weil sonst er verlieren würde seinen Krebit; die That verständig ist zwar, aber nicht moralisch. Leichte Arbeit ist's Jemand erzürnen, schwer ist's versöhnen. Eine häßliche Ausrede ist zu sagen, daß nicht gedacht wir hätten. Voraus nicht ermahnend, auf dich zurück nicht schauend kommt und geht der Augenblick. Der Mensch Gutes hofft immer, aber wer möchte rechnen auf der Hoffnung Versprechungen? sind doch alle seine Schätze unser eignen Wünsche Widerhall und die Hoffnung wir selbst sind.

Durch die Entfernung 1) wird die mittelmäßige Leidenschaft vermindert, große Leidenschaft angeregt, so wie durch den Wind 2) das kleine Lämpchen ausgelöscht, die Fackel zur Flamme angefacht wird. — Menschen, die ihre Schuld 3) blos darum 4) bezahlen, weil sie sonst ihren Krebit 5) verlören, sind wohl verständig, aber nicht moralisch. — Hältst du mich auch für einen Verräther? Wenn du Jemand erzürnt hast, so versöhne ihn wieder. — Nicht voraus ermahnt der kommende, nicht zurück schaut der vergangene Augenblick. — Die Menschen hoffen immer Gutes und rechnen auf die Versprechungen der Hoffnung. — Der Fürst 6) rechnet auf die Treue 7) seiner Völker, das Volk auf die Güte seiner Fürsten. — Der Kluge bedenkt Alles voraus 8) und sagt nie: das hätte ich nicht gedacht.

1) durch die Entfernung, a távollét által; 2) durch den Wind, a szél által; 3) tartozásokat; 4) blos darum, csak azért; 5) hitelöket; 6) fejedelem; 7) hűség; 8) előre.

37.

Isten hozott, barátom! Örülök, hogy szavamnak
Willkommen, *mein Freund!* *Ich freue mich, daß meinem Worte*
engedtél, s oda hagyád városi fészkedet. —
du Gehör gegeben haft, und du verlaffen haft dein Stadt-Neft.
Neked a falusi levegő igen jól szolgál, mert mint látom, igen
Dir die Landluft fehr gut dient, denn wie ich fehe, in fehr
jó színben vagy. — Mit csinálsz te itt egész nap? —
gutem Ausfehen du bift. Was machft du hier den ganzen Tag?
Nem gondolhatod, mennyi szorgalmat kiván a földmivelés.
Nicht du kannft denken, wie viel Fleiß es forbert der Feldbau.
Gyakran kell trágyáznod e homokos földet? — Micsoda
Oft mußt du düngen biefen fandigen Boden? Was für
gabona-nemeket vetettél jelenleg? — Nyáriakat, melyek
Getreibearten haft du gefäet gegenwärtig? Sommerfrüchte, welche
hamar csiráznak és kelnek. — Sarlóval aratnak itt
fchnell keimen und ausfchlagen. Mit der Sichel fchneibet man hier
nálatok vagy kaszával? — Én aratókat fogadok, kik a ga-
bei euch oder mit der Senfe? Ich Schnitter dinge, welche des Ge-
bona szárait sarlóval elvágják, s azokat kévékbe kötik,
treibes Halmen mit der Sichel abfchneiben, und fie in Garben binden,
s mihelyt a kévék csűrbe takarítva vannak, akkor mind-
und fobald die Garben in die Scheuer eingeführt finb, dann fo-
járt csépeltetek is.
gleich ich laffe brefchen auch.

Sein Sie willkommen! Es freut uns, daß Sie unserem
Worte 1) Gehör gegeben, und Ihr Stadtneft verlaffen haben. —
Ich wußte es, daß Ihnen die Landluft fehr gut bienen wird. —
Was werden Sie aber hier den ganzen Tag machen? — Sie den=
ken nicht, wie viel Fleiß zum Feldbau 2) erforbert wird. — Der
Boden ift hier fandig, und muß fleißig gebüngt werden (ungarifch:
es ift nöthig 3) daß er fleißig gebüngt werbe). — Die Saat fchlägt
fchon fchön aus. — Wie wird bei euch gefchnitten, mit der Sichel
oder mit der Senfe? — Wir dingen hier Schnitter, die, wenn fie
die Getreibe=Halme mit Sicheln abgefchnitten 4), fie in Garben bin=
den, welche dann in Scheuern eingeführt und gleich barauf gebro=
fchen werden. — Ich finde es für vortheilhafter 5) mit der Sichel
zu ernten, als mit der Senfe. — Die Gerfte 6) wird überall ge=
wöhnlich mit der Senfe gefchnitten.

1) szavunknak; 2) a földmiveléshez; 3) es ift nöthig, szükséges; 4) wenn fie abgefchnitten, wird als Umftandswort auf *ván*
(f. Syntax §. 183) gegeben; 5) hasznosabbnak; 6) árpa.

Uebungskurs über die Mittelzeitwörter mit passiver Form.

(Zu §. 62.)

38.

Én sokat dolgozom, te keveset dolgozol. — Barátunk
Ich viel arbeite, du wenig arbeitest. Unser Freund
könnyedén dolgozik. — A ki éhezik, dolgozzék s ne aggód-
leicht arbeitet. Wer hungert, arbeite und nicht er sich
jék, mert megkeresendi kenyerét. — Csak
bekümmere, denn er wird sich verdienen sein Brod. Nur ein
bohó dicsekedik a szerencse adományaival. — Erényeddel
Narr brüstet sich mit des Glückes Gaben. Mit deiner Tugend
ne dicsekedjél, még kevesebbé pénzeddel. — Ön jól átfázék,
nicht dich brüste, noch weniger mit deinem Gelde. Sie gut sind durchge-
melegedjék meg nálunk. — Megmelegedném, de már
froren, erwärmen Sie sich bei uns. Ich würde mich erwärmen, aber schon
alkonyodik, szüleim aggódnának értem. — Hová uta-
es dämmert, meine Eltern würden besorgt sein um mich. Wohin rei-
zik ön? — Pestre. — Mikor érkezék meg ön Bécsben? —
sen Sie? Nach Pest. Wann sind angekommen Sie in Wien?
Este, hét órakor. — A ki nem játszik, sem nem nyer, sem
Abend, um sieben Uhr. Wer nicht spielt auch nicht gewinnt, auch
nem veszt (km.)
nicht verliert.

Wenn ich leicht arbeiten würde, so würde ich viel arbeiten. —
Wenn dich hungert, so arbeite und sei nicht besorgt, denn du wirst
dir verdienen das Brod. — Brüsten wir uns nicht mit den Gaben
des Glückes. — Der Mensch brüste sich mit seiner Tugend nicht,
noch weniger mit seinem Gelde. — Ich möchte nach Pest reisen,
wenn ich wüßte, daß ich in zwei Tagen wieder hier ankomme. —
Ich bin stark durchgefroren. — So erwärme dich bei uns. — Ich
werde mich erwärmen, indem ich arbeiten werde. — Wenn ich arbeite, so erwärme ich mich. — Wann ist dein Freund nach Pest ge-
reist? — Gestern Abend um sieben Uhr. — Wann wird er in Pest
ankommen? — Morgen Abend, vielleicht um acht Uhr. — Wenn er
mehr arbeiten würde, so dürfte 1) er nicht besorgt sein.

1) so dürfte er nicht, nem kellene.

39.

Barátom minduntalan panaszkodik, hogy sokat kinló-
Mein Freund beständig beklagt sich, daß viel er sich
dik, a mi neki annál nehezebben esik, minthogy természe-
plagt, was ihm um so schwerer fällt, weil seiner
ténél fogva irtózik minden munkától. — Barátom sokat
Natur nach er hat Scheu vor jeder Arbeit. Mein Freund viel
változék mióta láttam, akkor is ő sokat bajló-
veränderte sich seitdem ich ihn gesehen habe, damals auch er viel plagte
dék, de nem zugolódék. — A ki veszekedik, nem zugolódik.
sich, aber nicht murrte er. Wer zankt, nicht murrt.
— A ki hízelkedik, hamiskodik. — Ne szokjál a
Wer schmeichelt, treibt Schelmerei. Nicht gewöhne dich an die
világi javakhoz, mert a világi jó mulik. — Hol lakik
weltlichen Güter, denn das weltliche Gut vergeht. Wo wohnen
ön? — Az Orczlházban lakom. — Oszlik a soka-
Sie? Im Orczischen Hause wohne ich. Es zerstreut sich die Menge,
ság, szünik a lárma. — Barátod soká késik. — Föl ne
es hört auf der Lärm. Dein Freund lange säumt. Auf nicht
menj a fára, s nem esel le (km.)
gehe auf den Baum, und nicht du fällst herunter.

Du hast dich viel geändert *), seitdem ich dich gesehen habe; damals hast du dich viel geplagt und hast nicht gemurrt, und jetzt klagst du beständig, daß du viel arbeitest, als wenn es dir zu schwer 1) fiele, und als wenn du von Natur vor jeder Arbeit Scheu hät= test. — Murren und zanken Sie nicht; gewöhnen Sie sich lieber an Arbeit. — Schmeicheln Sie nicht und treiben Sie nicht Schelme= rei! — Die Wolken zerstreuen sich, es hört der Regen auf. — Es vergeht die Zeit, wenn nur der Vater schon ankäme. — Wenn er nicht so nahe wohnen würde, so würde ich nicht besorgt um ihn sein, denn ich wüßte wo er säumt. — Er würde nicht säumen, wenn der Regen aufhören möchte. — Wer spielt, um zu gewinnen (daß er gewinne), würde besser 2) nicht spielen. (Sprw.)

*) Man möge die vergangene Zeit hier ungarisch mit der halbvergange= nen ausdrücken.

1) als wenn es dir zu schwer, mintha felette nehezedre;
2) inkább.

40.

Nem mind igazságos, a mi történik a világban. —
Nicht Alles gerecht ist, was geschieht auf der Welt.
Olyan dologról az ember nem is álmodik. — A becsületes
Von solchem Dinge der Mensch nicht auch träumt. Der ehrliche
ember nem idegenkedik az igazságtól. (km.) —
Mensch nicht hat eine Abneigung gegen die Wahrheit.
A ki ebbel játszik, bot legyen kezében. — A után kö-
Wer mit einem Hunde spielt, ein Stock sei in seiner Hand. Nach A
vetkezik B. — Mennél inkább nevekedik a tökéletesség, an-
folgt B. Je mehr es wächst die Vollkommenheit,
nál inkább öregbedik a megelégedés is, mely végre édes
desto mehr nimmt zu die Zufriedenheit auch, welche endlich zu süßem
de tiszta gyönyörüséggé válik. — A ki gondolkodik, oko-
aber reinem Vergnügen wird. Wer denkt, wird ver-
sodik. — Gyermek játszék, leány dolgozzék. (km.) — Si-
nünftig. Das Kind spiele, das Mädchen arbeite. Es
kamlik a titok, hol csusznak a poharak. (km.) *)
entgleitet das Geheimniß, wo es rutschen die Gläser.

*) Zu deutsch: Wenn der Wein eingeht, geht der Mund auf.

Wenn wir mehr denken möchten, würde nicht so viel Unglück
auf der Welt 1) geschehen. — Wer möchte von solchen Dingen
träumen? — Ich habe keine Abneigung gegen die Wahrheit. —
Das Kind möchte lieber spielen als lernen. — Was folgt daraus?
— Je mehr die menschliche Vollkommenheit wachsen möchte, desto
mehr würde die Zufriedenheit zunehmen, welche endlich zu einem
süßen, aber reinen Vergnügen werden würde. — Denket, und ihr
werdet vernünftiger werden. — Wenn du denken möchtest, würde
dir die Zeit schnell vergehen. — Mag mit mir 2) geschehen was
immer 3), ich werde nicht klagen. — Es ist selten ein Mensch der
schmeichle ohne zu betrügen (ohne daß er betrüge). — Wenn ich
mich nicht plagen würde, würde ich nicht murren und nicht klagen.

1) auf der Welt, a világon; 2) velem; 3) was immer,
akármi.

41.

A helyett hogy dolgoznék, játszik. — Én néha
Anstatt daß er arbeiten möchte, er spielt. Ich von Zeit
néha játszom. — Ö magasan játszik. — Igen komoly em-
zu Zeit spiele. Er hoch spielt. Ein sehr ernster Mensch

bernek látszik. — Ha csak ne látszanék oly ridegnek
er scheint (zu sein.) *Wenn nur nicht schiene* *so seltsam*
a dolog. — Bármi ridegnek lássék, én megteszem. — A
die Sache. *Wie immer seltsam es scheinen mag, ich thue es.* *In*
homokban hamar enyészik minden nyom, mely megjelenik.
dem Sande schnell schwindet jede Spur, welche erscheint.
— Minden ember tartozik kötelességeinek eleget tenni. —
Jeder Mensch ist schuldig seinen Pflichten Genüge zu leisten.
Nem nyilatkozik, hogy mivel foglalkodik. — Reggeltől
Nicht er sich äussert, daß womit er sich beschäftigt. *Von Morgen bis*
estig szakadatlanul imádkozik. — Megesik, hogy
Abend ununterbrochen er betet. *Es geschieht, daß gegen unsere*
barátink ellen könnyűleg panaszkodunk, hogy előre men-
Freunde leichthin wir klagen, damit im Voraus ent-
tek legyünk közelítő elhűlésünk miatt. — Mi
schuldigt wir sein sollen wegen annähernder Erkältung. *Was*
lenne az emberből, ha mindjárt gyermekkorában
würde werden aus dem Menschen, wenn gleich in seiner Kindheit
magára hagyatnék?
sich selbst er überlassen würde?

Wenn du statt zu arbeiten (anstatt daß du arbeitest) spielen
wirst, so wirst du nicht Genüge thun den Pflichten, denen du als
Mensch 1) Genüge zu thun schuldig bist. — Spielen wir um Geld 2).
— Ich spiele nie um Geld. — Ich würde nie um Geld spielen. —
Womit beschäftigest du dich, wenn du nicht spielst? — Ich bete. —
Wenn etwas einmal geschieht, so folgt noch nicht, daß es noch einmal geschehen wird. — Alles was irdisch ist 3), erscheint und verschwindet wie der Blitz 4). — Wie äußerte er sich in dieser Sache 5),
und wie äußerte ich mich? — Er klagt und murrt. — Wenn er
nur zur bestimmten Zeit 6) erscheinen möchte. — Die Wirkung dieses Buches 7) wird nicht so bald 8) verschwinden.

1) denen du als Mensch, melyeknek te mint ember; 2) um
Geld, pénzre; 3) alles was irdisch ist, mind a mi földi; 4) a vil-
lám; 5) ezen ügyben; 6) zur bestimmten Zeit, a határozott
időre; 7) die Wirkung dieses Buches, e könyv hatása; 8) nem
oly hamar.

42.

Menjünk a szabadra. — De hát ha változik az idő?
Gehen wir in's Freie. *Aber nun wenn sich ändert das Wetter?*
— Szél keletkezik. — Nagyon esik. — Záporzik.
Ein Wind erhebt sich. *Stark es regnet.* *Es fällt ein Platzregen.*

— Villámlik. — Ha omlik az eső, ritkán tartós. —
Es blitzt. Wenn es gießt der Regen, selten ist er von Dauer.
De az ember mégis megázik. — Az eső szünik. — A zivа-
Aber man bennoch wird naß. Der Regen hört auf. Das Ge-
tar oszlik. — A szél csillapodik. — Alkonyodik. — Kö-
witter zerstreut sich. Der Wind legt sich. Es dämmert. Es nä-
zeledik már a tél. — Öt órakor már besötétedik.
hert sich schon der Winter. Um fünf Uhr schon fängt an finster zu
— Harmatozik; én fázom. — Hajnalodik.
werden. Es fällt Thau; mich friert's. Die Morgenröthe zeigt sich.
Nappalodik. — Én most alhatnám, minthogy egész éjjel
Es wird Tag. Ich jetzt bin schläfrig, da die ganze Nacht
nem aludtam. — Hon lakjék az, ki kedve szerint
nicht ich geschlafen habe. Zu Hause wohne der, wer nach seiner Lust
akar élni. (km.)
will leben.

Dreimal 1) änderte sich gestern das Wetter; bald 2) regnete
es, bald 2) hörte der Regen auf, und das Gewitter zerstreute sich;
dann erhob sich ein Wind, und es blitzte; darauf 3) fiel ein Platz=
regen, der Regen goß herab, wir wurden naß, und konnten kaum 4)
erwarten, daß sich das Gewitter wieder 5) zerstreuen und sich der
Wind legen möchte. — Friert es Sie? — Sind Sie schläfrig? —
Wenn nur nicht sobald 6) Tage würde, daß Sie noch schlafen könn=
ten. Es wäre 7) sehr angenehm 8), wenn sich das Wetter heute ein
wenig 9) ändern würde. — Du änderst dich wie das Wetter. —
Wind, der schnell entsteht, schwindet schnell. (Sprichw.) — Ich
würde nicht klagen, wenn die Sache nicht so seltsam schiene. —
Möge doch euer Streit 10) einmal aufhören, möge euer Zorn ver=
gehen, daß der heilige Friede unter euch 11) erscheine.

1) háromszor; 2) majd; 3) arra; 4) alig; 5) ismét; 6) oly
hamar; 7) volna; 8) kellemes; 9) egy keveset; 10) veszeke-
déstek; 11) köztetek.

Übungskurs über die unregelmäßigen Zeitwörter.

(Zu §. 63.)

43.

Én bátor vagyok, ti pedig gyávák vagytok, valátok és
Ich tapfer bin, ihr aber feige seid, waret und
leendetek. — Ne légy irigy! — Ha csak oly ostoba ne
werdet sein. Nicht sei neidisch! Wenn nur so dumm nicht

volnál. — Régen beteg vagy te? — A mult héten már
du wärest. Lange krank bist du? Die vergangene Woche schon
beteg voltam. — Ne legyünk azért szomorúak, de ne
krank bin ich gewesen. Nicht seien wir darum traurig, aber nicht
legyetek hidegek is. — Kész az ebéd. — Lesz-e
seid kalt auch. Es ist fertig das Mittagmahl. Wird sein
vendég az asztalnál? — Erről nem vagyunk értesítve. —
ein Gast bei Tisch? Hievon nicht sind wir benachrichtigt.
Mikor legyek megint itt? — Akár mikor itt fogsz lenni,
Wann soll ich sein wieder hier? Wann immer hier du wirst sein,
szívesen fogsz láttatni. — Én soha büszke nem valék és nem
gerne wirst du gesehen. Ich nie stolz war und nicht
is fogok lenni az. — Én gazdag leendenék, te jómódú
auch ich werde sein es. Ich reich würde sein, du wohlhabend
leendenél, ő szegény leendene. (Garay.)
würdest sein, er arm würde sein.

Du bist tapfer, die Uebrigen 1) aber sind, waren und werden
feige sein. — Seien wir nicht neidisch! — Wenn er nur nicht so
dumm wäre. — Er ist schon lange krank. — Die vergangene Woche
ist er schon krank gewesen. — Ihr waret traurig und sie waren kalt.
— Ich bin fertig mit dem Mittagmahle 2). — Waren Gäste bei
Tisch? — Wir sind von Allem 3) benachrichtigt. — Wann sollen
wir wieder hier sein. — Wann immer ihr hier sein werdet, ist alles
eins 4). — Wenn sie nur nicht so stolz wären. — Er war nie stolz
und wird es nie sein. — Wir würden reich 5) sein, ihr würdet
wohlhabend 6) sein und sie würden arm 7) sein. — Wenn er nicht
so dumm 8) wäre, er wäre schon ein Gelehrter.

1) a többiek; 2) mit dem Mittagmahle, az ebéddel; 3) min-
denről; 4) mindegy; 5) gazdagok; 6) jómódúak; 7) szegények;
8) ostoba.

44.

Ezen ember ellen igazságtalanok voltunk. — Ti
Gegen diesen Menschen ungerecht wir sind gewesen. Ihr
fiatalok vagytok, legyetek szorgalmasak. — Ha erényes
jung seid, seid fleißig. Wenn tugendhaft
lészesz, szerencsés fogsz lenni. — Gazdag leendenél, ha
du sein wirst, glücklich du wirst sein. Reich du würdest sein, wenn
takarékos volnál. — Ha szeszélyes lészesz, nem leend
sparsam du wärest. Wenn launisch du sein wirst, nicht wird sein
boldogulás veled. — Őseink kegyetlenek voltak, legyünk
ein Auskommen mit dir. Unsere Vorfahren grausam sind gewesen, seien

mi igazságosak. — Mikor leszünk megint együtt? Talán
wir gerecht. Wann werden wir sein wieder beisammen? Vielleicht
még az idén. — Alig várom, hogy tavasz legyen, a tél
noch heuer. Kaum erwarte ich es, daß Frühling sei, der Winter
igen kemény volt. — Az ősz csős szokott lenni. —
sehr streng ist gewesen. Der Herbst regnerisch pflegte zu sein.
Volt ön valaha Pesten? Nem még. — Egészséges ön?
Sind gewesen Sie je in Pest? Nicht noch. Sind gesund Sie?
Bár volnék az, de egy idő óta mindég beteges
Wollte Gott, ich wäre es, aber seit einiger Zeit immer kränklich
vagyok. — Hogy minden időben volt, van, s lesz is
ich bin. Daß in jeder Zeit gewesen ist, ist, und sein wird auch
panasz, az természetes. — Még akkor Debrecen is falu volt.
Klage, ist natürlich. Noch damals Debrezin auch Dorf war.
(km.) — Még akkor emberek sem voltak Magyarország-
Noch damals Menschen auch nicht waren in Ungarland.
ban. (km.)

Ihr waret ungerecht gegen uns 1). — Die Menschen waren
ungerecht gegen uns. — Wir sind jung, seien wir fleißig. — Wenn
ihr tugendhaft sein werdet, so werdet ihr glücklich sein. — Wenn
die Menschen tugendhaft wären, sie wären alle glücklich. — Sie
würden reich werden, wenn sie sparsam wären. — Seien Sie nur
sparsam und fleißig, und Sie werden reich sein. — Sie ist so lau=
nisch, daß mit ihr kein Auskommen sein wird. — Eure Vorfahren 2)
sind grausam gewesen, seid ihr gerecht. — Vielleicht werden wir
noch heuer beisammen sein. — Wenn der Winter nicht so streng
gewesen wäre, so wären wir einigemal 3) beisammen gewesen, aber
es war lange kein so strenger Winter, als heuer. — Wir erwarten
kaum den Frühling. — Wenn der Herbst nicht regnerisch sein wird,
so wird heuer guter Wein 4) sein. — Waren Sie (meine Herren)
je in Pest? — Wir werden die künftige 5) Woche in Pest sein. —
Wenn nicht Markt 6) wäre, so wäre ich die künftige Woche in Pest.
— Sind Sie kränklich? — Seit einiger Zeit sind wir alle kränk=
lich 7). — Daß es zu jeder Zeit Klagen gegeben hat, gibt und ge=
ben wird, ist natürlich.

1) ellenünk; 2) őseitek; 3) egynehányszor; 4) bor;
5) jövő; 6) vásár; 7) betegesek.

45.

A meglévő jobb a leendőnél. — Itt mocsáros
Das Seiende ist besser als das was sein wird. Da hier sumpfig
lévén a vidék, tovább ne menjünk. — Bátor nem
ist die Gegend, weiter nicht gehen wir. Wenn du tapfer nicht

lévén, csatába ne menj. — De szükséges ott lennem. bis, in eine Schlacht nicht gehe. Aber es ist nöthig dort daß ich sei. — Hová mégy? A szinházba megyek. — Hová ment Wohin gehst du? In das Theater gehe ich. Wohin ist gegangen az inasod? — A piacra ment. — Már este lévén, ma dein Diner? Auf den Platz er ist gegangen. Da schon Nacht ist, heute már nem megyünk. — De nekem el kell mennem. — Volt schon nicht wir gehen. Aber ich weg muß gehen. Mein gewesener tanitóm Francinországba ment. — A volt dolgokat nem Lehrer nach Frankreich ist gegangen. Die gewesenen Dinge nicht tudjuk, hogy akarjuk tudni a leendőket? — Volt wir wissen, wie wollen wir wissen die Dinge die sein werden? Ein gewe- csőnek nem kell köpönyeg. (km.) sener Regen nicht braucht einen Mantel.

Ich will das was ist (das Seiende), und nicht das was sein wird. — Du weißt das Gewesene nicht, wie willst du wissen, was sein wird? — Da hier die Gegend sumpfig ist, so gehe ich nicht weiter. — Wenn sie nur nicht weiter gehen würden. — Da wir müde sind, so werden wir nicht weiter gehen. — Mein Diener ist die vorige Woche weggegangen. — Mein gewesener Diener wird wieder zurückgehen. — Gehen wir in's Theater? Gehen wir heute nicht, da schon spät 1) ist. — Geht ihr oft 2) in's Theater? Wir gehen jetzt selten 3) und werden den kommenden Sommer noch sel- tener hineingehen.

1) késő; 2) gyakran; 3) ritkán.

46.

Isten mondá: Legyen világosság és lön világosság. — Gott sprach: Es werde Licht und es ward Licht. Sokan szeretnék, ha soha nem lenne világosság az em- Viele hätten es gerne, wenn nie es würde Licht zwischen den Men- berek között. — Azt hivém, hogy idővel okosabb leend, schen. Ich glaubte, daß mit der Zeit klüger er werden wird, azonban fajankóból soha nem lesz bölcs. — Mi lenne az indessen aus einem Tölpel nie wird ein Weiser. Was würde aus dem emberből, ha nevelés nem vezérelné első lépteit. — Nem Menschen, wenn Erziehung nicht würde leiten seine ersten Schritte. Nicht sokat tőn, ki csak rosszat nem tőn. — Atyám rossz néven viel that, wer nur Böses nicht that. Mein Vater übel nicht würde nem venné ha katona lennék. — A nagyszakáll senkit es nehmen wenn Soldat ich würde. Der große Bart Niemand zum tudóssá nem tesz. — Egy szó sokszor több értelemben vétetik. — Ki nem tett mindent, mit tennie kellett s lehetett vala, az boldog nem leszen. — Mi haszna, ha nem szabjuk ugyan elömbe, hogy mit higyek, de büntetnek azért, mert valamit nem hiszek? (Szalay L.)

In welchem 1) Sinne werden diese Worte 2) genommen? — Wenn sie nur nicht in einem schlechten Sinne möchten genommen werden. — Der Vater wird es nicht übel 3) nehmen, wenn ich Soldat werde. — Moses nahm die Schlange 4) in die Hand 5) und sie ward zu einem Stabe 6). — Er wäre nie so reich geworden, wäre er nicht so fleißig gewesen. — Er wird ein Gelehrter. — Wir thaten noch nicht viel, wenn wir nur nicht Böses thaten, denn wir müssen Gutes thun. — Wir glauben alle an einen Gott. — Der Mensch ißt, damit er lebe, und lebt nicht, damit er esse. — Ich würde eine Probe 7) machen (thun), aber ich fürchte, daß es nicht gelingt 8). — Ich that das Meinige 9), thut ihr das Eurige 10). — Wir thaten Alles, was wir thun sollten und konnten, wir könnten also glücklich sein.

1) micsoda; 2) e szavak: 3) rossz néven; 4) a kigyót; 5) kezébe; 6) pálcává; 7) próbát; 8) el nem sül; 9) a magamét; 10) a magatokét.

47.

Az igazságos ember senkinek nem tesz kárt. — Kiki tegye a maga kötelességét. — Tegye meg ön nekem e szolgálatot. — Szívesen megteszem. — Vegye azért hálámat, mert veszem észre, hogy szívesen is teszi. — Sándor, barátom, azt hiszem; többet tenne ez ügyben. — Ne higye azt. — Nem hinném, ha nyilván nem venném észre. — A ki magát a korpába keveri, azt

megeszik a disznók. — A here eszik, iszik és semmit nem
freſſen die Säue. Die Drohne ißt, trinkt und nichts
tesz. — Egyék igyék az ember, de csak módjával. — A szé-
thut. Es eſſe und trinke der Menſch, aber nur mit Maß. Das Heu
nát is megeszi a kutya. — Megissza ő azt mind. — Mért
auch frißt der Hund. Es trinkt aus er das Alles. Warum
iszod azt a rossz vizet, mikor a jó neszmélyi előtt-
trinkſt du das ſchlechte Waſſer, da der gute Neßméler (Wein) vor
ted áll?
dir ſteht?

Wenn jeder ſeinen Weg 1) ginge und ſeine Pflicht thäte,
würde die Welt ſehr glücklich ſein. — Ich glaube nicht Alles, was
ich höre. — Glaubet ihr Alles, was ihr höret. — Mache Niemanden mit Fleiß Schaden. — Dein Vater hat mir in dieſer Sache
einen großen Dienſt erwieſen (gethan), und ich habe es wahrgenommen, daß er es auch gerne gethan hat. — Ich hätte nicht ſo viel
Fleiſch 2) gegeſſen, wenn ich gewußt hätte, daß auch Krapfen 3)
kommen. — Wer möchte den ganzen Tag eſſen und trinken? —
Trinkſt du Wein? — Trinkſt du dieſen Wein? — Er möchte das
ganze Faß 4) austrinken. — Nun ſo 5) trinken Sie aus. Ich trinke
es nicht Alles aus. — Wir haben gegeſſen und getrunken, jetzt eſſe
und trinke wer da will, ich mag nicht mehr 6).

1) a maga utján; 2) húst; 3) fánk; 4) das ganze Faß, az
egész hordót; 5) nohát; 6) ich mag nicht mehr, nekem nem
kell több.

48.

Vedd e kalapot s tedd tokjába. — Tedd meg
Nimm dieſen Hut und lege ihn in ſein Futteral. Thue
dél előtt minden teendőt. — Mind meg van téve. — Merre
vor Mittag Alles was zu thun iſt. Alles iſt gethan. Wohin
visz ez az út? Egyenesen visz a városba. — Földi!
führt dieſer Weg? Gerade er führt in die Stadt. Landsmann!
vigyen kend engem Sopronba. — Elviszem az Urat akár
führe er mich nach Oedenburg. Ich führe Sie wenn auch
a világ végeig. — Kötve hiszem azt. — Higyje a kinek
bis der Welt Ende. Kaum glaube ich das. Glaube es wem
tetszik, én bizony nem hiszem. — Venninek két jelentése
beliebt, ich wahrlich nicht glaube es. Venni zwei Bedeutungen
van: először, kézzel venni, másodszor, pénzért venni. —
hat: erſtens, mit der Hand nehmen, zweitens, für's Geld kaufen.

Nem veszek én hasztalanságot, nem teszek   oly bolond-
Nicht kaufe ich   Unnützes,   nicht ich begehe eine solche Narr-
ságot. — Ők semmi részt sem vőnek a veszekedésben. —
heit.   Sie keinen Theil nicht nahmen im   Streit.
Én is vettem volna magamnak egyet, de   drágállottam.
Ich auch gekauft hätte mir   eines, aber es schien mir zu theuer.

Nehme er diesen Hut und thue er ihn in sein Futteral. —
Thue er Vormittags alle Arbeiten *), die zu thun sind. — Landsmann! will er mich nach Oedenburg führen? — Wir führen Sie
bis ans Ende der Welt. — Das glauben wir kaum. — Wohin
führen diese Wege? — Mögen es glauben, die da wollen, ihr
dürft es wahrlich nicht glauben. — Ich hatte nicht geglaubt, was
ich jetzt leider 1) glauben muß. — Du glaubst Niemanden, doch
willst du, daß dir Jeder glaube. — Ihr glaubt jede Lüge 2), warum glaubt ihr nicht auch das? — Kaufet nichts Unnützes. — Wer
Unnützes kauft, begeht eine Narrheit. — Wer hat mein Buch von
hier genommen? — Der Bediente wird das von hier wegnehmen.
— Wer eine Frau 3) nahm, hat klug 4) gethan **). — Wollen
Sie auch etwas 5) Kluges thun?

*) Wird nicht übersetzt, sondern das beziehende Fürwort wird in die
Mehrzahl gesetzt, und dann wird Dinge oder Arbeiten von selbst
verstanden.

**) Das Zeitwort möge in die halbvergangene Zeit gesetzt werden.

1) fájdalom; 2) hazugságot; 3) feleséget; 4) okosat;
5) valami.

(Zu §. 69.)

49.

A természet soha nem nyugszik, hanem minduntalan
Die Natur   nie   ruht,   sondern beständig
működik. — Jó   ember soha nem cselekszi másnak
sie wirkt.   Ein guter Mensch nie   thut   einem Andern
azt, a mi magának nem tetszenék. — A jó ember meg-
das, was ihm selbst nicht gefallen möchte. Der gute Mensch ist zu-
elégszik sorsával. — A ki   sokkal dicsekszik, kevéssel
frieden mit seinem Schicksale. Wer mit Vielem prahlt, wenig
bír az. — Okos ember soha nem dicsekedik, s én neked
besitzt der. Ein kluger Mensch nie   prahlt, und ich dir
is javallom, hogy ne dicsekedjél, mert ha dicsekszel, ki-
auch rathe, daß nicht du prahlst, denn wenn du prahlst, lacht

nevetnek. — Tegnap én is úgy járék, mikor gondatlaman dich aus. Geſtern ich auch ſo ging*), als unbeſonnener núl dicsekvém. — Feküdjél le idején, mert a ki későn Weiſe ich prahlte. Lege dich nieder zur Zeit, denn wer ſpät ſich fekszik, későn kél. — Bánom, hogy délután niederlegt, ſpät ſteht auf. Es iſt mir leid, daß Nachmittag ich mich lefekvém, mert már este későn kell lefekünnöm. — A niederlegte, denn ſchon Abends ſpät ich muß mich niederlegen. Unter kinek szárnya alatt nyugszol, azt tiszteljed. (km.) — A vén weſſen Flügel du ruhſt, den ehre. In des alten fának árnyékában jól lehet nyugodni. (km.) Baumes Schatten gut kann man ruhen.

*) Beſſer deutſch : mir erging es auch ſo.

Die Naturkräfte 1) ruhen nie, ſondern wirken beſtändig. — Soll denn 2) der Menſch nie ruhen? — Ich muß ruhen. — Ruhen wir ein wenig. — Wenn du etwas thuſt, ſo überlege, wie dies ein Anderer gethan hat. — Daran 3) thateſt du ſehr ſchlecht 4).— Der Menſch ſei zufrieden mit ſeinem Schickſale. — Diejenigen, die mit Vielem prahlen, beſitzen wenig.—Möchtet doch ihr nie prahlen, denn wenn ihr prahlt, werdet ihr ausgelacht werden, womit ihr dann nicht zufrieden ſeid. — Wie iſt's euch geſtern ergangen? Ihr habt euch Nachmittag niedergelegt? — Wenn ich mich Nachmittag niederlege, ſo bleibe ich liegen 5) bis früh. — Wenn wir nicht ſpät aufſtehen wollen, müſſen wir uns früh niederlegen. — Iſt dir nicht leid, daß du dich Nachmittag niederlegteſt?

1) A természeti erők; 2) hát im Anfange des Satzes; 3) abban; 4) rosszúl; 5) fekve.

50.

Alszik-e kend szomszéd? Nem még. — Adjon hát Schläft er Nachbar? Nicht noch. Gebe er mir alſo kölcsön egy kereket, eltört, a hogy megfordúltam. — geliehen*) ein Rad, es iſt gebrochen, als ich umgewendet habe. Vagy alszom bizony. — Gyerekek! ne aludjatok sokat, mert Oder ich ſchlafe wahrlich. Kinder! nicht ſchlafet viel, denn a sok alvás megárt. — Az alvókat fel kell költeni. das viele Schlafen ſchadet. Die Schlafenden auf muß man wecken. — Ha alhatnátok, feküdjetek le. — Éretlen gyümölcsöt Wenn ihr ſchläfrig ſeid, legt euch nieder. Unreifes Obſt ettem, s megbetegedtem. — Éretlen gyümölcstől habe ich gegeſſen, und bin krank geworden. Von unreifem Obſte megbetegszik az ember. — Nem cselekszem többé, most két hétig feküvém a kórházban. — Mért nem feküvél oda haza? — Mert atyám haragszik rám. — Törekedjél hát Házse? kedvét újra megnyerni. — Törekszem a mennyire lehet, de atyám avval meg nem elégszik. — Hogy némelyek könnyen megelégszenek dolgokkal, attól vagyon, hogy nem érik fel eszökkel, a másokban leledző sok szépet és jót. (Faludi.) — Ha haragszol, megkövetlek.

wird krank man. Nicht ich thue es mehr, jetzt zwei Wochen lag ich in dem Spitale. Warum nicht lägst du zu Hause? Weil mein Vater zürnt über mich. Bestrebe dich also seine Gunst auf's Neue zu gewinnen. Ich bestrebe mich so weit es möglich ist, aber mein Vater damit nicht ist zufrieden. Das Manche leicht zufrieden sind mit ihrem Geschäfte, daher ist, daß nicht sie fassen mit ihrem Verstande, das in Andern sich findende viele Schöne und Gute. Wenn du zürnest, so thue ich dir Abbitte.

*) Eigentlich: leihe er mir.

Schläfst du, Freund? Noch nicht. — So leihe mir ein Rad, es ist mir gebrochen, als ich umwendete. — Wahrhaftig, ich schlafe. — Kinder sollen nicht viel schlafen. — Wer nach etwas 1) strebt, schläft wenig. — Wenn du viel schläfst, und wenig strebst, wenn du viel ißst und trinkst, und wenig arbeitest, so wirst du nicht weit kommen. — Wenn wir schläfrig sind, legen wir uns nieder. — Wovon wurden Sie krank? — Ich aß unreifes Obst und ward krank. — Ich that eine Narrheit. — Wie lang lagen Sie im Spitale? Warum lagen Sie nicht zu Hause? — Weil der Vater über mich zürnte. — Ich bestrebe mich seine Gunst wieder zu gewinnen, und that ihm Abbitte. — Ist er nun zufrieden? *) — Daß weiß ich wahrhaftig nicht. — Wer gearbeitet hat, ruhe. — Wenn du mit dir selbst zufrieden bist, so bist du glücklich.

1) Nach etwas, valamire.

*) Wird mit dem Zustandsworte auf va, ve gegeben.

(Zu §. 70.)

51.

Kedvező eredményt előidézendő, más irány volna követendő. — Te mindég igen tolakodó valál. — Nem

Um ein günstiges Resultat hervorzurufen, eine andere Richtung wäre zu befolgen. — Du immer sehr zudringlich warst. Nicht

volnék oly nyakaskodó, ha vífelem nem volna oly hábor-
ich wäre so halsstarrig, wenn mein Gegner nicht wäre so ruhe-
kodó. — Kevéssel beérő vagyok, kiadásim mégis nagyok.
störerisch. Mit wenig begnüge ich mich, meine Ausgaben bennoch sind groß.
— Most mi tevők vagytok? — Mi vagytok teendők? —
Jetzt was thut ihr? Was seid ihr im Begriffe zu thun?
Nem tudom mitevő legyek. — Nem tudom, mi teendő
Nicht ich weiß was ich thue. Nicht ich weiß, was ich thun
legyek. — Ha elérhető volna, én fáradoznám érte.
werde. Wenn zu erlangen*) es wäre, ich würde mich bemühen darum.
—Nem volt emészthető a hús. — Ha csak kapható
Nicht es ist gewesen zum Verdauen das Fleisch. Wenn nur zu bekommen
volna. — Látható volna, ha meg volna. — Már a hatalom
es wäre. Zu sehen es wäre, wenn es da wäre. Schon auf der Macht
fő fokára vala jutandó.
höchsten Stufe er stand im Begriffe zu gelangen.

*) **Eigentlich : was man erlangen kann, was zu erlangen möglich ist.**

Um ein günstiges Resultat hervorzurufen, wären andere
Grundsätze zu befolgen. — Ihr waret immer so zudringlich. —
Woraus war das zu ersehen? — Es war aus jeder Bewegung zu
ersehen. — Seid nur fortan 1) nicht so zudringlich, und begnügt
Euch mit Wenigem, so wie wir uns mit Wenigem begnügen. —
Aber was sollen wir benn 2) machen? — Nichts. — Was du im
Begriffe warst zu thun, das habe ich gethan. — Ich war eben im
Begriffe abzureisen, als er ankam. — Wir waren eben im Begriffe
abzureisen, als Sie ankamen. — Was zu erreichen ist, wird der
Strebende früher oder später 3) erreichen.

1) ezután; 2) hát unmittelbar nach „aber, de"; 3) früher
oder später, elébb utóbb.

(Zu §. 71.)

52.

Itt van Péter? — Nincs itt, a kertben sincs,
Hier ist Peter? Er ist nicht hier, in dem Garten ist er auch
s nem is volt. — Nincs oly szakács, ki
nicht, und nicht auch er ist gewesen. Es gibt keinen solchen Koch, der
minden embernek szája ízére tudjon főzni. —
jedem Menschen nach seines Mundes Geschmack soll können kochen.
Jertek csak ide gyermekek! — Nincs-e az én pipám nálatok?
Kommt nur her Kinder! Ist nicht meine Pfeife bei euch?

— Nincs ott. — Hát kulcsaim nincsenek-e ott? —
Sie ist nicht dort. Und meine Schlüssel sind sie nicht dort?
Azok sincsenek nálunk. — Nincs halandó, a ki megelé-
Die sind auch nicht bei uns. Es gibt keinen Sterblichen, der zufrie-
gedve volna sorsával. — Ha pénz nincs, becsület
den wäre mit seinem Schicksale. Wenn Geld nicht ist, Ehre
sincs, azt mondják a gazdagok. — Nincs még tíz óra,
ist auch nicht, das sagen die Reichen. Es ist nicht noch zehn Uhr,
sőt még kilenc óra sincsen. — Nincs veszélyesebb neme
ja noch neun Uhr ist auch nicht. Es gibt keine gefährlichere Art
a tévelygésnek, mint az, mely tiszta érzéseken épül, s
der Berirrung, als die, welche auf reine Gefühle gebaut ist, und
ezekből vesz erőt a szilárdságra. (Dessewffy A.)
aus diesen nimmt Kraft zur Festigkeit.

Komm nur her Peter! War meine Tante 1) nicht bei euch? — Sie war nicht bei uns und ist auch jetzt nicht bei uns. — Die Menschen sind nicht zufrieden mit ihrem Schicksale 2). — Wenn du nicht zufrieden bist mit deinem Schicksale 3), so bist du nicht glücklich. — Wer nicht zufrieden ist mit seinem Schicksale, ist nicht glücklich. — Es ist nicht gewesen, ist nicht, und wird nicht sein ein reines Glück auf Erden. — Das ist nie gewesen, und ist auch jetzt nicht. — Wo es keine Straßen 4) gibt, da gibts auch keinen Handel 5) (es gibt = es ist). — Hier hast du Geld: kaufe Obst 6), wenn es zu bekommen ist. — Hier habt ihr drei Gulden: bestrebt euch, daß ihr mehr verdienet.

1) meine Tante, néném; 2) mit ihrem Schicksale, sorsokkal; 3) mit deinem Schicksale, sorsoddal; 4) utak; 5) kereskedés; 6) gyümölcs.

(Zu §. 73.)

53.

Nekem van házam, neked nincs, atyádnak sincs,
Ich habe ein Haus, du hast nicht, dein Vater hat auch nicht,
pedig neked is volt egy, atyádnak is volt egy. —
da doch du auch gehabt hast eins, dein Vater auch gehabt hat eins.
Atyádnak falun vannak*) szép házai. — Nekem vol-
Dein Vater auf dem Lande hat schöne Häuser. Ich hatte

---

*) Ob das Zeitwort lenni in die Einzahl oder Mehrzahl gesetzt werden soll, das hängt hier nicht vom Subjekte, sondern vom Gegenstande des Besitzes ab, weil der Satz eigentlich heißen soll: deinem Vater sind auf dem Lande schöne seine Häuser, wo dann „schöne seine Häuser" das Subjekt ist.

tak szép lovaim. — Sohasem *) lesz szerencséd, ha
schöne Pferde. Nie wirst du haben Glück, wenn
szorgalmad nem lesz. — Kevés öröme volna az ember-
Fleiß nicht du haben wirst. Wenig Freude hätte der Mensch,
nek, ha magának nem hizelkedhetnék. (Kazinczy.) — Ha
wenn sich nicht er schmeicheln könnte. Wenn
volt volna is pénzem, én bizony azt haszontalanságért
ich gehabt hätte auch Geld, ich wahrlich das für unnützes Zeug
oda nem adtam volna. — Csak ne legyen az embernek
hin nicht hätte gegeben. Nur nicht habe der Mensch
pénze, majd kifogyand türelme, mert nem lesz
Geld, gar bald wird ihm ausgehen die Geduld, denn nicht er wird haben
barátja. — Ha nem volnának magunknak hibáink, nem
einen Freund. Wenn nicht wir hätten selbst Fehler, nicht
gyönyörködnénk oly igen másokban lelhetni.
wir würden Wohlgefallen haben so sehr in Anderen finden zu können.
(Kazinczy.) — Ha nincs pénzed, ne legyen félelmed,
Wenn du nicht hast Geld, nicht habe Furcht,
mert a rablók ki nem foszthatnak. — Csak legyen
denn die Räuber nicht können dich ausplündern. Nur habe
értéked, bár ne legyen eszed, ültetnek a felső
Vermögen, wenn gleich nicht du habest Verstand, man setzt dich auf die oberste
polcra. — Micsoda kilátásaid vannak?
Stelle. Was für Aussichten hast du?

*) Wenn das Subjekt ein persönliches Fürwort ist, so wird dasselbe, wenn es nicht mit besonderem Nachdrucke hervorgehoben werden soll, nicht besonders ausgedrückt.

Wir haben ein Haus, ihr habt keines, euer Vater 1) hat auch keines, da ihr doch einst eins hattet, und auch euer Vater hatte eins. — Ihr werdet nie Glück haben, wenn ihr keinen Fleiß haben werdet. — Wir würden wenig Freude haben, wenn wir uns nicht selbst schmeichelten. — Wenn Sie Geld gehabt hätten, so hätten Sie es doch sicher nicht für unnützes Zeug hingegeben. — Haben Sie Geduld! — Wenn Sie keine Geduld haben, so werden Sie keine Freuden 2) haben. — Den künftigen Sommer werde ich Pferde 3) haben. — Ich hatte schon einmal Pferde, auch du hattest schon einmal Pferde 4). — Wenn ihr kein Geld habt, so habt keine Furcht, denn die Räuber werden euch nicht ausplündern können. — Der Mensch hat keinen bessern Freund als sich selbst 5). — Die Menschen würden wenig Freuden haben, wenn sie sich nicht selbst schmeichelten. — Wenn du nicht selbst 6) Fehler hättest, so würtefft du kein so großes Wohlgefallen haben sie an Andern finden zu können.

1) atyátoknak; 2) örömei; 3) lovaim; 4) lovaid; 5) önmagát; 6) magadnak.

54.

Kevés mulatságom volt e télen. — Ez
Wenig Unterhaltung ich habe gehabt diesen Winter. Dieses eine
mulatság volt. — Nem minden embernek van alkalma
Unterhaltung ist gewesen. Nicht jeder Mensch hat Gelegenheit
magát kimívelni. — A röst embernek sok ünnepe van. —
sich auszubilden. Der träge Mensch viele Feiertage hat.
Igazságod van. — Nincs igazsága — Miért nincsenek
Recht du hast. Nicht hat er Recht. Warum hat nicht
Magyarországnak gyárai? — Miért nincsenek oly népes
Ungarn Fabriken? Warum haben wir nicht so volkreiche
városaink, mint Angliában vannak? — Ha csak jobb útaink
Städte, als in England sind? Wenn nur bessere Straßen
volnának. — Micsoda könyvei vannak az Úrnak? — Nincs
wir hätten. Was für Bücher haben Sie? Nichts haben
itt semmi keresete. — Mit tud kend a vendégeinek
Sie hier zu suchen. Was kann er seinen Gästen
adni? Mindent biz én nagyságos uram; csak hogy a mim
geben? Alles wohl ich gnädiger Herr; nur daß was
volt, az elfogyott, a mim lesz, az messze
ich gehabt habe, das ist aufgegangen, was ich haben werde, das weit
van, a mim pedig volna, az nincs. (Jókai Mór.)
ist, was aber ich hätte, das ist nicht da.

Wir hatten wenige Unterhaltungen 1) diesen Winter. — Ich hatte keine Gelegenheit mich 2) auszubilden. — Ihr habt Recht 3). — Warum haben wir keine Fabriken? 4) — Warum hat Ungarn nicht so volkreiche Städte als England? — Warum haben wir keine guten Straßen? — Darauf 5) habe ich keine Antwort 6). — Was für ein Buch haben Sie da? — Wenn wir nichts 7) haben, so haben wir doch Hoffnung. — Kein Land hat solche Straßen, wie England. — Wenn ich nicht so viele Schulden 8) hätte, so wäre ich reich. — Wir haben keine Schulden, ihr habt auch keine. — Träge Menschen haben viele Feiertage 9).

1) mulatságaink; 2) magamat; 3) igazságtok; 4) gyáraink; 5) arra; 6) feleletem; 7) semmink; 8) adósságaim; 9) ünnepek.

55.

Láttad a szinházat? — Nem, azt még látnom
$\mathfrak{H}$aſt bu gefeben bas Theater? Nicht, bas noch ſeben
kell. — Tudokozódnunk kell, mikor kezdődik az elő-
ich muß. Uns erkundigen wir müſſen, wann es beginnt bie Bor-
adás. — Szabad kérdeznünk, hány órakor kezdődik az
ſtellung. Dürfen wir fragen, um wie viel Uhr es beginnt bie
előadás. — Az Úrnak azt tudnia kellene. — Nektek tudnotok
Vorſtellung. Sie bas wiſſen ſollten. Ihr wiſſen
kellene azt, nem nekem. — Márcsak jó volna tudnunk,
ſolltet bas, nicht ich. Allenfalls gut wäre es, wenn wir es
nektek is jó volna tudnotok azt. — Egy irányt
wüßten, euch auch gut es wäre, wenn ihr wüßtet bas. Einer Richtung
kell követnünk az életben; de az iránynak nem szabad
müſſen wir folgen in bem Leben; aber bie Richtung nicht barf
hamisnak lennie. — Nem lehet mindent tudnunk, a minek
falſch ſein. Nicht können Alles wir wiſſen, was
történnie kell az életben. — Nem lehetett azt tudnom. —
geſchehen muß im Leben. Nicht ich habe gekonnt bas wiſſen.
Nem lehetett azt előre sejditenünk.
Nicht wir haben gekonnt bas voraus ahnen.

Habt ihr bas Theater geſehen? — Nein, bas müſſen wir erſt
ſehen. — Die Vorſtellung muß um ſieben Uhr beginnen. — Du
mußt bich boch auch erkundigen, wann bie Vorſtellung beginnt. —
Die Vorſtellung darf nicht beginnen vor ſieben Uhr. — Ich brauche
nicht zu fragen, was ich weiß. — Wir können boch bieſen Herrn 1)
fragen. — Darf ich fragen, um wie viel Uhr bie Vorſtellung im
Theater 2) beginnt? — Ich weiß nicht, welcher Richtung im Leben
ich folgen ſoll. — Wir können nicht auf einmal einer boppelten
Richtung folgen. — Ich kann nicht Alles wiſſen, was geſchehen
muß im Leben. — Ich konnte bas nicht voraus ahnen.

1) ezt az urat; 2) im Theater, a színházban.

(Zu §. 75.)

56.

A kit az ember szeret, azt nem veri meg. — A kik szere-
Wen man liebt, ben nicht man ſchlägt. Die lieben
tik egymást, nem verekednek. — A biró vereti a
einander, nicht ſchlagen ſich. Der Richter läßt ſchlagen ben

tolvajt. — Az ötvös veregeti az ezüstöt. — Mikor ko-
Dieb. Der Goldschmied klopft das Silber. Wenn zu Wa-
csin járok, jobban megverődöm, mint mikor lóháton járok.
gen ich gehe,*) mehr ich mich zerschlage, als wenn ich zu Pferde gehe.**)
— Megkötözött emberek nem verekedhetnek. — A földesúr
Gebundene Menschen nicht können sich schlagen. Der Grundherr
nem veretheti jobbágyát. — Az atya tanit, a gyer-
nicht kann schlagen lassen seinen Unterthan. Der Vater lehrt, das Kind
mek tanúl; de a gyermek annyit nem tanúlhat, a mennyit
lernt; aber das Kind so viel nicht kann lernen, wie viel
az atya taníthat. — Teregesd ki a ruhát, hadd
der Vater kann lehren. Hänge auf***) die Wäsche, damit sie †)
száradjon. — Kiteregeti a ruhát száradni. — A meleg ki-
trockne. Er hängt auf die Wäsche zu trocknen. Die Hitze trock-
szárasztja a pocsolyákat. — Kiteríti a hálót. — Ezen
net aus die Pfützen. Er breitet aus das Netz. Dieser
erdö messze elterül. — A rossz hír hamar terjed.
Wald weithin dehnt sich aus. Die böse Nachricht schnell verbreitet sich.
— A jó ember nem terjeszt álhireket. — A deszka
Der gute Mensch nicht verbreitet falsche Nachrichten. Das Brett
reped. — A favágó repeszti a fát.
spaltet sich. Der Holzhauer spaltet das Holz.

*) Besser deutsch: ich fahre. **) eigentl.: auf dem Rücken des Pferdes.
***) eigentl.: breite aus. †) eigentl.: lasse.

Die Schauspieler 1) gehen nicht in's Theater 2) um zu 3)
sehen und zu hören, sondern um sich 4) sehen und hören zu lassen,
oder um gesehen oder gehört zu werden. — Wenn ich einen 5) öf=
ter 6) sehen will, so besuche 7) ich ihn, wo wir dann 8) diskuriren
und einander gegenseitig 9) ermahnen. — Du kannst diskuriren, so
viel du willst 10), nur stichele nicht. — Ihr könnt disputiren 11),
so viel ihr wollt, nur schlaget euch nicht. — Wenn ihr geschlagen
werden wollet, so saget es mir, und ich werde euch schlagen lassen.
— Die Wäsche trocknet und die Sonne 12) trocknet die Wäsche. —
Das Gras 13) wird langsam (nach und nach) getrocknet an der
Sonne 14).

1) a szinészek; 2) in's Theater, a színházba; 3) um zu,
hogy mit nachfolgendem Conjunktiv; 4) magokat; 5) valakit;
6) gyakrabban; 7) besuchen, meglátogatni, eigentlich öfter sehen;
8) wo dann, a hol aztán; 9) einander gegenseitig, egymást köl-
csönösön; 10) so viel du willst, váltig; 11) disputiren, vitatkozni;
12) nap; 13) a fű; 14) an der Sonne, a napon.

Ballagi ung. Gramm. 5. Aufl. 21

57.

Remeg vagy reneg az ember, megrendül a föld,
Es zittert oder bebt der Mensch, es erbebt die Erde,
a mi megrendíti az ember szívét. — Mozog a kocsi
was erschüttert des Menschen Herz. Es bewegt sich der Wagen
mikor megy, megmozdúl, mikor kezd menni, kimozdítják
wenn er fährt*), er rührt sich, wenn er anfängt zu fahren, es rühren ihn
helyéből a lovak és mozgatják. — Halljuk a madár
von der Stelle die Pferde und bewegen ihn fort. Wir hören des Vogels
énekét. — A madár hallatja magát. — Az ember nem
Gesang. Der Vogel läßt hören sich. Der Mensch nicht
tehet mindent, a mit akar. — Ha nincs pénzem, nem
kann thun Alles, was er will. Wenn ich nicht habe Geld, nicht
vehetek. — A mit magam nem vihetek, azt
ich kann kaufen. Was selbst nicht ich tragen kann, das durch einen
mással vitetem. — Vannak emberek, kik soha nem nyug-
Andern lasse ich tragen. Es gibt Menschen, die nie ruhen
hatnak*). — Városban kevesebbet nyugodhatunk, mint
können. In der Stadt weniger wir können ruhen, als auf
falun.
dem Lande.

*) Die unregelmäßigen Zeitwörter der zweiten Klasse hängen die den Sinn des Zeitwortes modifizirenden Silben bald dem nackten bald dem bekleideten Stamme an, und man kann eben so gut sagen: aludhatik, als alhatik, er kann schlafen, feküdhetik, als fekhotik, er kann liegen ꝛc.
— Von den unregelmäßigen Zeitwörtern der ersten Klasse haben enni, inni, einen einzigen Buchstaben zum Stamme, das erste e, das zweite i, man sagt also : ehetik, er kann essen, ihatik, er kann trinken.

Das Geld 1) klingt, die Saiten 2) erklingen, und der Künstler 3) läßt die Saiten klingen. — Der Stein 4) bewegt sich nicht von der Stelle 5), wenn er nicht bewegt wird. — Ich habe ihn so gebunden, daß er sich nicht im mindesten bewegen kann (eigentlich daß er nicht eine leise Bewegung machen kann). — Wo die Bande der Verwandtschaft 6) zerfallen, dort 7) löst sich alle Tugend 8) auf. — Noth 9) löst das Gesetz 10) (Noth bricht Eisen). — Die Bande der Verwandtschaft kann Niemand auflösen. — Wen die Gläubiger 11) drängen, der kann nicht schlafen. — Wer von Gläubigern 12) gedrängt wird, kann nicht schlafen. — Jeder weiß am besten 13), wo 14) ihn der Schuh 15) drückt.

1) a pénz; 2) a húrok; 3) a müvész; 4) a kő; 5) helyéből; 6) die Bande der Verwandtschaft, az atyafiság kötelékei; 7) ott; 8) alle Tugend, minden erény; 9) szükség; 10) törvényt; 11) a hitelezők; 12) von Gläubigern, hitelezőktöl; 13) am besten, legjobban; 14) hol; 15) a cipő.

58.

Tűz, viz, lég éltetnek és ölnek; öröm keblet erősit és
Feuer, Waſſer, Luft beleben und tödten; Freude Buſen ſtärkt und
repeszt; gyönyör virágoztat és hervaszt; remény
ſprengt; Vergnügen macht blühend und macht verwelken; Hoffnung
vigasztal és félre vezet; szeretet véd és feláldoz; hit
tröſtet und abſeits führt; Liebe ſchützt und opfert; Glaube bis zum
égig emel és porig lesülyeszt. — Mondjátok meg,
Himmel hebt und bis zum Staube ſenkt. Saget an,
mi oltalmaz meg bennünket, hogy a boldogság ezer
was ſchützt uns, daß zwiſchen der Seligkeit tauſend
meg ezer eszközei közt a balsors vas karjai közé
und aber tauſend Mittel in des Mißgeſchickes eiſerne Arme
ne hulljunk. (Kölcsey.) — Mint az árnyék nő, midőn az
nicht fallen. Wie der Schatten wächſt, wenn der
est közelget: nő búm, ha sötétedni kezd,
Abend naht: wächſt mein Kummer, wenn finſter werden es beginnt,
hazám, fölötted (Petőfi).
mein Vaterland, über dir.

Der Menſch lebt, das Kind lebt auf 1), die Luft belebt. —
Die Arbeit 2) ſtärkt die Glieder 3). — Vom Laufen 4) wird die
Lunge 5) geſtärkt (ſtärkt ſich) 6). — Vom Ringen 7) werden ge=
ſtärkt (ſtärken ſich) die Muskeln 8). — Das Gras 9) welkt, die
Sonne macht verwelken. — Die Hoffnungen tröſten, und der Menſch
tröſtet ſich 10) und wird getröſtet. — Die Bildung der Nationen 11)
hebt ſich und ſinkt, je nachdem 12) das Geſetz 13) in dem Staate 14)
den Einzelnen 15) hebt oder in den Staub beugt (ſenkt). — Das
Kind wächſt, die Kraft wächſt (nimmt nach und nach zu). — Dein
Backenbart 16) wächſt ſchön, du läßt auch den Schnurbart 17)
wachſen 18).

1) aufleben, feléledni; 2) a munka; 3) a tagokat; 4) a fu-
tástól; 5) ſich ſtärken, erősödni; 6) a tüdő; 7) a küzdéstől;
8) az izmok; 9) a fű; 10) ſich tröſten, vigasztalódni; 11) die Bil=
dung der Nationen, a nemzetek miveltsége; 12) je nachdem, a
mikép; 13) a törvény; 14) az álladalomban; 15) az egyest;
16) barkó; 17) bajusz; 18) wachſen laſſen, növeszteni.

(Zu §. 78.)

59.

Nem lehet az ember igazán okos, ha nincs tapaszta-
Nicht kann ſein der Menſch wahrhaft klug, wenn nicht er hat Er-

lása. — Nem lehet az ember hirtelen gaz ember.
fahrung. Nichts es kann werden der Mensch plötzlich ein schlechter Mensch.
— Nem lehetek*) el soká tőled. — Hány akósak le-
Nicht ich kann sein weg lang von dir. Wie viel eimerig können
hetnek e hordók? — Ha pecsenyéd lehet ne egyél
sein diese Fässer? Wenn Braten du haben kannst, nicht esse
foghagymát. — Bár csak elég időm lehetne. — Mért nem
Knoblauch. Wenn nur genug Zeit ich haben könnte. Warum nicht
viteted el pogyászodat? — Nem vitethetem el
läßt du tragen weg deine Bagage? Nicht ich kann es tragen lassen weg
ma, azt elhiheted nekem, mert különben már elvitet-
heute, das du kannst glauben mir, denn sonst schon ich es weg-
tem volna. — Nem hihetem, hogy az istenek valaha
tragen lassen hätte. Nicht ich kann glauben, daß die Götter je
emberalakban jártak volna az emberek között.
in Menschengestalt herumgegangen wären zwischen den Menschen.
— Jövendő nélkül nem lehetne reményünk. — Nyugodt
Ohne Zukunft nicht wir könnten haben Hoffnung. Ohne ein
lélek nélkül nem lehetnek valódi örömeink. —
beruhigtes Gemüth nicht können wir haben wahre Freuden.
A hatalom megronthat, a hazugság rágalmazhat bennünket.
Die Gewalt kann verderben, die Lüge kann verläumden uns.
(Szalay L.)

*) Lehetni wird wie lenni bald in persönlichem bald in unpersönlichem
Sinne gebraucht, und hat auch wie dieses bald die Bedeutung von
sein, bald von werden, bald von haben.

Mit den Augen können wir sehen. — Wundermenschen 1)
lassen sich 2) für's Geld 3) sehen. — Mit den Ohren können wir
hören. — Der Vogel läßt sich 4) hören; er kann sich hören lassen. —
Mit dem Munde können wir sprechen, können Andere 5) anreden.
— Die Menschen können nicht wahrhaft klug sein, wenn sie keine
Erfahrung haben. — Wir können nicht lange weg sein von dir. —
Ohne ein ruhiges Gemüth kann ich keine wahren Freuden haben.
— Wer Braten haben kann, esse keinen Knoblauch. — Lassen wir
wegtragen unsere Bagage. — Er wollte mir 6) glauben machen,
daß er mein Freund sei**). — Der Mensch könnte keine Freuden
haben, wenn er keine Leiden 7) hätte. — Man kann uns verderben,
man kann uns verläumden, aber unsere Ueberzeugung kann uns
Niemand nehmen.

1) csodaemberek; 2) magokat; 3) für's Geld, pénzért;
4) magát; 5) másokat; 6) velem; **) sei wird nicht übersetzt.
7) szenvedései.

Uebersetzungen.

(Zu §. 79 und §. 155 — 159.)

60.

A fa zöld. — A bokor lombos. — A kő szilárd. —
Der Baum ist grün. Der Strauch ist belaubt. Der Stein ist fest.
A beteg nyög. — A gyermek sír. — A ló nyerít. — A
Der Kranke ächzt. Das Kind weint. Das Pferd wiehert. Der
szakács főz. — Az ember dolgozik. — A napszámos izzad.
Koch kocht. Der Mensch arbeitet. Der Taglöhner schwitzt.
— A francia könnyelmű. — A német komoly. — Az angol
Der Franzose ist leichtsinnig. Der Deutsche ist ernst. Der Engländer
rideg. — A tű szúr. — A kés vág. — A kötél
der ist ungesellig. Die Nadel sticht. Das Messer schneidet. Der Strick
köt. — A fű nő. — A jó kerestetik. — A biró
bindet. Das Gras wächst. Das Gute wird gesucht. Der Richter
itél. — A szarvas gyorslábu. — A madár repül. — A
urtheilt. Der Hirsch ist schnellfüßig. Der Vogel fliegt. Der
pince hűvös. — Ez a fiú atyjának reménysége. —
Keller ist kühl. Dieser Knabe ist seines Vaters Hoffnung.
Jó költő ritka. — Hosszú a mesterség, rövid
Ein guter Dichter ist selten. Lang ist die Kunst, kurz
az élet.
ist das Leben.

———

Die Bäume sind grün. — Die Sträuche sind belaubt. — Die Steine sind fest. — Die Kranken ächzen. — Die Kinder weinen. — Die Pferde wiehern. — Die Köche kochen. — Die Menschen arbeiten. — Die Taglöhner schwitzen. — Die Franzosen sind leichtsinnig. — Die Deutschen sind ernst. — Die Messer schneiden. — Die Stricke binden. — Die Gräser wachsen. — Die Güter werden gesucht. — Die Richter urtheilen. — Die Hirsche sind schnellfüßig. — Die Vögel fliegen. — Die ungarischen Wörter sind kurz, die deutschen lang. — Die Keller sind kühl. — Die Knaben sind die Hoffnung ihres Vaters 1). — Die guten Dichter sind selten.

1) ihres Vaters, atyjoknak.

61.

Harmat nem eső. (km.) — Gond nem játék. (km.
Thau ist nicht Regen. Sorge ist nicht Spiel.
— Bot nem fegyver. (km.) — Egy juh nem nyáj. (km.) —
Stock ist nicht Gewehr. Ein Schaf ist keine Heerde.
Piros, mint a lisztes zsák. (km.) — Fehér a háza, de
Er ist roth, wie ein Mehlsack. Weiß ist sein Haus, aber

fekete a kenyere. (km.) — Nem mind arany, a mi sárga-
schwarz sein Brob.   Nicht ist alles Gold,   was gelb ist.
(km.) — Minden ember barátja, minden ember bolondja.
         Aller Menschen Freund, ist aller Menschen Narr.
(km.) —   Szép dolog, halálunk elött életünket bevé-
         Es ist eine schöne Sache, vor unserm Tode unser Leben zu be-
gezni. (Seneca) — Semmi sem kedves, a mi folyvást tart.
schließen.   Nichts ist angenehm, was beständig dauert.
— A fák zöldek. — A nemzetek olyanok, mint egyes
  Die Bäume sind grün.   Die Nationen sind so, wie einzelne
emberek. — Boldogok, kik senkitöl nem függnek.
Menschen.   Selig sind, die von Niemand nicht abhängen.

Wer von Niemand abhängt, ist glücklich. — Gerechte 1) Rich=
ter sind selten. Die Richter sind selten gerecht. Beides 2) aber ist
nicht wahr. — Nicht Alles ist angenehm, was süß ist. — Angenehm
ist das Spiel, nicht angenehm die Sorgen. — Der Mensch ist wie
ein Schatten, er kommt und vergeht 3). — Manche 4) Menschen
sind wie die Thiere; sie können nichts Anderes 5) als essen, trinken
und schlafen. — Er ist ein Narr. — Sie sind Narren. — Die
Leinwand ist weiß, wie Schnee 6). — Die Hemden sind weiß, wie
Schnee. — Sie sind neidisch 7) wie die Hunde, giftig 8) wie die
Schlangen 9). — Er ist schlau 10) wie ein Fuchs 11).

1) igazságos; 2) mind a kettő; 3) enyészik; 4) némely;
5) egyebet; 6) hó; 7) irigy; 8) mérges; 9) kigyó; 10) ravasz;
11) róka.

62.

Ueber die Wörter, die in der Bildung der Mehr= zahl den kurzen Vocal der letzten Silbe ausstoßen, und den langen verkürzen.

E dolog   titok,   melyet nem szeretnék elárulni.
Diese Sache ist ein Geheimniß, welches nicht ich möchte verrathen.
— E fogoly   bátor. — E veder nehéz. — Verem és
Dieser Gefangene ist tapfer. Dieser Eimer ist schwer.   Grube und
gödör hason-értelmüek; berek és bokor szinte hasonértel-
Grube   sind synonym;   Gebüsch und Gebüsch ebenfalls sind synonym;
müek; nem úgy kebel és öböl. — Kéz   kezet mos.
       nicht so Busen und Busen*). Eine Hand die andere Hand wäscht.
— Akár ég, akár pokol neki mindegy. — Jobb az elég,
  Sei's Himmel, sei's Hölle, ihm ist's einerlei.   Besser ist das Genug,

mint a sok. — Szamárra bársony nyereg. — Örül als das Viel. Auf einen Esel einen sammtenen Sattel. Er freut sich, mint madár a féregnek. — Nem hallod, hogy szekér als ein Vogel über einen Wurm. Nicht hörst du, daß ein Wagen jö. — Nem mindenkor édes gyökér a szerelem. — Az kommt. Nicht immer süße Wurzel ist die Liebe. Die egér sem fut mindég egy lyukba. — Ökör húzza az Maus auch nicht läuft immer in ein Loch. Der Ochs zieht das igát. — Kétszer egy vétekbe esni, nagy gondatlanság. — Joch. Zweimal in eine Sünde fallen, ist große Unbesonnenheit. — Örül a nyúl, ha bokrot lát.
Es freut sich der Hase, wenn ein Gebüsch er sieht.

*) Öböl bezeichnet einen Busen, gebildet durch's Wasser.

Diese Dinge sind Geheimnisse, welche ich nicht verrathen möchte. — Diese Gefangenen waren tapfer. — Diese Eimer sind schwer. — Die Gruben werden gegraben 1). — Die Gebüsche gedeihen schneller 2), als die Bäume. — Die Mäuse laufen nicht immer in ein Loch. — Die Ochsen ziehen das Joch. — Die Esel sind nicht zahlreich in unserem Vaterlande. — Sünden sind Folgen der Unbesonnenheit 3). — Die Himmel verkünden den Ruhm Gottes 4). — Wenn die Hände ruhen, hungert der Magen 5). — Die Hasen sind schnelle Thiere 6), die Vögel fliegen 7); die Würmer hingegen 8) sind langsame 9) Thiere, denn die Würmer kriechen 10). — Viele Dinge sind, deren Nutzen 11) wir nicht kennen. — In Asien 12) sind mehrere große Reiche 13) und Staaten 14).

1) graben, ásni; 2) gedeihen schneller, szaporábban tenyésznek; 3) Folgen der Unbesonnenheit, a gondatlanság következményei; 4) verkünden den Ruhm Gottes, hirdetik isten dicsőségét; 5) hungert der Magen, koplal a gyomor; 6) schnelle Thiere, gyors állatok; 7) fliegen, repülni; 8) ellenben; 9) lassú; 10) kriechen, csúszni; 11) deren Nutzen, melyeknek hasznát; 12) in Asien, Ázsiában; 13) das Reich, a birodalom; 14) der Staat, az álladalom.

(Zu §. 83.)

63.

Az irásom rossz. — A tintám sűrű. — Szobád Meine Schrift ist schlecht. Meine Tinte ist dicht. Dein Zimmer meleg. — Szobája kicsiny. — Az óránk rosszúl jár. — ist warm. Sein Zimmer ist klein. Unsere Uhr schlecht geht. Euere

Órátok jól jár. — Szobájok most tisztíttatik. — Sebeim
Uhr gut geht.   Ihr Zimmer jetzt wird gereinigt. Meine Wunden thun
fájnak. — Gyermekeid ma nálam voltak. — Gyermekei
mir wehe.   Deine Kinder heute bei mir sind gewesen.   Seine Kinder
hanyagok. — Szükségeink naponként szaporodnak. — Ven-
sind nachlässig.   Unsere Bedürfnisse täglich   mehren sich.   Eure
dégeitek jókor érkeztek. — Szükségeik nagyok. — Nap-
Gäste   früh sind angekommen.   Ihre Bedürfnisse sind groß.   Unsere
jaink mulandók. — Méheim az idén nagyon szaporodtak. —
Tage sind vergänglich. Meine Bienen heuer sehr haben sich vermehrt.
A madarak fészkeiket*) rendesen fákon rakják. — A
Die Vögel   ihre Nester   gewöhnlich auf Bäumen legen an.   Das
szem a lélek tükre**). — Legjobb eszközeink sem felelnek
Auge der Seele ihr Spiegel.   Unsere besten Mittel auch nicht entsprechen
meg céljaiknak. — Körülmények   ne   határozzák véle-
Ihren Zwecken.   Umstände   nicht mögen bestimmen   unsere
ményeinket. — Becsületes ember   szavát megtartja.
Meinungen.   Ein redlicher Mensch sein Wort   hält.

*) Fészek Nest. **) Tükör Spiegel.

Er kennt meine Schrift nicht, aber ich kenne seine Schrift. —
Unsere Zimmer sind klein, euere Zimmer sind groß. — Meine Uhr
geht schlecht, seine Uhr geht gut. — Meine Wunde schmerzt 1) noch,
seine Wunde ist schon vernarbt 2). — Meine Kinder sind nachlässig, seine Kinder sind fleißig. — Meine Bedürfnisse nehmen täglich
zu. — Wirst du heute einen Gast haben? — Ist dein Gast schon
gekommen? — Ich habe dein Geheimniß nicht verrathen, und du
hast daher nicht Ursache mir 3) zu zürnen. — Ehrliche Menschen
halten ihr Wort. — Deine Mittel entsprechen nicht deinen Zwecken.
— Wenn du ein redlicher Mensch bist, so halte dein Wort. — Wenn
seine Umstände es erlauben werden 4), so wird er sein Wort halten.

1) sajog; 2) meghegedt; 3) reám; 4) erlauben, meg-
engedni.

64.

Az igazság   az   emberi   társaságnak kapcsa. —
Die Gerechtigkeit ist der menschlichen Gesellschaft   Band.
Szomszédom   fösvénysége kiállhatlan. — A gyermek legyen
Meines Nachbars   Geiz ist unausstehlich.   Das Kind sei seiner
szüleinek, mikor öregednek, támasza. — Minden korok és
Eltern,   wenn   sie alt werden, Stütze.   Aller   Zeiten und
nemzetek leghiresebb férfiai és hölgyeinek arc- és életrajzai.
Nationen   berühmtester Männer und Frauen Bildnisse und Biographien.

— Sok évek tapasztalása bölcscsé tették őt, vállalatainak szerencséje vakmerővé. Vieler Jahre Erfahrung weise machten ihn, seine Unternehmungen Glück kühn. — Kié ez a derék jószág? Wem gehört dieses prächtige Gut? Es ist des Gróf Sándoré. — Kinek tapasztalásáról volt itt a beszéd? — Grafen Sándor. Von wessen Erfahrung war hier die Rede? A gróféról. — Kinek lovai ezek? A gróféi. — Ki-Von der des Grafen. Wessen Pferde sind das? Des Grafen. Wes-nek lovait akartad te megvenni? — A gróféit. — A sen Pferde hast wollen du kaufen? Die des Grafen. Des grófnak lovait akartam megvenni. — Itt vannak a grófnak Grafen Pferde habe ich wollen kaufen. Hier sind des Grafen lovai. — Hát e fegyver nem volna olyan jó a mi ke-Pferde. Wohl diese Waffe nicht wäre so gut in unserer zünkben, mint azokéban, a kik ezt velünk készíttetik? Hand, als (in der Hand) derer, welche die durch uns machen lassen? (Jókai M.)

Die Gerechtigkeit ist die Stütze eines Reiches. — Der außerordentliche 1) Geiz meines Nachbars ist unausstehlich. — Wessen außerordentlicher Geiz ist unausstehlich? — Der meines Nachbars. — Der Geiz des Sohnes meines Nachbars ist unausstehlich. — Die Weisheit der Erfahrung ist mehr werth 2), als das Glück der Reichen. — Wessen Tochter hat er geheirathet? 3) Die des Kaufmanns 4) oder des Kaufmanns Tochter. — Wem gehört dieses Haus? — Es gehört einem Kaufmanne. — Wem gehören diese Bücher? — Meinem Lehrer 5). — Wessen Bücher hast du gelesen? — Die meines Lehrers. — Aus wessen Büchern hast du gelernt? — Aus denen meines Lehrers. — Ich möchte ein Pferd kaufen. — Was für eines 6) wollen Sie? — Wollen Sie einen Hengst 7), einen Wallachen 8) oder eine Stute 9), ein Zugpferd 10) oder ein Reitpferd 11)? — Sattle 12) das Pferd. — Zieh' 13) fest an und lasse herab 14) die Steigbügel 15).

1) rendkivüli; 2) ér; 3) vette nőül; 4) kalmár; 5) tanitó; 6) milyet; 7) mén; 8) herélt; 9) kanca; 10) igásló; 11) paripa; 12) megnyergel; 13) meghúz; 14) leereszt; 15) kengyel.

65.

Nincsen a gondviselésnek nagyobb jótéte a vallásnál. (Kölcsey.) — A kicsiny az asszonyé? — Mosto-Es gibt nicht der Vorsehung eine größere Wohlthat als die Religion. Die Kleine ist die Ihre? Meine Stief-

hám édes asszonyság : de mint hogy szófogadó, fris, gondochter, Madame: aber da fie folgfam, flint, bedachtdos, úgy szeretem, mintha magamé volna. (Kaz.) — fam ift, fo liebe ich fie, als wenn mein eigen fie wäre.

Ismerd magadat és magad által az embereket. Kenne dich felbft und burch bich felbft die Menfchen. (Kölcsey.) — Szívesen részesítjük kedveseinket Gerne laffen wir theilhaftig werben unfere Lieben azon boldogságban, melyet saját keblünkben jener Glückfeligkeit, welche in unferm eigenen Bufen érzünk. (Fáy.) — Gyarlóság az ember öröke, mely őt wir fühlen. Gebrechlichkeit ift des Menfchen Erbe, welches ihn bélyegzi. — Az igazság soha nem szűl annyi jót a világon, charakterifirt. Die Wahrheit nie erzeugt fo viel Gutes auf der Welt, mint álfénye kárt. (Kaz.) — A vonzódások legerősbike als ihr falfcher Schein Schaden. Der Neigungen ftärkfte a honszeretet. — Miltiades tanácsa győzött tiszttársaié ift die Vaterlandsliebe. Miltiades Rath fiegte über den feiner felett. (Czuczor.) — Ki mindég a másét vizsgálja, Kollegen. Wer immer was einem Andern gehört unterfucht, annak mi a magáé nem tetszik. dem was fein eigen ift nicht gefällt.

Gehört das Haus Ihnen? (zu einer Frau). — Nein; es gehört meinem Nachbar. — Wem gehören diefe Kinder? Meinem Nachbar. — Kennen Sie die Kinder meines Nachbars? — Die Gebrechlichkeit der Verfaffungen. — Die Gebrechlichkeit der bürgerlichen Verfaffungen. — Gebrechlichkeit charakterifirt jede menfchliche Verfaffung. — Religion ift die Stütze jeder menfchlichen Verfaffung. — Der gute Regent läßt alle Bewohner des Staates der bürgerlichen Freiheit theilhaftig werden. — Es gibt nichts Vollkommenes 1) auf Erden. — Des Böfen 2) Schlechtigkeit 3) ift eben fo unvollkommen, als die Güte 4) des Guten. — Die Sinne 5) der Thiere find bei manchem 6) feiner 7), als die des Menfchen; auch der Inftinkt 8) der Thiere ift mächtiger 9), als der des Menfchen. — Schenke mehr Glauben 10) dem Worte eines Heiden 11), als dem eines Schmeichlers 12). — Die Fehler 13) des Verftandes 14) wachfen 15) mit den Jahren 16) wie die des Gefichtes 17).

1) tökéletes; 2) gonosz; 3) hitványság; 4) jóság; 5) érzék; 6) némelyeknél; 7) finomabb; 8) ösztön; 9) hatalmasb; 10) schenke mehr Glauben, többet higy; 11) pogány; 12) hízelkedő; 13) hijányosság; 14) elme; 15) nő; 16) az esztendőkkel; 17) ábrázat.

Ueberſetzungen.

(Zu §. 91.)

66.

Volt ön a színházban? — Nem voltam még.
Sind geweſen Sie im Theater? Nicht ich bin geweſen noch.
— Menjünk ma estére a színházba. — Már páholyt is rendeltem.
Gehen wir heute Abend in's Theater. Schon eine Loge auch ich habe beſtellt.
— Micsoda darab adatik? — Egy új daljáték
Was für ein Stück wird gegeben? Eine neue Oper
adatik. — Kicsoda a darab szerzője? — Nem nevezte magát.
wird gegeben. Wer iſt des Stückes Verfaſſer? Nicht er nannte
gát. — Majd megnevezi magát, ha darabja tetszést
ſich. Schon er wird nennen ſich, wenn ſein Stück Gefallen
nyerend. — A magyar szinészek sokban vetélkednek
gewinnen wird. Die ungariſchen Schauſpieler in Vielem wetteifern
a németekkel. — Belépti jegyet kérek. — Adjon
mit den Deutſchen. Ein Eintrittsbillet bitte ich. Geben Sie mir ein
tértijegyet. — Kegyed a színházból jö? — A zenén
Retourbillet. Sie aus dem Theater kommen? Ausgenommen die
nén kivűl mind fölséges volt. — S kitől volt a
Muſik Alles herrlich iſt geweſen. Und von wem iſt geweſen die
zene. — Azt nem tudom. — A bástya nem védi a
Muſik. Das nicht ich weiß. Die Feſtungsmauer nicht ſchützt das
népet, ha a nép nem védi a bástyát. (Jókai).
Volk, wenn das Volk nicht ſchützt die Feſtungsmauer.

Sie waren im Theater. — Sie kommen aus dem Theater. — Wie war das Publikum 1) mit dem neuen Stücke zufrieden? — Das Stück hat Gefallen gefunden, aber von den Schauſpielern hat man mehr erwartet. — Das Stück macht auf der Bühne 2) eine herrliche Wirkung 3). — Es iſt eine große Kunſt, ein ſo verwöhntes 4) Publikum zufrieden zu ſtellen 5). — Der Geſchmack 6) hängt von den Schriftſtellern ab. — Mancher 7) Schriftſteller hat keinen Begriff 8) vom 9) Geſchmacke. — Was ſagen Sie zu dem neuen Schauſpieler, der in der Rolle 10) des Kammerdieners 11) zum erſtenmal aufgetreten 12) iſt? — Er beſitzt viel Gewandtheit 13) und ſeine Deklamation 14) iſt ſehr richtig 15).

1) közönség; 2) szín; 3) hatás; 4) elkényeztetett; 5) zufrieden zu ſtellen, kielégíteni; 6) izlés; 7) némely; 8) fogalom; 9) -ról; 10) szerep; 11) komornok; 12) föllép; 13) ügyesség; 14) szavalat; 15) helyes.

Pest hat sehr schöne Häuser. — Das Haus ist sehr schön. — Mache die Hausthüre zu 1). — Gehört dieses Haus Ihnen? — Ich werde das Haus verlassen. — Zehn Schritte 2) vom Hause. — Ich bin bis zum Hause gegangen. — Man begleitete ihn bis zu euerem Hause. — Ich möchte es nicht geben für dieses Haus. — Sie zogen sich in ihre Häuser zurück 3). — Wer wohnt in diesem Hause? — Wer ging jetzt aus dem Hause heraus? — Was fängst du an mit deinen Häusern? — Ich habe Lust zu diesem Hause. — Es steht ein Baum beim Hause. — Er stieg 4) auf unser Haus. — Auf deinem Hause hängt ein Zettel 5). — Er ist vom Hause herunter gefallen. — Ich habe ihn bei dem Hause meines Nachbars gesehen. — Er hat jene schlechte Hütte 6) in ein Haus verwandelt. — Er benützt die Scheune 7) statt eines Hauses. — Er hat alle die schlechten Hütten in Häuser verwandelt.

1) zumachen, bezárni; 2) lépésnyire; 3) sich zurückziehen, viszszavonúlni; 4) steigen, szállani; 5) cédula; 6) kunyhó; 7) pajta.

67.

Adott a természet orvost a veszteség legnagyobb fájdalmára is (Kölcsey).
Es hat gegeben die Natur einen Arzt zu des Verlustes größtem Schmerz auch.
— A madárt tolláról, az embert társáról lehet megismerni. —
Den Vogel an seinen Federn, den Menschen an seinen Gefährten kann man erkennen.
Valóban nehéz dolog, a hashoz szólani, melynek fülei nincsenek.
In der That eine schwere Sache ist's, zum Bauche sprechen, der Ohren nicht hat.
— Mint habzó tengerben, mi is az életben evezőnket forgassuk.
Wie im schäumenden Meere, wir auch im Leben unser Ruder mögen handhaben.
— (Rimai.) — Embert tetteiből, társaságot beszéde tárgyaiból itélhetni meg.
Den Menschen aus seinen Thaten, eine Gesellschaft aus ihres Gespräches Gegenständen kann man beurtheilen.
(Wesselényi.) — Búcsúvételkor ajánld magadat és kisérd ki vendégedet.
Beim Abschiede empfehle dich und begleite hinaus deinen Gast.
(Takács.) — Ne bocsátkozz olyan játékba, mely csupán a szerencsétől függvén, idő,
Nicht laß dich ein in solch ein Spiel, welches blos vom Glücke abhängend, mit der Zeit, der
egészség, pénz, becsület és nyugalom vesztegetésével jár.
Gesundheit, des Geldes, der Ehre und Ruhe Verschwendung
— Váratlan fényben új csillagként a borongó egen, tünt fel Miklának dalosa. (Toldy.)
geht (verbunden ist). In unerwartetem Glanze, als neuer Stern an dem trüben Himmel, erschien Mikla's Sänger.

Es ist in der That eine schwere Sache, einen Menschen aus einem Gespräche zu beurtheilen. — Wir können zum schäumenden Meere nicht sprechen: sei ruhig 1). — Mit dem Ruder wird das Meer, mit Vernunft der Mensch regiert 2). — Es gibt Dinge, bei deren Verlust wir lachen können, indem wir auf deren 3) Besitz 4) nicht stolz 5) sein dürfen 6). — Laß dich nicht leichtsinnig 7) in Dinge ein, die mit Lebensgefahr 8) verbunden sind. — Meide 9) was du nicht mit Ehren thun kannst. — Wer sich an (zu) Ruhe gewöhnt hat, ist nicht gerne 10) in zahlreichen Gesellschaften. — Wir haben von verschiedenen 11) Gegenständen gesprochen. — Er hat keinen Begriff 12) von Ehre. — Er antwortete 13) auf meine Rede 14) nicht. — Ich kümmere mich 15) mehr um meine Ehre, als um mein Geld, ja mehr als um meine Gesundheit.

1) nyugodt; 2) kormányoz; 3) mely; 4) birás; 5) büszke; 6) sein dürfen, lehetni als Zustandswort auf ván, wo kann das Bindewort indem unübersetzt bleibt; 7) könnyelmüleg; 8) életveszedelem; 9) kerül; 10) ist nicht gerne, nem szeret lenni; *) 11) különféle; 12) fogalom; 13) felel; 14) beszéd; 15) nem gondolok wird mit val, vel konstruirt.

*) Wir halten es für nothwendig die Art, wie das deutsche „gern" in's Ungarische übertragen wird, hier bei sich darbietender Gelegenheit an einigen Beispielen deutlich zu machen:
Ich reise nicht gern, nem szeretek utazni (wörtl. ich liebe nicht zu reisen). Ich schreibe nicht gerne stehend, nem szeretek állva írni.
Wenige Menschen schreiben gerne stehend, kevés ember szeret állva írni.
Wenn ich arbeite, bin ich nicht gerne gestört, mikor dolgozom, nem szeretek háborgattatni.
Bist du gerne in der Stadt? Szeretsz-e a városban lenni?
Der Ungar lebt nicht gerne in fremdem Lande, a magyar nem szeret idegen földön élni.

68.

Nos hogy mennek a kereskedési ügyek? — Nem épen jól.
Nun, wie gehen die Handels-Angelegenheiten? Nicht eben jól. — Nagy csökkenés van a kereskedésben; a kész pénz gut. Große Stockung ist im Handel; das baare Geld igen ritka, s hónaponkint száztól hármat is fizetnek kamasehr selten ist, und monatlich von hundert drei auch zahlt man Zintul. — Ily viszonyok között becsületes ember semmit sen. Unter solchen Verhältnissen ein ehrlicher Mensch nichts sem vállalhat. — Az Úr csak nagyban árul? — Nem; kann unternehmen. Sie nur im Großen verkaufen? Nein; árulok kicsinyben is; most mindenki csak hitelbe akarna ich verkaufe im Kleinen auch; jetzt jeder nur auf Borg möchte

venni. — Mivel kereskedik ön? — Vegyes árukkal:
kaufen. Womit handeln Sie? Mit gemischten Waaren:
füszerekkel, vassal, röfös portékával, posztóval stb.
mit Spezereien, mit Eisen, mit Schnittwaaren, mit Tuch 2c.

Mit den Handelsangelegenheiten steht's schlecht; Alles ist in's
Stocken gerathen (gekommen). — Fallimente 1) sind an der Tages=
ordnung 2) und die Gläubiger 3) verlieren oft das Kapital 4)
sammt Zinsen. — Das baare Geld ist in den Händen weniger Ka=
pitalisten 5), welche unter solchen Verhältnissen natürlich 6) nur
auf hohe Zinsen Geld verleihen 7); auch ehrliche Kaufleute sind ge=
zwungen, bis 8) dreißig vom hundert jährlich als Zinsen*) zu be=
zahlen. — Sie sind allein 9) im Comptoir 10)? — Der Kassier
11) ist zu Ihrem Banquier 12) gegangen, und der Lehrling ist im
Mauthause 13). — Spediren 14) Sie sogleich 15) diese Kiste 16)
mit Waaren. — Es sind zerbrechliche 17) Waaren. — Wird der
Fuhrmann 18) gutstehen 19) für den Bruch 20)? — Was soll ich
unserem Korrespondenten 21) in Preßburg antworten, der uns
Eisenwaaren für Tuch anbietet 22)? — Daß ich sein Anerbieten 23)
nicht annehmen 24) kann.

1) bukás; 2) napirend; 3) hitelező; 4) töke; 5) tökepén-
zes; 6) természetesen; 7) kiad; 8) szinte; *) eigentlich: auf drei=
ßig Prozent; 9) csak maga; 10) irószoba; 11) a tárnok;
12) váltos; 13) vámház; 14) elindít; 15) nyomban; 16) láda;
17) töredékeny; 18) szekeres; 19) gut stehen, jót állani; 20) törés; 21) levelező; 22) ajánl; 23) ajánlat; 24) elfogad.

(Zu §. 92.)

69.

Egész vagyonom e romok alatt hever. — Ki
Mein ganzes Vermögen unter diesen Ruinen liegt. Wer
szeretné magát romok alá temetni? — A romok
möchte sich selbst unter Ruinen begraben? Von unter den Ruinen
alól kihúzta. — Szemem előtt történt. —
hat er ihn hervorgezogen. Vor meinen Augen ist es geschehen. Vor meine
Szemem elé ne jöjjön. — Takarodjék kend szemem
Augen nicht er komme. Packe sich er von vor meinen Au-
elől. — Két szék között a földön marad, a ki
gen. Zwischen zwei Stühlen auf der Erde bleibt, wer auf
sokfelé kap. — Két tűz közé jöttem. —
viel Seiten hin greift. Zwischen zwei Feuer bin ich gekommen. Von zwischen

Két tüz közül szabadúltam. — A füst ég felé emelkedik. — A magyarok kelet felől jöttek. — Munka után édes a nyugalom. — Neki az olvasás mulatság gyanánt szolgál. — Olvasás helyett játékkal tölti idejét. — Vannak állatok, melyek tüdő helyett más műszerrel birnak, mint: a halak kopoltyúval, a bogarak, légcsövekkel. — Mit ér a birtok egészség nélkül? — Ott ültem kedveseim sirja fölött s körültem a magyar birodalom sirkert, melyben csak árnyékok lengettek föl s alá. (Toldy.) — Habzik, csepeg, fulad a ló és a lovag hegyette. (Kisfaludy Sánd.)

Zwei Feuer bin ich gerettet worden. Der Rauch gegen Himmel erhebt sich. Die Ungarn von Osten sind gekommen. Nach Arbeit ist süß die Ruhe. Ihm das Lesen statt einer Unterhaltung dient. Statt des Lesens mit Spiel vertreibt er seine Zeit. Es sind Thiere, welche statt einer Lunge ein anderes Organ besitzen, als: die Fische Kiefer, die Käfer, Lufttröhren. Was ist werth der Besitz ohne Gesundheit? Dort saß ich auf meiner Lieben Grabe, und um mich herum das ungarische Reich ein Kirchhof, in welchem nur Schatten schwankten auf und ab. Es schäumt, es trieft, es athmet, schon das Pferd und der Reiter darauf.

Die Quellen entspringen unter der Erde. — Die Quellen kommen von unter der Erde hervor 1). — Ich reise unter fremde Völker. — Sie zogen sich hinter die Berge zurück 2). — Er kam von hinter den Gebüschen 3) hervor. — Er verkroch sich 4) hinter die Gebüsche. — Ich muß deinem Bruder wegen des Lehrburschen schreiben. — Unter welcher Adresse 5) kann ich ihm schreiben? — Ich habe ihm seit einem Jahre nicht geschrieben, und habe daher seine Adresse vergessen. — Nach Verlauf eines Monats (in einem Monat) kann ich vielleicht Antwort 6) bekommen 7). — Ich weiß auch ohne Brief, was er antworten wird. — Du hast also von meinem Bruder durch einen Fuhrmann Briefe erhalten 8)? — Hat er dir in Betreff deines Prozesses geschrieben? — Das werde ich dir nach dem Speisen sagen.

1) hervorkommen, előjöni; 2) sich zurückziehen, visszavonulni; 3) bokor, bokrok; 4) sich verkriechen, elbujni; 5) micsoda cím; 6) felelet; 7) kapni; 8) kapni.

Unter hundert Personen 1) gibt es neunzig, die alle Hoffnungen der Zukunft der Gegenwart zum Opfer bringen 2). — Von hundert Personen wissen kaum zehn die Gegenwart zu schätzen, ohne die Zukunft zu vernachlässigen 3). — Beim Abschiede habe ich mich empfohlen und mich neben den Wagen hingestellt. — Das Thierreich 4) besteht aus Individuen 5), aber einige von (unter) diesen Individuen sind einander außerordentlich ähnlich, und bilden zusammen eine Art 6). — Die Erfahrung macht selten weise, sondern bringt statt Freuden Leiden; durch Erfahrung wird man also nicht immer weise. — Es ist unter Strafe 7) verboten 8). — Er entzog sich der (von unter) Strafe. — Er verfällt in (unter) Strafe.

1) személy; 2) áldozatúl hozni; 3) elhanyagolni; 4) az állatország; 5) egyén; 6) faj; 7) büntetés; 8) tiltva.

(Zu §. 94.)

70.

A rákoson innen nagyobb a homok, mint azon túl. — Diesseits des Rákos ist größer der Sand, als jenseits desselben. Dunán innen fekszik Pest. — A Dunán túl nevezetesek a Bakony és Vértes hegyei. Diesseits der Donau liegt Pest. Jenseits der Donau sind merkwürdig das Bakony- und Vértes-Gebirge. — Bécsen felől Mölkig terjede hajdan Magyarország. — Az ember Oberhalb Wien bis Mölk erstreckte sich einst Ungarn. Der Mensch kettős, szellemi és anyagi természeténél fogva két világ polgára. — A majom külső alakjára nézve emberhez hasonló. — Az ércek rendesen zufolge seiner zweifachen, geistigen und materiellen Natur, ist zweier Welten Bürger. Der Affe ist in Hinsicht seiner äußern Gestalt dem Menschen ähnlich. Die Erze gewöhnlich unterhalb a föld külső kérgén alúl találtatnak. — Üstökénél fogva der Erde äußern Rinde werden gefunden. Beim Schopf zog rántottam ki a kútból. — Kötött szerződésünknél fogva még újévig lakhatom e szobában. — Reggeltől fogva estig. — Más mivelt ich ihn heraus aus dem Brunnen. Zufolge unseres geschlossenen Vertrages noch bis Neujahr kann ich wohnen in diesem Zimmer. Vom Morgen an bis Abend. In Vergleich mit andern gebildeten nemzetekhez képest mi még igen hátra vagyunk. — Az emberek eleitől fogva laktak-e rendes társaságban? Nationen wir noch sehr zurück sind. Die Menschen von Anfang an wohnten wohl in geordneter Gesellschaft?

Uebersetzungen.

— Túl az atyai ház falain más világ nyilik
Jenseits der des väterlichen Hauses Mauern eine andere Welt öffnet
föl. (Kölcsey.)
sich.

Was für Berge sind diesseits der Donau? — Die Donau ist größer oberhalb Ofen als oberhalb Wien. — Die Theiß ergießt sich weit unterhalb Pest in die Donau. — Jenseits der Karpathen 1) ist Galizien 2), diesseits der Karpathen wohnen wir. — Wer in Bezug auf Reichthum der Erste ist, kann in Hinsicht des Verstandes der Letzte sein. — Mein Freund ist sammt seiner Familie 3) gestern abgereist. — Die Bücher sammt vielen Handschriften 4) sind verbrannt worden. — Außer dem Zimmer ist die Luft 5) im Winter kälter, im Sommer wärmer. — Gegenüber Ofen liegt Pest. — In Vergleich mit Paris ist Pest eine kleine Stadt. — Die Erde ist in Hinsicht ihrer äußern Gestalt einem Apfel 6) ähnlich. — Was ist in Hinsicht der Religionsverschiedenheiten 7) eines jeden Menschen Pflicht 8)? — Duldung 9).

1) kárpát; 2) gallicia; 3) család; 4) kéziratok; 5) levegő; 6) alma; 7) valláskülömbség; 8) kötelesség; 9) türelem.

71.

Ismét fölviradott a nap, melyen százak előtt,
Neuerdings ist angebrochen der Tag, an welchem vor Jahrhunderten
az ország szerencsétlen királya, népe virágával
des Landes unglücklicher König, sammt seines Volkes Blüthe
együtt Mohácsnál elhullott. — Álomtalan éjen kereszül vár-
bei Mohács gefallen ist. Eine schlaflose Nacht hindurch erwar-
tam. (Kölcsey.) — Bizonyos tartalék társaságban nagyon
tete ich ihn. Ein gewisser Rückhalt in Gesellschaft sehr
szükséges, ifjakra elkerülhetetlen. (Wess.) — A föld
nothwendig ist, für Jünglinge unumgänglich. Der Erde
színe mindenkor ilyen volt-e eleitől fogva, mint most? —
Oberfläche immer so war wohl von Anfang an, wie jetzt?
A tengereken kivűl, még miket vehetünk észre
Außer den Seen noch was für Dinge können wir wahrnehmen
a föld szinén? (Edvi Illés.) — Moldvának határai, vál-
auf der Erde Oberfläche? Der Moldau Grenzen, ben wech-
tozó körülményeihez képest, külömbözők valának. — Délre
selnben Umständen gemäß, verschieben waren. Gegen Süden
minden időkben a Dunáig terjedt. (Gegő.) — A
zu allen Zeiten bis zur Donau erstreckte es sich. In der

Vág kies völgyében, Trencsén s Thurócz között kápolna állott egykor nagy sziklacsúcson (Garay).
Waag anmuthigem Thale, zwischen Trentschin und Thurotz eine Kapelle stand einst auf einer großen Felsenspitze.

Unser Zeitalter 1) hat viele Vorzüge 2) vor 3) den alten 4) Zeiten 5), sowohl 6) hinsichtlich der Wissenschaften als auch der Künste 7) und der Erfindungen 8). — In Vergleich mit den vergangenen Jahrhunderten 9) sind die Menschen heutzutage 10) in Allem vorgeschritten 11). — Die Heere 12) der Kreuzfahrer 13) gingen über 14) Ungarn nach dem heiligen Lande 15). — Die erste Periode 16) der ungarischen Geschichte geht von 17) Árpád bis zum heiligen Stephan 18). — Die Ungarn zogen über Rußland 19) in ihr jetziges 20) Land 21), und setzten 22) Ofen gegenüber über die Donau. — Nichts ist ganz 23) außer Zweifel 24) in diesem Leben, und doch möchten wir auch was jenseits dieses Lebens ist gewiß wissen.

1) idökor; 2) elsőség; 3) fölött; 4) régi; 5) idő; 6) valamint; 7) müvészet; 8) találmány; 9) évszázad; 10) mai nap; 11) előre halad; 12) sereg; 13) keresztes; 14) wird mit -on gegeben; 15) a szent földre; 16) időszak; 17) wird mit -tól gegeben; 18) Szent István; 19) Oroszország; 20) mostani; 21) föld; 22) átköltözik; 23) tökéletesen; 24) kétség.

72.

Azsiai, napkeleti nyelvünk úgy van az europai napnyugotiakhoz, mint a kelő nap a nyugvóhoz. — Mind a kettő ön fényjével ragyog; de a kelő életre, a nyugvó álomra int. Amaz ifjult erővel főpontja, a déli fény felé, ez fáradttal jórészint, befutott pályájának végére, nyugalomra siet. (Pap J.) — Erőket, tehetségeket költ, ébreszt és mível a nevelés; újakat nem teremthet. (Fáy.)

Unsere asiatische orientalische Sprache so verhält sich zu den europäischen occidentalischen, wie die aufgehende Sonne zu der untergehenden. Beide mit eigenem Schimmer glänzen; aber die aufgehende zum Leben, die untergehende zum Schlafe winkt. Jene mit verjüngter Kraft dem Kulminationspunkte, dem mittäglichen Glanze entgegen, diese mit ermüdeter (Kraft) größtentheils, gegen seiner abgelaufenen Bahn Ende, zur Ruhe eilt. Kräfte, Fähigkeiten weckt, ermuntert und bildet die Erziehung; neue (Kräfte) nicht kann sie schaffen.

Ich möchte Möbel 1) kaufen. — Ist theueres Möbel gefällig oder blos ordinäres 2)? — Ich brauche theueres und ordinäres. — Zeigen Sie mir feines Tuch. — Hier ist die Tafel 3); belieben Sie zu wählen 4). — Befehlen Sie gestreiftes 5) oder gesprenkeltes 6)? — Ich will einfärbiges 7). — Nehmen Sie dieses graue 8), welches sehr in der Mode ist. — Diese Muster 9) sind ziemlich 10) schön, und scheinen auch dauerhaft zu sein, sind aber sehr theuer. — Sagen Sie mir den letzten Preis 11). — Hier sind festgesetzte 12) Preise. — Aber eben diese festgesetzten Preise sind sehr hoch.

1) bútor wird gewöhnlich in der Mehrzahl gebraucht; 2) közönséges; 3) tábla; 4) választani; 5) csíkos; 6) tarkázott; 7) egyszínű; 8) szürke; 9) mustra; 10) meglehetős; 11) ben letzten Preis, utólsó árát; 12) szabott.

Was hältst du, Freund, von dem prächtigen 1) Jungen 2), den wir gestern gesehen haben? — Von welchem 3), dem Braunen 4) oder dem Blonden 5)? — Dem Blonden. — Hast du seine Augen gesehen? — Wie*) groß, wie schön blau 6) und schmachtend 7) die sind! — Hast du seinen allerliebsten 8) kleinen Mund 9), seine schneeweißen 10) Zähne 11), und seine rothen 12) Lippen 13) gesehen? — Ja 14); allein 15) was ich noch mehr 16) an ihm 17) bewundere 18), ist sein schlanker 19) und netter 20) Wuchs 21), seine weichen 22) kleinen Füße, und besonders 23) sein edler 24), stolzer 25) Gang 26). — Auch der kleine Braune ist nicht 27) häßlich**). — Seine Augen, die klein 28), aber feurig 29) sind, verrathen 30) viel Geist 31). — Er ist auch etwas 32) blatternarbig 33), aber dennoch 34) ein anziehendes 35) und liebenswürdiges reizendes 36) Geschöpf 37).

1) pompás; 2) fiú; 3) von welcher, melyikről; 4) barna; 5) szőke; *) mily; 6) kék; 7) epedő; 8) gyönyörű; 9) száj; 10) hófehér; 11) fog; 12) vörös; 13) ajak; 14) igen; 15) de; 16) jobban; 17) rajta; 18) bámul; 19) sugár; 20) deli; 21) termet; 22) puha; 23) különösen; 24) nemes; 25) büszke; 26) járás; 27) sem; **) rút; 28) apró; 29) tüzes; 30) mutat; 31) szellem; 32) kissé; 33) himlőhelyes; 34) még is; 35) vonzó; 36) szeretetreméltó; 37) teremtés.

(Zu §. 98.)

73.

Nincs nehezebb teher a szegénységnél. — A méh
Es gibt keine schwerere Last als die Armuth. Die Biene
a legkeserübb virágokból is mézet szí. — A gyöngébb
aus den bittersten Blumen auch Honig saugt. Die schwächere

félnek gyakran jobb okai vannak, mint az erősebbnek. — Partei oft beſſere Urſachen hat, als die ſtärkere.
A csendes magány kedvesb a nyugtalan ragyogásnál. Die ruhige Einſamkeit iſt angenehmer als das unruhige Glänzen.
— A farkas sokkal erősb u kutyánál. — Minél Der Wolf um Vieles iſt ſtärker als der Hund. Je vallásosabb valamely nemzet, annál boldogabb. — Az agár religiöſer iſt irgend eine Nation, deſto glücklicher iſt ſie. Das Windſpiel gyorsabb a lónál. — A legigazságosb ember sem iſt ſchneller als das Pferd. Der gerechteſte Menſch auch nicht ment hibáktól. — Az okos ember a legbonyolodot- iſt befreit von Fehlern. Der kluge Menſch in der verwickelteſten tabb ügyben is tisztán lát. — Nincs alattomosabb állat Sache auch rein ſieht. Es gibt kein heimtückiſcheres Thier als a macskánál. — Mennél kisebb, annál frisebb. — Mennél die Katze. Je kleiner, deſto flinker. Je hosszabb, annál rosszabb. länger, deſto ſchlechter.

Es gibt keine gefährlichere Verirrungen, als die auf reine Ge= fühle gebaut ſind. — Der Hund iſt ein nützlicheres und treueres Thier als die Katze. — Die Reichſten ſind nicht immer die Glück= lichſten. — Die Sache der ſchwächern Partei iſt oft gerechter, als die der ſtärkern. — Was iſt bitterer, Wermuth oder Galle? — Was iſt angenehmer, Reichthum ohne Verſtand, oder Verſtand ohne Reichthum? — Das Landleben 1) iſt ruhiger, das Leben in der Stadt 2) iſt angenehmer. — Was iſt ſchneller als der Gedanke 3)? — Es gibt nichts Reizenderes 4) als eine ſchöne Blume. — Die Armen haben ein überaus klägliches 5) Leben. — Es gibt nichts Kläglicheres als die Armuth. — Auch der freieſte Menſch iſt be= ſchränkt 6). — Das Windſpiel iſt der ſchnellſte Jagdhund 7).

1) falusi élet; 2) das Leben in der Stadt, városi élet; 3) gondolat; 4) bájos; 5) nyomorúlt; 6) korlátozva; 7) va- dászkutya.

Dein Freund iſt der höflichſte 1) Mann von der Welt 2) und ſeine Frau 3) die vortrefflichſte 4) Dame auf der Erde. — Die Milbe 5) iſt klein. — Was iſt noch kleiner? — Die Milbe iſt um vieles kleiner als die Fliege. — Was iſt beſſer als Tugend? — Dieſe Ausſicht 6) iſt ſchön; aber es gibt noch eine ſchönere auf jenem Hügel 7). — Von dieſem Berge hat man die ſchönſte Ausſicht. — Wo wächſt mehr Wein, in Frankreich oder in Ungarn? — Die allerschönsten Aussichten sind in der Schweiz. — Die allertheuersten und allerfeinsten Spitzen 8) werden in Brüssel verfertigt. — Es gibt nichts Feineres als das Spinnengewebe. — Es gibt nichts Süßeres als das Gefühl 9) erfüllter Pflicht 10) gegen das Vaterland.

1) udvari; 2) von der Welt, a világon; 3) feleség; 4) derék verkürzt den Vocal der letzten Silbe; 5) kollancs; 6) kilátás; 7) domb; 8) csipke; 9) érzet; 10) teljesitett kötelesség.

(Zu §. 104.)

74.

A magyarok beköltözése nyolc száz nyolcvan
Der Ungarn Einwanderung zwischen acht hundert achtzig
hat és nyolc száz kilencven öt között történt. — Az első
sechs und acht hundert neunzig fünf ist geschehen. Die erste
magyar heti irást Szacsvai Sándor adá ki ezer
ungarische Wochenschrift Szacsvai Alexander gab heraus im Jahre tausend
hét száz nyolcvan hétben. — Ötvenen keltek ki
send sieben hundert achtzig sieben. Ihrer fünfzig erhoben sich gegen
ellenem. — Én csak negyven kettőt láttam. — Én csak
mich. Ich nur vierzig zwei habe gesehen. Ich nur von
negyven kettőről tudok. — Hányan voltak ma az uszo-
vierzig zwei weiß. Wie viele waren heute in der Schwimm-
dában? — Valami huszan voltak. — Hányat ütött
schule? Bis zwanzig waren. Wie viel hat geschlagen
az óra? — Kettőt. — Ezen portékának fontja két forint.
die Uhr? Zwei. Dieser Waare Pfund kostet zwei Gulden.
— Franciaország lakosainak száma harminc-öt millióra
Frankreich's Einwohner-Zahl auf fünfunddreißig Millionen
megy. — Száz csatán ezer veszély között, vívtam
sich beläuft. In hundert Schlachten zwischen tausend Gefahren, kämpfte ich
éretted hazám. (Bajza).
für dich mein Vaterland.

Der Religionskrieg 1) wurde geführt 2) von tausend sechs hundert achtzehn bis tausend sechs hundert achtundvierzig. — Die Entdeckung 3) von Amerika geschah tausend vier hundert zweiundneunzig. — Wie viel Uhr ist? — Zwei. Es ist zwei Uhr. — Wie viel gibt es in Ungarn, die keinen Begriff haben vom Schreiben 4) und Lesen 5)? — Wie viel waren in Allem 6)? — Mit zwei hundert hätten wir gesiegt 7). — Wie stark war der Feind? — Sie waren ihrer vier hundert. — Der Zentner 8) dieser Waare kostet

hundert fünfundzwanzig Gulden und fünfundvierzig Kreuzer 9). —
Ein Rieß 10) Papier besteht aus zwanzig Buch 11), ein Buch aus
vierundzwanzig Bogen 12).

1) a valláshábori; 2) folytat; 3) fölfödözés; 4) irás; 5) olvasás; 6) összesen; 7) győz; 8) mázsa; 9) krajcár; 10) rizma; 11) konc; 12) ív.

(Zu §. 106 — 108).

75.

Annyi volt a zsákmány, hogy száz száz forint váltó-
So viel war die Beute, daß je hundert Gulden in Banko-
ban jutott egy egy közkatonának. — Az ellenség sorai-
zettel kam auf einen gemeinen Soldaten. In des Feindes Reihen
ban tizenként estek el. — Harmadik voltam tőle. —
zu Zehnen fielen. Der Dritte ich bin gewesen von ihm.
E nyelvtannak még csak első kiadását ismerjük. — A máso-
Dieser Sprachlehre noch nur erste Ausgabe wir kennen. Die zweite
dik kiadás alkalmasint javítva van. — Hányadik van ma?
Ausgabe wahrscheinlich ist verbessert. Der wie vielte ist heute?
— Ma husz nnyolcadik van. — Julius harmincadikán
Heute der zwanzig achte ist. Juli am dreißigsten
kezdődik a vásár. — Hatod nap teremté Isten az embert.
beginnt der Markt. Am sechsten Tage erschuf Gott den Menschen.

Ich war der erste in der Reihe. — Der erste König Rom's 1)
war Romulus, der dritte Tullus Hostilius, der vierte Ancus Mar-
tius, der fünfte Tarquinius Priscus, der sechste Servius Tullius,
der siebente und der letzte Tarquinius Superbus. — Am fünfzehn-
ten Dieses 2) beginnt die Sitzung des Komitats. — Bis zum fünf-
zehnten Dieses kann ich noch zurückkommen. — Am eilften und
zwölften wird das Theater geschlossen sein. — Im vorigen Jahre
sind hier so viele Knaben 3) geboren worden, daß auf je zwei
Mädchen drei Knaben kamen. — Aus Deutschland wandern die
Bauern zu Tausenden nach Amerika aus. — Ich möchte nicht der
allererste, aber auch nicht der allerletzte sein. — Der Bauer gibt
den zehnten Theil seines Erzeugnisses 4) seinem Grundherrn. —
Wie viel bekommt der Grundherr von zehnthalb Metzen 5)? — Ich
mit noch fünfen werden ihn gewiß fangen 6). — Nicht jedes Jahrhundert hat einen Shakespeare. — Was schuf Gott am dritten
Tage?

1) Róma; 2) folyó hó; 3) figyermek; 4) termesztmény;
5) mérő; 6) megfog.

(Zu §. 109.)

76.

Kétszer kettő négy. — Ötször öt huszonöt. — A
Zweimal zwei ist vier. Fünfmal fünf ist fünfundzwanzig. Das
név kétféle: tulajdon név és közös név. — Az állatok
Nennwort ist zweierlei: eigener Name und Gattungsname. Der Thiere
mozgása kétféle: önkényes mozgás és önkénytelen
Bewegung ist von zweierlei Art: willkürliche Bewegung und unwillkürliche
mozgás. — Tizfélekép hallottam beszélni e történetet.
Bewegung. Auf zehnerlei Art habe ich gehört erzählen diese Begebenheit.
— Háromféle érczpénz forog minálunk: arany, ezüst és
Dreierlei Metallgeld ist im Gange bei uns: Gold, Silber und
réz. — Az ezüst pénzdarabok a következők: a hármas,
Kupfer. Die silbernen Geldstücke sind folgende: der Dreier,
mely közönségesen garasnak mondatik; tovább a hatos,
welcher gewöhnlich Groschen genannt wird; weiter der Sechser,
a tizes, a huszas, és az egy- és a két-forintos. —
der Zehner, der Zwanziger, und das Ein- und das Zwei-Guldenstück.
Kétszeri látogatásra sem leltem otthon. —
Nach zweimaligem Besuche auch nicht habe ich ihn getroffen zu Hause.
Kétféleképen lehet valaki gazdag, vagy sok
Auf zweierlei Art kann sein Jemand reich, entweder indem er viele
kincseket gyűjtvén össze, vagy kevéset kivánván. (Takács.)
Schätze sammelt, oder indem er wenig wünscht.

Wie vielerlei Geld ist bei uns im Gange? — Viererlei:
Gold-, Silber-, Kupfer- und Papiergeld. — Wie vielerlei Stände 1)
gibt es? — Viererlei: den Stand der Ackerbautreibenden*), den
Bürgerstand 2), den Adelstand 3) und den geistlichen Stand 4). —
Die Bauern bildeten 5) früher keinen Stand in Ungarn, denn sie
waren auf dem Landtage 6) nicht vertreten 7). — Das war ein
hundertfaches Unrecht 8). — Ich will es dir zehnfach bezahlen. —
Aus diesem entsprangen 9) vielfache Uebelstände 10): erstens
...., zweitens ..., drittens ... 2c. — Er hat mir meinen drei-
maligen Besuch noch nicht erwiedert 11). — Wie vielmal soll ich
dir noch sagen, daß neunmal neun einundachtzig ist. — Die mora-
lischen 12) Fehler sind von zweierlei Art: entweder 13) will der
Mensch nicht das Gute, oder er will es zwar, aber handelt nicht
darnach 14).

1) rend; *) szántóvető; 2) polgári rend; 3) nemesi rend;
4) papi rend; 5) tesz; 6) országgyülés; 7) képvisel; 8) igaz-
ságtalanság; 9) ered; 10) baj; 11) viszonoz; 12) erkölcsi;
13) vagy; 14) wird mit szerint gegeben.

(Zu §. 110.)

77.

Nem mind arany, a mi fénylik. (km.) — Mindenki Úr a maga házában. (km.)
Nicht Alles Gold ist, was glänzt. Jeder ist Herr im eigenen Hause.
— Mindnyájan elestek a harcban. *Alle insgesammt sind sie gefallen im Kampfe.*
— Sokat láss, hallj; keveset szólj. (km.) — *Viel sieh, höre; wenig sprich.*
— Egy tavasz, nyár és ősz vagyon életünkben, tél is egy, a mely amazok hibáit könnyezi sokszor. (Virág.)
Ein Frühling, Sommer und Herbst ist in unserem Leben, Winter auch einer, welcher jener Fehler beweint vielmal.
— Senki e földön tökéletesen boldog nem lehet. — *Niemand auf dieser Erde vollkommen glücklich nicht kann sein.*
— A föld kerekségén máig is számtalan sokféle vallások vannak. *Auf dem Erdenrunde bis heutigen Tag auch unzählig vielerlei Religionen sind.*
— Mindnyájan ugyan azon egy hazának fiai vagyunk. *Sämmtlich ein und desselben Vaterlandes Söhne sind wir.*
— Maga birájának lenni senkinek nem szabad. — *Sein eigener Richter sein keinem ist erlaubt.*
Lassanként feledünk nem mindent, de sokat. (Kölcsey.) — *Langsam vergessen wir nicht Alles, aber Viel.*
Az utazást hányféleképen lehet tenni? *Die Reise auf wie vielerlei Art kann man machen?*

Die Menschen sind alle sterblich 1). — Wer viel und vielerlei spricht, kann Fehler nicht vermeiden 2). — Wo viele regieren 3), sind viel die Unzufriedenen 4), und wenig die Glücklichen. — Wo Alles regiert, da regiert Niemand. — Jeder möchte regieren, Niemand gehorchen 5). — Die Geschichte der französischen Revolution 6) wird auf vielerlei Art erzählt; aber darin kommen die Geschichtschreiber 7) insgesammt überein 8) und so viel ist gewiß, daß die Wirkung der Revolution auf die übrigen Staaten 9) Europas noch fühlbar 10) ist. — Daß bei uns noch so viele sind, die keinen Begriff von den Rechten 11) und Pflichten 12) des Menschen haben, das hat man schon vielmal und auf mancherlei Art gesagt. — Viele wissen viel, verstehen aber wenig. — Wir sind sämmtlich ein und desselben Vaterlandes Söhne, und gehorchen ein und demselben Monarchen 13) und ein und demselben Gesetze 14).

1) halandó; 2) elkerül; 3) uralkodik; 4) elégedetlen; 5) engedelmeskedik; 6) francia lázadás; 7) történetiró; 8) übereinkommen, megegyezni; 9) álladalom; 10) érezhető; 11) jog; 12) kötelesség; 13) egyedúr; 14) törvény.

Uebersetzungen.

(Zu §. 111.)

78.

Én a költészetben gyönyörködöm, te csak a komoly
Ich in der Poesie finde Vergnügen, du nur den ernsten
tudományoknak vagy barátja, ő pedig minden miveltebb
Wissenschaften bist Freund, er aber vor jeder gebildeteren
foglalatosságtól irtózik. — Mi azt nem tudjuk, de ti
Beschäftigung hat einen Abscheu. Wir das nicht wissen, aber ihr
tudhatjátok. — Láttad tollkéseinket? — Sem a
könnet es wissen. Hast du gesehen unsere Federmesser? Weder das
tiédet*), sem az övét nem láttam. — Ez az enyim. —
*deinige, noch das seinige habe ich gesehen. Dieses ist das meinige,**)*
Miénk a kezdés érdeme, övék a kivitelé. —
Uns gehört des Anfangens Verdienst, ihnen gehört das der Ausführung.
Kinek lovai azok? — Az enyémek***). — Légy jó hozzám,
Wessen Pferde sind das? Die meinigen. Sei gut mir,
ki esküszöm, hogy tiéd vagy a halálé vagyok. (Vajda.) —
denn ich schwöre, daß dein oder des Todes ich bin.
Nektek a sors adá meg azon jókat, melyeket ők vérrel
Euch das Schicksal gab jene Güter, welche sie mit Blut
kénszerittettek megszerezni. — A mi minket boldogit, lehe-
gezwungen waren zu erwerben. Was uns beglückt, ist
tetlen hogy nekik ne legyen örömökre.
unmöglich daß ihnen nicht es sei zum Vergnügen.

*) Der Genitiv der persönlichen Fürwörter ist immer prädikativ, daher er wie der prädikative Genitiv der Substantive fernere Deklination zuläßt, als: enyéim, die meinigen, enyémnek, dem meinigen, enyémet, den meinigen, enyémtől, von dem meinigen, enyéimtől, von den meinigen ɾc.

**) Besser: dieses gehört mir.

***) In dieser Form wird die Mehrzahl von enyém im gemeinen Leben gebraucht, während es regelrecht eigentlich enyéim heißen sollte.

Ich wünsche 1) das Wahre 2) zu wissen, du findest an Schwärmereien 3) Vergnügen, er ist Freund des Müßigganges 4). — Wir sind auf dem Wege der Entwickelung 5), ihr nähert euch 6) der Vollkommenheit 7), sie streben 8) nicht einmal 9) dahin. — Mein ist die Arbeit 10), dein der Lohn 11). — Meine Waaren sind wegen der deinigen zurückgeblieben 12). — Wem gehören diese Bücher? — Diese Bücher gehören mir. — Mir gehört das Verdienst des Anfangens (es angefangen zu haben), dir das der Ausführung. — Jeder Mensch hat seine 13) Fehler, aber die eurigen sind von anderer Art 14), als die unsrigen. — Das mich beglückt, ist unmöglich, daß es nicht auch dir zum Vergnügen sei. — Dir hat das Schicksal jene Güter gegeben, die ich im Schweiße 15) meines Angesichtes 16) erst erwerben mußte.

1) ohajt; 2) való; 3) ábránd; 4) hivalkodás; 5) fejlődés; 6) sich nähern, közeledni; 7) tökély; 8) törekedik; 9) még nem is vor dem Zeitworte; 10) munka; 11) jutalom; 12) elkésik; 13) a maga pleonastisch; „Fehler" bekommt aber nicht destoweniger das Suffix : seine; 14) másnemű; 15) verejték; 16) arca.

79.

Távol legyen tölem, hogy én más hitüeket kárhoz-Ferne sei es von mir, daß ich die andern Glaubens sind ver-tassak, vagy szinte gyülöljek és üldözzek. — Ha valaki vedamme, oder gar hasse und verfolge. Wenn Jemand mit lem jól bánik, én érte véremet is tudnék áldozni. — Alatmir gut verfährt, ich für ihn mein Blut auch könnte opfern. Unter tam a föld van, fölöttem az ég. — Sokat tett érettem a mir die Erde ist, über mir der Himmel. Viel hat gethan für mich das sors. — Tőle elválni nekem lehetetlen volna, ha az Schicksal. Von ihm mich trennen mir unmöglich wäre, wenn daáltal akármely boldog jövendő nyilnék is meg előtdurch was immer für glückliche Zukunft sich eröffnen möchte auch vor tem. — De hát ha egy városban maradna vele? — mir. Aber wie denn wenn in einer Stadt Sie blieben mit ihm?
Rólok mindenki, rólunk senki sem beszél. — Bécs közeVon ihnen jeder, von uns Niemand spricht. Wien ist nälebb hozzánk mint Prága. — A lélek az, a mi bennünk gondolher zu uns als Prag. Die Seele ist's, was in uns kodik. — A szeretetet a természet oltá belénk, s azt denkt. Die Liebe die Natur pflanzte in uns, und diese csak a halál regadhatja ki belőlünk. — Isten veled*) hanur der Tod kann herausreißen aus uns. Gott mit dir mein Bazám, bátrak hazája, Isten veled, én messze elmegyek. terland, der Tapfern Vaterland, Gott mit dir, ich weit gehe. (B. Eötvös.)

*) Dies ist die Formel für das deutsche „Lebewohl", welches der gewöhnliche Gruß ist beim Weggehen.

Was hast du für mich gethan, was ich nicht auch für dich ge=
than habe? — Wenn du mit mir zufrieden 1) bist, so bin ich auch
zufrieden mit dir; wenn aber nicht, so kann ich auch ohne dich leben.
— Unsere Vorfahren 2) haben viel für uns gethan. — Ich muß
zu ihm gehen, wenn er nicht zu mir kömmt. — Nicht Alles ist wich=
tig 3) für uns (in Hinsicht auf uns), was um uns her geschieht. —
Man spricht viel Böses von mir; aber ich weiß bei mir*), daß ich
nicht schlecht bin, und bin mit mir**) zufrieden. — Das heilige Ge=
fühl der Vaterlandsliebe lebt in mir, und spricht aus mir. — Die
Kinder achten nicht auf mich. — Alles, was auf dir ist, gehört mir.
Die schlechten Menschen wären bei weitem 4) nicht so gefährlich 5),
wenn in ihnen durchaus nichts Gutes 6) wäre. — Der Stolz 7),
der uns (in uns) oft Neid 8) einflößt 9), dient oft auch diesen Neid
zu mäßigen 10).

1) megelégszik; 2) elődöd; 3) fontos; *) wird mit magam
gegeben, weil der Handelnde mit dem Gegenstande der Handlung
ein und dieselbe Person ist; **) wird ebenfalls mit magam gegeben;
4) korántsem; 5) veszedelmes; 6) durchaus nichts Gutes, semmi
jó; 7) kevélység; 8) irigység; 9) lehel; 10) mérsékel.

80.

Mi a földi élet s minden ragyogványa nélküled
Was ist das irdische Leben und all sein Glanz ohne dich
oh boldog szerelem érzése? (Berzsenyi.) — Boldogok mi,
ach seliger Liebe Gefühl? Glücklichen wir,
hogy köztünk inkább a fiatalság jelei s hibái láthatók, s
daß unter uns eher der Jugend Zeichen und Fehler sichtbar sind, und
hogy még távol tőlünk a vénség s koporsó. (Széchényi.) —
daß noch fern von uns das Alter und Grab.
Az ember szeret más szívébe látni; ha az
Der Mensch hat gerne in eines andern Herz zu sehen; wenn in das
övébe látnak, azt nem szereti. (Kazinczy.) — Vannak vad
seinige man sieht, das nicht er liebt. Es gibt wilde
s izetlen emberek, kikről azt mondhatjuk, hogy se
und geschmacklose Menschen, von denen wir sagen können, daß weder
velök se nélkülök nem lehetünk. (Faludi.) — Jókor
mit ihnen noch ohne sie nicht wir sein können. Früh
szokjál a gondalathoz: a társaságban született ember
gewöhne dich an den Gedanken: der in Gesellschaft geborene Mensch
nem önmagáé. (Kölcsey.) — Az okos ember nem néz
nicht gehört sich eigen. Der kluge Mensch nicht sieht so
annyira háta megé, mint inkább maga elibe. (Széché-
sehr hinter sich (rückwärts), als vielmehr vor sich hin.

nyi.) — Ha fiatal emberek találnak hozzád bekö-
Wenn junge Menschen zufällig (ober vielleicht) bei dir ein-
szönteni*), adj nekik alkalmat a kedvtöltésre. (Takács.)
sprechen, gib ihnen Gelegenheit zur Unterhaltung.

*) Anmerkung. Wenn ein Ereigniß nicht durch unsere Absicht, sondern durch das zufällige Zusammenwirken äußerer Umstände herbeigeführt als Supposition bezeichnet werden soll, so wird im Ungarischen, abweichend vom deutschen Sprachgebrauche, das Ereigniß selbst durch ein Zeitwort im Infinitiv, die Zufälligkeit durch talál in bestimmter Art besagtermaßen ausgebrückt.

Die Menschen sind gegen 1) uns so, wie wir gegen sie sind. — Jene 2) unsere Eigenschaften, welche die Welt an uns bewundert, sind nicht immer die besten, und oft gereicht 3) uns minder 4) zur Ehre 5), was man Gutes von uns spricht, als was man Schlechtes über 6) uns sagt. — Was außer uns ist, steht nicht immer und unbedingt 7) in unserer Macht 8). — Ich mische 9) mich nicht in Dinge, die auch ohne mich geschehen können. — Neben mir, nicht gegen mich möchte ich die Menschen. — Wie können wir es verlangen 10), daß Andere uns achten 11), wenn wir selbst uns nicht achten. — Sehen wir nicht hinter uns zurück, sondern vor uns hin. — Welche Seltenheit 12) sind Sie bei mir, lieber 13) Freund; es sind drei Monate 14), seitdem ich das Vergnügen 15) nicht hatte, Sie zu sehen.

1) wird mit iránt gegeben; 2) amaz; 3) válik; 4) kevésbé; 5) uns zur Ehre, becsületünkre, s. Syntar §. 175; 6) felöl; 7) föltételetlenül; 8) hatalom; 9) avatkozni; 10) kivánni; 11) becsülni; 12) ritkaság; 13) kedves; 14) es sind drei Monate, három hónapja, s. Syntar §. 173; 15) szerencse.

(Zu §. 116 — 121.)

81.

Szeretnénk mindent látni, a mi e városban neve-
Wir möchten Alles sehen, was in dieser Stadt merk-
zetes. — Kit ábrázol ez a szobor, melyet itt alant látunk?
würdig ist. Wen stellt vor diese Statue, welche hier unten wir sehen?
Ez dicsöült Kölcseynknek mellszobra, melyet
Dieses ist unseres verklärten Kölcsey Brustbild, welches vor
nem régen emeltek. — Ez a kőhid dicső. — A mi
nicht lange man errichtete. Diese steinerne Brücke ist prächtig. Was
a hidon túl vagyon, az külváros. — Itt két utca van;
jenseits der Brücke ist, das ist Vorstadt. Hier zwei Straßen sind;

melyek közűl ez a nagy piacra visz, amaz a város-
von welchen diese auf den großen Platz führt, jene in das Stadt-
ligetbe; ez széles és egyenes, az keskeny és tekervé-
wäldchen; diese ist breit und gerade, jene ist schmal und voller Krüm-
nyes. — Micsoda ez a nagy ház itt? Ez a városház.
mungen. Was ist dieses große Haus da? Dieses ist das Stadthaus.
— Vannak sok ilyen házak e városban? — Ilyen ház
Sind viele solche Häuser in dieser Stadt? Solche Häuser
bizony kevés van. — Kicsoda most a polgármester? —
wahrlich wenige sind. Wer ist jetzt der Bürgermeister?
Milyen ember az a mostani biró?
Was für ein Mensch ist der jetzige Richter?

Was für Merkwürdigkeiten 1) sind in dieser Stadt zu sehen 2)?
— Dieser Lohnbediente 3) wird Ihnen Alles zeigen, was der Auf=
merksamkeit 4) würdig ist 5). — He, Georg 6)! gehe er mit die=
sem Herrn. — Welches sind die schönsten Gebäude? — Dieses hier
ist das höchste Gebäude in der Stadt. — Womit wird hier ge=
baut 7)? — Alles, was Sie von hier aus 8) diesseits des Flus=
ses 9) sehen, ist von Stein 10) gebaut; hingegen 11) sind die Häu=
ser, welche Sie jenseits des Flusses sehen, meistens von Holz gebaut
und mit Gyps 12) überzogen 13). — Wer ist hier der berühmteste
14) Baumeister? — Wie viele Einwohner 15) hat eure Stadt? —
Wie groß ist ihr Umfang 16)? — Wie ist das Pflaster 17) und die
Beleuchtung 18) beschaffen? — Warum ist kein Parabeplatz 19)?
Welcher Art sind die Spaziergänge 20)?

1) nevezetesség; 2) sind zu sehen, láthatni mit dem Accusat.;
3) bérinas; 4) figyelem; 5) érdemelni mit dem Acc.; 6) György;
7) építeni; 8) innen; 9) folyó; 10) kő; 11) ellenben; 12) gipsz;
13) bevonni; 14) nevezetes; 15) lakos; 16) kerület; 17) kö-
vezet; 18) világítás; 19) díszpiac; 20) silány.

82.

Midőn az ember híres írót megy nézni, ugy
Wenn der Mensch einen berühmten Schriftsteller geht besuchen, so
cselekszik mint az, ki a szép rózsát meglátván elsiet
handelt er als wie derjenige, welcher die schöne Rose erblickend eilt
megnézni a fekete földet, melyben terme. — A viszony
zu sehen den schwarzen Boden, in welchem sie wuchs. Das Verhältniß
ugyan az, iró és mű, föld és rózsa. — Azt véli
ist dasselbe, Schriftsteller und Werk, Boden und Rose. Es glaubt

II. Praktischer Theil.

az ember, másféle a föld, melyben a gyönyörű virág
der Mensch, anders ist der Boden, in welchem die herrliche Blume
termett, s azt hiszi másféle az a férfiú, ki a
gewachsen ist, und das glaubt er anderer Art ist jener Mann, der das
felséges müvet írta; — és találunk földet és embert
herrliche Werk schrieb; und wir finden einen Boden und einen Menschen
a többihez hasonlót. (Szemere Bertalan.) — Mit, és mikor,
den übrigen ähnlich. Was, und wann,
és miként kell szólani és tenni? ez a bölcsésség nagy
und wie man soll sprechen und thun? dieses ist der Weisheit großes
titka, miről szabályokat adni nem lehet. (Kölcsey.) —
Geheimniß, worüber Regeln zu geben nicht man kann.
Nincs oly éleslátású ember, a ki mind érezze a kárt,
Es gibt nicht einen so scharfsichtigen Menschen, der allen fühle den Scha-
melyet tészen. (Kazinczy.) — A botor nagyobb tanúl-
den, welchen er thut. Der Tölpel zur größern Beleh-
ságra van az okosaknak, mint ezek amannak. (Takács.) — Ne
rung ist den Klugen, als diese jenem. Nicht
szólj olyant nekem, édes Violám! Mért haragszol most
spreche derlei mir, meine süße Viola! Warum bist erzürnt jetzt
ártatlanúl rám? (Zrínyi Miklós.)
unschuldiger Weise über mich?

Es ist weit 1) leichter, jener Würden 2) werth zu scheinen 3),
die wir nicht besitzen, als derer, die wir bekleiden 4). — Wer (Jener, der) dich tadelt 5), ist nicht immer dein Feind. — Wenn wir
an diesem oder jenem keine lächerliche 6) Seiten 7) sehen, so ist das
nur daher 8), weil wir sie nicht achtsam*) betrachten 9). — Warum
haben wir die lieb, die uns bewundern, und lieben nicht vielmehr
Diejenigen, die wir bewundern? — Gefällige 10) Aufnahme 11)
Derjenigen, die erst 12) in der großen Welt auftreten 13), ver-
räth 14) einen geheimen 15) Haß 16) gegen die, welche daselbst 17)
schon glänzen 18). — Wie viel Flüsse durchschneiden 19) unser
Vaterland? — Wie viel Gutes müßten wir entbehren 20), wenn
wir nicht in geordneter 21) Gesellschaft 22) leben würden. — Wie
groß war der Thurm von Babel 23)? — Wahrscheinlich war er
nicht so groß 24) als der Chimborasso. — Wir schätzen 25) den
Menschen nicht nach 26) dem was er sein könnte, sondern nach dem
was er ist.

1) sokkal; 2) méltóság; 3) werth zu scheinen, méltóknak
látszanunk, wird mit -ra konstruirt; 4) viselni; 5) megfeddni;
6) nevetséges; 7) oldal; 8) onnan; *) szemesen; 9) megnézni;

10) nyájas; 11) fogadás; 12) csak most; 13) föllépni; 14) elárulni; 15) titkos; 16) gyülölség; 17) ott; 18) ragyogni; 19) hasitni; 20) nélkülözni; 21) rendezni; 22) társaság; 23) bábel tornya; 24) akkora; 25) becsülni; 26) wird mit szerint gegeben.

Was wir Uebels 1) thun, zieht 2) uns (auf uns) nie so viel Haß 3) zu, als was Gutes an uns ist. — Wie viel ist nicht geschrieben worden, seitdem die Presse 4) existirt 5). — Sowohl Reichthum als Armuth sind Versuchungen 6); jener erregt 7) Stolz, diese Unzufriedenheit 8). — Cäsar und Alexander beide 9) waren große Feldherren 10); jener eroberte 11) ganz Gallien 12) und dieser Asien 13). — Keine 14) Laster 15) sind so unheilbar 16), als diejenigen, deren 17) die Menschen geneigt 18) sind sich zu rühmen 19). — Wer sind Sie, woher 20) kommen Sie, und was ist Ihr Geschäft 21)? — Von wem haben Sie diese Neuigkeit gehört? — — Wem gehört dieser herrliche 22) Palast 23)? — Wer gab Ihnen das Buch? — Ihr Bedienter. — Welcher? — Der Kleinere. — Was für ein Buch ist das? — Toldy's treffliches 24) Handbuch 25) der ungarischen Poesie 26). — Welcher Band? — Der zweite.

1) rossz; 2) vonni; 3) gyülölség; 4) sajtó; 5) látszani; 6) kisértet; 7) gerjeszteni; 8) elégedetlen; 9) mind a kettő. Der ganze Satz kommt in die Einzahl; 10) hadvezér; 11) meghóditani; 12) gallia; 13) ázsia; 14) semmi; 15) vétek; 16) orvosolhatlan; 17) wird mit val, vel gegeben; 18) dicsekednik; 19) hajlandó; 20) honnan; 21) foglalatosság; 22) felséges; 23) palota; 24) jeles; 25) kézikönyv; 26) költészet.

83.

Felette lekötelezne bennünket ön, ha tüstént és
Ueberaus möchten verbinden uns Sie, wenn sogleich und
egyenesen elvezetne a színházba. — Szives
gerade Sie uns hinführen würden in das Theater. Herzlich
örömest. — Bizvást számot tarthat szolgálatomra minden-
gern. Getrost können Sie rechnen auf meinen Dienst immer-
kor. — Ebben önt teljesen kielégíthetem, csak várjon
Hierin Sie vollkommen kann ich zufrieden stellen, nur warten Sie
egy kissé. — Máskor mindjárt mennék kegyeddel, habár
ein wenig. Ein andermal sogleich ich ginge mit Ihnen, wenn gleich
éjfélkor is hina, de most lehetetlen, mert
um Mitternacht auch Sie mich riefen, aber jetzt ist es unmöglich, denn
szorosan véve már tizenkét óra is van, a ki pedig szoros
streng genommen schon zwölf Uhr auch ist, wer aber strenge

rendet követ, az pontosan tizenkét órakor ebédel. — Kö-
Ordnung befolgt, der pünktlich um zwölf Uhr speist. Ge-
zönségesen én is pontban délkor eszem, és ön igen okosan
wöhnlich ich auch pünktlich Mittag esse, und Sie sehr klug
cselekedett, hogy kereken megtagadta kérelmemet.
handelten, daß rundweg mir abgeschlagen haben meine Bitte.

---

*Sie können kaum 1) glauben, wie glücklich und froh 2) ich in
diesem Augenblicke 3) bin, wie glücklich und froh ich mich fühle. —
Wir finden selten 4) einen so klugen Menschen, der nicht manchmal 5) auch unvernünftig 6), und selten einen so unvernünftigen
Menschen, der nicht manchmal auch vernünftig 7) handeln könnte.
— Die allgemeinen 8) Wahrheiten sind im Allgemeinen weniger
bekannt, als wir mit Recht 9) erwarten dürften (könnten). — Je
höher du steigst 10), je tiefer 11) du fällst. — Was du kurz sagen
kannst, sage nicht lang. — Gehe 12) langsam 13) und du kommst
weiter. — Was du gut begonnen, das ende 14) nicht schlecht. —
Er hat schön gesprochen, aber mich garstig 15) betrogen 16). —
Was du wohlfeil 17) kaufen kannst, kaufe nicht theuer 18).*

1) alig; 2) vidám; 3) pillanat; 4) ritka; 5) olykor; 6) oktalan; 7) okos; 8) általányos; 9) méltó als *Adv.*; 10) száll;
11) mély; 12) jár; 13) lassú; 14) végez; 15) rút; 16) megcsal;
17) olcsón 18) drágán.

84.

Mihelyt népét rendbe szedte, újra el-
Sobald sein Volk er in Ordnung gebracht hatte, neuerdings be-
kezdte s tizennégy napig egyre, folytatta az ágyúzta-
gann er und vierzehn Tage in einem fort, setzte er fort die Kano-
tást Károly herceg. (Péczely.) — Mindenfelé van Isten
nade Karl Herzog. Auf allen Seiten ist Gottes
áldása, gyermekem, csak becsülni tudja az ember. (Vajda.)
Segen, mein Kind, nur ihn zu schätzen wisse der Mensch.
— Lassanként enyhülünk; nem egészben, de nagyot.
Langsam werden wir getröstet; nicht ganz, aber größtentheils.
(Kölcsey.) — Hány ifjú nő fel, ki hazáját alig,
Wie viele Jünglinge wachsen auf, die ihr Vaterland kaum,
többnyire hallomásból, sokszor egészen hibásan ösmeri?
meistens von Hörensagen, oft ganz irrig kennen?
(Wesselényi.) — Semmit sem osztogatunk szívesebben mint
Nichts theilen wir aus lieber als

tanácsot. (Kazinczy.) — Nem gondolná az ember, mily
Rath. Nicht es würde denken der Mensch, wie
hamar és könnyen változtathatja meg egész életmódját.
schnell und leicht er umwandeln kann seine ganze Lebensart.
(Vajda.)

Der Starke steht am mächtigsten allein 1) (Schiller). — Alles
ist hienieden (unten) vergänglich 2). — Ich erwarte nie irgend
eine 3) Belohnung 4), wenn ich gerecht 5) handle. — Da wir sehr
langsam gingen, so kam 6) die Nacht überaus schnell heran. — Sobald ich ankam, ließ ich deinen Bruder sogleich zu mir kommen. —
Der Tapfere sieht immer vorwärts, der Feige 7) immer rückwärts.
— Wir haben heuer eine gesegnetere Ernte 8) als voriges Jahr.
— Es gibt Menschen, die nirgends, andere, die überall glücklich
sein können. — Er wird wahrscheinlich hart 9) bestraft 10) wer=
den. — Bei Leibe nicht: — Weißt du das Sprichwort 11) nicht:
Je größer der Schelm 12), desto gelinder bestraft man ihn.

1) egyedül; 2) mulandó; 3) valami; 4) jutalom; 5) igazságos; 6) herankommen, elközeledni; 7) gyáva; 8) aratás; 9)
kemény; 10) büntetni; 11) példabeszéd; 12) gazember; 13)
enyhe.

(Zu §. 122.)

85.

Oh Gábor, tinektek nem szabad egymás ellen küzde-
Ach Gabriel, euch nicht ist erlaubt gegen einander zu käm-
netek, mi elfogjuk valamelyiteket csábítani, hogy a másik-
pfen, wir werden einen oder den andern verführen, daß zum andern
hoz áttérjen. (Jókai Mór.) — Melyikünk nem emlékszik,
er übergeht. Welcher von uns nicht erinnert sich,
a midőn gyermekkorunkban katonásdit játszottunk, mindeni-
wenn in unsern Kinderjahren Soldatenspiel wir spielten, jeder von
künk magyar kivánt lenni. (Gr. Mikó J.) — A milyen az
uns Ungar wünschte zu sein. Wie die
anya, olyan a leánya. (km.) — A mennyi ház, annyi szo-
Mutter, so ihre Tochter. So viele Häuser, so vielerlei Sit-
kás. (km.) — Még eleven emlékezetünkben van azon korszak,
ten. Noch in lebendigem Angedenken ist jene Epoche,
midőn annyian, annyit fáradoztunk a szeretett féltett
als unserer so viele, so viel uns abmühten in des geliebten eifersüchtig
kincs érdekében, ott az Ádriánál. (Szalay L.) —
überwachten Schatzes Interesse, dort an der Abria.

A milyen szigoru böcsületesség uralkodott a háznál, olyan
Wie strenge Ehrlichkeit herrschte im Hause, so
kegyetlenül hazudott minden cseléd, ha a kedves vendég
furchtbar log jeder Dienstbote, wenn der liebe Gast
idő előtt el akart távozni. (Vas Gereben.)
vor der Zeit wollte sich entfernen.

(Zu §. 129 — 131.)

86.

Mint sok emberi erénynek, úgy a hazaszeretetnek
Wie vielen menschlichen Tugenden, so der Vaterlandsliebe
is eredeti gyökere az embernek csak érzéki, úgy
auch ihre ursprüngliche Wurzel in des Menschen nur sinnlichem, so
szólván állati részében vagyon. (Wesselényi.) — Az er-
zu sagen thierischem Theile ist. Die mo-
kölcsi hibák kétfélék: vagy nem akarja az ember
ralischen Fehler sind von zweierlei Art: entweder nicht will der Mensch
a jót; vagy akarja ugyan; de nem tesz a szerint. (Ta-
das Gute; oder er will es zwar; aber nicht er handelt darnach.
kács.) — A neveletlen ember könnyen megcsalatkozik a
Der ungezogene Mensch leicht täuscht sich durch das
példa által. — Ha ki p. o. látja, hogy a körülöttelévők
Beispiel. Wenn jemand z. B. sieht, daß die um ihn sind
megvetik a zsidókat, könnyen elhiteti magával, hogy a
verachten die Juden, leicht macht er glauben sich, daß der
zsidó nem olyan ember mint más. (Takács.) — Volt
Jude nicht ein solcher Mensch ist als ein anderer. Es war
idő, midőn engem az én népem elfelejtett. (Toldy.)
eine Zeit, da mich mein Volk vergessen hat.

Nicht der ist arm, der wenig besitzt, sondern der viel wünscht.
— Da ich sehr langsam ging, so kam die Nacht schnell heran. —
Im Winter deckt 1) Schnee die Saaten 2), welche sonst erfrie=
ren 3) würden. — Obgleich der Elephant 4) so groß und plump 5)
ist, so läuft 6) er doch schneller als ein Pferd. — Der Elephant ist
zwar sehr groß und plump; er läuft aber dennoch schneller als ein
Pferd. — Du bist der schwächere Theil 7), folglich mußt du nach=
geben 8). — Obgleich ich der schwächere Theil bin, so will ich doch
nicht nachgeben. — Selten wird ein Urtheil 9) gefällt 10), mit wel=
chem sowohl der eine als der andere Theil zufrieden wäre.

1) födni; 2) vetés; 3) megfagyni; 4) elefánt; 5) idomta-
lan; 6) futni; 7) fél; 8) engedni; 9) itélet; 10) hozni.

Uebersetzungen.

(Zu §. 138 u. 139.)

87.

Van a nemzetnek még ezentúl nem kevés követelni
Es hat die Nation noch überdies nicht wenig zu fordern.
valója. — Három álló napig vala egykor e csókolnivaló
Drei volle Tage war sie einmal in dieser zum Küssen
áldott jókedvében. (Arany J.) — Ugy reménylik, miképp
gesegneten guten Laune. Sie hoffen, daß
ez összegből még a községnek van kapni valója. (Jókai
aus dieser Summe noch die Gemeinde hat zu bekommen.
M.) — Annyi szégyelni való dolgot mívelnek Szent
So vieles dessen man sich schämen muß Ding thut man in Szent
Mihályon, hogy maholnap szívesen eltagadjuk, hogy ott
Mihály, daß heute morgen gerne wir verleugnen, daß dort
lakunk. (Vas Gereben.)
wir wohnen.

88.

Bizatlanságunk igazolja mások csalárd voltát.
Unser Mißtrauen rechtfertigt Anderer betrügerisches Sein. (Betrug.)
(Kazinczy.) — A népszerűség vagy népszerütlenség nem
Die Volksthümlichkeit oder Unvolksthümlichkeit nicht ist
mértéke az eszmék helyes vagy helytelen voltának.
das Maß der Ideen Richtigkeit oder Unrichtigkeit.
(Desewffy Aurél.) — A nemzet helyzete rettentő voltát nem
Die Nation ihrer Lage das Erschreckliche nicht
érzé s chinai képzelgésekben ringatta magát. (Szon-
fühlte und in chinesischen Einbildungen wiegte sich.
tágh G.) — A veszedelem sürgetős volta miatt ország-
Wegen des der Gefahr Dringenden auf einen
gyülésre várakozni nem lehetett. (Péczely.) — A mi bőviben
Landtag warten nicht man konnte. Was in Fülle
redves, szükiben kedves.
faul ist, in Mangel ist angenehm.

Uebungskurs zur Syntax.

89.

A test gyenge, erős a lélek; ezek ismert
Der Körper ist schwach, stark ist die Seele; diese sind bekannte
szavak; — de én megfordítom ezeket, s azt mondom: erős
Worte; aber ich kehre um diese, und das sage: stark

23*

néha a test és gyenge néha a lélek. (Jósika.)
ist manchmal der Körper und schwach ist manchmal die Seele.
— A képmutatás az a tisztelet, melylyel a gonoszság hódol
Die Heuchelei ist die Achtung, mit welcher das Laster huldigt
az erénynek. (Kaz.) — Bécsi hirek szerint Károly főher-
der Tugend. Wiener Berichten zu Folge Karl Erzher-
ceg e hó végével Milánóba utazandik és egy hétig
zog an dieses Monats Ende nach Mailand wird reisen und eine Woche
ott marad. — A mit az ember ért s világosan gondol,
lang dort er bleibt. Was der Mensch versteht und deutlich denkt,
azt rendszerint elő is tudja világosan adni. (Szontágh G.)
das gewöhnlich vor auch er weiß deutlich zu tragen.

— Igaz ügyért küzdeni még akkor is kötelesség, midőn
Für die gerechte Sache kämpfen noch dann auch ist Pflicht, wenn
már sikerhez nincsen remény. (Deák és Hertelendy.)
schon auf Erfolg nicht ist Hoffnung.

Wenn eine Sache theoretisch 1) bewiesen 2) ist, so ist sie darum noch nicht praktisch 3) anerkannt 4). — Dinge, die theoretisch bewiesen sind, sind darum noch nicht praktisch anerkannt. — Wie kann man von Andern verlangen, was man selbst nicht thut? — Man beabsichtigt 5) ein neues Schauspielhaus 6) zu bauen, wie ich von meinem Freunde Rónai gehört habe. — König Friedrich 7) der Große*) hat sieben Jahre gegen halb Europa Krieg geführt. — Schwachheit 8) ist der einzige Fehler 9), den man nicht verbessern 10) kann. — Verstellte 11) Einfalt 12) ist ein sehr feiner 13) Betrug 14).

1) elméletileg; 2) bebizonyítani, f. Syntax §. 183; 3) gyakorlatilag; 4) elismerni; 5) szándékozni; 6) szinház; 7) Fridrik; *) wird als gewöhnliches Beiwort dem Eigennamen vorgesetzt. 8) erőtlenség; 9) fogyatkozás; 10) javítani; 11) színlelt; 12) együgyűség; 13) elmés; 14) csalárdság.

(Zu §. 157, 158, 159.)

90.

Jobb a van, mint a nincs. (km.) — A voltért
Besser ist das Ist, als das Nicht ist. Für das Gewesene
a cigány semmit sem ád. (km.) — Duna pontya, Tisza
der Zigeuner Nichts gibt. Der Donaukarpfen, der Theiß
kecsegéje, Ipoly csukája legjobb böjt. — Mindegy, akár
Lachsstör, der Eipel Hecht ist die beste Fasten. Es ist alles eins, ob

a tengerbe haljon az ember, akár a Dunába. (km.) — Él
im Meere es stirbt der Mensch, ob in der Donau.   Es lebt
még a régi isten. (km.) — A mit istentől szánsz, elviszi az
noch der alte Gott.   Was   Gott du vorenthältst, holt der
ördög. (km.) — Kérdém: ki van ott? „leány," felelt
Teufel.   Ich frage: wer ist da? ein Mädchen, antwortete
kinn, a ki kopogott. — Azt dicséret tenni, (a) mi
draußen, die anklopfte.   Das ist Ruhm zu thun,   was sich
illik, nem azt, (a) mi szabad. — A messze talánért a
ziemt, nicht das, was erlaubt ist. Für das ferne   Vielleicht, das
tősszomszédbani   valót feledékenység leplezé. (Gegő.)
in nächster Nachbarschaft Seiende   Vergessenheit   deckte.

Alles wäre gut, wenn kein Aber dabei wäre. — Gott will
nicht den Tod des Sünders 1), sondern daß er sich bessere 2). —
Alle Menschen sind Söhne ein und desselben Schöpfers, alle sind
Brüder 3). — Die Weisheit ist ein größerer Schatz, als der Reich=
thum. — Ich habe nichts mehr gegessen, als eine Birne 4). — Wir
waren im Garten und haben Birnen gegessen. — Ein tapferer
Krieger 5) zieht 6) sich nicht zurück, wo es Gefahr gibt. — Die
Gefahr erprobt die Tapferkeit. — Wer seinem Sohne zu sehr nach=
gibt 7), erzieht sich 8) einen Feind. — Die Beredsamkeit 9) der
Wahrheit ist einfach.

1) bűnös; 2) javul; 3) testvér; 4) körte; 5) hadfi; 6) visz-
szavonul; 7) kedvez; 8) nevel önmagára; 9) szónoklat.

91.

Róma oly magosan állott, hogy a köznagyság
Rom so   hoch ist gestanden, daß die öffentliche Größe
elfelejteté az egyessel szerencsétlenségét. (Pulszky.) —
vergessen ließ dem Einzelnen sein Unglück.
Brutus azt mondja vala: A katona ne lábára, hanem
Brutus das   sagte: Der Soldat nicht seinen Füßen, sondern sei-
kezére bizza életét; az az ne szaladjon, hanem
nen Händen vertraue sein Leben; das heißt, nicht er fliehe, sondern
harcoljon. (Cserei.) — Sokan az ellenzéstől ugy félnek, mint
er kämpfe.   Viele den Widerspruch so fürchten, wie
a sötétségtől, az pedig épen oly szükséges az igazság
die Finsterniß, jener doch eben so   nothwendig ist zu der Wahrheit
tökéletesb kifejlődésére mint ez a nap sugárinak szem-
vollkommenerer Entfaltung als diese zu der Sonnenstrahlen beut-

betünőbb tételére. (Széchényi.) — Büszkélkedünk az oly
licherer Darstellung. Wir thun stolz mit solchen
hibákkal, melyek ellenkezésben vannak a miéinkkel. — Ha
Fehlern, welche zuwider sind den unsrigen. Wenn
félénkek s gyengék vagyunk, makacsoknak akarunk látszani.
furchtsam und schwach wir sind, starrköpfig wollen wir scheinen.
(Kazinczy.)

Kein Mensch steht so hoch, daß öffentliche Würden ihn sein
Privat=Mißgeschick vergessen ließen. — Brutus pflegte zu sagen:
Soldaten müssen ihren Händen und nicht ihren Füßen das Leben
anvertrauen, d. h. sie sollen nicht fliehen, sondern kämpfen. — Das
Mißgeschick läßt es uns fühlen, daß wir Menschen sind. — Er ließ
es mich durch einen Brief wissen. — Ich werde es dich wissen las=
sen. — Ein gebranntes Kind fürchtet das Feuer. — Gar 1) wenig
ist nothwendig zur Erhaltung 2) des Lebens. — Das Brod ist am
nothwendigsten zur Erhaltung des Lebens. — Niemand möchte
schlecht scheinen, vielmehr 3) möchte jeder für besser gehalten wer=
den, als er in der That ist 4). — Viele Menschen stolziren mit
ihren Ahnen 5), andere mit ihrem Gelde, wieder andere mit ihren
Würden 6).

1) igeu; 2) fentartás; 3) sőt; 4) als er in der That ist, mint
a milyen valóban; 5) ős; 6) méltóság.

92.

Az emberről mindég a legjobbat kellene hinni s be-
Von Menschen immer das Beste müßte man glauben und spre-
szélni; mert sok, a ki nem jó, jobbá lesz, ha azt veszi
chen; denn mancher der nicht gut ist, besser wird, wenn das er wahr=
észre, hogy jónak tartjuk. — Ki embernek született,
nimmt, daß für gut wir ihn glauben. Wer Mensch geboren ist,
nem kell és nem lehet nemesebbnek, nagyobbnak és jobb-
nicht braucht und nicht kann was ebleres, größeres und besse=
nak lennie, mint embernek. — Boldog ha sem több, sem
res sein, als Mensch. Glücklich wenn weder mehr, noch
kevesebb nem akar lenni. — Ritkán válik tudóssá, kire
weniger nicht er will sein. Selten wird Gelehrter, auf wen
birsággal vetik a leckét.
mit Strafen man auferlegt die Lektion.

Wir sollten von den Menschen immer das Beste glauben und
sprechen, denn viele die nicht gut sind, würden besser werden, wenn

Ueberſetzungen.

ſie wahrnähmen, daß man ſie für gute Leute hält. — Wir können nicht edleres, größeres und beſſeres ſein als Menſchen. — Glücklich wenn wir nicht mehr, nicht weniger ſein wollen. — Ihr werdet nie Gelehrte werden, wenn man mit Strafen euch die Lektion auferlegen muß. — Willſt du Menſch ſein, im edlen Sinne des Wortes 1) ſo werde täglich beſſer, edler, werde täglich vollkommener 2). — Willſt du, daß man dich für einen edlen Menſchen halte, ſo handle 3) nicht unedel 4).

1) im edlen Sinne des Wortes, a szónak nemes értelmében; 2) vollkommen, tökéletes; 3) handeln, cselekedni; 4) nemtelenűl.

(Zu §. 167.)

93.

Nem elég lenni jónak és szívesnek, látszani is kell. Nicht genug iſt zu ſein gut und gefällig, ſcheinen auch muß (Muzarion.) — Baj szegénynek és . baj man. Es iſt ein Uebel arm und es iſt ein Uebel igen gazdagnak lenni. — Vannak asszonyok, kiknek látásán ſehr reich zu ſein. Es ſind Frauen, bei deren Anblick a szív önkénytelen megnyilik, kiknek körében boldognak érdas Herz unwillkürlich ſich öffnet, in deren Kreis glücklich du zed magadat, s nemesebbnek; asszonyok kiket mintegy vifühlſt dich, und edler; Frauen, die gleichſam gasztalásnak teremte Isten e világ bajai közé, mint zum Troſte erſchuf Gott zwiſchen dieſer Welt Uebel gleich als egy áldást, hogy boldogítsanak. (B. Eötvös.) — Nagy bölcinen Segen, damit ſie beglücken. Es iſt große Weiscseség a bohóvilággal bohónak lenni tudnunk. (Fáy.) — heit mit der närriſchen Welt närriſch ſein zu können (wir). Az egész haza elött tudva van. — Mondjanak rólad bár Dem ganzen Vaterlande bekannt iſt es. Man ſage von dir noch mennyi jót, újságot ugyan elötted nem mondanak. (Kaſo viel Gutes, eine Neuigkeit wohl dir nicht ſagt man. zinczy.) — A kit csalárdnak tapasztaltak, akkor sem Wen als Betrüger man erfahren hat, damals auch nicht nyer hitelt, mikor igazat szól. gewinnt Glauben, wenn Wahrheit er ſpricht.

Oft iſt es genug, roh 1) zu ſein, um den Händen des Liſtigſten 2) zu entwiſchen 3) (daß man von unter den Händen des Liſtigſten entwiſche). — Es iſt leichter für Andere 4) vernünftig zu ſein als für uns selbst 5). — Es gibt keinen wahrern Weg betrogen zu werben (bahin, daß wir betrogen werden), als uns für klüger zu halten, als Andere. — Es gibt Uebel, bei deren Anblick das Herz erstarrt, und wir dann nichts mehr empfinden. — Nicht immer ist wahrhaft gut, was du für gut glaubst. — Dem Manne steht die ganze Welt offen (geöffnet). — Die ganze Begebenheit 6) ist dem Vater bekannt.

1) otromba; 2) csalfa; 3) kisikamlani; 4) mások számára; 5) a magunkéra; 6) történet.

Es gab eine unglückliche Zeit, wo Mensch zu sein eine Sünde war. — Sein eigener Richter sein, ist keinem erlaubt. — Man nennt ihn einen klugen Mann, weil er der Menschen Gunst zu gewinnen weiß. — Manche Menschen scheinen gut zu sein und sind schlecht. — Religiöse Bildung halte ich für den höchsten Schatz der Gesellschaft. — Das Schicksal begünstigt nicht immer diejenigen, die es verdienen. — Wer die Bösen begünstigt, schadet den Guten. — Er ist zum Handwerker 1) geboren. — Mancher Mensch hat den häßlichen 2) Gebrauch immer zu fluchen 3). — Es ist nicht Brauch bei den Wallachen 4). — Es ist Schade um das Brod für ihn.

1) kézmíves; 2) csúnya; 3) káromkodni; 4) oláh.

(Zu §. 168—177.)

94.

Kár szokta az embert okossá tenni. (km.) — Schaden pflegte den Menschen weise zu machen. Der Idősb Rákóczi György két száz esztendővel ezelőtt hagyá el ältere Rakotzi Georg vor zwei hundert Jahren verließ a szép Erdélyországot. — A mivel semmi közöd nincs, das schöne Siebenbürgen. Was nicht dich kümmert, arról ne tudakozzál. — A ki szolgál másnak, felejtse darnach nicht erkundige dich. Wer dient einem Andern, vergesse el azt; a ki él a szolgálattal, emlékezzék meg das; wer Gebrauch macht von dem Dienste, erinnere sich arról. — A görögök müvei örökké felülmúlhatlan példabessen. Der Griechen Werke ewig als unübertreffliche Muster nyok gyanánt ragyogandnak. — Méltó a munkás az ő jutwerben glänzen. Werth ist der Arbeiter seines talmára (biblia). — A biblia és korán közt válaszvoLohnes. Zwischen die Bibel und den Koran zur Schei-

nalul egy tengert állitani, ezt tüzte ki élete vég-
bungstinie eine Mauer hinzustellen, das steckte sich zu seines Lebens End-
céljául Hunyadi. (Szemere.)
ziel Hunyadi.

Die Größe der Bürger macht das Vaterland groß, nicht sein Flächenraum 1). — Versäume 2) nicht die Gegenwart der Zukunft wegen. — Die Zeit kümmert sich nicht um die Menschen, sondern schreitet in schnellem Laufe über uns fort. — Wer der Religion entsagt, entsagt seiner schönsten Menschenwürde. — Mein Herz freut sich, wenn ich an die Vergangenheit denke, und die Gegenwart betrachte. — Wer das Vaterland leichtsinnig auf's Spiel setzt, ist nicht würdig des Namens Bürger. — Artigkeit und Zuvorkommenheit geziemen dem Jünglinge, Strenge und Festigkeit dem Manne. — Viele Menschen können leichter ihre Grundsätze aufgeben, als ihre Gewohnheiten.

1) kiterjedés; 2) mulaszt.

95.

A kinek kezében van mások élete, többnyire azon gon-
Wer in Händen hat Anderer Leben, meistens darüber
dolkodik, mit tehet, nem azon mit kell tennie. —
denkt nach, was er kann thun, nicht darüber, was er soll thun.
Többel adózik, mint a mennyivel tartozik. — A katona
Mehr er steuert, als wie viel er schuldig ist. Der Soldat
életével adózik a hazának. — Bajorország Austriával
sein Leben steuert dem Vaterlande. Baiern ist an Oesterreich
határos. — A Duna sokkal szélesebb a Tiszánál. — Ki
angrenzend. Die Donau um Vieles ist breiter, als die Theiß. Wer
sokba kezd, keveset végez. — A mit a természet nem adott,
Vieles beginnt, Weniges endet. Was die Natur nicht gab,
néha megkinál vele a szerencse. (km.) — A mihez
manchmal bietet das das Glück. Woran sich
szokott Jancsi, azt cselekszi János is. (km.) — Szél a
gewöhnt hat Hänschen, das thut Johann auch. Wind die
tölgyet ledönti, de a náddal nem bir. (km.)
Eiche stürzt, aber dem Rohr nicht kommt er bei.

Der Mensch sehnt sich nach Vergnügen, und flieht den Schmerz. — Der Ehrgeiz 1) treibt den Menschen zum Bösen an. — Er zeigte sich geneigt zum Frieden, aber auch bereit zum Kriege. — Die Hoffnung tröstet, aber führt zu Nichts. — Wen die Gefahr gleich in Angst versetzt, der hat nicht viel Hoffnung auf Rettung 2). — Es gibt Dinge, an die man sich gewöhnen muß, wenn man das Leben nicht unerträglich 3) finden will. — Am vielen Lachen 4) erkennst du den Narren. — Wer auf sein Geld stolz ist, hat gewiß Mangel an Verstand oder ist eben so arm an Verstand als reich an Geld.

1) dicsvágy; 2) menekülés; 3) kiállhatatlan; 4) nevetés.

96.

Hogy lehet szert tenni tökéletes földi boldogságra? Wie kann man gelangen zu vollkommener irdischer Glückseligkeit? — Az emberek vallás tekintetében számos feleligkeit? Die Menschen in der Religion Rücksicht in zahlreiche kezetekre oszlanak. — Akármennyire üssenek is el némely Parteien theilen sich. So sehr abweichen auch in einigen apróságokban az itéletek: mégis végtére, mint annyi sugarak Kleinigkeiten die Urtheile: dennoch endlich wie so viele Strahlen két középpontban futnak és forrnak össze. — Az emin zwei Mittelpunkten laufen sie und schmelzen sie zusammen. Der ber természete szerint, örömre, gyönyörűségre szaggat. Mensch seiner Natur nach, nach Freude, nach Vergnügen strebt. (Takács.) — Egy ösmeretlen szólit meg a barátság szavával, méltóztasd elfogadásra. (Döbrentei.) — A gyenge csak Ein Unbekannter redet dich an mit der Freundschaft Stimme, würdige ihn der Aufnahme. Der Schwache nur szavakra, tettekre vágyik az erős. (Kisf. K.) — Még nach Worten, nach Thaten sehnt sich der Starke. Noch neked magadnak vagyon leginkább szükséged tanácsra s du selbst hast am meisten nötbig Rath und igazgatásra, nem hogy mást tanits. (Vörösmarty.) Leitung, nicht daß du einen andern lehrst.

Die Menschen theilen sich in zwei Hälften 1): eine betrügt und eine andere wird betrogen!? — Wenn du meine Worte der Aufmerksamkeit 2) würdigen wolltest, so würdest du finden, daß unsere Meinungen 3) nicht so sehr von einander abweichen. — Nicht immer gelangt man zur Ehre, indem man nach Würden strebt. — Wir leben nur einmal und kurze Zeit. — Bist du zu Macht gelangt, so gebrauche sie mäßig 4), und mißbrauche sie nicht.

1) fél; 2) figyelem; 3) vélemény; 4) mérsékletesen.

97.

Az Athenaeick Pisistratus kényurasága miatt
Die Athener wegen des Pisistratus Tirannei
mely néhány évvel ezelőtt létezett, minden hatalmasabb pol-
welche einige Jahre vorher existirte, vor allen mächtigern
gáraiktól féltenek. (Czuczor.) — Kevéssel a Fridrikkel
Bürgern fürchteten. Kurz vor dem mit Friedrich
helyreállt béke előtt, szerencsésen véget szakasztott Mátyás
hergestellten Frieden glücklich ein Ende machte Mathias
az országot annyi éveken keresztül irgalmatlanul rongált
das Land so viele Jahre hindurch unbarmherzig zerrüttenden
csch rablók pusztitásainak. (Péczely.)
böhmischer Räuber Verwüstungen.

Deutsche Uebungsstücke zum Uebersetzen in's Ungarische.

98.

So geht's dem Neugierigen*).

Heinrich der Vierte 1), König von Frankreich 2) rüstete sich 3) zu einem Kriege; Niemand wußte gegen wen. Einer von den neu= gierigen 4) Hofleuten 5) frug ihn endlich gerade zu 6), als er allein mit ihm war.

Kannst du schweigen? fragte der König. — „O gewiß 7), Euer Majestät 8)!" — „Ich auch," sagte der König, und ließ ihn stehen 9).

*) Úgy járja meg a kivánesi; 1) negyedik Henrik; 2) francia király; 3) készülni; 4) kivánesi; 5) udvari ember; 6) egyenesen; 7) oh bizonyosan; 8) Felséges úr; 9) és ott hagyta.

99.

Treffende*) Antwort.

Ein Mann, der durch Betrug 1) reich geworden war, fuhr 2) Nachts bei jedem Geräusche 3) auf, weil er immer meinte 4), man wolle ihn bestehlen 5). So nöthigte 6) er auch einst wieder seinen Bedienten 7), mit ihm umher zu suchen 8). Es fand sich Niemand. Doch der Herr schrie 9) immer wieder: „Es ist ganz gewiß ein Spitzbube 10) hier. Johann 11)! siehst du keinen?" „Außer Ihnen sehe ich Niemand," antwortete der Diener.

*) Helyes; 1) csalárdság; 2) auffahren, fölrezzenni; 3) zörgés; 4) hinni; 5) meglopni; 6) kénszeríteni; 7) inas; 8) kutatni; 9) kiabálni; 10) lator; 11) János.

100.

Friedrich der Große 1) reiste 2) einst durch eine kleine Stadt. Einige Abgeordnete 3) kamen ihm entgegen 4), um ihn zu bewillkommnen 5). — Kaum hatte der Redner 6) zu sprechen angefangen, als ein Esel 7), welcher ein paar Schritte 8) davon an einer Stallthüre 9) angebunden 10) war, zu schreien 11) anfing. „Meine Herren," sagte der König, „wenn ihr nicht jeder nach der Reihe 12) sprecht, so kann ich Euch nicht verstehen 13)."

1) Nagy Fridrik; 2) utazni; 3) küldött; 4) elibe; 5) üdvözölni; 6) szónok; 7) szamár; 8) egy pár lépésre; 9) istállóajtó; 10) megkötve; 11) ordítni; 12) sorra egymásután; 13) megérteni.

101.

Im russischen 1) Bade 2) saßen zwei Kranke 3), ein Sachse 4) und ein Schwabe 5). Beide sollten 7) am schmerzhaften 8) Fuße mit Wolltüchern 9) gerieben 10) werden. — Der Sachse schrie während 11) der Operation 12) vor Schmerz 13). — Der Schwabe sah phlegmatisch 14) zu 15) und lächelte 16). — Als die Badediener 17) sich entfernten 18), sagte der Sachse zum Schwaben mit Thränen in den Augen 19): „Schauens 20), Herr, aber Sie können 21) Schmerz aushalten 22)." „Ja," antwortete dieser, „ich hab halt 23) den Krankenwärter 24) angeführt 25), hab ihm den gesunden 26) Fuß zum Frottiren 27) hingehalten 28).

1) orosz; 2) fürdő; 3) beteg; 4) szász; 5) sváb; 6) mind a kettő; 7) kellene; 8) fájós; 9) posztó; 10) dörzsölni; 11) alatt; 12) műtétel; 13) fájdalom-ból; 14) hidegvérűen; 15) zusehen, nézni; 16) mosolyogni; 17) fürdőslegény; 18) eltávozni; 19) könnyező szemekkel; 20) lássa; 21) tudni; 22) elszenvedni; 23) bezzeg; 24) betegápoló; 25) rászedni; 26) egészséges; 27) dörzsölni; 28) odanyújtani.

102.

Der Affe 1) und der Fuchs 2).

Nenne 3) mir ein so geschicktes 4) Thier, dem ich nicht nachahmen 5) könnte 6)! so prahlte 7) der Affe gegen 8) den Fuchs. Der Fuchs aber erwiederte 9): „Und du 10), nenne mir ein so geringfügiges 11) Thier, dem es einfallen 12) könnte, dir nachzuahmen." (Lessing.)

1) majom; 2) róka; 3) nevezni; 4) ügyes; 5) utánozni, mit Acc.; 6) tudni; 7) kérkedni; 8) előtt; 9) viszonozni; 10) te meg; 11) hitvány; 12) eszébe jutni.

103.

Der Hirsch 1) und der Fuchs.

Der Hirsch sprach zu dem Fuchse: „Nun 2) wehe 3) uns armen schwächern 4) Thieren! der Löwe 5) hat sich mit dem Wolfe 6) verbunden 7)."

„Mit dem Wolfe?" sagte der Fuchs. „Das mag noch hingehen 8)!" Der Löwe brüllet 9), der Wolf heulet 10), und so werdet ihr euch 11) noch oft bei Zeiten 12) mit der Flucht 13) retten 14) können. Aber alsdann 15), alsdann möchte es um uns geschehen sein 16), wenn es dem gewaltigen 17) Löwen einfallen sollte, sich mit dem schleichenden 18) Luchse 19) zu verbinden.

1) szarvas; 2) most; 3) jaj; 4) gyönge; 5) arszlány; 6) farkas; 7) szövetkezni; 7) e még hagyján; 9) ordít; 10) üvölt; 11) magatokat; 12) ideje korán; 13) futás; 14) menekűlni; 15) asztán; 16) oda volnánk; 17) hatalmas; 18) loppal járó; 19) hiúz.

104.

Der kluge Elephant 1).

Die Thiere hielten Rath 2) und ereiferten sich 3) heftig 4) gegen die Herrschaft der Menschen. — Warum sollen wir, sprachen sie, länger dies Joch 5) auf unserm Nacken 6) dulden? Haben wir denn nicht markige 7) Knochen 8), grimmige 9) Krallen 10), harte Hörner 11) und unzählige Waffen 12) gegen ihn, gegen das elende 13), schwache Geschöpf 14)? — Beifälliges 15) Geräusch 16) entstand in der Versammlung; aber der klügere Elephant sprach: Seid ruhig 17), Freunde! Wir haben Alles mehr als der Mensch, aber — so viel Verstand haben wir nicht; und doch 18), wo der ist, da ist auch die Herrschaft. (Fáy.)

1) elefánt; 2) tanácsot ülni; 3) kikelni; 4) mérgesen; 5) iga; 6) nyak; 7) velős; 8) csont; 9) mérges; 10) köröm; 11) szarv; 12) fegyver; 13) gyáva; 14) teremtés; 15) javaló; 16) zúgás; 17) csillapodik; 18) pedig.

105.

Die zwei Rosen 1).

Die Gartenrose 2) — wir wissen nicht ob aus Neid 3) oder aus Mitleid 4) — redete die Feldrose 5) so an 6): Was blühst 7) du hier? für wen öffnest 8) du deinen Busen? Hier sieht dich ja 9) Niemand. Komme 10) in die Gärten, wo ich prange 11), dort, dort findest du viele Beschauer 12).

Gute Freundin 13)! rufe mich nicht dahin! Du, die du vollkommen schön bist, kannst dort wohnen, aber ich, die ich einfach von der Natur bekleidet bin, gehöre 14) nicht dorthin. Dort würden mich die an deine Reize 15) gewöhnten Augen verachten, wo mich hier das mit Wenigem zufriedene Hirtenmädchen 16) und der Pilger 17) achtet und liebt.

Von diesen geachtet, geliebt werden, ist kein großer Ruhm 18); doch ist es mehr, als von deinen Anbetern 19) verschmäht 20) zu werden. (Vitkovics.)

1) rózsa; 2) kerti rózsa; 3) irigység; 4) szánakozás; 5) mezei rózsa; 6) megszólítni; 7) virúlni; 8) nyitogatni; 9) hiszen im Anfange des Satzes; 10) jöszte; 11) pompázni; 12) nézellő; 13) atyafi; 14) s. Theoretischer Theil §. 138; 15) kecs; 16) pásztorleány; 17) vándor; 18) dics; 19) imádó; 20) megvetni.

106.

Der Zwetschkenbaum 1) und die Raupen 2).

Die Raupen hatten einen Zwetschkenbaum schon größtentheils 3) abgeblättert 4). Laßt ab 5) einmal 6), stöhnte 7) der Arme. Ja, ja! wenn einmal 8) die Blätter 9) gar sind 10), versetzten sie; warum mißgönnst 11) du sie uns denn? — Sind wir denn nicht deine Kinder? — ja wohl, seufzte 12) der Arme, insofern 13) ihr auf mir ausgekrochen 14) seid und schmarozt 15); aber habt ihr auch Gegengefälligkeit und kindliche Herzlichkeit für mich 16)?

1) szilvafa; 2) hernyó; 3) nagy részint; 4) lelevelezni; 5) elhagyta; 6) már; 7) nyögni; 8) majd im Anfange des Satzes; 9) levél; 10) elfogyni; 11) sajnálni wird mit tól konstruirt; 12) sohajtni; 13) a mennyiben; 14) kelni; 15) élősködni; 16) viszontjóval és szivességgel van iránta.

107.

Es ist kein so Weiser auf der Welt, der nicht mit sehr viel Nützlichem seine Kenntnisse 1) noch bereichern 2) könnte, so wie hinwieder 3) es schwerlich 4) einen so Unwissenden 5) auf dem Erdenrunde gibt, von dem man nicht Eines oder das Andere mit großem Nutzen lernen könnte. — In jedem Menschen ist etwas Gutes, gleichwie in den Blumen Honig 6). — Ich glaube gerne, (ich liebe das zu glauben), daß jeder besser gesinnte 7) Mensch, obgleich unvermerkt 8) ein gewisses Verlangen 9) in seinem Herzen trägt, an sich, seinem Nächsten 10) und Allem, was ihn umgibt 11), beständig zu bessern 12). — Diese unwiderstehliche 13) Neigung 14) zum Vollkommeneren 15) ist die schönste Eigenschaft 16) der menschlichen Seele; und je nachdem 17) der unsterbliche 18) Theil des Menschen sich mehr und mehr 19) entwickelt 20), so wächst und wird auch jenes immer stärker 21) in ihm.

1) tudomány; 2) nevelni; 3) viszont; 4) alig; 5) tudatlan; 6) méz; 7) besser gesinnt, jobblelkü; 8) sejtetlen; 9) vágyódás; 10) felebarát; 11) környezni; 12) javítni; 13) ellentállhatatlan; 14) vonzódás; 15) tökéletes; 16) tulajdon; 17) a mint; 18) halhatatlan; 19) mehr und mehr, jobban s jobban; 20) kifejlik; 21) erősödik.

108.

Vorwärts 1) und immer höher strebt der Mensch, dies leidet keinen Zweifel und wir können dies an jedem Gegenstande sehen. — Um wie vieles besserte sich auch nur in neuern Zeiten unser Vaterland in einigen Zweigen 2), z. B. 3) im Ackerbaue und der Landwirthschaft 4)? — Wie haben sich unsere Wohnungen verschönert 5) und wie ganz besonders unsere Städte verfeinert 6)? u. s. w. Und wenn auch nichts Merkwürdiges 7) geschehen ist, und noch nicht Vieles zu Stande gekommen ist 8), das Erwähnung 9) verdienen würde, hören wir nicht wenigstens 10) fast aus eines Jedem Munde Klagen? Dem Einen sind die Straßen zu schlecht, der Andere möchte 11) Handel, Kanäle 12), Eisenbahnen 13); diesem ist die große Zahl der Armen und Bettler 14) zu lästig 15); jenem schreitet die Sprache nicht gehörig vorwärts, ist die Anzahl 16) der Leser zu gering 17); wieder Andere mißbilligen 18) den Mangel 19) nächtlicher Beleuchtung 20) in unseren Städten, nicht minder, daß wir keine Trottoir 21) und Dachrinnen 22) haben, noch 23) Andere halten die Kerker 24), die Gefangenwartung 25) für fehlerhaft u. dgl. 26).

1) előbbre; 2) rész; 3) teszem; 4) mezei gazdaság; 5) szebbülni; 6) csinosodni; 7) nevezetes; 8) lábra állíttatik; 9) említést; 10) legalább; 11) soll hier mit kell gegeben werden; 12) csatorna; 13) vasút; 14) koldus; 15) terhes; 16) mennyi-

ség; 17) csekély; 18) kárhoztatni; 19) híj; 20) világositás; 21) járda; 22) fedélcsatorna; 23) megint; 24) tömlöc; 25) fogoly tartása; 26) f. theor. Theil §. 132.

109.

Nur jener ist ein wahrhaft weiser Patriot 1), der blos Mögliches 2) verlangt, und wohl wissend, daß der Mensch seiner Schwäche 3) wegen weder überaus glücklich, noch grenzenlos 4) unglücklich sein kann, den Mittelweg 5) geht. Er lebt seelenfroh 6), traurige Langweile 7) tödtet 8) nicht seine Stunden, und indem er für das allgemeine Wohl 9) sich mühet, klagt er nicht in einem fort 10) ohne Nutzen, sondern sucht lieber die Fehler auf, spürt 11) ihren Quellen 12) nach, hilft ab, wenn es möglich ist; und duldet 13) edelmüthig 14), wenn es nicht möglich ist! — Feige Klage wird nicht gehört aus seinem Munde. Die Fehler sucht er lieber in sich selbst als in Andern, denn mit sich kann er befehlen, mit Andern nicht. Würde auch keiner seine Pflicht thun, so thut er sie, so wie der wahre Held 15) stehen bleibt, wenn auch die Uebrigen die Flucht ergreifen 16). (Széchényi.)

1) hazafi; 2) lehető; 3) gyenge lét; 4) határtalan; 5) középút; 6) lélekderült; 7) unalom; 8) ölni; 9) közjó; 10) mindegyre; 11) nyomozni mit dem Acc.; 12) kútfej; 13) tűrni; 14) nemesen; 15) hős; 16) futásnak eredni.

110.

Hochwohlgeborner 1) Herr!

Ew. Hochwohlgeboren haben mich mit Ihrem Zutrauen 2) beehrt 3), und mir einen Auftrag gegeben (mich mit etwas beauftragt) 4), dessen Ausführung 5) meine ganze Sorgfalt 6) erfordert 7). Je ehrenvoller mir nun dieser Auftrag 8) ist, desto mehr habe ich mich bestrebt, ihn auf das pünktlichste 9) in's Werk zu richten 10), und mich eines Zutrauens würdig zu machen 11), das mir so schätzbar 12) war. Doch will ich nicht weiter von dem reden, was ich gethan habe; der Erfolg 13) selbst mag dieses lehren 14) (bezeugen)! Mir würde es schon Belohnung sein, wenn Ew. Hochwohlgeboren kein Mißtrauen in mich setzen 15). Ich werde auch auf alle Weise darnach streben, Ihnen zu zeigen, daß Sie es nicht bereuen dürfen, mir ein so wichtiges Geschäft 16) übertragen 17) zu haben. Ich bin 18) mit der größten Hochachtung 19) Ew. Hochwohlgeboren gehorsamster 20) Diener ...

1) nagyságos; 2) bizodalom; 3) megtisztel; 4) megbíz; 5) kivitele; 6) figyelem; 7) megkíván; 8) megbízás; 9) pontos;

10) teljesít; 11) érdemesít; 12) becses; 13) siker; 14) tanusít; 15) kétkedik wird mit ban construirt; 16) ügy; 17) biz kommt im Conjunctiv und der Satz beginnt mit hogy; 18) ki egyébiránt vagyok ist ungarische Schlußformel der Briefe; 19) tisztelet: 20) alázatos.

111.

Mein lieber 1) Sohn!

Ich habe recht lange 2) nicht an dich geschrieben, und nach so langem 3) Stillschweigen 4) muß mein erster Brief 5) eine Trauernachricht 6) sein. — Als du von uns Abschied 7) nahmst, war deine Schwester, unsere gute Elisabeth 8), so gesund und froh 9) und blühte 10) wie eine Rose 11). Wer hätte denken sollen 12), daß ihr euch 13) nicht wieder sehen werdet? Und doch ist es leider 14) nicht anders 15). Vorgestern Abend um 11 Uhr starb sie in den Armen 16) ihrer Mutter und vor meinen Augen. Ein hitziges Fieber 17), wobei alle menschliche Hilfe 18) fruchtlos 19) blieb, war die Ursache ihres frühen 20) Todes. — Ihr Leichnam 21) wurde heute zur Erde bestattet 22). Mehr kann ich für diesmal 23) nicht schreiben, mein lieber Sohn, da der Brief mit der heutigen Post 24) abgehen 25) soll. Gott begleite 26) dich auf deiner Reise 27) und bringe dich gesund wieder 28) zu uns, damit deine von Gram 29) gebeugten 30) Eltern 31) sich wenigstens 32) einer Stütze erfreuen 33)!

Deine Mutter grüßt 24) dich unter Thränen 35) und ich bin von Herzen 36) dein treuer 37) Vater.

1) kedves; 2) igen soká; 3) hosszas; 4) hallgatás; 5) levél; 6) gyászhír; 7) búcsú; 8) Erzsébet; 9) vidám; 10) virítani; 11) rózsa; 12) ki gondolta volna oder kinek jutott volna eszébe; 13) egymást; 14) fájdalom; 15) máskép; 16) kar; 17) forróláz; 18) segítség; 19) hasztalan; 20) kora; 21) holt tetem; 22) eltakarítani; 23) mostan; 24) pósta; 25) elindúlni; 26) kisérni; 27) út; 28) vissza; 29) bánat; 30) lesújtani; 31) szülők; 32) legalább; 33) sich einer Stütze erfreuen, egy támaszok legyen; 34) üdvözöl; 35) köny; 36) szívből; 37) hű.

112.

Schiller an M.

Jena, am 18. Junius 1795.

Schon viele Monate 1) habe ich Sie, mein lieber Freund, wie einen verlorenen 2) Tropfen 3) im Ocean 4) in der ganzen bewohnten 5) Welt aufsuchen lassen; aber meine Kundschafter 6) haben mich so schlecht bedient 7), daß ich erst seit wenigen Tagen den Ort Ihres gegenwärtigen 8) Aufenthaltes 9) habe erfahren 10) können. Was ich Ihnen zu sagen habe 11), überlasse 12) ich Ihrem eigenen 13) Gewissen 14). Sie haben ein doppeltes 15) Versprechen 16) zu erfüllen 17), und ich schenke 18) es Ihnen nicht. Schon sechs Monate sind die Horen 19) in der Welt, und Sie thun noch gar nicht, als wenn Sie mit zu unserer Societät 20) gehörten 21). In sechs Wochen muß ich den Almanach in Druck 22) geben, zu dem ich mit Schmerzen 23) Beiträge 24) von Ihnen erwarte. Dieses letztere 25), als das pressanteste 26) lege ich Ihnen jetzt dringend ans Herz 27). Senden Sie mir, um der neun Musen willen 28) binnen fünf Wochen, einige frische Blumen in den Kranz 29), den ich flechte 30).

Für die Horen hoffe ich, wenigstens 31) noch in diesem laufenden 32) Jahre, etwas von Ihrer Hand zu erhalten. Ich nehme 33) keine Entschuldigungen 34) an. Ihr langes Stillschweigen 35) läßt mich hoffen, daß Sie recht fleißig gewesen sind, und vielleicht an einem größern Ganzen gearbeitet 36) haben. Darf ich wissen 37), was Sie beschäftigt 38) hat?

Für jetzt und für immer 39)   Ihr aufrichtiger Freund
Schiller.

1) több hónap óta; 2) veszett; 3) csöp; 4) világtenger; 5) lakható; 6) kém; 7) rosszúl jártak el dolgomban; 8) jelen; 9) tartózkodás; 10) megtudni; 11) mi mondani valóm van; 12) bizni valakire; 13) saját; 14) lelkiismeret; 15) kettős; 16) igéret; 17) teljesíteni; 18) elengedni; 19) Horen cimű felyóirat; 20) társaság; 21) tartozni; 22) nyomtatás alá; 23) fájdalom; 24) dolgozat; 25) utóbbi; 26) sürgetős; 27) erősen szivére kötöm; 28) mind a kilenc múzsákra kérem; 29) koszorú; 30) füzni; 31) legalább; 32) folyó; 33) elfogadni; 34) kifogás; 35) hallgatás; 36) dolgozni; 37) szabad-e tudnom; 38) foglalkoztatni; 39) most és mindenkorra; 40) őszinte.

113.

Göthe an 1) Schiller.

Mit vielem Vergnügen 2) vernehme 3) ich, daß Sie angekommen 4) sind, und wünsche 5) zu erfahren, wie Sie Ihren heutigen Tag eingetheilt 6) haben. Möchten 7) Sie den Mittag mit mir essen, so sollen Sie schönstens willkommen 8) sein.

Ich befinde 9) mich nicht ganz wohl, so daß ich nicht ausgehen 10) mag, da wir diese Tage 11) gute Gesundheit und Stimmung 12) nöthig 13) haben.

Grüßen 14) Sie Ihre liebe Frau, dich ich mich freue 15) bald wieder zu sehen.

Weimar am 5. Jänner 1799.

Göthe.

1) hoz, hez; 2) öröm; 3) hallani; 4) megérkezni; 5) szeretném; 6) elintézni; 7) akarni; 8) szivesen látni; 9) érezni magát; 10) a szobából kimenni; 11) e napokban; 12) hangulat; 13) szükség van valamire; 14) üdvözölni; 15) örülni.

114.

Antwort. Schiller an Göthe.

Ich erhalte 1) mit großem Vergnügen Ihr Billet 2) und werde, weil Sie es erlauben 3), heute um 1 Uhr aufwarten 4), und kann bis 5 Uhr zu allem, was Sie mit mir machen wollen, bereit 5) sein.

Wir haben in dem niedlichen 6) und bequemen 7) Logis 8), das Sie uns bereitet 9) und eingerichtet 10) haben, recht wohl geschlafen. Das Uebrige mündlich 11). Meine Frau begrüßt Sie.

Schiller.

1) vettem; 2) levelke; 3) weil Sie es erlauben, engedelmével; 4) látogatását tenni, látogatására lenni valakinek; 5) kész; 6) csinos; 7) kényelmes; 8) lakás; 9) elkésziteni; 10) fölbútorozni; 11) szóval.

115.

Glückwünsche zum Geburtstage 2).

Geliebter 3) Vater!

An dem Jahrestage 4) Ihrer Geburt 5) halte ich es für eine meiner ersten Pflichten 6), Ihnen meinen herzlichsten 7) Dank 8) für die zahlreichen 9) Wohlthaten 10), welche ich bisher 11) von Ihnen erhalten 12) habe, zu bezeigen 13).

Dieses glaube ich auf keine bessere Art 14) thun zu können 15), als daß ich mein Herz zu dem Schöpfer 16) erhebe 17) und ihn bitte, Sie noch lange zu meinem und meiner Geschwister 18) Troste 19) und zu unserer Stütze 20) zu erhalten 21).

Ich werde alle meinen guten Vorsätze 22) erneuern 23), um Ihnen in den folgenden 24) Jahren recht viele Freude zu machen 25), wodurch 26) ich Ihrer Liebe stets 27) würdig 28) zu bleiben hoffe.

Möchte Ihnen doch 29) der Allmächtige 30) alle die Sorgen 31) lohnen 32), die Sie meinetwegen hatten 33), und Ihnen eine dauerhafte 34) Gesundheit und ein glückliches hohes Alter 35) schenken.

Dies ist der herzlichste Wunsch 36)

Ihres
Sie ewig liebenden Sohnes.

1) köszöntés, üdvözlet; 2) születésnap; 3) szeretett, kedves; 4) évnap; 5) születés; 6) halte ich es für eine meiner ersten Pflichten, egyik fő kötelességemnek tartom; 7) szives; 8) hála; 9) számtalan; 10) jótétemény; 11) eddig; 12) erhalten, nyerni, venni; 13) bezeugen, bemutatni, feltüntetni; 14) mód; 15) thun zu können, tehetni; 16) teremtő; 17) erheben, felemelni; 18) testvér; 19) vigasztalás, öröm; 20) gyámolítás; 21) erhalten, megtartani; 22) föltétel; 23) megújítani; 24) következő; 25) recht viele Freude zu machen, igen sok örömet okozhassak; 26) mi által; 27) mindig, mindenkor; 28) méltó; 29) vajha; 30) mindenható; 31) gond, gondoskodás; 32) möchte lohnen, megjutalmazná; 33) die Sie meinetwegen hatten, melyet rám fordítottak; 34) tartós, állandó; 35) hohes Alter, hosszú életet, késő vénséget; 36) óhajtás; 37) örökké.

116.

Liebste 1) Mutter!

Wie könnte ich jemals den Tag erleben 2), welchen mir die theuere Mutter gab, ohne ihn mit herzlicher Dankbarkeit 4) zu feiern 5)? Das thue 6) ich auch heute, und zwar mit desto 7) größerer Rührung 8), da ich von Ihnen entfernt 9), Ihre Stimme 10) nicht hören, Ihren Blick voll Liebe und Güte 11) nicht sehen kann.

Ich habe es wohl 12) immer gefühlt, daß ich Ihrer Liebe die größten Wohlthaten und besten Freuden meines Lebens verdanke 13); aber um so mehr 14) fühle ich dieses jetzt 15), da ich das Glück entbehren muß 16), in Ihrer Nähe zu sein, um von Ihnen belehrt 17) und ermuntert 18) zu werden. Was gäbe ich darum, wenn ich nur eine Stunde bei Ihnen sein, und mich Ihres Anblickes 19) erfreuen 20) könnte! doch desto seliger 21) wird einst 22) das Wiedersehen 23) werden.

Ich bin zwar außer Stande 24), Ihnen meine Dankbarkeit durch etwas mehr als durch Wünsche zu beweisen 25); aber meine Wünsche sind gewiß so aufrichtig 26), als Sie je 27) in dem Herzen eines dankbaren Kindes entstanden 28) sind. An jedem Morgen 29) und an jedem Abende bete 30) ich zu Gott, daß er Ihr mir so theueres Leben erhalte; Sie, liebste Mutter, auf alle mögliche Weise 31) beglücke 32), und mich bald 33) in den Stand setze 34), Ihnen durch die That 35) von der Liebe und Ehrfurcht 36) Beweise geben zu können 37), mit welcher ich lebenslänglich 38) sein werde 39)

Ihr
gehorsamster 40) Sohn.

1) kedves; 2) wie könnte ich jemals erleben, hogy érhetném meg valaha; 3) drága; 4) hála; 5) feiern, ünnepelni; 6) das thue ich, ezt cselekszem; 7) und zwar mit desto, és pedig annál; 8) megindulás; 9) távol; 10) hang; 11) Blick voll Liebe und Güte, szeretet és jóság teljes tekintet; 12) ugyan; 13) verdanken, köszönni valamit; 14) um so mehr, annál inkább; 15) most; 16) da ich das Glück entbehren muß, midőn nélkülöznöm kell a szerencsét, midőn nem lehetek szerencsés; 17) belehren, tanítani; 18) ermuntern, buzdítani, ösztönözni; 19) tekintet; 20) sich erfreuen, örvendeni; 21) annál boldogítóbb; 22) egykor; 23) a viszonlátás; 24) nem vagyok ugyan oly állapotban, oly helyzetben; 25) beweisen, tanusítani; 26) őszinte; 27) valaha; 28) entstehen, támadni; 29) minden reggel; 30) beten, imádkozni; 31) auf alle mögliche Weise, minden lehető módon; 32) beglücken, boldogítani, boldoggá tenni; 33) nem sokára; 34) in den Stand setzen, oly állapotba helyezni; 35) durch die That, tettleg; 36) tisztelet; 37) Beweise geben zu können, tanusíthatni; 38) élethosszig; életfogytig; 39) sein werde, maradok; 40) engedelmes.

Die Zerstreuten.¹)

Eine Posse²) in einem Aufzuge.³) Von Kotzebue.

Personen:

Der Major von Staubwirbel⁴) } pensionirte⁶) Invaliden.⁷)
Der Hauptmann von Menglorn⁵) }
Charlotte, des Majors Tochter.
Karl, des Hauptmanns Sohn.

Der Schauplatz⁸) ist ein Zimmer in des Majors Wohnung, mit einer Mittel- und zwei Seitenthüren. Auf einem Tische liegen Zeitungen⁹) und eine Brille.¹⁰) Ein seidener Schlafrock hängt über einem Stuhle.

¹) A szórakozottak; ²) bohózat; ³) felvonás; ⁴) szeleseidi őrnagy; ⁵) zavardi kapitány; ⁶) nyugalmazott; ⁷) kórkatona; ⁸) szinhely; ⁹) ujság; ¹⁰) szemüveg.

Erste Scene.¹)

Lottchen (am Fenster).

Da geht er,²) jetzt kommt er.³) — Pst! pst! kommen Sie herauf, ich bin allein. (Sie geht vom Fenster.) Das läßt er sich nicht zweimal sagen.⁴) — Aber künftig? wie wird es künftig werden? — Das Recht⁵) mit der Geliebten allein zu sein, verdrängt⁶) gewöhnlich die Lust dazu.⁷)

Zweite Scene.

Karl und Lottchen.

Karl.
Mein Gott, wie lange⁸) haben wir uns nicht gesehen!

Lottchen.
Gesprochen, wollen Sie sagen, denn gesehen haben wir uns alle Tage.

¹) Jelenet; ²) da geht er, a hol megy ni; ³) jetzt kommt er, most erre jön; ⁴) das läßt er sich nicht zweimal sagen, azt nem kell neki kétszer mondani; ⁵) jog; ⁶) verdrängen, elnyomni, elfojtani; ⁷) die Lust dazu, az ahhoz való kedvet; ⁸) mily régen.

Karl.

Nennen Sie das gesehen, wenn man täglich ein Dutzend Mal in Schnee und Regen vor Ihrem Fenster vorbeistreicht⁹) und höchstens Ihre Hand gewahr wird,¹⁰) wie sie mit der Nähnadel in die Höhe fährt?¹¹)

Lottchen.

Was kann ich dafür,¹²) daß mein Vater so selten ausgeht und so ungesellig¹³) ist wie eine Spinne?¹⁴) Sitze ich denn nicht hier und lese vor langer Weile uralte¹⁵) Zeitungen, in die meine Putzmacherin¹⁶) ihre Blonden¹⁷) gewickelt hat?¹⁸) Doch verderben wir die schöne Zeit nicht mit Klagen¹⁹) und Vorwürfen.²⁰) Ich habe Ihnen Gutes und Böses anzukündigen.²¹)

Karl.

Ich desgleichen.²²)

Lottchen.

Mein Vater hat noch einen alten Freund, ich weiß nicht wo, einen ehrlichen Sechziger,²³) dem hat er mich zur Frau versprochen.²⁴)

Karl.

So? ist diese Nachricht die gute?

Lottchen.

Nein, das ist die böse. Aber heute kam ein Brief mit schwarzen Rändern,²⁵) der alte Freund ist gestorben²⁶) und folglich kann ich ihn nicht mehr heirathen.²⁷)

Karl.

Gott gebe ihm eine sanfte Ruhe und vor der Hand²⁸) ja noch keine fröhliche Auferstehung.²⁹) Mir ist's beinahe eben so ergangen.³⁰) Mein Vater hatte mir ein reiches Mädchen in seiner Heimath³¹) zugedacht,³²) und ohne mich zu fragen auch schon Alles in Richtigkeit gebracht.³³) Glücklicher weise³⁴) ist das Mädchen mit einem Andern davon gelaufen.³⁵)

---

⁹) Vorbeistreichen, elkullogni; ¹⁰) gewahr werden, észrevenni, megpillantani; ¹¹) in die Höhe fährt, fel felemeli; ¹²) was kann ich dafür, mit tehetek róla; ¹³) barátságtalan; ¹⁴) pók; ¹⁵) igen régi; ¹⁶) piperekészitönö; ¹⁷) csipke; ¹⁸) wickeln, tekerni, takarni; ¹⁹) panasz; ²⁰) szemrehányás; ²¹) ankündigen, jelenteni, tudtul adni; ²²) szinte, hasonlóképen; ²³) hatvan esztendős; ²⁴) versprechen, igérni, odaigérni; ²⁵) mit schwarzen Rändern, fekete széllel vagy fekete szélü; ²⁶) sterben, meghalni; ²⁷) heirathen, megházasodni (férfiról), férjhez menni (nőszemélyről); ²⁸) vor der Hand, most, egyelőre; ²⁹) feltámadás; ³⁰) mir ist's beinahe eben so ergangen, én is csak nem úgy jártam; ³¹) haza; ³²) zudenken, valakinek szánni valamit; ³³) in Richtigkeit bringen, elintézni; ³⁴) glücklicherweise, szerencsére; ³⁵) davonlaufen, megszökni.

Lottchen.
Glück auf den Weg! Also sind wir Beide wieder frei?

Karl.
Frei? ich bin nicht frei.

Lottchen.
Machen Sie mir keine querelle allemande,³⁶) junger Herr.³⁷) Ich weiß, Sie tragen meine Fesseln,³⁸) und ich bin auch gar nicht gesonnen,³⁹) Ihnen die Freiheit zu schenken;⁴⁰) um so weniger,⁴¹) da ich in den Ihrigen mich so unbesonnen⁴²) verwickelt habe.⁴³)

Karl.
Nun wär' es ja wohl Zeit, Hymens Rosenbande darum zu schlingen?⁴⁴)

Lottchen.
O ja, wenn unsere Väter nur auch bedächten,⁴⁵) was wir so oft bedenken.

Karl.
Da Ihr Bräutigam⁴⁶) gestorben und meine Braut⁴⁷) davon gelaufen ist, was steht denn noch im Wege?

Lottchen.
Ich weiß nicht, es kommt mir bisweilen vor,⁴⁸) als ob die beiden Alten einander nicht recht leiden⁴⁹) könnten.

Karl.
Sie haben ja zusammen gedient?

Lottchen.
Das wohl.

Karl.
Sind jetzt beide Invaliden?

Lottchen.
Ja.

Karl.
Sprechen beide gern von ihren Kampagnen?⁵⁰)

Lottchen.
O ja.

---

³⁶) Machen Sie mir keine querelle allemande. ne patvarkodjék ön; ³⁷) úrfi; ³⁸) bilincs; ³⁹) und ich bin auch gar nicht gesonnen, s nekem épen nem szándékom; ⁴⁰) die Freiheit zu schenken, szabadon ereszteni, bocsátani; ⁴¹) um so weniger, annál kevésbé; ⁴²) meggondolatlanul; ⁴³) bonyolódni; ⁴⁴) Hymen's Rosenbande darum zu schlingen, Hymen rózsaköteleivel összefüzni; ⁴⁵) bedenken, meggondolni; ⁴⁶) vőlegény; ⁴⁷) menyasszony; ⁴⁸) es kommt mir bisweilen vor, nekem olykor ugy látszik; ⁴⁹) szenvedni; ⁵⁰) táborozás.

Karl.
Und auch wohl von ihren verliebten⁵¹) Abenteuern?⁵²)

Lottchen.
Warum nicht, mein Vater sieht noch jedes hübsche Mädchen gern,⁵³) manchmal gar zu gern.

Karl.
Also die schöne Harmonie?⁵⁴)

Lottchen.
Es gibt doch auch manchen Stein des Anstoßes.⁵⁵) Mein Vater hat es bis zum Major gebracht, der Ihrige nur bis zum Hauptmann, mein Vater trägt in seinem Knopfloch⁵⁶) ein Kreuzchen, der Ihrige keines. Jener ist wohlhabend,⁵⁷) dieser arm. Das Alles stört die Gleichheit,⁵⁸) verstimmt⁵⁹) und entfernt⁶⁰) die Gemüther.⁶¹)

Karl.
Es sind aber doch beide ein Paar Ehrenmänner.⁶²)

Lottchen.
Gewiß.⁶³) Aber mein Vater hat dem Ihrigen Geld geliehen⁶⁴) und das ist eine böse Klippe⁶⁵) für die Freundschaft.⁶⁶)

Karl.
Ist es viel?

Lottchen.
Fünfhundert Thaler auf einen Wechsel.⁶⁷)

Karl.
Die Zahlung wird ihm freilich sauer werden.⁶⁸)

Lottchen.
Kürzlich⁶⁹) hat nun gar der Herr Hauptmann sich genöthigt gesehen,⁷⁰) diese hübsche Wohnung aufzugeben⁷¹) und eine schlechtere zu beziehen.⁷²)

Karl.
Das hat ihn wahrlich keinen Seufzer gekostet.⁷³)

---

⁵¹) Szerelmes; ⁵²) kaland; ⁵³) gern sehen, kedvelni, szeretni; ⁵⁴) öszhangzat; ⁵⁵) der Stein des Anstoßes, botránykő, akadály.; ⁵⁶) gomblyuk; ⁵⁷) jó módu; ⁵⁸) stört die Gleichheit, megzavarja az egyenlőséget; ⁵⁹) verstimmen, lehangolni, elkedvetleníteni; ⁶⁰) entfernen, eltávolítani; ⁶¹) kedély; ⁶²) becsületes ember; ⁶³) bizonyosan, minden esetre; ⁶⁴) Geld leihen, pénzt kölcsönözni; ⁶⁵) sziklagát, akadály; ⁶⁶) barátság; ⁶⁷) váltó; ⁶⁸) bizony zokon eshetik majd neki a fizetés; ⁶⁹) rövid idő előtt; ⁷⁰) sich genöthigt sehen, magát kényszerítve látni; ⁷¹) die Wohnung aufgeben, a lakást elhagyni; ⁷²) vonulni; ⁷³) das hat ihn keinen Seufzer gekostet, egy sohajba sem került neki, nem sokat gondolt vele.

Lottchen.

Ich will es glauben. Aber daß mein Vater diese hübsche Wohnung sogleich wieder miethen⁷⁴⁾ und bezahlen⁷⁵⁾ konnte, das hat ihn doch wohl ein wenig gekränkt?⁷⁶⁾

Karl.

Ach, ich meine,⁷⁷⁾ das hat er längst vergessen, denn er ist immer so zerstreut.

Lottchen.

Nur in der Zerstreuung geben beide einander nichts nach.⁷⁸⁾

Karl.

Es fallen bisweilen lustige Auftritte vor.⁷⁹⁾

Lottchen.

Ich kann zu jedem einen Pendant⁸⁰⁾ liefern.

Karl.

Neulich ist er nicht wohl,⁸¹⁾ will den ganzen Tag nicht ausgehen, doch gegen Mittag⁸²⁾ fühlte er sich besser, kleidet sich an,⁸³⁾ behält⁸⁴⁾ aber die Nachtmütze⁸⁵⁾ auf dem Kopfe und geht richtig damit auf die Straße. Ein Freund, der ihm begegnete, ⁸⁶⁾ ruft ihm zu:⁸⁷⁾ ei, ei, warum in der Nachtmütze? Ich befinde mich nicht wohl,⁸⁸⁾ erwiederte⁸⁹⁾ mein Vater, und werde heute den ganzen Tag nicht aus dem Hause gehen.

Lottchen.

Der Meinige hat neben der Klingel⁹⁰⁾ vor unserer Hausthür ein Blech⁹¹⁾ annageln lassen,⁹²⁾ worauf geschrieben steht: „Wenn auf wiederholtes Klingeln⁹³⁾ die Thür nicht geöffnet⁹⁴⁾ wird, so ist der Herr Major nicht zu Hause." Nun kommt er neulich selbst und klingelt.⁹⁵⁾ Der Bediente hört nicht gleich; er liest die Schrift, spricht ganz gelassen⁹⁶⁾ zu sich selbst: „Der Herr Major ist nicht zu Hause," und kehrt richtig wieder um.⁹⁷⁾

Karl.

Bravo! das hätte ich höchstens meinem Vater zugetraut.⁹⁸⁾

---

⁷⁴⁾ Miethen, kibérelni; ⁷⁵⁾ megfizetni; ⁷⁶⁾ kränken, boszantani; ⁷⁷⁾ vélni, gondolni; ⁷⁸⁾ beide geben einander nichts nach, egyik sem enged a másiknak, egyik sem jobb a másiknál; ⁷⁹⁾ vorfallen, történni; ⁸⁰⁾ adalék; ⁸¹⁾ nicht wohl, gyöngélkedő; ⁸²⁾ délfelé; ⁸³⁾ sich ankleiden, felöltözni; ⁸⁴⁾ behalten, fentartani, megtartani; ⁸⁵⁾ hálósüveg; ⁸⁶⁾ begegnen, találkozni; ⁸⁷⁾ zurufen, rákiáltani; ⁸⁸⁾ ich befinde mich nicht wohl, nem jól érzem magamat; ⁸⁹⁾ erwiedern, válaszolni; ⁹⁰⁾ csengetyű; ⁹¹⁾ pléh; ⁹²⁾ annageln lassen, felszögeztetni; ⁹³⁾ wiederholtes Klingeln, ismételt csengetés; ⁹⁴⁾ öffnen, kinyitni; ⁹⁵⁾ klingeln, csengetni; ⁹⁶⁾ nyugodtan, önmegadással; ⁹⁷⁾ sich umkehren, visszafordúlni; ⁹⁸⁾ zutrauen, feltenni.

Lottchen.
O! in der Zerstreuung ringt jeder um den Preis.[99]

Karl.
Um so leichter müßte es Ihnen werden, dann und wann[100] einen unbemerkten Besuch[1] von mir zu empfangen.[2]

Lottchen.
So? — Doch wohl nicht auf meinem Zimmer?

Karl.
Warum nicht? ich habe mehrere Jahre in diesem Hause gewohnt, und kenne hier alle Schliche.[3]

Lottchen.
Ich statuire[4] aber keine Schliche, am wenigsten solche, die in mein Zimmer führen.

Karl.
Hätte ich das ahnen[5] können, als ich selbst noch dies Zimmer bewohnte,[6] daß einst meine Charlotte —

Lottchen.
An der nämlichen Stelle[7] ganz ehrbar einen Strumpf stricken[8] würde, an der Sie vormals[9] Werthers Leiden lasen.

Karl.
O lassen Sie mich wenigstens sehen,[10] wie Sie das Stübchen eingerichtet[11] haben.

Lottchen.
In Gottes Namen, aber nicht über die Schwelle.[12]
(Sie öffnet die Thür ihres Zimmers.)

Karl.
Dort unter dem Fenster stand mein Schreibtisch.[13]

Lottchen.
Da steht jetzt mein Näherahmen.[14]

Karl.
Gegenüber[15] hing Ihre Silhouette.[16]

Lottchen.
Ich bin fromm, da hängt jetzt die heilige Cäcilie, wie sie auf dem Klaviere spielt.[17]

---

[99] Ringt jeder um den Preis, küzd a dijért, vetekedik egymással; [100] dann und wann, olykor, olykor; néha; [1] észrevétlen látogatás; [2] elfogadni; [3] rejtek, zig zug; [4] statuiren, állapitni, határozni; [5] ahnen, sejteni; [6] bewohnen, lakni; [7] an der nämlichen Stelle, ugyan azon helyen; [8] einen Strumpf stricken, harisnyát kötni; [9] elöbb, egykor; [10] lassen Sie mich wenigstens sehen, engedje ön legalább látni, hadd lássam; [11] einrichten, elrendezni, elintézni; [12] küszöb; [13] iróasztal; [14] varróráma; [15] átellenben; [16] árnyrajz; [17] auf dem Klaviere spielen, zongorázni.

Karl.

Dicht am Ofen[18]) stand mein Bücherschrank.[19])

Lottchen.

Ich kann meine ganze Bibliothek[20]) in den Nähbeutel[21]) stecken.[22])

Karl.

O liebes Lottchen! das Zimmer ist klein, aber wenn ich es mit Ihnen bewohnen dürfte —

Lottchen.

Nicht wahr, dann wär' es ein Palast.[23])

Karl.

Ein Tempel.[24])

Lottchen.

Und so weiter.[25]) Wollen Sie nicht auch meines Vaters Bibliothek betrachten?[26])

(Sie öffnet das Zimmer gegenüber.)

Karl (sieht hinein.)

Hier sind große Veränderungen[27]) vorgegangen.[28]) Meines Vaters Gewehrschränke[29]) füllten[30]) sonst[31]) dieses Zimmer.

Lottchen.

Jetzt fressen die Mäuse[32]) da den Polybus und den Tempelhof. — Mein Gott! ich höre Jemand auf der Treppe.[33]) Sollte mein Vater schon nach Hause kommen?

Karl.

Muß ich mich verstecken?[34])

Lottchen.

Verstecken? pfui!

Dritte Scene.

Der Hauptmann. Die Vorigen.[35])

Karl (leise[36]) zu Lottchen).

Es ist mein Vater.

Lottchen (leise).

Wie kommen wir heute zu der Ehre?[37])

[18]) Dicht am Ofen, épen a kemence mellett; [19]) könyvszekrény; [20]) könyvtár; [21]) varróerszény; [22]) dugni, rejteni; [23]) palota; [24]) templom; [25]) és a többi, s igy tovább; [26]) betrachten, megszemlélni, megnézni; [27]) változás; [28]) vorgehen, történni, esni; [29]) fegyverszekrény; [30]) füllen, megtölteni; [31]) különben; [32]) die Mäuse fressen, az egerek rágják [33]) lépcső; [34]) sich verstecken, elbuvni, elrejtődzni; [35]) az elóbbiek; [36]) halkan; [37]) wie kommen wir heute zu der Ehre? miképp jutunk ma ezen szerencséhez?

Hauptmann.

Was seh' ich, Fräulein Charlotte macht einen Besuch³⁸) bei meinem Sohne?

Lottchen.

Wie so,³⁹) Herr Hauptmann?

Hauptmann.

Ich muß Ihnen gestehen,⁴⁰) mein Fräulein, das befremdet mich.⁴¹) Ein junges Frauenzimmer, das bei einem jungen Menschen in dessen eigener⁴²) Wohnung einen Besuch abstattet.⁴³)

Karl (leise).

Merken Sie nicht,⁴⁴) er glaubt er ist zu Hause.

Lottchen.

Erlauben⁴⁵) Sie, Herr Hauptmann.

Hauptmann.

Nein, nein, mein Fräulein, das kann ich nicht erlauben. Ich schätze⁴⁶) Ihren Herrn Vater und folglich⁴⁷) auch den guten Ruf⁴⁸) seiner Tochter.

Karl.

Aber mein Vater, besinnen Sie sich doch —⁴⁹)

Hauptmann.

Schweig, du Unbesonnener!⁵⁰) Gewiß hast du das Fräulein zu diesem Schritt verleitet.⁵¹) Du hast gewußt, daß du in ihrer Wohnung sie nicht allein finden würdest, da bist du auf den tollen Gedanken gerathen.⁵²)

Lottchen.

Um Verzeihung,⁵³) Herr Hauptmann, ich würde mich zu einer solchen Unanständigkeit⁵⁴) nie verleiten lassen.

Hauptmann.

Also wären Sie gar aus eigener Bewegung⁵⁵) hier? Das thut mir leid,⁵⁶) das ist noch schlimmer.

Karl.

Mein Vater, sie sind ja hier —

Hauptmann.

Nicht willkommen,⁵⁷) das merk' ich wohl.

---

³⁸) Besuch machen, meglátogatni; ³⁹) wie so? hogy, hogy? ⁴⁰) gestehen, megvallani; ⁴¹) azon megütközöm; ⁴²) saját tulajdon; ⁴³) Besuch abstatten, meglátogatni, látogatást tenni; ⁴⁴) merken Sie nicht? nem veszi ön észre? ⁴⁵) megengedjen; ⁴⁶) schätzen, tisztelni, becsülni; ⁴⁷) következéskép; ⁴⁸) hír; ⁴⁹) besinnen Sie sich doch, gondolkozzék csak; ⁵⁰) meggondolatlan; ⁵¹) verleiten, elcsábitni; ⁵²) da bist du auf den tollen Gedanken gerathen, ugy vetemedtél azon ostoba gondolatra; ⁵³) um Verzeihung, megengedjen, bocsánatot kérek; ⁵⁴) illetlenség; ⁵⁵) aus eigener Bewegung, saját akaratából; ⁵⁶) das thut mir leid, sajnálom; ⁵⁷) nicht willkommen, nem kedves vendég.

Karl.

Der Herr Major ist nicht zu Hause.

Hauptmann.

Und diesen Augenblick[58] hat das Fräulein gewählt,[59] um verstohlen[60] aus ihrer Wohnung zu schleichen?[61] Noch einmal, das ist sehr unrecht,[62] sehr unbesonnen; ich werde diesmal schweigen, allein ich bitte Sie, sich auf der Stelle zu entfernen.[63]

Lottchen (leise).

Das ist fürwahr[64] ein wenig ärgerlich.[65] Sie mögen sehen, wie Sie mit ihm zurecht kommen.[66]

(Sie geht in ihr Zimmer.)

Vierte Scene.

Der Hauptmann. Karl.

Hauptmann.

Ist sie fort?[67]

Karl.

Ja, sie ist fort. Allein fürwahr, mein Vater, Sie haben das Fräulein sehr beleidigt.[68]

Hauptmann.

Wehe ihr,[69] wenn sie die gutgemeinte Warnung[70] eines alten Mannes für Beleidigung nehmen[71] kann.

Karl.

Aber mein Gott! wir sind ja nicht in unserm eigenen Hause.

Hauptmann.

Eigen oder gemiethet,[72] das kommt auf Eins heraus.[73] Kurz, ich will nichts weiter[74] davon hören.

Karl.

Sehr wohl,[75] ich gehe.

Hauptmann.

Du willst ihr nachschleichen,[76] der Vater ist nicht zu Hause — da willst du wohl gar den ganzen Abend bei ihr zubringen,[77]

---

[58] Pillanat, perc; [59] wählen, választani; [60] lopva; [61] aus der Wohnung zu schleichen, a lakásból kicsuszanni; [62] helytelen; [63] sich auf der Stelle zu entfernen, hogy azonnal vagy tüstént eltávozzon; [64] valóban, csak ugyan; [65] bosszantó; [66] Sie mögen sehen, wie Sie mit ihm zurecht kommen, Ön lássa, mikép jö tisztába vele; [67] ist Sie fort, elment, eltávozott? [68] beleidigen, megsérteni; [69] wehe ihr, jaj neki; [70] gutgemeinte Warnung, jó akaratú intés; [71] für Beleidigung nehmen, tértésnek, megbántásnak venni; [72] eigen oder gemiethet, magunké vagy bérlett; [73] das kommt auf Eins heraus, az mindegy; [74] többé; [75] sehr wohl, jól van; [76] nachschleichen, utána osonni; [77] bei ihr zubringen, nála tölteni.

uneingedenk[78]) ihres guten Rufes und deiner eigenen Pflicht gegen deine Braut.

Karl.
Braut? Ich habe ja keine Braut.

Hauptmann.
Unverschämter![79]) Ist das der Lohn[80]) für meine viele Sorg' und Mühe, dir eine schöne, reiche Frau zu verschaffen?[81]) Du willst dich auf die Hinterbeine stellen?[82]) Willst ein ehrbares Mädchen verführen?[83])

Karl.
Nicht doch,[84]) mein Vater —

Hauptmann.
Schweig! Die Galle läuft mir über.[85]) Es ist mir sehr lieb,[86]) so zufällig erfahren[87]) zu haben, daß der Major heute abwesend ist.[88]) Ich halte es für meine Pflicht, gegen einen alten Kriegskameraden,[89]) die Ehre seiner Tochter zu behüten,[90]) zumal[91]) da mein Sohn der Ehrendieb[92]) sein will. Darum wirst du dir gefallen lassen,[93]) heute nicht mehr von der Stelle zu weichen.[94])

Karl.
Wenn Sie befehlen.

Hauptmann.
Ja, ich befehle. Und um meiner Sache ganz gewiß zu sein,[95]) werde ich dich in dein Zimmer sperren.[96])

Karl.
In mein Zimmer?

Hauptmann.
Ja, ja, ohne Umstände.[97]) Marsch hinein![98])

Karl.
Um Gotteswillen,[99]) mein Vater — —

Hauptmann.
Kein Wort,[100]) du kennst mich.

---

[78]) Nem gondolva, megfeledkezvén; [79]) szemtelen; [80]) jutalom; [81]) verschaffen, szerezni; [82]) du willst dich auf die Hinterbeine stellen, te még talán szembe is akarsz szállani velem; [83]) verführen, elcsábítani; [84]) nicht doch, de hogy ne tegyen fel rólam ilyet; [85]) die Galle läuft mir über, felháborodik epém; vérem epévé válik; elönt az epe; [86]) es ist mir sehr lieb, igen szeretem; [87]) zufällig erfahren, történetesen megtudni; [88]) er ist abwesend, nincs hon; [89]) bajtárs; [90]) behüten, megóvni, megőrizni; [91]) kivált, kiváltkép; [92]) becstelenitő; [93]) du wirst dir gefallen lassen, tetszeni fog neked; [94]) von der Stelle weichen, helyből mozdulni; [95]) um meiner Sache ganz gewiß zu sein, hogy egészen biztos legyek; [96]) csukni, zárni; [97]) ohne Umstände, minden cerimonia nélkül; [98]) lódulj be; [99]) az istenért; [100]) kein Wort, egy szót sem.

Karl.

In dieses Zimmer?

Hauptmann.

Ja, in dieses Zimmer. Da hast du Bücher genug, um dir die lange Weile zu vertreiben.¹)

Karl.

O, vor der langen Weile ist mir nicht bange.²)

Hauptmann.

Nun so geh'.

Karl.

Wenn Sie durchaus nicht anders wollen.³)

Hauptmann.

Ei, zum Henker!⁴) Mach' mich nicht ungeduldig.⁵) Fort! hinein!

Karl.

Nun in Gottes Namen. (Er geht in Lottchens Zimmer.)

Fünfte Scene.

Der Hauptmann (allein).

(Er verschließt⁶) die Thür hinter Karl und steckt den Schlüssel in die Tasche.⁷) Wenn ich anders handelte,⁸) so könnte der Major wohl gar glauben, ich selbst gäbe meinem Sohn Mittel und Wege an die Hand,⁹) seine Tochter zu bestricken.¹⁰) Davor bewahre mich der Himmel!¹¹) Ich bin ärmer als er, bin auch nur Hauptmann, und trage keinen Orden,¹²) aber was die Ehre betrifft, da nehme ich es mit Jedem auf.¹³) Ich sollte wohl heute noch mancherlei Geschäfte abthun,¹⁴) allein wer steht mir dafür,¹⁵) daß der junge Mensch das Schloß aufsprengt¹⁶) und doch zu dem Mädchen läuft?¹⁷) Verliebte¹⁸) sind gewöhnlich ganz des Teufels.¹⁹) Besser ich bleibe zu Hause. (Er zieht seine Uniform²⁰) aus²¹) und den seidenen Schlafrock²²)

¹) Die lange Weile vertreiben, az unalmat elüzni; ²) vor der langen Weile ist mir nicht bange, az unalomtól nem tartok; ³) wenn Sie durchaus nicht anders wollen, ha épen meg kell lenni, ha épen ugy tetszik; ⁴) zum Henker, kuruc tatár; ⁵) türelmetlen; ⁶) verschließen, becsukni; ⁷) zseb; ⁸) wenn ich anders handelte, ha máskép tennék; ⁹) Mittel und Wege an die Hand geben, alkalmat adni rá, módot szolgáltatni; ¹⁰) bestricken, törbe ejteni; ¹¹) davor bewahre mich der Himmel! attól isten mentsen meg! ¹²) érdemjel; ¹³) was die Ehre betrifft, da nehme ich es mit Jedem auf, a mi becsületemet illeti, mindenkivel megmérközöm; ¹⁴) mancherlei Geschäfte abthun, némely dolgokat végezni; ¹⁵) allein wer steht mir dafür, de ki áll jót érte, ki kezeskedik róla; ¹⁶) das Schloß aufsprengen, a zárt feltörni, kifeszíteni; ¹⁷) laufen, futni, szaladni, szökni; ¹⁸) szerelmes; ¹⁹) az ördögöké; ²⁰) egyenruha; ²¹) auszíehen, levetni; ²²) hálóköntös.

an;²⁸) die Uniform hängt er dagegen über den Stuhl.²⁴) Aha, da liegen auch Zeitungen. Richtig,²⁵) heute ist Posttag.²⁶) Die wollen wir doch gleich lesen. (Er nimmt die Zeitungen und setzt die daneben liegende Brille auf die Nase.²⁷) Hm! hm! das ist kurios.²⁸) Was fehlt denn²⁹) meinen Augen, daß ich heute durch meine eigene Brille gar nicht sehen kann? Ich glaube wahrhaftig,³⁰) die alten Augen haben sich verbessert,³¹) ich sehe weit deutlicher³²) ohne Brille. (Er setzt sich³³) in einen Winkel³⁴) ans Fenster, mit den Rücken³⁵) gegen die Thür, und liest die Zeitungen.) „Die Generalstaaten³⁶) haben einen Gesandten³⁷) an den König von Polen³⁸) geschickt." — Ist der Zeitungsschreiber³⁹) närrisch? oder sind die abgesetzten⁴⁰) Generalstaaten verrückt?⁴¹) Die sollten jetzt ganz ruhig sitzen, in Polen ist nichts für sie zu thun.⁴²) „In Venedig ist ein neuer Doge⁴³) gewählt⁴⁴) worden." Das wär' der Teufel!⁴⁵) das ist unmöglich! da gäb' es gleich wieder Krieg. „Der Vesuv fängt an Lava auszuwerfen.⁴⁶)" Ja, das kann sein. Es ist ein Glück für den alten Kerl,⁴⁷) den Vesuv, daß er blos über Schwefel brütet.⁴⁸) Stünde er auf Gold, so wäre er auch schon längst⁴⁹) um und umgeworfen⁵⁰) worden. (Liest weiter) Hm! hm! hm! kurios!

Sechste Scene.
Der Major, der Hauptmann.
Major.

(ohne den Hauptmann zu sehen,⁵¹) betrachtet⁵²) einen Wechsel, den er in der Hand hält.)

Ja, ja, der Wechsel ist fällig,⁵³) heute der Zahlungstermin.⁵⁴) Nun will ich doch sehen,⁵⁵) ob mein alter Kriegskamerad sich einstellen⁵⁶) wird? — Hat er Geld auftreiben⁵⁷) können, so zweifle ich keineswegs,⁵⁸) denn er ist ein Ehrenmann. (Er steckt den Wechsel

---

²³) Anziehen, felölteni; ²⁴) hängt er, über den Stuhl, a székre helyezi; ²⁵) igaz; ²⁶) postanap; ²⁷) auf die Nase setzen, orrára tenni; ²⁸) különös, furcsa, csodálatos; ²⁹) was fehlt denn, mi baja van; ³⁰) valóban; ³¹) sich verbessern, megjavúlni; ³²) weit deutlicher, sokkal tisztábban, sokkal jobban; ³³) sich setzen, leülni; ³⁴) zug, szöglet; ³⁵) hát; ³⁶) az ország rendei Németalföldön v. az amerikai szabadstatusok; ³⁷) követ; ³⁸) an den König von Polen, a lengyel királyhoz; ³⁹) örült; ⁴⁰) letett; ⁴¹) tébolyodott; ⁴²) in Polen ist nichts für sie zu thun, Lengyelhonban nekik nincs semmi tenni valójok, nincs semmi dolguk; ⁴³) Dózse, kormányzó; ⁴⁴) wählen, választani; ⁴⁵) das wäre der Teufel, ez volna még ördögös dolog; ⁴⁶) auswerfen, hányni, okádni; ⁴⁷) alter Kerl, öreg fickó; ⁴⁸) über den Schwefel brüten, kénen ülni; ⁴⁹) már régen; ⁵⁰) umwerfen, feldönteni; ⁵¹) ohne zu sehen, a nélkül, hogy látná; ⁵²) betrachten, vizsgálni; ⁵³) der Wechsel ist fällig, a váltó lejár, ideje kitelt; ⁵⁴) fizetési határidő; ⁵⁵) nun will ich doch sehen, majd meglátom; ⁵⁶) sich einstellen, megjelenni; ⁵⁷) keríteni, szert tenni; ⁵⁸) so zweifle ich keineswegs, semmikép sem kétkedem.

in die Tasche.) Ich muß aber doch wohl zu Hause bleiben, um ihn zu erwarten.⁵⁹) (Er zieht die Uniform aus, hängt sie über einen Stuhl und sieht sich nach seinem Schlafrock um.)⁶⁰) Wo ist denn mein Schlafrock? (Er erblickt den Hauptmann.) Oho! Wer sitzt denn da?⁶¹) Gehorsamer Diener,⁶²) Herr Hauptmann.

Hauptmann.
Ei, ei, willkommen⁶³) Herr Major.

Major.
Schon lange hier?⁶⁴)

Hauptmann.
Ein Viertelstündchen.⁶⁵)

Major.
Ich sehe, Sie haben es sich bequem gemacht.⁶⁶)

Hauptmann.
Ja, wenn ich zu Hause bin, so pflege ich⁶⁷) immer im Schlafrocke zu sitzen. —

Major.
Was zum Henker!⁶⁸) Sind Sie denn zu Hause?⁶⁹)

Hauptmann.
Hähähä! Freilich, freilich, Herr Major, Sie werden doch mein Zimmer kennen? Ich habe ja schon öfter die Ehre gehabt, Sie bei mir zu sehen.⁷⁰)

Major.
Ach so bitte ich tausendmal um Vergebung. Es kam mir wahrhaftig vor,⁷¹) als sei ich selbst nach Hause gekommen, und in der Zerstreuung zog ich schon meinen Rock aus.

Hauptmann.
Hat nichts zu bedeuten.⁷²) Ich weiß ja von Alters her,⁷³) daß Sie bisweilen an Zerstreuungen laboriren.⁷⁴)

Major.
Nein, das ist aber doch zu arg.⁷⁵) (Er zieht statt seiner eigenen Uniform die des Hauptmannes an.) Ich muß nochmals recht sehr entschuldigen.⁷⁶) —

---

⁵⁹) Erwarten, várni; ⁶⁰) sich nach etwas umsehen, valamit keresni; ⁶¹) wer sitzt denn da? ki ül itt? ⁶²) gehorsamer Diener, alázatos szolgája; ⁶³) Isten hozta; ⁶⁴) már régen itt van? ⁶⁵) egy negyedórácskája; ⁶⁶) sich bequem machen, kéjelembe helyezni magát; ⁶⁷) so pflege ich, szokom; ⁶⁸) zum Henker, mi a manó; ⁶⁹) sind Sie denn zu Hause, Sie bei mir zu sehen, hiszen többször volt már szerencsém önt nálam tisztelhetni; ⁷¹) es kam mir vor, ugy tetszett, ugy látszott; ⁷²) hat nichts zu bedeuten, semmit sem tesz; ⁷³) ich weiß ja von Alters her, hiszen rég tudom; ⁷⁴) laboriren, szenvedni; ⁷⁵) das ist aber doch zu arg, de már ez még is sok; ⁷⁶) ich muß nochmals recht sehr entschuldigen, még egyszer engedelmet kérek.

Hauptmann.

Ich bitte die Worte zu sparen.⁷⁷) Dergleichen begegnet⁷⁸) einem ja wohl bisweilen. Setzen Sie sich Herr Major. Es gehen jetzt noch viel wunderbarere Dinge in der Welt vor.⁷⁹) Da lese ich eben die Zeitungen. Die Republik Venedig ist wieder hergestellt.⁸⁰).

Major.

Das wär' der Henker.⁸¹)

Hauptmann.
(hält ihm die Zeitung hin.)

Ja, ja, es ist ein neuer Doge erwählt worden.

Major.

Erlauben Sie, diese Zeitung ist ja von Anno 1775.⁸²)

Hauptmann.

So? Das ist ein Anderes.⁸³)

Major.

Damals⁸⁴) gab es noch einen Dogen.

Hauptmann.

Ja, damals gab es noch mancherlei.⁸⁵)

Major.

Wie kommen Sie denn an die alte Zeitung?⁸⁶)

Hauptmann.

Gott weiß! Vermuthlich⁸⁷) hat mein Sohn sie hergeworfen.⁸⁸)

Major.

Eine solche Zeitung ist in unseren Tagen wahrlich ein rührender Anblick.⁸⁹)

Hauptmann.

Man kann sie nicht ohne Thränen⁹⁰) lesen.

Major.

Sic transit gloria mundi.⁹¹)

Hauptmann.

Damals waren noch gute Zeiten. Alles wohlfeil.⁹²)

Major.

Jetzt hält es schwer, mit der Pension auszukommen.⁹³)

---

⁷⁷) Ich bitte die Worte zu sparen, ne szaporítsuk a szót; ⁷⁸) dergleichen begegnet einem bisweilen, illyesmi megesik ollykor rajtunk; ⁷⁹) es gehen wunderbare Dinge vor, csudálatos dolgok történnek; ⁸⁰) herstellen, helyreállítani; ⁸¹) mi a manót; ⁸²) von Anno 1775, 1775-ből való; ⁸³) das ist ein Anderes, már az más; ⁸⁴) akkor; ⁸⁵) gab es mancherlei, sok volt, minek ma csak hire van; ⁸⁶) wie kommen Sie an die alte Zeitung? mikép jutott ezen régi ujsághoz; ⁸⁷) valószinüleg; ⁸⁸) herwerfen, ide dobni, vetni; ⁸⁹) megindító látmány; ⁹⁰) köny; ⁹¹) így mulik el a világ dicsősége; ⁹²) olcsó; ⁹³) jetzt fällt es schwer, mit der Pension auszukommen, most alig tengödik (alig jöhet ki) az ember a nyugdíjból.

Hauptmann.

Sehr schwer. Man muß sich einschränken⁹⁴) und das thu' ich auch. Vormals⁹⁵) trank ich ein Gläschen Wein, jetzt erfreue ich⁹⁶) mein Herz mit Bier. Vormals rauchte ich Csetneker,⁹⁷) jetzt ordinären Tabak.⁹⁸) Vormals trug ich seidene Schlafröcke, jetzt nehme ich mit einem wollenen vorlieb.⁹⁹)

Major.

Nun, was Ihren Schlafrock betrifft,¹⁰⁰) der ist, wie ich sehe, von Seide.

Hauptmann
(betrachtet seinen Schlafrock voller Bewunderung.)

Ja wahrhaftig, der ist von Seide.

Major.

Und wenn ich nicht irre,¹) so ist es gar mein Schlafrock.

Hauptmann.

Das wäre der Teufel! Wie käm ich denn zu Ihrem Schlafrock?²)

Major (sieht sich um.)

Hm! hm! Ich denke, mein Herr Hauptmann, ich befinde mich³) doch wohl in meiner eigenen Wohnung.

Hauptmann.

Sollt' es möglich sein?⁴)

Major.

Besinnen Sie sich nun. Sie sind vor acht Tagen hier ausgezogen, und wenn mir recht ist,⁵) so hab' ich das Quartier gemiethet.

Hauptmann.

Ach, Gott's Blitz!⁶) Sie haben Recht. Ich bitte tausendmal um Vergebung.

Major.

Hat nichts zu bedeuten. Ich weiß ja von Alters her, daß Sie bisweilen an Zerstreuungen laboriren.

Hauptmann.

Nein, das ist aber doch zu arg. Ein fremdes Haus, ein fremder Schlafrock, ich muß mich schämen. — (Er zieht den Schlafrock aus, und dagegen die Uniform des Majors an.)

---

⁹⁴) Man muß sich einschränken, össze kell húzni magát; ⁹⁵) elöbb; ⁹⁶) sich erfreuen, magát felvidítani; ⁹⁷) Csetneker rauchen, csetneki színi; ⁹⁸) közönséges dohány; ⁹⁹) vorlieb nehmen, beérni, megelégedni; ¹⁰⁰) nun was betrifft, no, a mi illeti; ¹) wenn ich nicht irre, ha nem hibázom; ²) wie käm ich zu Ihrem Schlafrock? mint jutottam volna ön hálóköntöséhez? ³) ich befinde mich, vagyok; ⁴) sollt' es möglich sein, lehetséges az? ⁵) und wenn mir recht ist, és ha nem hibázom, ha igazam van; ⁶) tüzes lánczos!

Major.

Machen Sie keine Umständ⁷) mit einem alten Kriegskameraden. Es ist mir angenehm, daß ich diesem Zufall⁸) Ihren Besuch verdanke.

Hauptmann.

O ich würde auch ohnedies meine Schuldigkeit beobachtet haben.⁹)

Major.

Sie meinen wegen des Wechsels¹⁰) von 500 Thalern? Damit hat es eben keine Eile.¹¹)

Hauptmann.

Was belieben Sie?¹²) Ein Wechsel?

Major.

Sie erinnern sich doch? Vor sechs Monaten?¹³) Die Pension blieb aus,¹⁴) die Kontribution¹⁵) blieb aber nicht aus, und Sie brauchten Geld.¹⁶)

Hauptmann
(schlägt sich vor den Kopf.¹⁷)

Ich Konfusionsrath.¹⁸) Freilich!¹⁹) Freilich! und wann ist denn der Zahlungstermin?

Major.

Heute.

Hauptmann.

Heute? O da muß ich abermals²⁰) um Vergebung bitten und eilig²¹) in die Stadt rennen,²²) um das Geld aufzutreiben.

Major.

Ich bin eben nicht pressirt.²³) Sie haben noch Respit-Tage.²⁴)

Hauptmann.

Nichts da!²⁵) Nichts da! Der Hauptmann Mengkorn ist ein armer Teufel, aber seine Wechsel hat er immer auf die Stunde²⁶) bezahlt. Noch diesen Abend habe ich die Ehre, Ihnen wieder aufzuwarten.²⁷) (Ab.)

---

⁷) Machen Sie keine Umstände, sel se vegye; ⁸) eset; ⁹) ich würde — haben, a nélkül is megtettem volna kötelességemet; ¹⁰) Sie meinen wegen des Wechsels? Ön ezt a váltóra nézve érti? ¹¹) damit hat es keine Eile, nem sürgetős; ¹²) mi tetszik; ¹³) hónap; ¹⁴) ausbleiben, kimaradni; ¹⁵) adó; ¹⁶) Sie brauchten Geld, Önnek pénzre volt szüksége; ¹⁷) schlägt sich vor den Kopf, homlokára üt; ¹⁸) szórakodottsági tanácsos; ¹⁹) igaz; ²⁰) ujra; ²¹) sietve; ²²) rennen, szaladni, futni; ²³) ich bin eben nicht pressirt, nem épen szorúltam rá; ²⁴) Sie haben noch Respit-Tage, Önnek kiméleti napjai is vannak; ²⁵) nichts da, nem; ²⁶) auf die Stunde, órára, pontosan; ²⁷) ich habe die Ehre, aufzuwarten, szerencsém leend tisztelegni, teszem tiszteletem.

Siebente Scene.

Der Major (allein.)

Ein braver Mann. Wenn er nur nicht bisweilen so entsetzlich[28]) zerstreut wäre. Ich weiß nicht, warum mir der verdammte[29]) Schneider den Rock so kurz gemacht hat? er spannt mich in allen Nähten.[30]) He, Lottchen! Lottchen!

Lottchen (inwendig.)

Papa!

Major.

Wo steckst du?[31]) Komm heraus.

Lottchen.

Ich kann nicht, ich bin eingeschlossen.[32])

Major.

Eingeschlossen? Wie ist denn das zugegangen?[33])

Lottchen.

Ich warf die Thür ein wenig hastig zu und sie sprang in's Schloß.[34])

Major.

Hm! das klingt sehr verdächtig.[35]) Du bist doch allein.

Lottchen.

Allein? O ja, wie man's nimmt.[36]).

Major.

Hüte dich,[37]) ich nehme es ganz verflucht genau.[38]) Wenn ich eine Mannsperson bei dir finde, die schlag' ich todt.[39])

Lottchen.

Gott bewahre! Es ist niemand bei mir, als meine Putzmacherin.

Major.

Nun komm' heraus.

Lottchen.

Ich kann ja nicht.[40])

Major.

Wo ist denn der Schlüssel?[41])

---

[28]) Borzasztó; [29]) átkozott; [30]) er spannt mich in allen Nähten, mindenütt szorít; [31]) wo steckst du? hol vagy? [32]) ich bin eingeschlossen, bevagyok zárva. [33]) Wie ist denn das zugegangen? hogy eshetett az meg? [34]) Die Thür warf ich ein wenig hastig zu, und sie sprang in's Schloß, az ajtót kevéssé nagyon becsaptam s a zár becsattant; [35]) klingt verdächtig, gyanusan hangzik. [36]) Wie man's nimmt, a mint veszi az ember. [37]) Hüte dich, vigyázz magadra; [38]) ich nehme es ganz verflucht genau, én fölötte szigorún veszem a dolgot; [39]) todtschlagen, agyonütni. [40]) Ich kann ja nicht, nem lehet, nem mehetek; [41]) kulcs.

Lottchen.

Das weiß ich nicht, vielleicht haben Sie ihn in der Zerstreuung zu sich gesteckt.⁴²)

Major.

Dummer Schnack!⁴³) Als ob ich so zerstreut wäre. (Er sucht in seiner Tasche.) Doch wahrhaftig, da ist er.⁴⁴) Ich habe den Schlüssel gefunden.

Lottchen.

O ich bitte, machen Sie noch nicht auf.

Major.

Warum denn nicht?

Lottchen.

Die Putzmacherin schämt sich ein wenig.

Major.

Warum schämt sie sich denn?

Lottchen.

Sie hat eines meiner Kleider anprobirt.⁴⁵)

Major.

Nun was thut denn das?⁴⁶)

Lottchen.

Sie ist mit ihrer Toilette noch nicht ganz wieder in Ordnung.⁴⁷)

Major.

Ei was! ich will ihr helfen. (Er schließt auf.)⁴⁸)

Lottchen.

(hält inwendig die Thür.)

Nur noch einen Augenblick.

Major.

Mach mich nicht ungeduldig.⁴⁹)

Lottchen.

So, so, jetzt ist sie fertig.

Achte Scene.

Der Major, Lottchen, Karl (in einem Weiberrock,⁵⁰) mit einer Saloppe⁵¹) und einer Nachthaube⁵²) auf dem Kopfe.)
(Karl verneigt sich).⁵³)

Major.

Hm! Ein recht hübsches⁵⁴) Mädchen. (Laut.) Die feine⁵⁵) Jungfrau⁵⁶) hab' ich ja noch nie bei dir gesehen?

⁴²) Zu sich stecken, magához venni; ⁴³) te ostoba; ⁴⁴) da ist er, itt van; ⁴⁵) anprobiren, magára próbálni; ⁴⁶) nun was thut das? hát aztán mit tesz az? ⁴⁷) Sie ist mit ihrer Toilette nicht in Ordnung, öltözékével nincs rendben; ⁴⁸) aufschließen, kinyitni. ⁴⁹) Mach mich nicht ungeduldig, meg ne boszszants; ⁵⁰) szoknya; ⁵¹) felöltő; ⁵²) hálófőkötő; ⁵³) sich verneigen, meghajtani magát; ⁵⁴) recht hübsch, igen szép; ⁵⁵) csinos; ⁵⁶) leányasszony.

Lottchen.

Sie ist erst seit Kurzem hier etablirt.⁵⁷)

Major.

So? das freut mich. Wie gefällt's Ihnen hier,⁵⁸) Mamsell?⁵⁹)

(Karl verneigt sich.)

Major.

Ein Knir?⁶⁰) Das soll doch wohl heißen gut? (Karl verneigt sich abermals.) Wieder ein Knir? (Bei Seite)⁶¹) Das Mädchen ist gar eine Novize.⁶²) Sie hat gar nicht die edle Keckheit⁶³) einer Putzmacherin.

(Karl will sich fortschleichen.)⁶⁴)

Major.

O warten Sie doch noch ein wenig. Ich habe auch allerlei bei Ihnen zu bestellen.⁶⁵) Ich — (zu Lottchen) ich will dir eine heimliche⁶⁶) Freude machen, du sollst aber nicht wissen, worin sie besteht.⁶⁷) Laß mich nur mit der Mamsell allein.

Lottchen (bei Seite.)

Ich glaube wahrhaftig, sie gefällt ihm.⁶⁸)

Major.

Geh', geh', mein Kind, du sollst mit mir zufrieden sein.⁶⁹)

Lottchen.

Lieber Vater, ich habe ohnehin⁷⁰) schon so vielerlei bestellt.

Major.

Zum Brautstaat?⁷¹) Nicht wahr?⁷²)

Lottchen.

Vielleicht.

Major.

Nun geh' nur, ich muß doch auch meinen Willen haben.⁷³)

Lottchen.

Aber die Mamsell ist schon so mit Arbeiten überhäuft. —⁷⁴)

---

⁵⁷) Sich etabliren, megtelepedni; ⁵⁸) wie gefällt's Ihnen hier? mint tetszik önnek itt? ⁵⁹) leányasszony; ⁶⁰) térdbók; ⁶¹) félre; ⁶²) ujoncz; ⁶³) edle Keckheit, nemes bátorság. merészség; ⁶⁴) sich fortschleichen, elosonni. ⁶⁵) Ich habe allerlei bei Ihnen zu bestellen, sokfélét kell leányasszonynál megrendelnem; ⁶⁶) titkos; ⁶⁷) worin sie besteht, miböl álland; ⁶⁸) sie gefällt ihm, tetszik neki; ⁶⁹) du sollst mit mir zufrieden sein, meglészesz velem elégedve; ⁷⁰) már úgy is; ⁷¹) menyegzöi öltözék; ⁷²) nicht wahr? nem de? ⁷³) ich muß auch meinen Willen haben, csak nekem is lehet saját akaratom; ⁷⁴) überhäufen, elhalmozni.

Major.

Aber zum Henker! Ich will mit ihr sprechen. Geh' in die Küche. Vermuthlich wird der Hauptmann heute Abend mit uns speisen.[75]) Er ißt gerne Tiroler Pfannenkuchen.[76]) Geh' hin und backe[77]) uns welche.

Lottchen.

Die verstehe ich nicht zu backen.

Major.

So begib dich[78]) hier in meine Bibliothek, da findest du das Wiener Kochbuch[79]) und das baier'sche Kochbuch und auch die schwedische Jungfer Wary.[80]) Da lerne, was du nicht verstehst.

Lottchen.

Aber mein Vater —

Major.

Zum Henker! du sollst gehorchen.[81]) (Er schiebt sie[82]) in seine Bibliothek.)

Neunte Scene.

Der Major. Karl.

Major.

Nun mein schönes Kind, sind wir allein. Nun werden Sie doch auch ein Wörtchen von sich hören lassen?[83]) Noch immer nicht? Welche Art von Putz[84]) machen Sie denn? Kopfzeuge? (Karl nickt.) Ja, ja, damit findet man Ihres Gleichen überall beschäftigt.[86]) Munter![87]) Munter! Mit Ihrer Blödigkeit werden Sie nicht weit kommen.[88]) (Karl macht eine Geberde der Ehrfurcht.)[89]) Wo ist denn das Händchen? Warum verstecken Sie es denn so? (Er holt Karls Hand unter der Saloppe hervor[90]) und streichelt[91]) sie.) Ein hübsches, derbes[92]) Händchen, armes Kind! Sie haben vermuthlich schon manche saure Arbeit verrichten müssen?[93]) Das wollen wir in Zukunft schon anders einrichten,[94]) nicht wahr? Nun warum drehen Sie denn das Köpfchen weg?[95]) Man wird Ihnen doch wohl unter

---

[75]) Er wird Abend mit uns speisen, este velünk vacsorál; [76]) Tiroler Pfannenkuchen, tyroli fánk; [77]) backen, sütni; [78]) so begib dich, eredj hát; [79]) Wiener Kochbuch, bécsi szakácskönyv; [80]) die schwedische Jungfer Wary, Wary svéd leány szakácskönyve; [81]) gehorchen, szót fogadni, engedelmeskedni; [82]) schieben, tolni; [83]) nun werden Sie doch ein Wörtchen von sich hören lassen, most már csak fog szólni; [84]) welche Art von Putz, mily nemü piperét; [85]) foj-ék; [86]) damit findet man Ihres Gleichen überall beschäftigt, ezzel foglalkoznak ön társai mindenütt; [87]) legyen bátor; [88]) mit Ihrer Blödigkeit werden Sie nicht weit kommen, sie ön félénkségével nem sokra megy; [89]) macht eine Geberde der Ehrfurcht, tiszteletteljesen meghajtja magát; [90]) hervorholen, kihuzni; [91]) streicheln, simogatni; [92]) izmos; [93]) Sie haben schon manche saure Arbeit verrichten müssen? Önnek már sok nehéz munkát kellett végezni? [94]) das wollen wir anders einrichten, azt máskép intézzük el; [95]) wegbrehen, elforditani.

das Kinn fassen dürfen?⁹⁶) (Er thut es.) Gott's Blitz!⁹⁷) Ich glaube gar⁹⁸) Sie haben einen Bart? Alle Teufel!⁹⁹) Ich will nicht hoffen — (Er reißt Karln die Saloppe weg,)¹⁰⁰) Eine Mannsperson! (Er reißt ihm die Nachthaube vom Kopf.) Hol' mich¹) der Teufel, eine Mannsperson!

Karl.
Ich bitte gehorsamst um Verzeihung.

Major.
Bomben und Granaten!²) Wer sind Sie, Herr?³)

Karl.
Ich bin der Sohn des Hauptmanns Mengkorn. Ich liebe Ihre Fräulein Tochter.

Major.
Das hat Ihnen der Satan geheißen.⁴) Potz Kroaten und Baschkiren!⁵) Mit meiner Tochter in ihrem Zimmer eingeschlossen!

Karl.
Durch den seltsamsten Zufall von der Welt.⁶)

Major.
Ich kenne solche Zufälle.

Karl.
In allen Ehren.⁷)

Major.
Das glaub' der Teufel! Warum hätten Sie sich vermummt?⁸)

Karl.
Weil der Schein gegen uns war⁹) und weil der Herr Major zu sagen beliebten,¹⁰) wenn Sie eine Mannsperson fänden, so wollen Sie sie todt schlagen.

Major.
Ja, das will ich auch.¹¹)

Karl.
Um Ihnen nun einen Mord zu ersparen¹²) —

Major.
Ja ermorden¹³) will ich Sie!

⁹⁶) Unter das Kinn fassen dürfen, szabad az állához nyulni; ⁹⁷) menydörgős menykő; ⁹⁸) ich glaube gar, talán épen; ⁹⁹) lánczos lobogós! ¹⁰⁰) wegreißen, rántani; ¹) hol' mich, vigyen el; ²) Bomben und Granaten, dörgős ropogós; ³) wer sind Sie, Herr? kicsoda ön uram? ⁴) das hat Ihnen der Satan geheißen, azt a sátán sugta önnek; ⁵) potz Kroaten und Baschkiren, ejnye lánchordta; ⁶) durch den seltsamsten Zufall von der Welt, a világon a legvéletlenebb eset által; ⁷) in allen Ehren, egész tisztelettel; ⁸) sich vermummen, beburkolni, felálarcozni magát; ⁹) weil der Schein gegen uns war, mert a külszin ellenünk volt; ¹⁰) weil der Herr Major zu sagen beliebten, mert őrnagy úrnak méltóztatott mondani; ¹¹) das will ich auch, azt meg is teszem; ¹²) um Ihnen einen Mord zu ersparen, hogy a gyilkosságnak elejét vegyük; ¹³) ermorden, meggyilkolni.

Karl.

So warf mir das Fräulein schnell ihre Saloppe und ihre Nachthaube zu.[14])

Major.

Die Nachthaube soll gegen Sie zeugen.[15]) (Er steckt sie in die Tasche.) Ich fordere eklatante Satisfaktion.[16])

Karl.

Schonen[17]) Sie wenigstens die Ehre Ihrer unschuldigen[18]) Fräulein Tochter.

Major.

Eine saubere Unschuld.[19]) Eine saubere Ehre! nichts will ich schonen! Die ganze Familie will ich zusammen berufen[20]) und ein ordentliches Blutgericht halten.[21]) Unterdessen[22]) mein junger Herr, sollen Sie mir nicht von der Stelle.[23])

Karl.

Ich werde mich einfinden,[24]) sobald Sie es befehlen.

Major.

Nichts einfinden! hier bleiben! in meinem Hause bleiben! Und damit Sie mir nicht entwischen, werde ich mir die Freiheit nehmen,[25]) Sie so lange einzusperren,[26]) bis die Familie avertirt ist.[27])

Karl.

Mich einsperren?

Major.

Ja, junger Herr! Widersetzen[28]) Sie sich nur nicht, oder ich rufe meine Leute.

Karl.

Ich werde Alles thun, was Sie befehlen.

Major.

So gehen Sie hier in meine Bibliothek, da werden Sie auch allerlei geistliche Bücher[29]) finden. Bereiten[30]) Sie sich nur zum Tode.

Karl.

Wenn Sie durchaus keine Entschuldigung hören wollen —

---

[14]) Sie warf mir schnell zu, gyorsan rám hányta; [15]) zeugen, tanuságot tenni; [16]) ich fordere eklatante Satisfaktion, én fényes elégtételt kivánok; [17]) schonen, kimélni; [18]) ártatlan; [19]) saubere Unschuld, szép ártatlanság; [20]) zusammen berufen, összehívni; [21]) ordentliches Blutgericht halten, rendes vértörvényszéket tartani; [22]) az alatt, addig; [23]) sollen Sie mir nicht von der Stelle, nem megy el, nem mozdul helyből; [24]) sich einfinden, megjelenni; [25]) die Freiheit nehmen, szabadságot venni; [26]) einsperren, bezárni; [27]) avertiren, értesiteni; [28]) sich widersetzen, ellenállani; [29]) geistliches Buch, vallásos könyv; [30]) sich bereiten, magát készíteni.

Major.
Nichts will ich hören! Fort, hinein!
Karl.
Wohlan, ich stehe für nichts.³⁰) (Er geht in die Bibliothek.)

Zehnte Scene.
Der Major (allein.)

O ich will schon für Alles stehen.³¹) Dafür bürgt³²) mir ein tüchtiges Schloß,³³) (er schließt zu) und den Schlüssel steck' ich in die Tasche. — Ist das nicht eine verfluchte Geschichte! Wenn ich nur wüßte, wo das Mädchen hingelaufen ist, ich wollte ihr gleich den Hals umdrehen.³⁴) Aber sie wird sich schon einstellen, um ihr Urtheil zu empfangen.³⁵ Ich will die alten Tanten³⁶) zusammen berufen, besonders die alten Fräuleins mit den spitzigen Nasen,³⁷) die verwalten in solchen Fällen die Justiz mit gehöriger Strenge³⁸) und geben in ihrem Busen,³⁹) der in Ehren welk geworden,⁴⁰) keinem verderblichen Mitleid Raum.⁴¹)

Elfte Scene.
Der Hauptmann. Der Major.
Hauptmann.
Da bin ich schon wieder, Herr Major.
Major.
Ja, Sie kommen mir eben recht.⁴²)
Hauptmann.
Ich ging, um das Geld aufzutreiben, allein nun hab' ich mich besonnen,⁴³) daß der Wechsel schon bezahlt ist.
Major.
Wie, bezahlt?
Hauptmann.
Ja, sehen Sie nur, ich habe den Wechsel in meiner Tasche gefunden und folglich muß er wohl bezahlt sein.

---

³¹) Wohlan, ich stehe für nichts, jól van, én semminek sem leszek oka; ³²) ich will für Alles stehen, én mindenért jót állok, semmitől sem tartok; ³³) dafür bürgt, e tekintetben kezeskedik, biztosít; ³⁴) ich wollte ihr gleich den Hals umbrehen, nyakát mindjárt kitekerném; ³⁵) aber sie wird sich schon einstellen, um ihr Urtheil zu empfangen, de majd előjő, hogy itéletét meghallja, jutalmát elvegye; ³⁶) nagynéne; ³⁷) mit den spitzigen Nasen, hegyes orrú; ³⁸) die verwalten die Justiz mit gehöriger Strenge, ezek kellő szigorral szolgáltatják ki az igazságot; ³⁹) kebel; ⁴⁰) welk werden, elhervadni, megöregedni; ⁴¹) Raum geben, helyet adni; ⁴²) eben recht, épen jókor; ⁴³) ich habe mich besonnen, eszembe jutott.

Major.

In Ihrer Tasche?

Hauptmann.

Da ist er.

Major.

Ja wahrhaftig. Nun freilich,⁴⁴) wenn er in Ihrer Tasche war, so kann er wohl nicht anders als eingelöst sein.⁴⁵)

Hauptmann.

Das mein' ich eben.

Major.

In diesem Falle⁴⁶) bitte ich tausendmal um Vergebung, daß ich einer getilgten Schuld⁴⁷) noch einmal erwähnt habe.⁴⁸)

Hauptmann.

Hat nichts zu bedeuten.

Major.

Ich begreife nicht,⁴⁹) wie man so vergeßlich sein kann.

Hauptmann.

Kleine Zerstreuungen, wie gewöhnlich.⁵⁰)

Major.

Darüber kann ich doch sonst eben nicht klagen. Aber mit dem Alter nimmt das Gedächtniß ab.⁵¹) So, zum Erempel,⁵²) weiß ich recht gut, daß ich, als Sie hereintraten, Ihnen etwas Wichtiges zu sagen hatte⁵³) und nun kann ich mich doch nicht darauf besinnen.

Hauptmann.

Vermuthlich eine Kriegsneuigkeit.

Major.

Die erfahren⁵⁴) wir heut zu Tage nicht mehr, es wäre denn, daß wir geschlagen worden.

Hauptmann.

Wären wir nur noch dabei,⁵⁵) Herr Major, nicht wahr, es sollte anders gehen.⁵⁶)

Major.

Donner und Wetter! wir wollten uns brav halten,⁵⁷) wie

---

⁴⁴) Nun freilich, már e szerint; ⁴⁵) so kann er wohl nicht anders als eingelöst sein, nem lehet máskép, minthogy vissza van váltva, be van fizetve; ⁴⁶) Igy ezen esetben; ⁴⁷) getilgte Schuld, befizetett adósság; ⁴⁸) erwähnen, megemliteni, felemliteni; ⁴⁹) ich begreife nicht, meg nem foghatom; ⁵⁰) wie gewöhnlich, szokás szerint; ⁵¹) das Gedächtniß ab, az emlékezet fogy; ⁵²) például okáért; ⁵³) ich hatte etwas Wichtiges zu sagen, fontos mondani valóm volt; ⁵⁴) erfahren, megtudni; ⁵⁵) wären wir nur noch dabei, volnánk csak mi ott; ⁵⁶) es sollte anders gehen, máskép menne a dolog; ⁵⁷) wir wollten uns brav halten, jól forgatnánk magunkat.

damals, wissen Sie noch? — als Ihnen eine matte Kugel⁵⁸) da gegen die Brust fuhr.⁵⁹) Ei was seh' ich!

Hauptmann.
Was sehen der Herr Major?

Major.
Ich gratulire⁶⁰) zum Orden.

Hauptmann.
Ich einen Orden? (Er besieht sich.)⁶¹) Ja wahrhaftig! nun so weiß ich doch, hol' mich der Teufel, nicht, wie ich zu dem Orden gekommen bin.⁶²)

Major.
Sie wissen nichts davon?

Hauptmann.
Ich will meinen Kopf zur Bombe⁶³) machen lassen, wenn ich's begreife.⁶⁴)

Major.
Das ist kurios, ha! ha! ha!

Hauptmann.
Aber darf ich fragen,⁶⁵) warum Sie Ihren Orden abgelegt⁶⁶) haben?

Major.
Ich lege meinen Orden nie ab, der geht mit mir zu Grabe.⁶⁷)

Hauptmann.
Erlauben Sie, da ist nichts.

Major
(besieht sich.)

Was Teufel.

Hauptmann.
Ich komme fast auf den Gedanken,⁶⁸) daß Sie vorhin in der Zerstreuung meinen Rock angezogen haben?

Major.
Richtig! alle Hagel!⁶⁹) und Sie den meinigen.

Hauptmann.
Darum war er mir auch so weit wie ein Sack.

Major.
Darum konnt' ich auch die Arme nicht rühren.

⁵⁸) Fáradt golyó; ⁵⁹) gegen die Brust fuhr, mellének tartott; ⁶⁰) gratuliren, szerencsét kivánni; ⁶¹) sich besehen, megnézni magát; ⁶²) wie ich zu dem Orden gekommen bin, mint jutottam ez érdemjelhez; ⁶³) bomba; ⁶⁴) wenn ich's begreife, ha megfoghatom; ⁶⁵) darf ich fragen, kérdeznem; ⁶⁶) ablegen, letenni; ⁶⁷) sír; ⁶⁸) ich komme fast auf den Gedanken, szinte azt kell gondolnom; ⁶⁹) lánczos adta.

Hauptmann.
Bitte tausendmal um Vergebung.
Major.
Hat nichts zu bedeuten. Eine kleine Zerstreuung, wie gewöhnlich.
(Beide wechseln⁷⁰) ihre Uniformen.)
Hauptmann.
Das pflegt mir doch selten zu widerfahren.⁷¹)
Major.
Nun möcht' es aber auch wohl mit dem Wechsel ein anderes Bewandtniß haben?⁷²)
Hauptmann.
Richtig, Herr Major, nun ist die Sache klar. Der Wechsel ist noch nicht bezahlt. Auf der Stelle will ich meine Rennbahn⁷³) von neuem wieder anfangen. Ich Dummkopf!⁷⁴) die schöne Zeit verloren und mich außer Athem gelaufen,⁷⁵) daß mir der Schweiß von der Stirne trieft.⁷⁶) (Er faßt nach dem Schnupftuch,⁷⁷) findet die Nachthaube in der Tasche und trocknet sich⁷⁸) damit die Stirn. Als er sie wieder einstecken⁷⁹) will, wird er den Irrthum gewahr.)⁸⁰) Erlauben Sie, das ist ein komisches⁸¹) Schnupftuch, das wird wohl auch noch Ihnen zugehören.⁸²)
Major.
Donner und Wetter! da fällt mir's wieder bei,⁸³) Ihr Sohn hat mein Haus entehrt.⁸⁴)
Hauptmann.
Ei, ei, wie so?
Major.
Beim Anblick dieser Nachtmütze kehrt sich mir das Herz im Leibe um.⁸⁵)
Hauptmann.
Beim Anblick einer Nachtmütze?
Major.
Wissen Sie, wem sie zugehört.⁸⁶)

---

⁷⁰) Wechseln, felcserélni; ⁷¹) widerfahren, történni, esni; ⁷²) Nun — Bewandtniß haben, de már e szerint a váltóval is máskép áll a dolog; ⁷³) nyargalás; ⁷⁴) ostoba; ⁷⁵) mich außer Athem gelaufen, s annyit futottam; ⁷⁶) der Schweiß trift, a veriték csepeg; ⁷⁷) er faßt nach dem Schnupftuch, zsebkendöje után kap; ⁷⁸) trocknet sich, letörli; ⁷⁹) einstecken, bedugni; ⁸⁰) wird er den Irthum gewahr, észreveni hibáját; ⁸¹) furcsa; ⁸²) das wird wohl auch noch Ihnen zugehören, ez is bizonyosan öné; ⁸³) da fällt mir's wieder bei, most jut eszembe; ⁸⁴) entehren, meggyalázni; ⁸⁵) kehrt sich mir das Herz im Leibe um, a szívom felháborodik; ⁸⁶) wem sie zugehört, kié.

Hauptmann.
Nein, so glücklich bin ich nicht.
Major.
Meiner Tochter.
Hauptmann.
Das ließ sich vermuthen.⁸⁷)
Major.
Und wissen Sie, auf wessen Kopfe ich sie fand?
Hauptmann.
Sonder Zweifel⁸⁸) auf dem Kopfe Ihrer Fräulein Tochter?
Major.
Nein, alle Teufel, auf dem Kopfe Ihres Sohnes.
Hauptmann.
Nun, wenn's weiter nichts ist,⁸⁹) eine jungfräuliche Nachtmütze wird dadurch noch nicht beschimpft.⁹⁰)
Major.
Aber ich fand ihn eingeschlossen in diesem Zimmer.
Hauptmann.
In diesem Zimmer? ganz recht. Da hab' ich ihn selbst eingeschlossen.
Major.
In meiner Tochter Zimmer?
Hauptmann.
Erlauben Sie, es ist sein eigenes schon seit zwei Jahren.
Major.
Vermuthlich denken Sie wieder, Sie wären hier zu Hause?
Hauptmann (besinnt sich.)
Gott's Blitz! Herr Major, da muß ich tausendmal um Vergebung bitten. Ja, ja, so hängt's zusammen.⁹¹) Ich hab' ihn in guter Absicht⁹²) eingesperrt. Es war eine kleine Zerstreuung.
Major.
Nehmen Sie mir's nicht übel, Herr Hauptmann, Ihre Zerstreuungen gehen ein wenig allzuweit.⁹³) Einen jungen Menschen mit einem jungen Mädchen einzuschließen. Daraus kann viel Böses entstehen.⁹⁴)

⁸⁷) Vermuthen, gyanítani; ⁸⁸) kétségen kivül; ⁸⁹) nun wenn's weiter nichts ist, Ó, ha egyéb nem történt; ⁹⁰) beschimpfen, meggyalázni; ⁹¹) so hängt's zusammen, igy függ össze a dolog; ⁹²) in guter Absicht, jó czélból, szándékból; ⁹³) gehen ein wenig allzuweit, többre megy, mint kellene; ⁹⁴) entstehen, keletkezni, következni, származni.

Hauptmann.

Freilich wohl, es taugt nicht.⁹⁵)

Major.

Zum Glück⁹⁶) fand ich den Schlüssel in meiner Tasche.

Hauptmann.

Das nimmt mich Wunder,⁹⁷) denn ich steckte ihn in die meinige.

Major.

Unsere Taschen sind heute in Konfusion gerathen.⁹⁸)

Hauptmann.

Freilich, freilich. Aber ich wollte doch rathen,⁹⁹) daß wir die jungen Leute da nicht länger beisammen ließen.

Major.

Da kennen Sie mich,¹⁰⁰) wenn Sie glauben, daß ich nicht schon längst mit einem Donnerwetter dreingeschlagen.¹) Nein, Herr Hauptmann, ich bin vorsichtiger²) als Sie, und bin auch nicht so zerstreut wie Sie. Ich habe den jungen Herrn hier in meine Bibliothek eingesperrt. Sie mögen ihn nun selber in's Verhör nehmen.³) Wo hab' ich denn den Schlüssel? (sucht in seinen Taschen.)

Hauptmann.

Schon wieder zerstreut, Herr Major? Hä, hä, hä! Der Schlüssel muß ja wohl in meiner Tasche sein. (Er findet ihn.)

Major.

Richtig.

Hauptmann (überreicht⁴) den Schlüssel.)

Es kommt mir gleichsam vor,⁵) als ob ich den Schlüssel einer Festung⁶) überreichte.

Major.

Sie denken gewiß dabei an die Belagerung⁷) von Steinfels⁸) im letzten Kriege.

Hauptmann.

Da hat unser Regiment⁹) sich hervorgethan.¹⁰)

Major.

Das will ich meinen.¹¹) Unsere Grenadiere¹²) standen ja in den Tranescheen.¹³)

⁹⁵) Es taugt nicht, az nagy hiba volt; ⁹⁶) zum Glück, szerencsére; ⁹⁷) das nimmt mich Wunder, azon csudálkozom; ⁹⁸) in Konfusion gerathen, összezavarodni; ⁹⁹) ich wollte rathen, tanácsolnám, jónak látnám; ¹⁰⁰) da kennen Sie mich, ugy nem ismer engemet; ¹) mit einem Donnerwetter dreinschlagen, dörögni csattogni; ²) vigyázatos, előre-látó; ³) in's Verhör nehmen, clővenni; ⁴) überreichen, átadni; ⁵) es kommt mir gleichsam vor, szinte ugy tetszik; ⁶) vár, erősség; ⁷) ostrom; ⁸) kőhalom; ⁹) ezred; ¹⁰) sich hervorthun, kitüntetni magát; ¹¹) das will ich meinen, elhiszem bizony; ¹²) gránátos; ¹³) futóárkok, vizárok.

Hauptmann.

Mir platzte¹⁴) eine Bombe vor der Nase.

Major.

Ich bekam eine Kontusion.¹⁵)

Hauptmann.

Wir wurden von dem halben Monde bestrichen.¹⁶)

Major.

Erlauben Sie, es war eine Bastion.¹⁷) Der halbe Mond lag weiter rechts.

Hauptmann.

Bitte um Vergebung —

Major.

Ei, das muß ich wissen.

Hauptmann.

Ich stand ja Tag und Nacht —

Major.

Und wo stand ich denn?

Hauptmann?

Hier war der Hauptwall¹⁸) — und hier der halbe Mond — hier standen die Bock'schen Dragoner und hier stand unser Regiment.

Major.

Nicht doch,¹⁹) hier standen die Bock'schen Dragoner.

Hauptmann.

Wo denken Sie hin?²⁰) Hier war eine zerschossene Mühle,²¹) und hinter der Mühle —

Major.

Die Mühle lag weiter links.²²)

Hauptmann.

Aber ich sehe noch Alles vor mir, als ob es gestern geschehen wäre.

Major.

Hätte ich nur ein Stück Kreide²³) bei der Hand, ich wollte es Ihnen vormalen.²⁴) Halt! warten Sie? (Er zieht Papier aus der Tasche, reißt Stückchen davon, und bezeichnet die Positionen.²⁵) Sehen Sie, das ist die Festung — und hier die Mühle — hier wurden die Transcheen eröffnet — da standen unsere Grenadiere — und die Bock'schen Dragoner.

¹⁴) Platzen, szétpattanni; ¹⁵) seb, zúzás; ¹⁶) wir wurden — bestrichen, ránk félkörből (a félkörű sáncból) ágyuztak; ¹⁷) bástya; ¹⁸) fősánc; ¹⁹) nicht doch, nem ugy; ²⁰) wo denken Sie hin, mit gondol Ön; ²¹) eine zerschossene Mühle, összelődözött malom; ²²) balra; ²³) kréta; ²⁴) vormalen, lerajzolni, lefesteni; ²⁵) die Positionen bezeichnen, zz állomásokat kijelölni.

Hauptmann
(reißt auch ein Stück herunter.)

Die standen da.

Major
(legt sein letztes Stück.)

Nein hier.

Hauptmann.

Um Vergebung, Herr Major, ich bemerke[26]) eben, daß Sie meinen Wechsel zerrissen haben.

Major.

Das wär' der Teufel!

Hauptmann.

Eine kleine Zerstreuung. Hat nichts zu bedeuten. Unter Männern von Ehre bedarf es keiner Papiere.[27])

Major.

O, ich weiß, ich weiß. Aber es ist doch ärgerlich. Die verdammte Zerstreuung! das ist mir in meinem Leben nicht passirt.[28])

Lottchen (inwendig.)

Papa! wenn ich noch Pfannenkuchen backen soll, so ist es die höchste Zeit.[29])

Hauptmann.

Die Fräulein Tochter belieben zu rufen.

Major.

Da muß ich geschwind erst Ihren Sohn aus dem Hause schaffen.[30]) (Er schließt auf.)

Zwölfte Scene.

Lottchen. Karl. Die Vorigen.

Major.

Kreuztausend Bataillon! seid ihr schon wieder beisammen?

Lottchen.

Sie haben uns ja selbst eingesperrt.

Major.

Du lügst.

Lottchen.

Ich sollte das Wiener Kochbuch zu Rathe ziehen,[31]) und als

---

[26]) Bemerken, észrevenni; [27]) unter Männern von Ehre bedarf es keiner Papiere, becsületes embernek nincs szükségök kötelezvényre; [28]) passirten, történni, esni; [29]) es ist die höchste Zeit, ideje van; [30]) aus dem Hause schaffen, a házból elküldeni; [31]) ich sollte das Wiener Kochbuch zu Rathe ziehen, nekem a bécsi szakácskönyvben kellett valamit megnéznem.

Sie den jungen Herrn zu mir herein stießen,³²) so meint' ich, er sollte mir suchen helfen.

Major.
Verflucht! Nun besinne ich mich.

Hauptmann.
Hä, hä, hä! Wie nun Herr Kriegskamerad? wo bleibt die gerühmte³³) Vorsicht?

Karl.
Lieber Vater, legen Sie ein gutes Wort für mich ein;³⁴) erbitten Sie³⁵) mir die Hand des Fräuleins.

Hauptmann.
Wo denkst du hin?³⁶) Du bist ja schon Bräutigam.

Karl.
Haben Sie vergessen? meine Braut ist ja davon gelaufen.³⁷)

Hauptmann.
Ist sie davon gelaufen?

Karl.
Sie bekamen ja vorgestern³⁸) den Brief.

Hauptmann.
Du hast Recht, mein Sohn, es war mir etwas entfallen.³⁹) Ja unter diesen Umständen, Herr Major, dächte ich, es wäre am besten, wir sperrten die jungen Leute auf ewig zusammen. Denn wir sind beide ein wenig zerstreut, und um Verliebte⁴⁰) zu büten,⁴¹) muß man alle Sinne und Gedanken beständig komplet beisammen haben.⁴²)

Major.
Das ist wohl wahr, Herr Hauptmann. Ich hätte auch sonst eben nichts dagegen,⁴³) aber meine Tochter ist schon Braut.

Lottchen.
Erinnern Sie sich doch, lieber Vater, daß mein Bräutigam gestorben ist.

Major.
Ist er gestorben?

Lottchen.
Sie erhielten ja diesen Morgen das Notifikationsschreiben.⁴⁴)

---

³²) Hereinstoßen, betaszitni, belökni; ³³) dicsért; ³⁴) legen Sie ein gutes Wort für mich ein, szóljon egy jó szót mellettem; ³⁵) erbitten, megkérni; ³⁶) wo denkst du hin? mit gondolsz? mi jut eszedbe; ³⁷) davon laufen, olszökni; ³⁸) tegnapelőtt; ³⁹) es ist mir entfallen, elfeledtem; ⁴⁰) szerelmes; ⁴¹) hüten, őrizni; ⁴²) muß man alle Sinne, — beisammen haben, összeszedje eszét az ember; ⁴³) ich hätte nichts dagegen, s nem is volna kifogásom ellene; ⁴⁴) tudósítólevél.

Major.
Ja, so ist's. O ich vergesse dergleichen nicht.
Karl.
Darf ich hoffen?
Major.
Was soll ich machen? Die Väter selber haben sie schon zweimal mit einander eingeschlossen. (Er ergreift⁴⁵) Karln bei der Hand und sagt zu ihm:) Komm her meine Tochter.
Hauptmann.
(faßt Lottchens Hand und spricht zu ihr:)
Komm her, mein Sohn.
Major
(legt Karls Hand in des Hauptmanns Hand.)
Liebt euch. Heirathet euch.
Hauptmann.
Wird sich nicht thun lassen.⁴⁶) Hier ist die rechte Person.
(Er vereinigt⁴⁷) die Hände der Liebenden.)
Major (zu Lottchen.)
Den zerrissenen Wechsel schenk' ich dir zum Nadelgeld.⁴⁸)
Hauptmann.
Und ich schenke euch Beiden eine gute Lehre: Hütet euch in der Ehe⁴⁹) vor allen Zerstreuungen.
Der Vorhang⁵⁰) fällt.

---

⁴⁵) ergreifen, megfogni; ⁴⁶) Wird sich nicht thun lassen, az nem lehet; ⁴⁷) vereinigen, egyesiteni, egymásba tenni; ⁴⁸) tűpénz, jegyajándék; ⁴⁹) házasság; ⁵⁰) függöny.

Repetitionsfektionen.

1.

Kit vársz? — Várom a sógoromat. — Hiába várod, ő ma nem jő. — Nem kérünk és nem várunk semmit. — A tanító tanít, int, fedd, fenyeget és büntet, — A tanuló tanúl, figyel, ír olvas és elmondja a leckét. — Maga is tanúl, a ki másokat tanít. — Mit ember ifjanta tanúl, azt aggodtan is nehezen felejti. — Akkor felel, mikor kérdezik. — Ha kérdezel, akkor majd felelek. — Felejteni könnyü, tanúlni nehez.

2.

A ki sokat beszél, vagy sokat tud, vagy sokat hazud. — Egyik tudatlan hamarább megérti a másikat. — Az okos ember, ha keveset szól is, sokat mond. — Érted a magyar nyelvet? — Értem; de nem beszélek, könnyebb is a megértés, mint az érthető kimondás. — Azért is ha magyarul beszélni hallok, hallgatok és figyelek. — Mondhatom, sokat tudsz már és ha ugy folytatod a tanulást, nem sokára jól fogsz beszélni.

3.

Ha adsz, adj jó szívvel. — A jó júh nem sokat bég; de sok gyapjat ád. — A föld háladatlan: nem annak ád termést, ki miveli; nem annak ád kincset, ki benne túr; nem annak ád nyugtot, ki fárad (Vörösmarty). — Az embert hordozza a ló, éteti az ökör, ruházza a júh, védelmezi a kutya, követi a majom, megeszi a pondró. — A ki mást becsül magát becsüli. — Vak is talál olykor egy garast. — Ki mer, nyer.

4.

A kutya is morog, ha az orrát megütik. — A ki keveset el nem vesz, sokat nem érdemel. — Kiki a maga terhét érzi. — Ki úgy a mint érez, beszél, becsületes ember. — Nem mozog a levél szél nélkül. — Forog, mint a kerék. Morog, mint a medve. — Ha sokat forgok, szédeleg a fejem. — Nem mosolyog a gyermek ok nélkül. — Egy fecske tavaszt nem szerez.

5.

Még senki nem vádolja, s már is mentegeti magát. — Mindenki önbeszédét legjobban tolmácsolja. — Az úr koporsóját sem őrzik ingyen. — Ki sokba kap, keveset végez. — Ki idején kezdi, idején végzi. — Tavaszszal a madarak énekelnek. — Nem egyaránt énekel az éhező a jóllakottal. — A fiu örökli szülei vagyonát, de nem mindég azoknak erényit. — Ki a keveset meg nem köszöni, a sokat nem érdemli. —

6.

Arra forditja a köpönyeget, honnan fú a szél. — Nem mindenkor fú az északi szél.—Nem szemeten szedik a gyöngyöt. — A szót elfújja a szél. — Nem azé a madár, a ki meglövi, hanem a ki megeszi. — A fűzfák igen szaporán nőnek. — A tej hamar fő. — A vadász lő, a takács sző, a katona ví, a gyáva elbúvik.

7.

Mestert hí, inas jő. — Más költ, nekem rójja fel. — Ha szólok, nem hallod szavamat, ha hílak, nem jösz. — Sok rossztól ójja az embert a törvény. — Kinek a kása megégette száját, tarhóját is megfújja. — Rí a rossz gyermek, ha nem verik is. — Hamarább megfő a lágy, mint a kemény tojás.— Csak akkor hiszem, ha látom. — Szót sem hiszek belőle.

8.

Tud ön magyarul? — Tudok egy keveset. — Beszélnek önök magyarul? — Beszélünk egy keveset. — Mindenütt magyarul beszélnek már most az országban. — Ön igen szépen halad a honi nyelvben, már igen tisztán ejti a szavakat. — Mit olvas ön? — Egy igen jó magyar regényt. — Ugy látszik, ön kedveli az olvasást. — Mulatságomat találom benne. — Régóta tanúl ön? — Hogy igazán tanulok, annak fél éve csak. — Hogy hijják önnek mesterét? — Erre adósa maradok a felelettel. — Honnan jőnek önök? és hogy híjják önöket? — Debrecenből jövünk, és engem Pálnak hínak.

9.

Kezdetben teremté isten a mennyet és a földet. — És mondá isten: legyen világosság és lőn világosság. — És látá isten a világosságot, hogy jó, és elkülönzé isten a világosságot és a sötétséget.—És elnevezé isten a világosságot napnak, a sötétséget pedig nevezé éjnek. — És berekeszté isten a heted napon művét, melyet készített, és megáldá isten a heted napot és megszentelé azt, minthogy azon szünt meg minden munkájától, melyet teremte isten és alkota.

10.

Más galambját célozta, magáét lőtte. — Kértelek a sorstól s az megtagadott; de helyetted, a mit nem kértem, bút adott s szívbeli kínt (Vörösmarty). — A mint tanultad, úgy tudod. — A mint töltöttél, úgylőttél. — Ott is arat, a hol nem vetett. — Búzát vetett, konkolyt aratott. — Sokszor vítták Budát. — Ezer évig laktunk e földön; soha e hazát nemzet úgy nem szerette, mint mi szerettük, és még is ha ma elmennénk róla holnap már nem tudná senki, hogy itt valánk; hogy itt egykor egy nép élt, mely e földet hazának nevezte, érte izzadt, érte meghalt (Jókai).

11.

Hogy aludt ön az éjjel? Nyugodtan aludtam. — Egész éjjel igen jól nyugodtam. — Egész éjjel virasztottam. — Sokszor fölijedtem álmomból és korán fölkeltem. — Már megszoktam a koránkelést. — Atyám is szokott korán fölkelni. — Elhozta fehérneműmet a mosóné? — Nem hozott semmit. — A szabó elhozta a ruhát.

12.

Tanul ön rajzolni? — Fogok tanulni, ha ön is tanuland. — Sok tehetséggel bír a rajzolásra, magát egykor a művészetben kitűntetendi, ha sokat dolgozand. — Mit ír ön? — Egy levélre válaszolok. — Délután három levelet írandok, és lemásolandom mind a hármat. — Kitörli-e e szót? — Az egész sort kitörlendem. — Sietve írtam, még letisztázandom de akkor egy sor sem fog töröltetni. — Ha elvégzendettem munkámat, meglátogatlak.

13.

A nyár nem mindég fog tartani. — A sötétség három napig tart vala. — Noé idejében víz borította vala el az egész földet. — Följegyeztem mindent a mit láttam vala. — Elégettem mindent, a mit írtam vala. — Beszélj el nekem mindent, a mit valaha láttál vala. — S mind az egész nép látá vala a csodát és bámula. — Sok szerencsétlenséget tapasztalt vala a franczia háborúban.

14.

Lassan járj, tovább jutsz. — Kezes fizess. — Várjuk el, mit hoz a szerencse. — Adós fizess, beteg nyögj. — Nem tudom, ohajtsam-e megérkezését, vagy kerüljem, ha megjött. — Otthon parancsolj, másott hallgass. — Tavaszkor áss, nyess, mess, vess, kertre, mezőre siess, ezt tartsd meg. — Nappal gyertyát ne gyújts. — A mi előtted van, arra vigyázz. — Szakadjon ruha, maradjon ura.

15.

Beszél ön magyarul? — Eleget tudok, hogy magamat érthetőleg kifejezzem. — Beszéljen ön velem magyarul. — Hogy ejtsem ki e szót? — Jól ejti ki. — Kefélje le csizmáimat, tisztogassa meg cipőimet és porolja ki köntösömet. — Már lekeféltem csizmáit, megtisztogattam cipőit és kiporoltam köntösét. — De most öltse föl ön a ruháját, kösse meg cipőit és gombolja be köntösét. — Ki kötötte meg e cipőket?

16.

Fogjatok be, mert nyomban elindulunk. — Vizsgáljátok meg minden szobát, hogy valamit ne feledjünk. — Sógor! jól megjegyezze kend, lassan járjon, ha rossz az út. — Nyissátok ki a kocsi ajtaját és bocsássátok le hágcsóját. — Szálljon föl. — Uraim utazzanak szerencsésen. — Megálljon kend, sógor, az ablakot eresztem le, nehogy üvege eltörjön. — Hajtson kend, hisz elalszik kend. — Most meg ne siessen kend, mert sötét van. — Gyujtsa meg a lámpákat. — Térjen ki kend.

17.

Hadd lássa a világ, hogy mi a magunk lábán is meg tudunk állani. — Hadd próbáljuk mi is. — Hadd legyen ő is itt. — Add ide a könyvet; hadd olvassam én is. — Add oda a könyvet, hadd olvassák ők is. — Nyisd ki az ablakot, hadd nézzek ki én is. — Ne várd ebédre, mert csak este jő. — Nem bánom, hadd lármázzanak, csak kárt ne tegyenek.

18.

Nem emlékezem, hogy siettem legyen a munkámmal. — Azt kivánta, hogy siessek a munkámmal. — Nem hiszem, hogy az emberek láttak legyen valaha oly búzát, mint a milyen az idén termett. — Az idén akármennyi teremjen, várakozásunk nem fog kielégíttetni. — Kiki inkább azon gondolkodik, hogy mit mondjon, mint hogy illőleg mit feleljen. — Nem hihető, hogy a követeknek oly büszkén felelt legyen. Engem ugyan rá nem birandasz, hogy egész nap henyéljek, vagy veszekedjem.

19.

Megtudná ön mondani, mely uton érhetnék leghamarább a városba? — Ha akarnám, megtudnám mondani. — Nem csodáltatnánk ha tetteink rugóit ismernék. — Igen örülnék, ha jobban sietne — Azt kivánta, hogy sietnék a munkámmal. — Ha magunk nem hizelkednénk magunknak, mások hizelkedése nekünk nem ártana. — Nincs, ki megszánná az özvegyet és hajlékot adna az elhagyottaknak. — Tévednénk, ha azt hinnők, hogy az úgy nevezett arany korban az emberek boldogabbak voltak mint jelenleg.

20.

Ha Themistokles hideg vérrel nézte volna Miltiades vitéz tetteit, vagy ha a görögök nem szerették volna oly buzgón hazájokat, soha nem kerülték volna el Xerxes fenyegető igáját. — Oh ha azt tudtuk volna! — Egy kicsit több munkásság nem ártott volna, bár úgy is meggazdagodott. — Kevesebbel is megelégedtem volna. — Atyám is írt volna, de nem gondolta szükségesnek. — Úgy áll ott hasztalanúl, mintha leszegezték volna. — Ha tudtam volna is, eddig elfelejtettem volna.

21.

Idegen nyelvet tanulni nem kötelesség, a honi nyelvet nem tudni, szégyen. — A honi nyelvet tudnunk kell. — Tiszta lelkismerettel bírni boldogság. — Többet enni kelletinél, egészségtelen. — Ha egészséges akarsz maradni, nem szabad többet enned kelletinél. — Szabad-e egy pillanatnyi meghallgatást kérnem? — Hová mégy barátom? Fürödni akarok, mert igen meleg van. — Jer velem. Nem bánom. De tudsz-e úszni? Tudok, két hónapig tanultam. — Az embernek nem illik hazudnia. — Fiatal korunkban nem illik henyélnünk. — Mielőtt magamat megadjam, előbb fegyvercimtől kell megfosztatnom. Tegnap sokat kellett dolgoznunk. — Ma nem lehet sétálnunk. — Hasznosabb lett volna oda haza maradnotok és tanulnotok, mintsem annyi időt vesztegetnetek. — E feleletre elhallgatott; látszott, hogy maga nem kiván egyebet, mint vigasztaltatni és bátoríttatni (Jósika M.).

22.

Esőtől félvén, hon maradtam. — Megállván a szél, erős eső kezdett esni. — Az eső megszűnvén, útnak indultam. — A levegő meghűlvén, az idő kellemesb lesz. — A hazámból kiűzetvén, Amerikába költöztem. — Sokat látván és tapasztalván az ember, hozzá szokik semmit nem csodálni. — Tanulmányidat és egyéb dolgaidat végezvén, játszhatol, mulathatsz. — Pestről jövén, micsoda ujságot hoztál? — Az eső miatt sietvén, egy nyulat se lőttem. — Szánakozás ragadta meg lelkemet, nyomorúlt állapotját látván.

23.

Mivelt embernek nem illik, énekelve menni az utcán. — A gyermek sirva elaludt. — A hús jobb sülve, mint főzve. — Ez az adósság födve van. — Adósságaim födvék. — Henyélve töltöd az időt. — A földön heverve találtam. — Az ajtó nyitva áll. — A boltak nyitva állnak. — A boltak tömvék külföldi árúkkal. — Miből van varrva az ing? Miből van szőve a vászon? A pénz olvasva jó, az erszény töltve. — Hogy ez a gyürű? — Rá van írva az ára. — De jól van foglalva. — Alphonsusban rosszalván valaki hogy dolgozik, azt mondá nevetve: Hát az Isten a királyoknak nem adott-e kezeket? — Pénzes ládát, pincét jó csukva tartani. — Hallgatva is többet mond, mint más szólva.

24.

Veszteg álló víznek, hallgató embernek nem kell hinni. — Tékozló embernek hitelt nem adok. — Mindent magasztaló, mindent gyalázó. — Minden itélni tudó és akaró, mondja el véleményét. — A szárazon és vizen sokat utaztak, nem igen szeretik a nyugalmas életet. — Szökött szolga jót nem mond uráról. — Nem megvetendő díjt nyert munkájával. — Ez a dolog nem megvetendő. — Az egyszer meggyőzetett tönkre még nem tétetett. — A mult héten érkezett Pestre, iskolai tanulmányit végzendő. — Végzett munka után pihenhetsz. — Drágán szerzett öröm, hamar ürömmé válik.

25.

Kedvező körülmények szükségesek, hogy az ember tehetségeit szabadon kifejtse. — A uralkodó balitéleteket nehéz kiküszöbölni. — Dolgozni szerető ember, mindenhol elél. — A látogatót illő becsülettel fogadd. — Látogatóba jött illő becsülettel kell fogadnod őt. — A mult éven megjelent mun-

kákat mind olvastam, és a kiadandó értekezéseket is láttam.
— Az üldözöttet levelek zörgése is ijeszt. — A nyilvánosságot gyülölő, a vétket kereső. — Az ártatlant kimélendő, a vétkest büntetendő. — Történt dolgokat nem lehet megváltoztatnunk.

26.

Szabad tudakolnom mennyire van ide Pozsony? — Két napi járásra. — Micsoda városokat ér az ember útközben? — Többeket, de nem érdemlik meg, hogy az ember őket megnézze. — Jó az út? — Kövezve van mindenütt. — Már ideje, hogy elinduljunk. — Micsoda falu az, a melyet ott látok? — A nap elborul, félek, hogy esni fog. — Távol mennydörög. — Egek! hogy szakad az eső. — Térjünk be. — Menjünk födél alá, különben bőrig megázunk. — Mily dörrenet! valahol beütött. — Az idő kiderűl. — Süt a nap. — Menjünk tovább.

27.

Korunknak szerencsétlensége azon kételkedés, melyet mint egyetlen örökséget hagyott a mult ivadék a mostaninak, a nélkül hogy boldogitó könnyelműségét adhatta volna vele együtt; s mely most elterűl az életen, lealázva mindent, mi emelt, eltagadva, mi boldogitó, elvéve mi nélkül nem élhetünk. — Mint egy Tantalus áll az emberi nem a mult között, mely az enyhet ígérő vízként elfoly, mihelyt hozzá lehajol, s merítni akar, — s a jövő között, mely gyömölcsdús ágait elvonja, mihelyt utána nyúl. (B. Eötvös.)

28.

Tudja ön, mi újság? — Nem, épen semmit nem tudok. — Hogyan? ön nem tudja, a miről már az egész város beszél s a mit mindenki tud? Csak tetteti ön, mintha nem tudná. — Ha tudnék felőle, megmondanám önnek. — Alkalmasint tehát hamis hír; mert kegyednek tudnia kellene. — Mondja meg ön, kérem: igen kiváncsi vagyok megtudni. — Ki mondja azt? Hiteles személy mondotta. — Ugyan minő érdekből mondaná az ember? — Pedig hazug, ki azt mondta. — Szabad tudnom, ki mondta önnek? — Én egy bizonyos P. Úrtól tudom.

29.

Együtt leélt vagy leélendő s remélendő örömek szülik az emberfajnál a barátságot. (Muzarion.) — Hogyan kivánhatjuk, hogy más ki ne beszélje titkunkat, ha magunk nem hallgathatjuk el. (Kaz.) — A ki a társaság törvényit nem teljesíti s azoknak valamelyikét is megveti, áthágja; maga mond le azon legszebb jogáról, melynél fogva mindentől kívánhatja, hogy őt társasági rokonsággal fogadják s megbecsüljék. (Wess.) — Nem kérd, s nem vár az idő, sebes rohanással haladván felettünk. (Kölcsey.)

30.

Hány az óra? Most ütött tizenkettőt. — Azt tartottam, később van. — Még korán van ebédelni. — Ebédeljen ma velünk? — Szívesen látnám az Urat ma nálunk ebéden. — Gyuri teríts asztalt. — Rakd a székeket az asztalhoz — Terítve van az asztal. — Hadd hordják föl az étkeket. — Tálalva van. — Az asztalon a leves. — Parancsol ön vörös bort? — Adjon nekem a fehérből. — Töltsön nekem a fehérből. — Kiürítette poharát. — Mért nem tölti meg újra? — Már eloltottam szomjamat.

31.

Jót és jól! Ebben áll a nagy titok! azt ha nem érted, szánts s vess s hagyjad másnak az áldozatot. — Az eszes ember sokszor el fogna azok közt akadni, a kik nem azok. (Kazinczy.) — Azt tartjuk, hogy e perben, melyet, a hálátlanság indítana az érdem ellen, gróf Széchenyi azt fogná mondhatni bíráinak, a mit Sokrates mondott az athenaei Demosnak, mikor megkérdeztették, mit érdemle : azt érdemlem, úgy mond, hogy a nemzet' költségén tartassam ki éltem fogytáig a pritaneumban. (Dessewffy A.) — Keféld bár az avit ruhát, nem lesz új belőle.

32.

Micsoda levest parancsol ön? — Én rántott levest kérek. — Én meg egy kis metéltért könyörgök. — Hordja föl kend a marhahúst. — Ki tud boncolni? — Majd én megpróbálom, adjon csak, kérem, jó éles kést. — Ki akarja a salátát elkészíteni? — Én bizony nem értek hozzá. — Megsózta ön? — Adja ide az ecetespalackot. — Alázatosan köszönöm. — Nem nyujtana ide az Úr nekem egy almát? — Ez igen felséges alma. — Meghámozta ön? — Elvetettem a héját.

33.

A lélek nemzi, de csak a szó szüli világra gondolatinkat. (Wess.) — Mi lenne az emberiségből, ha csak az küzdene, ki a végrehajtás bizonyosságát előre láthatná. (Kölcsey.) —

Gyakorta pirulnánk legszebb tetteink miatt, ha a világ tudná azoknak minden indító okait. (Kazinczy.) — A mód, mi szerint valami elvek alkalmaztatnak, a szín, melyben az iró az adatokat föltünteti, a sokszor parányi észrevételek, mikkel kiséri, egy helybenhagyó vagy gáncsoló szó, melyet egy csekély adat után odavet, naponkint hatnak az olvasó lelkére bele szövik magokat eszméinek kifejlésébe, elébb utóbb, befolyást gyakorolnak gondolkozás módjára. (Dessewffy.) — Nyájasság és megelőzés szövik a legszebb láncokat. (Muzarion.) — Zajos vígságokban kábítás nem pótolja az örömöt s szívélelmet.

34.

Adjon az Úr nekem tollat, téntát s egy levél papirost, levelet szeretnék írni. — Üljön az Úr az íróasztalhoz, ott mindenféle iróeszközt talál. — E toll szálkás és frecseg, ennek meg hegye tompa. — Legyen oly szives, messen nekem egyet. — A papiros sem ér sokat, mert itat. — Sietve irtam. — Összehajtom levelemet. — Pecsételni akarok; adjon kérem, pecsétviaszt s egy pecsétnyomót. — Bérmentezzem-e? — Igen, de nem tudom, hová címezzem.

35.

Szeresd hazádat és ne mond; tégy érte mindent; éltedet, ha kell, csekélybe vedd; de a hazát könnyelmüen kockára ki ne tedd. — Tűrj érte mindent a mi bánt : kínt, szégyent és halált; de el ne szenvedd, el ne tűrd véred gyalázatát. (Vörösmarty.) — Rosszat ne félj, s ne kivánj jót múlt és jövő közül; öleld meg a jelenvalót, mely játszik és örűl. (Kölcsey.) Isten áldd meg a magyart jó kedvvel, bőséggel, nyújts feléje védő kart, ha küzd ellenséggel. (Kölcsey.) — Ha a jövendőt tudnók, kevesebbet hibáznánk.

36.

A távollét fogyasztja a középszerű szenvedélyt, a nagyot gerjeszti, mint a hogy a szél eloltja a mécset, a szövétneket lángoltatja. (Kaz.)— Gondatlan rohanni veszélybe nem vitézség, nem erkölcs. (Kisf. K.) — Ha valaki azért fizeti le adósságát, mert különben elvesztené hitelét; a cselekedet eszes ugyan, de nem erkölcsi. (Takács.) — Könnyű munka valakit boszantani, nehéz, engesztelni. — Rút mentség azt mondanunk, hogy nem gondoltuk volna. (Faludi.) — Előre nem intve, rád vissza nem tekintve jő és megy a pillanat. (Kölcsey.) — Az ember jót remél mindenha, de ki számítana a remény igéreteire? hiszen minden kincse saját vágyaink viszhangja — s a remény magunk vagyunk. (Jósika M.)

37.

Isten hozott, barátom! Örülök, hogy szavamnak engedtél, s oda hagyád városi fészkedet. — Neked a falusi levegő igen jól szolgál, mert mint látom, igen jó színben vagy. — Mit csinálsz te itt egész nap? — Nem gondolhatod, mennyi szorgalmat kíván a földmivelés. Gyakran kell trágyáznod e homokos földet? — Micsoda gabona-nemeket vetettél jelenleg? — Nyáriakat, melyek hamar csiráznak és kelnek. — Sarlóval aratnak itt nálatok vagy kaszával? — Én aratókat fogadok, kik a gabona szárait sarlóval elvágják, s azokat kévékbe kötik, s mihelyt a kévék csűrbe takarítva vannak, akkor mindjárt cséplettek is.

38.

Én sokat dolgozom, te keveset dolgozol. — Barátunk könnyedén dolgozik. — A ki éhezik, dolgozzék s ne aggódjék, mert megkeresendi kenyerét. — Csak bohó dicsekedik a szerencse adományaival. — Erényeddel ne dicsekedjél, még kevesebbé pénzeddel. — Ön jól átfázék, melegedjék meg nálunk. — Megmelegedném, de már alkonyodik, szüleim aggódnának értem. — Hová utazik ön? — Pestre. — Mikor érkezék meg ön Bécsben? — Este, hét órakor. — A ki nem játszik, sem nem nyer, sem nem veszt.

39.

Barátom minduntalan panaszkodik, hogy sokat kínlódik, a mi neki annál nehezebben esik, minthogy természeténél fogva irtózik minden munkától. — Barátom sokat változék mióta láttam, akkor is ő sokat bajlódék, de nem zugolódék. — A ki veszekedik, nem zugolódik. — A ki hízelkedik, hamiskodik. — Ne szokjál a világi javakhoz, mert a világi jó mulik. — Hol lakik ön? — Az Orcziházban lakom. — Oszlik a sokaság, szűnik a lárma. — Barátod soká késik. — Föl ne menj a fára, s nem esel le.

40.

Nem mind igazságos, a mi történik a világban. — Olyan dologról az ember nem is álmodik. — A becsületes ember nem idegenkedik az igazságtól. — A ki ebbel játszik, bot legyen kezében. — A után következik B. — Mennél inkább nevekedik a tökéletesség, annál inkább öregbedik a megelégedés is, mely végre édes de tiszta gyönyörűséggé válik. — A ki gondolkodik, okosodik. — Gyermek játszék, leány dolgozzék. — Sikamlik a titok, hol csusznak a poharak.

41.

A helyett hogy dolgoznék, játszik. — Én néha néha játszom. — Ő magasan játszik. — Igen komoly embernek látszik. — Ha csak ne látszanék oly ridegnek a dolog. — Bármi ridegnek lássék, én megteszem. — A homokban hamar enyészik minden nyom, mely megjelenik. — Minden ember tartozik kötelességeinek eleget tenni. — Nem nyilatkozik, hogy mivel foglalkodik. — Reggeltől estig szakadatlanul imádkozik. — Megesik, hogy barátink ellen könnyűleg panaszkodunk, hogy előre mentek legyünk közelítő elhűlésünk miatt. — Mi lenne az emberből, ha mindjárt gyermekkorában magára hagyatnék?

42.

Menjünk a szabadra. — De hát ha változik az idő? — Szél keletkezik. — Nagyon esik. — Záporzik. — Villámlik. — Ha omlik az eső, ritkán tartós. — De az ember mégis megázik. — Az eső szűnik. — A zivatar oszlik. — A szél csillapodik. — Alkonyodik. — Közeledik már a tél. — Öt órakor már besötétedik. — Harmatozik; én fázom. — Hajnalodik. Nappalodik. — Én most alhatnám, minthogy egész éjjel nem aludtam. — Hon lakjék az, ki kedve szerint akar élni.

43.

Én bátor vagyok, ti pedig gyávák vagytok, valátok és leendetek. — Ne légy irigy! — Ha csak oly ostoba ne volnál. — Régen beteg vagy te? — A mult héten már beteg voltam. — Ne legyünk azért szomorúak, de ne legyetek hidegek is. — Kész az ebéd. — Lesz-e vendég az asztalnál? — Erről nem vagyunk értesítve. — Mikor legyek megint itt? — Akár mikor itt fogsz lenni, szivesen fogsz láttatni. — Én soha büszke nem valék és nem is fogok lenni az. — Én gazdag leendenék, te jómódú leendenél, ő szegény leendene. (Garay.)

44.

Ezen ember ellen igazságtalanok voltunk. — Ti fiatalok vagytok, legyetek szorgalmasak. — Ha erényes lészesz, szerencsés fogsz lenni. — Gazdag leendenél, ha takarékos volnál. — Ha szeszélyes lészesz, nem leend boldogulás veled. — Őseink kegyetlenek voltak, legyünk mi igazságosak. — Mikor leszünk megint együtt? Talán még az idén. — Alig várom, hogy tavasz legyen, a tél igen kemény volt. — Az ősz esős szokott lenni. — Volt ön valaha Pesten? Nem még. — Egészséges ön? Bár az volnék, de egy idő óta mindég beteges vagyok. — Hogy minden időben volt, van, s lesz is panasz, az természetes. — Még akkor Debrecen is falu volt. — Még akkor emberek sem voltak Magyarországban.

45.

A meglévő jobb a leendőnél. — Itt mocsáros lévén a vidék, tovább ne menjünk. — Bátor nem lévén, csatába ne menj. — De szükséges ott lennem. — Hová mégy? A szinházba megyek. — Hová ment az inasod? — A piacra ment. Már este lévén, ma már nem megyünk. — De nekem el kell mennem. — Volt tanítóm Franciaországba ment. — A volt dolgokat nem tudjuk, hogy akarjuk tudni a leendöket? — Volt esőnek nem kell köpönyeg.

46.

Isten mondá: Legyen világosság és lőn világosság. — Sokan szeretnék, ha soha nem lenne világosság az emberek között. — Azt hivém, hogy idővel okosabb leend, azonban fajankóból soha nem lesz bölcs. — Mi lenne az emberből, ha nevelés nem vezérelné első lépteit. — Nem sokat tőn, ki csak rosszat nem tőn. — Atyám rossz néven nem venné, ha katona lennék. — A nagy szakáll senkit tudóssá nem tesz. — Egy szó sokszor több értelemben vétetik. — Ki nem tett mindent mit tennie kellett s lehetett vala, az boldog nem leszen. — Mi haszna, ha nem szabják ugyan előmbe, hogy mit higyek, de büntetnek azért, mert valamit nem hiszek? (Szalay L.)

47.

Az igazságos ember senkinek nem tesz kárt. — Kiki tegye a maga kötelességét. — Tegye meg ön nekem e szolgálatot. — Szívesen megteszem. — Vegye azért hálámat, mert veszem észre, hogy szívesen is teszi. — Sándor, barátom, azt hiszem; többet tenne ez ügyben.— Ne higye azt. — Nem hinném, ha nyilván nem venném észre. — A ki magát a korpába keveri, azt megeszik a disznók.— A here eszik, iszik és semmit nem tesz. — Egyék igyék az ember, de csak módjával. — A szénát is megeszi a kutya. — Megissza ő azt mind. — Mért iszod azt a rossz vizet, mikor a jó neszmélyi előtted áll?

48.

Vedd e kalapot s tedd tokjába. — Tedd meg dél előtt minden teendőt. — Mind meg van téve. — Merre visz ez az út? Egyenesen visz a városba. — Földi! vigyen kend engem Sopronba. — Elviszem az Urat akár a világ végeig. — Kötve hiszem azt. — Higyje a kinek tetszik, én bizony nem hiszem. — Venninek két jelentése van : először, kézzel venni, másodszor, pénzért venni. — Nem veszek én hasztalanságot, nem teszek oly bolondságot. — Ök semmi részt sem vőnek a veszekedésben. — Én is vettem volna magamnak egyet, de drágállottam.

49.

A természet soha nem nyugszik, hanem minduntalan működik. — Jó ember soha nem cselekszi másnak azt, a mi magának nem tetszenék. — A jó ember megelégszik sorsával. — A ki sokkal dicsekszik, kevéssel bir az. — Okos ember soha nem dicsekedik, s én neked is javallom, hogy ne dicsekedjél, mert ha dicsekszel, kinevetnek. — Tegnap én is úgy járék, mikor gondatlanúl dicsekvém. — Feküdjél le idején, mert a ki későn fekszik, későn kél. — Bánom, hogy délután lefekvém, mert már este későn kell lefekünnöm. — A kinek szárnya alatt nyugszol, azt tiszteljed. — A vén fának árnyékában jól lehet nyugodni.

50.

Alszik-e kend szomszéd? Nem még. — Adjon hát kölcsön egy kereket, eltört, a hogy megfordúltam. — Vagy alszom bizony. — Gyerekek! ne aludjatok sokat, mert a sok alvás megárt. — Az alvókat fel kell költeni. — Ha alhatnátok, feküdjetek le. — Éretlen gyümölcsöt ettem, s megbetegedtem. — Éretlen gyümölcstől megbetegszik az ember. — Nem cselekszem többé, most két hétig feküvém a kórházban. — Mért nem feküvél oda haza? — Mert atyám haragszik rám. — Törekedjél hát kedvét újra megnyerni. — Törekszem a mennyire lehet, de atyám avval meg nem elégszik. — Hogy némelyek könnyen megelégszenek dolgokkal, attól vagyon, hogy nem érik fel eszökkel, a másokban leledző sok szépet és jót. (Faludi.) — Ha haragszol, megkövetlek.

51.

Kedvező eredményt előidézendő, más irány volna követendő. — Te mindég igen tolakodó valál. — Nem volnék oly nyakaskodó, ha vífelem nem volna oly háborkodó. — Kevéssel beérő vagyok, kiadásim mégis nagyok. — Most mi tevők vagytok? — Mi vagytok teendők? — Nem tudom mitevő legyek. — Nem tudom, mi teendő legyek. — Ha elérhető volna, én fáradoznám érte. — Nem volt emészthető a hús. — Ha csak kapható volna. — Látható volna, ha meg volna. — Már a hatalom fő fokára vala jutandó.

52.

Itt van Péter? — Nincs itt, a kertben sincs, s nem is volt. — Nincs oly szakács, ki minden embernek szája izére tudjon főzni. — Jertek csak ide gyermekek! — Nincs-e az én pipám nálatok? — Nincs ott. — Hát kulcsaim nincsenek-e ott? — Azok sincsenek nálunk. — Nincs halandó, a ki megelégedve volna sorsával. — Ha pénz nincs, becsület sincs, azt mondják a gazdagok. — Nincs még tíz óra, sőt még kilenc óra sincsen. — Nincs veszélyesebb neme a tévelygésnek, mint az, mely tiszta érzéseken épűl, s ezekből vesz erőt a szilárdságra. (Dessewffy A.)

53.

Nekem van házam, neked nincs, atyádnak sincs, pedig neked is volt egy, atyádnak is volt egy. — Atyádnak falun vannak szép házai. — Nekem voltak szép lovaim. — Sohasem lesz szerencséd, ha szorgalmad nem lesz.' — Kevés öröme volna az embernek, ha magának nem hízelkedhetnék. (Kazinczy.) — Ha volt volna is pénzem, én bizony azt haszontalanságért oda nem adtam volna. — Csak ne legyen az embernek pénze, majd kifogyand türelme, mert nem lesz barátja. — Ha nem volnának magunknak hibáink, nem gyönyörködnénk oly igen másokban lelhetni. (Kazinczy.) — Ha nincs pénzed, ne legyen félelmed, mert a rablók ki nem foszthatnak. — Csak legyen értéked, bár ne legyen eszed, ültetnek a felső polcra. — Micsoda kilátásaid vannak?

54.

Kevés mulatságom volt e télen. — Ez mulatság volt. — Nem minden embernek van alkalma magát kimívelni. — A röst embernek sok ünnepe van. — Igazságod van. — Nincs igazsága. — Miért nincsenek Magyarországnak gyárai? — Miért nincsenek oly népes városaink, mint Angliában vannak? — Ha csak jobb útaink volnának. — Micsoda könyvei vannak az Úrnak? — Nincs itt semmi keresete. — Mit tud kend a vendégeinek adni? Mindent biz én nagyságos uram; csak hogy a mim volt, az elfogyott, a mim lesz, az messze van, a mim pedig volna, az nincs. (Jókai Mór.)

55.

Láttad a színházat? — Nem, azt még látnom kell. — Tudokozódnunk kell, mikor kezdődik az előadás. — Szabad kérdeznünk, hány órakor kezdődik az előadás. — Az Úrnak azt tudnia kellene. — Nektek tudnotok kellene azt, nem nekem. — Márcsak jó volna tudnunk, nektek is jó volna tudnotok azt. — Egy irányt kell követnünk az életben; de az iránynak nem szabad hamisnak lennie. — Nem lehet mindent tudnunk, a minek történnie kell az életben. — Nem lehetett azt tudnom. — Nem lehetett azt előre sejditenünk.

56.

A kit az ember szeret, azt nem veri meg. — A kik szeretik egymást, nem verekednek. — A biró vereti a tolvajt. — Az ötvös veregeti az ezüstöt. — Mikor kocsin járok, jobban megverődöm, mint mikor lóháton járok. — Megkötözött emberek nem verekedhetnek. — A földesúr nem veretheti jobbágyát. — Az atya tanít, a gyermek tanúl; de a gyermek annyit nem tanúlhat, a mennyit az atya taníthat. — Teregesd ki a ruhát, hadd száradjon. — Kiteregeti a ruhát száradni. — A meleg kiszárasztja a pocsolyákat. — Kiteríti a hálót. Ezen erdő messze elterűl. — A rossz hír hamar terjed. — A jó ember nem terjeszt álhíreket. — A deszka reped. — A favágó repeszti a fát.

57.

Remeg vagy reneg az ember, megrendűl a föld, a mi megrendíti az ember szívét. — Mozog a kocsi mikor megy, megmozdúl, mikor kezd menni, kimozdítják helyéből a lovak és mozgatják. — Halljuk a madár énekét. — A madár hallatja magát. — Az ember nem tehet mindent, a mit akar. — Ha nincs pénzem, nem vehetek. — A mit magam nem vihetek, azt mással vitetem. — Vannak emberek, kik soha nem nyughatnak. — Városban kevesebbet nyugodhatunk, mint falun.

58.

Tűz, víz, lég éltetnek és ölnek; öröm keblet erősit és repeszt; gyönyör virágoztat és hervaszt; remény vigasztal és félre vezet; szeretet véd és feláldoz; hit égig emel és porig lesülyeszt. — Mondjátok meg, mi oltalmaz meg bennünket, hogy a boldogság ezer ürcg ezer eszközei közt a balsors vas karjai közé ne hulljunk. (Kölcsey.) — Mint az árnyék nő, midőn az est közelget : nő búm, ha sötétedni kezd, hazám, fölötted (Petőfi).

59.

Nem lehet az ember igazán okos, ha nincs tapasztalása. — Nem lehet az ember hirtelen gaz ember. — Nem lehetek el soká tőled. — Hány akósak lehetnek e hordók? — Ha pecsenyéd lehet ne egyél foghagymát. — Bár csak elég időm lehetne. — Mért nem vitetted el pogyászodat? — Nem vitethetem el ma, azt elhihetted nekem, mert különben már elvitettem volna. — Nem hihetem, hogy az istenek valaha emberalakban jártak volna az emberek között. — Jövendő nélkül nem lehetne reményünk. — Nyugodt lélek nélkül nem lehetnek valódi örömeink. — A hatalom megronthat, a hazugság rágalmazhat bennünket. (Szalay L.)

60.

A fa zöld. — A bokor lombos. — A kő szilárd. — A beteg nyög. — A gyermek sír. — A ló nyerít. — A szakács főz. — Az ember dolgozik. — A napszámos izzad. — A francia könnyelmű. — A német komoly. — Az angol rideg. — A tű szúr. — A kés vág. — A kötél köt. — A fű nő. — A jó kerestetik. — A biró ítél. — A szarvas gyorslábu. — A madár repül. — A pince hűvös. — Ez a fiú atyjának reménysége. — Jó költő ritka.— Hosszú a mesterség, rövid az élet.

61.

Harmat nem eső. — Gond nem játék. — Bot nem fegyver. — Egy juh nem nyáj. — Piros, mint a lisztes zsák. — Fehér a háza, de fekete a kenyere. — Nem mind arany, a mi sárga. — Minden ember barátja, minden ember bolondja. — Szép dolog, halálunk előtt életünket bevégezni. (Seneca.) — Semmi sem kedves, a mi folyvást tart. — A fák zöldek. - A nemzetek olyanok, mint egyes emberek. — Boldogok, kik senkitől nem függnek.

62.

E dolog titok, melyet nem szeretnék elárulni. — E fogoly bátor. — E veder nehéz. — Verem és gödör hasonértelmüek; berek és bokor szinte hasonértelmüek; nem úgy kebel és öböl. — Kéz kezet mos. — Akár ég, akár pokol neki mindegy. — Jobb az elég, mint a sok. — Szamárra bársony nyereg. — Örül mint madár a féregnek. — Nem hallod, hogy szekér jő. — Nem mindenkor édes gyökér a szerelem. — Az egér sem fut mindég egy lyukba. — Ökör húzza az igát. — Kétszer egy vétekbe esni, nagy gondatlanság. — Örül a nyúl, ha bokrot lát.

63.

Az irásom rossz. — A tintám sűrű. — Szobád meleg. — Szobája kicsiny. — Az óránk rosszúl jár. — Órátok jól jár. — Szobájok most tisztíttatik. — Sebeim fájnak. — Gyermekeid ma nálam voltak. — Gyermekei hanyagok. — Szükségeink naponként szaporodnak. — Vendégeitek jókor érkeztek. — Szükségeik nagyok. — Napjaink mulandók. — Méheim az idén nagyon szaporodtak. — A madarak fészkeiket rendesen fákon rakják. — A szem a lélek tükre. — Legjobb eszközeink sem felelnek meg céljaiknak. — Körülmények ne határozzák véleményeinket. — Becsületes ember szavát megtartja.

64.

Az igazság az emberi társaságnak kapcsa. — Szomszédom fösvénysége kiállhatlan. — A gyermek legyen szüleinek, mikor öregednek, támasza. — Minden korok és nemzetek leghíresebb férfiai és hölgyeinek arc- és életrajzai. — Sok évek tapasztalása bölcscsé tették őt, vállalatainak szerencséje vakmerővé. — Kié ez a derék jószág? Gróf Sándoré. — Kinek tapasztalásáról volt itt a beszéd? — A gróféról. — Kinek lovai ezek? A gróféi. — Kinek lovait akartad te megvenni? — A gróféit. — A grófnak lovait akartam megvenni. — Itt vannak a grófnak lovai. — Hát e fegyver nem volna olyan jó a mi kezünkben, mint azokéban, a kik ezt velünk készíttetik? (Jókai M.)

65.

Nincsen a gondviselésnek nagyobb jótéte a vallásnál. (Kölcsey.) — A kicsiny az asszonyé? — Mostohám édes asszonyság : de mint hogy szófogadó, fris, gondos, úgy szeretem, mintha magamé volna. (Kaz.) — Ismerd magadat és magad által az embereket. (Kölcsey.) — Szívesen részesítjük kedveseinket azon boldogságban, melyet saját keblünkben érzünk. (Fáy.) — Gyarlóság az ember öröke, mely őt bélyegzi. — Az igazság soha nem szűl annyi jót a világon, mint álfénye kárt. (Kaz.) — A vonzódások legerősbike a honszeretet. — Miltiades tanácsa győzött tiszttársaié felett. (Czuczor.) — Ki mindég a másét vizsgálja, annak mi a magáé nem tetszik.

66.

Volt ön a színházban? — Nem voltam még.— Menjünk ma estére a színházba. — Már páholyt is rendeltem. — Micsoda darab adatik? — Egy új daljáték adatik. — Kicsoda a darab szerzője? — Nem nevezte magát — Majd megnevezi magát, ha darabja tetszést nyerend.· — A magyar szinészek sokban vetélkednek a németekkel. — Belépti jegyet kérek. — Adjon tértijegyet. — Kegyed a színházból jő? — A zenén kivűl mind fölséges volt. — S kitől volt a zene. — Azt nem tudom. — A bástya nem védi a népet, ha a nép nem védi a bástyát. (Jókai).

67.

Adott a természet orvost a veszteség legnagyobb fájdalmára is (Kölcsey). — A madárt tolláról, az embert társáról lehet megismerni. —·Valóban nehéz dolog, a hashoz szólani, melynek fülei nincsenek. — Mint habzó tengerben, mi is az életben evezőnket forgassuk. — (Rimai.) — Embert tetteiből, társaságot beszéde tárgyaiból itélhetni meg. (Wesselényi.) — Búcsúvételkor ajánld magadat és kisérd ki vendégedet. (Takács.) — Ne bocsátkozz olyan játékba, mely csupán a szerencsétől függvén, idő, egészség, pénz, becsület és nyugalom vesztegetésével jár. — Váratlan fényben új csillagként a borongó egen, tünt fel Miklának dalosa. (Toldy.)

68.

Nos hogy mennek a kereskedési ügyek? — Nem épen jól. — Nagy csökkenés van a kereskedésben; a kész pénz igen ritka, s hónaponkint száztól hármat is fizetnek kamatul. — Ily viszonyok között becsületes ember semmit sem vállalhat. — Az Úr csak nagyban árul? — Nem; árulok kicsinyben is; most mindenki csak hitelbe akarna venni. — Mivel kereskedik ön? — Vegyes árukkal: fűszerekkel, vassal, rőfös portékával, posztóval stb.

69.

Egész vagyonom e romok alatt hever. — Ki szeretné magát romok alá temetni? — A romok alól kihúzta. — Szemem előtt történt. — Szemem elé ne jőjjön. — Takarodjék kend szemem elől. — Két szék között a földön marad, a ki sokfelé kap. — Két tűz közé jöttem. — Két tűz közűl szabadúltam. — A füst ég felé emelkedik. — A magyarok kelet felől jöttek. — Munka után édes a nyugalom. — Neki az olvasás mulatság gyanánt szolgál. — Olvasás helyett játékkal tölti idejét. — Vannak állatok, melyek tüdő helyett más műszerrel birnak, mint: a halak kopoltyúval, a bogarak, légcsövekkel. — Mit ér a birtok egészség nélkül? — Ott ültem kedveseim sirja fölött s körültem a magyar birodalom sírkert, melyben csak árnyékok lengettek föl s alá. (Toldy.) — Habzik, csepeg, fulad a ló és a lovag hegyette. (Kisfaludy Sánd.)

70.

A rákoson innen nagyobb a homok, mint azon túl. — Dunán innen fekszik Pest. — A Dunán túl nevezetesek a Bakony és Vértes hegyei. — Bécsen felől Mölkig terjede hajdan Magyarország. — Az ember kettős, szellemi és anyagi természeténél fogva két világ polgára. — A majom külső alakjára nézve emberhez hasonló. — Az ércek rendesen a föld külső kérgén alúl találtatnak. — Üstökénél fogva rántottam ki a kútból. — Kötött szerződésünknél fogva még újévig lakhatom e szobában. — Reggeltől fogva estig. — Más mivelt nemzetekhez képest mi még igen hátra vagyunk. — Az emberek eleitől fogva laktak-e rendes társaságban? — Túl az atyai ház falain más világ nyilik föl. (Kölcsey.)

71.

Ismét fölviradott a nap, melyen százak előtt, az ország szerencsétlen királya, népe virágával együtt Mohácsnál elhullott. — Álomtalan éjen keresztül vártam. (Kölcsey.) — Bizonyos tartalék társaságban nagyon szükséges, ifjakra elkerülhetetlen. (Wess.) — A föld színe mindenkor ilyen volt-e eleitől fogva, mint most? — A tengereken kivűl, még miket vehetünk észre a föld szinén? (Edvi Illés.) — Moldvának határai, változó körülményeihez képest, külömbözők valának. — Délre minden időkben a Dunáig terjedt. (Gegő.) — A Vág kies völgyében, Trencsén s Thurócz között kápolna állott egykor nagy sziklacsúcson (Garay).

72.

Azsiai, napkeleti nyelvünk úgy van az europai napnyugotiakhoz, mint a kelő nap a nyugvóhoz. — Mind a kettő ön fényjével ragyog; de a kelő életre, a nyugvó álomra int. Amaz ifjult erővel főpontja, a déli fény felé, ez fáradttal jórészint, befutott pályájának végére, nyugalomra siet. (Pap J.) — Erőket, tehetségeket költ, ébreszt és mível a nevelés; újakat nem teremthet. (Fáy.)

73.

Nincs nehezebb teher a szegénységnél. — A méh a legkeserübb virágokból is mézet szí. — A gyöngébb félnek gyakran jobb okai vannak, mint az erősebbnek. — A csendes magány kedvesb a nyugtalan ragyogásnál. — A farkas sokkal erősb a kutyánál. — Minél vallásosabb valamely nemzet, annál boldogabb. — Az agár gyorsabb a lónál. — A legigazságosb ember sem ment hibáktól. — Az okos ember a legbonyolodottabb ügyben is tisztán lát. — Nincs alattomosabb állat a macskánál. — Mennél kisebb, annál frisebb. — Mennél hosszabb, annál rosszabb.

74.

A magyarok beköltözése nyolc száz nyolcvan hat és nyolc száz kilencven öt között történt. — Az első magyar heti irást Szacsvai Sándor adá ki ezer hét száz nyolcvan hétben. — Ötvenen keltek ki ellenem. — Én csak negyven kettőt láttam. — Én csak negyven kettőről tudok. — Hányan voltak ma az uszodában? — Valami huszan voltak. — Hányat ütött az óra? — Kettőt. — Ezen portékának fontja két forint. — Franciaország lakosainak száma harminc-öt millióra megy. — Száz csatán ezer veszély között, vívtam éretted hazám. (Bajza).

75.

Annyi volt a zsákmány, hogy száz száz forint váltóban jutott egy egy közkatonának. — Az ellenség soraiban tizenként estek el. — Harmadik voltam tőle. — E nyelvtannak még csak első kiadását ismerjük. — A második kiadás alkalmasint javítva van. — Hányadik van ma? — Ma huszonnyolcadik van. — Julius harmincadikán kezdődik a vásár. — Hatod nap teremté Isten az embert.

76.

Kétszer kettő négy. — Ötször öt huszonöt. — A név kétféle: tulajdon név és közös név. — Az állatok mozgása kétféle: önkényes mozgás és önkénytelen mozgás. — Tizféleképen hallottam beszélni e történetet. — Háromféle ércpénz forog minálunk: arany, ezüst és réz. — Az ezüst pénzdarabok a következők: a hármas, mely közönségesen garasnak mondatik; tovább a hatos, a tizes, a huszas, és az egy- és a két-forintos. — Kétszeri látogatásra sem leltem otthon. — Kétféleképen lehet valaki gazdag, vagy sok kincseket gyüjtvén össze, vagy keveset kivánván. (Takács.)

77.

Nem mind arany, a mi fénylik. — Mindenki Úr a maga házában. — Mindnyájan elestek a harcban. — Sokat láss, hallj; keveset szólj. — Egy tavasz, nyár és ősz vagyon életünkben, tél is egy, a mely amazok hibáit könnyezi sokszor. (Virág.) — Senki e földön tökéletesen boldog nem lehet. — A föld kerekségén máig is számtalan sokféle vallások vannak. — Mindnyájan ugyan azon egy hazának fiai vagyunk. — Maga birájának lenni senkinek nem szabad. — Lassanként feledünk nem mindent, de sokat. (Kölcsey.) — Az utazást hányféleképen lehet tenni?

78.

Én a költészetben gyönyörködöm, te csak a komoly tudományoknak vagy barátja, ő pedig minden miveltebb foglalatosságtól irtózik. — Mi azt nem tudjuk, de ti tudhatjátok. — Láttad tollkéseinket? — Sem a tiédet, sem az övét nem láttam. — Ez az enyim. — Miénk a kezdés érdeme, övék a kivitelé. — Kinek lovai azok? — Az enyémek. — Légy jó hozzám, ki esküszöm, hogy tiéd vagy a halálé vagyok. (Vajda.) — Nektek a sors adá meg azon jókat, melyeket ők vérrel kénszerittettek megszerezni. — A mi minket boldogít, lehetetlen hogy nekik ne legyen örömökre.

79.

Távol legyen tőlem, hogy én más hitüeket kárhoztassak, vagy szinte gyülöljek és üldözzek. — Ha valaki velem jól bánik, én érte véremet is tudnék áldozni. — Alattam a föld van, fölöttem az ég. — Sokat tett érettem a sors. — Tőle elválni nekem lehetetlen volna, ha az által akármely boldog jövendő nyilnék is meg előttem. — De hát ha egy városban maradna vele? — Rólok mindenki, rólunk senki sem beszél. — Bécs közelebb hozzánk mint Prága. — A lélek az, a mi bennünk gondolkodik. — A szeretetet a természet oltá belénk, s azt csak a halál ragadhatja ki belőlünk. — Isten veled hazám, bátrak hazája, Isten veled, én messze elmegyek. (B. Eötvös.)

80.

Mi a földi élet s minden ragyogványa nélküled oh boldog szerelem érzése? (Berzsenyi.) — Boldogok mi, hogy köztünk inkább a fiatalság jelei s hibái láthatók, s hogy még távol tölünk a vénség s koporsó. (Széchényi.) — Az ember szeret más szívébe látni; ha az övébe látnak, azt nem szereti. (Kazinczy.) — Vannak vad s izetlen emberek, kikről azt mondhatjuk, hogy se velök sc nélkülök nem lehetünk. (Faludi.) — Jókor szokjál a gondolathoz : a társaságban született ember nem önmagáé. (Kölcsey.) — Az okos ember nem néz annyira háta megé, mint inkább maga elibe. (Széchényi.) — Ha fiatal emberek találnak hozzád beköszönteni, adj nekik alkalmat a kedvtöltésre. (Takács.)

81.

Szeretnénk mindent látni, a mi e városban nevezetes. — Kit ábrázol ez a szobor, melyet itt alant látunk? Ez dicsőült Kölcseynknek mellszobra, melyet nem régen emeltek. — Ez a kőhid dicső. — A mi a hidon túl vagyon, az külváros. — Itt két utca van; melyek közűl ez a nagy piacra visz, amaz a, városligetbe; ez széles és egyenes, az keskeny és tekervényes. — Micsoda ez a nagy ház itt ? Ez a városház. — Vannak sok ilyen házak e városban? — Ilyen ház bizony kevés van. — Kicsoda most a polgármester ? — Milyen ember az a mostani biró ?

82.

Midőn az ember híres írót megy nézni, ugy cselekszik mint az, ki a szép rózsát meglátván elsiet megnézni a fekete földet, melyben terme. — A viszony ugyan az, író és mű, föld és rózsa. — Azt véli az ember, másféle a föld, melyben a gyönyörű virág termett, s azt hiszi másféle az a férfiú, ki a felséges müvet írta ; — és találunk földet és embert a többihez hasonlót.(Szemere Bertalan.) — Mit, és mikor, és miként kell szólani és tenni ? ez a bölcseség nagy titka, miről szabályokat adni nem lehet. (Kölcsey.) — Nincs oly éleslátásu ember, a ki mind érezze a kárt, melyet tészen. (Kazinczy.) — A botor nagyobb tanúlságra van az okosaknak, mint ezek amannak. (Takács.) — Ne szólj olyant nekem, édes Violám! Mért haragszol most ártatlanúl rám ? (Zrínyi Miklós.)

83.

Felette lekötelezne bennünket ön, ha tüstént és egyenesen elvezetne a színházba. — Szives örömest. — Bizvást számot tarthat szolgálatomra mindenkor. — Ebben önt teljesen kielégíthetem, csak várjon egy kissé. — Máskor mindjárt mennék kegyeddel, habár éjfélkor is hína, de most lehetetlen, mert szorosan véve már tizenkét óra is van, a ki pedig szoros rendet követ, az pontosan tizenkét órakor ebédel. — Közönségesen én is pontban délkor eszem, és ön igen okosan cselekedett, hogy kereken megtagadta kérelmemet.

84.

Mihelyt népét rendbe szedte, újra elkezdte s tizennégy napig egyre, folytatta az ágyuztatást Károly herceg. (Péczely.) — Mindenfelé van Isten áldása, gyermekem, csak becsülni tudja az ember. (Vajda.) — Lassanként enyhűlünk; nem egészben, de nagyot. (Kölcsey.) — Hány ifjú nő fel, ki hazáját alig, többnyire hallomásból, sokszor egészen hibásan ösmeri? (Wesselényi.) — Semmit sem osztogatunk szívesebben mint tanácsot. (Kazinczy.) — Nem gondolná az ember, mily hamar és könnyen változtathatja meg egész életmódját. (Vajda.)

85.

Oh Gábor, tinektek nem szabad egymás ellen küzdenetek, mi elfogjuk valamelyiteket csábítani, hogy a másikhoz áttérjen.(Jókai Mór.) — Melyikünk nem emlékszik, a midőn gyermekkorunkban katonásdit játszottunk, mindenikünk magyar kivánt lenni. (Gr. Mikó J.) — A milyen az anya, olyan a leánya. — A mennyi ház, annyi szokás. — Még eleven emlékezetünkben van azon korszak, midőn annyian, annyit fáradoztunk a szeretett féltett kincs érdekében, ott az Ádriánál. (Szalay L.) — A milyen szigoru böcsületesség uralkodott a háznál, olyan kegyetlenül hazudott minden cseléd, ha a kedves vendég idő előtt el akart távozni. (Vas Gereben.)

86.

Mint sok emberi erénynek, úgy a hazaszeretetnek is eredeti gyökere az embernek csak érzéki, úgy szólván állati részében vagyon. (Wesselényi.) — Az erkölcsi hibák kétfélék: vagy nem akarja az ember a jót; vagy akarja ugyan; de nem tesz a szerint. (Takács.) — A neveletlen ember könnyen megcsalatkozik a példa által. — Ha ki p. o. látja, hogy a körülöttelévők megvetik a zsidókat, könnyen elhiteti magával, hogy a zsidó nem olyan ember mint más. (Takács.) — Volt idő, midőn engem az én népem elfelejtett. (Toldy.)

87.

Van a nemzetnek még ezentúl nem kevés követelni valója. — Három álló napig vala egykor e csókolnivaló áldott jókedvében. (Arany J.) — Ugy reménylik, miképp ez összegből még a községnek van kapni valója. (Jókai M.) — Annyi szégyelni való dolgot mívelnek Szent Mihályon, hogy maholnap szívesen eltagadjuk, hogy ott lakunk. (Vas Gereben.)

88.

Bizatlanságunk igazolja mások csalárd voltát. (Kazinczy.) — A népszerűség vagy népszerűtlenség nem mértéke az eszmék helyes vagy helytelen voltának. (Desewffy Aurél.) — A nemzet helyzete rettentő voltát nem érzé s chínai képzelgésekben ringatta magát. (Szontágh G.) — A veszedelem sürgetős volta miatt országgyűlésre várakozni nem lehetett. (Péczely.) — A mi bőviben redves, szűkiben kedves.

89.

A test gyenge, erős a lélek; ezek ismert szavak; — de én megfordítom ezeket, s azt mondom: erős néha a test és gyenge néha a lélek. (Jósika.) — A képmutatás az a tisztelet, melylyel a gonoszság hódol az erénynek. (Kaz.) — Bécsi hírek szerint Károly főherceg e hó végével Milánóba utazandik és egy hétig ott marad. — A mit az ember ért s világosan gondol, azt rendszerint elő is tudja világosan adni. (Szontágh G.) — Igaz ügyért küzdeni még akkor is kötelesség, midőn már sikerhez nincsen remény. (Deák és Hertelendy.)

90.

Jobb a van, mint a nincs. — A voltért a cigány semmit sem ád. — Duna pontya, Tisza kecsegéje, Ipoly csukája legjobb böjt. — Mindegy, akár a tengerbe haljon az ember, akár a Dunába. — Él még a régi isten. — A mit istentől szánsz, elviszi az ördög. — Kérdém: ki van ott? „leány," felelt kinn, a ki kopogott. — Azt dicséret tenni, (a) mi illik, nem azt, (a) mi szabad. — A messze talánért a tősszomszédbani valót feledékenység leplezé. (Gegő.)

91.

Róma oly magosan állott, hogy a köznagyság elfelejteté az egyessel szerencsétlenségét. (Pulszky.) — Brutus azt mondja vala: A katona ne lábára, hanem kezére bizza életét; az az ne szaladjon, hanem harcoljon. (Cserei.) — Sokan az ellenzéstől ugy félnek, mint a sötétségtől, az pedig épen oly szükséges az igazság tökéletesb kifejlődésére mint ez a nap sugárinak szembetünőbb tételére. (Széchényi.) — Büszkélkedünk az oly hibákkal, melyek ellenkezésben vannak a miéinkkel. — Ha félénkek s gyengék vagyunk, makacsoknak akarunk látszani. (Kazinczy.)

92.

Az emberről mindég a legjobbat kellene hinni s beszélni; mert sok, a ki nem jó, jobbá lesz, ha azt veszi észre, hogy jónak tartjuk. — Ki embernek született, nem kell és nem lehet nemesebbnek, nagyobbnak és jobbnak lennie, mint embernek. — Boldog ha sem több, sem kevesebb nem akar lenni. — Ritkán válik tudóssá, kire birsággal vetik a leckét.

93.

Nem elég lenni jónak és szívesnek, látszani is kell. (Muzarion.) — Baj szegénynek és baj igen gazdagnak lenni. — Vannak asszonyok, kiknek látásán a szív önkénytelen megnyílik, kiknek körében boldognak érzed magadat, s nemesebbnek; asszonyok kiket mintegy vigasztalásnak teremte Isten e világ bajai közé, mint egy áldást, hogy boldogítsanak. (B. Eötvös.) — Nagy bölcseség a bohóvilággal bohónak lenni tudnunk. (Fáy.) — Az egész haza előtt tudva van. — Mondjanak rólad bár mennyi jót, újságot ugyan előtted nem mondanak. (Kazinczy.) — A kit csalárdnak tapasztaltak, akkor sem nyer hitelt, mikor igazat szól.

94.

Kár szokta az embert okossá tenni. — Idősb Rákóczi György két száz esztendővel ezelőtt hagyá el a szép Erdélyországot. — A mivel semmi közöd nincs, arról ne tudakozzál. — A ki szolgál másnak, felejtse el azt; a ki él a szolgálattal, emlékezzék meg arról. — A görögök müvei örökké felülmúlhatlan példányok gyanánt ragyogandnak. — Méltó a munkás az ő jutalmára (biblia). — A biblia és korán közt választvonalul egy tengert állítani, ezt tüzte ki élete végcéljául Hunyadi. (Szemere.)

95.

A kinek kezében van mások élete, többnyire azon gondolkodik, mit tehet, nem azon mit kell tennie. — Többet adózik, mint a mennyivel tartozik. — A katona életével adózik a hazának. — Bajorország Austriával határos. — A Duna sokkal szélesebb a Tiszánál. — Ki sokba kezd, keveset végez. — A mit a természet nem adott, néha megkínál vele a szerencse. — A mihez szokott Jancsi, azt cselekszi János is. — Szél a tölgyet ledönti, de a náddal nem bir.

96.

Hogy lehet szert tenni tökéletes földi boldogságra? — Az emberek vallás tekintetében számos felekezetekre oszlanak. — Akármennyire üssenek is el némely apróságokban az itéletek: mégis végtére, mint annyi sugarak két középpontban futnak és forrnak össze. — Az ember természete szerint, örömre, gyönyörűségre szaggat. (Takács.) — Egy ösmeretlen szólit meg a barátság szavával, méltóztasd elfogadásra. (Döbrentei.) — A gyenge csak szavakra, tettekre vágyik az erős. (Kisf. K.) — Még neked magadnak vagyon leginkább szükséged tanácsra s igazgatásra, nem hogy mást taníts. (Vörösmarty.)

97.

Az Athenaeiek Pisistratus kényurasága miatt mely néhány évvel ezelőtt létezett, minden hatalmasabb polgáraiktól féltenek. (Czuczor.) — Kevéssel a Fridrikkel helyreállt béke előtt, szerencsésen véget szakasztott Mátyás az országot annyi éveken keresztűl irgalmatlanul rongált cseh rablók pusztitásainak. (Péczely.)

Alphabetisches Verzeichniß

einsilbiger Wurzelwörter von bestimmter Bedeutung.*)

A.

Ács, Zimmermann.
ad, er gibt.
ág, Zweig.
agg, alt.
ágy, Bett.
agy, Schädel.
aj, Kerbe, wovon.
ajk, Lippe, eigentl. deriv. und
ajt, er öffnet, ebenfalls deriv.
al, das Unterste.
ál, falsch.
áll, er steht.
áll, das Kinn.
ám, wohl.
ángy, Brudersweib.
ár, Preis; Fluth; Pfrieme.
arc, Wange.
árny, Schatten.
árt, er schadet.
ás, er gräbt.
az, a, der, die, das.
áz-ik, er wird naß.

(22)

B.

Bab, Bohne.
báb, Puppe.
baj, Plage; Kampf.
báj, Liebreiz.
bajsz, Schnurrbart.
bak, Bock.
bal, links.
bál, Ball; Ballen; Pferdedecke (Piringer).
bán, er bebauert.
bán-ik, er verfährt.
bán, Banus (in Kroatien).

bánt, er beleidigt; er rührt an.
bár, wenn auch; obgleich.
becs, Werth; Preis.
Bécs, Wien.
bég, er blökt.
begy, Kropf (bei Vögeln).
beh! ach wie!
bel, Innere, wovon.
bél, Darm, deriv.
bér, Lohn, Miethe.
bir, er besitzt, er kann.
birs, Quitte.
biz! traun! wahrlich!
biz-ik, er vertraut; er traut.
bób, Schopf, Strauß (der Vögel).
bocs, junger Bär.
bog, Knoten, Knollen.
hojt, Zote; Quaste.
bók, Büdling, Kompliment.
bolt, Wölbung; Laden.
boly, Haufe.
bolyh, Zote.
boncs, Franse, eigentl. deriv.
bonc, Halskette; Spange.
bong, er summst.
bont, er löst auf, eigentl. deriv.
bor, Wein.
borz, Dachs.
bot, Stock.
bö, weit, reichlich.
böf, Rülps.
bög, Knoten, Knollen; Wimmer.
bög, er brüllt.
böjt, Fasten.
bök, er sticht.
böng, er summt.
bör, Haut, Fell, Leder.
britt, der Britte.
bú, Gram, Kummer.

---

*) Siehe Vorrebe 2.

búb, Schopf; Strauß; Scheitel.
búg, er brummt; er girrt.
bújt, er legt ab, er senkt ab; er verbirgt; er stiftet an, eigentl. deriv.
buk, Böschung, Klippe.
buk-ik, es stürzt, fällt.
buv-ik, er versteckt sich.
bükk, Buche.
bün, Sünde.
búz, Gestank.

(59)

C.

Cáf, Widerlegung.
cáp, Ваißbock.
cár, Czar.
céh, Zunft.
cél, Ziel, Zweck; Absicht.
cenk, Hündchen; Rekrut.
cet, Wallfisch.
cic, Zitz.
cikk, Artikel, Paragraph.
cim, Titel; Adresse; Firma.
cin, Zinn.
cink, Schelmenstreich.
comb, Schenkel.
cók, Reugeld.
cók, Sauerteig.
cupp, Schmutz.

(16)

Cs.

Csáb, Anlockung.
csaj, Eichhörnchen.
csak, nur.
csák, Keil, Spitze von etwas.
csal, er betrügt, er lockt.
csal, Trug.
csánk, Sprunggelent (bei Pferden).
csap, Zapfen.
csap, er schlägt, er wirft.
csáp, Fühlhorn.
csat, Schnalle, Spange.
csecs, Mutterbrust.
csécs, Blattern, Pocken.
cseh, Böhme.
csók, Ziemer.
csel, List.

csél, Posse.
csem, Sprosse.
csemp, List; Schmuggelei.
csen, er entwendet heimlich, er schnipft.
csend, Ruhe; Stille.
cseng, es klingt; es gellt.
csép, Dreschflegel.
csep, Tropfen.
cser, Eiche; Gärberlohe.
cscz, er kämmt, striegelt, streift; reibt.
csév (csö, s. theoretischer Theil §. 5), Spuhle; Röhre; Kolbe (vom türkischen Weizen.)
csík, Wetterfisch; Nudeln; Streif; Strieme, Querbinde.
csín, Nettigkeit, Artigkeit; Kniff; Streich, Unart.
csinny, Stille, Ruhe.
csíp, er kneipt; es prickelt.
csir, das Junge der Thiere.
csitt, still; Whist.
csíz, Zeisig.
csob, Getöse, Geplätscher.
csódd-ik. es entgleitet.
csók, Kuß.
csont, Knochen, Bein.
csór, (csavar, s. theor. Theil §. 5), er dreht, schraubt.
csoszt, er läßt entgleiten.
csö, Röhre; Kolbe (vom türkischen Weizen).
csög, Knoten.
csök, Schaft; Ziemer.
csősz, Feldhüter.
csúcs, Gipfel.
csúf, garstig, Spott.
csuk, er sperrt, schließt.
csup, Gipfel (Schopf).
csusz, Strunk (vom türkischen Weizen).
csúsz, er kriecht; schleicht; schlüpft.
csut, Fruchtstiel.
csúz, Rheuma.
csücs, Spitze einer Hervorragung.
csüd, Sprungbein (kleinerer Thiere
csüng,
csügg, } es hängt.
csün-ik, er wird matt.
csür, Scheuer.

(58)

28

D.

Dac, Trotz.
dag, Geschwulst.
dall, er singt.
dán, Däne.
de, aber, doch, allein.
déd, Elternvater; Elternmutter.
dél, Mittag; Süd.
dér, Reif.
di, Kraft, Vermögen.
di, er triumphirt.
dics, Ruhm.
dij, Preis; Geldstrafe; Lösegeld.
disz, Pracht, Schmuck; Gedeihen.
dob, Trommel.
dob, er wirft.
doh, übler, besonders dumpfiger Geruch.
domb, Hügel, Anhöhe.
dong, er summt.
döf, er stößt, sticht, bockt.
dög, Aas; Seuche; Schindmähre.
dől, er lehnt sich, legt sich; es fällt, es fällt um.
dölyf, Hochmuth, Uebermuth.
döng, er summt.
dönt, er stürzt; er schüttet.
dőzs, Zecher, Schwelger.
dú, Raub, Beute.
dúc, Auswuchs oder Knorren am Brode; Stütze; Spreize; Nervenknoten.
dug, er stopft; er versteckt.
dúl, er verwüstet; er wühlt.
dús, sehr reich.
dúz, Knorren, Höcker.
duz, er rümpft (die Nase).
düh, Wuth.

(33)

E.

Eb, Hund.
éd, Süß.
edz, er härtet, stählt.
ég, Himmel.
ég, er brennt, glüht.
egy, ein.
éh, Hunger, hungrig, nüchtern.
éj, Nacht.
ejt, er läßt fallen.
ék, Keil; Accent; Schmuck.
el, fort, weg.
él, Schneide; Schärfe; Kante.
él, er lebt; genießt.
ell-ik, sie wirft, kalbt; lammt.
elv, Grundsatz, Prinzip.
én, ich.
enyh, Milde.
enyv, Leim.
ép, unversehrt; heil, gesund.
ér, er reicht, langt; er laugt an; er rührt an; er hat Zeit; er taugt, ist werth.
érc, Metall, Erz.
ért, er versteht, er meint.
és, und.
es-ik, er fällt; es ereignet sich; es regnet.
esd-ik, er fleht.
esk, Schwur.
est, Abend.
ész, Vernunft.
esz-ik, er ißt.
ev, Jauche.
év, Jahr.
ev-ik, es wird überreif, mehlig.
ez, dieser, diese, dieses.

(33)

F.

Fa, Baum; Holz.
fagy, Frost, es friert.
faj, Art.
fáj, es schmerzt, thut weh.
fajd, Auerhahn.
fajz-ik, zeigt, gebährt, heckt.
fal, Wand, Mauer.
fal, er frißt.
fan, Schamhaare.
fánt, Vergeltung.
far, Hintere, Hintertheil.
fark, Schwanz, Schweif.
fáz-ik, es friert ihn.
fed, er deckt; er schützt.
fedd, er tadelt, er verweist.
fegy, Zucht; er züchtigt.

fej, Kopf; Kolbe.
fej, er melkt.
fejt, er entwickelt; trennt; schält.
fek, Lager.
fék, Halfter, Zaum.
fel, hinan, hinauf, heran, herauf, empor.
fél, halb, Hälfte; Seite; Partei.
fél, er fürchtet sich, er befürchtet.
fen, er schleift, wetzt; er schmiert.
fenn,
fent, } oben.
fény, Glanz; Schein; Licht.
fér, er hat Platz, Raum; er gelangt dahin.
fére, Anschlag, Heftfaden, Heft.
férj, Ehemann, Gatte.
fest, er malt, färbt; schildert.
fesz, Steifheit.
fi, Junge, Bursche; Sohn; ein junges Thier.
finn, der Finne.
fitty, Schnippchen.
fity, Pfiff, ein halbes Seidel.
fog, Zahn, Zacken; Sprosse (z. B. einer Leiter).
fog, er fängt, ergreift, nimmt, hält.
fogy, es nimmt ab, vermindert sich, schwindet; zehrt ab.
fojt, er würgt; erstickt; dämpft.
fok, Stufe, Grad; Vorgebirge; Landspitze; Oehr; Rücken eines Messers.
fól, Meierhof.
fold, er flickt.
folt, Lappen; Fleck; Mal; Haufen.
foly, es fließt; rinnt; folgt.
fon, er spinnt; flicht.
font, Pfund.
forr, es siedet, kocht; quillt; gährt.
foszt, er schleißt; er beraubt, plündert.
fő, Haupt, Kopf.
fő, vornehm; hauptsächlich.
fől, es kocht, siedet.
föld, Erde; Grundstück; Boden; Land.
főz, er kocht, er siedet, eigentl. deriv.
frigy, Bündniß (vergl. Friede).
fris, frisch, munter.
fú, Wasserhuhn.
fú, es bläst, wehet; es schnaubt (vom Pferde).
fúl, er erstickt; ertrinkt.

fúr, er bohrt.
fut, er läuft; flieht; fließt; rinnt.
fű, Gras, Kraut.
függ, es hängt, schwebt.
fül, Ohr; Oehr; Henkel.
fül, es wird heiß, warm.
fürj, Wachtel.
fürt, Locke; Traube.
füst, Rauch.
fűt, er heizt, eigentl. deriv.
fütty, Pfiff.
fűz, Weide.
fűz, er schnürt; reihet.

(73)

G.

Gaj, Erbscholle.
gagy, Schmaus, Trinkgelage.
gally, Zweig, Ast.
gáncs, Tadel, Hinderniß; Knoten.
gar, Anmaßung.
gát, Damm; Hinderniß.
gáz, Furt, seichtes Wasser.
gaz, Unkraut, Mist; Schurke.
ge'm, Reiher; Schlagbaum; Schwengel an einem Brunnen.
gémb, Zank, Getelfe.
geny, Eiter.
gép, Maschine.
gerj,
gerv, } Regung, Miasma.
gim, Rothwild, Hirschkuh.
gob, Gründling.
góc, Feuerherd, Brennpunkt.
gog, Ofen.
gomb, Knopf.
gond, Sorge.
gór, groß, lang, gestreckt.
gór, er schlendert.
göb, Buckel, Höcker.
göcs, Knoten.
gőg, Hochmuth, Aufgeblasenheit; Kehlkopf.
gömb, Kugel.
görcs, Knorren, Knoten; Krampf; Mähre, Kracke.
gőz, Dampf, Dunst.
gróf, Graf.
gugg, eine hockende Stellung.

gugg, er lauert, hockt.
gúny, Hohn, Spott.
gúzs, Winde.

(33)

Gy.

Gyak, Dolch; — er sticht; steckt.
gyám, Stütze.
gyap, Watte.
gyár, Fabrik.
gyász, Trauer.
gyep, Rasen.
gyér, schütter, licht; selten, rar.
gyik, Eidechse.
gyilk, Dolch.
gyolcs, feine Leinwand.
gyom, Unkraut.
gyón, er beichtet, bekennt.
gyors, schnell, schleunig.
gyök, Wurzel.
gyöngy, Perle.
győz, er siegt; er ist im Stande.
gyujt, er zündet an.
gyúl, es zündet.
gyúr, es knetet.
gyűjt, er sammelt.
gyűl, er sammelt sich, eigentl. deriv.
gyűl-ik, es eitert.
gyűr, Sandhügel.
gyűr, er knittert, knüllt zusammen.

(24)

H.

Ha, wenn, ob; wann.
hab, Schaum, Welle, Woge.
had, Krieg; Kriegsheer.
hág, er schreitet, steigt.
hagy, er hinterläßt, vermacht.
haj, Haupthaar.
háj, Schmer.
hajt, er treibt; er krümmt, beugt; es sproßt.
hakk, schweigend, still (bei Dankowsky). Vergl. halk.
hal, Fisch.
hal, er stirbt.

hál, er übernachtet, schläft.
halk, leise, still, sachte.
hall, er hört.
hám, Pferdgeschirr; Schale (des Obstes), Fruchthülse.
hang, Hall, Schall, Klang; Ton, Stimme.
hant, Rasen.
hánt, er schält, eigentl. deriv. von hám, über Verwechselung des m in n s. theor. Theil §. 13.
hány, er wirft, schleudert; speit, bricht.
hány, wie viel.
harc, Krieg, Schlacht.
hars, Wachtelkönig.
hárs, Linde.
has, Bauch.
hat, sechs.
hat, er bringt, reicht, er wirkt.
hát, Rücken; Buckel; Lehne.
hát, also.
ház, Haus.
hegy, Berg, Spitze.
héj, Schale, Rinde, Hülse, Ueberzug (z. B. eines Polsters).
hely, Ort, Platz, Raum, Stätte, Ortschaft.
her, Klee.
hét, sieben.
hév, Hitze; Eifer; hitzig.
hi, Mangel.
hí, er ruft, ladet ein; heißt.
hid, Brücke.
hig, flüssig, dünn.
him, Stickarbeit, gestickter Zierrath; Männchen, männlich.
himl-ik, es wird zerstreut, es zerstiebt.
hint, er zerstreut, eigentl. deriv. von him, s. oben himlik.
hir, Ruf; Nachricht, Kunde.
hisz, er glaubt, er traut.
hiv, treu; Gläubiger.
híz-ik, er wird fett.
hó, Schnee; Monat.
hód, Biber.
hogy, wie, wie theuer; daß, damit.
hol, wo.
hold, Mond; Joch.
holt, todt, eigentl. deriv. von hal.
hon, Heimat, Vaterland.
hón, Achsel.

honn, zu Hause.
hord, er trägt, führt, spielt an.
horny, Einschnitt, Kerbe.
horty, Geschnarche; die hintern Nasenlöcher.
hossz, Länge, Linie.
hoz, er bringt, holt.
hö, Hitze, heiß s. oben hév.
höcs, Weißspecht.
hök, zurück (bei Thieren).
hölgy, junges Frauenzimmer, Braut; Hermelin.
hömp, Walze.
hörg, er röchelt.
hörp, Schluck.
hös, Held.
hug, jüngere Schwester.
hugy, Harn, Urin.
hull, er fällt.
huny, er schließt (die Augen).
hur, Saite.
hus, Fleisch.
husz, zwanzig.
huz, er zieht.
hü, Kühle; treu, getreu, s. oben hiv. und theor. Theil §. 5.
hul, es wird kühl, eigentlich deriv.

(79)

I.

igy, so.
ij, Pfeilbogen.
ill, es duftet.
ill-ik, es ziemt sich, es schickt sich, es paßt.
ily, solcher, solche, solches, dergleichen.
im, siehe.
in, Sehne, Flechse.
ing, Hemd.
ing, er wankt, schwankt, wackelt.
int, er mahnt, warnt, winkt.
iny, Zahnfleisch, Gaumen.
ip, Schwiegervater.
ir, er schreibt.
ir, Salbe.
irt, er reutet, rodet, jätet, rottet aus, reinigt.
is, auch.
isz-ik, er trinkt.
itt, hier.
iv, Bogen, Pfeilbogen.

iz, Geschmack, Gelenk, Glied, Knötchen (am Halme); Grad (der Verwandtschaft); Mahl; Zoll; Mundfäule; Krebs (Krankheit).
iz-ik, er nießt.
izz, Schweiß.

(22)

J.

Jaj! wehe!
jár, er geht, er geht herum.
jász, Jazyge, Bogenschütz.
ját, Namensbruder, Namensgefährte.
jég, Eis, Hagel.
jegy, Zeichen; Billet; Morgengabe; Brautstand.
jel, Zeichen, Signal; Spur.
jer, komme.
jó, gut, brav; ächt; ziemlich.
jog, Recht.
jós, Wahrsager, Prophet; wahrsagerisch.
jö, er kömmt.
juh, Schaf.
jus, Recht.
jut, er kömmt an, er gelangt, geräth; es wird zu Theil.

(15)

K.

Kacs, Ranke; Händchen.
kád, Wanne, Kufe.
kall, er walkt.
kan, Männchen, Rammler.
kap, er bekömmt, kriegt.
kar, Arm; Chor; Stand; Korps; Fakultät; Zustand.
kár, Schaden, Nachtheil.
karc, Ritz; die dem Pfarrer zu entrichtende Haussteuer.
kard, Säbel, Degen, Schwert.
kárt, Wollkamm, Karbätsche; Brunnenkasten, Einfassung des Brunnens.
kas, Korb, Flechte.
kecs, Liebreiz.
ked, Gemüth.
kedd, Dienstag.

kodv, Lust.
kegy, Gnade, Gunst, Huld.
keh, Keuchen, Dampf, Husten, Asthma.
kéj, Lust, Wollust, Wonne.
kék, blau.
kel, er erhebt sich; er steht auf; es gährt; es geht ab, findet Abgang; er brütet.
kell, es muß, er soll, er mag, es ist nöthig.
kém, Spion.
ken, er schmiert; streichelt; schiebt; bürdet auf.
kén, Schwefel.
kend, Er.
ken, er schminkt; salbt; wischt ab.
kény, Willkür, Gemächlichkeit.
kép, Bild, Gesicht, Form; Lanze.
kér, er bittet, ersucht, heischt.
kérd, er fragt.
kert, Garten.
kés, Messer.
kés-ik, er weilt, säumt.
kész, fertig, bereit; bereitwillig, geneigt; baar.
két, zwei.
ketty, Pick (einer Uhr).
kév, begierig, daher maga kévén, nach Verlangen, (bei Dankowsky).
kéz, Hand.
kezd, er fängt an, er unternimmt.
ki, wer, welcher, welche, welches.
ki, aus, hinaus, heraus.
kin, Pein, Qual, Leid.
kincs, Schatz, Kleinod.
kis, klein.
koc, er klopft.
kóc, Werg.
koh, Schmiedesse, Schmelzofen.
kókk, Scharlachbeere.
kole, kolty, } Gründling.
komp, Ueberfuhrplätte, Fähre.
konc, Markbein; Buch (Papier); Stück, Bissen.
kong, es tönt, schallt, klingt hohl.
konty, Haube; Haarbund; Schopf.
kop-ik, es wird abgenutzt, es veraltet.
kor, Alter; Zeit.
kór, Krankheit; krank; der Kranke.
korcs, Bastard, Zwitter.
korc, Bandsaum.

korty, Schluck.
kos, Widder.
kosz, Schorf, Grind.
koszt, Kost.
kóty, Zuckermelone.
kő, Stein.
köb, Würfel, Kubus.
köd, Nebel.
küg, Zirkel.
köh, Husten, s. keh.
költ, er weckt; brütet; dichtet; verzehrt, eigentl. deriv. von kel.
kölyk, das Junge (von Thieren).
köny, Thräne, Zähre.
könyv, Buch.
köp, Speichel; — er spuckt.
kör, Kreis, Runde; Zirkel.
körny, Gegend, Umgebung.
köt, er bindet, knüpft; strickt.
köz, Zwischenraum; Abstand; schmales Gäßchen.
köz, gemein, öffentlich.
kukk, Mucks.
kules, Schlüssel.
kúp, Kegel; Kuppel.
kút, Brunnen.
kül, das Aeußere; äußerlich.
küld, er schickt.
künn, draußen, auswärtig.
kürt, Blashorn.
küsz, Breitling.
küzd, er kämpft, ringt.

(89)

L.

láb, Fuß; Schuh (Längenmaß); Stolle.
lágy, weich, gelind; nachsichtig.
lajt, ein längliches Faß; Leite.
lak, Wohnung.
lak-ik, er wohnt.
lám, Morast, Pfütze.
lanc, hoch, lang.
lánc, Kette; Joch (Feldes).
lang, Alkohol.
láng, Flamme.
langy, lauluch; Lauigkeit.
lank, laff; laß.
lant, Leier, Laute.
lap, Platte; Seite.

láp, Moor, Sumpfwiese.
lat, Loth.
lát, er sieht.
láz, Schreckbild; Fieber; Aufruhr.
le, ab, hinab, herab, hinunter, herunter.
lé, Brühe, Saft.
leb, das Flattern der Flamme.
léc, Latte.
lég, Luft.
légy, Fliege.
leh, Athem.
leh, er athmet.
lejt, Abhang, Lehne.
lejt, er hängt ab; er tanzt.
lék, Loch (Leck).
lel, er findet, trifft an.
lél, Geist, Spiritus.
len, Flachs, Lein, leinen.
leng, es weht, schwankt, schwebt.
lent, unten.
lep, er bedeckt; überfällt; überrascht.
lép, Milz; Wachsscheibe; Vogelleim.
lép, er schreitet, tritt.
les, Hinterhalt, Lauer; er lauert, stellt nach.
lesz, es wird.
lév, Brühe, Saft.
lik, Loch.
liszt, Mehl.
ló, Pferd.
lob, Flamme, Entzündung.
locs, Pfütze, Lache.
lóg, es hängt herab, es bewegt sich herabhängend hin und her.
lom, Plunder, Bagage.
lomb, Laub.
loncs, Schmutz, Unflath.
lop, er stiehlt.
lő, er schießt.
lócs, Leiste, Wagenleiste.
lök, er stößt, schleudert.
lúd, Gans.
lúg, Lauge.
luk, Loch.
lük, er pocht, stößt.

(57)

Ly.

Lyány, Mädchen.
lyuk, Loch.

(2)

M.

Ma, heute.
mag, Same, Kern; Saatkorn.
máj, Leber.
maje, Zaumriemen.
majd, bald, schon; fast, beinahe.
mák, Mohn.
makk, Eichel; Treff.
mál, Wamme.
mall-ik, es zerfällt, zerstäubt, modert.
manes, Wurzelball, Huf.
mar, Kamm, Rist.
mar, er beißt.
már, schon.
marc, Raub.
márc, Märzenbier.
mart, Küste, Gestade.
márt, er tunkt, taucht.
más, ander, sonstig; Kopie, Abschrift.
mász, er kriecht.
máz, Glasur, Schmelz, Anstrich.
mécs, Nachtlampe.
még, noch.
meg, und.
megy, er geht.
meggy, Weichsel.
méh, Biene; Gebärmutter.
mell, Brust; Busen.
mely, welcher, welche, welches.
mély, tief.
mén, Hengst.
menny, Himmel.
ment, frei, befreit.
ment, er rettet; behütet, bewahrt, entschuldigt.
meny, Sohnsfrau, Schwiegertochter.
mény, Brunnenschwengel.
mer, er schöpft; er wagt, erkühnt sich.
mér, er mißt; wägt.
mész, Kalk.
metsz, er schneidet, schnitzt; gravirt.
mez, Hülle, Kleid.
méz, Honig.
mi, was; wir; wie.
míg, während, so lange.
mind, aller, alle, alles, sämmtlich, sowohl — als.
mink, wir.
mint, wie, so wie, als, denn.
mív, Arbeit, Kunstwerk, s. mü.
mód, Art, Weise, Methode, Mittel, Auskommen, Vermögen.

mogy, Beere.
moh, Moos.
moly, Motte, Milbe, Schabe.
molyh, Pflanzenwolle.
mond, er sagt.
mony, Ei, Hode.
mór, Mohr, Kothziegel.
morc, wild, trotzig.
mord, düster, trotzig, wild.
mos, er wäscht, er spült aus.
múl-ik, er vergeht, verschwindet.
mü, Arbeit, Kunstwerk.

(60)

N.

Nád, Rohr.
nagy, groß.
nap, Sonne; Tag; Schwiegermutter.
nász, Hochzeit, Hochzeitfest.
ne, nicht.
nedv, Saft, Feuchtigkeit.
négy, vier.
nem, nein, nicht; Geschlecht, Art.
nemz, er erzeugt.
nép, Volk.
nesz, leises Geräusch, Gerücht, Vorwand.
név, Name.
néz, er sieht, schaut.
nincs, es ist nicht.
nó, es wächst, nimmt zu, vermehrt sich; Weib, Gattin.

(15)

Ny.

Nyáj, Heerde.
nyak, Hals.
nyák, Schleim, Seim.
nyal, er leckt.
nyál, Speichel, speichelartige Feuchtigkeit.
nyár, Sommer.
nyárs, Spieß.
nyel, er schlingt, schluckt.
nyél, Stiel, Schaft.
nyell-ik, es dorrt ab, fällt ab (das Obst).
nyelv, Zunge, Sprache.
nyer, er gewinnt, erhält; siegt.

nyers, roh (ungekocht), ungearbeitet (z. B. Leder); unreif; barsch.
nyes, er beschneidet, behaut.
nyest, Marder.
nyí, er quäckt.
nyil, Pfeil; Loos.
nyil-ik, es öffnet sich.
nyir, Birkenbaum.
nyir, er schert.
nyit, er öffnet, macht auf, eigentl. deriv.
nyolc, acht.
nyom, er drückt, drängt, preßt, wiegt, tritt, druckt, — Spur, Fußstapfe, Schuh (Maß).
nyög, er ächzt.
nyujt, er reicht, verlängert, dehnt, streckt, walgert, eigentl. deriv.
nyúl, Hase.
nyúl, er streckt die Hand nach Etwas aus, er ergreift.
nyuszt, Edelmarder.
nyúz, er schindet.
nyü, er rauft, entwurzelt (den Hanf), er nützt ab.
nyüg, Fußfessel, Kreuz, Last, Beschwerde.
nyüst, Trumm (bei Webern).

(32)

O.

Ó, alt.
ok, Ursache, Grund, Schuld.
ok-ik, er wird vernünftig.
ól, Stall.
old, er bindet los, er löst auf.
oly, solcher, solche, solches, so, dergleichen.
olt, er löscht; impft; labt; pfropft.
ón, Zinn, Blei.
ont, er vergießt.
orr, Nase; Schnauze; Spitze (z. B. des Stiefels); Schnabel.
orv, Dieb.
oszt, er theilt.
ott, dort, da.
óv, er verhütet.

(14)

Ö. und Ő.

Ő, er sie.
öl, Schooß, Klafter.
öl, er mordet, tödtet, schlachtet.

ölt, er zieht, legt an (ein Kleid); er fädelt ein, er macht Stiche (beim Nähen); reckt hin (die Zunge).
ölyv, Habicht.
ön, Sie, selbst.
ön, Kühling.
önt, er gießt, schüttet.
önz, er ist, handelt selbstsüchtig.
őr, Wache, Wächter.
örv, ein stacheliges Halsband; Vorwand.
ős, Ahn, Urvater, Ur-.
ősz, Herbst; grau.
öt, fünf.
ötl-ik, es fällt ein.
öv, Gürtel, Zone.
őz, Reh.

(17)

P.

pác, Beize.
pad, Bank; Dachboden; Herd.
paizs, Schild.
pajk, Muttersöhnchen.
pak, Rohrkolbe.
pall, er schwingt oder würfelt (das Getreide).
páll-ik, es fault.
pank, Spinne.
pánt, eisernes Band (Band).
pap, Priester, Pfarrer, Prediger.
pár, Backofen; Gähre; Paar.
part, Ufer, Küste.
párt, Partei, Anhang.
pást, Rasen, Anger.
pécs, Fünfkirchen.
peck, Stöpsel.
pedz, er beißt an (beim Angeln).
pej, (falb bei Pferden).
pék, Bäcker.
pelyh, Flaum, Flaumfeder.
pelyp, lispelnd.
peng, es klingt.
pénz, Geld, Münze.
pép, Muß, Brei.
per, Prozeß, Streit.
perc, Minute; Fingerglied.
pers, birsenförmiger Hautausschlag.
pest, Ofen, nur in gewissen Redensarten gebräuchlich, als pest alatt, hinter dem Ofen.
pett, } Sprengel, Tüpfel.
petty,

pih, Flaumfeder; Hauch, Athem.
pint, Maß.
pinty, Fink.
pip, Pips (eine Krankheit der Hühner).
pir, Röthe.
pléh, Blech.
pocs, Pfütze, Lache.
poc, Wasserratte.
pof, Backen; Backenstreich.
poh, Wanst, Schmerbauch.
pók, Spinne.
polc, Unterlage, daher: Sitz vor dem Hause, Stufe.
ponc, Meißel, Grabstichel.
ponk, Hügel, Bank.
pont, Punkt.
ponty, Karpfen.
por, Staub; Pulver.
pór, Bauer; bäuerisch.
porc, Knorpel.
pos, Zuschuß, Nachtrag.
pös, Aufgeblasenheit.
pök, er spuckt, speit; Speichel.
pörc, Speckgriebe.
pörs, Hirsenausschlag.
pöt, Tupf, Punkt.
prém, Gebräm; Pelzwerk.
púp, Buckel, Höcker; Nabel.

(59)

R.

Rab, Sklave; Gefangener.
rács, Gitter; Rost; Futterraufe.
rác, Serbe.
rag, Anhängsel; Anhängsilbe, Suffix.
rág, er kaut, nagt.
raj, Schwarm.
rajz, Zeichnung, Abriß.
rak, er legt, setzt; packt; baut.
rák, Krebs.
ránc, Falte, Runzel.
rang, Rang.
ráng, er zuckt.
ránt, er zieht (mit Hast), zuckt, eigtl. deriv.
ránt, er brennt ein (z. B. Suppe); er backt (z. B. Fische).
rászt, Hypochondrie, Milzsucht.
ráz, er schüttelt, rüttelt.
redv, Fäulniß (der Bäume).

reg, Morgen.
rég, lange.
rejt, er birgt, büllt, versteckt.
rém, Schreck, Gespenst, Spuk.
rend, Ordnung; Reihe; Stand, Klasse; Schriftzeile; Orden.
reng, es bebt, schwankt.
rény, Tugend.
rés, Lücke, Oeffnung, Bresche, Spalt; Ausweg.
rest, faul, träge.
rész, Theil; Partei.
rét, Wiese; Schicht; Fach; Format (eines Buches).
rev, Fäulniß.
rév, Fähre, Ueberfahrt; Hafen.
réz, Kupfer.
rí, er weint.
rím, Reim.
ring, er wiegt sich, bewegt sich leicht hin und her.
rip, Stückchen, Läppchen.
ris, Reis; — roth.
ró, er schneidet ein, kerbt auf, bezeichnet; besteuert.
rogy, er sinkt, stürzt.
roh, Rapp.
rojt, Franse, Quaste.
rom, Ruine, Trümmer.
rongy, Fetzen, Lumpen, Plunder.
ront, er verdirbt, zerstört, eigentl. deriv. von rom.
rós, roth.
rossz, schlecht, schlimm, arg, übel.
rost, Faser; Gitter.
rozs, Roggen, Korn.
rőf, Elle.
rög, Erdscholle.
röst, Rost, Bratnetz.
röt, rothbraun.
rúd, Stange, Stab; Deichsel.
rúg, er schlägt aus mit den Füßen, stößt.
rút, häßlich, garstig.
rügy, Knospe.
rüh, Krätze.

(57)

S.

sajt, Käse.
sakk, Schach.

sám, Steg, Geigensteg; Stiefelleisten.
sánc, Schanze, Wall.
sank, Bodensatz, Schlamm.
sanny, Verwelkung, Abzehrung.
sáp, Blässe.
sár, Koth, Morast; gelb.
sarc, Brandschatzung.
sarj, Sproß, Sprößling.
sark, Ferse; Angel, Pol; Haspe.
sas, Adler.
sás, Riedgras.
sav, Säure.
sáv, Streif, Strieme.
sé, Bach.
seb, Wunde; Schnelle, Schnelligkeit.
segg, After.
sejt, er ahnt.
sejt, Bienenzelle, Wabe.
selyp, lispelnd.
senyv, Siechheit; Verwesung; Fäulniß.
ser, Bier.
sér, es schmerzt, thut weh; Nachtheil, Schaden; Leibesschaden.
sért, er verletzt; beleidigt; fränkt.
sérv, Leibschaden, Bruch.
sí, er heult.
sik, Flittergold, Rauschgold.
sík, eben, flach; glatt.
sin, Radreif, Schiene.
síp, Pfeife.
sír, Grab, Grabstätte; er weint.
só, Salz.
sok, viel.
som, Kornelle.
sor, Reihe; Zeile; Linie; Geschick.
sór, Hain.
sors, Schicksal, Geschick; Loos, Lotterieloos.
sorv, Abzehrung.
sót, vielmehr, ja sogar.
súg, er flüstert zu, sagt ein, soufflirt.
sujt, er schlägt, trifft; schleudert.
súly, Last, Schwere; Gewicht.
suny-ik, er verkriecht sich.
sut, Ofenwinkel.
sül, Stachelthier; es backt, bratet.
süly, Scharbock, Scorbut.
sün, Stachelthier.
süt, er backt, bratet, eigentl. deriv.
sův, Schwager.

(50)

Sz.

Szab, er schneidet zu; schreibt vor; verhängt (eine Strafe), legt auf.
szád, Spund eigentl. deriv. von száj.
szag, Geruch.
száj, Mund, Maul; Schnauze; Spund, Mündung.
szak, Abschnitt, Theil; Zeitperiode; Fach, Schicht; Muß.
szál, Halm; Faden; Faser; Floß.
száll, er fliegt; fällt; setzt sich; begibt sich, steigt ab; kehrt ein.
szám, Zahl, Nummer, Ziffer; Rechnung.
szán, Schlitten.
szán, er bedauert, bemitleidet; bescheert; entschließt sich.
szánt, er pflügt, ackert.
száp, Zopf.
szar, Dreck, Koth.
szár, Stiel, Schaft, Stängel, Halm; Röhre.
szárny, Flügel, Fittig, Schwinge.
szarv, Horn, Geweih.
szász, Sachse; sächsisch.
száz, hundert.
szed, er klaubt, sammelt; pflückt; bezieht; hebt aus (Soldaten); setzt (Schrift).
szeg, Nagel, Winkel; braun, kastanienbraun; er schneidet, hackt; bricht; säumt.
szegy, Bruchstück.
szék, Sessel, Stuhl, Sitz, Bank.
szel, er schneidet, schnitzelt.
szél, Wind, Schlag, Rand, Bord, Saum, Grenze, Breite.
szem, Auge, Korn, Körnchen, Beere, Knospe; Masche (beim Stricken); Glied (einer Kette).
szén, Kohle.
szenny, Schmutz, Unflath.
szent, heilig.
szenv, Leid.
szép, schön.
szer, Ordnung; Art; Maß; Arznei; Spezerei, Mittel, Zeug; tauglich.
szesz, starker, geistiger Geruch, Geist, Spiritus, Vorwand.
szét, auseinander, los- zer-.
szí, er saugt, zieht, hebt aus.
szid, er schmäht, schilt, macht aus.
szij, Riemen.

szín, Farbe; Schein, Vorwand; Bühne, Schoppen, Schirmdach; das Obere, Ausbund.
szint, fast, beinahe.
szip, Saugrüssel.
szip, er saugt, zieht.
szirt, Genick; Schmutz.
szirt, Klippe, Fels.
szít, er schürt (das Feuer), — er hält es (mit Jemand).
szív, Herz, Gemüth, Muth.
szó, Wort, Stimme; Sprache.
szok-ik, er ist gewohnt, pflegt.
szól, er sprich, redet, tönt, eigentl. deriv.
szomj, Durst.
szór, er streut, worfelt.
sző, er webt, flicht, wirkt.
szög, Ecke, Winkel; Nagel; Zweck, — braun, kastanienbraun.
szök-ik, er springt, entspringt, entläuft.
szőr, Haar (nicht eines Menschen).
szörny, Ungeheuer, Ungethüm, Monstrum.
szörp, Syrup.
szösz, Werg, das Feine vom Hanf.
szú, Holzkäfer.
szúg, Ecke, Winkel.
szúr, er sticht, er steckt.
szurt, Schmutz.
szusz. Athem.
szú, Herz.
szúcs, Kürschner.
szügy, Vorderbug, Brust.
szűk, eng, schmal, knapp, dürftig.
szül, er erzeugt, sie gebärt.
szün, } es läßt nach, hört auf.
szün-ik, }
szűr, er seihet, läutert, hält Weinlese.
szűr, ein grober Bauernmantel.
szűz, keusch, — Jungfrau.

(71)

T.

Tag, Glied, Mitglied.
tág, geraum, weit, locker.
táj, Gegend, Landschaft.
tajt, Schaum, Meerschaum.
ták, Fleck, Schuhfleck; Zwickel; Ergänzung.
tál, Schüssel.

talp, Sohle; Felge; Grundfläche; Fuß; Gestell; Floß.
tám, Pult.
tan, Lehre.
tánc, Tanz.
tap, er tastet, betastet.
táp, Nahrung, Nahrungssaft.
tar, kahl; Glatzkopf.
tár, offen; er öffnet, er schließt auf; Niederlage, Magazin, Sammlung.
tarcs, Halt, Halter eigentl. deriv.
tárgy, Gegenstand, Objekt.
tarh, Komst.
társ, Genoß, Gefährte, Kompagnon.
tart, er hält; erhält, versorgt; er hält dafür, meint.
tal, der hintere Schiffstheil; nämlich.
tát, offen; er öffnet, sperrt auf.
táv, Ferne; — fern.
te, du.
tej, Milch.
tél, Winter.
teng, er bringt sich ärmlich durch, er vegetirt.
tenk, Fallment, Bankerott.
tép, er rupft, rauft, zerreißt.
tér, Raum, Platz, Markt, Plan; frei, weit, eben; es hat Raum; er übergeht; er kehrt um.
térd, Knie.
terh, Last.
terv, Plan, Entwurf.
test, Körper, Leib; Korps.
tesz, er thut, er macht, handelt; es heißt, bedeutet; er stellt, legt.
tetsz-ik, es gefällt, beliebt; scheint.
tév, Irrthum.
tik, Henne.
tilt, er verbietet, untersagt, verwehrt.
tincs, Quilster, Büschel.
tiszt, Beamter, Offizier; Amt; Obliegenheit.
tiz, zehn.
tó, Teich, See, Landsee.
tok, Futteral, Gehäuse, Kapsel, Scheide; Hülse, Schote; Federkiel, — Stör.
tol, er schiebt, stößt, drängt an.
told, er stückt an, setzt zu, trägt nach.
toll, Feder, Gefieder; Stil.
tom, Schmaus, Gasterei, Jubel.
tomb, eine stehende Stütze.
tomp, Hüfte.

top, er duckt, — er wirft ab.
tör, Schmaus, Mahl, Trauermahl; Brustkasten.
tosz, er stößt.
tót, Slave.
tő, Stamm, Stock, Wurzel.
tőgy, Euter.
tök, Kürbiß, Hode; Schelle.
tölgy, Eiche.
tölt, er füllt; schüttet, gießt; schenkt ein; ladet (z. B. eine Flinte); häuft.
töm, er stopft, pfropft, mästet.
tönk, Strunk.
tör, er bricht, zerbricht; stampft, pocht; knackt (z. B. Nüsse); reibt (z. B. Farben); hockt (Hanf); — erntet (z. B. Kukuruz).
tőr, Dolch, Stilet; Schlinge, Falle.
tőrf, Torf.
tőrk, Pfriem; Schlinge, Fallstrick.
törzs, Stamm.
truc, Trotz.
tud, er weiß, kann.
tul, drüben, oben, jenseits.
túr, Blutgeschwür (vom Drucke des Sattels); aufgeworfene Erde.
túr, er gräbt, wühlt herum.
tus, Toast, Trinkspruch; Kolbe.
túsz, Kriegsgeißel, Geißel, Bürge.
tű, Nadel.
tün-ik, es scheint, verschwindet.
tűr, er duldet, leidet, er trägt; schürzt auf.
tűz, er heftet, nabelt, steckt auf, pflanzt auf.
tűz, Feuer.

(77)

Ty.

Tyúk, Henne. (1)

U und Ú.

Ugy, úgy, so.
új, Finger; Zehe; Pfote; Aermel; Zoll (Maß); — neu.
ún, er wird überdrüssig.
úr, Herr.

usz-ik, er schwimmt.
út, Weg; Straße; Reise, Lauf, Laufbahn.

Ü und Ű.

üdv, Heil, Seligkeit.
ügy, Sache.
ük, Großmutter, Urgroßmutter.
ül, er sitzt; er feiert, begeht (ein Fest).
üld, er verfolgt.
üng, Hemd.
ür, Leere, Raum.
üst, Kessel, Pfanne; Silber.
üt, er schlägt; sticht (im Kartenspiel).
űz, er jagt, treibt, verfolgt; übt aus.

(10)

V.

vad, wild, scheu, — Wild, Wildpret.
vád, Klage, Anklage, Beschuldigung.
vág, er schneidet, er haut; schlachtet; schlägt; pickt.
vagy, oder.
vágy, er sehnt sich, begehrt, gelüstet. — das Sehnen, Verlangen, Sehnsucht, Begierde, Lust.
vaj, Butter.
váj, er höhlt aus, gräbt, wühlt, stochert.
vajh, ah!
vak, blind.
vál-ik, es scheidet, trennt sich; es wird, verwandelt sich (zu Etwas); es dient, gereicht.
vall, er gesteht, bekennt, zeugt, sagt aus.
váll, Schulter, Achsel; Mieder.
vám, Mauth, Zoll, Abgabe.
van, es ist.
var, Schorf, Grind.
vár, Festung, Burg, Schloß.
vár, er wartet, harrt, erwartet.
varr, er näht.
vas, Eisen, Fußeisen, Fessel.
váz, Gerippe, Skelet. Scheuche, Popanz.
véd, Schutz; Beschützer; Wehr, Wall; er vertheidigt, schützt, behütet, beschirmt.

vég, Ende, Schluß, Beschluß; Stück (Tuch); Webe (Leinwand); Rand, das Letzte.
vegy, Gemisch.
vél, er meint, vermuthet, muthmaßt.
vemh, Füllen.
vén, alt, betagt, — Greis.
ver, er schlägt, prügelt; prägt (Münzen).
vér, Blut; Blutsverwandte.
vers, Vers, Strophe; Gedicht; -mahl.
vért, Panzer, Harnisch, Schild.
vés, er meißelt, gräbt.
vesz, es geht verloren; es geht zu Grunde, verdirbt, verfault; vergeht; er wird wüthend.
vesz, er nimmt, empfängt; er kauft.
vész, Sturm, Gefahr; Seekrause.
vet, er wirft; säet.
vét, er fehlt, verschuldet, vergeht sich, sündigt.
ví, er kämpft, ficht, streitet; belagert, bestürmt.
víg, lustig, fröhlich, freudig, vergnügt.
visz, er trägt, bringt, fährt, führt.
víz, Wasser; Fluß, Strom.
von, er zieht.
vő, Schwiegersohn, Eidam.
völgy, Thal.

Z.

zab, Hafer.
zaj, Lärm, Getöse, Geräusch; Treibeis.
záp, Schwinge (an einem Leiterwagen), Speiche, Radspeiche.
záp, faul, stinkend, (z. B. ein Ei.)
zár, Schloß, Riegel; Sequester.
zár, er schließt, sperrt.
zeng, es schallt, tönt.
zok, Stampfmühle.
zord, rauh, wild, unfreundlich.
zöld, grün, unreif, — das Grün, Laub.
zörg, es klirrt, rasselt, rauscht, macht ein Geräusch, pocht.
zug, Winkel.
zúg, es saust, braust; er murrt.
zupp, Wallhammer.

zúz, er stampft; schmettert, quetscht, malmt.
zúz, Magen (der Vögel).
zúr-lik, sie schlägt ab (von Kühen).

(17)

Zs.

Zsák, Sack.
zseb, Tasche.
zsémb, Zank, Geteife.

zsong, es sproßt hervor, schlägt aus.
zsib, Trödel, Rummel.
zsig, Secken (bei Silberarbeitern).
zsír, Fett, Schmalz.
zsold, Sold, Löhnung.
zsong, Ton, Spannung.
zsúp, Schop, Schaub.

(10)

Zusammen 1150.

Inhaltsverzeichniß.

	Seite
Einleitung. Ungarische Sprache und Grundzüge ihrer Bildungsgeschichte	1

I. Theoretischer Theil.

Erstes Buch. Lautlehre ... 5

	Seite
Die Buchstaben	—
Aussprache der Buchstaben	—
Eintheilung und Wesen der Laute	7
Lehre der Euphonie oder des Wohllautes	11
Wechsel der Laute	—
Ausstoßen oder Abwerfen gewisser Laute	13
Die Einschiebung	14
Assimilation	—
Versetzung der Konsonantlaute (Metathesis)	15
Orthographie oder Rechtschreibung. Allgemeines Gesetz der Orthographie	16
Von den zusammengesetzten Lautzeichen	—
Von der Schreibart der selten zu gebrauchenden Fremdwörter und Eigennamen	17
Gebrauch der großen Anfangsbuchstaben	—
Von der Betonung	18
Von den Silben	19

Zweites Buch. Wortlehre.

Formenlehre.

Erstes Kapitel.

	Seite
Von dem Zeitworte	21
Von der Konjugation	22
Bezeichnung der Zeit	28
Von dem Infinitive	43
Von dem Begebenheitsworte	44
Von den Zustandswörtern	45
Von dem Mittelworte	—
Vorbilder für die regelmäßigen Zeitwörter	47
Von den Mittelzeitwörtern	80
Von den unregelmäßigen Zeitwörtern	89
Uebersicht der Abwandlung sämmtlicher unregelmäßiger Zeitwörter	109
Umschreibende Konjugation	110
Von den mangelhaften Zeitwörtern	—
Von den unpersönlichen Zeitwörtern	111

Zweites Kapitel.

	Seite
Von dem Nennworte	121
Tabelle der Personalsuffixe	125
Vorbilder für die Anfügung der Personalsuffixe	127
Bemerkungen zu den Verhältnißsuffixen, die den deutschen Endungen entsprechen	131
Vorbilder für die Anfügung der Verhältnißsuffixe	135
Von dem Beiworte	141
Von dem Zahlworte	145
Von den Grundzahlen	146
Von den Ordnungszahlen	147
Von den Vertheilungszahlen	149
Von den Gattungszahlen	—
Von den Vervielfältigungszahlen	150
Von den Wiederholungszahlen	—
Von den unbestimmten Zahlwörtern	151
Von dem Fürworte	—
Vom persönlichen Fürworte der Anrede	155

	Seite
Von den anzeigenden Fürwörtern	155
Von den fragenden Fürwörtern	157
Von den beziehenden Fürwörtern	158
Correlative Fürwörter	160

Drittes Kapitel.

	Seite
Von den Partikeln	161
Von den Nebenwörtern	—
Von den ursprünglichen Nebenwörtern	163
Von den Bindewörtern	166
Von den Empfindungswörtern	168
Von den Titulaturen	169
Von Abbreviaturen oder Abkürzungen	170

(Etymologie.)

	Seite
Allgemeine Regeln zur Wortbildung	172
Bildung des Hauptwortes	173
Bildung des Beiwortes	181
Bildung der Zeitwörter	184
Wortbildung durch Zusammensetzung	187
Vorbild zur Wortbildung	—
Sammlung einiger aus fremden Sprachen entlehnten Wörter	190
Neologie	194
Nähere Entwickelung der Neologie	195
Homonymen	198
Dialekte	208

Drittes Buch. Syntax 209

	Seite
Gebrauch des Artikels	210
Lehre von der Congruenz	212
Von dem Gebrauche der bestimmten und unbestimmten Form der Zeitwörter	212
Von dem Hauptworte	216
Rectionslehre. Allgemeine Bemerkungen	216

	Seite
Von den Endungen: Vom Nominativ	218
Vom Genitiv	219
Vom Dativ	220
Vom Accusativ	222
Von den Verhältnißsuffixen	225
Vom Gebrauche der Modi	241
Vom Infinitiv	244
Von dem Begebenheitsworte	245
Von den Zustandswörtern	246
Von dem Mittelworte	247
Von den Zeiten des Zeitwortes	248
Von dem Beiworte	250
Von dem Gebrauche der Vergleichungsstufen	250
Von den Zahlwörtern	251
Von den Fürwörtern	253
Von den Nebenwörtern	254
Von den Bindewörtern	255
Von der Wortstellung	256
Von der Prosodie	260

II. Praktischer Theil.

Aufgaben und Uebungsstücke.

	Seite
Erster Uebungskurs über die übergehenden Zeitwörter	264
Zweiter Uebungskurs über die übergehenden Zeitwörter	291
Uebungskurs über die Mittelzeitwörter mit passiver Form	303
Uebungskurs über die unregelmäßigen Zeitwörter	307
Ueber die Wörter, die in der Mehrzahl den kurzen Vocal der letzten Silbe ausstoßen und den langen verkürzen	326
Uebungskurs zur Syntax	351
Deutsche Uebungsstücke zum Uebersetzen in's Ungarische	358
Die Zerstreuten. Eine Posse in einem Aufzuge von Kotzebue	374
Repetitionslektionen	406
Alphabetisches Verzeichniß einsilbiger Wurzelwörte	432

www.ingramcontent.com/pod-product-compliance
Lightning Source LLC
Chambersburg PA
CBHW031956300426
44117CB00008B/793